U0541315

中国特色社会主义政治经济学

Political Economy of Socialism with Chinese Characteristics

裴长洪　著

中国社会科学出版社

图书在版编目（CIP）数据

中国特色社会主义政治经济学 / 裴长洪著 . —北京：中国社会科学出版社，
2023. 11

ISBN 978 – 7 – 5227 – 2662 – 5

Ⅰ.①中⋯　Ⅱ.①裴⋯　Ⅲ.①中国特色社会主义—社会主义政治经济学
Ⅳ.①F120. 2

中国国家版本馆 CIP 数据核字（2023）第 188172 号

出 版 人	赵剑英	
责任编辑	张　潜	党旺旺
责任校对	李　莉	
责任印制	王　超	

出　　版	中国社会科学出版社
社　　址	北京鼓楼西大街甲 158 号
邮　　编	100720
网　　址	http://www.csspw.cn
发 行 部	010 – 84083685
门 市 部	010 – 84029450
经　　销	新华书店及其他书店

印　　刷	北京君升印刷有限公司
装　　订	廊坊市广阳区广增装订厂
版　　次	2023 年 11 月第 1 版
印　　次	2023 年 11 月第 1 次印刷

开　　本	710×1000　1/16
印　　张	29. 75
插　　页	2
字　　数	488 千字
定　　价	158. 00 元

凡购买中国社会科学出版社图书，如有质量问题请与本社营销中心联系调换
电话：010 – 84083683
版权所有　侵权必究

坚持和发展中国特色社会主义政治经济学，要以马克思主义政治经济学为指导，总结和提炼我国改革开放和社会主义现代化建设的伟大实践经验，同时借鉴西方经济学的有益成分。

中国特色社会主义政治经济学只能在实践中丰富和发展，又要经受实践的检验，进而指导实践。要加强研究和探索，加强对规律性认识的总结，不断完善中国特色社会主义政治经济学理论体系，推进充分体现中国特色、中国风格、中国气派的经济学科建设。

——2016 年 7 月 8 日，习近平总书记在主持召开经济形势专家座谈会上的讲话

目　录

序　言 ………………………………………………………………（1）

第一章　马克思主义政治经济学导论 ………………………（1）

第一节　马克思主义政治经济学的基本品格 ………………（1）

第二节　马克思主义政治经济学的研究对象和方法论 ………（10）

第三节　马克思主义政治经济学中国化时代化的话语体系 ………（21）

第二章　中国特色社会主义政治经济学的逻辑起点 ………（29）

第一节　问题导向与实践逻辑：国家工业化的本质与规律 ………（30）

第二节　"一化三改"：社会主义工业化与经济制度变革 ………（37）

第三节　中国社会主义初步实践提出的政治经济学理论命题 ……（42）

第三章　社会主义社会的基本矛盾 …………………………（54）

第一节　中国特色社会主义政治经济学的总纲 ……………（54）

第二节　经济体制改革实践发展了社会主义基本矛盾学说 ………（59）

第三节　社会主义基本矛盾学说的新实践、新飞跃 ………（66）

第四章　社会主义发展阶段和社会主要矛盾 ………………（73）

第一节　社会主义发展阶段与初级阶段的理论与实践 ………（73）

第二节　把握社会主义本质是认识社会主要矛盾的理论依据 ……（83）

第三节　社会主义社会主要矛盾及其变化 …………………（87）

第五章　社会主义基本经济规律 …………………………………（98）

第一节　什么是社会主义基本经济规律？ ………………………（98）

第二节　"统筹兼顾、适当安排"的经济思想与实践…………（104）

第三节　以人民为中心的经济思想和实践 ………………………（107）

第六章　社会主义基本经济制度 …………………………………（127）

第一节　公有制为主体，多种所有制经济共同发展 …………（127）

第二节　国有企业改革和现代企业制度 ………………………（133）

第三节　农村基本经营制度与农村改革 ………………………（141）

第四节　社会主义初级阶段的分配制度 ………………………（151）

第五节　社会主义市场经济体制 ………………………………（162）

第七章　中国开放型经济理论 ……………………………………（175）

第一节　社会主义国家开展对外经济贸易活动的理论依据 ………（175）

第二节　中国开放型经济理论的马克思主义政治经济学逻辑 ……（181）

第三节　中国经验：如何实现对外开放与独立自主、自力
　　　　更生的统一 ………………………………………（186）

第四节　习近平开放发展理念的理论创新 ……………………（198）

第八章　数字经济引起社会生产生活方式重要变革 ……………（220）

第一节　新中国成立以来生产力发展的特点 …………………（220）

第二节　数字经济概念的经济学解释 …………………………（233）

第三节　数字经济的社会再生产过程 …………………………（240）

第四节　数字经济的微观主体与共享经济的萌芽 ……………（246）

第五节　数字经济的产业特征与理论挑战 ……………………（255）

第九章　中国式现代化与人类文明新形态理论 …………………（263）

第一节　马克思主义经典论述与西方资产阶级理论的区别 ………（263）

第二节　中国式现代化内涵的初步探索与实践 ………………（273）

第三节　中国式现代化理论的发展和飞跃 ……………………（277）

第四节　人类文明多样性与中国式现代化文明新形态 ………（283）

第十章　社会主义经济建设规律的认识深化与实践发展 ……………（299）

第一节　探索社会主义经济建设规律的世界观和方法论 ………（299）

第二节　中国特色社会主义经济发展理论的主要内容 ………（314）

第三节　习近平经济思想的新认识和新实践 …………………（324）

第十一章　社会主义市场经济运行的宏观调控 …………………（350）

第一节　社会主义市场运行中政府的作用 …………………（350）

第二节　中国市场经济宏观调控的特点和基本经验 ………（353）

第三节　社会主义市场经济的国家财政性质与功能 ………（362）

第四节　社会主义市场经济的金融性质与功能 ……………（369）

第十二章　社会主义国家治理体系与治理能力现代化 …………（382）

第一节　中外国家治理的历史经验与借鉴 …………………（382）

第二节　中国特色社会主义实践中的国家治理 ……………（393）

第三节　习近平总书记有关国家治理重要论述的原创性贡献 ……（406）

第十三章　中国共产党对经济工作的集中统一领导 ……………（431）

第一节　党领导经济工作的理论依据 ………………………（431）

第二节　党领导经济工作的实践依据 ………………………（436）

第三节　党的领导是中国特色社会主义政治经济学的重要

理论范畴 …………………………………………………（445）

参考文献 ……………………………………………………………（453）

后　记 ………………………………………………………………（459）

序　言

"实践告诉我们，中国共产党为什么能，中国特色社会主义为什么好，归根到底是马克思主义行，是中国化时代化的马克思主义行。"[1] 这是习近平总书记在党的二十大报告中做出的科学论断。"不断谱写马克思主义中国化时代化新篇章，是当代中国共产党人的庄严历史责任。"[2] 这是党的二十大报告对全党提出的历史性任务。马克思主义作为我们党指导思想的理论基础，历来都受到强调，党的二十大报告更是以"开辟马克思主义中国化时代化新境界"为题做了专门阐述，这是与以往党代会报告很不同的特点，需要引起我们深入思考。

党的十八大以来，习近平总书记高度重视马克思主义经济理论研究，2015 年 11 月 23 日，在主持第十八届中央政治局第二十八次集体学习时专门就马克思主义政治经济学研究作了讲话，强调了马克思主义政治经济学在中国经济学中的最重要地位；2015 年 12 月习近平总书记在评论邓小平关于社会主义阶段的最根本任务时，首次使用了"中国特色社会主义政治经济学"这一术语，[3] 同月中央经济工作会议提出："要坚持中国特色社会主义政治经济学的重大原则，坚持解放和发展生产力，坚持社会主义市场经济改革方向，使市场在资源配置中起决定作用，是深化经济体制改革的主线。"[4] 2016 年 5 月 17 日，在哲学社会科学座谈会上，他指出："坚持以马克思主义为指导，是当代中国哲学社会科学区别于其他哲学社会科学

---

[1] 《中国共产党第二十次全国代表大会文件汇编》人民出版社 2022 年版，第 14 页。

[2] 《中国共产党第二十次全国代表大会文件汇编》人民出版社 2022 年版，第 16 页。

[3] 中共中央文献研究室编：《习近平关于社会主义经济建设论述摘编》，中央文献出版社 2017 年版，第 10 页。

[4] 《中央经济工作会议在北京举行》，《人民日报》2015 年 12 月 22 日第 1 版。

的根本标志，必须旗帜鲜明加以坚持。"① 2016 年 7 月 8 日，他在主持召开经济形势专家座谈会上说："坚持和发展中国特色社会主义政治经济学，要以马克思主义政治经济学为指导，总结和提炼我国改革开放和社会主义现代化建设的伟大实践经验，同时借鉴西方经济学的有益成分。中国特色社会主义政治经济学只能在实践中丰富和发展，又要经受实践的检验，进而指导实践。要加强研究和探索，加强对规律性认识的总结，不断完善中国特色社会主义政治经济学理论体系，推进充分体现中国特色、中国风格、中国气派的经济学科建设。"② 2020 年 8 月 24 日他在经济社会专家座谈会上再次强调："我们要运用马克思主义政治经济学的方法论，深化对我国经济发展规律的认识，提高领导我国经济发展能力和水平。"并提出："从国情出发，从中国实践中来、到中国实践中去，把论文写在祖国大地上，使理论和政策创新符合中国实际、具有中国特色，不断发展中国特色社会主义政治经济学、社会学。"③ 党的十九届四中全会的《中共中央关于坚持和完善中国特色社会主义制度　推进国家治理体系和治理能力现代化若干重大问题的决定》规定了中国特色社会主义制度体系，起四梁八柱作用的是根本制度、基本制度和重要制度。④ 在五项根本制度中，确立了"坚持马克思主义在意识形态领域指导地位的根本制度"。⑤ 习近平总书记在党的二十大报告中再次提出："我们要坚持马克思主义在意识形态领域指导地位的根本制度。"⑥

把坚持马克思主义作为中国特色社会主义制度体系中的一个根本制度，对于构建中国特色的哲学社会科学具有决定性意义，它绝不只是一个口号，也不是做表面文章。马克思主义活的灵魂和永葆青春活力的奥秘就在于与革命和建设的具体实践相结合，与具体国家民族的优秀传统文化相结合，这也是构建中国特色的经济学学科体系的必然逻辑。党的十九届六

---

① 习近平：《在哲学社会科学座谈会上的讲话》，《人民日报》2016 年 5 月 19 日第 2 版。

② 中共中央文献研究室：《习近平关于社会主义经济建设论述摘编》，中央文献出版社 2017 年版，第 331 页。

③ 习近平：《在经济社会领域专家座谈会上的讲话》，《人民日报》2020 年 8 月 25 日第 2 版。

④ 《习近平谈治国理政》第 3 卷，外文出版社 2020 年版，第 125 页。

⑤ 《中共中央关于坚持和完善中国特色社会主义制度 推进国家治理体系和治理能力现代化若干重大问题的决定》，《人民日报》2019 年 11 月 6 日第 1 版。

⑥ 《中国共产党第二十次全国代表大会文件汇编》人民出版社 2022 年版，第 36 页。

中全会《中共中央关于党的百年奋斗重大成就和历史经验的决议》指出："一百年来，党坚持把马克思主义写在自己的旗帜上，不断推进马克思主义中国化时代化，用博大胸怀吸收人类创造的一切优秀文明成果，用马克思主义中国化的科学理论引领伟大实践。"① 在把马克思主义基本原理同中国具体实践相结合的过程中，产生了三次马克思主义中国化的理论飞跃，分别是毛泽东思想、中国特色社会主义理论、习近平新时代中国特色社会主义思想。尤其需要注意的是，在这三次马克思主义中国化理论飞跃中，都有许多社会主义经济建设的理论观点、概念和理论问题，特别是在习近平新时代中国特色社会主义思想中，习近平经济思想是重要组成部分。它在社会主要矛盾理论、全面深化改革理论、社会主义生产力发展理论、新发展阶段中经济建设规律理论、社会主义条件下的资本理论、生态文明理论、社会主义制度体系和国家治理理论、中国式现代化和文明新形态理论、新发展理念理论、构建新发展格局理论等一系列社会主义政治经济学基本理论问题上都作出了创造性贡献。不仅需要我们经济学研究和教学工作者深入学习和阐释，而且应当成为中国经济学各个学科建设的基础理论和根本遵循。

坚持在马克思主义旗帜下和祖国的大地上书写中国经济学学科体系，这应当成为中国经济学理论研究者、教学工作者的座右铭。要按照党的二十大报告提出的要求，"深入实施马克思主义理论研究和建设工程，加快构建中国特色哲学社会科学学科体系、学术体系、话语体系"，② 坚持在中国经济学学科建设中把马克思主义政治经济学基本理论中国化时代化专业化。坚持独立自主地构建中国经济学的自主知识体系，走经济学学科体系、学术体系、话语体系的中国发展道路，继续促进世界范围内社会主义和资本主义两种意识形态、两种社会制度的历史演进及其较量发生有利于社会主义的重大转变。在以党的二十大精神为指引，构建中国经济学自主知识体系中，要解决以下认识问题。

第一，应当"坚持马克思主义基本原理不动摇"，"坚持运用辩证唯物

---

① 《中共中央关于党的百年奋斗重大成就和历史经验的决议》，人民出版社2021年版。
② 《中国共产党第二十次全国代表大会文件汇编》人民出版社2022年版，第36页。

主义和历史唯物主义，才能正确回答时代和实践提出的重大问题"，① 坚持和把握马克思主义哲学、政治经济学和科学社会主义的基本原理是经济学研究的必修课。多年来，经济学研究和教学坚持马克思主义基本原理趋于弱化，认为马克思主义的教学与研究只是马克思主义学科本身的事情，与经济学的教学与研究无关，弱化了马克思主义的指导地位，这种倾向应当纠正。我们说要把马克思主义中国化时代化，如果连马克思主义基本原理都搞不清楚，那么中国化时代化也就成为无源之水、无本之木。马克思主义政治经济学基本原理，不仅是中国特色社会主义政治经济学，也是经济学各个主要分支学科的重要的理论来源和基础。尤其是马克思主义政治经济学的工人阶级立场，辩证唯物主义和历史唯物主义的基本观点和基本方法论，不仅没有过时，而且仍然是今天理论创新的基本方法论。我们应当思考这样一个问题：当中央经济工作会议讨论的是当下的经济形势和实际问题，当专家们从不同领域分析和谈论经济问题时，为什么习近平总书记的归纳和总结总是强调要坚持中国特色社会主义政治经济学呢？这就是因为基本方法论的区别。西方经济学以"理性经济人"的假设为前提，演绎出宏观经济学（市场均衡）和微观经济学（成本收益）的逻辑架构，以满足资本收益最大化的目标。其中固然包含某些符合市场经济一般规律的合理成分，但却不能作为我国经济学自主知识体系建设的主要立足点，更不能作为我国经济建设实践的指导思想。而中国特色社会主义政治经济学的基本方法论是马克思主义的辩证唯物主义和历史唯物主义，以人民为中心是这种方法论的世界观，这与"理性经济人"假设有着天壤之别，所以，我国经济实践的大量问题，都是政治经济学问题，而不是纯粹地满足资本收益的经济问题。

有些人认为以马克思主义为指导是套话，研究中国问题，回答中国之问，无须马克思主义指导，甚至认为马克思主义指导不了现实问题，完全可以自创体系、自立门派，构建自己的理论体系和学术体系，并把它称为"理论创新"。这是一种认识误区。西方资产阶级学者也研究中国问题，也有他们的理论体系和学术体系，但其中不少是偏见，还有不少内容的立场、观点和方法有片面性，不准确。在这个问题上，列宁说得好："但是读者会问：自发的运动，沿着阻力最小的路线进行的运动，为什么就恰恰

---

① 《中国共产党第二十次全国代表大会文件汇编》人民出版社 2022 年版，第 14、17 页。

会受资产阶级意识形态的控制呢？原因很简单：资产阶级意识形态的渊源比社会主义意识形态久远得多，它经过了更加全面的加工，它拥有的传播工具也多得不能相比。"① 因此，脱离马克思主义的指导，必然难以"守正"、必然滑向资产阶级意识形态；我们需要的理论创新，是党的二十大报告中要求的"必须坚持守正创新"。② 守的就是马克思主义立场、观点和方法的理论正道，这是党性和人民性的要求，而不应该是自由主义和个人主义。

第二，要认真学习、研究、阐释习近平新时代中国特色社会主义思想。要把党一百年来马克思主义中国化的三次理论飞跃联系贯通，深刻认识它们之间继承与创新、与时俱进的关系；深刻认识党的百年奋斗历史是不可割裂的，新中国前30年和后43年的历史是不可割裂的；深刻认识从新中国成立到改革开放前夕的探索过程中，虽然经历了严重曲折，但党在社会主义革命和建设中取得的独创性理论成果和巨大成就，为在新的历史时期开创中国特色社会主义提供了宝贵经验、理论准备、物质基础；深刻认识这个马克思主义中国化理论体系的人民性、实践性、时代性、民族性和开放性；深刻认识这个理论体系的历史逻辑、理论逻辑、实践逻辑的一致性、科学性、严密性。我们的任务就是要把这个理论体系中涉及经济建设和发展的重要观点、科学理念，特别是习近平经济思想以及党的十九大、党的十九届六中全会提出的"十个明确""十四个坚持""十三个方面成就"中的经济学理论创新内容加以经济学概念和逻辑的学理化，使之成为中国特色社会主义政治经济学以及经济学其他主要学科的基本的理论架构和主要的理论支柱。

习近平经济思想既有继承和发展毛泽东思想、邓小平理论的许多内容，例如，坚持独立自主、坚持党对经济工作的集中统一领导，等等，也有把以往提出的中国特色社会主义的重大理论观点加以系统集成的内容，例如"五位一体"总体布局，新发展理念，等等。再有就是依据新的实践和回答时代之问世界之问的马克思主义原创性贡献。其主要内容有：经济发展新常态与供给侧结构性改革理论；防范金融风险与经济安全理论；生

---

① 《列宁全集》第6卷，人民出版社2013年版，第39页。
② 《列宁全集》第6卷，人民出版社2013年版，第17页。

态资本与生态文明理论；国内大循环为主体、国内国际双循环相互促进理论；新发展阶段与中国式现代化理论；国家治理与中国特色社会主义制度体系理论；社会主义条件下的资本理论；推动建设开放型世界经济理论；全球治理改革的"中国方案"理论；文明多样性与人类文明新形态理论等。这些重大的理论创新成果都应当成为中国特色社会主义政治经济学的基本理论支柱加以研究和阐发。

第三，要坚持独立自主走中国自己的学术发展道路。实现经济学的理论创新，要按照党的二十大报告的要求：一方面，必须坚持人民至上。以人民为中心，还是以资本为中心，是中国经济理论体系区别于西方经济学理论体系的分水岭。无论西方经济学理论被冠以何种耀眼光环，但正如党的二十大报告所指出："一切脱离人民的理论都是苍白无力的，一切不为人民造福的理论都是没有生命力的。"① 经济学的理论建设不能以争取某种桂冠为目标，而应以造福人民为目标。另一方面，"必须坚持自信自立"。在马克思主义旗帜下，坚持自己的独创性，"敢于说前人没有说过的新话，敢于干前人没有干过的事情，以新的理论指导新的实践"。不当西方经济学的传声筒和编译机器。"贯穿其中的一个基本点就是中国的问题必须从中国基本国情出发，由中国人自己来解答。"② 对此，习近平总书记指出："要坚持中国人的世界观、方法论。如果不加分析把国外学术思想和学术方法奉为圭臬，一切以此为准绳，那就没有独创性可言了。如果用国外的方法得出与国外同样的结论，那也就没有独创性可言了。"③ 没有独创性，就必然沦为附庸。这不是中国经济学发展道路的选择。

第四，既要与中国实践相结合，也要与中华优秀传统文化相结合。要按照党的二十大报告的要求，"把马克思主义思想精髓同中华优秀传统文化精华贯通起来、同人民群众日用而不觉的共同价值观念融通起来，不断赋予科学理论鲜明的中国特色，不断夯实马克思主义中国化时代化的历史基础和群众基础，让马克思主义在中国牢牢扎根。"④ 在论述开辟马克思主义中国化时代化新境界中，党的二十大报告大段引述了中华优秀传统文化

---

① 《列宁全集》第6卷，人民出版社2013年版，第16页。
② 《列宁全集》第6卷，人民出版社2013年版，第16—17页。
③ 习近平：《在哲学社会科学座谈会上的讲话》，《人民日报》2016年5月19日第2版。
④ 《中国共产党第二十次全国代表大会文件汇编》，人民出版社2022年版，第15—16页。

经典，它"源远流长、博大精深，是中华文明的智慧结晶，其中蕴含的天下为公、民为邦本、为政以德、革故鼎新、任人唯贤、天人合一、自强不息、厚德载物、讲信修睦、亲仁善邻等，是中国人民在长期生产生活中积累的宇宙观、天下观、社会观、道德观的重要体现，同科学社会主义价值观主张具有高度契合性"[①]。在财经领域，大量治国理政的财经思想史书不绝，汗牛充栋。《吕氏春秋》《史记·货殖列传》《商君书》《管子》《汉书·食货志》等典籍文献都有许多财经问题的记载；西汉时期的《盐铁论》更是有史记载的最早关于盐和铁等国计民生产品，是由王朝国有经营还是由贵族私人经营利弊的争论；北宋"王安石变法"则是加强国家经济治理和宏观调控的民族思想先河；沈括的货币流通速度理论比威廉·配第和约翰·洛克早了六百年。[②] 因此，建设中国自主的经济学知识体系应当从中华优秀传统文化中汲取营养，应当恢复并发展中国经济思想史的研究和教学，总结和传承中华优秀的财政经济思想并使之古为今用，使中国自主的经济学知识体系具有更鲜明的民族特色。

第五，坚持经济学的自我革命。1886年恩格斯在《资本论》第一卷英文版序言中对马克思政治经济学的科学革命意义作过如此评价："一门科学提出的每一种新见解都包含这门科学的术语的革命"[③]。恩格斯说的"术语的革命"，是指马克思主义政治经济学对资产阶级经济学的革命。马克思主义的三个组成部分，即马克思主义哲学、马克思主义政治经济学、科学社会主义，是在批判和吸收德国古典哲学、英国古典政治经济学和法国社会主义的基础上产生的，这个革命提出了马克思主义的新见解、新观点、新思想。中国经济学在改革开放初期勇敢地纠正了过去计划经济理论和思想的错误，为改革开放的实践和政策制造了舆论，提供了思想依据。在借鉴外国市场经济实践的过程中，大量引进了西方经济学的术语、概念和理论，对于发展和繁荣经济学研究和教学起到了历史性的积极作用；但是也存在盲目崇拜、照搬照套、盲目对标接轨的片面性。迷信洋人、洋书的殖民文化思想也有所表现。在中国的社会主义现代化建设已经

---

① 《中国共产党第二十次全国代表大会文件汇编》，人民出版社2022年10月，第15页。
② 胡寄窗：《中国经济思想史简编》，立信会计出版社1997版，第335页。
③ 引自1886年恩格斯《资本论》第1卷英文版序言，《资本论（纪念版）》第1卷，人民出版社2018年版，第32页。

70 多年、改革开放 40 多年丰富实践的今天，我们完全有理由相信独立自主地构建中国经济学的理论体系已经具有坚实的基础，我们应当以自我革命的精神，对以往的学术思想进行清理和反思，纠正洋教条和洋八股的片面性，把吸收外国经济理论与方法的有益成分建立在马克思主义中国化时代化的科学基础上。

中国共产党风云激荡的百年史，既是新民主主义实践和社会主义实践的伟大斗争史，也是马克思主义政治经济学中国化时代化伟大工程的建设史。现在，各种经济理论五花八门，但只有马克思主义政治经济学具有无限拓展的光明前景。展望未来，当中国实现社会主义现代化强国远景目标的时候，中国化时代化的马克思主义政治经济学必将在学术文化领域脱颖而出，发展为具有世界性意义的理论体系。中国自主的经济学知识体系将呈现三个趋势性变化：马克思主义政治经济学在经济学理论和应用学科中的中国化时代化专业化的发展趋势不可逆转；以中国自主知识体系改造和完善经济学理论和应用学科的发展趋势不可逆转；挖掘和贯通中国经济思想史中的精华不断赋予经济学理论鲜明的中国特色的趋势不可逆转。它将引领经济学"东风压倒西风"的历史潮流；它将引领中国理论经济学和应用经济学各分支学科基础理论的重新塑造；它将引领辩证唯物主义和历史唯物主义基本方法论，实践逻辑、历史逻辑、经济学逻辑三统一的学术范式，分析与综合相结合的叙事方法，时代化和大众化的民族风格和话语体系在中国经济学整个学科体系中的广泛应用，从而真正实现中国经济学在世界上的民族自信、理论自信、学术自信。

第一章　马克思主义政治经济学导论

第一节　马克思主义政治经济学的基本品格

一　它是一门历史的科学，具有鲜明的时代性

政治经济学的具体分析对象和出发点是根据不同的历史条件和代表不同阶级利益的政党、研究者所要达到的目标和任务来确定的。因此，政治经济学首先是一门历史的科学。恩格斯说："政治经济学本质上是一门历史的科学。它所涉及的是历史性的即经常变化的材料。"[①] 因此，政治经济学理论"是一种历史的产物，它在不同的时代具有完全不同的形式，同时具有完全不同的内容"。[②] 也可以说，它是一门回答时代之问的鲜活理论。

政治经济学作为一门独立的学科产生，是 18 世纪西方资产阶级学者的贡献。英国古典政治经济学是从近代哲学里衍生出来的。哲学是经济学的母系学科，西方一直到现在，都不单独设立经济学博士学位，经济学博士都是以哲学博士（Ph.D）授予的。欧洲的近代哲学讲天赋人权，讲人的权利，人谋取幸福和物质利益是人的天性，这就是所谓的人本主义，那么由谁来管理公共事务和国家呢？亚当·斯密（Adam Smith）认为从事商业交易是人的天性，"每个人都得靠交易过活，或者说，都在一定程度内变成了商人"。[③] 人人都倾向于商业交易，这是社会的普遍行为，既然商业

---

① 恩格斯：《反杜林论》，《马克思恩格斯文集》第 9 卷，人民出版社 2009 年版，第 153—154 页。

② 恩格斯：《自然辩证法》，《马克思恩格斯全集》第 26 卷，人民出版社 2014 年版，第 499 页。

③ ［英］亚当·斯密：《国富论》，谢宗林、李华夏译，中央编译出版社 2011 年，第 22 页。《国富论》全称为《国民财富的性质和原因的研究》，是英国古典经济学家亚当·斯密用了近十年时间创作的经济学著作，首次出版于 1776 年。

交易是全社会人人都参与的事情，那它属于公共事务，管理公共事务也必然要管理国家，这个使命自然要由工商业资本所有者来承担。可见亚当·斯密回答了为什么要由资产阶级掌握国家政权和管理公共事务的时代之问。

"经济人"概念是资产阶级走上政治舞台在学术上的自我理解，英国古典政治经济学的重大变革是把经济活动从私人领域里解放出来，将其上升为公共事务和政治问题。这个变化构成了政治经济学诞生的前提。而亚当·斯密的劳动价值论则是政治经济学的基石。他抛开劳动的一切自然规定，而把"一般劳动"视为财富和价值的绝对基础。"劳动是我们为一切东西所支付的原始代价。世上所有的东西，追根究底都不是用金银买来的，而是用劳动取得的。"① 这时候，他完成了政治经济学从近代哲学中的分离，从那时候起才有了政治经济学这一独立学科，他也成了英国古典政治经济学的鼻祖。

大卫·李嘉图（David Ricardo）作为古典政治经济学的完成者，继承了斯密的劳动价值论和产品交换理论，他们认为以物易物是人类天性中固有的交换倾向。由家庭推及国家莫不如此。分工源于天性，互相交换的规律是自然的，也是永恒的。但是，1815 年英国政府为维护土地贵族阶级利益而修订实行了"谷物法"，之后，英国粮价上涨，地租猛增，工人工资上涨，严重损害了工业资产阶级的利益，工业资产阶级迫切需要找到谷物自由贸易的理论依据。虽然大卫·李嘉图的学说并不完全是关于贸易理论的，但其中的自由贸易理论是时代的迫切需要。他只是在其代表作《政治经济学及赋税原理》第七章一个脚注中打了一个比方：甲乙二人都能制造鞋帽，甲制鞋胜于乙三分之一，而甲制帽仅胜于乙五分之一，若甲制鞋而乙制帽，并相互交换，则双方均获益。② 这就是被后人不断演绎神化的"两个国家、两个产品"的"比较优势"理论模型，由此来说明虽然英国也能生产谷物，但进口俄国和波兰的谷物价格更便宜，可以使英国获益更多。尽管这个"比较优势"理论模型很简陋，但它回应了时代之问，不仅

————————————

① ［英］亚当·斯密：《国富论》，谢宗林、李华夏译，中央编译出版社 2011 年版，第 31 页。

② ［英］大卫·李嘉图：《政治经济学及赋税原理》，王亚南、郭大力译，商务印书馆 1972 年版，第 114 页；《政治经济学及赋税原理》于 1817 年在英国出版。

赢得了资产阶级的喝彩，而且连马克思都对李嘉图鼓吹自由贸易的历史贡献给予很高评价。

马克思要回答的时代之问与亚当·斯密、大卫·李嘉图不同。马克思要回答资产阶级社会究竟是否像资产阶级学者所说的那样是自然的、永恒的，如果不是，资产阶级社会不可克服的内在矛盾是什么，资本主义经济体系的自身循环如何使自己陷入不可自拔的经济危机和走向自我毁灭的历史命运。因此，他一方面既需要继承英国古典政治经济学中科学的、革命的因素，另一方面他又需要批判其保守和庸俗的一面，从而使马克思主义政治经济学脱颖而出。马克思承认："我的价值、货币和资本的理论就其要点来说是斯密、李嘉图学说的必然的发展。"① 因此，英国古典政治经济学成为马克思主义三个来源中的一个。

斯密把价值构成分析为工资、利润、地租三者以取代劳动价值论，错误地混淆了价值生产和财富分配的关系，造成了价值源于交换的幻象。李嘉图比斯密前进了一步，他认为决定商品价值的不是交换，而是投入生产领域中的劳动，既包括生产商品时直接耗费的劳动，也包括生产这种商品所必需的生产资料所间接耗费的劳动，间接劳动不能产生新价值，它只不过把原有的价值转移到新生产的商品上，创造新价值的是直接劳动。

马克思认为李嘉图的功绩在于从经济学角度指出了各阶级之间在经济上的对立性：他"终于有意识地把阶级利益的对立、工资和利润的对立、利润和地租的对立当作他的研究的出发点，因为他天真地把这种对立看作社会的自然规律②"，李嘉图的局限性在于，"从来没有考虑到剩余价值的起源……他在谈到劳动生产率的时候，不是在其中寻找剩余价值存在的原因，而只是寻找决定剩余价值量的原因"。③ 而马克思发现，资本主义条件下创造财富的劳动一般不再抽象地是一切时代共有的简单劳动，而是表现为资本主义生产关系下与"他人的财产"相对立的"他人的劳动"。④ 他"发现了现代资本主义生产方式和它所产生的资产阶级社会的特殊的运动

---

① 马克思：《资本论》第3卷，人民出版社2004年版，第19页。
② 马克思：《资本论》第3卷，人民出版社2004年版，第16页。
③ 马克思：《资本论》第3卷，人民出版社2004年版，第590页。
④ 《马克思恩格斯文集》第8卷，人民出版社2009年版，第100、120页。

规律"，这个发现就是剩余价值理论。① 马克思创立的剩余价值理论使劳动价值论建立在科学的基础上，它不仅完成了政治经济学史上的伟大变革，奠定了马克思主义政治经济学的基础理论，而且它深刻揭示了资本主义经济的内在矛盾，回答了资本主义必然走向灭亡、社会主义必然走上世界舞台的时代之问，指明了全世界无产者前进的方向。

19 世纪末 20 世纪初，资本主义进入垄断阶段，不仅主要资本主义国家的资本形态发生了重大变化，而且资本主义世界市场的瓜分和争斗的形式、内容都发生了重大变化。毛泽东说："马克思不能在自由资本主义时代就预先具体地认识帝国主义时代的某些特异的规律，因为帝国主义这个资本主义最后阶段还未到来，还无这种实践。只有列宁和斯大林才能担当此项任务。"② 列宁创立的马克思主义政治经济学要回答的时代之问是，资本主义新阶段的特征是什么，这些新特征如何激化了资本主义的内在矛盾，以及世界范围的各种矛盾，在新的世界性矛盾中，无产阶级革命的任务是什么？以列宁的《帝国主义是资本主义最高阶段》等论著为代表的马克思主义政治经济学创新理论，深刻剖析了垄断资本主义的五大基本特征，揭示垄断使资本更为集中，它使生产的社会化矛盾更为尖锐，资本输出和列强重新瓜分世界的矛盾，不仅加剧帝国主义国家与殖民地之间的矛盾，而且导致帝国主义列强之间的矛盾。列宁回答了在新的历史条件下无产阶级革命的前途是："经济和政治发展的不平衡是资本主义的绝对规律。由此就应得出结论：社会主义可能首先在少数甚至在单独一个资本主义国家内获得胜利。"③ 列宁的政治经济学理论是俄国十月革命的思想理论准备。

俄国十月革命后诞生了苏维埃政权，列宁和斯大林面临新的时代考问。在资本主义发展水平较低的俄国，怎样向社会主义经济过渡；怎样建立与生产力水平相适应的生产关系并加快发展生产力、提高劳动生产率；怎样建设一个具有高度效率而又提高人民生活水平的国民经济管理制度？

----

① 恩格斯：《在马克思墓前的讲话》，《马克思恩格斯文集》第 3 卷，人民出版社 2009 年版，第 601 页。

② 毛泽东：《实践论》，《毛泽东选集》第 1 卷，人民出版社 1991 年版，第 287 页。

③ 列宁：《论欧洲联邦口号》，《列宁专题文集：论社会主义》，人民出版社 2009 年版，第 4 页。

为此，列宁和斯大林进行了一系列探索，列宁关于新经济政策的许多论著，初步回答了在落后国家建设和向社会主义经济过渡的经验和经济理论；斯大林撰写的《苏联社会主义经济问题》和他组织编写的苏联《政治经济学教科书》对社会主义经济理论进行了初步探索。其中的一些理论观点对社会主义经济规律的探索具有重要启示：如承认在社会主义条件下存在商品经济，存在不同的公有制经济形式，存在商品交换，价值规律仍然发生作用，社会主义生产关系必须适合生产力性质的规律，等等。从今天的眼光看，尽管苏联的政治经济学答卷有很大缺陷和问题，但它仍不失为社会主义政治经济学的历史遗产。

十月革命一声炮响，给中国送来了马克思主义。马克思主义政治经济学开始在中国传播，但中国的现实图景不仅与马克思《资本论》的研究对象不同，而且与十月革命的俄国都存在很大的差距。马克思主义政治经济学中国化面临特殊的时代之问。毛泽东和他的战友们完成了马克思主义政治经济学中国化时代化的创造性发展，形成了中国的新民主主义政治经济学。1925年毛泽东撰写了《中国社会各阶级的分析》，这是新民主主义政治经济学的开山之作。1939年年底至1940年年初先后发表《〈共产党人〉发刊词》《中国革命和中国共产党》和《新民主主义论》等重要著作，总结了中国共产党18年的斗争实践，形成了完整系统的新民主主义理论体系。它回答了中国社会的性质、中国革命的对象、中国革命的两大任务；中国革命的基本力量和不同时期的统一战线等基本问题；并指出，当时的中国革命仍然是资产阶级民主革命，但它是中国共产党领导的新式的民主主义革命，这种新民主主义革命是世界无产阶级社会主义革命的一部分。这种革命的前途是社会主义。新民主主义经济的内容是，"大银行、大工业、大商业，归这个共和国的国家所有"，但不没收其他资本主义的私有财产，不禁止"不能操纵国计民生"的资本主义生产的发展；没收地主的土地，分配给无地和少地的农民，把土地变为农民的私产，实现耕者有其田。1947年12月毛泽东把新民主主义经济制度概括为"新民主主义革命的三大经济纲领"。[①] 这标志着新民主主义政治经济学在中国实践基础上的创立。正如习近平总书记所说，毛泽东同志在新民主主义时期创造性地提

---

① 参见《毛泽东选集》第4卷，《目前形势和我们的任务》，人民出版社1991年版。

6 / 中国特色社会主义政治经济学 /

出了新民主主义经济纲领……这些都是我们党对马克思主义政治经济学的创造性发展。①

二　它是为特定阶级服务的，具有鲜明的阶级性和人民性

在社会科学领域，任何理论和学术都是为人服务的，在阶级社会里，它是为不同阶级服务的。占据社会主流的意识形态，包括理论和学术都是为统治阶级服务的。马克思、恩格斯在《德意志意识形态》一书中说："统治阶级的思想在每一时代都是占统治地位的思想。"② 这就是说，一个阶级是社会上占统治地位的物质力量，同时也是社会上占统治地位的精神力量。在当代西方国家中占据主流地位的经济学，当然是以资本为中心，是垄断资产阶级的思想反映。当代西方经济学粗略归纳是三大流派：正统的主流经济学是新古典和新凯恩斯经济学的综合理论，尽管其内部还可以细分，但基本的逻辑都是回答如何使经济效率最高和资本收益最大化，是典型的以资本为中心的理论体系，从而也是"华盛顿共识"的理论依据。第二个正统但非主流的经济理论流派，如福利经济学、公共经济学、可持续发展理论、环境生态理论等，基本的逻辑都是回答如何使资本主义社会长治久安。所谓"效率与公平"成为正统西方经济学永恒的主题。第三流派是非正统、非主流，批判现实主义，以托马斯·皮凯蒂的《21世纪资本论》为代表（托马斯·皮凯蒂，2014），他们批判现实，但没有救世良方。与之相反，马克思主义政治经济学是以人民为中心，立场和价值观都围绕人民。但人民是谁呢？这是马克思主义政治经济学理论需要搞清楚的基本前提。"人民"在不同的国家和各个国家的不同的历史时期，有着不同的内容。毛泽东说，在抗日战争时期，一切抗日的阶级、阶层和社会集团都属于人民；在解放战争时期，人民是指工人阶级、农民阶级、城市小资产阶级和民族资产阶级。③ 因此，新民主主义三大经济纲领是为这些阶级服务的。在建设社会主义时期，一切赞成、拥护和参加社会主义建设的阶级、阶层和社会集团，都属于人民的范围。④ 20世纪80年代后，邓小平提

———————

① 习近平：《不断开拓马克思主义政治经济学新境界》，《求是》2020年第16期。
② 《马克思恩格斯全集》第3卷，人民出版社1998年版，第52页。
③ 《毛泽东选集》第4卷，人民出版社1991年版，第1475页。
④ 《毛泽东文集》第7卷，人民出版社1999年版，205页。

出了中国大陆与台湾和平统一、一国两制的设想，① 人民的概念进一步被扩展到一切赞成和支持两岸和平统一、反对台独的港澳同胞、台湾同胞、海外侨胞。改革开放以后，我国社会各阶层在就业、分配等方面出现了多样化，特别是涌现出大批私营企业，江泽民在党的十六大报告中明确指出："在社会变革中出现的民营科技企业的创业人员和科技人员、受聘于外资企业的管理技术人员、个体户、私营企业主、中介组织的从业人员、自由职业人员等社会阶层，都是中国特色社会主义事业的建设者。"② 在当下，中国的工人（包括农民工）、农民、士兵、城市中各类主要以薪酬收入为主要生活来源的体力和脑力劳动者是人民的主体，中国特色社会主义政治经济学主要就是为他们服务的，当然也为人民中其他阶层的群众服务。

在 2015 年 11 月中央政治局集体学习会议上，习近平总书记就怎样学习和发展马克思主义政治经济学问题提出了六个重要观点，第一个就是坚持以人民为中心的观点。在 2016 年 5 月 17 日哲学社会科学座谈会上他又强调："为什么人的问题是哲学社会科学研究的根本性、原则性问题。我国哲学社会科学为谁著书、为谁立说，是为少数人服务还是为绝大多数人服务，是必须搞清楚的问题。世界上没有纯而又纯的哲学社会科学。"③ 在政治经济学理论研究中，以人民为中心并不是一句空洞的口号，而是一个马克思主义政治经济学的大道理，它是管各种小道理的。在我们的经济建设实践和理论研究中，我们会遇到各种各样的矛盾，各种各样的两难问题，例如市场配置资源与政府干预的矛盾、经济发展与社会发展、生态环境的矛盾、经济发展与安全稳定的矛盾、企业中的劳资矛盾、社会各阶层在分配中的利益矛盾、政府、企业与居民在收入分配中的矛盾、东部发达地区与中西部欠发达地区的矛盾、城乡居民收入差别的矛盾、中央政府与地方政府的矛盾，等等，解决这些矛盾的大道理和大逻辑就是要以人民为中心，要以我国全体人民的根本利益作为统筹解决这些矛盾的基本出发点和落脚点。这就是马克思主义政治经济学中国化的根本立场，也是它最基本的特征。

---

① 《邓小平文选》第 3 卷，人民出版社 1993 年版，第 30 页。
② 《江泽民文选》第 3 卷，人民出版社 2006 年版，第 539 页。
③ 习近平：《在哲学社会科学工作座谈会上的讲话》，《人民日报》2016 年 5 月 19 日第 1 版。

三 它是改造思想的武器，充满了鲜明的实践性

不少西方经济学理论，只是学者栽在课堂上和书本里的盆景，它来自学者的自我想象和孤芳自赏，既缺乏实践依据，也不需要实践检验，是象牙塔里的学问。而马克思主义政治经济学则相反。恩格斯说，无产阶级政党的"全部理论来自对政治经济学的研究"。[①] 列宁把政治经济学视为马克思主义理论"最深刻、最全面、最详尽的证明和运用"。[②] 这说明，马克思主义政治经济学不是空洞的说教和伦理，而是认识经济发展规律和决定经济政策、措施的思想武器，是指导人们行动实践的方向盘和指南针，它必须与不同时期人们的实践活动紧密联系。

这首先是个认识论问题。马克思主义的认识论在毛泽东的《实践论》中得到新的阐发和论证。他认为只有通过实践得到感性认识，在头脑中通过科学的方法加工后，得到理性认识，才有了理论，而理论是否正确，还要回到实践中去证明和证伪。认识真理的过程就是实践、认识、再实践、再认识，循环往复以至无穷，每个循环都使认识提高到一个新的水平。因此他非常注重调查研究，非常注重研究实际情况并非常注重亲自投入实践活动。没有实践依据的理论是无源之水，无根之木。习近平总书记也殷切希望理论工作者深入调研，察实情、出实招，充分反映实际情况，使理论和政策创新有根有据、合情合理；从国情出发，从中国实践中来、到中国实践中去，把论文写在祖国大地上，使理论和政策创新符合中国实际。[③]

其次，所谓实践性，在理论研究中实际上就是问题导向和解决问题的方法。马克思曾深刻指出："主要的困难不是答案，而是问题。""问题就是时代的口号，是它表现自己精神状态的最实际的呼声。"[④] 发现问题、筛选问题、研究问题、解决问题的过程实际就是实践与认识反复循环的过程。中国特色社会主义政治经济学要回答中国从站起来、富起来、强起来的路径和制度选择，以及经济治理选择，揭示中国特色社会主义经济发展客观规律；还要回答如何促进和形成更加紧密稳定的全球经济循环体系，

---

① 《马克思恩格斯选集》第 2 卷，人民出版社 2012 年版，第 8 页。
② 《列宁全集》第 26 卷，人民出版社 1988 年版，第 62 页。
③ 《习近平在经济社会领域专家座谈会上的讲话》，《人民日报》2020 年 8 月 25 日第 2 版。
④ 《马克思恩格斯全集》第 40 卷，人民出版社 1982 年版，第 289—290 页。

促进各国共享全球化深入发展机遇和成果；并向世界提供全球治理的中国方案以及影响世界的组织方式和传播方式，构建人类命运共同体的治理理念和道路选择。正如胡锦涛所说，坚持理论与实践的统一，学习和运用的统一，继承和创新的统一，这就是中国共产党理论发展的规律性。①

最后，所谓实践性，在理论研究中就是表现为根据实践的变化对以往的认识进行修正和更新，得到更实际、更全面、更科学的新认识。马克思主义认识论认为，任何认识和理论都不可能结束真理，而只是不断开辟了认识真理的前进道路，因此理论创新是发展真理的必然结果。恩格斯早就说过："马克思的整个世界观不是教义，而是方法。它提供的不是现成的教条，而是进一步研究的出发点和供这种研究使用的方法。"② 马克思主义经典作家从来不认为自己的某些判断和结论不能修正和更改。恩格斯在《一八九一年社会民主党纲领草案批判》一文说，由股份公司经营的资本主义生产已经不再是私人生产，而从股份公司进而来看那支配着和垄断着整个工业部门的托拉斯，那里不仅没有了私人生产，而且没有了无计划性。③ 俄国十月革命胜利后，苏维埃俄国曾试图实行没有商品货币关系，平均分配的战时共产主义政策，但后来列宁从实践中认识到，"用无产阶级国家直接下命令的办法在一个小农国家里按共产主义原则来调整国家的生产和分配"的做法脱离了实际，"现实的生活说明我们错了"④。于是，列宁提出了新经济政策，利用商品和货币关系恢复和发展经济。可见，理论的生命力在于创新。创新是马克思主义政治经济学的永恒主题，也是经济实践深化、经济不断发展对经济学的必然要求。理论是灰色的，而生活之树常青。正如习近平总书记所说："新情况新问题总是层出不穷的，其中有一些可以凭老经验、用老办法来应对和解决，同时也有不少是老经验、老办法不能应对和解决的。如果不能及时研究、提出、运用新思想、新理念、新办法，理论就会苍白无力，哲学社会科学就会'肌无力'。哲学社会科学创新可大可小，揭示一条规律是创新，提出一种学说是创新，

① 《胡锦涛文选》第 2 卷，人民出版社 2016 年版，第 139 页。
② 《马克思恩格斯全集》第 39 卷，人民出版社 1974 年版，第 406 页。
③ 《江泽民文选》第 3 卷，人民出版社 2006 年版，第 66—67 页。
④ 《列宁选集》第 4 卷，人民出版社 1995 年版，第 570 页。

阐明一个道理是创新，创造一种解决问题的办法也是创新。"①

第二节　马克思主义政治经济学的研究对象和方法论

一　研究对象和具体分析的出发点

虽然政治经济学的具体分析对象和出发点是不同时期的目标和任务，但基本上都围绕不同时期人的社会经济关系展开，因此恩格斯说："经济学研究的不是物，而是人和人之间的关系，归根到底是阶级和阶级之间的关系。"② 马克思主义政治经济学针对的是一般社会关系中最基础的经济关系，把它作为自己专门的研究对象，分析不同时期生产力和生产关系、经济基础与上层建筑的矛盾，揭示社会经济发展过程的内在规律，因此，研究生产关系的发展和变化是马克思主义政治经济学基本的研究对象，而生产关系的发展和变化又离不开生产力的决定作用和上层建筑的反作用，这种联系也必然进入政治经济学的分析视野。

马克思《资本论》的具体分析对象是自由资本主义时代的资本经济，它分析生产资料所有者与雇佣劳动的关系，即资本家与工人的阶级关系，这需要论证劳动力变成商品的过程，为了区分劳动力商品和一般商品的运动过程，它的研究出发点是从分析一般商品的内在矛盾运动过程开始，从而透视商品生产和交换的社会生产关系。由于劳动力转化为商品，这就赋予了资本主义商品生产的特殊意义，既在价值实现中得到价值增值，这就是劳动力商品提供的剩余价值。由此马克思揭露了资本运动的秘密和整个资产阶级社会赖以生存的秘密。《资本论》的贡献不仅在于它解剖了资本主义经济的病理学，而且它通过对资本主义再生产过程中生产、分配、交换和消费的经济循环的分析，解剖了现代意义的社会化大生产的生理学，为脱胎于资本主义社会化大生产的社会主义经济运行的分析提供了经济学的理论基础。

列宁《帝国主义论》的具体分析对象是垄断资本主义时代的资本经

---

① 《习近平在哲学社会科学工作座谈会上的讲话》，《人民日报》2016 年 5 月 19 日第 2 版。

② 恩格斯：《卡尔·马克思〈政治经济学批判 第一分册〉》，《马克思恩格斯文集》第 2 卷，人民出版社 2009 年版，第 604 页。

济，它的出发点是分析资本主义进入垄断后的新特征，这些新特征不仅展现了本国垄断资本与中小资本、广大工人阶级的矛盾关系，而且展现了世界范围的阶级矛盾和关系，即帝国主义国家与殖民地国家、人民的矛盾；不同国家垄断资本的矛盾导致帝国主义国家间的矛盾。这些矛盾的加剧和迸发，是资本主义生产方式走向灭亡的突破点，也是社会主义在资本主义最薄弱的环节取得一国首先胜利的突破口。《帝国主义论》的贡献不仅在于为俄国十月革命提供了思想理论准备，而且为帝国主义时代的政治经济学提供了新观点、新视野，它说明，在这个时代，每个国家的生产力和生产关系、经济基础和上层建筑的矛盾，以及与此相联系的阶级关系和矛盾都与世界范围的生产力和生产关系、经济基础和上层建筑的矛盾，垄断资本的跨国矛盾和阶级关系联系在一起了。这种新的分析观点和视野一直影响今天我们对世界经济与政治的观察和分析。

俄国十月革命后建立了苏维埃政权，马克思主义政治经济学的聚焦点虽然仍是生产关系，但具体的分析对象和研究出发点从根本上发生了变化。出发点已经不是商品的直接生产过程或资本运动本身，而是资本主义经济向社会主义经济的过渡和变革。正如马克思所说："社会的物质生产力发展到一定阶段，便同它们一直在其中运动的现存生产关系或财产关系（这只是生产关系的法律用语）发生矛盾。于是这些关系便由生产力的发展形式变为生产力的桎梏。那时社会革命的时代就到来了。随着经济基础的变更，全部庞大的上层建筑也或慢或快地发生变革。"① 列宁对社会主义政治经济学的探索是以战时共产主义政策向新经济政策的过渡开始的，列宁《关于以实物税代替余粮收集制的报告》《在全俄工会中央理事会共产党党团会议上关于租让问题的报告》《论粮食税》《论合作社》等重要文献，开创了向社会主义经济过渡的经济理论探索。这些文献所分析的阶级关系，既包括工人阶级和农民阶级的人民内部关系，也包括外国资产阶级与苏维埃人民的关系。对如何建立社会主义生产关系、建设什么样的社会主义生产关系进行了初步探索。斯大林具体的分析对象是苏联社会主义经济建设问题，1952 年他出版的《苏联社会主义经济问题》，其研究的出

---

① 马克思：《〈政治经济学批判〉序言》，《马克思恩格斯文集》第 2 卷，人民出版社 2009 年版，第 591—592 页。

发点是总结和概括了苏联社会主义建设的历史经验，由此阐述了社会主义制度下经济规律的客观性质、社会主义制度下的商品生产和价值规律、社会主义社会的基本经济规律和有计划按比例发展规律等，分析了通过商品交换建立的工农阶级关系、城乡关系、人民内部脑力劳动和体力劳动者之间的关系，社会主义国家与世界资本主义体系之间的关系等，对于如何发展社会主义生产力、完善社会主义生产关系进行了积极探索。他们都对马克思主义政治经济学理论作出了历史贡献。

毛泽东的新民主主义政治经济学的具体分析对象是中国的半殖民地、半封建社会，它分析帝国主义经济与中华民族经济的矛盾，分析地主土地所有制与农民阶级的矛盾，分析中国资产阶级与工人阶级的矛盾以及民族资产阶级与官僚资产阶级的矛盾，他的研究出发点是中国社会各阶级的经济地位和实际状况，揭示在中国这种特殊的社会经济状态中，生产力与生产关系、经济基础与上层建筑的特殊规律和矛盾的复杂性，生产关系和上层建筑的变革也只能渐进的，因此在向社会主义转变之前，中国必然经历新民主主义发展阶段，在建立社会主义经济之前，必然要经历一个新民主主义经济阶段，新民主主义的"三大经济纲领"集中体现了新民主主义政治经济学的基本实践。

概括起来，马克思主义政治经济学的重点研究对象是生产关系，同时要联系生产力与生产关系、经济基础与上层建筑的矛盾运动，但是具体的分析对象和出发点在不同国家和不同的历史时期，由于研究任务和目的的不同，有很大的差别。这也就决定了马克思主义政治经济学的理论范式不是一成不变的，它不是书斋的理论，而是革命与建设行动的指南，因此它是问题导向与目的性的统一。列宁、斯大林、毛泽东的理论范式与《资本论》都不一样，充分体现了理论范式要服从于问题导向与目的性的统一。

二 基本方法论：辩证唯物主义与历史唯物主义

哲学是解决社会科学和自然科学研究的世界观和方法论问题的。马克思主义政治经济学的哲学基础是辩证唯物主义与历史唯物主义。毛泽东十分重视政治经济学研究的哲学思维。1959 年毛泽东用了大量时间和精力专门研究苏联的《政治经济学教科书》，他的总体结论是："没有哲学家头脑的作家，要写出好的经济学来是不可能的。马克思能够写出《资本论》，列宁能够写出《帝国主义论》，因为他们同时是哲学家，有哲学家的头脑，有辩证法这个武器。"① 他还认为，这本教科书在哲学思维上存在两个缺点，一个是只讲物质基础，很少讲上层建筑；另一个总是从定义、概念入手。他认为研究问题应该从历史的分析开始，从人们看得见、摸得到的现象出发，来研究隐藏在现象后面的本质。马克思《资本论》就是用这种方法。总是从规律、原则、定义出发，这是马克思主义从来反对的方法。原理、原则是结果，这是要进行分析，经过研究才能得出来的。苏联教科书所用的方法，不是分析法，而是演绎法，只有形式逻辑。"一看就可以知道是一些只写文章，没有实际经验的书生写的"，搞理论工作不懂得经济实践，"理论和实践没有结合起来"。② 他指出的第一个缺点是缺乏历史唯物主义，第二个缺点讲的是缺乏辩证唯物主义的认识论。

历史上当政治经济学从欧洲近代哲学刚分离出来的时候，是包含欧洲近代哲学思维的，特别是受黑格尔辩证法思想影响的痕迹十分明显。亚当·斯密和大卫·李嘉图的经济学著作都包含着丰富的哲学思维，例如他们讲劳动价值论，讲具体劳动产生使用价值，抽象劳动创造价值；指出价值的本质是劳动，价格是价值的表现形式，这就是事物的对立统一、本质与现象的辩证法思维。正是由于在这种哲学思维指导下的劳动价值论学说，成为马克思主义政治经济学的思想来源。但是，后来的西方经济学抛弃了辩证法的思维传统，他们沿着价格的表面现象按照市场的供给与需求这样一个方法论发展成了当代的经济学理论。而马克思主义政治经济学则紧紧地和历史唯物主义、辩证唯物主义联系在一起。马克思主义政治经济学和西方现代经济学最终在 19 世纪中叶分道扬镳。这个分水岭的标志是，当代西方经济学不讲资本主义经济的本质，它越来越碎片化、实务化、数理化，和辩证哲学思维渐行渐远。所以，马克思主义政治经济学研究必须要有辩证唯物主义和历史唯物主义的世界观和方法论，理解马克思主义政治经济学需要有辩证唯物主义、历史唯物主义的思维，这是马克思主义政治经济学中国化和当代西方经济学的原则区别。

列宁精辟地论述了马克思研究的方法论："在《资本论》中，唯物主

---

① 《毛泽东文集》第 8 卷，人民出版社 1999 年版，第 140 页。
② 《毛泽东文集》第 8 卷，人民出版社 1999 年版，第 139—140 页。

义的逻辑、辩证法和认识论［不必要三个词：它们是同一个东西］，都应用于一门科学。"① 并指出："自从《资本论》问世以来，唯物主义历史观已经不是假设，而是科学地证明了的原理。"② 马克思自己说他研究《资本论》的方法"正是辩证方法"，③ 即唯物辩证法；还说：唯物史观是"我所得到的，并且一经得到就用于指导我的研究工作的总的结果"。④ 因此恩格斯在为马克思《政治经济学批判》所写的序言中也重复指出，马克思的经济学在本质上是建立在唯物主义历史观的基础上的。辩证唯物主义与历史唯物主义的基本方法论包括丰富的内涵，例如对立统一规律、量变质变规律、否定之否定规律的运用；生产力与生产关系、经济基础与上层建筑辩证关系原理的运用；以及对现实事物的科学抽象方法，分析中对现实、历史与逻辑三者统一的论证方法，等等。这些都是马克思主义经典作家研究政治经济学的基本方法。

经济学研究需要占有大量经济事实和现象的资料，但经济事实和现象是纷繁复杂的，互相之间有的甚至是相反的，如何透过现象看本质，则要采取科学抽象法，这是唯物辩证法中的重要方法。马克思指出："分析经济形式，既不能显微镜，也不能用化学试剂，二者都必须用抽象力来代替。"⑤ 马克思从资本主义经济的细胞商品分析开始，从具体劳动现象中抽象出人类一般劳动；从市场和价格现象中抽象出人类一般劳动的凝结物价值。列宁从资本的扩张运动现象中抽象出资本集中和垄断的经济概念；毛泽东从中国社会各阶级的经济实力和力量对比的现象分析出中抽象出新民主主义经济的概念，因为有了工人阶级和中国共产党的领导，不可能再走资产阶级旧民主主义的道路；又因为还需要团结和利用民族资产阶级和

---

① 列宁：《黑格尔辩证法（逻辑学）的纲要》，《列宁全集》第 55 卷，人民出版社 1990 年版，第 290 页。

② 列宁：《什么是"人民之友"以及他们如何攻击社会民主党人?》，《列宁选集》第 1 卷，人民出版社 1995 年版，第 10 页。

③ 马克思：《资本论》第 1 卷，《马克思恩格斯文集》第 5 卷，人民出版社 2009 年版，第 21 页。

④ 马克思：《〈政治经济学批判〉序言》，《马克思恩格斯文集》第 2 卷，人民出版社 2009 年版，第 591 页。

⑤ 马克思：《资本论》第 1 卷，《马克思恩格斯文集》第 5 卷，人民出版社 2009 年版，第 8 页。

小资产阶级，也不可能立即实行社会主义经济，这中间的过渡就是新民主主义经济。邓小平理论从资本主义国家也有计划，社会主义国家也有市场的现象中抽象出社会主义市场经济的概念，成为中国改革开放的基本理论指导。这些经典事例就是运用抽象力揭示现象之间内在的本质联系，把握它们的矛盾运动过程，由此形成有关的理论观点和概念。从抽象再回到具体的过程，可以是理论的叙述和阐释，也可以是政策的制定或行动的纲领。在科学方法指导下形成的理论叙述可以使人们对现象的认识更加系统化和科学化；在科学理论指导下制订的政策和行动纲领，可以保障实践运动的沿着正确的方向前进。

对于马克思主义政治经济学的理论与学术研究来说，最重要的方法是现实、历史与经济学概念的三者统一。现实逻辑就是要抓住问题导向，理论研究要回应现实问题是自己的生命力所在。要研究现实中的各种经济矛盾，并学会抓住主要矛盾和主要矛盾方面，运用对立统一规律来分析矛盾的运动规律，即矛盾转化和转化的方向，由此得出事物运动发展的客观必然性。这种现实逻辑的发展应当是历史逻辑的延续和发展。经济活动和现象也总是由简单到复杂，由低级到高级螺旋式发展的，正如恩格斯所说："历史从哪里开始，思想进程也应当从哪里开始，而思想进程的进一步发展不过是历史过程在抽象的、理论上前后一贯的形式上的反映；这种反映是经过修正的，然而是按照现实的历史过程本身的规律修正的。"① 现实逻辑与历史逻辑的一致性是历史唯物主义的要求，也是认识与实践相统一的反映。而所谓经济学的概念不过是人们运用经济学知识对经济现象的规律性把握，它的正确与否也需要在现实逻辑和历史逻辑的分析中得到检验，正确的经济学概念在运用中必然与现实逻辑和历史逻辑相一致。

正确认识和合理使用数量统计和数学模型方法。马克思也很重视数学定量方法的使用，他说："一门科学只有在成功地运用数学时，才算达到了真正完善的地步。"② 经济学研究要言之有据，应当有必要的数量和数据资料，无论是家庭生计、企业、行业和国民经济，没有数量和数据资料就

---

① 恩格斯：《卡尔·马克思〈政治经济学批判，第一分册〉》，《马克思恩格斯文集》第 2 卷，人民出版社 2009 年版，第 603 页。

② 转引自［法］保尔·拉法格《忆马克思》，中央编译局编：《回忆马克思》，人民出版社 2005 年版，第 191 页。

很难有说服力。因此，马克思、恩格斯和列宁的著作都十分重视引用政府和公共机构披露的经济统计数据，毛泽东在受到信息封锁的困难情况下，仍然十分重视进行田野调查以获取第一手的经济数据并加以运用。但是，无论经济统计数据如何充分，也都需要在正确的基本方法论指导下使用，才能发挥应有的作用。在信息披露充分的发达社会，定性分析与定量分析的合理融合成为可能，数学模型方法有了运用的空间，这是经济学得以发展进步的有利条件，但是它只有在辩证唯物主义与历史唯物主义的基本方法论指导下，在科学抽象法前提下，在现实、历史与经济学概念三者统一的叙述过程中运用，才能发挥它的生命力。相反，如果片面强调数学模型方法而背离马克思主义政治经济学的基本方法，就不可能坚持和发展马克思主义政治经济学理论，就会掉进西方庸俗经济学的陷阱中去。

三　理论创新的必修课：学习和总结中国共产党理论创新的经验

中国共产党百年奋斗的实践历程，也是马克思主义理论创新的思想过程，它展示了马克思主义的强大生命力。马克思主义中国化时代化不断取得成功，使马克思主义以崭新形象向世界展现。因此，学习和总结中国共产党不断推进理论创新的经验是今天理论研究工作者的必修课。中国共产党实现理论创新的基本经验是：

首先是始终不渝的人民立场和为人民服务的宗旨。中国共产党是工人阶级的先锋队，同时也是中华民族的先锋队，但无论是在新民主主义革命时期还是在社会主义建设时期，工人阶级都不占生产人口的多数。根据马克思主义理论，只有工人阶级才具有自觉的阶级意识并能提出整个阶级的诉求；而其他阶级则都不具备这种自觉性。那么中国共产党怎么能够在工人阶级只占人口极少或较少的情况下领导全体中国人民完成新民主主义革命并走上社会主义道路呢？形象地说，中国共产党领导占人口多数的几亿农民翻身解放从地主手中分得了土地，但又能在很短时间内让农民心甘情愿把土地交给合作社集体经营；中国共产党能够在很短暂的保护民族工商业政策中转向公私合营的社会主义改造，并获得民族工商业人士敲锣打鼓般的拥护；中国共产党能够在自己建立的企业和公司中打破铁饭碗、铁岗位，而让工人群众心平气和去克服困难；中国共产党能够在建立了"一大二公"的纯而又纯的计划经济后，改革了这种制度，引进了外资，实行了公有制为主体、多种所有制经济共同发展的新制度，中国共产党触动，甚至改变了计划经济下形成的利益结构，而却能够让这些主要是生活在城镇中的居民所接受。其最重要的原因就是中国共产党始终站在人民的立场，代表全体中国人民的根本利益，中国共产党的组织不仅有工人阶级的成员，而且广泛吸收各阶层人民群众中的先进分子，这些先进分子接受工人阶级的阶级意识并以共产主义思想武装自己，从而成为各阶层人民群众中的表率，起到了政治上的模范作用。中国共产党组织的先进性来源于思想的先进性。共产主义是中国共产党的理想和信念，当绝大多数中国共产党党员的先锋模范作用使全体中国人民相信中国共产党的方针政策代表先进生产力发展方向、代表先进文化、代表全体中国人民的根本利益的时候，他们就会义无反顾地与中国共产党保持步调一致。中国共产党领袖十分重视普通共产党员的这种先锋模范作用，毛泽东写的《为人民服务》《纪念白求恩》，"向雷锋同志学习"的号召、刘少奇写的《论共产党员修养》等，都说明他们对这个经验的高度肯定，这是解释中国故事里所有创造性事物的一个关键。

保持共产党先进性的一个重大理论发现是关于党的执政能力建设。党的思想理论的先进性不仅来源于对社会主义建设规律和人类社会发展规律的认识，还来源于对共产党执政规律的认识。中国革命胜利后，党从革命党转变为执政党，探索执政规律成为党必须面对的历史性重大课题。胡锦涛把党的执政规律概括为"科学执政、民主执政、依法执政"①，进一步发展了党的先进性理论。党的十八大以后，以习近平同志为核心的党中央，开创了党的建设伟大工程新局面，不仅深入开展了反腐败斗争，推进了党风廉政建设，而且创造性地把保持党的先进性的思想建设高度概括为"不忘初心、牢记使命"，成为所有党的先进性活动基本实践的总结。此外，能否保证中国共产党执政的先进性还表现在领导集团的成熟、团结和领袖人物的个人品质。在长期的实践中，中国共产党找到了一条正确处理党内矛盾和斗争的正确方法，这就是"团结—批评—团结""惩前毖后、治病救人"的方针。同时也找到了选拔和遴选领导集团成员和领袖人物的正确方法，这就是"德才兼备"的标准。他们应该具有丰富的实践经验、

---

① 《胡锦涛文选》第 2 卷，人民出版社 2016 年版，第 460—464 页。

较高的马克思主义理论修养和高尚的共产党员的道德修养。显然，中国共产党的组织队伍、思想武装、领导集团和领袖人物的先进性是不断进行理论创新的政治基础和前提。

其次是科学的世界观和方法论。马克思主义哲学是马克思主义政治经济学中国化的世界观和方法论基础，也是认识整个社会科学和自然科学的思想基础。马克思主义经典作家都有许多哲学著作，毛泽东的《实践论》和《矛盾论》是马克思主义哲学中国化的典范。毛泽东运用马克思主义的哲学观点提出了农、轻、重协调发展、《论十大关系》和正确处理人民内部矛盾问题，邓小平运用唯物辩证法，提出了"计划经济不等于社会主义，资本主义也有计划；市场经济不等于资本主义，社会主义也有市场，计划和市场都是经济手段"等社会主义政治经济学基本观点。① 习近平总书记也十分强调学习唯物辩证法，并发表了《辩证唯物主义是中国共产党人的世界观和方法论》，② 他运用辩证唯物主义观点提出了新发展理念，以及国内大循环为主体、国内国际双循环相互促进的新发展格局重要理论观点。如果没有唯物辩证法，我们就很难理解中国特色社会主义与马克思主义经典作家设想的社会主义为什么不一样。恩格斯说，"一个事物的概念和它的现实，就像两条渐近线一样，一齐向前延伸，彼此不断接近，但是永远不会相交"。③ 1895 年，当恩格斯搞清楚了卵生的鸭嘴兽可以是哺乳动物的时候，他对自己 50 年前的无知傲慢向鸭嘴兽道歉并劝告朋友在研究理论中要尊重现实存在。④ 这就是理论与实践的对立统一。如果没有唯物辩证法，我们就很难理解马克思在《共产党宣言》中说的消灭私有制是共产党人的理论概括与今天非公有制经济存在的矛盾。从理论上看，社会主义初级阶段是今天非公有制经济存在的理论依据。从实践上看，今天的非公有制经济，无论在资本原始积累、资本集聚，还是所有者出身、经济制度土壤、社会环境与联系等各方面都与社会主义改造之前的私人所有制有了根本不同，后者已经消亡，马克思说的消灭私有制在这里已经实现。今天新生的非公有制经济具有了更多的两重性，其中有利于社会主义经济

---

① 《邓小平文选》第 3 卷，人民出版社 1993 年版，第 373 页。
② 习近平：《辩证唯物主义是中国共产党人的世界观和方法论》，《求是》2019 年第 1 期。
③ 《马克思恩格斯选集》第 4 卷，人民出版社 2012 年版，第 666 页。
④ 《马克思恩格斯全集》第 39 卷，人民出版社 1974 年版，第 411 页。

的一面已经有其内生的需要，以及更多的制度与政策保证，它已经不属于马克思说的"消灭私有制"的范围，而属于"支持和引导"的范围，这是今天非公有制经济存在的实践依据。同样，过去的国有、国营经济，农村人民公社经济也已经消亡，而新型国有、国营经济和新型集体经济正在祖国大地生机勃勃探索前行，这就是事物螺旋式上升发展的规律。

再次是不断改造和完善自身的学习机制。中国共产党不仅是注重实践的党，而且是勤于学习、善于学习的党。中国共产党把总结经验教训、学习马克思主义理论和新知识，以及教育学习融合在一起，形成了中国共产党自身特色的学习机制。毛泽东把它称为《改造我们的学习》。党在抗日战争期间开展的整风运动，开创了第一类型的全党普遍学习活动，它的特点是总结历史，弃旧迎新。为了提高全党的思想理论水平，纠正王明的"左"倾错误，1941年9月中共中央成立了中央学习研究组，组织在延安的高级干部学习马克思列宁主义理论，各抗日根据地还成立高级学习组，除了阅读党的历史文件，还学习和研究马克思列宁主义的思想方法论，为全党普遍整风做了重要的准备。改革开放后的1983年10月，党的十二届二中全会通过了《中共中央关于整党的决定》，用三年时间分期分批对党的作风和组织进行一次全面整顿。这也是一次全党普遍的学习教育活动，以解决党内存在的思想不纯、作风不纯和组织不纯的问题。第二类型的学习活动以大范围、大面积政治理论教育和学习提高为目的。例如从1995年开始进行的"三讲"教育活动，1997年，党的十五大提出"继续在县级以上领导干部中深入进行以讲学习、讲政治、讲正气为主要内容的党性党风教育"。2004年11月7日，中共中央发布《关于在全党开展以实践"三个代表"重要思想为主要内容的保持共产党员先进性教育活动的意见》，决定从2005年1月开始，用一年半左右的时间，在全党开展以实践"三个代表"重要思想为主要内容的保持共产党员先进性教育活动。党的十八大以后，在习近平总书记亲自指导下，连续开展了五次主题教育活动。2013年6月全党开展了党的群众路线教育实践活动；2015年又开展了主要对象是领导干部这个"关键少数"的"三严三实"教育活动；2016年全党普遍开展了"两学一做"学习教育活动；2019年6月全党开展"不忘初心，牢记使命"主题教育；2021年全党开展以学习党史为中心的学习"四史"（党史、新中国史、改革开放史、社会主义发展史）活动，这些大范围的普遍学习教育活动，对于广大党员都是一次次思想考问和清洗、一次次鞭策和激励。第三类型的学习活动，以结合工作实践，学习理论和新知识为主要目的。1986年中央政治局开始举办法治讲座，前后共四期；1994年12月中央政治局举办了关于国际商法和关贸总协定的讲座；到2001年7月，共举办了12期法治课。党的十六大以后，从2002年12月26日开始，胡锦涛提出中央政治局集体学习要作为一项制度长期坚持，而且讲座内容从法律扩展到经济、科技、历史、文化、国防、党建等至少十六个领域。在中央政治局带动下，各级地方党委都建立了理论中心组学习制度，中央党校和各级地方党校也都建立健全了学习制度和学科体系，充实了师资队伍，确定了学员对象的来源。这些都大大提高了全党学习理论和新知识的积极性，大大提高了中国共产党人吸收新理论、新知识的能力，从而为中国共产党的理论创新准备了丰富的思想营养。

最后是中国共产党始终保持的三大优良作风。理论联系实际、密切联系群众、批评与自我批评是中国共产党的三大优良作风。保持这三大优良作风是中国共产党能够不断理论创新的智慧来源和动力机制。理论联系实际，就要接触实际问题，面对实际矛盾，迫使我们解决问题、解决矛盾；旧的问题和矛盾解决了，新的问题和矛盾又产生了，又要采取新思路、新方法解决新问题、新矛盾，因此理论联系实际是理论创新的动力。人民群众是真正的英雄，是创造历史的动力，这是马克思主义历史唯物论，人民群众中蕴藏的智慧常常出乎我们的意外，因为他们处在所有社会实践的第一线，所有问题和矛盾的解决都离不开他们，由此积累的经验和知识是理论创新的最基础的材料。只有密切联系群众，倾听他们的呼声，才能获得这些宝贵的材料，这是民族智慧最深厚的来源。正如邓小平所说："改革开放中许许多多的东西，都是群众在实践中提出来的"，"绝不是一个人脑筋就可以钻出什么新东西来"，"这是群众的智慧，集体的智慧"。① 有无认真的批评与自我批评是马克思主义政党与资产阶级政党的重要区别，世界上只有中国共产党敢于揭露自己的问题，承认自己的错误，并有勇气认真纠正自己的错误。1945年4月，扩大的中共六届七中全会原则通过《关于若干历史问题的决议》，总结了党从成立到抗日战争全面爆发这一时期，

---

① 《邓小平思想年编》（一九七五——一九九七），中央文献出版社2011年版，第711—712页。

特别是党的六届四中全会至遵义会议这一时期的正反两方面的斗争经验，深刻批评了党内"右"倾和历次"左"倾路线的错误，标志着中国共产党在思想理论上已经成熟。1981年6月27日中国共产党第十一届中央委员会第六次全体会议一致通过《关于建国以来党的若干历史问题的决议》，对新中国成立以来的一系列重大历史事件，特别是"文化大革命"和毛泽东同志的功过，做出了科学分析和总结。像这样深刻的批评和自我批评，世界上没有任何一个政党能够做到。中国共产党中央和各级党委按照制度开展的民主生活会，更是批评与自我批评的常规性教育活动。每一次重大的批评与自我批评，都是马克思主义理论创新的序曲，《关于若干历史问题的决议》催生了马克思主义中国化第一个理论成果——毛泽东思想；《关于建国以来党的若干历史问题的决议》是邓小平理论产生的前奏。由此说明，中国共产党能够不断理论创新具有其内在的必然性。

上述说明，我们要在马克思主义政治经济学的理论和学术研究工作有所创见、有新的认识，不仅要认真学习中国共产党理论创新的经验，而且应当积极融入中国共产党主导的理论创新的实践活动中，在这种实践活动中汲取营养，不断改造我们的世界观和主观思想，不断提高自身的马克思主义理论武装，才能在海纳百川、兼收并蓄中做到守正创新。

第三节　马克思主义政治经济学中国化时代化的话语体系

一　体现中国特色、中国风格、中国气派的学术范式

习近平总书记主张："着力构建中国特色哲学社会科学，在指导思想、学科体系、学术体系、话语体系等方面充分体现中国特色、中国风格、中国气派。"这就要求我们要有民族文化自信，"中国古代大量鸿篇巨制中包含着丰富的哲学社会科学内容、治国理政智慧，为古人认识世界、改造世界提供了重要依据，也为中华文明提供了重要内容，为人类文明作出了重大贡献"。[1] 因此，要构建体现中国特色、中国风格、中国气派的学术范式，应当解决以下一些认识问题。

---

① 《习近平在哲学社会科学座谈会上的讲话》，《人民日报》2016年5月19日第2版。

首先要增强民族自信，继承中华民族优秀文化的传统。

我们承认自近代以来，由于中国封建生产关系严重阻碍了生产力的发展，当西方资本主义生产方式创造了比以往所有时期更大生产力的时候，同时也催生了现代西方经济学理论。而中国在落后的生产力水平和半殖民地半封建经济关系下，文化也落后了，没有产生以分析近代社会化大生产为对象的经济学理论。但这个暂时的现象并不能泯灭中华民族文化的创造力。在财经知识领域，古代中国知识分子以"治国平天下"为己任，"居庙堂之高，则忧其民"，产生了大量关于国家理财和社会经济治理的思想。《吕氏春秋》《史记·货殖列传》《商君书》《管子》《汉书·食货志》等典籍文献都有许多财经问题的记载；西汉时期的《盐铁论》更是有史记载的最早关于盐和铁等关系国计民生的产品，是由封建国家的国有企业经营还是由贵族的私人企业经营的利弊关系争论；北宋"王安石变法"则是加强国家经济治理和宏观调控的民族思想先河；沈括的货币流通速度理论比威廉·配第和约翰·洛克早了六百年。[1] 中国古代先贤的经济思想是中国国情、中国特定时期的社会矛盾、经济发展实践的反映，中国的今天是中国几千年历史的延续，解决今天中国的经济发展问题，借鉴和吸收中国先贤的思想是中国当代经济学的民族底色。毛泽东的"统筹兼顾"思想、邓小平的"小康社会"目标、习近平总书记的"绿水青山就是金山银山"和"共享"理念，都是中华民族优秀文化在今天的发扬光大。正如党的二十大报告所指出："坚持和发展马克思主义，必须同中华优秀传统文化相结合。只有根植本国、本民族历史文化沃土，马克思主义真理之树才能根深叶茂。"[2]

其次是要立足本来，以我为主，吸收外来、融合外来。

毛泽东主张，一切国家的长处都要学，政治、经济、科学、技术、文学、艺术的一切真正好的东西都要学；同时他也明确反对照搬照抄外国的东西。既反对文化保守主义，也反对文化教条主义。在如何向外国学习上，毛泽东强调：一要取分析态度，外国文化有优点，也有缺点，要学人家的优点，不要学人家的缺点；二要反对迷信外国，反对在洋人面前直不

---

① 胡寄窗：《中国经济思想史简编》，立信会计出版社 1997 版，第 335 页。

② 《中国共产党第二十次全国代表大会文件汇编》，人民出版社 2022 年 10 月，第 15 页。

起腰来，反对贾桂作风，反对奴才习气。强调以我为主、为我所用。习近平总书记就中国经济学如何学习西方经济学有过精辟的论述，他指出，我们坚持马克思主义政治经济学基本原理和方法论，并不排斥国外经济理论的合理成分。西方经济学关于金融、价格、货币、市场、竞争、贸易、汇率、产业、企业、增长、管理等方面的知识以及一些分析方法，有反映社会化大生产和市场经济一般规律的一面，要注意借鉴。但是对其中反映资本主义制度属性、价值观念的内容，对其中具有西方意识形态色彩的内容，不能照抄照搬。经济学虽然是研究经济问题，但不可能脱离社会政治，纯而又纯。在我们的经济学教学中，不能食洋不化。① 融合外来的一个典型例子就是"比较优势"这个经济学概念。今天在我们政策语言中常提到的"比较优势"与李嘉图的"比较优势"理论是不同的。李嘉图"比较优势"的原意是在其代表作《政治经济学及赋税原理》第七章一个脚注中打了一个比方：甲乙二人都能制造鞋帽，甲制鞋胜于乙三分之一，而甲制帽仅胜于乙五分之一，若甲制鞋而乙制帽，并相互交换，则双方均获益。② 这里说的是甲对比乙在两种产品生产中都具有效率优势，可以只生产更具有效率优势的鞋；后来西方学者为了向不发达国家鼓吹自由贸易的好处，把它演绎为"两个国家、两个产品"的比较优势理论模型，说的是两个国家、在两种相同产品的生产中，都不具备生产率优势的一国可以选择劣势较少的某一产品来开展国际贸易，赢得专业分工的利益；"比较"的方法是自己和自己比；而我们讲的"比较优势"，"比较"的方法是自己与别人比，核心说的是认识和找到自己的长处，以发现"绝对优势"（你无我有），要素禀赋优势（你少我多），还包括创造竞争优势（你有我优、我廉）。所以，我们讲的"比较优势"，只是在文字上与李嘉图的原意以及与后来西方学者演绎的"比较优势"模型是相同的，而内容则已经完全中国化，这就毛泽东说的"洋为中用"。

最后是要解决中国的问题，体现独创性。

体现中国特色、中国风格、中国气派的学术范式必然是独创的。习近平

---

① 习近平：《不断开拓当代中国马克思主义政治经济学新境界》，《求是》2020 年第 16 期。

② ［英］李嘉图：《政治经济学及赋税原理》，王亚南、郭大力译，商务印书馆 1972 年版，第 114 页。

总书记主张中国的哲学社会科学要有独创性："如果不加分析把国外学术思想和学术方法奉为圭臬，一切以此为准绳，那就没有独创性可言了。如果用国外的方法得出与国外同样的结论，那也就没有独创性可言了。"例如西方学者提出的全球价值链理论，[1] 被广泛运用于分析发展中国家在国际分工中的地位，以这种理论和方法来分析中国问题，就必然不可能有独创性。因为尽管全球价值链理论在分析工具方面有一定可取之处，但它的立场和基本观点是反映西方中心论的，西方中心论的立场和基本观点绝不可能科学地解释中国经济的现实。因此，独创性应立足于中国的实际，以中国人民的实际需要为目标，"要推出具有独创性的研究成果，就要从我国实际出发，坚持实践的观点、历史的观点、辩证的观点、发展的观点，在实践中认识真理、检验真理、发展真理"。"解决中国的问题，提出解决人类问题的中国方案，要坚持中国人的世界观、方法论。"[2]

马克思主义政治经济学的中国化时代化，包括各个经济学的分支学科，不能简单套用马克思主义经典作家设想的模板，因为它只提供了普遍的原理，是共性的认识，而不是每个民族国家个性化的认识，它不能替代每个国家每个民族的在自身实践基础上的认识；也不是其他国家社会主义实践与理论的再版，且不说国与国之间本来就有很大的差别，就中国这样特殊的大国，其国情、民情和历史文化很难在世界上找到相似性，这就决定了中国的理论必定是民族的；更不是国外现代化发展的翻版，欧美实现现代化基础上所产生的理论，在所有发展中国家都没有找到可以照搬照抄的案例，更不用说对中国这样特殊的发展中大国。总之，中国理论的发展不可能找到现成的教科书，中国的经济学应该以中国人当时和现在正在做的事情为中心，从中国自身实践中挖掘新材料、发现新问题、提出新观点、构建新理论。当然，中国理论的民族性决定了中国的共性规律对于其他发展中国家具有参考和借鉴的意义，但也不可能是"普世价值"，不应

---

[1] 1994—2008 年，全球最大的 100 家跨国公司境外资产占总资产比例从 41% 上升到 57%，境外销售占总销售从 45.6% 上升到 62%，跨国公司越来越成为全球公司，企业的价值链日益演化为全球价值链，为了适应这种发展，西方学者格里芬（Gereffi，1994，2003）、赫得逊（Henderson，1998）等提出了全球价值链理论，回答全球经营和全球价值链治理等核心命题，以满足全球垄断资本的需要。

[2]《习近平在哲学社会科学座谈会上的讲话》，《人民日报》2016 年 5 月 19 日第 2 版。

当不可能被照搬照抄。

二 中国特色、中国风格、中国气派的话语表达

所谓话语体系首先是语言表达方式的民族风格问题。中国的语言文化传统厚重、博大精深，但主要为知识分子所掌握；五四运动以后，新文化运动实行了通俗化、大众化的话语革命，奠定了中国书写形式的话语表达的基础，为广大民众喜闻乐见。同时随着中国殖民地化的加深，外来语和洋泾浜式的话语表达也在大城市市民社会中流行。影响了中国的知识界。毛泽东《在延安文艺座谈会上的讲话》曾经尖锐地批评一些知识分子"常常夹着一些生造出来的和人民的语言相对立的不三不四的词句"。[1] 中国由于缺乏经济学理论的传统，因此在我们大量引进国外经济学的名词、概念和范畴时，是很容易受到西方文风的影响。第二次世界大战后，欧美主要国家兴起了计量经济学[2]，为了适应这种"精确化"研究的分析框架和学术范式，形成了一套比较成熟的话语体系，加上西方国家的文化软实力，特别是美国在世界上的霸权地位，使这一套经济学学术体系风靡全球。不可否认，其中也产生了一些严肃的经济学家和学术性较强的研究成果，但也有相当一部分是庸俗化的，只是为了弥补思想的贫乏，常常用极复杂的数学逻辑来论证已经不需要证明的公共知识，或无关国计民生的经济现象，或泛化应用到不可能用数学模型论证的问题上。故弄玄虚、故作深奥。许多学术论文并没有什么研究发现，却用了最复杂的数学模型来分析论证最简单并早已为人所知的事实，这种为使用模型而做文章的倾向是一种脱离实际的"洋八股"，我们应当坚决反对，并防止谬种流传。

有人把是否获得诺贝尔奖看作经济学理论和经济学家被承认的唯一标准，这是片面的。且不说这种评奖有意识形态的偏见，实际上还有国家的硬实力和软实力的背后支撑。诺贝尔经济学奖开始也是被欧洲人，特别是

---

① 《毛泽东选集》第 3 卷，人民出版社 1991 年版，第 851 页。

② 1926 年挪威经济学家弗里希（R. Frich）提出了"Econometrics"（中译为"计量经济学"），1930 年 12 月，他与荷兰人丁伯根（J. Tinbergen）等人在美国克利夫兰发起成立国际计量经济学会。"二战"以后其影响力迅速扩大，美国经济学家萨谬尔逊（P. A, Samuelson）曾说："第二次世界大战以后的经济学是计量经济学的时代。"由此弗里希和丁伯根获得了 1969 年首届诺贝尔经济学奖。

英国人所垄断，美国的崛起使诺奖得主转移到美国，试看未来诺贝尔奖花落谁家，可以预言，随着中国硬实力和软实力的上升，中国学者被国际学术社会承认是必然的，中国特色社会主义政治经济学在国际学术舞台占有一席之地也是必然的。

在经济学研究中运用数学模型和计量方法，在一些特定领域和专题研究上，特别是有条件占有充分数据来源的情况下是有益的。但并不是大多数领域和问题都需要用计量方法，一般来讲，重大的理论问题是难以用数学模型来论证和表达的，建立在机械的、线性思维逻辑上的数理分析方法，在多数情况下，难以应对复杂多元的变量关系，越精致的数学逻辑实际上只能对付最简单的因果关系。马克思的《资本论》也有数理模型，但简单明了，而且在叙述和论证中只起辅助作用。所以应当实事求是，因文制宜，既反对无模型不成文的倾向，也反对拒绝使用数学模型的片面性。还需要强调，采用数学模型作为主要分析工具，是以科学的"假设"为前提的，数学模型是用来论证和加强"假设"提出的判断，但是如果没有大量的调查研究和一定数量的统计数据做支撑，怎么能产生科学的"假设"呢？所以，下功夫做调查研究，下功夫收集数据和文献资料，是任何研究方法都无法离开的不二法门。一些年轻的研究者往往不愿意做这种耗时耗力的基础工作，只是从西方文献中找出现成的结论作为自己的"假设"，然后借鉴或抄袭一个数学模型，采集一些面板数据，拼凑成一篇论文。作为学习阶段，这样做也无可厚非，但这不是真正的研究，应当从这个幼稚的阶段逐步走向成熟。

如何构建学术论文的话语体系是解决中国特色的另一重要问题。五四运动以后的新文化运动，使中国文坛摆脱了以文言文为主导的传统话语体系，产生了现代中国语言的话语体系，它的进步性体现在两个方面，一是更贴近大众生活，二是更有利于吸收外来先进文化。但要处理好这两者的关系，却不是一件容易的事情。新中国成立前在半殖民地、半封建社会背景下，洋教条和食洋不化的文化现象是旧中国殖民地文化的病症，反映到党内，有"党八股"现象的出现，毛泽东同志写的《反对党八股》和《改造我们的学习》系统批判了党内的教条主义倾向以及它所表现的话语形式。改革开放以后，我们学习市场经济，引进和使用了许多与市场经济相关的专门词汇、概念和理论。大大丰富了经济学理论，包括国家经济政策的话语表达形式。在这个学习过程中，中国的广大干部、知识分子和群众不仅熟悉了这些新的话语表达形式，有的还向其注入了中国元素，赋予其新的含义，形成中外文化相互交融的局面，从而形成了中国式的话语体系，使"English"变成了"Chinglish"，经济学研究及其学术论文当然是走在这个学习过程的最前沿。站在最前沿容易产生两种可能性，一是落后于大潮流和人民大众；二是孤立冒进并脱离人民大众。在留学海外热潮逾三十年经久不衰以及国家经济建设日新月异的环境下，第一种可能性不容易产生；而第二种危险却较为容易产生。一些人把生硬翻译过来的西方经济学论文的表达方式看作经济学规范的话语体系，把被多数人读不懂的话看作"学术"，认为"学术"只需要少数人看懂和欣赏，多数人看得懂，就不是"学术"了，至少也属于"学术水平不高"。怎样处理"阳春白雪"和"下里巴人"的关系，是中国经济学话语体系要解决的问题。毛泽东在延安文艺座谈会上的讲话精神为我们解决这个问题指明了方向。他说文艺作品要源于生活，又要高于生活。所谓源于生活就是不能脱离生活，不能不接地气。中国经济学的话语体系，也不能脱离多数（这个多数已经有职业范围的限定），如果我们的经济学论文只有极少数人看得懂，连多数经济学研究和教学工作者、多数政府经济工作官员（基本是大学以上文化水平）、多数有文化的企业家和其他知识界人士都看不懂，那还叫"为人民服务"吗？真理是朴素的，往往不需要深奥的语言，而庸俗却需要故弄玄虚来掩饰浅薄。当然，经济学研究又要高于普通的时事新闻，不仅要适当介绍和引进新词汇、新概念和新思想，还要有学理逻辑。因此要在多数人读懂基础上提高和不断提高，我们的话语体系应当朝这方面努力。这样说有些人会很不以为然，有人会问，经济学诺奖著作多数人看不懂，难道不是学术吗？是学术不假，但这里不仅有意识形态倾向要考察，也有一个普及与提高的关系问题要审视。拿文艺作品来比喻，《天鹅湖》无疑属于世界文艺精品，但在解放战争期间，我人民解放军指战员是靠看《白毛女》来激发阶级仇恨和奋勇杀敌的，看《天鹅湖》不仅不适宜，而且当时也不具备多数人欣赏的社会经济条件和文化环境。从感染人、激发人的情感的艺术标准和"为人民服务"的政治标准来看，《白毛女》无疑达到了艺术标准和政治标准的统一，是当时我国的艺术精品。同理，今天我们的话语体系，更多的是需要多数人读懂基础上的提高和再提高，这是我们应当提倡和努力的主要方向，同时也应当是我们学术评价的主要标准。当然只有少数人才能读得懂的学术文章和著作，也应当允许存在并参与百花齐放和百家争鸣。但主次不能颠倒。

怎样让中国的话语表达易于在国际传播，语言翻译确实是重要因素，相当程度上是一种思维逻辑转换为另一种思维逻辑的变化，有很强的学术性和技巧，但语言翻译不能通过改变或曲解中国故事的性质来迁就外国的标准逻辑以谋求外国人的青睐和赞赏；我的就是我的，你赞赏也罢，不赞赏也罢，你知道了就行。能否取得国际话语权，不在于我们的迁就和弄巧，而在于我们的故事有没有强大的事实说服力。1919 年巴黎和会上，围绕中国领土山东的主权问题，满口流利英语的中华民国大使顾维钧照样败给了英语说得糟糕日本外相牧野伸显①，关键问题上，国际话语权是由母国综合国力决定的。中国化的马克思主义政治经济学的国际传播效果最终也是由它的实践成果决定的。

---

① 引自唐启华《巴黎和会与中国外交》，社会科学文献出版社 2014 年版。

第二章 中国特色社会主义政治经济学的逻辑起点

中国特色社会主义政治经济学从哪里开始写起？马克思的《资本论》从资本主义经济的细胞商品开始写起，那么是否意味着中国特色社会主义政治经济学也从社会主义商品写起呢？笔者以为不然。实践性是马克思主义理论的最基本品格之一，它是问题导向与目的性的统一。《资本论》要回答的问题是，资本主义社会是永恒的，还是历史的；它的目的是揭示资本主义生产方式的运行规律和内在矛盾，论证其走向灭亡的历史必然性。从资本主义商品写起，就是服务于和服从于这个主题。中国特色社会主义政治经济学要回答什么是中国特色的社会主义经济，怎样建设这样的经济；目的是要分析和总结新中国70多年社会主义经济建设的经验和教训，论证它的基本规律。这是研究的主题。这就要从中国如何从新民主主义经济过渡为社会主义经济写起。

总结中国特色社会主义实践的经验要把新中国前30年和后40多年联系起来是习近平总书记的主张。他说，前后两个时期"本质上都是我们党领导人民进行社会主义建设的实践探索"，"中国特色社会主义是社会主义，不是别的什么主义"。党的领导和社会主义，是新中国前后两个时期的本质规定性，"虽然这两个历史时期在进行社会主义建设的思想指导、方针政策、实际工作上有很大差别，但两者决不是彼此割裂的，更不是根本对立的"[①]。2021年在全党、全国开展的学习中国共产党史、新中国史、改革开放史、社会主义发展史的"四史"学习教育给予我们一次难得的从实践和历史的逻辑来重新思考怎样总结中国特色社会主义经济规律的方法

[①] 习近平：《关于坚持和发展中国特色社会主义的几个问题》，《求是》2019年第7期。

30 / 中国特色社会主义政治经济学 /

论启示，也是构建中国特色社会主义政治经济学理论体系的新思路。

第一节 问题导向与实践逻辑：国家 工业化的本质与规律

一 实现工业化是新中国的第一个经济理论问题

关于社会主义社会在中国的历史起点，最早在党的十三大报告提过，1997年9月江泽民在党的十五大报告中确认："从五十年代中期我国进入社会主义初级阶段。"[①] 20世纪50年代中期中国完成了社会主义经济的改造，基本结束了新民主主义经济，构建了社会主义经济的基本形态。以实践论的逻辑和经济学逻辑来分析和论证这个历史性的转变，应当成为中国特色社会主义政治经济学的逻辑起点。

新中国应该成为什么样的国家，怎样建设这个国家？毛泽东很早就在思考这个重大问题。在抗日战争胜利前夕，毛泽东从总结抗日战争的教训中认识到，国家的政治独立，必须有经济独立为保障，经济独立必须以工业化为基础，经济不独立，就会成为国民党政府那样的帝国主义国家的附庸。他说："我们不能学国民党那样，自己不动手专靠外国人，连棉布这样的日用品也要依赖外国。"[②] 在党的七大报告中，其中一节专门论述了工业问题，明确提出了新中国的建设目标是"使中国由农业国变为工业国"。1949年7月，在中华人民共和国成立前夕，毛泽东再次重申了这个目标："人民民主专政的国家，必须有步骤地解决国家工业化的问题。"[③] 解决国家工业化是新中国最迫切的需要，也是新中国需要着手的第一个实践任务和第一个理论命题。

1951年2月，毛泽东正式提出了"三年准备、十年计划经济建设"的设想，即用三年时间（1950—1952年）医治战争创伤，恢复国民经济，然后转入国家工业化建设。1951年12月他明确阐述了关于国家工业化建设的基本思路："从一九五三年起，我们就要进入大规模经济建设了，准

---

① 《江泽民文选》第2卷，人民出版社2006年版，第15页。
② 《毛泽东选集》第3卷，人民出版社1991年版，第1016页。
③ 毛泽东：《论人民民主专政》，《毛泽东选集》第4卷，人民出版社1991年版，第1476页。

备以二十年时间完成中国的工业化。完成工业化当然不只是重工业和国防工业，一切必要的轻工业都应建设起来。为了完成国家工业化，必须发展农业，并逐步完成农业社会化，但是首先重要并能带动轻工业和农业向前发展的是建设重工业和国防工业。"① 根据此后一年半的实践，1953 年 6 月毛泽东把这个思路正式表述为过渡时期的总路线和总任务："从中华人民共和国成立，到社会主义改造基本完成，这是一个过渡时期，党在这个过渡时期的总路线和总任务，是要在一个相当长的时期内，基本上实现国家工业化和对农业、手工业、资本主义工商业的社会主义改造。"② 这就是"一化三改"的总路线，问题导向和实践逻辑都十分明确，是中国特色社会主义政治经济学的第一篇实践与理论相结合的大文章。从单纯的经济发展角度看，国家工业化为什么要选择优先发展重工业，的确是需要论证的经济学逻辑问题。

二 国家工业化以重工业优先的理论和历史逻辑

国家工业化以重工业优先，有马克思主义政治经济学的理论依据。随着 19 世纪发达资本主义国家工业化的实现，"工业化"研究成为经济学的重要对象。资产阶级经济学家对"工业化"的描述契合事情的现象和过程中的某些特点，但没有揭示它的本质，所以这些现象和过程在他们看来都是自然和和谐的。对当代最有影响的两个经济学家，德国经济史学家鲁道夫·吕贝尔特（R. Rubberdt, 1983）认为，纺织机械化的推进和蒸汽机动力的出现，使单件生产过渡到系列生产，进而大规模生产，人类社会由此出现巨大变化，这些变化就称为工业化。③ 美国经济学家阿瑟·刘易斯（W. A. Lewis, 1989）则强调工业化是农业领域富余劳动力向工业领域转移的过程，④ 并由此资本主义世界分化为二元经济结构，一国如此，世界也如此。马克思《资本论》从揭示资本积累的本质入手，实际上透析了资本主义工业化史，但他的分析逻辑与资产阶级经济学家不同，他论述了资

---

① 《毛泽东文集》第 6 卷，人民出版社 1999 年版，第 143、第 207 页。

② 中共中央党史研究室著：《中国共产党历史第二卷（1949—1978）》，上册，中共党史出版社 2011 年版，第 185 页。

③ ［德］鲁道夫·吕贝尔特：《工业化史》，黄森林译，上海译文出版社 1983 年版。

④ ［美］阿瑟·刘易斯：《二元经济论》，施炜等译，北京经济学院出版社 1989 年版。

本主义大机器工业生产中资本主义生产方式运行的逻辑，资本原始积累、资本主义扩大再生产。在《资本论》第 2 卷第 3 篇论述社会总资本再生产时，指出资本主义工业体系中存在两大部类生产，而且在资本主义扩大再生产条件下，一定是生产资料部门的生产比消费资料部门的生产增长得更快。列宁在《论所谓市场问题》一文中也说："增长最快的是制造生产资料的生产资料生产，其次是制造消费资料的生产资料生产，最慢的是消费资料生产。"① 马克思和列宁为什么都强调资本主义工业体系中的不同部类的生产，这与他们对"工业化"本质的理解有很大关系。

在马克思和列宁看来，固然工业化是科技革命孕育的新的物质生产，但这并非工业化的全部含义，生产资料的生产是工业化的基础，只有国民经济的主要部门，特别是所有物质生产部门都能够被本国制造的以机械动力为代表的物质技术装备起来的条件下，才能称为工业化，这就是工业化的本质。这与有一些工业生产存在，建立一些工业企业有着本质区别。因此，工业化客观上要求第一部类生产比第二部类生产增长得更快。这就是客观规律，所以毛泽东说："生产资料优先增长的规律，是一切社会扩大再生产的共同规律。"② 但是资本主义工业化首先要遵循资本的最大化利益，而未必遵循客观规律。早期资本主义工业发展是从轻工业即生活资料部门起步的，因为轻工业部门比机器、冶金、燃料等重工业部门所需要的投资少，资本周转快，获得利润也更容易，这就促使资本家首先把资本投入轻工业部门。当轻工业发展起来后，迫切需要重工业为它生产机器和生产资料，经营重工业的利润可以不低于甚至高于轻工业时，资本家才会把在轻工业中积累起来的利润逐渐投入重工业，这就注定了资本主义工业化是一个比较缓慢的过程。从 18 世纪下半叶世界主要资本主义国家开始工业化，到 19 世纪末和 20 世纪初先后完成，前后经历了 100 多年。英国的工业化最早，从 18 世纪 70 年代开始，直到 19 世纪下半叶，重工业才在工业中占优势地位，前后近 100 年。法国工业化大致从 19 世纪 20 年代至 30 年代开始，直到第一次世界大战前夕才实现工业化，前后 80 多年。此后，工业化的过程大大缩短，这不仅与资本主义生产方式向全世界输出有极大

---

① 《列宁全集》第 1 卷，人民出版社 2013 年版，第 66 页。
② 《毛泽东文集》第 8 卷，人民出版社 1999 年版，第 121 页。

关系，而且与资本主义走向垄断集中甚至国家垄断有密切联系。德国从1848年资产阶级革命后开始工业化，到1890年成为强大工业国，经历了40多年。美国从1776年独立战争后，开始建立本土工业，1861—1865年南北战争后，工业化加速，1880年工业产值超过英国，到1890年前后也完成了工业化。如果从1861年前后算起，美国工业化只经历了30年左右。日本曾是落后的封建国家，1868年发生"明治维新"，走上资本主义工业化道路，到1904—1905年日俄战争前后，完成了工业化，前后经过近40年。① 在存在帝国主义战争威胁和强敌环伺的环境下，客观上不允许社会主义国家工业化的进程走得那么从容不迫。

三 苏联的经验和新中国"一五计划"成就的证明

重工业优先发展的工业化战略有苏联的实践依据。俄国十月革命胜利后，苏联也经历了国民经济恢复阶段，1926年重启工业化建设，经过两个五年计划（1928—1937年）苏联的国民收入从244亿卢布提高到963亿卢布，煤产量从3540万吨提高到1.28亿吨，钢产量从400万吨增至1770万吨，电力增长7倍，机床增产20倍以上，拖拉机产量几乎增加40倍。在20世纪30年代末，苏联的工业总产量不仅超过了法国、日本和意大利，而且可能超过了英国。② 而这一切，只用了13年时间。按美元计算，1937年美国国民收入为680亿美元，英国为220亿美元，而苏联已达到190亿美元，德国为170亿美元，法国100亿美元，意大利60亿美元，而日本仅为40亿美元。按照钢铁产量计算，1938年美国为2880万吨，德国2320万吨，苏联1800万吨，英国1050万吨，法国610万吨，日本700万吨；同年，美国制造业在世界制造业总产量中的比重为28.7%，苏联为17.6%，德国为13.2%，英国为9.2%，法国为4.5%，日本仅为3.8%。③ 在1937年，苏联通过两个五年计划快速实现了欧洲第一、世界第二的工业产值，国家工业化基本完成；第二次世界大战结束后1946—

---

① 参见马海编著《几个主要资本主义国家工业化的过程》，上海人民出版社1956年版。

② ［美］保罗·肯尼迪：《大国的兴衰》，陈景彪等译，国际文化出版公司2006年版，第316页。

③ ［美］保罗·肯尼迪：《大国的兴衰》，陈景彪等译，国际文化出版公司2006年版，第324、194、322页。

1950 年（"四五"计划），其经济增长率达到年均 11.9%，"五五"时期保持至年均 11.3% 水平。[1] 高速的经济增长使苏联在战后十年内成为与美国并驾齐驱的超级经济、科技、军事大国。苏联的现代化在当时的历史条件下成为中国现代化无可替代的学习榜样。因此毛泽东说，"他们已经建设起来了一个伟大的光辉灿烂的社会主义国家。苏联共产党就是我们的最好的先生，我们必须向他们学习"[2]。而在苏联的工业化过程中，生产资料部门的生产始终快于消费品工业的生产，并使工业化完成后的工业生产结构发生了根本性的变化（见表 2-1、表 2-2）。

表 2-1 三个五年计划时期苏联工业及两大部类工业增长速度
（按可比价格计算,%）

时期	工业总产值	生产资料生产	消费品生产
一五计划（1929—1932 年）	19.3	28.6	11.8
二五计划（1933—1937 年）	17.1	19.1	14.8
三五计划前三年（1938—1940 年）	13.2	15.3	10.0

资料来源：苏联国民经济统计年鉴，转引自陆南泉等《苏联国民经济发展七十年》，机械工业出版社 1988 年版，第 126 页。

表 2-2 苏联工业总产值中生产资料生产与消费品生产的比重（%）

年份	全部工业	生产资料生产	消费品生产
1913	100	35.1	64.9
1928	100	39.5	60.5
1940	100	61.0	39.0

资料来源同上表，第 124 页。

新中国成立后不到一年时间就爆发了美国入侵朝鲜的战争，随即美国第七舰队进入台湾海峡，阻挠新中国统一台湾，以武力干涉中国内政。这增强了中国共产党人加快国家工业化建设，特别是以重工业和国

---

① 王金存：《苏联社会主义经济七十年——苏联经济发展史》，北京出版社 1992 年版，第 199—200 页。

② 《毛泽东选集》第 4 卷，人民出版社 1991 年版，第 1481 页。

／第二章 中国特色社会主义政治经济学的逻辑起点／ 35

防工业优先发展的紧迫感。在"一化三改"总路线指引下，新中国从1953年开始实施第一个五年计划，社会主义工业化建设迈开了步伐。新中国经济建设学习苏联经验并非毫无意义和成效。20世纪50年代中国工业化开始起步，为了支持中国156个大型工业项目的建设，苏联和东欧社会主义国家给予了中国资金和技术设备的援助。加上农业向工业化提供的大量积累，使中国工业化快速发展，1950—1977年中国工业总产值增长速度达11.2%（仅次于日本的12.4%），高于苏联和其他资本主义发达国家。虽然国家积累比例偏高，人民消费比例偏低，重工业发展较快，轻工业和农业发展偏慢，广大人民群众普遍不富裕，但到20世纪70年代初，我国已经基本建成独立自主的工业体系，取得"两弹一星"等尖端科技攻关的成果。为后来的社会主义经济建设打下良好的工业化基础。

"一五"计划以重工业为主，能源和轻工业也相应开展。"一五"计划得到苏联政府的直接援助，156个苏联援助的工业项目基本是重工业，但从1955年中国就开始以出口矿产品和农产品逐步偿还苏联贷款，在苏联的援助项目中，中国工程技术人员担负了设计工作量的20%—30%；国产配套的机器设备占安装量的30%—50%。1956年中共中央明确提出要建立独立的比较完整的工业体系和国民经济体系的方针。[①] 欢迎苏联援助，但不依附苏联，这也是中国工业化必然要走优先发展重工业道路的重要原因。由于国有工业企业的建立，到1956年国营经济在国民收入中的比重已由1952年的19.1%提高到32.2%，工业总产值按照1952年不变价格计算达到704亿元，比上年增长28.2%，超过"一五"计划规定的1957年所要达到的水平，1957年工业总产值比1952年增长83%，5年的年平均增长率达到18%。其中生产资料生产年平均增长25.4%。工业总产值（包括手工业）在工农业总产值中的比重达到51.3%，在5年计划规定的46种主要工业产品产量中，有27种提前一年达到或超过"一五"计划规定的1957年的指标；[②] 钢产量超过500万吨。毛泽东萦怀心中的中国不能

[①] 中共中央党史研究室著：《中国共产党历史第二卷（1949—1978）》，上册，中共党史出版社2011年版，第219页。

[②] 中共中央党史研究室著：《中国共产党历史第二卷（1949—1978）》，上册，中共党史出版社2011年版，第360页。

36　/　中国特色社会主义政治经济学　/

制造的汽车、拖拉机、飞机、坦克，中国都能自己制造了。在这期间，中国工业的增长速度遥遥领先世界主要大国，1953—1957 年中国工业总产值年平均增长 18%，苏联为 11.6%，美国为 3.6%，英国为 3.8%，联邦德国为 10.1%，法国为 7.9%，日本为 15.0%。[①]

在经济建设实践中，尽管在建设的道路上有许多失误，例如人民公社化和"大跃进"的错误，甚至发生"文化大革命"，但重视发展国民经济的思想在党和国家领导层始终占有重要影响，因此才有可能使新中国前 30 年的国民经济仍然取得了历史性地空前发展。根据国家统计局的统计，1949 年中国工农业总产值只有 466 亿元人民币，经过三年经济恢复，1952 年达到 810 亿元，比 1949 年增长了 73.8%；1953 年制订了第一个五年计划，1957 年中国工农业总产值达到 1360 亿元人民币，比 1952 年增长 67.84%；第二个五年计划期间（1958—1962 年），中国遭受三年自然灾害以及不切实际的"大跃进"，导致经济发展停滞，1962 年工农业总产值为 1406 亿元，只比 1957 年增长 3.4%；1963—1965 年是三年恢复时期，1965 年工农业总产值达到 2185 亿元，比 1962 年增长了 55.4%；第三个五年计划期间进入"文化大革命"时期，但 1970 年工农业总产值也达到了 3454 亿元，比 1965 年增长了 58%；第四个五年计划期间（1971—1975 年），工农业总产值增长了 45.3%，1975 年达到 5018 亿元；1976 年遭受"四人帮"严重破坏，工农业总产值只比上年增长 1.7%；1977—1980 年是第五个五年计划期间的后四年，"文化大革命"结束，国家政治经济生活恢复正常，国民经济采用国内生产总值统计，四年国内生产总值年平均增长 9.45%，1980 年中国国内生产总值达到 7318 亿元人民币。整个 70 年代，中国在 GDP 增长速度达到世界第 8—9 位。在 1949—1978 年，中国在建设独立完整的工业体系和国民经济体系中，保持了 7.3% 左右的年均经济增长速度。自 1980 年开始到 20 世纪 80 年代中期，我国经济规模分别超越英法德，成为世界第三大工业国。

[①]　董志凯等主编：《中华人民共和国经济史（1953—1957）》下册，社会科学文献出版社 2011 年版，第 973 页。

第二节 "一化三改"：社会主义工业化与经济制度变革

与国家工业化相伴随的另一个重要问题是怎样由新民主主义社会转入社会主义社会。1947年7月毛泽东的基本构想是解决民族资产阶级和农民的改造问题。他认为现阶段对民族资产阶级主要是适当的教育工作，等到将来实行社会主义即实行私营企业国有化的时候，再进一步对他们进行教育和改造工作。关于农民，他认为需要很长时间的教育和细心工作，才能做到农业社会化。"农业社会化的步骤，必须和以国有企业为主体的强大的工业的发展相适应。"① 可见，新中国要完成从新民主主义社会向社会主义社会的转变，要回答的第一个政治经济学命题就是怎样实现国家的工业化并同时建立社会主义基本经济制度。

国家工业化的方针确定之后，具体工作更多的是技术性和业务性的，毛泽东把更多的精力转向"三改"，特别是农业社会化问题，他一语中的地说"总路线就是逐步改变生产关系"②。为什么要把国家工业化与改变生产关系联系在一起呢？第二次世界大战以后许多新独立的国家都搞工业化，但走的道路与中国不同，除了工业化本身的技术路线不同，最大的不同就在于怎样对待整个旧的社会生产关系的变革。印度和中国都是第二次世界大战后取得民族独立和解放的发展中大国，但在印度执政的国大党并不主张改变印度的生产关系和社会结构，导致它的经济发展从原来略强于中国到现在远远落后于中国。

一 对资本主义工商业的改造

对资本主义工业企业的改造实际上从1949年就开始了。通过政府和国有企业向私营企业加工订货、统购包销，将私营企业从外部、即流通领域同国营经济联系，这被称为国家资本主义的低级形式。但在三年经济恢复阶段，这种低级形式的国家资本主义暴露出明显的缺陷：首先是与国家

---

① 毛泽东：《论人民民主专政》，《毛泽东选集》第4卷，人民出版社1991年版，第1476—1477页。

② 《毛泽东文集》第6卷，人民出版社1999年版，第305页。

政权的矛盾。私营企业主为了获取利益，向国家机关工作人员行贿、偷税漏税等现象严重发生，导致1952年1月中央政府发起了一场反对行贿、偷税漏税、盗骗国家财产、偷工减料、盗窃国家经济情报的反"五毒"斗争（即"五反"运动）；其次是与国家工业化的矛盾。一些不法资本家在承建国家工程、完成加工订货任务中偷工减料、弄虚作假，以次充好；特别是在抗美援朝军用物资中一些不合格药品、食品使志愿军战士致死、致残，引起公愤。最后是普遍发生的劳资矛盾、公私矛盾难以处理。正如毛泽东尖锐批评的那样："有些资本家对国家保持一个很大的距离，他们仍没有改变唯利是图的思想。"[1]

实行公私合营是对资本主义工商业进行社会主义改造的主要形式和内容。它的有利条件是：在三年经济恢复时期已经进行了试点并取得了经验；由于不没收私有股权，资本家的抵触情绪不大；由于公私合营企业在原料、市场、贷款等方面得到国家支持，不少未合营的私营企业渐感独自经营困难，主动要求实行公私合营。1954年3月中共中央批准了中央财经委关于扩大公私合营的计划，实践中取得良好效果，生产迅速发展，劳动生产率大大提高，按可比价格计算，1954年公私合营企业产值比上年增长25.5%。从此公私合营在工业部门全面推开，到1955年全国公私合营工业已达3193户，产值占私营、公私合营工业全部产值的49.7%。[2]从而奠定了资本主义工业企业社会主义改造胜利实现的基本局面。

改造私营商业也是改变生产关系的重要一环。1950年私营商业比重相当大，在批发领域占71.6%，在零售领域占85.3%，均占绝对多数。改造私营商业的第一个步骤是掌握货源，掌握批发。在三年经济恢复阶段，就以国营批发商业逐步取代私营批发，到1952年年底，私营批发在全社会商品批发总额中的比重已经降至36.3%；实行"一化三改"后，进一步加强货源掌握，包括扩大对工业产品的加工订货和收购包销；对政府采购实行统一管理，脱离私商；实行粮、棉、油统购统销，在主要农产品批发环节排除私商经营；重要工业原料，如煤炭、钢铁、橡胶以及化工原料

---

① 《毛泽东文集》第6卷，人民出版社1999年版，第292页。

② 中共中央党史研究室著：《中国共产党历史第二卷（1949—1978）》上册，中共党史出版社2011年版，第241页。

等完全由国营商业控制，实行计划供应；对外贸易实行国家统制，国有外贸企业独家经营。第二步，对私营批发商采取"留、转、包"的改造。由于私营商业从业人员数量达到七八百万人，为了不因为私营批发商无业务，导致失业和社会动乱，从1954年下半年开始，实行第二步改造计划。国营商业根据需要，可以选择私营批发商为其代理批发业务，这即为"留"；"转"就是转行他业；"包"是指私营批发商业的职工和资方代理人，经过学习培训由国营商业录用。改造私营零售商业的主要形式是代销、经销，由国营商业掌握货源，执行国家规定的零售牌价。到1954年年底，国营商业已占批发经营的88%以上，国营商业和合作社商业占零售经营比重达57.5%。① 这就为在零售商业和剩余的批发商业实行公私合营改造奠定了坚实的基础。到1957年，全部私商都实现了公私合营，70%以上小型坐商改造为公私合营商店和合作商店，50%以上的流动摊贩组织成合作小组。纯私营零售商业包括农民的直接贸易的经营额只占全社会商品经营额的6%。②

二　对个体手工业的社会主义改造

中国生产力落后的一个重要标志是现代工业比重低，满足工农业生产和人民生活的大量产品依靠手工业。根据国家统计局1952年统计，全国城乡手工业工人和手工业独立劳动者达1930余万人，新中国成立后，手工业产值由1949年的3237亿元增加到73.12亿元，占工业总产值的20.6%。在广大农村，农民生产资料和生活资料的60%—80%是由手工业生产的，由大机器生产的只占少部分。这就决定了对个体手工业社会主义改造的意义和重要性，实际上它成为实现农民生产生活稳定，促进农村合作化的重要条件；也是策应城镇工商业社会主义改造的重要条件。

在三年经济恢复阶段，手工业的社会主义改造经过初步探索已经有一定经验和发展。特别是根据刘少奇的意见，从生产中最困难的供销环节入手，通过供给原料，推销产品把手工业劳动者组织起来，这个办法最容易

---

① 中共中央党史研究室著：《中国共产党历史第二卷（1949—1978）》上册，中共党史出版社2011年版，第243页。

② 董志凯等主编：《中华人民共和国经济史（1953—1957）》上册，社会科学文献出版社2011年版，第280—281页。

得到推行。1953 年年底召开的第三次全国手工业生产合作会议，总结了手工业合作化的三种形态：第一种是初级形态，由手工业生产小组通过供销流通领域广泛组织手工业劳动者；第二种是中级形态，即在购买原料、推销产品或接洽加工业务领域组织供销合作社，为生产者服务，这种形式叫"手工业供销生产合作社"；第三种是高级形态，合作进入生产领域，其中一部分合作社的主要生产资料完全归社员集体所有，完全实行按劳分配。还有一部分采取集体所有，工具入股分红、统一经营，收益的一部分实行按劳分配。到 1956 年年底全国手工业的社会主义改造基本完成，全国手工业合作社（组）发展到 10.4 万余个，社（组）员达到 603.9 万余人，占全部就业人员的 91.7%；合作化手工业的产值 108.76 亿元，占手工业总产值的 92.9%。[①]

三 农业合作化

从 1947 年中共中央颁发"中国土地法大纲"后，全国的解放区都实行了土地改革，但不久农村中就出现了贫富两极分化问题，党和解放区人民政府鼓励、倡导农民开展互助合作，这是农业社会化在中国农村最早出现的原因。这个办法也被推广到新解放区，所以在 1953 年上半年，"互助合作已经发展起来，老区已达百分之六十到七十，新区是百分之二十到二十五"。[②] 进入"一五"计划时期，工业化建设迅速扩大，1953 年基本建设投资比上年增长 83.7%，工业总产值增长 30%，带动城镇人口和就业大幅度增加，当年全国城镇人口达到 7826 万人，比上年增加 663 万人，居民消费量比上年增长 15%。不仅消费粮食、棉花大增，而且出现了城市蔬菜供应问题，"肉类、油脂不久也会出现极大的矛盾，需求大大增加，供应不上"[③]。经过反复权衡利弊，1953 年 9 月陈云向中央提出了农村实行粮食征购（后扩及棉花）、城市实行粮食配售的建议。11 月 19 日政务院下达了"关于实行粮食的计划收购与计划供应的命令"。

粮食统购统销政策暂时缓解了粮食供需紧张的矛盾，但并没有从根本

---

① 中共中央党史研究室著：《中国共产党历史第二卷（1949—1978）》上册，中共党史出版社 2011 年版，第 246 页。

② 《毛泽东文集》第 6 卷，1999 年版，第 296 页。

③ 《毛泽东文集》第 6 卷，1999 年版，第 300—301 页。

上解决问题。从生产方面看，小农经济增产粮食的潜力很小，不适应大规模农田基本建设、兴修水利、采用机械作业。要提高生产能力，需要搞农业合作化。从流通领域看，实行粮食统购统销，国家要与上亿农户直接打交道，家家核定余粮，户户动员交售，交易成本极高。把分散的农民组织进入合作社，不仅大大降低交易成本，而且能够确保大宗农产品和工业原料的交售。这就是大宗农产品统购统销制度必须与农业合作化紧密结合的根本原因。从 1953 年开始，农业合作化快速发展，到 1956 年年底，加入农业生产合作社的社员总户数已占全国农户总数的 96.3%，其中初级社户数占 8.5%，高级社户数占 87.8%。①

毛泽东不仅关注农业合作化，而且亲自督促检查，他批评一些同志的保守观点，表现出来的急迫心态是有原因的。1955 年 7 月他在《关于农业合作化问题》一文中论述了农业合作化的紧迫性。这就是国家工业化发展与农业合作化必须环环相扣的道理。他认为：（1）中国农业的根本出路在于由使用畜力农具的小规模经营跃进到使用机器的大规模经营，同时由国家组织的使用机器的大规模移民垦荒，在三个五年计划内准备垦荒四亿到五亿亩。这不仅有赖于工业化的实现，也有赖于农业合作化的实现。（2）国家工业化的重工业产品，农业机械、化学肥料、新动力工具和煤电等产品，"只有在农业已经形成了合作化的大规模经营的基础上才有使用的可能，或者才能大量地使用"。就是说重工业的市场问题有赖于合作化。（3）只有轻工业大规模发展，才能满足农民对生活资料的需要，而轻工业的大规模发展，既需要重工业支持，也需要大规模农业的发展。这就是农、轻、重三个产业互为提供原料产品，又互为市场的道理。（4）农业为工业化提供资金积累的道理。毛泽东说："为了完成国家工业化和农业技术改造所需要的大量资金，其中有相当大的部分是要从农业方面积累起来的。"② 1956 年国家财政预算收入 270 亿元，其中农业税 30 亿元，毛泽东估算由工农业产品价格剪刀差产生的农业向工业、农村向城市的价格转移大约 40 亿元。③ 在当时的中国，农业是最大的产业，农民是最多的人口，

---

① 中共中央党史研究室著：《中国共产党历史第二卷（1949—1978）》上册，中共党史出版社 2011 年版，第 344 页。

② 《毛泽东文集》第 6 卷，人民出版社 1999 年版，第 432—433 页。

③ 《毛泽东文集》第 7 卷，人民出版社 1999 年版，第 171 页。

42 / 中国特色社会主义政治经济学 /

承担国家工业化的责任使命不可能离开农业和农民的贡献。毛泽东的分析可以说是当时认识最深刻的社会主义政治经济学理论。事实上，农业合作化对于共和国的贡献远不止于毛泽东已经看到的，他没有看到的是，农业合作化的高级社形式所实行的土地制度的变革，使土地私有制转变为土地集体公有制，从根本上完成了中国农村的社会变革，为后来的（主要是改革开放之后）土地价格资产化、资本化以及工业园区、房地产开发和经济快速增长创造了基本条件，为中国人民创造了几十万亿元的货币财富。这是今天印度等一些发展中国家想要解决而根本无法解决的难题。

总之，"一化三改"总路线和总任务引导中国进入了社会主义社会的初级阶段，同时也把自己的符号留在了中国特色社会主义政治经济学理论逻辑的原点。

第三节　中国社会主义初步实践提出的政治经济学理论命题

尽管"一化三改"总路线仅仅是社会主义的初步实践，但在其过程中已经产生或提出了许多中国特色社会主义政治经济学的理论命题，而圆满和成功地回答这些命题，往往需要付出更长的时间，但问题的产生和提出则是这个时代中国共产党和中国人民实践斗争的伟大贡献。

（一）初步认识了社会主义长期性和阶段性、社会基本矛盾和主要矛盾

对社会主义经济建设长期性和阶段性的认识，是我党提出社会主义初级阶段理论的思想基础，这个基础是长期积累的过程。1955 年 3 月毛泽东在中国共产党全国代表会议上就说，要建成一个强大的高度社会主义工业化的国家，需要几十年艰苦努力，比如说，要有五十年的时间。[①] 1956 年 9 月他又说，要使中国变成富强的国家，需要五十到一百年的时光。[②] 这是百年中国梦的最早设想。在建设社会主义步骤上，他主张分两步走。第一步是建立独立的比较完整的工业体系和国民经济体系；第二步是建成一

————————

[①] 《毛泽东文集》第 6 卷，人民出版社 1999 年版，第 390 页。

[②] 《毛泽东文集》第 7 卷，人民出版社 1999 年版，第 124 页。

个具有现代农业、现代工业、现代国防和现代科学文化的社会主义强国。在所需时间上他从原来的五十年延长到一百年。由此他还把社会主义分成两个阶段,第一个是不发达的社会主义,第二个是比较发达的社会主义。①毛泽东关于两个阶段、两步走的设想,成为社会主义初级阶段理论、邓小平关于中国建设"三步走"战略、党的十九大报告关于社会主义现代化强国建设"两步走"战略的思想来源。

1979 年 9 月叶剑英在《在庆祝中华人民共和国成立三十周年大会上的讲话》中明确提出了:"社会主义制度还处在幼年时期……在我国实现现代化,必然要有一个由初级到高级的过程。"这是党的领导人第一次使用"社会主义制度还处在幼年时期"的提法。1981 年 6 月,党的十一届六中全会通过的《关于建国以来党的若干历史问题的决议》中,正式提出"我国的社会主义制度还是处于初级的阶段"。6 年后,在 1987 年 10 月召开的党的第十三次全国代表大会报告中,系统阐述了社会主义初级阶段理论。这些理论贡献都是对"一五"建设实践总结的发展。

由于社会主义的长期性,因此需要探讨这个历史过程最基本的矛盾和最基本的规律。在发生匈牙利事件之后,毛泽东认识到,在建立起社会主义制度之后,仍然广泛存在着各种人民内部矛盾,这些问题都是社会主义社会基本矛盾的反映。毛泽东总结说:"社会主义社会中,基本的矛盾仍然是生产关系和生产力之间的矛盾,上层建筑和经济基础之间的矛盾","社会主义生产关系已经建立起来,它是和生产力的发展相适应的;但是,它又还很不完善,这些不完善的方面和生产力的发展又是相矛盾的,除了生产关系和生产力发展的这种又相适应又相矛盾的情况,还有上层建筑和经济基础的又相适应又相矛盾的情况。"② 社会主义社会基本矛盾理论是中国特色社会主义政治经济学的总纲,也是中国特色社会主义政治经济学总体逻辑框架。而按照毛泽东的哲学观点进一步延伸,那些现在适应生产力发展的生产关系,现在适应经济基础的上层建筑,也会随着时间和情况的变化而变成不相适应的。因此不断调整和改革不适应生产力发展的生产关系,以及不适应经济基础的上层建筑,是中国社会主义发展的内在动力,

---

① 《毛泽东文集》第 8 卷,人民出版社 1999 年版,第 116 页。
② 《毛泽东文集》第 7 卷,1999 年版,第 214、215 页。

也是中国实行经济体制改革、政治体制改革、社会和文化体制改革的基本理论依据。

社会主义经济发展与人民需求的矛盾永远都存在，但在不同阶段其内容是不同的，这是中国特色社会会主义政治经济学的理论支柱之一。1956年9月召开了党的八大，它的最重要的理论贡献是提出了在完成社会主义改造以后，国内主要矛盾已经转变为人民对于建立先进的工业国的要求同落后的农业国的现实之间的矛盾，已经是人民对于经济文化迅速发展的需要同当前经济文化不能满足人民需要的状况之间的矛盾。关于这个矛盾的实质，党的八大的论断是，在社会主义已经建立起来的条件下，即先进的社会主义制度同落后的社会生产力之间的矛盾。党和人民当前的主要任务，就是要解决这个矛盾，把我国尽快从落后的农业国变为先进的工业国。与党的八大召开一年后毛泽东在《关于正确处理人民内部矛盾的问题》总结的社会主义社会基本矛盾的理论观点相对照，党的八大关于社会主要矛盾的实质的提法是不完全准确的，但是，党的八大强调在生产资料私有制的社会主义改造基本完成的情况下，我们的主要任务是在新生产关系下保护和发展生产力，集中力量发展生产力，这一点无疑是正确的。党的十九大报告关于中国社会主要矛盾变化的论断，是中国经济在新时代高质量发展的理论依据，它的思想来源与党的八大的经验有着紧密的联系。

二 初步认识社会主义基本经济规律，开辟基本经济制度探索道路

社会主义基本矛盾和社会主要矛盾决定了社会主义的基本经济规律。社会主义基本经济规律包括社会主义生产目的、社会主义经济活动的主体、人民与国家的基本利益关系等内容。发展生产力当然是社会主义经济本质的第一个特点。在建设社会主义中，毛泽东开宗明义地说："社会主义革命的目的是解放生产力。"[1] 还说："我们的根本任务已经由解放生产力变为在新的生产关系下面保护和发展生产力。"[2] 这一点，他与后来邓小平说的，社会主义的本质，是解放生产力，发展生产力论断的前半句话是一致的。但这一点并不是社会主义基本经济规律的唯一特征，许多资

---

[1] 《毛泽东文集》第7卷，人民出版社1999年版，第1页。

[2] 《毛泽东文集》第7卷，人民出版社1999年版，第218页。

产阶级政党，民族主义国家和资本主义国家的政府也都主张发展本国的生产力。那么怎么区分我们与他们呢？毛泽东在总结"一五"时期社会主义建设和改造的经验中提出了十个问题（即十大关系），"都是围绕着一个基本方针，就是要把国内外一切积极因素调动起来，为社会主义事业服务"①。他接着说，所谓一切积极因素，就是广大人民，同时也包括国内外可以转化的消极因素。这就把社会主义经济活动的主体点明了。主体是人民，也包括国内外一切可以转化的消极因素，目标是发展生产力，而实现人民的获得感则是对于六亿人口的统筹兼顾、适当安排，"无论粮食问题，灾荒问题，就业问题，教育问题，知识分子问题，各种爱国力量的统一战线问题，少数民族问题，以及其他各项问题，都要从对全体人民的统筹兼顾这个观点出发"，② 这个认识就与邓小平说的后半句话"消灭剥削，消除两极分化，最终达到共同富裕"的观点衔接起来了。归纳起来，可以得出这样的认识，社会主义基本经济规律就是：以全体人民（包括国内外一切可转化因素）为中心的经济活动，以及统筹协调全体人民的基本利益关系，逐步实现全体人民共同富裕和国家富强的目的。这就不仅把社会主义经济与一般的民族主义经济、资本主义经济区别开来；而且为改革开放后我们支持鼓励发展非公有制经济、利用外资提供了理论依据。

对社会主义基本经济规律的认识，是开辟社会主义基本经济制度实践探索的思想基础。在"一化三改"中对资本主义工商业的改造以及农业社会化的改造，加上从没收官僚资本中建立的国有经济，初步建立了社会主义公有制的经济结构。但毛泽东敏锐认识到这个新制度还很不完善。1956年毛泽东在《论十大关系》中开宗明义地说要注意苏联在建设社会主义过程中暴露的缺点错误，避免我们走弯路。《论十大关系》首先在中央领导层引起讨论并成为党的八大总结"一化三改"实践的思想指导。《论十大关系》的第四个问题是"国家、生产单位和生产者个人的关系"，虽然没有明确说明是所有制结构，但他最早提出了"社会主义整个经济体制问题"；论述了工业和商业企业的独立自主经营问题。③ 这与《论十大关系》

① 《毛泽东文集》第 7 卷，人民出版社 1999 年版，第 23 页。
② 《毛泽东文集》第 7 卷，人民出版社 1999 年版，第 228 页。
③ 《毛泽东文集》第 7 卷，人民出版社 1999 年版，第 53 页。

中说的"国家和工厂，国家和工人，工人和工人，国家和合作社，国家和农民、合作社和农民，都必须兼顾，不能只顾一头，无论只顾哪一头，都是不利于社会主义"的观点构成了他对社会主义经济体制的初步认识。在这些关系中要兼顾两头，显然就不仅要体现在分配和交换领域中，更重要的是要体现在生产领域中，所以毛泽东特别指出工厂在统一领导下的独立性问题，他主张要给工厂一定的自主权。① 这就涉及国有企业的经营形式问题。党的八大以后，中共中央提出了统一经营与分散经营相结合的方针，强调与人民生活密切相关的个体手工业、小商店、小摊贩，要长期保持单独经营；还提出放宽市场管理，允许完成统购定购任务后的一部分农产品进入自由市场。这使个体工商户得到明显发展。1956 年 9 月上海只有1661 个体工商户，年底就增加到 4236 户。② 随后还出现了雇工的私营企业，"地下工厂"和"地下商店"。对此毛泽东在 1956 年 12 月与民主党派负责人谈话中说："俄国新经济政策结束得早了，只搞了两年"，"我们保留了私营工商业职工二百五十万人（工业一百六十万，商业九十万），俄国只保留了八九万人。还可以考虑，只要社会需要，地下工厂还可以增加。可以开私营大厂，订个协议，十年、二十年不没收。华侨投资的，二十年、一百年不要没收。可以开投资公司，还本付息。可以搞国营，也可以搞私营"。毛泽东把这些内容也叫作"新经济政策"。③ 这些认识和观点的提出，实际上为改革开放初期放开个体经营，鼓励多渠道就业，允许设立私营企业等搞活经济政策的出台，以及最终形成公有制为主、多种所有制经济共同发展；按劳分配为主、多种分配形式并存；社会主义市场经济的基本经济制度开辟了实践探索的道路。

三 初步认识我党治国理政和国民经济发展的规律

中国从苏联获取了资金、技术以及管理企业和经济的经验，同时也学习复制了单一公有制和计划经济管理的体制机制。尽管在新中国前 30 年，这个体制机制基本框架没有发生变化，但中国共产党领导人，包括毛泽东

---

① 《毛泽东文集》第 7 卷，人民出版社 1999 年版，第 29、30 页。
② 中共中央党史研究室著：《中国共产党历史第二卷（1949—1978）》上册，中共党史出版社 2011 年版，第 404 页。
③ 《毛泽东文集》第 7 卷，人民出版社 1999 年版，第 170 页。

本人以及中国经济理论界都对苏联发展模式提出过质疑和讨论，在许多重要著述和文献中，例如20世纪50年代的《论十大关系》《关于正确处理人民内部矛盾问题》，以及党的八届三中全会文献，都有许多记载。同时，中国经济学界也就这个问题，以及两大部类生产、积累与消费的比例关系展开过热烈讨论。① 这与当时的苏联社会主义政治经济学和西方主流经济学相比，中国人对自己在怎样建设现代化国家问题上的认识都是独到和空前深刻的。

党在新中国发展社会主义事业中的一个基本经验就是统筹经济社会发展和改革的各方面工作和关系。这个经验是从"一化三改"总路线的基本实践中得来的。"一化三改"就是统筹发展与改革。国家工业化是发展目标，社会主义改造是最早的改革。第一个五年经济社会发展计划的编制，这些经验成为中国共产党70多年治国理政的重要内容，特别是在改革开放后的40多年建设中得到科学总结并长期坚持。1978年12月党的十一届三中全会提出工作重点的转移，以经济建设为中心，坚持四项基本原则和改革开放为基本点；1982年9月党的十二大制定了翻两番的小康社会奋斗目标，1984年10月党的十二届三中全会通过了经济体制改革的决定；一直到党的十八届三中全会提出全面深化改革的决定、党的十九届五中全会做出"十四五"规划和2035远景目标的"建议"，这些都是20世纪50年代初期党提出过渡时期总路线工作经验的继承与发展。

对于这样一个长期坚持的基本经验不可能，也不应该没有理论总结。从政治经济学理论上解释，就是发展生产力与完善与之相适应的生产关系、上层建筑的关系。新中国的经济建设从一穷二白起步，不可能很快建立完善的生产关系和上层建筑，需要二者紧密互动，相互促进。上层建筑应当把握生产力发展与生产关系完善的相互关系，这就要求执政党采取统筹发展与改革的工作方针，要求制订遵循客观经济规律的发展计划。而对国民经济发展规律的认识主要表现为：

（1）对重工业和轻工业、农业关系的新认识，这是《论十大关系》的第一个问题。毛泽东总结说，优先发展重工业不等于可以忽视轻工业和农

---

① 参见武力、温锐《1949年以来中国工业化的"轻、重"之辨》，《经济研究》2006年第9期。

业，尤其是粮食生产。因此要适当调整对这三者的投资比例，从而增强重工业发展的后劲。1957年10月他再次强调："以重工业为中心，优先发展重工业，这一条毫无问题，毫不动摇，但是在这个条件下，必须实行工业与农业同时并举，逐步建立现代化的工业和现代化的农业。"① 这个观点是马克思主义政治经济学原理的运用和发展。正是由于在社会总生产中存在第一部类比第二部类生产的增长更快的客观规律，所以马克思也指出："有些事业在较长时间内取走劳动力和生产资料而在这个时间内不提供任何有效用的产品，而另一些生产部门不仅在一年间不断地或者多次地取走劳动力和生产资料，而且也提供生活资料和生产资料。""在社会的生产的基础上，必须确定前者按什么规模进行，才不致有损于后者。"② 由于比较恰当处理了三者关系，1957年农业和副业总产值实现了"一五"计划规定目标的101%，粮食产量达到3901亿斤，完成计划的102%。农业生产能力和抗灾能力也有明显提高。5年内开垦扩大耕地5867万亩，为计划的101%；新增灌溉面积1.1亿亩，为计划的152.8%，占1957年灌溉总面积4.1亿亩的26.8%；农业机械总动力达到121万千瓦，比1952年增长了5.7倍；农村用电量达到1.4亿千瓦时，比1952年增长1.8倍；化肥使用量（折纯量）达到37.3万吨，比1952年增长了3.8倍。③

（2）对社会主义商品生产和价值规律作用的初步认识。早在1953年7月毛泽东就初步认识到要"利用资本主义经济法则"，提出"在社会主义经济法则支配下，适当地利用资本主义经济法则"，因为资本主义经济还存在，法则当然也存在，不能消灭。他这里说的资本主义经济法则，就是指价值规律，他指示"再讨论一次价值法则问题。看本子看不下去，还是按问题讨论的方式好"④。1957年1月，他明确地说："合作社要利用价值法则搞经济核算，要勤俭办社，逐步增加一点积累。"⑤ 后来经过1958年"大跃进"失误的教训，毛泽东更加警醒，1958年11月他要求领导干部

---

① 《毛泽东文集》第7卷，人民出版社1999年版，第310页。
② 马克思：《资本论》第2卷，人民出版社2018年版，第396—397页。
③ 董志凯等主编：《中华人民共和国经济史（1953—1957）》下册，社会科学文献出版社2011年版，第974页。
④ 《毛泽东文集》第6卷，人民出版社1999年版，第289、290页。
⑤ 《毛泽东文集》第7卷，人民出版社1999年版，第200页。

阅读斯大林写的《苏联社会主义经济问题》，要求讨论商品和价值法则。在毛泽东的带动下，经济理论工作者也开展了对社会主义商品生产和价值规律的研究和讨论。在今天看来，这些问题都是很粗浅的，但我们绝无理由轻视，无论今天我们对社会主义市场经济规律的认识多么深刻，多么丰富，但一切都是从这里开始的；尤其对于我们这些没有做过实际工作的晚辈，更应认识到"纸上得来终觉浅，绝知此事要躬行"。

（3）对积累与消费的认识。毛泽东从实践中看到，社会主义社会"在客观上将会长期存在的社会生产与社会需要之间的矛盾，就需要人们时常经过国家计划去调节。我国每年做一次经济计划，安排积累和消费的适当比例，求得生产和需要之间的平衡"。[①]"一五"时期国家在国民经济管理中十分注重摸索这方面经验，时任国务院副总理的薄一波在党的八大发言中提出了关于积累与消费的"二三四比例"，即积累率在国民收入中不低于20%；国家财政预算收入比重不低于30%；国家预算支出中用于基本建设的支出不低于40%。最后执行的结果，中国积累占国民收入的比重从1952年的16%提高到1957年的22%；5年内全国职工平均工资增长约33%；农村购买力提高一倍；全国居民平均消费水平从1952年的76元提高到1957年102元；其中职工的平均消费水平从148元提高到205元，农民由62元提高到79元。[②]可见，"一五"时期的积累与消费关系比较合理，取得的经验更是宝贵的。"一五"时期，国家实行的是计划管理，许多管理经验和国家对经济的宏观调控方式今天都已经不适用了，但有些内容反映了经济发展的客观规律，即便在今天社会主义市场经济条件下依然具有重要参考意义。

在以上认识的基础上，还提出了国家宏观调控长期适用的基本方法：

第一是全国范围的生产力布局问题。《论十大关系》的第二个问题是"沿海工业和内地工业的关系"。毛泽东主张更多地利用和发展沿海工业，同时要把大部分的新工业摆在内地，使工业布局逐步平衡，并有利于备战。这个方针与"汉族和少数民族的关系"也有着密切联系。"一五"计

[①]《毛泽东文集》第7卷，人民出版社1999年版，第215页。

[②]董志凯等主编：《中华人民共和国经济史（1953—1957）》下册，社会科学文献出版社2011年版，第980页。

划的工业布局贯彻了这个方针，新上的工业项目大量摆在了内地，这些项目建成投产后，我国若干重工业产品的生产能力就将发生布局结构的重大变化，①（如表2-3）。促进我国生产力布局在东中西部的平衡，特别是强调发展中西部地区始终是我国经济发展战略安排中的重要内容，一直到党的十八大以后，习近平总书记提出的新发展理念，仍然把协调发展列为新发展理念的重要内容，当然这个新理念的协调内容是广义的，但区域协调无疑仍然是重要的。在中国，区域经济成为经济学重要研究范畴和重要分支学科，与毛泽东总结"一五"时期的经验和《论十大关系》有着密不可分的关系。

表2-3　　　　　　　　　　工业生产能力区域布局的变化　　　　　　　　（单位:%）

	东部地区 （1952年）	东部地区项目 （建成后）	内地 （1952年）	内地项目 （建成后）
钢	82.5	49.4	17.5	50.6
煤炭	46.5	43.0	53.5	57.0
电力	63.2	42.8	36.8	57.2
石油加工	68.5	57.5	31.5	42.5
电解铜	79.0	41.0	21.0	59.0
水泥	83.9	59.3	16.1	40.7
国防工业（计产值）	52.1	23.4	47.9	76.6
合成氨	100.0	42.0	0	58.0
浓硝酸	100.0	23.0	0	77.0

资料来源：国家统计局编：《1949—1962年工业统计资料综合篇》，1963年。

第二是对中央和地方的关系的认识。这在《论十大关系》中是第五个问题，毛泽东认为这在中国是一个十分重要的问题。由于中国是一个大国，各地的经济社会条件很不同，发展潜力和目标也很不一样，因此毛泽东主张既要强调中央的强有力统一领导，全国统一的计划和纪律，同

————————

① 董志凯等主编：《中华人民共和国经济史（1953—1957）》下册，社会科学文献出版社2011年版，第979页。

/ 第二章　中国特色社会主义政治经济学的逻辑起点 / 51

时也要给各级地方政府必要的正当的独立性和权利，地方政府与地方政府之间的关系，则应当提倡顾全大局，互助互让。由毛泽东在"一五"实践中总结出来和确立的这些原则，直至今天仍然是中国共产党治国理政的基本遵循。中央和地方的关系是中国特色社会主义政治经济学的创造，是任何西方经济学所不可能有的，中国的经验和道路之所以成功，这是一个重要的学问。

四　确立了自力更生与对外经济合作的基本关系

毛泽东早在 1945 年就构想新民主主义的中国如何建设工业化问题，他在党的七大上说："为着发展工业，需要大批资本。从什么地方来呢？主要地依靠中国人民自己积累资本，同时借助于外援。在服从中国政府法令、有益中国经济的条件下，外国投资是我们所欢迎的。"[1] 这是他最早关于中国独立自主、自力更生与发展对外经济关系相结合的表述。后来在 1958 年 6 月他明确提出了"独立自主地搞建设"的主张。[2] 毛泽东的认识和主张在"一五"计划建设中得到贯彻和执行。从 1950—1955 年，苏联借给我国 11 笔贷款，用以购买抗美援朝军事物资以及经济建设设备和器以材。"一五"计划时期，苏联援助我国设计和建设的 156 个重点项目，原概算总投资 187.8 亿元，最后竣工的实际投资为 196.3 亿元。苏联政府给予中国政府第一次 3 亿美元贷款主要用于抗美援朝期间中国购买苏联武器以外，其余的贷款也包括一部分以实物折算的引进的苏联技术装备用于了 156 个重点项目的投资，累计中国从苏联获得了 66 亿旧卢布的有偿援助，在苏联的带领下，东欧各国向中国其他项目提供的技术设备援助共计 30.8 亿卢布，总共中国从社会主义国家阵营中获得了大约 96.8 亿卢布的工业化外来资本。[3] 按照当时美元与卢布 1∶4 的汇率，[4] 这些外来资本约折合 24.2 亿美元。

苏联和东欧国家对我国"一五"时期的建设的援助并没有人们想象的那么巨大。苏联对中国的第一笔 3 亿美元贷款用于购买苏联武器，其余主要用

---

① 《毛泽东著作专题摘编》，中央文献出版社 2003 年版，第 493 页。

② 《毛泽东文集》第 7 卷，人民出版社 1999 年版，第 380 页。

③ 沈志华：《1950 年代苏联援华贷款的历史真相》，《中国经济史研究》2002 年第 3 期。

④ 吴念鲁、陈全庚：《人民币汇率研究》，中国金融出版社 2002 年版，第 15 页。

于经济建设。1952—1957 年，中国总共获得了 46.13 亿元人民币的国外借款。[1]"一五"时期，5 年国家财政收入累计 1355 亿元，其中 69.4% 来自国营经济的上缴利润，同时依靠全国各族人民踊跃认购国家建设公债，而这 6 年国外借款只占 5 年财政收入的 3.4%，如果扣除 1952 年借款，来自国外的借款仅占同期财政收入的 2.7%。[2] 在建设 156 个重大项目和其他项目中，一部分援助是以实物计价，是租赁融资的方式，贷款加实物折价即便按照 96.8 亿卢布计算，当时人民币与卢布的官方汇率牌价是 1 元人民币兑换 2 卢布，[3] 但是按照 1954 年和 1955 年的贸易汇率计算，人民币与卢布兑换率大约是 1∶1.05 与 1∶1[4] 之间。那么苏联的援助按人民币计算不足 100 亿元，往大了说它只占"一五"时期中国中央和地方、企业合计的基本建设投资完成额 588.5 亿元[5] 的 17%。而且"一五"时期的工业项目还规定了一个原则，凡是自己能解决的就不依赖外援。可见，中国工业化资金主要还是靠内部积累。从 1955 年开始，中国一方面以出口贸易偿还苏联贷款，另一方面动用黄金储备偿还，1955 年以每两黄金 35 美元的价格拨付苏联 40 万两，1957 年还曾以折合 3125 万美元的 28 公吨（合 88.8 万两）的黄金拨付苏联国家银行，委托其在欧洲和香港市场代为出售。[6] 到 1965 年中国提前全部偿还了苏联的各种贷款和援助。

毛泽东主张的独立自主包括三个含义：独立地确定经济建设的目标和任务；不容许帝国主义国家的干涉；不接受苏联指挥棒的指挥。这个方针成为中国共产党一贯秉持的、毫不动摇的建设理念。自力更生精神表现在

---

[1] 资料来源：中国人民银行统计司：《中国金融统计（1952—1987）》，中国金融出版社 1988 年版，第 180 页。

[2] 董志凯等主编：《中华人民共和国经济史（1953—1957）》上册，社会科学文献出版社 2011 年版，第 92、126 页。

[3] 吴念鲁、陈全庚：《人民币汇率研究》，中国金融出版社 2002 年版，第 15 页。

[4] 根据董志凯等主编《中华人民共和国经济史（1953—1957）》下册，社会科学文献出版社 2011 年版，第 782—786 页有关中苏双边贸易额以人民币和卢布不同计价的数额推算。

[5] 董志凯等主编：《中华人民共和国经济史（1953—1957）》上册，社会科学文献出版社 2011 年版，第 135 页。

[6] 转引自董志凯等主编《中华人民共和国经济史（1953—1957）》下册，社会科学文献出版社 2011 年版，第 784 页。

政治上，则是坚持独立自主的原则，经济上的自力更生是政治上的独立自主的基础。在改革开放大幕拉开的 1982 年，邓小平就告诫全党："中国的事情要按照中国的事情来办，要依靠中国人自己的力量来办。独立自主、自力更生，无论过去、现在和将来，都是我们的立足点。"① 2013 年 12 月，习近平总书记在纪念毛泽东诞辰 120 周年座谈会上阐述了独立自主的时代内涵，强调独立自主"是我们党全部理论和实践的立足点，也是党和人民事业不断从胜利走向胜利的根本保证"。②

五 确立了党领导经济工作的基本原则

1952 年 12 月毛泽东在"党对政府工作的领导责任"的指示中明确强调党中央与各级党委对于政府、对财经工作、对工业建设负有领导责任，这种领导不是一般意义的领导，而是"一切主要的和重要的方针、政策、计划都必须统一由党中央规定"，而且要"检查党的决议和指示的执行情况"。③ 早在 1950 年 5 月，他就发出指示，要求"省以上各级党委必须经常讨论财经工作"。④ 由毛泽东确立的党领导政府、党领导经济工作的原则成为新中国 70 多年长期建设的传统，这个传统在长期坚持中不断完善和丰富，成为中国共产党治国理政的基本经验。西方自由主义经济学崇拜市场万能，凯恩斯经济学认为市场会有失灵现象，需要政府干预；但西方国家从来就没有很好解决过市场失灵和政府有效干预问题，市场与政府始终是"两张皮"。在中国，通过中国共产党的领导，把市场决定资源配置与政府更好发挥作用有机结合和统一起来，创造性地解决了西方经济治理和西方经济学无法解决的难题，成为中国特色社会主义政治经济学的核心要义。

结论是，中国特色社会主义的理论体系应当从总结社会主义的最初实践作为逻辑起点，经济学的学理逻辑要从实践和历史中总结出来，前者是后者的产物，而不是先知先觉。

---

① 《邓小平文选》第 3 卷，人民出版社 1993 年版，第 3 页。

② 习近平：《在纪念毛泽东同志诞辰 120 周年座谈会上的讲话》，《人民日报》2013 年 12 月 27 日第 2 版。

③ 《毛泽东文集》第 6 卷，人民出版社 1999 年版，第 252 页。

④ 《毛泽东文集》第 6 卷，人民出版社 1999 年版，第 59 页。

第三章　社会主义社会的基本矛盾

第一节　中国特色社会主义政治经济学的总纲

一　新的形势与历史背景

1956 年，我国基本上完成对生产资料私有制的社会主义改造，基本上实现生产资料公有制和按劳分配，建立起社会主义经济制度。在这个时期，毛泽东同志提出把马克思列宁主义基本原理同中国具体实际进行"第二次结合"，"提出关于社会主义建设的一系列重要思想，包括社会主义社会是一个很长的历史阶段，严格区分和正确处理敌我矛盾和人民内部矛盾，正确处理我国社会主义建设的十大关系，走出一条适合我国国情的工业化道路，尊重价值规律，在党与民主党派的关系上实行'长期共存、互相监督'的方针，在科学文化工作中实行'百花齐放、百家争鸣'的方针等。这些独创性理论成果至今仍有重要指导意义"。[①] 这个时期，毛泽东根据国内国外的新形势，深入思考了社会主义政治经济学的基本理论问题。

根据马克思主义历史唯物论的原理，生产力与生产关系之间的矛盾，以及在此基础上产生的经济基础与上层建筑的矛盾，是人类社会的基本矛盾，这一矛盾运动的发展推动了人类社会从低级形态向高级形态不断发展。社会主义制度建立后，这一基本矛盾是否仍然存在，它的表现形式与过去的社会有什么不同，马克思主义政党和人民政府应当采取什么方式解决这个矛盾，从而推动社会主义社会向前发展，这是中国特色社会主义政治经济学面临的重大理论问题。

---

① 《中共中央关于党的百年奋斗重大成就和历史经验的决议》，《人民日报》2021 年 11 月 17 日第 1 版。

在国际方面，1956年2月苏共二十大召开，赫鲁晓夫在会上作了全盘否定斯大林的秘密报告，在社会主义阵营引起极大震动和思想混乱。1956年6月在波兰的波兹南地区发生了由于工人的某些要求没有得到满足而引发的流血冲突，在波兰社会引起很大反响。波兰局势刚有所缓和，当年10月下旬，匈牙利首都布达佩斯发生大规模骚乱，成为历史最早的"颜色革命"，反对社会主义的势力公开杀害共产党人，宣布建立多党制政府，退出华沙条约。虽然波匈事件最终都得到平息，但引起了中共中央的高度重视和深入思考。毛泽东认为，苏共二十大有个好处，就是揭开盖子，解放思想，使人们不再认为苏联所做的一切都是绝对真理，不可改变，一定要照办。世界各国执政的共产党面临一个新的大问题，就是如何继续把十月革命的普遍真理与各国具体实际相结合以解决自己的问题。我们要开动脑筋，解决中国革命和建设的问题。[1]

在国内，1956年秋冬也出现了一些不安定的因素。由于社会主义改造迅速完成，加上经济建设中出现的急于求成和冒进的影响，出现了一些新的社会矛盾。许多城市出现粮食、肉类和日用品的短缺，一些学生、工人和复员转业军人在升学、就业和安置等方面遇到不少困难，城市里发生罢工、请愿事件，每个事件少则几十人、一二百人，多则近千人；农村里不少地方出现闹缺粮、闹退社的风潮。浙江省农村发生请愿、殴打、哄闹事件一千多起，广东省农村到1956年年底先后退社的有7万多户。[2] 在最敏感的知识界，由于提出"百花齐放、百家争鸣"，思想活跃，批评教条主义、官僚主义，在政治、经济、文化、教育、科学等问题上发表各种意见，有的对党和政府工作的缺点不足以及干部作风问题提出批评，有些意见尖锐，同时也有一些错误认识。

面对上述形势和社会矛盾，党内外许多干部缺乏思想准备，感到茫然，不少人思想仍然停留在过去激烈的阶级斗争环境中，把群众闹事和尖锐批评一概看作阶级斗争的表现，认为凡是闹事的都是敌我矛盾，一些干部按照阶级斗争的经验，用类似处理敌我矛盾的办法处理罢工、罢课事

---

① 逄先知、金冲及主编：《毛泽东传（1949—1976）》中央文献出版社2003年版，第605—606页。

② 引自中共中央党史研究室著《中国共产党历史 第二卷（1949—1978）上册》，中共党史出版社2011年版，第426页。

件，造成矛盾激化。在思想文化领域，不少干部对"百家齐放、百家争鸣"和"长期共存、互相监督"的方针不理解，存在怀疑和抵触情绪。这些情况表明，在进入社会主义社会后，全党和全国工作的重心转向经济文化建设的时候，如何正确认识和处理社会的各种矛盾已经成为执政党面临的新课题、新理论。

二 社会主义社会基本矛盾理论的形成

毛泽东深入思考了这些新问题，他认为矛盾是普遍存在的，社会主义社会也充满着矛盾，社会主义社会中，基本的矛盾仍然是生产关系和生产力之间的矛盾，上层建筑和经济基础之间的矛盾。社会主义社会的基本矛盾引发政治、经济、文化等各种矛盾的产生和发展，正是这些矛盾推动着社会主义社会不断地向上攀升。但是他认为，社会主义社会基本矛盾与资本主义社会的基本矛盾有着性质上的不同。

首先，所反映的社会阶级关系不同。资本主义社会的基本矛盾在社会阶级关系上反映的是无产阶级和资产阶级的对抗，有时甚至是激烈的冲突。而在社会主义条件下，无产阶级与资产阶级对立的经济基础已经消失，大规模阶级斗争的基本条件已不存在，在这个基础上形成的人民群众根本利益的一致性，决定了社会主义社会基本矛盾的性质是非对抗性的，它的解决方式不再是资本主义社会那种激烈的阶级斗争，而是可以依靠社会主义制度自身的优势，通过对社会主义制度的自我改革和完善得到解决。

其次，反映的是两类性质不同的阶级关系和阶级矛盾。针对少数人闹事，毛泽东分析说，"有些是由于领导上存在官僚主义和主观主义，在政治上或经济上犯了错误，还有一些不是政策不对，而是工作方法不对，太生硬了。再一个因素，是反革命分子和破坏分子的存在"。毛泽东还指出，在革命时期，我党集中力量搞阶级斗争，人民内部矛盾不突出，建设时期剩下一部分阶级斗争，大量表现的是人民内部的斗争，要认真研究这个问题，这是一种科学。[①] 毛泽东把社会主义社会基本矛盾引发的社会矛盾在政治上可以区分敌我矛盾和人民内部矛盾这两类性质不同的矛盾，提出了

---

① 引自中共中央党史研究室著《中国共产党历史 第二卷（1949—1978）上册》，中共党史出版社 2011 年版，第 427、428 页。

正确处理人民内部矛盾的问题。1957 年他发表了《关于正确处理人民内部矛盾的问题》，成为马克思主义关于社会基本矛盾学说在社会主义实践中的最新发展。他对世界社会主义运动进行了深刻总结并尖锐指出，斯大林的严重错误之一，就是"混淆敌我矛盾和人民内部矛盾，拿对付敌人的办法来对付人民"；苏共二十大全盘否定斯大林的错误也是混淆了人民内部矛盾和敌我矛盾，用对付敌人的方法来对待斯大林，这就引发了世界性反共风潮以及波匈事件。[①] 毛泽东认为，在社会主义建设时期，人民的概念是很广泛的，一切赞成、拥护和参加社会主义建设事业的阶级、阶层和社会集团，都属于人民范畴；一切反抗社会主义革命和敌视、破坏社会主义建设的社会势力和社会集团，都是人民的敌人。由于人民内部阶级、阶层和社会集团的广泛性，他们之间发生矛盾是很正常的。它包括工人阶级内部的矛盾，农民阶级内部的矛盾，知识分子内部的矛盾，工农两个阶级之间的矛盾，工人、农民同知识分子之间的矛盾，工人阶级和其他劳动人民同民族资产阶级之间的矛盾，民族资产阶级内部的矛盾，等等。另外，人民政府虽然代表人民的利益，但它同人民群众之间也有一定的矛盾，这种矛盾包括国家利益、集体利益和个人利益之间的矛盾，民主同集中的矛盾，领导同被领导之间的矛盾，国家机关某些工作人员的官僚主义作风同群众之间的矛盾，都是人民内部矛盾的范围。人民内部的矛盾都是非对抗性的矛盾，在人民内部，剥削阶级和被剥削阶级之间，除了对抗性的一面之外，还有非对抗性的一面，因此，不同性质的矛盾，只能用不同性质的方法才能解决。毛泽东归纳了解决人民内部矛盾的三种方法。

第一是说服教育的方法。在思想领域，采取社会主义民主的方法，通过"团结—批评—团结"的方针，从团结的愿望出发，经过批评教育或者斗争使矛盾得到解决，在新的基础上达到新的团结。这是对 1942 年延安整风运动以来解决党内矛盾的基本经验的发展运用。在科学文化工作中贯彻"百花齐放、百家争鸣"；在与民主党派关系上实行"长期共存、互相监督"；在民族关系上，关键是克服大汉族主义，同时也克服地方民族主义；对知识分子和青年学生，要加强思想政治工作。

---

① 引自中共中央党史研究室著《中国共产党历史 第二卷（1949—1978）上册》，中共党史出版社 2011 年版，第 426 页。

第二是在社会经济方面实行统筹兼顾、适当安排和兼顾国家、集体与个人三者利益关系。兼顾国家、企业、居民三大主体的利益关系，是国民收入分配的基本关系，国家和企业，国家和工人，工人和工人，国家和合作社，国家和农民、合作社和农民，都必须兼顾，不能只顾一头，无论只顾哪一头，都是不利于社会主义，这是毛泽东关于社会主义国民收入分配的主导思想；具体到社会经济和民生中的粮食问题、灾荒问题、就业问题、教育问题、知识分子问题、各种爱国力量的统一战线问题、少数民族问题，以及其他各项问题，都要从对全体人民的统筹兼顾这个观点出发，这是毛泽东关于社会主义社会中社会保障制度的主导思想。

第三是走群众路线、克服官僚主义的方法。为了解决人民内部矛盾，克服国家机关工作人员中某些错误认识和官僚主义作风是一个重要方法。1957 年 3 月在中共中央召开全国宣传工作会议，传达贯彻毛泽东关于正确处理人民内部矛盾问题的讲话后，开始了整风运动。放手让大家提意见，让人们敢于说话，敢于批评，目的是批判主观主义（包括教条主义）、宗派主义、官僚主义，克服错误。毛泽东的意图是以解决党自身的思想作风问题为抓手，把正确处理人民内部矛盾作为党和国家政治生活的主题，创造一种生动活泼的政治局面。这也是对社会主义基本矛盾学说在中国实践的新观点、新发展。

最后，它反映的是生产力发展同社会主义经济管理的矛盾。毛泽东的另外一个重大理论观点是："我们要以生产力和生产关系平衡和不平衡，生产关系和上层建筑的平衡和不平衡，作为纲，来研究社会主义社会的经济问题，政治经济学研究的对象主要是生产关系，但是要研究清楚生产关系，就必须一方面联系研究生产力，另一方面联系研究上层建筑对生产关系的积极作用和消极作用。"[1] 而总的判断是：社会主义生产关系已经建立起来，它是和生产力的发展相适应的；但是，它又还很不完善，这些不完善的方面和生产力的发展又是相矛盾的，除了生产关系和生产力发展的这种又相适应又相矛盾的情况以外，还有上层建筑和经济基础的又相适应又相矛盾的情况。这个理论观点揭示了中国特色社会主义政治经济学的总纲，也是中国特色社会主义政治经济学总体逻辑框架。

---

[1] 《毛泽东文集》第 8 卷，人民出版社 1999 年版，第 130—131 页。

/ 第三章　社会主义社会的基本矛盾 / 59

两者既相适应又相矛盾的突出部位是中国生产力发展同社会主义经济管理之间的矛盾。1956 年毛泽东提出的《论十大关系》深刻剖析了社会主义经济发展中的管理思路问题。十大关系的排序依次是：1. 重工业和轻工业、农业的关系。2. 沿海工业和内地工业的关系。3. 经济建设和国防建设的关系。4. 国家、生产单位和生产者个人的关系。5. 中央和地方的关系。6. 汉族和少数民族的关系。7. 党和非党的关系。8. 革命和反革命的关系。9. 是非关系。10. 中国和外国的关系。毛泽东说："在十大关系中，工业和农业、沿海和内地、中央和地方、国家、集体和个人，国防建设和经济建设，这五条是主要的。"① 可见，他重点讨论的是经济问题，这些经济问题的背后涉及的都是如何认识社会主义经济发展规律以改善社会主义国民经济管理，促进生产力加快发展、协调发展。由此可见，由社会主义基本矛盾学说引发的社会矛盾中，生产力发展同经济建设管理的矛盾是其中一个重要内容，这个问题的提出，开辟了中国特色社会主义政治经济学研究的新空间和新境界。

第二节　经济体制改革实践发展了社会主义基本矛盾学说

一　国际环境的变化和突出的现实经济矛盾

虽然毛泽东认识到社会主义制度建立后，大规模的阶级斗争已经结束，大量存在的是人民内部矛盾，社会主义生产关系同生产力之间、经济基础同上层建筑之间既相适应又不相适应；因而提出了重视商品生产和价值规律的观点；在党的八大会议上，陈云提出了"三个主体、三个补充"的思想，即以国家经营和集体经营、计划生产、国家市场三者为主体，以个体经营、自由生产、自由市场为补充。在理论上突破了苏联计划经济模式。② 在农村，把经营体制调整为"三级所有、队为基础"，部分纠正了人民公社化的错误；在国有企业经营体制中，总结了"两参一改三结合"的鞍钢经验，否定了苏联一长制的"马纲宪法"，等等，社会主义经济体制

---

① 《毛泽东文集》第 7 卷，人民出版社 1999 年版，第 370 页。

② 本书编写组：《中华人民共和国简史》，人民出版社和当代中国出版社 2021 年版，第 74 页。

改革的初步实践和探索。但是，从 20 世纪 50 年代末期至 60 年代上半期，发生了中苏两党论战，中苏关系趋于紧张；发生了美国扩大侵略越南的战争，中国采取了援越抗美的军事行动，中国同美苏之间的矛盾日趋尖锐化，以"反帝反修"口号为标志，中国同时与美苏两个超级大国相对抗成为既定格局。中国在这种外部重压下，对国际国内形势的判断都出现了比较明显的偏差。在外部，高估了美苏合作的可能性，低估了美苏之间的矛盾，高估了战争和革命的可能性，低估了世界转向和平发展的可能性。在国内，高估了少部分阶级斗争扩大为全面阶级斗争（包括台湾蒋介石反攻大陆）的可能性，高估了党内对社会主义建设不同认识产生的矛盾与社会上阶级斗争的关联性；低估了经济建设成为解决中国发展问题、争取国际斗争主动的可能性，低估了党在社会主义新实践中自我反思、自我革命和自我纠错的可能性。这是毛泽东背离了自己原来正确认识的重要原因。因此，在时代判断上仍然坚持我们处于帝国主义和无产阶级革命时代的总看法，在国内实行的方针政策，片面强调以阶级斗争为纲，忽视国民经济运行和发展问题。在生产关系和上层建筑领域，体制和政策的调整方向日益趋向集中和束缚，趋向扩大阶级斗争，不断弱化了保护和发展生产力的作用。最终酿成了"文化大革命"。

对战争与和平的分析和判断，是分析国际阶级关系和阶级矛盾的最核心和最突出问题，也是马克思主义政治经济学常问常新的时代命题。列宁认为在垄断资本按照实力不断争夺世界市场的规律下，帝国主义战争不可避免，第一次、第二次世界大战爆发。但无休止的战争也并不符合垄断资本的利益，妥协和休战在一定条件下也是垄断资本的需要。从 20 世纪 60 年代末期至 70 年代后期，从表面上看，美苏两个超级大国的军事对峙依然严峻，战争威胁的局势似乎并无改观，能否从错综复杂的现象中认识到世界形势发展变化，制定出正确的方针政策，是对政治家的智慧和眼光的深刻考察。邓小平具有非凡眼光和战略智慧，他及时洞察世界和平与战争的大势走向。1977 年 12 月 28 日，邓小平在中央军委全体会议上说，国际形势也是好的。一方面，我们有可能争取多一点时间不打仗。因为我们有毛泽东同志关于划分三个世界的战略和外交路线，可以搞好国际的反霸斗争；另一方面，苏联的全球战略部署还没有准备好。美国在东南亚失败后，全球战略目前是防守的，打世界大战也没有准备好。所以，可以争取延缓战争的爆发。① 邓小平根据世界形势的重大变化，扬弃了以往将所处时代定位为"帝国主义与无产阶级革命时代"及认为"革命和战争"是时代基本特征的观点，以敏锐的洞察力深刻地提出了和平与发展是当今时代两大主题的新观点。1985 年 3 月他明确指出："现在世界上真正的大问题，带全球性的战略问题，一个是和平问题，一个是经济问题或者说发展问题。"② 这为全党全国工作重心转向以经济建设为主提供了科学依据。

在中国改革开放前夕的 1978 年，全国人民仍然处于温饱不足的生活水平，国内生产总值只有 3645 亿元人民币，货物进出口总额仅 206 亿美元，全国城镇居民人均收入仅为 343 元，而农民人均纯收入仅有 134 元。部分农村由于遭灾减产，口粮不足，出现逃荒要饭现象，1978 年安徽省农民自发搞起了包产到户。在不改变土地集体所有制的前提下，恢复了家庭劳动和生产。更为严峻的问题是城镇就业，据统计，我国城镇个体劳动者，新中国成立初期是 900 万人，1966 年仍有近 200 万人，1978 年年底只剩下 15 万人。但是，截至 1978 年，全国需要安排就业的人数高达 2000 多万人，其中主要有大专院校、中技校毕业生和家居城市的复员转业军人 105 万，按政策留城的知识青年 320 万，插队知识青年 700 万，城镇闲散劳动力 230 万人，反右派斗争和"文化大革命"中处理错了需要安置的 85 万人，在这 2000 多万人中，1978 年急需安排的就达到 800 多万人。③ 1980—1985 年，全国城镇需要就业的人数达到了 3700 万人，按每年安置 700 万人计算，需 5 年时间才能安置完，④ 城镇中的就业压力日益加大。如何解决劳动就业问题，已经成为当时党和政府所面临的迫在眉睫的现实问题。

二 "写出了一个政治经济学的初稿"

回答时代之问，解决民生疾苦就是最大的政治经济学。正如毛泽东所说："中国一切政党的政策及其实践在中国人民中所表现的作用的好坏、

---

① 中共中央党史研究室著：《中国共产党历史》第 2 卷下册，人民出版社 2002 年版，第 1039 页。

② 《邓小平文选》第 3 卷，人民出版社 1993 年版，第 105 页。

③ 刘国光主编：《中国十个五年计划研究报告》，人民出版社 2006 年版，第 389 页。

④ 刘隆主编：《中国现阶段个体经济研究》，人民出版社 1986 年版，第 101 页。

大小，归根到底，看它对于中国人民的生产力的发展是否有帮助及其帮助之大小，看它是束缚生产力的，还是解放生产力的。"① 在安徽省省委的支持下，农村包产到户、包干到户在全省普遍出现，并辐射到外地，激活了沉睡多年的乡村。一些人疑虑这会偏离社会主义道路，邓小平明确支持了中国农民的创举，1980 年 9 月中共中央发出了《关于进一步加强和完善农业生产责任制的几个问题》，肯定包产到户是依存于社会主义经济，而不会脱离社会主义轨道，没有什么复辟资本主义的危险。在城镇，打破原有的劳动就业体制，拓宽就业渠道，发展多种就业形式已经成为解决这一社会问题的必然选择。

1980 年 8 月，中共中央召开了全国劳动就业会议，发出了《进一步做好城镇劳动就业工作》的指示，该文件提出，要积极鼓励和扶持城镇个体经济的发展。并重申我国宪法的规定，允许个体劳动者从事法律许可范围内的，不剥削他人的个体劳动。这一年年底，从事个体经济人数的达到 81 万人。1981 年 6 月《中共中央关于建国以来党的若干历史问题的决定》指出，"国营经济和集体经济是我国基本的经济形式，一定范围的劳动者个体经济是公有制经济的必要补充"。同年 12 月，全国人大五届五次会议通过的宪法修正案第 11 条作了如下规定："在法律规定范围内的城乡个体劳动者经济，是社会主义公有制经济的补充。国家保护个体经济的合法权利和利益。国家通过行政管理，指导、帮助和监督个体经济。"至此，个体经济的合法地位得到国家根本大法的认可。到 1982 年年底，全国个体经济达到 261 万户，从业人员 320 万。

农村改革的经验是在土地集体所有制基础上采取家庭分散经营，目的是调动农民积极性，搞活商品经济；拓宽城镇个体经济就业渠道也是为了搞活商品经济。同样，搞活国营企业也要发展商品经济，因此认识发展商品经济的重要性，成为经济体制改革要回答的重要理论问题。1982 年党的十二大提出了到 20 世纪末工农业年总产值翻两番的奋斗目标，而在这个时期，我国城市企业已有 100 多万家，职工达 8000 多万人，提供的税收和利润占全国财政收入的 80% 以上，城市企业和职工的积极性、主动性，创造性能否充分发挥，关系党的十二大到 20 世纪末翻两番的目标能否实

---

① 《毛泽东选集》第 3 卷，人民出版社 1991 年版，第 1079 页。

现。1984 年党的十二届三中全会作出《中共中央关于经济体制改革的决定》，把改革引入城市国有企业。这个决定把社会主义经济确定为"公有制基础上的有计划的商品经济"。决定指出，只有充分发展商品经济，才能把整个国民经济搞活。为了搞活城市商品经济，必须解决两个关系问题，一个处理好国家和国营企业的关系，扩大企业自主权，使之成为独立的商品生产者；另一个是处理好职工和企业之间的关系，贯彻按劳分配原则，打破大锅饭，实行多劳多得，实现劳动者在企业中的主人翁地位。在服从国家计划和管理的前提下，企业有权选择灵活多样的经营形式，有权安排自己的产供销活动，有权拥有和支配自有资金，有权自行决定用工方法和工资奖励形式，等等，这些都是调整生产关系使之适应生产力发展的改革内容。

生产关系调整的另外一个重要内容是在经济运行和经济循环明确生产、分配、流通、消费的调节和配置方式。总的原则是要按照价值规律的客观要求进行管理，正确处理计划与市场调节的关系，形成有计划的商品经济。一部分产品和服务劳动，完全由市场来调节其生产和交换。实行计划调节的产品和服务也分为指令性计划和指导性计划，指导性计划主要依靠经济杠杆的作用来实现，指令性计划的实现也要遵循价值规律的要求。这个文件突破了原来关于社会主义生产关系是公有制加计划经济关系的传统观念，首次提出了社会主义生存关系是公有制基础上有计划的商品经济的新观点、新概念，是马克思主义关于社会主义基本矛盾学说的重大创新和贡献。邓小平评价说："全会'写出了一个政治经济学的初稿'，是马克思主义基本原理和中国社会主义实践相结合的政治经济学"。[1] 1992年江泽民在党的十四大报告中评价党的十二届三中全会通过的关于经济体制改革的决定，"是对马克思主义政治经济学的新发展，为全面经济体制改革提供了新的理论指导"。[2]

三 社会主义市场经济概念是政治经济学的新发展

1987 年 10 月，党的十三大进一步提出"社会主义有计划商品经济的

---

[1] 《邓小平文选》第 3 卷，人民出版社 1993 年版，第 83 页。

[2] 《江泽民文选》第 1 卷，人民出版社 2006 年版，第 215 页。

体制，应该是计划和市场内在统一的体制"，新的经济运行机制，总体上应是"国家调节市场，市场引导企业的机制"。这从理论上确认了社会主义市场机制的生产关系性质，为深化改革指明了新的方向目标。1992年邓小平在南方谈话中精辟论述了资本主义和社会主义两种制度都有计划与市场的辩证关系，同时指出："过去，只讲在社会主义条件下发展生产力，没有讲还要通过改革解放生产力，不完全，应该把解放生产力和发展生产力两个讲全了。"[1] 1992年10月党的十四大提出建立社会主义市场经济体制的改革目标后，社会主义市场经济的概念正式确立，成为中国特色社会主义政治经济学的新理论观点。1993年12月党的十四届三中全会作出了《中共中央关于建立社会主义市场经济体制若干问题的决定》，系统阐述了建立社会主义市场经济的总体框架和具体任务，同时也初步描述了对社会主义市场经济的理论认识。

1997年2月19日，邓小平逝世。全世界关注中国是否延邓小平开辟的中国特色社会主义道路走下去。1997年5月江泽民在中央党校省部级干部进修班毕业典礼上强调要高举邓小平建设有中国特色社会主义理论的伟大旗帜，同年10月召开的党的十五大首次提出了"邓小平理论"的概念。[2] 指出，建设有中国特色的社会主义经济，就是在社会主义条件下发展市场经济，不断解放和发展生产力。大会报告指出，一切反映社会化生产规律的经营形式和组织形式都可以大胆利用，要努力寻找能够极大促进生产力发展的公有制实现形式，股份制是现代企业的一种资本组织形式，资本主义可以用，社会主义也可以用，关键看控股权掌握在谁手里。由此提出了社会主义生产关系的理论叙述的原则与实践的关系，所谓公有制的实现形式，就是不完全照搬照套理论原则的实践方式，衡量实践与理论原则的一致性标准就是看能否促进生产力的发展。这就把社会主义生产关系需要不断探索完善，经济体制改革需要不断深化的内在依据揭示出来了。

2002年召开的党的十六大提出，21世纪头20年经济建设和改革的主

---

① 邓小平：《在武昌、深圳、珠海、上海等地的谈话要点》，《邓小平文选》第3卷，人民出版社1993年版，第370页。

② 本书编写组：《改革开放简史》，人民出版社，中国社会科学出版社2021年版，第107页。

要任务之一就是完善社会主义市场经济体制。2003 年 10 月党的十六届三中全会通过了《中共中央关于完善社会主义市场经济体制若干问题的决定》，提出了完善社会主义市场经济体制的目标和任务，尤其是首次提出了科学发展观，强调坚持以人为本，树立全面、协调、可持续的发展观，作为深化经济体制改革的指导思想。这是第一次提出了改革指导思想的重大转变。从社会主义社会基本矛盾学说分析出发，促进生产力发展不仅是大力提高物质生产水平和效率，而且把保护和促进人的发展，以人为本作为保护和促进生产力发展的重要内容，同时把这种新的生产力发展的要求作为改革和完善生产关系、改革完善经济体制的目标和任务，这个指导思想的转变，大大丰富了社会主义生产关系的学说，大大丰富了社会主义经济体制改革的内涵。这包括要按照统筹城乡发展、统筹区域发展、统筹经济社会发展、统筹人与自然和谐发展、统筹国内发展和对外开放的要求，更大程度上发挥市场在资源配置中的基础性作用，增强企业活力和竞争力，健全国家宏观调控，完善政府社会管理和公共服务职能，为全面建设小康社会提供强有力的体制保障。党的十六大前后，胡锦涛提出了构建社会主义和谐社会问题，党的十六届六中全会审议通过了《中共中央关于构建社会主义和谐社会若干重大问题的决定》，指出社会和谐是中国特色社会主义的本质属性，是国家富强、民族振兴、人民幸福的重要保证。这个战略目标把完善社会主义制度引向上层建筑领域，不仅是对社会主义基本矛盾学说的深入探索，也是改革理论的创新发展。

2007 年 10 月召开的党的十七大，首次以"转变经济发展方式"代替以往的"转变经济增长方式"的表述，这是以人为本的生产力学说的进一步运用和发展。由此第一次把建设生态文明作为一项战略任务，并确定为全面建设小康社会的一项战略目标，基本形成节约资源能源和保护生态环境的产业结构、增长方式和消费模式。2008 年胡锦涛在省部级领导干部专题研讨班上强调，要全面推进社会主义经济建设、政治建设、文化建设、社会建设以及生态文明建设，努力加快实现以人为本，全面协调可持续的科学发展。[①]

---

① 本书编写组：《改革开放简史》，人民出版社、中国社会科学出版社 2021 年版，第 164 页。

66 / 中国特色社会主义政治经济学 /

第三节　社会主义基本矛盾学说的新实践、新飞跃

一　中国生产力发展的趋势性变化

党的十八大以后，中国特色社会主义进入了新时代，这是我国发展新的历史方位。必须立足于这一新的历史起点来理解产生习近平新时代中国特色社会主义经济思想的时代背景，观察我国生产力发展的规律和趋势性变化。

首先是中国经济正在从高速度增长转向高质量发展。改革开放之后的30多年时间里，中国经济曾高速增长，2012年之前经济增速通常都在8%以上，2012年和2013年中国经济增长速度降到了7.9%和7.8%。2014年习近平总书记作出了中国经济进入"新常态"的判断，2014年12月中央经济工作会议解释了什么是中国经济新常态，对进入经济发展新阶段的趋势性变化作了系统分析。

由于劳动年龄人口从2012年开始转向负增长和工资增长幅度加大，城镇化呈现减速趋势，大众化、排浪式消费热潮转向个性化、多样化消费，资本回报率趋于下降，出现了产能过剩和企业设备平均利用率下降的现象。中国经济的潜在增长率下降，导致速度"换挡"，从高速转向中高速成为不可逆转的趋势。但是，增长速度换挡并不是新发展阶段的唯一特点，更重要的特点是，新发展阶段将伴随着经济结构的优化和增长动力的转换，这构成了经济高质量发展的主要内涵。从2014年到2018年，中国经济发展的大轨迹已经明显呈现：经济形态正在向更高级、分工更复杂、结构更合理的阶段演化，经济发展方式正在从规模速度型的粗放增长转向质量效率型的集约增长，经济结构正从增量扩能为主转向调整存量、做优增量并存的深度调整，经济发展动力正在从传统增长点转向新的增长点。

其次是技术变革和新的生产力日益成为高质量发展的重要物质基础。生产力发展水平是划分不同时代的基本依据。生产力范畴中，劳动资料是最重要的概念之一。科学技术的发展则是劳动生产力发展的决定性要素，通过改进旧有的劳动资料，创造新的劳动资料，包括新的生产工具、新的资本形式和新的生产要素等，形成新的生产力。

数字经济是一种继农业经济和工业经济之后更高级的经济形态，以通

信技术为核心的技术手段，通过渗透工农业生产以及服务业劳动，形成所谓"互联网＋"，实现资源配置、产业融合、分工协同等方面能力空前提升，正对社会经济的各个方面产生前所未有的影响。习近平总书记指出："从社会发展史看，人类经历了农业革命、工业革命，正在经历信息革命"，将"带来生产力又一次质的飞跃"。① 这一论述表明，信息革命带来的新的技术变革，是新时代推动生产力发生根本性变革的决定要素。数据信息的生产及其传送，作为一种决定生产率的新的技术手段，已成为先进生产力的生产要素。

新时代新的生产力，还表现为新的科学技术的产业化趋势。2016 年 10 月，习近平总书记强调："要加大投入，加强信息基础设施建设，推动互联网和实体经济深度融合，加快传统产业数字化、智能化，做大做强数字经济，拓展经济发展新空间。"② 产业智能化是与数字经济紧密相连的重要经济发展趋势。以信息技术和数字技术为代表的新一轮技术革命引发的产业革命，将呈现生产方式智能化、产业组织平台化、技术创新开放化的特征，对全球分工将带来全面而深刻的影响。2017 年 7 月，国务院正式印发《新一代人工智能发展规划》，到 2020 年，我国在关键技术、计算能力、通信能力、车辆智能化平台相关标准等领域都将达到或接近国际先进水平。国内人工智能行业快速发展，在基础技术产业中，一些创新企业纷纷涌现，产业智能化正成为工业经济高质量发展的新趋势。"智能＋"首次被写入 2019 年的《政府工作报告》。2019 年 3 月 19 日，中央全面深化改革委员会第七次会议审议通过了《关于促进人工智能和实体经济深度融合的指导意见》。指出要把握新一代人工智能发展的特点，结合不同行业、不同区域特点，探索创新成果应用转化的路径和方法，构建数据驱动、人机协同、跨界融合、共创分享的智能经济形态。这意味着我国推动人工智能为传统产业赋能升级的步伐大大加快，将成为促进新兴产业加快发展的新动能新引擎。

最后是中国已经成长为贸易投资大国，日益走近世界舞台中心。2018

---

① 习近平：《在网络安全和信息化工作座谈会上的讲话》（2016 年 4 月 19 日），人民出版社 2016 年版，第 2 页。

② 习近平：《加快推进网络信息技术自主创新 朝着建设网络强国目标不懈努力》，《人民日报》2016 年 10 月 10 日第 1 版。

年中国经济总量超过 90 万亿元人民币，约占美国经济总量的 65%，当年工业增加值超过 30 万亿元人民币，是世界第一工业大国。中国对全球经济和全球事务的影响日益增大，这是难以逆转的客观规律。自从 2013 年中国成为货物贸易的"世界冠军"后，这个位置难以撼动。

表 3 - 1　　　　　　　　　**中国与全球货物贸易总额**　　　（单位：万亿美元，%）

年份	全球	中国	同比增长	全球占比	全球排名
2013	37.978	4.159	7.5	11.0	1
2014	38.107	4.302	3.4	11.3	1
2015	33.319	3.953	-8.1	11.9	1
2016	32.331	3.686	-6.8	11.4	2
2017	35.772	4.107	11.4	11.5	1
2018	39.342	4.623	12.6	11.75	1

资料来源：WTO 数据库。

而在 2018 年，排名第二的美国，其货物贸易总值为 4.278 万亿美元，占全球份额 10.87%，其余依次是德国 2.847 万亿美元，占 7.23%，日本 1.487 万亿美元，占 3.8%，荷兰 1.369 万亿美元，占 3.48%。随着中国企业"走出去"，中国在海外的资产存量也日益增多。

当中国经济日益壮大并不断扩大世界市场，必然与世界各贸易伙伴发生双重的产业重合，以及由此而来的双重摩擦：一方面，在低端的轻工、纺织等领域，中国的比较优势正在削减，但并未培育出高端品牌，无法实现差异化竞争，因而遭遇到来自发展中国家的贸易摩擦；另一方面，随着产业结构的调整升级，在光伏、机电等产业领域，中国和发达国家的产业结构也要从互补变为交叉，甚至重叠，因而在产能过剩和高端产业领域遭遇到贸易壁垒。2017 年中国共遭遇 21 个国家（地区）发起贸易救济调查 75 起，涉案金额 110 亿美元。中国已连续 23 年成为全球遭遇反倾销调查最多的国家，连续 12 年成为全球遭遇反补贴调查最多的国家。2018 年美国从贸易、投资、金融、知识产权保护、服务贸易等多个方面与中国、欧盟等主要贸易伙伴打响了贸易战，推行了一系列"美国优先"的贸易保护主义政策。

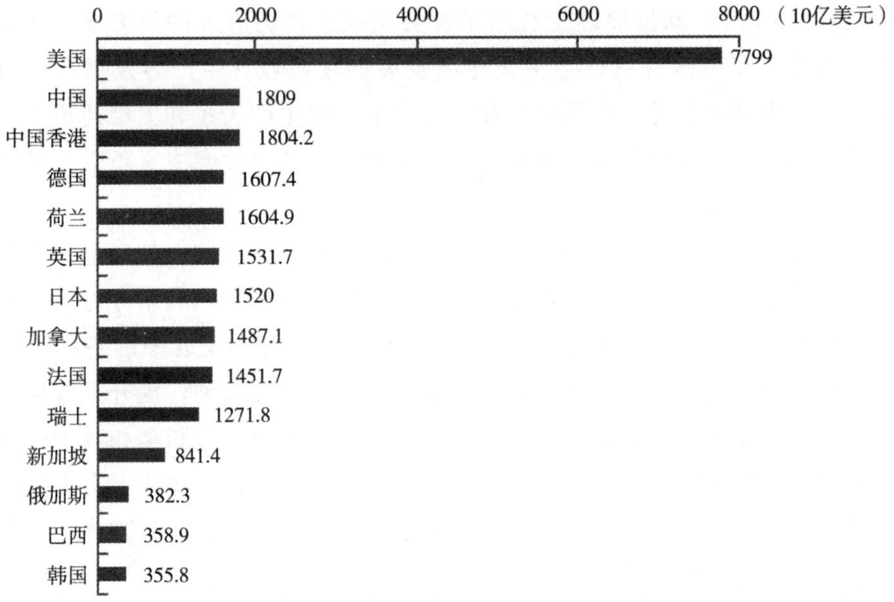

图 3 - 1　世界主要国家（地区）对外投资存量（2017 年）

资料来源：UNCTAD，World Investment Report，2018。

中国从一百年前极其贫穷落后的国家成为今天世界第二大经济体，在融入世界经济中与世界互动、碰撞，从而引起世界各国不同的反应，这确实是百年未有之大变局。如何应对这种新的形势，是中国在新的发展阶段如何提升对外开放水平的新课题。中国新一轮的对外开放需要服务于中国自身的高质量发展，同时服务于构建开放型世界经济的需要。新的开放既要让各国分享中国发展和中国市场的机会，同时还要进一步提升自己配置全球资源和要素的能力，只有这样，才能避免中国与不同国家的产业重合，降低贸易摩擦的概率。

二　新发展理念是社会主义基本矛盾学说的新理论体系

怎样认识和引领经济发展新常态？习近平总书记指出："党的十八届五中全会提出要树立和坚持创新、协调、绿色、开放、共享的发展理念。这五大发展理念，是在深刻总结国内外发展经验教训，深入分析国内外发展大势的基础上提出来的，集中反映了我们党对我国经济发展规律的新认识。"[1] 新发展理念总结了社会主义生产力发展的新要求、新实践，提出了在中国特色社会主义经济发展的新阶段，生产力发展的新特征、新要求和新趋势，以及这个发展过程中，对生产关系和上层建筑进一步改革的要求和方向目标，新发展理念成为中国特色社会主义新时代基本矛盾学说的最新理论成果。

新发展理念就是社会主义基本矛盾在新时代发展问题上的展开，它具有针对性准确、综合联动性强的特点，从而更具有对实践的指导意义。创新理念是要寻求发展的新动力，协调理念是强调解决发展中的各种不平衡，绿色理念关注人与自然和谐，开放理念要求内外联动，提升开放型经济水平，共享理念注重解决社会公平正义。而这五个理念相辅相成，互相不可割裂，构成完整的统一体，在理念上它是统一的，在实践上它需要统筹兼顾。它的创新之处在于，回答了关于发展的目的、动力、方式、路径等一系列理论和实践问题，阐明了我们党关于发展的政治立场、价值导向、发展模式、发展道路等重大政治问题；以及满足中国人民对美好生活需要的实现途径和基本方法。新发展理念对于构建中国特色社会主义政治经济学具有重大影响和指导意义。具体而言，新发展理念中的创新理念，大大拓展了创新的内涵和外延，它涵盖了科学技术、企业组织、商业模式、经营管理、体制机制、企业文化等各个层面，是一个总体的创新理念，创新领域的延伸，实际是生产力概念的延伸，这是对马克思主义生产力理论的发展。协调发展从来就是社会化大生产的理念。马克思、恩格斯曾对社会化大生产条件下的协调发展做过系统分析，在《资本论》中，他们对资本的循环和周转、社会化大生产中两大部类生产的平衡与衔接的分析就是协调发展的理论源头，而新发展理念中的协调发展，是在当代生产力水平基础上更高层次的综合整体观的协调理念，它覆盖区域协调、城乡协调、物质文明和精神文明协调、经济建设和生态文明建设、经济建设和社会建设、经济建设和国防建设等各个方面的协调，是马克思主义理论结合中国特色社会主义经济发展的具体实践形成的创新理论成果。绿色发展理念，把生态与环境经济学融入发展问题，本身就是一种理论创新。按照

---

① 中共中央文献研究室编：《习近平关于社会主义经济建设论述摘编》，中央文献出版社2017年版，第31页。

传统的学科划分，生态与环境经济学只是一个或两个子学科，虽然它是可持续发展战略的理论基础，但它只是主流经济学的分支学科。绿色发展理念提升了生态与环境经济学的学科地位，使之成为中国特色社会主义政治经济学的重要内容之一。把开放发展融入新发展理念，突出新时代对外开放的新要求和新任务，而且把中国特色开放型经济理论把中国特色社会主义政治经济学相联系，大大丰富了中国特色社会主义政治经济学的理论体系。共享发展在实践中要解决的是社会公平正义问题，在理论上它是中国特色社会主义政治经济学的核心。它包含全民共享、全面共享、共建共享、渐进共享四个层次内容，即发展成果由全民共享、全面共享；人民既是共享主体，也是共建主体。在我国社会主义经济发展的不同阶段，共享发展既有相同的本质要求，也有一个从低到高的提升过程，但它的目标始终是明确的，就是实现共同富裕。共享发展融入新发展理念，深刻体现了习近平新时代中国特色社会主义经济思想的理想追求和价值导向。①

三　社会主义改革理论的再创新

2013 年 11 月党的十八届三中全会作出了《关于全面深化改革若干重大问题的决定》，以经济体制改革为牵引、把改革扩大到政治体制、文化体制、社会体制、生态文明体制、国防和军队和党的建设制度等各个领域。确定了全面深化改革的总目标、战略重点、优先顺序、主攻方向、工作机制、推进方式和时间表、路线图。这个改革的指向性，已经不完全局限于生产关系和经济基础，它已经扩大到社会主义上层建筑的各个领域，是社会主义基本矛盾学说在改革问题上的完整运用和创新发展。它的新特点是，坚持改革正确方向，以促进社会公平正义、增进人民福祉为出发点和落脚点，突出问题导向，聚焦进一步解放思想、解放和发展社会生产力、解放和增强社会活力，加强顶层设计和整体谋划，增强改革的系统性、整体性、协同性，激发人民首创精神，推动重要领域和关键环节改革走实走深。党推动改革全面发力、多点突破、蹄疾步稳、纵深推进，从夯基垒台、立柱架梁到全面推进、积厚成势，再到系统集成、协同高效，各

————————

①　参见裴长洪、赵伟洪《习近平中国特色社会主义经济思想的时代背景与理论创新》，《经济学动态》2019 年第 4 期。

领域基础性制度框架基本确立，许多领域实现历史性变革、系统性重塑、整体性重构。党的十九届六中全会《决议》指出："党的十一届三中全会是划时代的，开启了改革开放和社会主义现代化建设新时期。党的十八届三中全会也是划时代的，实现改革由局部探索、破冰突围到系统集成、全面深化的转变，开创了我国改革开放新局面。"[1]

围绕经济建设，继续推进经济体制改革，完善社会主义市场经济体制。2015 年 12 月中央经济工作会议首次使用了"中国特色社会主义政治经济学"这一术语："要坚持中国特色社会主义政治经济学的重大原则，坚持解放和发展生产力，坚持社会主义市场经济改革方向，使市场在资源配置中起决定作用，是深化经济体制改革的主线。"[2] 根据全面深化改革的创新理论和社会主义基本矛盾学说的新实践，明确了中国特色社会主义事业总体布局是经济建设、政治建设、文化建设、社会建设、生态文明建设五位一体，战略布局是全面建设社会主义现代化国家、全面深化改革、全面依法治国、全面从严治党四个全面。五位一体总体布局和四个全面战略布局都体现了完善社会主义经济基础和上层建筑的时代要求和时代内涵，是社会主义社会基本矛盾学说的战略部署和生动实践，从而把中国特色社会主义政治经济学提高到一个新的发展阶段。

---

[1] 《中共中央关于党的百年奋斗重大成就和历史经验的决议》，《人民日报》2021 年 11 月 17 日第 1 版。

[2] 《中央经济工作会议在北京举行》，《人民日报》2015 年 12 月 22 日第 1 版。

第四章　社会主义发展阶段和社会主要矛盾

认识社会主义不同发展阶段的特点，把握不同阶段社会的主要矛盾及其变化，是提出阶段性战略目标和任务的思想理论基础。社会主义经济发展与人民需求的矛盾一直都存在，但不同阶段的内容是有差别的，提出和回答这个问题是中国特色社会会主义政治经济学的重要理论支柱。

第一节　社会主义发展阶段与初级阶段的理论与实践

一　马克思主义经典论述与中国共产党的历史经验

社会发展和文明形态理论是马克思主义唯物史观的经典运用，也是政治经济学的理论逻辑原点。马克思主义唯物史观认为，人类社会发展必然遵循生产力和生产关系、经济基础和上层建筑在相互依存又相互矛盾运动中推动社会由低级到高级、由简单到复杂地螺旋式前进。马克思说："大体说来，亚细亚的、古希腊罗马的、封建的和现代资产阶级的生产方式可以看作是经济的社会形态演进的几个时代。"[①] 与此相对应的有原始文明、农业文明和工业文明。对应于每个文明形态，都有与其相适应的生产力、生产关系和上层建筑，从而形成了各种文明形态的差异。马克思的论断主要是以欧洲经济史为依据，以欧洲资本主义经济发展史为背景。他很快发现，在这种一般规律的运动中，蕴含着东西方社会发展阶段演进的不同特点，马克思对东方社会的研究证明社会发展阶段和社会经济形态并不完全重复欧洲的样式。他借用地质学的名词描绘这种情景："正像在地质的层系构造中一样，在历史的形态中，也有原生类型、次生类型、再次生类型

_____

① 《马克思恩格斯选集》第 2 卷，人民出版社 2012 年版，第 3 页。

等一系列的类型。"① 从 19 世纪 70 年代末到 80 年代初，马克思对俄国进行了系统的专门研究，发现俄国农村公社具有与欧洲不同的特殊性，当时又处于西方资本主义危机和无产阶级革命方兴未艾的历史时期，因此提出了俄国农村公社有可能跨越资本主义"卡夫丁峡谷"，直接进入社会主义的著名论断。② 可见，马克思认为在特定的历史条件下，东方国家的社会变革未必完全重复西方资本主义经济制度和社会发展阶段，而取决于东方社会自我发展中各种社会矛盾的力量对比。

1921 年成立中国共产党，这是开天辟地的历史事件。最先觉醒的中国年轻知识分子希望通过社会革命，改变中国的面貌，走向俄国式的社会主义。但中国的社会发展与俄国完全不同，更与马克思经典论述中的资本主义社会不同。如何分析中国社会发展阶段，认识中国社会的性质，社会主要矛盾，中国革命的性质和动力、目标和战略，成为中国共产党必须回答的基本问题。从中共第二次代表大会开始到 1940 年毛泽东同志写出《新民主主义论》为止，党通过整整 18 年的实践，才系统认识和总结了这些马克思主义中国化的基本问题，形成了系统化的新民主主义理论和新民主主义政治经济学。对这些基本问题的认识都是以科学分析中国社会发展阶段中的矛盾为前提的。毛泽东把"对于中国的历史状况和社会状况、中国革命的特点、中国革命的规律"的认识和理解看作是党从不成熟走向成熟的重要标志。③ 这个理论揭示：由于帝国主义入侵，中国社会缓慢地独立走向资本主义的道路被中断，形成了半殖民地半封建社会，出现了帝国主义控制经济命脉下的资本主义经济、无产阶级和不同成分的资产阶级。中国社会的主要矛盾是帝国主义和封建主义对工人、农民、小资产阶级和民族资产阶级的压迫和剥削，因此中国革命需要分成新民主主义革命和社会主义革命两个阶段，而党的领导是新民主主义革命转向社会主义革命的基本保障。中国社会的发展阶段以及新民主主义革命的特点，规定了无产阶级与资产阶级能否建立、如何建立统一战线，中国革命的主要形式必然是武装斗争这两大战略。而武装斗争"实质上即是农民战争，党同农民战争

---

① 《马克思恩格斯选集》第 3 卷，人民出版社 2012 年版，第 831 页。

② 《马克思恩格斯选集》第 3 卷，人民出版社 2012 年版，第 830 页。

③ 毛泽东：《〈共产党人〉发刊词》，《毛泽东选集》第 2 卷，人民出版社 1991 年版，第 611 页。

/ 第四章 社会主义发展阶段和社会主要矛盾 / 75

的密切关系即是党同农民的关系"①。而农民战争的性质，又规定了中国革命的军事战略是工农武装割据，农村包围城市，战争形态是从游击战发展为运动战和城市攻坚战。毛泽东同志总结说："统一战线问题，武装斗争问题，党的建设问题，是我们党在中国革命中的三个基本问题。正确地理解了这三个基本问题及其相互关系，就等于正确地领导了全部中国革命。"②

1949 年新中国成立后，党面临的时代之问是：如何从新民主主义革命转向社会主义革命，新中国的建设目标和战略是什么？从新民主主义革命转向社会主义革命的突出任务仍然是如何处理与资产阶级的关系、大量的工作仍然是党同农民的关系。这仍然需要从认识中国社会的发展阶段作为起点。旧中国的资产阶级依据他们与帝国主义宗主国的关系，分为官僚买办资产阶级和民族资产阶级。前者是帝国主义国家在中国的利益代表，其政治代表在新民主主义革命中被打倒，其资产和财富在新中国成立前后被相继没收，转化为新中国的国有资产。而中国民族资本主义的脆弱性，导致中国民族资产阶级的两重性：在经济上，它有发展生产，发展民族现代经济的进步性，又有剥削工人的落后性；在政治上，它有同情、支持甚至参加新民主主义革命（主要是在抗日战争时期）的进步一面，又有软弱、动摇、妥协的另一面。在新中国成立后的前三年，中国社会的主要矛盾是医治战争创伤与恢复国民经济，并且仍然处在新民主主义发展阶段，因此党的任务和主要目标是调动各种积极性，努力发展生产，恢复国民经济。对于民族工商业和资产阶级，在不违反政府法令和规定的前提下，党采取保护和鼓励的政策；同时在农村鼓励农民之间的互助合作，发展农业生产。历史经验证明了恩格斯所指出的总结："我们的理论不是教条，而是对包含着一连串互相衔接的阶段的发展过程的阐明。"③

---

① 毛泽东：《〈共产党人〉发刊词》，《毛泽东选集》第 2 卷，人民出版社 1991 年版，第 605 页。

② 毛泽东：《〈共产党人〉发刊词》，《毛泽东选集》第 2 卷，人民出版社 1991 年版，第 605—606 页。

③ 恩格斯：《恩格斯致弗洛伦斯：凯利—威士涅威茨基》，《马克思恩格斯文集》第 10 卷，人民出版社 2009 年版，第 560 页。

二 社会主义初级阶段理论的形成与内涵

最早提出社会主义发展阶段问题的是列宁，他认为社会主义社会将经历若干阶段，提出了"初级形式的社会主义""完全社会主义""发达社会主义"等概念，而且认为在经济落后的俄国，只能建成"初级形式的社会主义"，而不能很快建成"发达社会主义"。[①] 1954 年新中国第一届全国人民代表大会提出工业、农业、交通运输和国防四个现代化目标后，毛泽东同志最早认识到实现这个目标是一个很长的历史过程，他说，"要建成为一个强大的高度社会主义工业化的国家，就需要有几十年的艰苦努力，比如说，要有五十年的时间，即本世纪的整个下半世纪。"[②] 后来他又说"要使中国变成富强国家，需要五十年到一百年的时光。"[③] 因此他也最早提出了社会主义发展阶段问题。1956 年 1 月，他就提出了社会主义"建立"和"建成"阶段的区别，1958 年和 1959 年，毛泽东同志在读苏联《政治经济学教科书》时提出了一个重要观点："社会主义这个阶段，有可能分为两个阶段，第一个阶段是不发达的社会主义，第二个阶段是比较发达的社会主义。后一阶段可能比前一阶段需要更长的时间。""在我们这样的国家，完成社会主义建设是一个艰巨任务，建成社会主义不要讲得过早了。"[④]

党的十一届三中全会后，以邓小平为核心的党的第二代中央领导集体在深刻总结中国社会主义建设曲折发展的历史经验教训后，对社会主义发展阶段有了更清醒和更理性的认识。1979 年 9 月，叶剑英同志在《在庆祝中华人民共和国成立三十周年大会上的讲话》中提出："社会主义制度还处在幼年时期……在我国实现现代化，必然要有一个由初级到高级的过程。"[⑤] 这是党和国家重要文献中第一次关于社会主义初级阶段的提法。1980 年 4 月 21 日，邓小平同志在会见外宾时说："要充分研究如何搞社会主义建设的问题。现在我们正在总结建国三十年的经验。总起来说，第

---

① 《马克思主义中国化基本范畴研究》，人民出版社 2019 年版，第 66 页。
② 《毛泽东文集》第 6 卷，人民出版社 1999 年版，第 390 页。
③ 《毛泽东文集》第 7 卷，人民出版社 1999 年版，第 124 页。
④ 《毛泽东文集》第 8 卷，人民出版社 1999 年版，第 116 页。
⑤ 《三中全会以来重要文献选编》（上），人民出版社 1982 年版，第 220、233 页。

一，不要离开现实和超越阶段采取一些'左'的办法，这样是搞不成社会主义的。我们过去就是吃'左'的亏。"① 1981 年 6 月，党的十一届六中全会通过《关于建国以来党的若干历史问题的决议》，第一次明确指出了"我国的社会主义制度还是处于初级的阶段"。② 1982 年 9 月，党的十二大报告再次指出，"我国的社会主义社会现正处在初级发展阶段"。1987 年 8 月，邓小平再次做出关于"社会主义初级阶段"的理论判断："社会主义本身是共产主义的初级阶段，而我们中国又处在社会主义的初级阶段，就是不发达的阶段。一切都要从这个实际出发，根据这个实际来制定规划。"③ 1987 年 10 月召开的党的第十三次全国代表大会，进一步从全局高度阐述了社会主义初级阶段理论，指出："正确认识我国社会现在所处的历史阶段，是建设有中国特色的社会主义的首要问题，是我们制订和执行正确的路线和政策的根本依据。对这个问题，我们党已经有了明确的回答：我们正处在社会主义的初级阶段。"④

1992 年 10 月，江泽民在党的十四大报告中把社会主义初级阶段理论作为邓小平理论的重要组成部分加以概括。1997 年在党的十五大报告中江泽民具体阐述了社会主义初级阶段的九个特征，论述了我国社会主义初级阶段的基本纲领。2000 年他进一步指出，在社会主义初级阶段的长过程中，"我们已经历了若干个具体的发展阶段，还要继续经历若干个具体的发展阶段"⑤。2002 年在党的十六大报告中，江泽民再次强调，我国正处于并将长期处于社会主义初级阶段。2007 年 10 月胡锦涛在党的十七大报告中指出，我国取得了举世瞩目的发展成就，从生产力到生产关系，从经济基础到上层建筑都发生了意义深远的重大变化，但我国仍处于并将长期处于社会主义初级阶段的基本国情没有变，人民日益增长的物质文化需要同落后的社会生产力之间的矛盾这一社会主要矛盾没有变。胡锦涛还全面系统地分析了社会主义初级阶段基本国情在进入 21 世纪以后出现的一系列新的阶段性特征。这些阶段性特征是社会主义初级阶段基本国情在 21

---

① 《邓小平文选》第 2 卷，人民出版社 1994 年版，第 312 页。

② 《关于建国以来党的若干历史问题的决议》，人民出版社 1981 年版，第 53 页。

③ 《邓小平文选》第 3 卷，人民出版社 1993 年版，第 252 页。

④ 《中国共产党第十三次全国代表大会文件汇编》，人民出版社 1987 年版，第 8、12 页。

⑤ 江泽民：《论"三个代表"》，中央文献出版社 2001 年版，第 29 页。

世纪新阶段的具体表现，反映了对我国经济社会发展的新要求。

社会主义初级阶段理论包含了历史逻辑、现实逻辑和理论逻辑的深刻内涵：从历史逻辑看，中国社会主义初级阶段脱胎于新民主主义发展阶段，新民主主义经济与政治最突出的特点是在有节制的条件下，允许和鼓励民族资本主义和小农经济发展生产的积极性。在向社会主义阶段转变的很长一个时期，社会生产力不可能很快发生根本性的提高，因此在进行社会主义改造中，对民族工商业实行"和平改造"方针、对小农经济和城镇个体经济实行引导"互助合作"方针，从而继续利用它们发展国民经济的积极性，这是正确的。但在其后，是迅速使它们走向消亡，还是在新的历史条件下继续发挥和鼓励它们对社会主义经济有利的一面，这是社会主义初级阶段理论需要回答的重大问题。

从现实逻辑看，新中国成立以后，特别是在社会主义改造基本完成以后，阶级矛盾和斗争已经退居次要地位，社会主要矛盾已不再是人民大众与帝国主义、封建主义的矛盾，也不再是工人阶级与资产阶级的矛盾，社会主要矛盾已经转化为人民对于经济文化迅速发展的需要同当前经济文化不能满足人民需要的状况之间的矛盾，发展社会生产力是党的根本任务。调动一切积极因素，利用一切有利于发展社会主义生产力的经济形式，这是生产关系、经济体制变革的需要。在世界范围内，"两个平行的世界市场"已经不存在，只有一个统一的世界市场，这是一个由资本主义生产方式占主导地位的世界经济体系。从马克思主义唯物辩证法观点看，现实中由资本主义主导的世界市场具有两重性：它既有利于资本主义在全球扩张，扩大垄断资本的势力范围，把更多国家纳入它的控制网络的一面；同时，它又有促进世界生产力发展，以及在此过程中建立国际商业文明、创造国际交易工具和规则，规范国际交易秩序等进步的一面。认识和把握这种两重性，是社会主义国家发展对外经济贸易关系的理论依据和现实需要。在坚持社会主义经济控制国民经济命脉的前提下，利用外商投资也是有利于发展社会主义生产力的重要措施。

历史逻辑和现实逻辑决定了社会主义初级阶段不是泛指任何国家进入社会主义都要经历的初始阶段，而是特指在中国生产力水平低，商品经济不发达条件下建设社会主义必然要经历的特定阶段；既不同于社会主义经济基础尚未确立的过渡时期，又不同于将来实现社会主义现代化的阶段。

／ 第四章　社会主义发展阶段和社会主要矛盾 ／　79

这一特定阶段，是由中国社会特定的历史前提和现实国情决定的。中国是在落后的生产力水平基础上开始社会主义建设，而社会主义所要求的物质基础还没有建立起来，这就决定了中国社会主义的发展必须经历一个很长的初级阶段，去实现别的国家在资本主义条件下实现的工业化、城镇化、信息化和农业现代化。

社会主义初级阶段的理论逻辑是：一方面，就中国现阶段的社会性质来看，已经是社会主义社会，因此必须坚持走社会主义道路而不能开倒车。另一方面，就中国目前的社会主义社会成熟程度来看，它还是很初级的，仍然没有从根本上摆脱经济社会文化落后的状态，必须从现实出发，而不能超越这个现实。正如马克思所说："无论哪一个社会形态，在它所能容纳的全部生产力发挥出来以前，是决不会灭亡的；而新的更高的生产关系，在它的物质存在条件在旧社会的胎胞里成熟以前，是决不会出现的。所以人类始终只提出自己能够解决的任务，因为只要仔细考察就可以发现，任务本身，只有在解决它的物质条件已经存在或者至少是在生成过程中的时候，才会产生。"① 社会主义初级阶段的这两层含义是互相联系、互有区别，不可割裂，构成一个统一的特定的经济范畴。它既指明了中国社会的性质，有区分了中国社会的发育程度，充分认识这两层含义，是保证中国的社会主义建设事业既不偏离正确的轨道，又能够按照客观规律稳步实现发展目标的思想理论基础。

基本实践内容："小康社会"目标和"三步走"的战略：

社会主义初级阶段理论规定了现代化建设的目标战略是从最现实的经济规模总量和人民温饱水平着眼，这包含了生产力与社会发展两个内涵。邓小平同志创造性地使用了"小康"这个中国传统文化的智慧名称。在"小康"战略目标中，按照国内生产总值和人民生活水平为主要衡量标准，党制订了"小康水平""全面建设小康""全面建成小康"三个不同时期的经济社会发展策略。1987 年党的十三大制定分三步走到 21 世纪中叶基本实现现代化的发展战略：第一步解决人民温饱问题，第二步是人民生活达到小康水平，第三步是到 21 世纪中叶基本实现现代化。到 20 世纪末，按照国内生产总值衡量，我国成功实现了第一步和第二步目标，人民生活

---

① 《马克思恩格斯选集》第 2 卷，人民出版社 2012 年版，第 3 页。

总体上达到小康水平，在迈向共同富裕的道路上迈开了大步。但是，当时达到的小康目标还是低水平的、不全面不平衡的。2002 年江泽民在党的十六大报告中分析指出："现在达到的小康还是低水平的，不全面的，发展很不平衡的小康，巩固和提高目前达到的小康水平，还需要进行长时期的奋斗。"并提出，在 21 世纪头二十年，集中力量，全面建设惠及十几亿人口的更高水平的小康社会。虽然社会主义初级阶段是长期的历史过程，但并非一成不变，而是一个生机勃勃的动态发展过程，社会主要矛盾的变化是分辨这个过程从量变到质变的重要依据。2017 年党的十九大提出："中国特色社会主义进入新时代，我国社会主要矛盾已经转化为人民日益增长的美好生活需要和不平衡不充分的发展之间的矛盾。"依据这个判断，党作出了决胜全面建成小康社会、三年脱贫攻坚，并顺势开启全面建设社会主义现代化国家新征程的战略决策。可见，社会主义初级阶段也存在发展的不同阶段，社会主要矛盾也会发生变化，必须不断有新的战略目标与之相适应。同时也说明，"小康"社会建设目标实际上内涵了承前启后的中国式现代化目标，中国式现代化既有与世界共性的一面，也必然有与西方国家不同的特殊的一面。

三　新发展阶段的历史方位

在全面建成小康社会，完成党的第一个百年奋斗目标之际，习近平总书记高瞻远瞩地判断，下一步我国发展进入一个新发展阶段。特在党的十九届五中全会第二次全体会议上指出："进入新发展阶段，是中华民族伟大复兴历史进程的大跨越。"还说："从第一个五年计划到第十四个五年规划，一以贯之的主题是把我国建设成为社会主义现代化国家。我们走过弯路，也遭遇过一些意想不到的困难和挫折，但建设社会主义现代化国家的意志和决心始终没有动摇。"[1] 新发展阶段，是全面建设社会主义现代化国家、向第二个百年奋斗目标进军的阶段。作出这一重大战略判断，为准确把握我国发展新的历史方位和实践要求提供了时代坐标。新发展阶段的历史方位是什么呢？

首先，新发展阶段仍然处于我国社会主义初级阶段。党的十一届三中

---

①　习近平：《论中国共产党历史》，中央文献出版社 2021 年版，第 302、304 页。

全会后，我们党创造性地提出了社会主义初级阶段理论。党的十三大对此进行了系统阐发，强调社会主义初级阶段"不是泛指任何国家进入社会主义都会经历的起始阶段，而是特指我国在生产力落后、商品经济不发达条件下建设社会主义必然要经历的特定阶段。我国从五十年代生产资料私有制的社会主义改造基本完成，到社会主义现代化的基本实现，至少需要上百年时间，都属于社会主义初级阶段"。① 社会主义初级阶段是当代中国的最大国情、最大实际以及建设中国特色社会主义的总依据，强调我们在任何情况下都要牢牢把握这个最大国情，推进任何方面的改革都要牢牢立足这个最大实际。但在这样一个长的历史时期中，它也会呈现阶段性的特点。习近平总书记指出："毛泽东同志说过：'一切事物总是有"边"的。事物的发展是一个阶段接着一个阶段不断地进行的，每一个阶段也是有"边"的。不承认"边"，就是否认质变或部分质变。'社会主义初级阶段不是一个静态、一成不变、停滞不前的阶段，也不是一个自发、被动、不用费多大气力自然而然就可以跨过的阶段，而是一个动态、积极有为、始终洋溢着蓬勃生机活力的过程，是一个阶梯式递进、不断发展进步、日益接近质的飞跃的量的积累和发展变化的过程。"② 因此从马克思主义哲学观点看，新发展阶段是在社会主义初级阶段发展中产生了部分质变的新阶段。我们的目的是要实现社会主义现代化，但由于我国的社会主义脱胎于半殖民地半封建社会，在开始进行现代化建设的时候，生产力水平还远远落后于发达国家，这就决定了在初级阶段建设社会主义现代化国家是一项长期、艰巨的历史任务。早在全面建设社会主义时期，我们党就提出过分"两步走"实现四个现代化的设想。改革开放后，我们党对社会主义现代化建设作出了新的战略安排，提出了分"三步走"基本实现现代化的战略目标。经过全党全国各族人民的共同努力，在解决人民温饱问题的第一步目标和人民生活总体上达到小康水平的第二步目标均已提前实现的情况下，党的十五大把第三步目标进一步具体化为"两个一百年"奋斗目标。党的十八大明确了全面建成小康社会的战略目标。到 2017 年，全面建成小康社会的第一个百年奋斗目标实现在即，党的十九大又吹响了向第二个

---

① 《十三大以来重要文献选编》（上），人民出版社 1991 年版，第 12 页。
② 习近平：《把握新发展阶段、贯彻新发展理念、构建新发展格局》，《求是》2021 年第 9 期。

百年奋斗目标进军的号角，并对从 2020 年到 21 世纪中叶我国现代化建设作出了两个阶段的安排。

其次，新发展阶段是我国社会主义从初级阶段向更高阶段迈进的必经阶段。也是党带领人民从站起来、富起来到强起来历史性跨越的新阶段。到 2020 年年末，随着"十三五"规划圆满收官，我国经济实力、科技实力、综合国力和人民生活水平又跃上了一个新的大台阶，决胜全面建成小康社会取得决定性成就，中华民族在富起来的基础上向强起来迈出了坚实的一大步。全面建成小康社会、实现第一个百年奋斗目标之后，我们要乘势而上开启全面建设社会主义现代化国家新征程、向第二个百年奋斗目标进军。进入新发展阶段，我们的目标任务，就是在未来 30 年完成建设社会主义现代化国家这个历史宏愿。习近平总书记强调，我们已经明确了未来发展的路线图和时间表，即"到 2035 年，用 3 个五年规划期，基本实现社会主义现代化。然后，再用 3 个五年规划期，到本世纪中叶，把我国建成富强民主文明和谐美丽的社会主义现代化强国"。①

最后，在新发展阶段，我们面对的内部条件和外部环境都发生了深刻复杂的变化。从内部来讲，经过新中国成立以来特别是改革开放四十多年的不懈奋斗，我们已经拥有开启新征程、实现新的更高目标的雄厚物质基础；从外部来讲，当今世界正经历百年未有之大变局，但时与势都在我们一边，我们有定力和底气、有决心和信心，锲而不舍地实现既定目标。这就要求我们利用好新的重要战略机遇期，统筹好中华民族伟大复兴战略全局和世界百年未有之大变局，继续谦虚谨慎、艰苦奋斗，调动一切可以调动的积极因素，团结一切可以团结的力量，全力办好自己的事；完整、准确、全面贯彻新发展理念，把科技自立自强作为国家发展的战略支撑，把共同富裕作为关系党的执政基础的重大政治问题，引领我国实现更高质量、更有效率、更加公平、更可持续、更为安全的发展；加快构建以国内大循环为主体、国内国际双循环相互促进的新发展格局，把扩大内需作为经济增长的战略基点，调整和完善经济现代化的路径选择。立足新发展阶段、贯彻新发展理念、构建新发展格局，我们才能在各种可以预见和难以

---

① 习近平：《关于〈中共中央关于制定国民经济和社会发展第十四个五年规划和二〇三五年远景目标的建议〉的说明》，《人民日报》2020 年 11 月 3 日第 1 版。

／ 第四章　社会主义发展阶段和社会主要矛盾 ／　83

预见的狂风暴雨、惊涛骇浪中，增强生存力、竞争力、发展力、持续力，
实现从站起来、富起来到强起来的历史性跨越，实现中华民族伟大复兴的
中国梦。这是新发展阶段要求我们完成、我们也一定能够完成的历史
任务。

第二节　把握社会主义本质是认识社会主要矛盾的理论依据

一　认识社会主义本质是目标与任务实践的产物

资本主义经济的本质是剩余价值生产、剩余价值最大化和资本所有者
利润最大化。社会主义经济的本质是什么？邓小平回答说："社会主义的
本质，是解放生产力，发展生产力，消灭剥削，消除两极分化，最终达到
共同富裕。"① 这个认识不是轻易得来的，它是经过社会主义经济建设初步
实践的经验和教训才能得到的思想成果。

在新中国成立前夕，毛泽东在党的七届二中全会上就明确提出了新中
国成立后的主要任务："在革命胜利以后，迅速地恢复和发展生产，对付
国外的帝国主义，使中国稳步地由农业国转变为工业国，把中国建设成一
个伟大的社会主义国家。"② 可见，党最初提出的社会主义经济建设目标是
国家工业化，是中心任务。在深入进行国家工业化建设和社会主义改造
中，党和国家对新中国经济建设的任务有了进一步认识。在 1954 年第一
届全国人大一次会议上，周恩来所作的《政府工作报告》中提出，要建设
"强大的现代化的工业、现代化的农业、现代化的交通运输业和现代化的
国防"。③ 这是对"四个现代化"概念所作的最早表述。

党执政后所制定的第一部党章，即党的八大通过的《中国共产党章
程》（1956 年 9 月 26 日）的总纲规定：（1）党的任务是有计划地发展国
民经济；（2）以最快速度实现国家工业化；（3）国民经济技术改造：务
必确保有系统、有步骤地进行；（4）目标是"实现四个现代化"。开创和

---

① 《邓小平文选》第 3 卷，人民出版社 1993 年版，第 373 页。
② 《毛泽东选集》第 4 卷，人民出版社 1991 年版，第 1437 页。
③ 《周恩来经济文选》，中央文献出版社 1993 年版，第 176 页。

实践"四个现代化"是党的第一代中央领导集体的伟大创举，在遭受"文化大革命"干扰下，周恩来依然在 1975 年 1 月四届人大《政府工作报告》中，重申了"四个现代化"的目标，而且毛泽东审定同意了这个报告。1956 年，毛泽东在总结了社会主义建设初步实践基础上，得出的结论是："我们的根本任务已经由解放生产力变为在新的生产关系下面保护和发展生产力。"[1]"文化大革命"结束后，党的八大提出的建设四个现代化社会主义强国的表述重新出现在中共第十一大通过（1977 年 8 月 18 日）的《中国共产党章程》中。党的十一届三中全会后，邓小平反复强调："我们当前以及今后相当长一个历史时期的主要任务是什么？一句话，就是搞现代化建设。能否实现四个现代化，决定着我们国家的命运、民族的命运。"[2]

从上述文献中可以得出这样的结论：把中国建设成社会主义现代化强国的愿望和梦想，是新中国 70 年前后两个时期中国共产党人一致的追求，其理论认识的一致性和行动目标的一致性都是毋庸置疑的。因此，这也是新中国经济理论第一个前后一贯的理论认识命题。由这个命题出发，从社会主义经济建设的目标和任务中认识到了社会主义的本质。

二　从经验教训的总结中认识社会主义本质

毛泽东对社会主义本质的认识是清醒的，即便在"文化大革命"错误的情况下，毛泽东也强调"抓革命、促生产"。正是由于他始终重视发展生产力，周恩来总理才有可能在"文化大革命"期间为恢复正常秩序、维持国民经济运行作出一定程度的有效努力。1975 年邓小平领导全面整顿工作，也是运用毛泽东重视发展生产力的思想来号召全党，才有可能使国民经济整顿工作有效进行。他在其指导制定的《论全党全国各项工作的总纲》中说："区别真假马克思主义和真假社会主义，区别正确路线和错误路线，区别真干革命和假干革命，区别真干社会主义和假干社会主义，区别干部所做工作的成绩是坏是好，是大是小，归根到底，只能也只应按照列宁和毛主席的这个标准来衡量。"[3] 这说明，邓小平关于生产力标准的阐

---

① 《毛泽东文集》第 7 卷，人民出版社 1999 年版，第 218 页。

② 《邓小平文选》第 2 卷，人民出版社 1994 年版，第 162 页。

③ 转引自程中原、夏杏珍《前奏：邓小平与一九七五年整顿》，河北人民出版社 2009 年版，第 263 页。

/ 第四章 社会主义发展阶段和社会主要矛盾 / 85

述，正是对毛泽东这一思想的继承和发展。

在经济建设实践中，尽管在怎样发展生产力的路径上有许多失误，但重视发展生产力的指导思想始终占据支配地位，因此才有可能使新中国前30年的国民经济仍然取得了历史性的空前发展。根据国家统计局的统计，1949年中国工农业总产值只有466亿元人民币，经过三年经济恢复，1952年达到810亿元，比1949年增长了73.8%；1953年制订了第一个五年计划，1957年中国工农业总产值达到1360亿元人民币，比1952年增长67.84%；第二个五年计划期间（1958—1962年），中国遭受三年自然灾害以及不切实际的"大跃进"，导致经济发展停滞，1962年工农业总产值为1406亿元，只比1957年增长3.4%；1963—1965年是三年恢复时期，1965年工农业总产值达到2185亿元，比1962年增长了55.4%；第三个五年计划期间进入"文化大革命"时期，但1970年工农业总产值也达到了3454亿元，比1965年增长了58%；第四个五年计划期间（1971—1975年），工农业总产值增长了45.3%，1975年达到5018亿元；1976年遭受"四人帮"严重破坏，工农业总产值只比上年增长1.7%；1977年至1980年是第五个五年计划期间的后四年，"文化大革命"结束，国家政治经济生活恢复正常，国民经济采用国内生产总值统计，4年国内生产总值年平均增长9.45%，1980年中国国内生产总值达到7318亿元人民币。整个70年代，中国在GDP增长速度方面达到世界第8—9位。1949—1978年，中国在建设独立完整的工业体系和国民经济体系中，保持了7.3%左右的年均经济增长速度。自1980年开始到20世纪80年代中期，我国经济规模分别超越英法德，成为世界第三大工业国。

"文化大革命"的错误确实阻碍了生产力的发展，但我们不能由此来否定毛泽东曾经阐述过的发展生产力的正确思想。正如邓小平所说："毛泽东同志的错误在于违反了他自己正确的东西"，"三中全会以后，我们就是恢复毛泽东同志的那些正确的东西"。[①] 应该说，邓小平理论中发展生产力的思想，江泽民"三个代表"重要思想中代表"先进生产力"发展要求的观点，科学发展观中如何发展生产力的思想，习近平新时代中国特色社会主义经济思想中进一步发展生产力的观点，都是对毛泽东"正确的

———————————

① 《邓小平文选》第2卷，人民出版社1994年版，第298—300页。

86 / 中国特色社会主义政治经济学 /

生产力思想"的继承和发展。

三 社会主义的本质是由社会主义社会基本矛盾决定的

社会主义社会的基本矛盾仍然是生产力和生产关系、经济基础和上层建筑之间的矛盾。但这些矛盾不再具有阶级对抗的性质。社会主义生产关系一方面更适合生产力发展的要求，更能够容纳和推动生产力发展，另一方面，社会主义生产关系也需要巩固坚实的生产力基础来支撑和完善，需要极大发展生产力来维护。只有建立起发达的生产力，社会主义经济制度才能证明其具有对比资本主义制度更明显的优越性。

社会主义的本质规定了社会主义的根本任务是解放和发展生产力。这个认识纠正了脱离生产力发展空谈社会主义优越性的某些僵化的理论观点，也纠正了脱离生产力发展片面在社会主义生产关系调整上追求"一大二公"的错误倾向。它说明，一些即使是社会主义性质的生产关系，如果超越了社会主义初级阶段的生产力水平，也会阻碍生产力的发展；而一些非社会主义性质的生产关系，只要适应社会主义初级阶段的生产力水平，就应当利用它来发展生产力。邓小平对社会主义本质的概括还包括消灭剥削，消除两极分化，最终达到共同富裕。这两点既概括了社会主义制度的根本目的，又划分了它与以私有制为基础的社会经济制度的本质区别。对社会主义本质的认识，从根本上回答了什么是社会主义的问题。它的理论意义在于，既包括社会主义社会的生产力，也包括社会主义社会的生产关系，体现了两者的统一；体现了社会主义根本任务与根本目的的统一；体现了社会主义的物质基础和社会关系的统一；体现了社会主义发展过程和最终目标的统一。

发展社会主义生产力的根本任务也是最终战胜资本主义的客观要求，马克思主义认为，一种新的社会制度要最终战胜旧的社会制度，归根结底要看新的社会制度能否创造更大的生产力，能否创造更高的劳动生产率。正如列宁所说："劳动生产率，归根到底是使新社会制度取得胜利的最重要最主要的东西。——资本主义可以被最终战胜，而且一定会被最终战胜，因为社会主义能创造新的高得多的劳动生产率。"① 社会主义只有大力

---

① 列宁：《伟大的创举》，《列宁专题文集·论社会主义》，人民出版社 2009 年版，第 151 页。

发展生产力，在各个方面显示出对比资本主义制度的优越性，才能最终战胜资本主义。邓小平说："社会主义的优越性归根到底要体现在它的生产力比资本主义发展得更快一些，更高一些，并且在发展生产力的基础上不断改善人民的物质文化生活。"[1] 特别是在当今世界，社会主义和资本主义两种社会制度，两种意识形态在相当长时期内并存和竞争，这种竞争又突出表现为经济实力和以经济实力为基础的综合国力的竞争，生产力和经济建设发展就更具有十分重大的现实意义。马克思主义经典作家关于社会主义战胜资本主义的预言，经过中国共产党的百年奋斗，正在展现一个明显的变化趋势："马克思主义中国化时代化不断取得成功，使马克思主义以崭新形象展现在世界上，使世界范围内社会主义和资本主义两种意识形态、两种社会制度的历史演进及其较量发生了有利于社会主义的重大转变。"[2]

发展社会主义强大生产力的任务还与实现共产主义远大理想紧密联系。实现共产主义社会需要生产力高度发展、社会产品极大丰富的物质基础做保证，才能消灭工业与农业、城市与乡村、体力劳动与脑力劳动的"三大差别"，才能实现"各尽所能、按需分配"的远景目标。因此在实现这个目标的过程中，大力发展生产力是社会主义实践的不懈追求，正如邓小平所说："我们讲社会主义是共产主义的初级阶段，共产主义的高级阶段要实行各尽所能、按需分配，这就要求社会生产力高度发展，社会物质财富极大丰富。所以社会主义阶段的最根本任务就是发展生产力。"[3]

第三节　社会主义社会主要矛盾及其变化

一　社会主义社会主要矛盾的提出

分析中国社会主要矛盾是毛泽东认识旧中国半殖民地、半封建社会性

---

[1]　邓小平：《建设有中国特色的社会主义》，《邓小平文选》第 3 卷，人民出版社 1993 年版，第 63 页。

[2]　《中共中央关于党的百年奋斗重大成就和历史经验的决议》，《人民日报》2021 年 11 月 17 日第 1 版。

[3]　邓小平：《建设有中国特色的社会主义》，《邓小平文选》第 3 卷，人民出版社 1993 年版，第 63 页。

质的历史经验。怎样分析和认识新中国，特别是社会主义制度已经建立的情况下回答中国社会的主要矛盾是一个新的时代性课题，也是中国特色社会主义政治经济学要回答的一个基本理论问题。毛泽东是一个马克思主义的历史唯物主义者，他认识事物的规律是从实际出发。而实际中的最大实际是对国情的研判。在抗日战争期间，他就说："认清中国的国情，乃是认清一切革命问题的基本的根据。"[1] 在新中国成立前夕党的七届二中全会上，提出党的中心工作从乡村转向城市，从军事斗争转向管理城市和建设城市的时候，毛泽东就告诉全党，经济建设工作的出发点就是要充分认识我国是一个工业比重只占 10%、农业和手工业占 90% 的贫穷落后的国情，这是我们探索新中国建设规律的前提。

按照毛泽东《矛盾论》的观点，任何社会都是在矛盾运动中发展的。社会主义制度建立起来后，社会仍然存在许多矛盾，其中社会主要矛盾是起支配作用的矛盾，它的存在和发展，制约和影响着社会其他矛盾，它集中反映了社会在一定时期内生产力和生产关系、经济基础和上层建筑这一基本矛盾的性质、特征和要求。揭示社会主要矛盾，反映社会基本矛盾运动的发展规律和趋势，是正确认识社会性质、把握特定社会不同发展阶段的特殊性，制定不同社会发展阶段的战略目标和确定发展任务的重要前提。

中国共产党对中国社会主要矛盾的认识也是从总结实践经验教训中得到的，得到正确的认识也付出了不小的代价。1956 年社会主义改造任务完成以后，中国进入了社会主义建设时期。党总结了这个时期的经验，对社会主要矛盾有了初步的认识。党的八大提出："我们国内的主要矛盾，已经是人民对于建立先进的工业国的要求同落后的农业国的现实之间的矛盾，已经是人民对于经济文化迅速发展的需要同当前经济文化不能满足人民需要的状况之间的矛盾。"[2] 但是由于各种主客观原因，党的八大的正确认识没有得到坚持和深化，1957 年在反右派斗争扩大化的背景下，毛泽东认为，从政治和思想方面看，阶级斗争问题还没有解决，因此"无产阶级和资产阶级的矛盾、社会主义道路和资本主义道路的矛盾，毫无疑问，这

---

① 毛泽东：《中国革命和中国共产党》，《毛泽东选集》第 2 卷，人民出版社 1991 年版，第 633 页。

② 《中国共产党第八次全国代表大会关于政治报告的决议》，《建国以来重要文献选编》第 9 卷，中央文献出版社 1994 年版，第 341 页。

/ 第四章　社会主义发展阶段和社会主要矛盾 / 89

是当前我国社会的主要矛盾"。[1] 这个错误认识导致了对国内外阶级矛盾和阶级斗争形势的夸大化，严重影响了党对经济建设发展的任务和目标的实现。

1978 年 12 月，党的十一届三中全会在正确总结正反两方面历史经验的基础上，对现阶段党和国家的主要任务作出了科学分析，作出了把工作重点转移到社会主义现代化建设上来的战略决策。同时在理论上重新审视党的八大提出的社会主要矛盾的正确认识。1981 年 6 月党的十一届六中全会通过的《关于建国以来党的若干历史问题的决议》（以下简称《决议》），在 10 个方面的概括和总结中，首先提出，社会主义改造基本完成以后，我国所要解决的主要矛盾是人民日益增长的物质文化需要同落后的社会生产力之间的矛盾。[2]《决议》不仅正式表述了我国现阶段的社会主要矛盾，而且更精确地概括了社会主要矛盾的性质和内容，是中国特色社会主义政治经济学的一个新的理论成果。此后一直到党的十七大，都把"人民日益增长的物质文化需要同落后的社会生产之间的矛盾"作为社会主要矛盾来认识。[3]

二　社会主义社会主要矛盾变化的现实依据

2017 年中国国内生产总值达到 82.7 万亿元人民币，人均 GDP 为 59660 元；按美元计算，2017 年中国全年人均 GDP 为 8836 美元。世界银行的高收入国家标准为人均国民收入 1.2 万美元左右。2017 年中国人均国民收入在 8790 美元左右，和人均 GDP 接近。如果此后几年人均 GDP 和收入维持中高增速，则大约在 2025 年前后，中国将进入到高收入国家行列。我国社会生产力已经显著提升，我国生产了全球 19% 以上的产品，近 220 多种工业产品产量位居全球第一。而且，中国经济结构也在优化，2017 年中国第二产业比重为 40.5%，是 2010 年以来的首次上升，这表明实体经济地位得到了加强。人民生活不断改善。人民获得感显著增强。脱贫攻坚战取得决定性进展，六千多万贫困人口稳定脱贫，贫困发生率从 12.2% 下

---

[1]　中共中央党史研究室著：《中国共产党历史 第二卷（1949—1978）上册》，中共党史出版社 2011 年版，第 461 页。

[2]　《中国共产党中央委员会关于建国以来党的若干历史问题的决议》，人民出版社 1981 年版。

[3]　《胡锦涛文选》第 2 卷，人民出版社 2016 年版，第 623 页。

降到 4% 以下。教育事业全面发展，中西部和农村教育明显加强。就业状况持续改善，城镇新增就业年均一千三百万人以上。城乡居民收入增速超过经济增速，中等收入群体持续扩大。覆盖城乡居民的社会保障体系基本建立，人民健康和医疗卫生水平大幅提高。社会治理体系更加完善，国家安全全面加强。然而经济社会发展不平衡、发展不充分问题较为突出，主要体现在经济结构性矛盾明显、生产效率不高、社会民生建设滞后以及资源环境约束趋紧等方面，这已经成为制约人民大众实现多样化、高层次需求的主要障碍。据此，习近平总书记在 2017 年 10 月党的十九大报告中指出："中国特色社会主义进入新时代，我国社会主要矛盾已经转化为人民日益增长的美好生活需要和不平衡不充分的发展之间的矛盾。"①

发展不平衡是人类社会发展中一个较为普遍的现象，无论是一个国家还是全球范围都广泛存在。中国经济社会发展的不平衡主要表现在：

（一）城乡发展不平衡

第一，城乡居民生活差距显著。2010 年城乡居民可支配收入分别为19109 元和 5919 元，2017 年可支配收入分别为 36396.2 元和 13432.4 元，城乡收入差距变动显著。收入水平的差异直接决定了城乡居民生活消费水平的差异。2010 年城乡居民人均生活性消费支出分别 13471 元和 4382 元，2017 年分别为 24445 元和 10954.5 元②，城乡居民人均消费水平的差距拉大。恩格尔系数可以综合反映出城乡居民生活水平的差异，虽然近年来城乡恩格尔系数差异变小，但城镇居民生活仍显著高于农村居民生活水平（见图 4 - 1）。第二，城乡基本公共服务供给水平不平衡。以医疗卫生为例，2000—2017 年，中国城乡每千人拥有的床位数差距呈进一步拉大趋势，床位数差从 2010 年的 3.34 张增加至 2017 年的 4.56 张。2010 年城乡居民每千人拥有的卫生技术人员分别为 7.62 名和 3.04 名，2017 年分别为10.87 名和 4.28 名，城乡每千人拥有的卫生技术人数差距变大，青海和西藏卫生技术人员的城乡差距超过 4 倍。城乡人均卫生费用差距同样呈现上升趋势，从 2010 年的 1649.18 元扩大至 2014 年的 2146.1 元。

---

① 《习近平在中国共产党第十九次全国代表大会上的报告》，《人民日报》2017 年 10 月 28 日第1 版。

② 资料来源：《中国统计年鉴》。

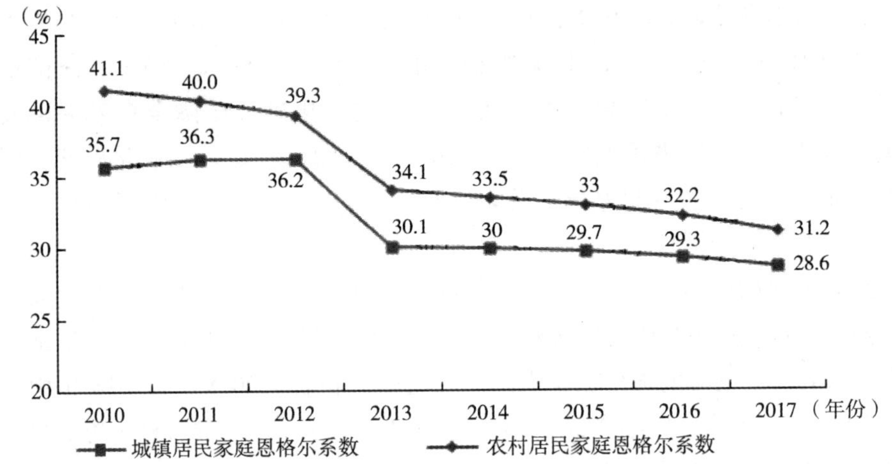

图 4 - 1 2010—2017 年中国城乡居民家庭消费的恩格尔系数变动趋势
资料来源:《中国统计年鉴》。

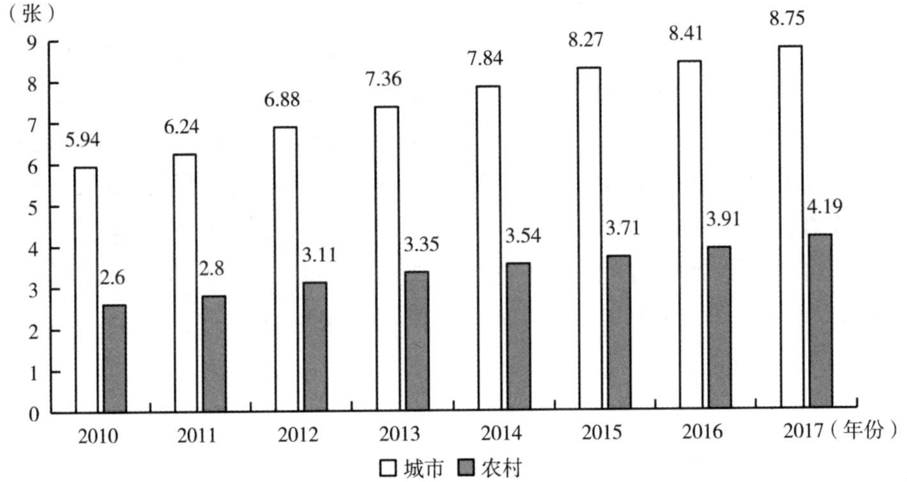

图 4 - 2 2010—2017 年中国城乡每千人拥有的床位数
资料来源:《中国统计年鉴》。

（二）区域发展不平衡

我国区域发展不平衡主要体现在:首先,四大板块（东部、中部、西部和东北）的 GDP 贡献率差异显著。在 2000—2016 年,东部地区的 GDP

贡献率虽有所下降，但仍保持在50%以上，贡献率从2000年的53.44%下降至2016年的52.32%；中部地区的由19.15%增加到20.62%；西部地区的从17.51%攀升至20.28%；东北地区的从9.90%下降至6.78%。其次，各地区工业化进程不平衡。总的来说，我国已经步入工业化后期，但是工业化进程的区域间差异显著。截至2015年，绝大多数中西部省份尚处在工业化中期阶段，而大多数东部省份则处于工业化后期阶段，北京、上海和天津则已经步入了后工业化阶段。最后，各地区的新兴产业发展不平衡。以数字经济为代表的新兴产业主要分布在东部沿海地区，中西部地区发展滞后。根据阿里研究院《中国淘宝村研究报告（2018）》，2018年中国有3202个淘宝村，广泛分布在24个省（市、区），其中东部地区淘宝村总数为3078个，合计占比高达96.13%；中部地区为86个，合计占比2.69%；东北和西部合计为38个，合计占比仅为1.19%。

（三）居民富裕程度不平衡

根据世界银行统计数据，2018年我国人均国民收入为9732美元，超出中等收入国家平均线5340美元，表明我国已经进入上中等收入国家行列，实现了历史性的突破。但应当看到，我国居民富裕程度不平衡问题十分突出。一方面，国家统计局公布的数据显示，2015—2017年中国基尼系数分别为0.462、0.465以及0.467，呈现上升趋势。而发达国家的基尼系数则处于0.24—0.36，中国的贫富差距显著超过0.4的国际警戒线，这意味着少数人掌握多数的社会财富。另一方面，从国际比较来看，我国贫富差距程度在全球处较高水平。根据世界银行发布的《2018世界发展指数》（WDI）数据，在2016年，只有十多个国家的基尼系数大于我国，这些国家普遍来自非洲或拉美地区。

（四）经济与社会发展不平衡

改革开放以来，我国经济始终保持着高速或者中高速增长，经济总量稳居全球第二，2018年我国的国内生产总值约为13.6万亿美元，占全球经济总量的比重为16%，对全球经济增长贡献率达30%以上。虽然中国经济体量居世界前列，但是社会发展却相对滞后，教育、医疗以及社会保障等公共服务的有效供给不足，均等化程度低。社会公共服务有效供给不足已经明显阻碍了人民群众对美好生活的需要。教育不平衡主要体现在区域和城乡发展不平衡。以医疗卫生为例，"看病难、看病贵"始终是人民群众的焦点话题。2016 年中国卫生费用为 46344.9 亿元，占 GDP 的比重为 6.2%，2018 年中国卫生费用预计为 57998.3 亿元，占 GDP 的比重为 6.4%①。虽然中国卫生费用占 GDP 的比重逐年增加，但低于全球的 9.9% 平均水平，远低于日本的 11% 和美国的 17%。

（五）经济社会与生态环境不平衡

改革开放以来，虽然我国经济长期保持着高速或者中高速增长速度，但这种增长是以高投入、高消耗和高污染为代价的，资源环境承载能力逼近极限，大气污染、水体污染、土壤重金属超标等环境问题突出。进入 21 世纪以来，虽然我国已经加大环境整治力度，环境污染治理也取得初步成效，但是生态环境恶化并没有得到根本扭转，生态环境恶化与人民大众对良好的生态环境需求的矛盾还很突出。根据生态环境部《2018 中国生态环境状况公报》数据：2018 年，全国 338 个地级及以上城市中，环境空气不达标的城市 217 座，空气质量不达标率高达 64%。根据国土资源部《土地整治蓝皮书》报告，我国中、重度污染土地面积约 5000 万亩，污染程度深的地方往往是经济发达的东部地区。

我国经济社会发展不充分问题主要表现为：

（一）科学技术在经济发展中的贡献还不突出

从世界经济史来看，经济增长由高速转向低速转变是历史和经济发展规律的结果，经济增长由靠资本、劳动和土地等生产要素投入的增加向全要素生产率的提高转变。要提高全要素生产率就是要提高科学技术在经济发展中的贡献率。我国经济增长已经由高速转向中高速，亟须科技创新驱动高质量发展。目前，我国的科学技术对 GDP 的贡献率还不高，离科技创新型国家的标准尚存在明显差距。据科技部数据，2018 年我国的科技进步贡献率为 58.5%，较 2017 年提高了 1.74%。国际上公认的创新型国家的标准为科技进步贡献率达 70% 以上，美国和德国则超过 80%。可见，与发达国家相比，我国的科技进步贡献率还有待于提升。

（二）现代产业体系尚未完善

现代化是利用现行最先进的科学技术武装国民经济各个部门，以使得

---

① 资料来源：国家卫生健康委员会官网和世界卫生组织数据库。

国家社会经济和技术达到世界领先水准。由于科学技术是不断向前发展、变化的，因此现代产业体系也是一个具体的、历史的和动态的产业体系，是特定历史时期用最先进科学技术赋能国民经济各个产业部门，使得产业结构不断升级，新业态、新模式不断涌现的产业体系。当前我国的产业体系"大而不强"，产业发展面临瓶颈制约，主要体现在：供给侧结构性失衡问题突出，低端产业产能过剩严重，高端产业自主创新能力不足，经济"脱实向虚"倾向仍未根本扭转。

（三）产品和产业的国际分工地位还不高，国际竞争力还不强

过去几十年，我国依靠劳动力、土地、资源等要素的比较优势参与全球分工，实现对外贸易的大幅度增长，奠定了"世界工厂"的地位。然而，我国产品和产业的国际分工地位还不高，国际竞争力还不强。随着劳动力、土地和资源等要素的红利逐渐退去，我国低要素成本的优势正遭到越南、印度、印尼等更低廉成本国家的挑战。同时，贸易保护主义、逆全球化思潮抬头进一步降低了我国出口产品的竞争优势。要提高我国出口产品的竞争力，势必要向附加值高的生产环节转移，而附加值高的环节通常处在全球价值链的中上游。向全球价值链中上游迈进则需要转向依靠技术、创新形成的新优势转变。因此，构筑以技术、创新、人力资本支撑的新竞争优势显得异常迫切和必要。

（四）公共产品和公共服务供给还远不能满足需求

公共产品与服务为人民生活和社会稳定与发展提供重要保障，它主要有两大类：第一类属于"硬产品"，有交通、通信、城市基础设施、水电气热和环境；第二类属于"软产品"，有科学、教育、文化、卫生、体育、保险（社会保障），公共产品和公共服务的"非排他性"和"非竞用性"特征决定了政府是提供这类产品和服务的主体。当前，我国公共产品和公共服务供给不充分，还远不能满足人民大众日益增长的需求。公共产品和公共服务供给不充分在农村尤为突出。农村需要大中修的公路约为100万千米，占农村公路总里程的四分之一，农村公路危险路段超过160万千米，占农村公路总里程40%以上。截至2018年年底，全国仍有104.3万贫困人口存在饮用水安全问题。农村的教育、医疗等公共事业投入不足，公共服务不到位。2017年全国小学教育阶段校舍危房面积566.26万平方

米，其中乡村①的危房面积占比 57.94%，镇区的危房面积占比 25.24%，城区的危房面积占比 16.82%。② 农村卫生资源供给不足并呈下降趋势。2017 年乡镇卫生院、村卫生室较 2012 年分别减少了 546 个和 21362 个。2017 年乡村医生和卫生人员较 2012 年减少了 12.58 万人③。乡村卫生室的医生和卫生员拥有大专及以上学历占比均为 6%，急需专业医护人才。

三 应对社会主要矛盾变化：高质量发展的目标和任务

首先，发展的不平衡不充分问题需要通过新的发展来解决。在新时代，中国经济需要什么样的发展，如何实现这样的发展？习近平总书记在党的十九大报告以及在其他重要会议上都明确指出，我国经济已由高速增长阶段转向高质量发展阶段，推动高质量发展是当前和今后一个时期确定发展思路、制定经济政策、实施宏观调控的根本要求。推动经济发展方式由以数量为主、规模扩张和要素驱动为特征的发展方式向以质量为主、结构升级和创新驱动为特征的发展方式转变。这就明确了高质量发展就是新时代中国经济需要的发展，而高质量发展的含义同样是明确的，这就是要有效解决我国发展的不平衡不充分问题，满足人民美好生活的需要。因此，推动高质量发展就是向最终解决发展不平衡、发展不充分方向努力。这就是新时代中国经济发展的新趋势。

其次，高质量发展的目标是什么？党的十九大报告提出 2035 年"基本实现社会主义现代化"的目标，可以看作是高质量发展的最基本目标。这个目标的内容在党的十九大报告中有大段的文字表述，它不仅涵盖了对经济实力、人民生活富裕、科技实力、国家创新能力的定性论述，而且包括对社会公平、发展差距和居民收入差距缩小、民主法治制度、国家治理体系和治理能力现代化的论述；以及对社会文明程度、国家文化软实力，中华文化影响、社会和谐活力、生态环境、美丽中国等多方面的要求。因此，这将形成一个经济、科技、人民收入、政治、社会和谐治理、文化和

---

① 2010 年 6 月我国开始实施新的城乡规划标准，将原来的城市、县镇以及农村的划分标准调整为城区（主城区、城乡结合区）、镇区（镇中心区、镇乡结合区、特殊区域）以及乡村（乡中心区、村庄）。

② 资料来源：《2018 中国统计年鉴》。

③ 资料来源：《2018 中国卫生健康统计年鉴》。

生态环境五位一体的指标体系。

2035 年基本实现社会主义现代化目标的基本依据是，第一，改革开放 40 年来，我党带领全国人民进行社会主义建设取得了举世瞩目的成绩，原定的各个时期的发展目标都已经提前实现，经济总量稳居全球第二，社会各项事业取得长足发展。尤其是党的十八大以来，我国在政治、经济、社会、文化等领域取得了历史性成就，为基本实现社会主义现代化目标提供了有力的支撑与信心。第二，从国内经济发展水平上看，如果将"基本实现社会主义现代化"的收入水平含义理解为达到世界银行定义的"高收入国家"群体的四分之一水平（即以色列、西班牙等国家的当前相对水平），为在 2035 年实现这个目标，中国需要在接下来的 18 年时间里保持人均 GDP 年均约 5.8% 的增长速度。在这一情形下，届时中国按照 PPP 折算价格的人均 GDP 大致相当于美国的 60%。如果未来 18 年中国人均 GDP 年均增长达到 6.5%，那么在 2035 年就能达到高收入国家的中位数水平，即当前芬兰、英国、日本、法国的相对水平（见图 4 - 3）。第三，从国外发展环境来看，和平与发展仍是当今时代的主题。2008 年国际金融危机以来，新兴市场国家和发展中国家快速崛起，在全球经济总量中所占比重已经超过发达国家，对世界经济增长贡献率达 80%[1]。新兴市场国家和发展中国家的快速崛起，成为维护国际和平与稳定的"压舱石"，起着中流砥柱作用。第四，习近平新时代中国特色社会主义思想为基本实现现代化提供了理论指导。伟大的事业需要伟大的思想引领。这一思想内容丰富、内涵深刻、思想深邃，犹如灯塔，为全党全国人民基本实现社会主义现代化指明了方向。

最后，实现高质量发展的当务之急是补短板。中国经济高质量发展既取决于现代产业、现代经济体系的构建和完善，更取决于补短板，所以经济工作的整体考虑必须下大力补短板。经济发展的任何阶段都存在短板，其随着发展阶段的递进而呈现不同的形式。当前，我国经济转向高质量发展阶段，经济社会发展过程中的主要短板体现在城乡发展不平衡、区域发展不平衡、经济社会发展不平衡、经济与生态环境不平衡等方面，在众多

---

① 引自 2017 年 9 月 5 日习近平主席在厦门新兴市场国家与发展中国家对话会上的发言，《人民日报》2017 年 9 月 6 日。

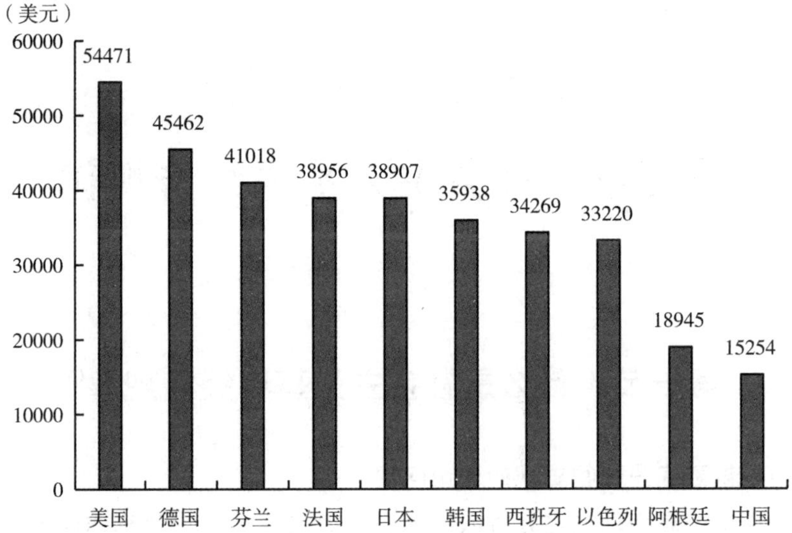

（美元）

```
60000
       54471
50000        45462
              41018  38956  38907
40000                              35938  34269  33220
30000
20000                                                  18945  15254
10000
    0
      美国  德国  芬兰  法国  日本  韩国  西班牙 以色列 阿根廷 中国
```

图 4-3　2017 年按购买力平价（PPP）衡量的典型高收入国家的人均
GDP 水平（2011 年不变价美元）

资料来源：世界银行数据库。

短板中，7000 万贫困人口的存在和生态环境破坏是当前我国经济社会发展
所面临的两个最突出的短板。"木桶定律"告诉我们一只桶能装多少水取
决于其最短的那只木板。因此，补足贫困短板和生态环境短板是提升当前
我国高质量发展的"木桶容量"的关键。

第五章　社会主义基本经济规律

第一节　什么是社会主义基本经济规律？

一　说到底是唯物史观的理论问题

马克思、恩格斯通过分析人类社会发展演变的历史过程，提出了人民群众是历史创造者的唯物史观。1844 年他们合写的《神圣家族》，第一次明确指出："历史活动是群众的活动，随着历史活动的深入，必将是群众队伍的扩大。"[①] 唯物史观认为人民群众是物质生产方式的主体，是社会历史的创造者，揭示了人民群众是推动历史前进主导力量的科学真理。历史由人民群众创造，人民群众是创造历史的决定作用体现在三个方面：第一，人民群众是社会物质财富的创造者；第二，人民群众是社会精神财富的创造者；第三，人民群众是社会变革的决定力量。

在社会主义条件下，人民群众创造历史有了更高级的表现形式：首先，社会主义国家是人民群众独立创造的产物。俄国十月革命后，列宁指出，工兵代表苏维埃"是起义人民革命创造的产物，它越来越广泛地把各个阶层的劳动群众团结在自己的周围。只是由于有了苏维埃，俄国才做到了欧洲任何一次革命也没有做到的事情：人民推选出真正的人民政府，并且支持这个政府"[②]。1918 年 1 月，列宁还说，由俄国人民独立创造的苏维埃，比任何一个国家的民主制形式都要高级和完备。苏维埃是俄国人民发挥革命毅力和首创精神建立起来的新鲜事物，它完全能为人民的利益而

[①]　马克思、恩格斯：《神圣家族》《马克思恩格斯文集》第 1 卷，人民出版社 2009 年版，第287 页。

[②]　《列宁全集》第 33 卷，人民出版社 2017 年版，第 113 页。

服务。并且，因为"它具有深厚的群众基础，具有无穷的政治力量"。① 其次，革命胜利以后的社会主义事业，是人民群众自己的生机勃勃的事业。1917 年 11 月，列宁在全俄中央执行委员会上说："社会主义不是按上面的命令创立的。它和官场中的官僚机械主义根本不能相容；生气勃勃的创造性的社会主义是由人民群众自己创立的。"② 列宁在这里明确提出了俄国社会主义建设必须依靠和发挥人民创造力的思想。最后，启发和发动人民群众的觉悟和创造精神，是马克思主义政党依靠人民群众力量的实际表现。列宁为此指出，"苏维埃政权发动了那些以前不关心国家建设的千百万人来积极参加这一建设"③。列宁还号召党内忽视人民创造力的人"深入到劳动人民中去，深入到群众中去看一看吧，那里正如火如荼地开展着创造性的组织工作，那里正沸腾着不断更新的、由于革命而焕然一新的生活"④。列宁所说的，"创造性的组织工作"是指农民在农村获得土地后开始进行的生产合作、工人夺取工厂所有权后开始进行的自主管理，这意味着整个俄国的社会主义建设正在依靠人民进行着创造性的活动。

中国共产党坚持马克思主义的唯物史观，毛泽东的名言是："人民，只有人民，才是创造世界历史的动力。""群众是真正的英雄，而我们自己则往往是幼稚可笑的，不了解这一点，就不能得到起码的知识。"⑤ 党把紧紧依靠人民作为中国革命胜利的法宝。1945 年，毛泽东在《论联合政府》一文中强调："紧紧地和中国人民站在一起，全心全意地为中国人民服务，就是这个军队的唯一的宗旨。"⑥ 党的七大把全心全意为人民服务写进了党章，成为党的根本宗旨。进入改革开放时期，人民群众是现实生活的创造者和开拓者更是鲜明写照。一部改革开放史，就是人民群众的奋斗史、创造史、成功史。安徽凤阳小岗村 18 位农民"敢为天下先"，用"大包干"开启农村改革先声；深圳蛇口人喊出"时间就是金钱，效率就是生命"的口号，在当时国人的思想中"振聋发聩"；广西宜山县合寨大队 85 户农

---

① 俞敏：《列宁关于落后的俄国革命的思想》，《马克思主义研究》2017 年第 4 期。
② 《列宁全集》第 33 卷，人民出版社 2017 年版，第 57 页。
③ 《列宁全集》第 40 卷，人民出版社 2017 年版，第 143 页。
④ 《列宁全集》第 33 卷，人民出版社 2017 年版，第 287 页。
⑤ 《毛泽东选集》第 3 卷，人民出版社 1991 年版，第 1031、790 页。
⑥ 《毛泽东选集》第 3 卷，人民出版社 1991 年版，第 1039 页。

民，以无记名投票方式，选举产生了我国第一个村民委员会……人民群众的首创精神，推动着改革开放这艘航船乘风破浪，勇往直前。因此，邓小平强调要充分相信群众的力量，我们搞四个现代化会遇到很多困难，碰到很多问题，但"这些问题，归根到底，只有相信群众，依靠群众，充分走群众路线，才能够得到解决"。①

习近平总书记坚持和发展马克思主义历史唯物主义观点，在庆祝中国共产党成立100周年大会重要讲话中指出："人民是历史的创造者，是真正的英雄"，"江山就是人民、人民就是江山"，还指出，人民是我们党的力量源泉、胜利之本，"没有人民支持和参与，任何改革都不可能取得成功"。离开了人民，就是"失去根基，失去血脉，失去力量"，我们将一事无成。"人民是我们党执政的最大底气，是我们共和国的坚实根基，是我们强党兴国的根本所在。"② "人民至上"是贯穿习近平新时代中国特色社会主义思想的一条红线。关于党的初心使命，强调"以百姓心为心，与人民同呼吸、共命运、心连心，是党的初心，也是党的恒心"；"我们党的百年历史，就是一部践行党的初心使命的历史，就是一部党与人民心连心、同呼吸、共命运的历史。"③ 正确处理与人民的关系，是中国共产党的优良传统。可以说，"坚持人民至上"，是党取得革命、建设和改革发展胜利的根本经验。总结党的历史，习近平总书记深刻指出："我们党是在同人民群众的密切联系中成长、发展、壮大起来的。人民是党的力量之源和胜利之本。没有人民的支持，党就不可能生存和发展，就一事无成。因此，密切联系群众是我们党的最大优势。"④ 可以说，中国共产党在历史上取得的一切成就和胜利，都是密切联系群众的结果。概括起来说，中国共产党创立的"坚持人民至上"已经成为一个内涵丰富的思想体系，它既指出了人民创造历史的客观必然性，也包括共产党人为人民服务的价值观和根本宗旨；还包括贯彻党的群众路线，体现"坚持人民至上"的方法论和实现路

---

① 《邓小平文选》第2卷，人民出版社1994年版，第230页。

② 《江山就是人民，人民就是江山——习近平总书记关于以人民为中心重要论述综述（4）》。《人民日报》2021年6月27日第1版。

③ 《书写中华民族几千年历史上最恢宏的史诗——习近平总书记关于党的百年奋斗重大成就和历史经验重要论述综述》，《人民日报》2021年11月6日第1版。

④ 习近平：《始终坚持和充分发挥党的独特优势》，《求是》2012年第15期。

径。可以说，人民是历史的创造者、全心全意为人民服务、贯彻党的群众路线，这三点相互联系、相互作用，成为在中国特色社会主义实践中历史唯物主义的新发展。

长期以来，西方发达国家的民主制度中，无论是两党还是多党轮流执政，都号称通过普选、宪政、实行议会民主来维持政权及更替的合法性。但是，近年来西方的民主选举越来越表现出一种难以解决的弊病，特别是每一次选举所造成的人民分裂越来越大，越来越严重。其根本原因，就在于西方政党大都有利益集团的背景，没有任何政党能够代表最广大人民的利益。而在纷争无度的各政党面前，很多情况下，人民往往无从选择。一些国家和地区投票率越来越低，就是人民与政党关系紧张的表现。

二　它要回答哪些基本问题

社会主义基本经济规律要回答谁是社会主义经济活动的主体、发展生产和经济的目的是什么，要回答如何实现人民与国家的根本利益的方法与实现途径等基本问题。谁是社会主义经济活动的主体呢？列宁说："劳动者同志们！请记住，现在是你们自己管理国家。如果你们自己不团结起来，不把国家的一切事务自己担当起来，谁也帮不了你们。"[1] 发展生产力当然是社会主义生产目的，是社会主义经济本质的第一个特点。但这一点并不是社会主义基本经济规律的唯一特征，许多资产阶级政党，民族主义国家和资本主义国家的政府也都主张发展本国的生产力。那么怎么区分呢？首先要回答，谁是经济活动的主体，是资本，还是人民？毛泽东在《论十大关系》中说，十个问题"都是围绕着一个基本方针，就是要把国内外一切积极因素调动起来，为社会主义事业服务"[2]。他接着说，所谓一切积极因素，就是广大人民，同时也包括国内外可以转化的消极因素。这就点明了社会主义经济活动的主体是人民，也包括国内外一切可以转化的消极因素。

社会主义生产和发展经济的目的也是一个判别经济活动性质的规律性

---

① 《列宁全集》第 33 卷，人民出版社 2017 年版，第 66 页。
② 《毛泽东文集》第 7 卷，人民出版社 1999 年版，第 23 页。

的问题。列宁认为，布尔什维克党调动人民的创造力，使他们尽快投身社会主义建设，最主要的就是要满足人民的利益，制定符合人民利益的政策。1934年1月，毛泽东在《关心群众生活，注意工作方法》中指出，"如果我们单单动员人民进行战争，一点别的工作也不做，能不能达到战胜敌人的目的呢？当然不能。我们要胜利，一定还要做很多的工作。领导农民的土地斗争，分土地给农民；提高农民的劳动热情，增加农业生产；保障工人的利益；建立合作社；发展对外贸易；解决群众的穿衣问题，吃饭问题，柴米油盐问题，疾病卫生问题；婚姻问题。总之，一切群众的实际生活问题，都是我们应当注意的问题。假如我们对这些问题注意了，解决了，满足了群众的需要，我们就真正成了群众生活的组织者，群众就会真正团结在我们的周围，热烈地拥护我们"①。1943年，毛泽东在谈到征集救国公粮的问题时说，"如果我们做地方工作的同志不了解群众的情绪，不能够帮助群众组织生产、改善生活，只知道向他们要救国公粮，而不知道首先用百分之九十的精力去帮助群众解决他们'救民私粮'的问题，然后仅仅用百分之十的精力就可以解决救国公粮的问题，那么，这就是沾染了国民党的作风，沾染了官僚主义的灰尘"②。毛泽东的这些重要论述，深刻阐明了党所做的一切工作都是为了人民，必须使群众认识到自己的利益，并且团结起来，为自己的利益而奋斗。

进入改革开放新时期，邓小平明确指出了社会主义经济发展的目的是："消灭剥削，消除两极分化，最终达到共同富裕"；党的十八大以来，习近平总书记进一步阐述和发展了"人民至上"的思想，更加强调发展依靠人民，发展成果由人民共享的理念。在决胜全面建成小康社会的最后3年中，这个理念转化为脱贫攻坚的全面部署和实际行动。2018年习近平总书记亲自设计、部署和指导了这个人类社会的伟业并庄严宣告："3年后如期打赢脱贫攻坚战，中华民族千百年来存在的绝对贫困问题，将在我们这一代人的手里历史性地得到解决。"③ 进入新发展阶段，习近平总书记强调，在全面建设社会主义现代化国家新征程中，我们必须把促进全体人民

---

① 《毛泽东选集》第1卷，人民出版社1991年版，第136—137页。
② 《毛泽东选集》第2卷，人民出版社1991年版，第933页。
③ 《习近平谈治国理政》第3卷，外文出版社2020年版，第158页。

共同富裕摆在更加重要的位置，脚踏实地、久久为功，向着这个目标更加积极有为地进行努力；并指出："共同富裕是社会主义的本质要求，是中国式现代化的重要特征。"① 这就明确了社会主义基本经济规律的目标方向。

对经济活动主体和目标导向、价值观的认识都是由唯物史观和共产党人的根本宗旨决定的，它本身不是实践的方法，相反它需要在实践中得到体现，也就是说，社会主义基本经济规律在实践层面更主要的是表现为如何保障经济活动的主体、如何实现经济活动的目标导向和价值观，换言之，实现社会主义经济活动目标导向和价值观的基本方法论和实践规律是什么？

列宁对这个问题进行了初步探索。马克思、恩格斯认为，历史的创造者虽然是人民群众，但是人民群众不能随心所欲地创造历史，它受到一定社会经济、政治、文化等历史条件的制约。列宁在充分肯定人民创造力的基础上，提出了当时苏维埃俄国落后的经济、政治、文化状况严重制约了人民创造力的发挥。分散、落后的小农经济制约了社会主义经济基础的建立；人民文化落后，影响了无产阶级民主政治和吸收利用先进的科学技术知识。因此列宁认为，必须在劳动群众中间开展一场文化革命，以便不断提高他们的文化水平。让劳动者参加到各级苏维埃组织，参加国家管理和社会管理，使劳动者的能力与智慧在这些默默无闻的工作中日益有效地发挥出来。可见，提高人民创造历史的主动意识和能力是十分重要的，是体现社会主义基本经济规律的一个重要方面。但更重要的是，人民是一个由不同社会阶层、不同社会集团组成的集合体，在他们内部有各种各样的矛盾，其中经济利益的矛盾是起决定作用的，毛泽东早就认识到这个问题，他在写《论十大关系》和《关于正确处理人民内部矛盾问题》的时候，就已经充分意识到这个问题的重要意义。他指出，处理人民内部各种关系和利益的基本原则就是对于六亿人口的统筹兼顾、适当安排，"各项问题，都要从对全体人民的统筹兼顾这个观点出发"。②

————————

① 《习近平谈治国理政》第 4 卷，外文出版社 2022 年版，第 142 页。

② 《毛泽东文集》第 7 卷，人民出版社 1999 年版，第 228 页。

第二节 "统筹兼顾、适当安排"的经济思想与实践

一 古今中外调整各种利益关系的经济思想

资本主义社会的统治，既需要获得资本回报，也需要统治秩序的长治久安，因此，知识精英既需要研究资源配置和经济效率，也需要研究社会利益关系的平衡，于是效率与公平问题就成为现代经济学的永恒主题。福利经济学应运而生，成为福利国家的理论基础；公共经济学涉猎的范围更宽广，它不仅涵盖最优税收、政府预算、政府间财政关系，还包括公共企业、公共产品、公共选择、公共政策、公共规制等范畴，以及后来的可持续发展理论、生态与环境经济学等，其实质都是讨论如何协调社会不同利益主体的关系。西方福利主义的发展，使社会力量与资本进一步分离，产生了批判资本社会不公平的非正统经济学，例如在风靡一时的《二十一世纪资本论》（*Capital in the Twenty-First Century*）中，法国经济学家托马斯·皮凯特（Thomas Piketty）揭露了当代资本主义社会贫富悬殊的严峻状况，幻想有一个世界性的政府来制约资本的力量，成为西方非马克思主义政治经济学研究的最新动向。

中国政治文化传统的核心是探讨国家治理，国家治理的关键是"平天下"的"平"，也就是社会利益关系的协调。因此中国政治文化很早就有社会利益关系协调的命题。唐太宗李世民总结"载舟覆舟"的教训，实行均田制，开创贞观之治；北宋名相范仲淹号召知识精英"居庙堂之高，则忧其民"；历代王朝的明君贤相都推崇"轻徭薄赋"，以协调王朝国家与农、工、商生产者的利益关系；主张抑制土地兼并以协调地主阶级与农民阶级的利益关系。所以，中国不缺乏协调社会利益关系的国家经济政策思想的历史遗产。但是，中国传统政治文化只讲怎么分"蛋糕"，而不注重怎么做大"蛋糕"，所以无法由此产生现代经济学理论。

新中国领导人必然很快涉及如何对待社会利益关系问题。而新中国领导人的高明之处就在于，处理问题的出发点是调动一切积极因素为社会主义建设事业而奋斗，即从做大"蛋糕"的出发点来处理社会利益关系的协调。从现象上看，这似乎更接近西方现代经济学的逻辑，但两者之间显然有本质区别。毛泽东在1956年4月和5月接连强调，社会主义事业是全体

中国人民的伟大事业，需要调动一切积极因素为之奋斗，因此需要处理好社会各阶层、各方面的利益关系。调动一切积极因素，形成更大范围、更大规模的团结力量，这是毛泽东提出要处理好各方面关系、处理好人民内部矛盾的出发点，也是他写作《论十大关系》的基本动机。①

十大关系的排序依次是：1. 重工业和轻工业、农业的关系。2. 沿海工业和内地工业的关系。3. 经济建设和国防建设的关系。4. 国家、生产单位和生产者个人的关系。5. 中央和地方的关系。6. 汉族和少数民族的关系。7. 党和非党的关系。8. 革命和反革命的关系。9. 是非关系。10. 中国和外国的关系。毛泽东说："在十大关系中，工业和农业、沿海和内地、中央和地方、国家、集体和个人，国防建设和经济建设，这五条是主要的。"② 可见，他重点讨论的是经济问题，这些经济问题的背后涉及的都是利益问题，为了调动全体人民的积极性，需要协调社会主义社会中不同利益主体的关系。之后毛泽东最先提出《关于正确处理人民内部矛盾的问题》，文中分析了工人、农民和知识分子内部的矛盾；这三大群体之间的相互矛盾；工人阶级（包括其他劳动人民）同民族资产阶级之间的矛盾；以及民族资产阶级内部的矛盾；等等，这些矛盾实质上都包含经济利益的矛盾。对于这些利益矛盾，毛泽东提出了统筹安排的解决思路，要兼顾国家、集体与个人三者的利益。"统筹兼顾"思想，是毛泽东提出的协调社会主义社会不同利益主体关系的基本原则。

二 "统筹兼顾、适当安排"经济思想的生动实践

中国共产党的传统始终是把农业、农民、农村问题作为协调社会主义社会利益关系中最基础性的一环，在新中国建设中，毛泽东为此倾注了最多的心血。他解决"三农"问题的基本思路是：第一是实行农村社会主义改造，最终建立了"三级所有、队为基础"的农业集体经济体制。既考虑在更大范围内合理配置资源，也为了防止贫富两极分化。第二是大规模兴修水利、农田基本建设和植树造林。在他主持下，根治黄河、根治海河的

---

① 毛泽东同志 1956 年 4 月和 5 月先后在中央政治局扩大会议和最高国务会议作了《论十大关系》的报告和"关于调动一切积极因素建设社会主义强国"的讲话。

② 《毛泽东文集》第 7 卷，人民出版社 1999 年版，第 370 页。

宏大民生工程成为华夏大地壮丽图景；他甚至提出了"更立西江石壁"，利用长江水利资源的烂漫理想。他树立的农业样板山西省大寨大队，依靠农民长期艰辛劳动，在贫瘠的黄土地上创造了"海绵田"的奇迹。这在缺乏机械动力、缺乏育种、化肥农药等先进技术条件下，这种举国一致的劳动积累投入对于保障农业生产和粮食供给，无疑意义巨大。1956 年毛泽东做了"绿化祖国"的题词，1959 年他发出"实行大地园林化"的号召。[1]电视剧《右玉与她的县委书记们》生动展现了新中国成立以来干部群众在农村植树造林的不懈努力。第三是促进农业技术变革。毛泽东把中国传统农业生产的宝贵经验总结为农业"八字宪法"（即土、肥、水、种、密、保、管、工），提倡在科学种田中加以应用。他还认为农业的根本出路在于机械化，1966 年 6 月 29 日，在对湖北省委关于逐步实现农业机械化的报告中批示，"用二十五年时间，基本上实现农业机械化。"[2] 第四是开辟农村工业化道路。他说农村工业化是农村伟大光明的前途。[3] 在 1959 年第二次郑州会议和 1975 年 9 月批准召开全国第一次农业学大寨会议的讲话中都肯定了社队企业发展的积极作用并把它说成是伟大的，光明灿烂的希望。第五是兴办农村基本公共服务，特别是教育和医疗。新中国前 30 年中国农村基本普及了小学教育和医疗。毛泽东曾亲自过问农村血吸虫病的防治，并赋诗咏志。在毛泽东倡导下，城市医院，包括人民解放军的医院都派遣了大量医护人员到乡村帮助建立合作医疗。实行农村合作医疗制度的覆盖面从 1968 年占全国生产大队数量的 20% 提升到 1976 年的 90%，[4]全国 85% 的农村人口享受到了合作医疗的保健服务，而且农村合作医疗保健作为条文被写入 1978 年 3 月 5 日通过的《中华人民共和国宪法》。作为解决农村医疗经费的世界性难题，世界银行和世界卫生组织把中国农村合作医疗制度称为"发展中国家的唯一典范"。[5]

---

[1] 1956 年 3 月 1 日在《中共中央致五省（自治区）青年造林大会的贺电》中传达的毛泽东发出的号召；1959 年 3 月 27 日《人民日报》登载的《向大地园林化前进》节选。

[2] 《建国以来毛泽东文稿》第 12 册，中央文献出版社 1998 年版，第 12 页。

[3] 《建国以来毛泽东文稿》第 8 册，中央文献出版社 1992 年版，第 69 页。《建国以来重要文献选编》第 11 册，中央文献出版社 1995 年版，第 599、602 页。

[4] 周寿棋：《探寻农民健康保障制度的发展轨迹》，《国际医药卫生导报》2002 年第 6 期。

[5] 《江苏农村怎样面对"非典"》，《人民日报》2003 年 5 月 19 日。

新中国前30年，为了工业化快速发展，农业实行集中统一的集体经济，实行农产品征购和计划价格，中国最广大的乡村人口为工业化承担了巨额劳动和资金积累，一项研究表明：1978年前，在全国9000亿元的国有固定资产中，可测算出前20年的农业集体化提供了7000亿—8000亿元的积累资金。① 另一项研究则表明："三农"在新中国60年的建设中总共向城市提供了17.3万亿元的积累资金。② 与此相对应的是，城市实行严格的户口准入制度，实行低工资就业和各类食品、消费品的配给制。从而导致中国城乡居民收入增长缓慢、人民生活水平提高程度缓慢。尽管前30年人民生活水平提高不快，但是社会矛盾并不突出，原因是不同阶层居民收入差别较小，全国人民普遍都不富裕。到"文化大革命"期间，这种现象被曲解为社会主义经济的正常现象，甚至提出了"穷革命、富变修"的错误观点，从而使曲解社会主义基本经济规律的错误认识被固化。

"贫穷不是社会主义"，社会主义需要丰富的物质基础。党的十一届三中全会以后，邓小平振聋发聩地提出，社会主义决不是"共同贫穷"，强调发展生产力的目的是提高人民生活水平，达到共同富裕。但是，在一个国土广袤、人口众多、城乡、区域有很大差别的国家实现共同富裕，不可能是同时富裕，因此邓小平创造性地提出了让一部分地区、一部分人先富起来，带动全体人民共同富裕的战略性构想和工作路线。从而恢复、丰富和完善了社会主义基本经济规律的理论。

第三节　以人民为中心的经济思想和实践

一　从公有制唯一经济形式到调动各类资本的积极性

改革开放以前，发展生产和调动一切积极因素都是在单一的公有制经济形式中进行和实现的，在党的理论体系中，资本的经济范畴基本上消失，由各类资本组织的多种经济形式也没有进入理论和政策的视野。因此，调动一切积极因素实际上打了折扣，社会主义基本经济规律并没有被

---

① 武力：《1949—1978年中国"剪刀差"差额辨正》，《中国经济史研究》2001年第4期。
② 孔祥智、何安华：《60年来我国农民对国家建设的贡献分析》，《中国农村科技》2009年第9期。

完整准确地理解，也没有被完全贯彻和遵循。对资本理论的认识和实践，是改革开放前后两个时期，社会主义基本经济规律发挥作用的最明显的区别。

在新民主主义革命时期，党具有区分不同形态资本的性质以及正确处理不同形态资本之间关系的历史经验。毛泽东制定了新民主主义经济的三大纲领，没收封建地主土地归农民所有，没收以四大家族为首的垄断资本归新民主主义国家所有，保护民族资本和工商业。[1] 在不平等条约和外国特权保护下，外国侨民、法人、团体在中国境内拥有一大批工商业企业和金融机构，占有大量房地产，外国资本多集中于公用事业、制造业、航运业和金融业等重要部门。对此新中国成立前后，党采取的方针政策是，一方面，不承认其在旧中国攫取的特权以及司法特权，不承认国民党政府与各国政府建立的外交关系，这就使外国资本失去在中国的法律地位；对于用于军事目的的和外国驻军的地产，采取了收回和征用措施。另一方面，收回海关、航运和港口管理主权，使外国资本失去经营特权；不允许外国人在中国兴办报纸、杂志和广播，对于其他领域的外国资本采取调查登记，并按照国籍、系统、行业，分轻重缓急给予相应处理。[2] 事实上，其后来结果是，涉及国家主权和象征帝国主义侵略的资产被收回，一般性的外国资本在丧失经营特权后只能撤走。

新中国成立后，党对民族资本工商业采取了利用、限制和改造的政策，同时在"三反""五反"运动中对资本的违法和扰乱社会主义建设的行为采取了揭露和打击的措施。在社会主义改造中，对民族资本工商业采取了公私合营的和平、赎买的改造政策，通过社会主义混合经济形式使民族资本工商业改造成为社会主义经济。随着私人资本在经济生活实践上的消失，"资本"的经济概念被资金、投资的词汇取代，但是仍有一些利用资本为社会主义服务的理念和提法。党的八大在对社会主义建设的计划中已用"资金"的周转、积累以及投资等概念代替了资本相关范畴，但也提出扩大商品流通，在"统一的社会主义市场"下适当发展"国家领导下的

---

① 《毛泽东选集》第4卷，人民出版社1991年版，第1253页。

② 中共中央党史研究室：《中国共产党历史》第2卷上册，中共党史出版社2011年版，第28、29页。

自由立场"。① 毛泽东在 1958 年指出，商品生产、商品流通是"有积极意义的资本主义范畴"，商品生产不等于资本主义，它"同社会主义制度相联系就是社会主义的商品生产"②。这些主张是从理论上探索在社会主义条件下利用资本的有益尝试，但在实践上，他是把这些积极因素都囊括在单一的社会主义公有制形式中去发挥作用，而没有注意以其他经济形式发挥资本的积极作用。因此他在《论十大关系》中论述社会主义经济应当调动一切积极因素，甚至包括可以转化为积极因素的消极因素时，都只是以单一的社会主义公有制形式作为经济实践的依托的，因此对于社会主义基本经济规律的揭示和归纳有着明显的局限性。

改革开放后，利用外资和允许个体经济通过扩大投资成为私人企业的实践，使思想解放触及"资本"的经济范畴。1987 年，党的十三大确认，发达商品经济是实现社会主义现代化的必要条件，实现了利用资本发展社会主义的理论和政策突破：第一，"资产增殖"是考核国企经营成果的一个依据，承包、租赁等经营责任制是有益探索，股份制是"社会主义企业财产"的组织方式，小型国企的"产权"可以转让给集体或个人；第二，生产资料市场和资金（金融）市场是"社会主义市场体系"的组成部分；第三，"存在雇佣劳动关系"的私营经济和各类外资企业是社会主义经济的必要、有益的补充；第四，允许取得利息、股份分红以及私企雇工产生的"非劳动收入"。③ 1988 年，党的十三届三中全会一方面提出深化改革，允许出售公房和国有小企业产权，允许大中型国企发行股票；另一方面部署了 3 年的治理整顿，包括制止哄抬物价、强调国企股份制改革旨在明晰产权而绝非私有化。这一整顿事实上也是针对资本无序扩张的治理。1990年，上海证交所成立，现实版的资本市场开始运行。在这一阶段，资产增殖、资金（金融）市场、雇用关系、非劳动收入等与资本密切相关的范畴取得了合法地位，在国有企业经营目标、市场体系、非公经济性质、分配方式上实际上确认了资本的功能。开始了对资本在社会主义建设中积极意

---

① 中共中央文献研究室编：《建国以来重要文献选编（第九册）》，中央文献出版社 1994 年版，第 65—67 页。

② 《毛泽东文集》第 7 卷，人民出版社 1999 年版，第 170—171、437—439 页。

③ 中共中央文献研究室编：《改革开放三十年重要文献选编（上）》，中央文献出版社 2008年版，第 474—488 页。

义的实践深化和理论概念重新界定的探讨。

1992 年召开的党的十四大明确了建立社会主义市场经济体制的目标，1993 年发布的《中共中央关于建立社会主义市场经济体制若干问题的决定》提出，建立现代企业制度的国企的"资产所有权"属于国家，其出资者按投入企业的"资本额"享有所有者的权益和承担责任，认为可以"产权的流动和重组"促进多种经济成分共同发展，明确提出"资本市场"要发展债券、股票融资，允许居民个人的"资本等生产要素"参与收入分配。[①] 资本本身及其相关范畴在理论上和政策上获得了明确的合法性。确认资本范畴在社会主义建设中的适用性和资本运作的合法性，确认多种经济形式是以资本集聚生产要素为实体的内在本质，具有里程碑式的重要意义。

1996 年通过的《"九五"计划和二〇一〇年远景目标纲要》提出，大型国企要"以资本为纽带"进行改组和发展，国家要通过明确范围、规范渠道、严格责任制、强化风险约束机制等途径改革投资体制，[②] 公有资本概念的出现，表明在理论认识上摆脱了把资本仅仅与资本主义私人所有制联系的思想束缚，更加科学完整地把握了马克思的资本理论范畴。1999 年，党的十五届四中全会认为，"国有资本"以股份制吸收和组织更多"社会资本"，[③] 肯定了利用资本壮大公有制的可能性，形成了社会主义国家利用资本工具控制、影响和带动其他社会经济成分的创见。2000 年，党中央制定了《关于在个体和私营等非公有制经济组织中加强党的建设工作的意见（试行）》，旨在以党建引领非公资本健康发展。2001 年，江泽民指出，贯彻"三个代表"要求，应允许"社会其他方面的优秀分子"入党，其中也涉及私营企业主。[④] 同时，防范国际资本无序流动继续得到重视。2002 年《政府工作报告》也提出了"严防国际短期资本对我国金融

①　中共中央文献研究室编：《改革开放三十年重要文献选编（上）》，第 734、736、737、741 页。

②　全国人民代表大会常务委员会办公厅编：《中华人民共和国第八届全国人民代表大会第四次会议文件汇编》，人民出版社 1996 年版，第 88、91、93 页。

③　中共中央文献研究室编：《改革开放三十年重要文献选编（下）》，中央文献出版社 2008 年版，第 1039 页。

④　中共中央文献研究室编：《改革开放三十年重要文献选编（下）》，中央文献出版社 2008 年版，第 1178 页。

市场的冲击"警告，也是对资本特性和行为规律的防范意识。

党的十六大以后，非公有资本合理发展的体制障碍得到清除，资本在国有资产管理上的作用进一步发挥，2003 年，党的十六届三中全会部署完善市场经济体制，提出"使股份制成为公有制的主要实现形式"，"允许非公有资本进入法律法规未禁入的基础设施、公用事业及其他行业和领域"，在一些垄断行业实行"政资分开"①。2005 年，"非公经济 36 条"（国发〔2005〕3 号）在向非公有资本开放垄断行业和领域、社会事业领域、金融服务业、国防科工领域的同时，要求维护职工合法权益和引导企业提高素质。2007 年，党的十七大提出，要发展混合所有制经济，优化资本市场结构，让更多群众拥有财产性收入②。2008 年，在国际金融危机的背景下，胡锦涛指出，"高度警觉短期资本流动和国际汇率变化的动向，促进资本市场健康发展"。③ 在资本范畴已获合法性的基础上，党不仅探索以资本手段进行国资管理的新方法，为非公有资本的合理发展清除体制障碍，同时，在构建和谐社会和贯彻科学发展观的过程中，资本发展的方向、方式和途径也进一步合理化，对国际资本流动的风险采取了防范措施。

党的十八大以来，以习近平同志为核心的党中央在推动资本发展实践和理论认识实现进一步创新突破。2013 年党的十八届三中全会通过的《中共中央关于全面深化改革若干重大问题的决定》指出，各类资本交叉持股的混合所有制经济是基本经济制度的重要实现形式，允许其实行企业员工持股，"形成资本所有者和劳动者利益共同体"；以管资本为主加强国有资产监管，鼓励发展非公有资本控股的混合所有制企业，允许民间资本依法设立中小型银行。④ 2017 年党的十九大报告论述了资本在高质量发展中的作用，提出改革国有资本授权经营体制，促进多层次资本市场健康发展。⑤

---

① 中共中央文献研究室编：《改革开放三十年重要文献选编（下）》，中央文献出版社 2008 年版，第 1252—1356、1349—1351 页。

② 中共中央文献研究室编：《改革开放三十年重要文献选编（下）》，中央文献出版社 2008 年版，第 1725—1726、1732 页。

③ 中共中央文献研究室编：《十七大以来重要文献选编（上）》，中央文献出版社 2009 年版，第 485 页。

④ 中共中央文献研究室编：《十八大以来重要文献选编（上）》，中央文献出版社 2014 年版，第 515、518 页。

⑤ 《中国共产党第十九次全国代表大会文件汇编》，人民出版社 2017 年版，第 27 页。

2019 年，党的十九届四中全会通过的《中共中央关于坚持和完善中国特色社会主义制度、推进国家治理体系和治理能力现代化若干重大问题的决定》将多年探索的以管资本为主的国资监管体制、资本等生产要素参与收入分配和资本市场建设的制度纳入中国特色社会主义制度体系。[①] 2020 年，为加快完善市场经济体制，中央提出有效发挥国有资本投资运营公司功能作用，强化国有资本收益功能，同时，大幅放宽市场准入，向社会资本释放更大发展空间。[②] 这表明，在社会主义市场经济体制下，资本成为带动各类生产要素集聚配置的重要纽带，成为中国特色现代化经济体系的一部分，党在运用资本为社会主义服务方面已经日益成熟。

但是，资本特性和行为的负面作用也有明显显露。大量资本转化为金融衍生品，非法集资和缺乏风控的网络借贷形成较大规模，加剧了金融化风险，也加重了"脱实向虚"。一些新型互联网平台资本利用垄断优势进行不正当竞争，损害消费者和劳动者权益，攫取他人经营成果和科技创新收益，扰乱市场秩序。有的资本违规侵入文化教育领域，操纵网络舆论，违反社会主义核心价值观，危害意识形态安全和政治安全。党及时注意到资本无序扩张问题和加强对资本的治理问题，采取了一系列针对性强的治理措施。例如，健全金融监管体系，清理网贷存量，坚守不发生系统性金融风险的底线，增强金融服务实体经济能力；推进金融供给侧结构性改革；严守"房住不炒"底线；打破行政性垄断和防止市场垄断，营造公平竞争的市场秩序；捍卫清朗网络空间，打击操纵舆论现象，要求校外培训的资本力量有序退出；加强资本领域反腐败，打击以权力为依托的资本逐利行为，着力查处资本无序扩张、平台垄断等背后的腐败行为。

2021 年年底召开的中央经济工作会议明确指出，"要正确认识和把握资本的特性和行为规律"，强调"社会主义市场经济中必然会有各种形态的资本，要发挥资本作为生产要素的积极作用，同时有效控制其消极作用"。[③] 2022 年 4 月中央政治局专门就资本问题进行集体学习和讨论，形

[①] 《中国共产党第十九届中央委员会第四次全体会议文件汇编》，人民出版社 2019 年版，第 38—40 页。

[②] 《中共中央国务院关于新时代加快完善社会主义市场经济体制的意见》，人民出版社 2020 年版，第 5—7 页。

[③] 《中央经济工作会议在北京举行》，《人民日报》2021 年 12 月 11 日第 1 版。

成了党对资本理论创新认识的标志性里程碑。[1] 马克思的《资本论》在把握资本主义经济总体运动规律时，把资本的本质界定为"带来剩余价值的价值"，因此资本是一种生产关系，它反映资本对雇佣劳动的剥削关系；但同时，资本又具有"剩余劳动一般"的本质属性：资本是超出必要劳动的剩余劳动中用于投入再生产以带来更多剩余的部分。剩余劳动是维持劳动者生存和发展所需的报酬之外的劳动部分，剩余劳动是"一切社会生产方式所共有的"[2]，它不仅在前资本主义社会中存在，而且能在商品和市场经济条件下的其他社会形态中存在。依据这个理论观点，党充分运用资本作为社会主义市场经济的重要生产要素的作用，带动各类生产要素集聚配置，促进社会生产力发展，发挥资本促进社会生产力发展的积极作用。

但马克思也指出，剩余劳动并非全部同于生产，而只有一部分成为积累基金后进而转化为作为生产要素的资本。[3] 因此要正确处理资本和利益分配问题。必须坚持按劳分配为主体、多种分配方式并存，在社会分配中体现人民至上。要注重经济发展的普惠性和初次分配的公平性，既注重保障资本参与社会分配获得增殖和发展，更注重维护按劳分配的主体地位，坚持发展为了人民、发展依靠人民、发展成果由人民共享，坚定不移走全体人民共同富裕的道路。

资本具有预付性、逐利性、增殖性、扩张性、风险性等特性，其行为遵循尽量占有和无限扩张的规律。马克思指出，所有者投入资本是为了获得更多剩余和利益，因此逐利性、增殖性、扩张性也是资本的天然属性。[4]因此必须认识到，资本具有逐利本性，如不加以规范和约束，就会给经济社会发展带来不可估量的危害。现阶段，我国存在国有资本、集体资本、民营资本、外国资本、混合资本等各种形态资本，并呈现规模显著增加、主体更加多元、运行速度加快、国际资本大量进入等明显特征。正确处理不同形态资本之间的关系，在性质上要区分，在定位上要明确，规范和引

---

[1] 《中共中央政治局就依法规范和引导我国资本健康发展进行第三十八次集体学习》，《人民日报》2022 年 5 月 1 日第 1 版。

[2] 《马克思恩格斯文集》第 7 卷，人民出版社 2009 年版，第 991 页。

[3] 《马克思恩格斯文集》第 5 卷，人民出版社 2009 年版，第 9—10、32—33、589—590、926—929 页。

[4] 《马克思恩格斯文集》第 5 卷，人民出版社 2009 年版，第 177—178 页。

导各类资本健康发展。

党提出要加强资本治理，要严把资本市场入口关，完善市场准入制度，提升市场准入清单的科学性和精准性。要完善资本行为制度规则。要加强反垄断和反不正当竞争监管执法，依法打击滥用市场支配地位等垄断和不正当竞争行为。要培育文明健康、向上向善的诚信文化，教育引导资本主体践行社会主义核心价值观，讲信用信义、重社会责任，走人间正道。习近平总书记指出，要全面提升资本治理效能。要总结经验、把握规律、探索创新，增强资本治理的针对性、科学性、有效性，健全事前引导、事中防范、事后监管相衔接的全链条资本治理体系。

充分发挥各类资本促进生产力发展和为社会主义建设服务的理论和实践，完善对资本治理的制度体系，大大拓展了社会主义基本经济规律的内涵和外延，是中国共产党对马克思主义政治经济学理论创新的新贡献。

二　从延续统筹兼顾到构建和谐社会

进入改革开放新时期，毛泽东的正确思想和党的一贯主张进一步得到贯彻落实，并且有新的重大认识飞跃和创新发展。在新的历史阶段，如何更积极地、更科学地处理社会主义社会不同利益主体的关系，是一个具有挑战性的新课题。改革开放以后，随着社会主义市场经济的发展，中国原有的社会结构已经被打破，社会阶层分化，贫富差距拉大；社会群体类别增多、不同的利益诉求增加；由此引起的一系列社会矛盾和冲突也增加了，经济社会生态环境发展的不平衡和不协调也成为社会不同利益主体之间矛盾关系的重要原因。

改革开放初期，党中央统筹"两个大局"，对沿海帮扶内地发展作出战略安排：一个大局是"沿海地区加快对外开放，使这个拥有两亿人口的广大地带较快地发展起来"，"内地要顾全这个大局"；另一个大局是"发展到一定的时候，沿海拿出更多力量来帮助内地发展"，"那时沿海也要服从这个大局"。① 针对改革开放之后沿海与内地富裕程度的不平衡，邓小平在"南方谈话"中提出先富帮后富是一个大局问题，明确要求先富裕起来的沿海地区，有责任支持欠发达的中西部地区。他对深圳市每年从财政资

---

① 《邓小平文选》第 3 卷，人民出版社 1993 年版，第 277—278 页。

金中划出一部分支持贫困地区搞生产开发的做法表示赞赏。此后他念念不忘牵挂此事，他与身边人说，十二亿人口怎样实现富裕，富裕起来以后财富怎样分配，这都是大问题。我们讲要防止两极分化，要利用各种手段、各种方法、各种方案来解决这些问题。……少部分人获得那么多财富，大多数人没有，这样发展下去总有一天会出问题。这个问题要解决！①

1984 年通过的《中华人民共和国民族区域自治法》，以国家基本法律的形式明确规定了上级国家机关组织和支持对口支援的职能和要求，为对口支援工作提供了法律依据。为加快西部贫困地区扶贫开发进程、缩小东西部发展差距、促进共同富裕，1994 年中央第三次西藏工作座谈会作出"中央关心，全国支援"的重大决策，对口援藏工作如火如荼展开。由最初的给资金、物资、人力的"输血"式支援，到以人才培养、技能培训的智力支援，再到大项目落地、带动产业发展的造血式支援。对口支援工作为新疆、西藏经济社会发展带来了巨大动能，城乡面貌发生了翻天覆地的变化，各族群众获得感幸福感安全感显著增强。1996 年 5 月，中央确定北京、天津、福建等东部 9 省（市）和深圳、宁波、青岛、大连 4 个计划单列市与西部 10 个省（区、市）开展扶贫协作；同年 9 月召开的中央扶贫开发工作会议进一步作出部署，东西部扶贫协作大幕开启。

1995 年党的十四届五中全会突出强调，要坚持区域经济协调发展，逐步缩小地区发展差距。1999 年党的十五届四中全会明确提出国家要实施西部大开发战略。2000 年 1 月，国务院成立了西部地区开发领导小组，并提出了实施西部大开发战略的初步设想。2002 年党的十六大报告提出，支持东北地区等老工业基地加快调整和改造。2003 年 10 月，党中央、国务院发布《关于实施东北地区等老工业基地振兴战略的若干意见》，全面阐述了加快东北地区等老工业基地振兴的战略意义，明确了这些地区的发展目标。12 月国务院成立了振兴东北地区等老工业基地领导小组。2004 年党的十六届四中全会提出促进中部地区崛起。2006 年 4 月党中央、国务院发布《关于促进中部地区崛起的若干意见》。2007 年 1 月，国务院明确中部地区 26 个地级以上城市比照执行振兴东北地区等老工业基地有关政策，

———————————
① 参见《邓小平年谱（一九七五——一九九七）》，1993 年 9 月 16 日邓小平与弟弟邓垦的谈话，中央文献出版社 2004 年版。

243 个县（市、区）比照执行西部大开发有关政策。4 月国务院促进中部地区崛起工作办公室成立。2009 年 10 月国务院颁布了《促进中部地区崛起规划》，对 2009 年至 2015 年实施促进中部地区崛起战略作出全面部署。为了鼓励东部地区率先发展，在改革开放中先行先试，2003 年党的十六届三中全会提出要鼓励东部有条件地区率先基本实现现代化。

党始终把"三农"工作看作是社会主义经济建设和人民内部利益协调的重中之重。中共中央在 1982 年至 1986 年连续五年发布以农业、农村和农民为主题的中央一号文件，对农村改革和农业发展作出具体部署。2004 年至 2022 年又连续十九年发布以"三农"（农业、农村、农民）为主题的中央一号文件，强调了"三农"问题在中国社会主义建设时期"重中之重"的地位。2005 年 10 月《十一五规划纲要建议》（中共第十六届五中全会通过）首次提出建设社会主义新农村。重申"三农"问题是全党工作的重中之重，要求工业反哺农业、城市支持农村，实施新农村建设，促进城镇化发展，并提出了建设社会主义新农村的六大举措：1. 发展现代农业；2. 增加农民收入；3. 改善农村面貌；4. 培养新型农民；5. 增加农业和农村投入；6. 深化农村改革。

党的十六大把社会主义发展过程中人民内部利益关系的协调归纳总结为建设社会主义和谐社会，提出了实现社会更加和谐的要求。2003 年党的十六届三中全会提出了"五个统筹"，即统筹城乡发展、统筹区域发展、统筹经济社会发展、统筹人与自然和谐发展、统筹国内发展和对外开放。首次把生态和谐问题提到建设发展的全局高度。随着实践的发展和对社会和谐认识的深化，2004 年党的十六届四中全会把"构建社会主义和谐社会的能力"列为党必须加强的六大执政能力之一。2006 年党的十六届六中全会通过《中共中央关于构建社会主义和谐社会若干重大问题的决定》，指出社会和谐是中国特色社会主义的本质属性，是国家富强、民族振兴、人民幸福的重要保证；是从中国特色社会主义总体布局和全面建设小康社会全局出发提出的重大战略任务。构建社会主义和谐社会的目标和主要任务是：到 2020 年，社会主义民主法制更加完善；城乡区域发展差距扩大的趋势逐步扭转；合理有序的收入分配格局基本形成；家庭财产普遍增加爱，人民更加富足；社会就业比较充分；覆盖城乡居民的社会保障体系基本建立；基本公共服务体系更加完备；全民族的思想道德素质、科学文化素质和健康素质明显提高；良好道德风尚、和谐人际关系、良好社会秩序进一步形成；资源利用效率显著提高，生态环境明显好转；实现全面建设惠及十几亿人口的更高水平的小康社会的目标，努力形成全体人民各尽所能、各得其所而又和谐相处的局面。

构建社会主义和谐社会把中国特色社会主义事业从经济建设、政治建设、文化建设"三位一体"拓展为社会主义经济建设、政治建设、文化建设、社会建设"四位一体"。2007 年党的十七大第一次把建设生态文明作为一项战略任务，确定为全面建设小康社会的一项战略目标。胡锦涛总结说：提出构建社会主义和谐社会，具有三大理论认识的升华，（1）"既是对党执政经验的总结，也是对国外一些执政党执政经验教训的借鉴"；（2）"既是对我国社会主义建设规律认识的深化，也是对共产党执政规律、社会主义建设规律、人类社会发展规律认识的深化"；（3）"既是对中国特色社会主义理论的丰富和发展，也是对马克思主义关于社会主义社会建设理论的丰富和发展。"因此，我们所要建设的社会主义和谐社会，"应该是民主法治、公平正义、诚信友爱、充满活力、安定有序、人与自然和谐相处的社会"。①

三 共享发展理念促进了共同富裕实质性进展

党的十八大以后，以人为本的思想理念发展为以人民为中心的发展思想，2015 年习近平总书记指出："坚持以人民为中心的发展思想，发展为了人民，这是马克思主义政治经济学的根本立场。马克思、恩格斯指出：'无产阶级的运动是绝大多数人的、为绝大多数人谋利益的独立的运动'。"② 以人民为中心发展思想的提出，使社会主义基本经济规律学说发生了历史性新飞跃。以人民为中心的发展思想，要求把构建社会主义和谐社会的目标转化为具有实质性行动的新发展理念。正如习近平总书记指出的："以人民为中心的发展思想，不是一个抽象的、玄奥的概念，不能只停留在口头上，止步于思想环节，而要体现在经济社会发展各个

---

① 胡锦涛：《论构建社会主义和谐社会》，中共中央文献研究室编，人民出版社 2013 年版。

② 中共中央文献研究室编：《习近平关于社会主义经济建设论述摘编》，中央文献出版社 2017 年版，第 30—31 页。

环节。"①

特别是习近平总书记提出的新发展理念，是协调人民内部各种利益关系的高度科学和全面概括，是社会主义基本经济规律的完整和准确体现。2016 年习近平总书记全面论述了共享发展的四方面内涵：一是共享是全民共享，人人享有，各得其所，不是一部分人享有；二是共享是全面享有，要共享国家经济、政治、文化、社会、生态各方面建设成果，全面保障人民在各方面的合法权益；三是共享是共建共享，最大激发民力，形成人人参与，人人尽力，人人都有成就感的生动局面；四是共享是渐进共享，共享发展必然是一个从低级高高级，从不均衡到均衡的过程，即使达到很高水平也有差别。要立足国情、立足经济社会发展水平思考和设计共享政策，既不能裹足不前，也不要好高骛远，口惠而实不至。②

2017 年党的十九大提出到 21 世纪中叶"全体人民共同富裕基本实现"的目标。2020 年党的十九届五中全会进一步提出，到 2035 年"全体人民共同富裕取得更为明显的实质性进展"，这是党中央提出的又一个重要阶段性发展目标。2021 年 2 月 20 日，习近平总书记在党史学习教育动员大会上庄严宣告："推动改革发展成果更多更公平惠及全体人民，推动共同富裕取得更为明显的实质性进展。"2021 年 6 月 10 日，党中央与国务院发布了《关于支持浙江高质量发展建设共同富裕示范区的意见》，这表明我国正在加速推进共同富裕。

第一是加强东西部扶贫协作，形成机制化、制度化。2016 年，中办、国办印发《关于进一步加强东西部扶贫协作工作的指导意见》，北京、天津、上海、广东等东部 9 省 13 市分别与中西部 14 省（区、市）20 市州建立结对关系并签订协作协议。仅 2015 年至 2020 年，东部 9 个省份共向扶贫协作地区投入财政援助资金和社会帮扶资金 1005 亿多元，互派干部和技术人员 13.1 万人次。探索出政府援助、企业合作、社会帮扶、人才支持等主要协作方式，涌现闽宁协作、沪滇合作、两广协作等各具特色的帮扶模式，形成多层次、多形式、全方位的扶贫协作格局。作为中国特色扶

————————

① 中共中央文献研究室编：《习近平关于社会主义经济建设论述摘编》，中央文献出版社 2017 年版，第 40—41 页。

② 中共中央文献研究室编：《习近平关于社会主义经济建设论述摘编》，中央文献出版社 2017 年版，第 41 页。

贫开发道路的重要组成部分，东西部扶贫协作一直在政府主导下推进，东西部协作双方建立高层定期互访机制，做到了"有领导分管、有专人负责、有工作计划、有督促检查"。多年来，我国一直实施东西部扶贫协作和对口帮扶的政策，探索出了联席推进、结对帮扶、产业带动、互学互助、社会参与的扶贫协作机制。实践证明，新时代下东西部扶贫协作和对口支援扶贫模式，极大拓展了中国特色扶贫开发道路，为全世界解决贫困问题提供了"中国方案"。2021 年 4 月 8 日，习近平总书记对深化东西部协作和定点帮扶工作作出重要指示，要完善东西部结对帮扶关系，拓展帮扶领域，健全帮扶机制，优化帮扶方式，加强产业合作、资源互补、劳务对接、人才交流，动员全社会参与，形成区域协调发展、协同发展、共同发展的良好局面。中央定点帮扶单位要落实帮扶责任，发挥自身优势，创新帮扶举措，加强工作指导，督促政策落实，提高帮扶实效。全党要弘扬脱贫攻坚精神，乘势而上，接续奋斗，加快推进农业农村现代化，全面推进乡村振兴。[①]

第二是实施了脱贫攻坚三年行动计划。2018 年 6 月党中央、国务院制定《关于打赢脱贫攻坚战三年行动的指导意见》，2019 年 3 月，习近平总书记在全国"两会"上发出"尽锐出战，迎难而上，真抓实干，精准施策"的号召，同年党的十九届四中全会提出，"坚决打赢脱贫攻坚战，巩固脱贫攻坚成果，建立解决相对贫困的长效机制"。为此，党中央采取了许多具有原创性、独特性的重大举措，组织了人类历史上规模最大、力度最强的脱贫攻坚战。2021 年 2 月，全国脱贫攻坚总结表彰大会在北京人民大会堂举行，习近平总书记庄严宣告，我国脱贫攻坚战取得了全面胜利，现行标准下 9899 万农村贫困人口全部脱贫，832 个贫困县全部摘帽，12.8 万个贫困村全部出列，区域性整体贫困得到解决，完成了消除绝对贫困的艰巨任务，创造了人类反贫困史上的中国奇迹。

第三是深入推进区域协调发展。为了进一步优化我国经济布局，推动实施一系列区域重大战略：1. 京津冀协同发展。党的十八大以后，党中央提出实施以疏解北京非首都功能为重点的京津冀协同发展战略，2017 年 4 月 1 日，党中央、国务院决定设立河北雄安新区。2. 长江经济带建设。

---

① 《习近平对深化东西部协作和定点帮扶工作作出重要指示》，《人民日报》2021 年 4 月 9 日第 1 版。

2016 年 1 月习近平总书记在长江经济带发展座谈会上指出：推动长江经济带发展是国家一项重大区域发展战略，要坚持生态优先，绿色发展，共抓大保护，不搞大开发。9 月党中央、国务院发布《长江经济带发展规划纲要》。2020 年 11 月，习近平总书记要求，长江经济带要塑造创新驱动新优势，生态优先绿色发展主战场，畅通国内国际双循环主动脉，引领经济高质量发展主力军。3. 粤港澳大湾区建设。这是习近平总书记亲自谋划、亲自部署、亲自推动的一项国家战略。2019 年 2 月，党中央、国务院印发《粤港澳大湾区发展规划纲要》，提出粤港澳大湾区不仅要建成充满活力的世界级城市群，国际科技创新中心，"一带一路"建设的重要支撑，内地与港澳深度合作示范区，还要打造成宜居宜业宜游的优质生活圈，成为高质量发展的典范。4. 推进长三角一体化发展。2018 年 11 月，习近平总书记在首届中国国际博览会上明确提出，支持长江三角洲区域一体化发展并上升为国家战略。2019 年 12 月，党中央、国务院印发《长江三角洲区域一体化发展规划纲要》。2020 年 8 月，习近平总书记强调要紧扣一体化和高质量两个关键词抓好重点工作。2021 年 1 月，推进长三角一体化发展领导小组办公室印发《长江三角洲区域生态环境共同保护规划》，强调要共同建设绿色美丽三角洲，着力打造美丽中国建设的先行示范区。5. 推动黄河流域生态保护和高质量发展。2019 年 9 月，习近平总书记主持召开黄河流域生态保护和高质量发展座谈会，提出要协同加强生态保护治理，促进全流域高质量发展，保护传承弘扬黄河文化。2020 年 10 月党中央、国务院印发《黄河流域生态保护和高质量发展规划纲要》，黄河流域生态保护和高质量发展成为新时代重大国家战略。6. 加大力度支持革命老区、民族地区、边疆地区、贫困地区加快发展，强化举措推进西部大开发形成新格局，深化改革加快东北等老工业基地振兴、发挥优势推动中部地区崛起，创新引领率先实现东部地区优化发展，建立更加有效的区域协调发展新机制。2018 年 9 月，中央全面深化改革委员会第四次会议审议通过了《关于建立更加有效的区域协调发展新机制的意见》。

2020 年党的十九届五中全会围绕坚持实施区域重大战略、区域协调发展战略、主体功能区战略，健全区域协调发展体制机制、完善新型城镇化战略，构建高质量发展的国土空间布局和支撑体系，为"十四五"规划和 2035 年远景目标提出了新思路和新谋划。

第四是实施乡村振兴战略。2016 年 4 月，习近平总书记在农村改革座谈会上指出，要坚持工业反哺农业、城市支持农村、多予少取放活方针，深化城乡统筹。2017 年党的十九大报告论述了乡村振兴战略的基本轮廓：要义是农业农村优先发展，振兴的内容是产业兴旺、生态宜居、乡风文明、治理有效、生活富裕，振兴的路径是建立健全城乡融合发展体制机制和政策体系，振兴的目标是加快推进农业农村现代化。2018 年 1 月党中央、国务院颁布《关于实施乡村振兴战略的意见》，提出的目标任务是：到 2020 年，乡村振兴取得重要进展，制度框架和政策体系基本形成。到 2035 年，乡村振兴取得决定性进展，农业农村现代化基本实现。农业结构得到根本性改善，农民就业质量显著提高，相对贫困进一步缓解，共同富裕迈出坚实步伐；城乡基本公共服务均等化基本实现，城乡融合发展体制机制更加完善；乡风文明达到新高度，乡村治理体系更加完善；农村生态环境根本好转，美丽宜居乡村基本实现。

第五是提出完善收入分配制度。经过长期努力，我国收入差距偏大的状况得到明显缓解，2009 年国家统计局关于基尼系数的数据是 0.49，到"十二五"末期已经下降到 0.473。针对依然偏高的基尼系数，2015 年《关于制定国民经济和社会发展第十三个五年规划的建议》（党的十八届五中全会通过）明确要求，"调整国民收入分配格局，规范初次分配，加大再分配调节力度"，"缩小收入差距"。[1] 并且系统化地表述了新发展理念，在强调了创新、协调、绿色、开放发展理念的意义之后，有针对性地强调了"共享理念实质就是坚持以人民为中心的发展思想，体现的是逐步实现共同富裕的要求"。[2] 2016 年习近平总书记在省部级领导干部会议上提出："要坚持社会主义基本经济制度和分配制度，调整收入分配格局，完善以税收、社会保障、转移支付等为主要手段的再分配调节机制，维护社会公平正义，解决好收入分配问题，使发展成果更多更公平惠及全体人民。"[3]

---

[1] 《中共中央关于制定国民经济和社会发展第十三个五年规划的建议》，《人民日报》2015年 11 月 4 日第 3 版。

[2] 中共中央文献研究室编：《习近平关于社会主义经济建设论述摘编》，中央文献出版社2017 年版，第 41 页。

[3] 中共中央文献研究室编：《习近平关于社会主义经济建设论述摘编》，中央文献出版社2017 年版，第 41 页。

他形象地说，要不断把"蛋糕"做大，也要把不断做大的"蛋糕"分好。还说："落实共享发展是一门大学问，要做好从顶层设计到'最后一公里'落地的工作，在实践中不断取得新成效"；他认为，通过加大对困难群众的帮扶力度和扩大中等收入群体，"逐步形成橄榄型分配格局"，[①] 是完善收入分配制度的目标。这些重要论述，都是认识社会主义基本经济规律重要成果，也是我国在新发展阶段进一步完善收入分配制度，促进共同富裕取得实质性进展的思想理论基础。

四 绿色发展理念是社会主义基本经济规律的新内涵

"绿水青山就是金山银山"，这是习近平总书记关于生态环境思想的名言。怎样理解这句话的理论含义，应当提高到社会主义基本经济规律来认识。

20世纪60年代以来，西方研究生态和环境的学者开始反思传统的经济增长理论。他们认为，把经济、社会、环境割裂开来，追求单一的经济增长，实际上只考虑了自身的、局部的、暂时的经济性，造成了他人的、全局的、后代的不经济性，伴随着人们把公平（包括代际和代内）作为社会发展目标的认识深化，学者们纷纷修正传统的生产观、消费观、价值观，提出了发展观。于是，生态经济学、环境经济学以及可持续发展理念应运而生。而且，生态经济学和环境经济学都被纳入经济学的范畴，成为经济学的新学科。相对于历史更加久远的经济学理论来说，这些新学科、新理念的提出，本质上都是对经济学原有的价值观和世界观的修正。它们提出的发展观，要求人口再生产、物质产品再生产、精神产品再生产和生态系统再生产四者的统一，这就颠覆了传统意义上的经济学分析框架。如果把习近平总书记的"绿水青山就是金山银山"放在这些新学科的发展观和价值观中找到学理依据和共鸣，那就低估了它的理论价值。习近平总书记不是普通的生态环境学家，他是伟大的马克思主义者和政治家，他的生态环境思想需要与马克思主义和中国特色社会主义实践联系在一起，这是理论工作者研究阐释习近平新时代中国特色社会主义经济思想的基本任务。

怎样与马克思主义相联系呢？有人质疑，"两山论"怎么体现劳动价值

---

① 中共中央文献研究室编：《习近平关于社会主义经济建设论述摘编》，中央文献出版社2017年版，第43页。

论，没有人类劳动凝结的自然环境会产生价值吗？回答这个问题，需要从马克思主义的世界观和方法论入手，需要从中国经济建设的基本实践入手。

首先，人与自然的关系，是哲学的一个基本问题，因此也是世界观问题。在 2015 年 11 月 23 日中央政治局第 28 次集体学习时习近平总书记援引恩格斯的话，"人直接地是自然存在物"，"自然史和人类史就彼此相互制约"。① 因此，"人类发展活动必须尊重自然、顺应自然、保护自然，否则就会遭到大自然的报复，这个规律谁也无法抗拒"。② 在《资本论》中，马克思着力批判了资本主义生产方式对自然环境造成的破坏。正如恩格斯所指出："我们不要过分陶醉于我们人类对自然界的胜利。对于每一次这样的胜利，自然界都对我们进行报复。"③ 显然，这都是物质第一性的哲学思维及其世界观，这种世界观是以人为本和以人民为中心的立场相一致的。它与资本主义生产以资本为中心的立场和世界观相对立。资本主义工业革命以来，资本主义生产方式在全球扩张，以牺牲生态环境的方式实现经济发展，从而造成日益严峻的经济发展不可持续的问题。联合国《迈向绿色经济：实现可持续发展和消除贫困的各种途径》报告指出：世界大多数国家的经济发展和增长方式，大多通过对自然资源的无偿占有和消耗，带来资本增值和财富积累，从而对全球资源带来过度损耗，并制约了当代和未来人们的福利。

改革开放 40 多年我国经济实现了高速增长，同时也背负了巨大的生态环境欠账。我国资源约束趋紧、环境污染严重、生态系统退化的问题十分严峻，严重制约着我国经济的可持续发展。经济发展方式转变的过程，就是人的发展观念不断进步的过程，也是人和自然关系不断调整、趋向和谐的过程。绿色发展理念的要义，就是要解决人与自然和谐共生的问题；"绿水青山就是金山银山"理论，是从唯物主义世界观的高度概括了我国经济发展和世界经济发展的历史经验和教训，从而奠定了中国特色生态环境经济学的理论基调和哲学世界观。

---

① 中共中央文献研究室编：《习近平关于社会主义经济建设论述摘编》，中央文献出版社 2017 年版，第 31—32 页。

② 中共中央文献研究室编：《习近平关于社会主义经济建设论述摘编》，中央文献出版社 2017 年版，第 37 页。

③ 《马克思恩格斯文集》第 9 卷，人民出版社 2009 年版，第 559—560 页。

其次，理解马克思主义的劳动价值论，需要有正确的方法论。马克思的劳动价值论指出：劳动是人用来实现人与自然之间物质变换的人类一般生产活动，[①] 可见，劳动是主体与客体两者相互关系的产物，没有客体的劳动在地球上不可能存在。自然资源是天然的劳动对象，也是最基本的生产要素。自然资源兼具有生态属性和经济属性两种属性。所谓经济属性，是指通过人类活动利用自然资源产生经济价值的功能。联合国环境规划署指出："所谓自然资源，是指在一定的时间条件下，能够产生经济价值以提高人类当前和未来福利的自然环境因素的总称。"[②] 生态属性，是指调节生态系统、维护生态安全、提供林木水畜等物质产品以及良好人居环境所需的生态产品和服务的功能。

从资本主义商品生产的一般意义上说，体现为人类劳动的主体、客体两方，主体是主要矛盾方面，因为这是揭示资本主义生产方式基本矛盾和资本主义剥削秘密的主要研究对象，因此人的劳动行为应当被更多关注。但是，随着人类劳动和经济活动能力的巨大发展，当人类面临更迫切、更基本的共同性问题时，矛盾的主要方面就转移到了客体一方。"绿水青山就是金山银山"的提出，正是体现了这一历史发展逻辑。改革开放以来，我国经济发展先是用"绿水青山"换取"金山银山"，以高投入、高消耗、高排放、高污染的粗放式发展方式，大量耗费资源环境取得经济的高速发展。伴随着生态破坏的日趋严重，经济发展与资源约束趋紧的矛盾初步凸显。20 世纪末，我国提出了经济发展与环境保护协调发展的可持续发展战略；党的十六大报告进一步把"可持续发展能力不断增强"确立为全面建设小康社会的目标之一。然而在长期以来形成的"以 GDP 论英雄"的惯性发展思路下，生态保护与经济发展仍然是鱼与熊掌难以兼顾。究其原因，就是没有把主要矛盾抓住，针对长期积累的痼疾，习近平总书记断然提出，"我们既要绿水青山，也要金山银山。宁要绿水青山，不要金山银山，而且绿水青山就是金山银山"。[③] 这就是抓住了人类劳动的主要矛盾方面，在不同情况下强调矛盾的主要方面，是辩证唯物主义的方法论，因

---

① 《马克思恩格斯文集》第 5 卷，人民出版社 2009 年版，第 215 页。

② 卢昌义主编：《现代环境科学概论》第二版，厦门大学出版社 2014 年版，第 149 页。

③ 《绿水青山就是金山银山——关于大力推进生态文明建设》，引自中共中央宣传部编《习近平系列重要讲话读本》，学习出版社、人民出版社 2014 年版，第 120 页。

而是科学、准确贯彻了马克思主义劳动价值论的思想。这就打破了人们把发展生产与保护生态环境对立起来的僵化思维，为我国绿色发展扫清了思想障碍。

所谓劳动创造价值，是指交换价值，是指有交易结果实现的人类一般劳动。这里就产生了市场需求问题，供给与需求这是一对市场的永恒矛盾，而且矛盾的主要方面也是随着社会经济的发展而变化的。"绿水青山就是金山银山"强调了需求的主要矛盾方面，是毛泽东《矛盾论》哲学思想的创造性应用。同时，能够展示出"绿水青山"景象的可视性、可达性、可贸易性，本身就意味着这里注入了人的劳动行为，即对生态环境的保护和修复。新时代我国社会经济发展不平衡不充分表现之一，是生态破坏、环境污染、优质生态产品供给不足与人民日益增长的对优美环境的需要之间的矛盾。"绿水青山"指自然资源，"金山银山"指货币财富。绿水青山就是金山银山论指明了通过保护和改善环境，在得到绿水青山的同时也可以获得经济发展的绿色发展道路。依据马克思劳动价值论，自然资源本身具有使用价值而没有价值。通过人类劳动实现人与自然的物质变换，变成商品，才能创造出价值。这时自然资源转化为自然资本。自然资本为生产生活提供了重要物质产品和生产要素。生态保护行动作用于自然资源，相当于投资自然资本。通过资本投入，利用技术创新、制度创新等手段，改变传统社会生产的资源利用方式，构建以产业生态化和生态产业化为主体的生态经济体系，促进资源的节约利用的同时提高劳动生产率；通过对生态环境进行保护、改善和修复，促进自然资本的保值增值，从而增加生态产品和服务的提供。

最后，绿水青山即金山银山论，也是对马克思主义地租理论的新发展。习近平总书记说，生态环境没有替代品。[①] 这句话揭示了生态环境的自然垄断特征。马克思主义地租理论认为，在资本主义农业生产条件下，存在绝对地租和级差地租。绝对地租是由土地资源的稀缺性和垄断性产生的，级差地租则是由劳动投入的不同方式产生的。良好生态环境的稀缺性和垄断性使之产生了具有绝对地租类型的价值实体，类似金矿与石油储

---

① 中共中央文献研究室编：《习近平关于社会主义经济建设论述摘编》，中央文献出版社2017年版，第37页。

藏。随着经济发展解决了人们基础的衣食问题，人们对优良生态环境的需要比以往更为迫切，良好的人居环境，清新的空气、优良的水质、安全的食品等生态环境产品和服务的供应尚存在极大缺口，绿色生产和消费成为产业趋势和经济增长的新动力。生态环境保护行为的可贸易性越来越具有可能，这就使生态环境保护行动产生了绝对地租和级差地租，从而使绿水青山成为可贸易性商品，产生了货币财富。例如建立生态补偿机制，让生态环境的受益者或消费者向生态环境的保护者和生态产品的生产者支付报酬；建立生态产业体系，可以把生态环境优势转化为生态农业、生态工业、生态旅游等生态经济的优势，从而使绿水青山变成金山银山。习近平主政浙江时在全国率先提出生态省的建设目标。2005 年，浙江省在全国率先出台了生态保护补偿制度。经过十多年对"绿水青山就是金山银山"发展道路的探索，浙江省实现了由高质量绿色 GDP 取代高速度经济 GDP 的转型发展。从而为绿色发展成为社会主义基本经济规律的新内涵提供了实践依据。

把以上分析归纳起来，社会主义基本经济规律就是：以全体人民（包括国内外一切可转化因素）为中心的经济活动，在不断保障和提高人民群众在经济活动中的主动性和能力的基础上，调动一切有利于发展生产力的各类资本及其经济组织形式的积极性，统筹协调、全面平衡和正确处理人民内部各种利益关系，人与自然的关系，逐步实现全体人民共同富裕并实现社会主义现代化国家的目标。这就不仅把社会主义经济与一般的民族主义经济、资本主义经济区别开来；而且为改革开放后我们支持鼓励发展非公有制经济、利用外资提供了理论依据。

第六章　社会主义基本经济制度

第一节　公有制为主体，多种所有制经济共同发展

一　社会主义公有制的建立

消灭私有制、建立公有制经济是共产党人建党学说的理论基础，以严密的逻辑论证资本主义私有制必然灭亡乃是马克思《资本论》的基本思想。马克思、恩格斯在《共产党宣言》中明确指出，"共产党人可以把自己的理论概括为一句话：消灭私有制。"① 这成为社会主义经济制度的理论遵循。因此俄国十月革命后，城市消灭了资本家所有制，建立了代表全民的国家所有制；农村消灭了地主、富农所有制，建立了集体农庄制度。

在中国革命胜利前夕，中国共产党制定了新民主主义革命三大经济纲领，既在农村实行土地改革、城市中没收官僚资本建立国有经济、城市中保护民族工商业。这成为新中国成立后所有制改革的起步。农村中的土地改革在解放区已经实行，新中国成立后即在全国推行，土地改革完成后几年，出现了贫富两极分化，出现了"新富农"。为了避免贫富两极分化的蔓延，中共中央在全国推广农业互助合作运动，农业互助合作属于劳动合作，不涉及土地所有权的变更。城市中没收了官僚资本并建立了国家所有的国营经济。

没收的官僚资本包括2858个工矿企业、2400多家银行，职工总数129万人、其中产业工人75万人。1949年的原官僚资本企业，其工业固定资产占全中国工业固定资产的80.7%，拥有全国电力产量的58%，原煤产量68%，生铁产量92%，钢产量97%，机器及其零部件生产的48%，棉

---

① 《马克思恩格斯选集》第1卷，人民出版社1995年版，第286页。

纱产量49%，还掌握了全国的铁路和其他大部分近代化交通运输生产，以及大部分银行和对外贸易。因此，没收官僚资本和建立国有经济，已经使公有制经济基本掌握了全国的经济命脉和国计民生的主体。① 没收官僚资本在各个城市解放后的几个月时间内次第完成。这是中国公有制经济产生的最初形式，也是中国新民主主义革命的必然，否定了它的产生，也就否定了中国革命。可以说，从新中国没收官僚资本、建立社会主义国有经济开始，到1956年社会主义所有制改造完成之前，中国就已经建立了以公有制为主体、多种所有制经济共同存在的基本经济制度。

有了这样的"家底"，再加上完成了三年的经济恢复，1953年党提出了以工业化为中心的对农业、手工业和资本主义工商业的社会主义改造，即"一化三改"，继续推进所有制改革。怎样进一步推进所有制改革，党当时的认识是，唯一正确的道路是"由目前复杂的经济结构的社会过渡到单一的社会主义经济结构的社会"（刘少奇1954年9月15日《关于中华人民共和国宪法草案的报告》）②。"就是使生产资料的社会主义所有制成为我国国家和社会的唯一的经济基础。"（中共中央宣传部1953年12月《为动员一切力量把我国建设成为一个伟大的社会主义国家而斗争》）③ 这导致了农村中农业合作化运动过快过急，5年时间就从初级社、高级社向人民公社过渡，集体所有制越搞越大，以至于最后退回到三级所有、队为基础。当时，"一大二公"的制度安排与不少党的领导干部的认识以及客观原因也有很大关系，除了毛泽东对防止贫富两极分化的底线思维之外，许多领导干部也向毛泽东反映受所有制规模小的限制，阻碍了水源分配、水利建设、山林开发、道路建设等资源合理配置问题。

对城市私营工商业的改造采取了公私合营、资方入股分红的赎买方式，应当说总体是成功的。1949年私营工业产值只有70亿元，1956年的公私合营工业产值达到191亿元，增长了1.5倍多。④ 陈云1956年6月对此评价说："企业的私有制向社会主义所有制改变，这在世界上早已出现过，但是采用这样一种和平方法使全国工商界如此兴高采烈地来接受这种

---

① 《中国共产党历史》第2卷（上），中共党史出版社2011年版，第52—54页。
② 《刘少奇选集》下卷，人民出版社1985年版，第142页。
③ 《建国以来重要文献选编》第4册，中央文献出版社1993年版，第702页。
④ 《中国共产党历史》第2卷（上），中共党史出版社2011年版，第365页。

改变，则是史无前例的。"[1] 但是，受"单一的""唯一的"社会主义所有制观念的影响，对12万余户小企业、数百万户私营坐商、行商和摊贩统统实行改造，不仅挫伤了这些独立劳动者的积极性，也使国家承受了很大的负担。

二 对单一公有制的突破：现实逻辑的必然性

新中国前30年所有制改革的历史遗产是城市单一的公有制：国有工商业和集体手工业；农村单一的集体经济。带来的后果是在微观组织中的分配平均主义、吃大锅饭，生产效率难以提高，宏观上全社会资源配置的不合理和扭曲。客观地说，改革开放之后在所有制改革问题上的突破，并不是由于经济理论的突破，而是解放思想、实事求是的突破，是实践先行的突破。

在农村，为了克服困难，1962年刘少奇、邓小平、陈云等曾主张农村实行三自一包（自留地、自由市场、自负盈亏、包产到户），1978年安徽省农民为了不逃荒要饭，自发搞起了包产到户。在城镇，所有制改革是从解决就业问题、释放劳动就业压力起步的。具有决定性意义的转变发生在1981年6月的《中共中央关于建国以来党的若干历史问题的决定》，它首次指出我国的社会主义制度尚处于"初级阶段"的科学判断，并指出，"国营经济和集体经济是我国基本的经济形式，一定范围的劳动者个体经济是公有制经济的必要补充"。同年12月，个体经济的合法地位在国家宪法中再次得到认可并写入法条。[2] 截至1982年年底，全国个体经济达261万户，从业人员达320万。

个体经济虽然不是公有制经济，但它是独立劳动者，没有剩余价值生产，无法归类于私有制经济，所以被称为非公有制经济。但是，放开搞活个体经济，必然突破规定的雇工人数而产生私营经济。于是发生了两个典型案例的争论。一个是安徽省芜湖市的年广久，另一个是广东省高要县的陈志雄。邓小平不同意扼杀它，说要看一看。据统计，从1987年开始，

---

[1] 《陈云文选》第2卷，人民出版社1995年版，第309—310页。

[2] 同年12月，全国人大五届五次会议通过的宪法修正案第11条作了如下规定：在法律规定范围内的城乡个体劳动者经济，是社会主义公有制经济的补充；国家保护个体经济的合法权利和利益；国家通过行政管理，指导、帮助和监督个体经济。

我国的私营经济有较大发展，到 1989 年，含私营企业的个体工商户已经有 90581 户，从业人员 164 万，注册资本 84 亿元；1988 年含私营企业的个体工商户增加到 1453 万户，从业人员 2305 万，注册资本 312 亿元。

1997 年党的十五大正式形成了社会主义基本经济制度的表述，"公有制为主体，多种所有制经济共同发展，是社会主义初级阶段的一项基本经济制度"，"非公有制经济是我国社会主义市场经济的重要组成部分"。[1] 1999 年的《宪法修正案》规定：在法律规定范围内的个体经济、私营经济等非公有制经济，乃是社会主义市场经济重要组成部分。可见，邓小平说要看一看，实际上是在等待党的解放思想、实事求是原则在实践中被认可的结果，等待实践解决现实问题的结果。但社会主义经济制度允许包括私有企业的非公有制经济存在，仍然是个需要解释的理论问题。

三　多种所有制经济存在发展的历史逻辑和理论逻辑

恩格斯在《家庭、私有制和国家的起源》一书中论述了原始部落制度的衰落，产生了家庭和私有财产，这是私有制的起源。中国封建社会的家庭往往几代同堂，是大家庭或家族，这是独立的农牧工结合的经济单元，同时是教育单元（即所谓耕读之家），而且是道德与规则的治理单元，大家族与名家族都有"家训""家教"和"家风"。"修身、齐家"才能"治国、平太下"，家庭治理与国家治理的理念基本相同。家庭道德传承和家庭治理得到儒家学说的肯定，所谓"子不教，父之过"，这成为知识精英世代学习的经典。封建知识分子并没有共产主义理想和信念，但凭借个人的"修身"和对"家训""家教"和"家风"的恪守，也能使一部分知识精英成为"清官"和"好官"。

辛亥革命后，随着王朝覆灭和科举制度废除，国民公共教育兴起，家庭作为教育单元式微或消亡，但农村家庭作为独立的经济单元和道德治理单元并没有消亡。这种状态延续到新中国成立。新中国前 30 年的所有制改革，在改变生产资料所有权的同时，也取消了家庭劳动和生产。在缺乏技术变革的条件下，企图用集体劳动的简单粗略分工来代替家庭内部精巧

---

① 江泽民：《高举邓小平理论伟大旗帜，把建设有中国特色社会主义事业全面推向二十一世纪》，1997 年 9 月 12 日。《江泽民文选》第 2 卷，人民出版社 2006 年版，第 19 页。

细密的农牧工结合的劳动分工，甚至企图用"吃食堂"来代替家庭消费，结果导致了效率下降，再加上分配的吃大锅饭，使集体经济的优越性难以体现。新中国30年之后的改革，继承了土地集体所有权的历史遗产，但只是恢复了家庭劳动和生产，恢复了家庭独立经济单元的功能，从而提高了生产效率和资源配置效率，使集体经济得到最佳的实现形式。

城市近代工业虽然部分瓦解了农牧工结合的家庭，但家庭作为独立的消费单元和消费剩余的储蓄单元在城市中也仍然是完整的。在社会分工不发达，家庭生活社会化程度很低、社会保障水平很低的情况下，家庭是人们从衣、食、住、行、医疗、教育、社会保障及育幼与养老送终，至少是两代人整个人生过程中难以分离的微观母体。家庭经济对任何人都十分重要，只有在生产力极大发展、社会普遍富裕、社会分工高度发达、社会保障水平极大提高，家庭生活社会化程度极高的条件下，才有可能忽略家庭经济的重要性，也才具备消灭私有经济的最重要的经济条件。而在此之前，家庭经济和个体经济的产生和发展是必然的。新中国前30年的城市国有工商企业，在劳动用工和工资制度上，忽略对劳动者的物质激励，实际上是否认了家庭消费剩余与储蓄，也就否定了每个个人赖以依存的家庭经济；不允许个体经济的存在，实际上是否认家庭财产的积累与扩大，实际上也是另一种对家庭经济的否定。

显然，在不具备使家庭经济消亡的历史条件下，新中国前30年单一公有制的制度安排，是不符合客观实际和人民群众心愿的。而家庭生活和家庭经济存在的历史合理性则是非公有制经济必然要与社会主义经济制度结合在一起的客观原因。1978年之后的农村改革，就是找到了一条公有制产权与家庭经济结合形成的"双层经营"，家庭经济与集体经济共同发展的道路。但是，私营经济与个体经济不同，私营企业必然带有剩余价值生产的特征，允许私营经济发展是一个更大的突破和创新。

首先要回答的是经济合理性问题，也就是经济规律问题。个体经济的消费剩余转化为储蓄，再如何转化为投资性的资本，有着内在的经济机理。在不允许私营企业存在的条件下，家庭消费剩余只能进入银行成为储蓄资金，但这种资金不能成为投资的资本，如果作为投资资金，难免产生"以短贷长"的风险。在缺乏现代资本市场和金融市场的情况下，居民没有直接投资的渠道，直到今天，我们也仍然苦于缺少金融市场产品，从而难以为居民提供更多的投资渠道。在这样的经济条件下，让居民的储蓄资金通过市场直接成为小型工商企业的投资资本，是最现实，也最具有经济的合理性；同时也是让大量"草莽英雄"成长为工商管理人才的社会大学和舞台。这不仅避免了储蓄资金的闲置，也避免了大量人才的浪费。因此，个体经济向私营经济发展具有客观、内在的规律性。

其次，从理论上说，私营经济的发展，有利于发展生产力和增加就业，提高群众生活水平，这符合社会主义基本经济规律的要求，它所进行的剩余价值积累，既可以通过税收、劳动保护、工资水平规定以及社会保障等措施加以约束，也可以通过扩大再生产等积极措施引导到与劳动群众利益相一致的方向上来，在社会主义公有制为主体的条件下，它的存在与发展不仅有利于生产力发展，而且有利于巩固社会主义经济基础。

最后，仅仅依靠个体经济的积累投资于私营企业，是难以实现非公有制经济快速发展的。改革开放之后非公有制经济的快速发展，更大程度上是党认识经济资源配置方式转变、引入竞争机制和认识社会主义生产力发展规律后，主动调整所有制结构的结果。党的十四届三中全会（1993年11月）首次提出了建立社会主义市场经济体制，让市场在资源配置中起基础性作用。为了达到这个目标，所有制结构改革势在必行。党的十五大报告（1997年9月）提出："公有制为主体、多种所有制经济共同发展，是我国社会主义初级阶段的一项基本经济制度。"[①] 并提出了国有经济布局战略性调整的任务。中共十五届四中全会（1999年9月）提出：到2010年国有企业改革和发展的目标是，适应"两个根本性转变"和扩大对外开放的要求，完成战略性调整和改组，形成较为合理的国有经济。

自此以后，中国非公有制经济快速发展，也就是人们所说的"民进国退"。但这种说法是不确切的。今天的非公有制经济与新中国之前的资本主义私营经济有很大的区别。首先，它与公有制经济有着天然的密切关系，可以说它是在公有制经济的母体上萌芽的。农村的个体经营需要承包集体资产，城镇工商国有企业的股份制改革中，资产折股、职工持股、资本入股等形式，都包含了公有制资本母体的原始贡献。其次，民营企业中

---

① 江泽民：《高举邓小平理论伟大旗帜，把建设有中国特色社会主义事业全面推向二十一世纪》，《江泽民文选》第2卷，人民出版社2006年版，第19页。

大量高级管理人员，其中包括相当数量的共产党员，来源于国有部门，这是一种无形的人力资本支持。最后，非公有制经济的快速发展是在经济高速增长和资产价格迅速上涨，即在社会主义市场经济的正外部性中得到实现。因此，改革开放之后出现的非公有制经济是与党的政策安排、改革的制度安排以及公有制经济在资产、人力资本的支持联系在一起的，并不完全是其自身资本积累扩大的结果，它更多地与社会主义经济属性相联系，而较少与资本主义经济属性相联系。[1]

中国公有制经济的主体地位如何衡量，按照资产比重衡量，到2012年，所有三次产业的经营性总资产中，公有制资产比重仍然达到53%；而且，发展趋势将基本稳定。按照增加值和就业比重衡量，非公有制经济比重分别达到67.6%和75%。[2] 在这个意义上，中国社会主义基本经济制度中的所有制结构可以说是社会主义发展史上的伟大创造和人类文明史上的新鲜事物。它既坚持了公有制经济的主体地位，又实现了让非公有制经济发挥灵活机制的更大作用，体现了制度包容性和促进生产力更大发展的制度优势。随着经济体制改革的深化和社会主义市场经济的成功实践，党的十八届三中全会认定："公有制经济和非公有制经济都是社会主义市场经济的重要组成部分，都是我国经济社会发展的重要基础。"[3]

第二节　国有企业改革和现代企业制度

一　国有企业改革的历程

改革开放初期，对国有企业改革的探索是从加强企业经济责任制和扩大企业自主权开始的，"拨改贷""利改税"等改革试点以及承包经营责任制拉开了城市国有企业改革的序幕。1984年党的十二届三中全会审议通过了《中共中央关于经济体制改革的决定》，标志着以城市为重点的经济体制改革全面展开，到2020年，改革的历程可以划分为以下阶段。

---

[1]　亦因此，党的十八届三中全会《中共中央关于全面深化改革若干重大问题的决定》再次指出：公有制经济和非公有制经济都是社会主义市场经济的重要组成部分，都是我国经济社会发展的重要基础。

[2]　裴长洪：《中国公有制主体地位的量化估算与发展趋势》，《中国社会科学》2014年第1期。

[3]　参见《中共中央关于全面深化改革若干重大问题的决定》单行本，人民出版社2013年版。

第一阶段：1978—1993 年

这一阶段的重点是要求全社会发展商品经济，实行计划经济同商品经济相结合，充分运用价值规律，促使企业提高效率，灵活经营，灵敏地适应复杂多变的社会需求。发展商品经济的核心是增强大中型国有企业的活力，中心是围绕两个环节，解决好两个方面的关系问题：确立国家同国有企业之间的正确关系，扩大企业自主权；确立职工和企业之间的正确关系，保证劳动者在企业中的主人翁地位。特别是通过下放企业经营权，激发国有企业经营活力。具体措施如通过出台企业承包经营责任制、利润留成、"利改税""厂长（经理）负责制"等方式，力图扩大企业经营管理自主权，打破平均主义和吃"大锅饭"，充分调动企业和职工群众的生产经营积极性。围绕搞活企业这个中心环节，城市经济体制改革在财政税收、金融、商业、劳动工资等配套措施方面也有不同程度进展。

在扩大企业自主权改革中，必然延伸到探索企业所有权与经营权的进一步分离。1986 年 12 月国务院印发《关于深化企业改革增强企业活力的若干规定》，明确可以选择少数有条件的全民所有制大中型企业进行股份制试点。到 1992 年年底，全国已有 3700 家股份制试点企业，其中有 92 家获准在上海证券交易所上市。

第二阶段：1993—2002 年

1993 年 11 月党的十四届三中全会明确了改革的方向是建立社会主义市场经济体制，同时推动国有企业①改革进入转换机制、制度创新阶段。针对 20 世纪 90 年代初期国有企业经营机制不活，企业权责不明确的问题，从 1994 年开始，国务院在 100 家国有大中型企业进行建立现代企业制度试点，要求建立"产权清晰、权责明确、政企分开、管理科学"的现代企业制度。在 18 个城市进行优化资产结构和资产重组的配套改革试点。中央和地方政府先后选择了 2700 多家国有企业进行建立现代企业制度试点，推行公司制、股份制改革，建立现代企业制度的领导体制，形成企业法人治理结构。1998 年为保证国有企业 3 年脱困，果断实施债转股、政策性破产、技术改造三大措施。1999 年 9 月，党的十五届四中全会通过《中

---

① 1993 年宪法修正案将"国营经济"修改为"国有经济"，将"国营企业"修改为"国有企业"。

共中央关于国有企业改革和发展若干重大问题的决定》，提出从战略上调整国有经济布局和改组国有企业，着力转换企业经营机制，建立权责明确的国有资产管理、监督和营运体系。在实践中，提出"抓大放小"战略，即抓好关键少数大企业，放活数以万计中小企业。1993 年作为全国第一个地方机构，上海市国有资产监督管理委员会成立，并在全国率先推行行业主管局改制和授权经营。围绕现代企业制度改革，配套进行了分税制改革和现代金融体制改革，人民币汇率并轨机制改革，以及建立职工社会保障体系。

第三阶段：2003—2012 年

党的十六大特别是党的十六届三中全会以后，着力加强巩固和发展国有经济制度建设，重点是监督管理权改革。为解决国有大型企业所有者缺位问题，国务院于 2003 年成立国资委，作为国有企业出资人代表，履行监管职能。2008 年十一届人大第五次会议审议通过了《中华人民共和国国有企业国有资产法》，随后，国资委逐步建立起国有资产监管框架和法律法规体系，制定颁布了《企业国有资产监督管理暂行条例》《企业国有资产评估管理暂行办法》《企业国有资产转让管理暂行办法》，并大力推进股份改革，2006 年，全国国有企业资产总额比 2002 年增长 60.9%，实现利润增长 2.23 倍，税收增长 1.05 倍。[1] 2011 年，国务院国资委监管的中央企业从 2007 年的 159 家减少到 117 家，数量虽然减少，但企业活力、控制力和影响力明显增强。在财税体制改革方面，推进了基本公共服务均等化和改进转移支付制度，2003 年，在税收制度中将生产型增值税改为消费型增值税。深化金融体制改革，重点对工商银行、中国银行、建设银行和交通银行进行股份制改革并成功上市，以及深化人民币汇率和资本市场等配套改革。

第四阶段：2013—2020 年

党的十八大以来，习近平总书记针对社会上出现的对国有企业的奇谈怪论，进行了有力批驳，明确指出："在中国共产党领导和我国社会主义制度下，国有企业和国有经济必须不断发展壮大，这个问题应该是毋庸置疑的。"国有企业深化改革的方向是："坚持有利于国有资产保值增值、有

---

① 本书编写组：《改革开放简史》，人民出版社、中国社会科学出版社 2021 年版，第 159 页。

利于提高国有经济竞争力、有利于放大国有资本功能的方针，推动国有企业深化改革、提高经营管理水平，加强国有资产监管，坚定不移把国有企业做强做优做大。"① 主要内容有：

1. 完善中国特色现代企业制度。将党的领导与现代企业治理机制相结合，建立企业党委党组发挥领导作用的决策事项清单。建立协调运转、有效制衡的现代企业治理机制，落实董事会职权，处理好党组织"把关定向"与股东权力、董事会决策与经理层经营的关系，实现企业主要领导的组织委派与经理人的市场化选聘有效对接。2020 年，国有独资、全资公司将全面建立外部董事占多数的制度。

2. 积极推进混合所有制改革，探索公有制多种实现形式。通过所有权的改革，实现国有资本增值，搞活国有经济，放大国有资本的功能，增强国有经济的竞争力、创新力、控制力、影响力和抗风险能力。

3. 建立市场化经营机制，增强国有企业内生动力。坚持市场化改革方向，有效推进劳动、人事、分配制度深度改革。建立职业经理人制度。逐年增加市场化选聘比例，竞聘上岗要体现公开、平等、竞争、择优的原则，按照岗位要求和业绩导向，逐步解决企业高管的来源单一和刚性升迁机制问题。完善工资总额备案制等相关政策，推动建立生产要素由市场评价贡献，按贡献决定报酬的分配机制。全面推行岗位绩效工资制度，合理拉开工资分配差距。健全知识、技术、管理、数据等生产要素参与分配的机制，进一步落实股权、期权、分红等激励政策。

4. 着重增强企业创新能力。发挥行业龙头企业主导作用，建立企业、科研院所与高等院校产学研用相结合的产业技术创新联盟，集聚创新资源，组织开展跨行业、跨领域、跨区域的产学研用协同创新。采取联合开发、利益共享、风险共担的模式，加快成果转化和工程示范，促进科技同经济、创新成果同产业无缝对接。建立研发创新成果转化的利益激励机制，打造完善的科技成果转化链条。

5. 着重推动国有资本布局优化调整。国有经济可以在创新型国家建设、"一带一路"建设、制造强国建设等国家使命中发挥关键作用，应该将国有资本更多投入关系国家安全、国计民生、国民经济命脉的重要领

---

① 习近平：《论坚持全面深化改革》，中央文献出版社 2018 年版，第 288—290 页。

域，投入需要国有企业发挥控制力、影响力的关键领域，比如先进制造业和战略性新兴产业。

6. 加快培育具有全球竞争力的世界一流企业。深入开展国际化经营，加快形成国际经济合作和竞争新优势，不断拓展国际发展新空间。把握好我国改革开放的大格局、大趋势，在参与"一带一路"建设中发挥国家队作用，推进国际产能和装备制造合作，积极参与全球技术标准、行业规范、经贸规则的制定，更好地融入全球创新和产业分工体系。

7. 打造更加开放融合的体制机制，让各类市场主体公平参与竞争。国有经济战略性调整，需要协同考虑有利于建设公平竞争环境、有利于形成兼有规模经济和竞争效率的市场结构、有利于化解产能过剩问题等各方面要求，破除体制机制障碍，促使国有经济和民营经济形成共赢格局，国有大企业发挥产业价值链条带动作用，提供平台，整合资源；民营企业提供有效的竞争环境、市场需求，通过相互补充发展，向着大中小企业血脉相连、命运相依的生态发展。

8. 着重完善以管资本为主的国有资产监管体制。继续落实好国有资本授权经营体制，以管资本为主加快国有资产监管职能转变。实行权力和责任清单管理制度，监管重点转向管好资本布局、规范资本运作、提高资本回报和维护资本安全。加大对国有资本投资、运营公司的授权，探索新的运营机制，在推动国有资本形态转化、调整优化存量、培育战略性新兴产业上更好地发挥国有资本投资、运营作用。

二 优化国有经济布局和结构

习近平总书记指出："公有制主体地位不能动摇，国有经济主导作用不能动摇。这是保证我国各族人民共享发展成果的制度性保证，也是巩固党的执政地位、坚持我国社会主义制度的重要保证。"[1] 怎样实现国有经济的主导地位？从整个国有经济改革着眼，国有经济的主导地位不在于国有企业数量的多少，而在于它的活力、控制力、影响力和抗风险能力。因此应当推动国有资本向关系国家安全和国民经济命脉的重要行业和关键领域集中；推动国有资本向国有经济仍具有竞争优势的行业和未来可能形成主

---

[1] 习近平：《不断开拓当代中国马克思主义政治经济学新境界》，《求是》2020年第16期。

导产业的领域集中；推动国有资本向具有较强国际竞争力的大公司大企业集团集中；推动国有资本向国内外产业链、价值链、供应链的高端环节和"链主"企业集中，实现国有资本优化配置，做大做强做优国有经济和国有企业。其主要措施是：

1. 国有经济要对关系国家安全和国民经济命脉的重要行业和关键领域保持绝对控制力。包括军工、电网电力、石油石化、电信、煤炭、民航、铁路、高速公路、航运、金融等行业。要使这些领域国有资本总量增加，结构优化，一些重要骨干企业发展成为世界一流企业。

2. 对于军工、石油和天然气等重要资源开发及电网、电信等基础设施领域的中央企业，国有资本要保持独资或绝对控股；对以上领域的主要子企业和民航、航运、铁路、高速公路等领域的中央企业，国有资本保持绝对控股；对于石化下游产品经营、电信增值服务、商业银行、保险等领域的中央企业，要加大改革力度，引入非公有制经济和外资，推进投资主体和产权多元化。

3. 国有经济对基础性和支柱性产业中的重要骨干企业，保持较强控制力。包括装备制造、汽车、电子信息、建筑、钢铁、有色金属、化工、勘察设计、科技等行业。其中，装备制造、汽车、电子信息、建筑、钢铁、有色金属行业的中央企业，要成为重要骨干企业和行业排头兵企业，国有资本在其中保持绝对控股或有条件相对控股。承担行业共性技术和科研成果转化等重要任务的科研和设计型中央企业，国有资本保持控股。

4. 垄断行业改革。一些需要提供社会效益和国民经济外部性的行业，例如水、电、气、热和城市公用事业、电力、电信、民航、铁路、邮政等行业，历史上形成了垄断行业。深化垄断行业改革，有利于扩大这些行业的投资主体，引入市场竞争，有利于促进公共产品领域的价格改革，增加有效供给，有利于提高资源配置效率，有利于增强公有制经济活力和控制力。特别是通过混合所有制改革，吸引非公有制资本进入这些领域，并通过价格改革，扩大市场化的价格机制的作用，使垄断行业的公共产品转变为非福利品和半福利品，从而扩大有效供给，更好满足人民的需求。

三 现代企业制度的内涵和国有资产管理制度

从 1994 年提出建立现代企业制度之后，通过 18 年的改革实践探索，中国特色的现代企业制度已经基本定型，它的含义是：

第一，党的领导与现代公司制度的有机结合。中国特色社会主义制度的最本质特征就是中国共产党的领导。中国特色的现代企业制度必须保证党的领导在企业中落地生根。党在企业中的领导地位，不仅是一般的政治领导、思想引领和组织建设，而且必须在企业重大投资、经营决策、人事安排、企业收入分配、资本经营、资产管理和企业文化导向等各个方面起决定作用，以保障企业切实按照党的经济建设方针政策和国家法律法规的要求健康运营。

第二，明晰产权，确保国有资产出资人到位。出资人享有不可侵犯的所有权权能，包括参与企业重大决策，企业核心管理人员的任免，企业收益的分配等。

第三，积极培育多元投资主体，实现股权多元化。积极引导和大力发展非国有经济，鼓励民营资本参与国有企业改革，大力发展具有长期投资需求的机构投资者，允许它们参股国有企业。

第四，健全董事会制度，发挥董事会的决策作用。要正确处理党委与董事会的关系，董事会中的共产党员和党员领导干部有责任积极有效地把党委的决策意图转化为董事会的决策。

第五，建立激励与约束机制。公司经理人员由董事会聘任，应通过公开招聘方式选择经理人员和重要业务人员，可以按照市场化价格机制来确定市场化招聘人员的薪酬，也可以采取持股分红制，股票期权制等方式。积极探索多种有效的监督和约束机制，如稽查特派员制度，由出资人委派财务总监等。

第六，建立和完善职工代表大会制度以及其他制度，实行民主管理，维护职工合法权益。要确保职工代表大会参与企业管理的基本权利，包括：拥有对职工董事、职工监事的选举和罢免权；拥有对有关职工工资、福利、安全生产以及劳动保险等涉及职工切身利益受到事项的审议和表决权；拥有对制定重大生产经营决策和重要规章制度的咨询建议权；拥有民主评议、推荐公司高级管理人员的权利等。

国有资产管理制度包括国有资产范围，国有资产运营管理和监督管理体制以及国有资产经营责任制度三个方面：

1. 国有资产的范围。国有资产即属于国家代表全体人民所有的资产，包括国家依法取得和认定的，或者国家以各种形式对企业投资和投资收益、国家向行政事业单位拨款等形成的资产。其范围主要有行政事业性国有资产、资源性国有资产和经营性国有资产三大类。行政事业性国有资产分布于国家机关、事业单位、政党和人民团体的国有资产；资源性国有资产是自然生成的资本价值及利益、如土地、矿藏、海洋、森林、湖泊等自然资源，以及部分与投资有关、部分先天而成的资产，如国家所有的文物古迹，风景名胜区、自然保护区等；经营性国有资产是指国家对企业各种形式的投资和投资收益所形成的资产。

2. 国有资产运营管理和监督管理体制。国家通过制定法律法规，建立中央政府和地方政府分别代表国家履行出资人职责、享有所有者权益、权利、义务和责任相统一，管资产和管人、管事相结合的资产管理体制，以及以管资本为主的国有资产监管职能。根据这个原则，构建国有资产管理机构、国有资产运营机构和国有资产实际经营企业三个层次的有机结合。

国有资产管理机构行使国有股股东职责，进行制度建设和政策配套；制定法律法规，创造外部环境，制定国有经济布局调整和结构优化方案，制定国有资产运营管理的和监督管理的改革方案。国有资产运营机构是在国有资产管理机构授权下行使国有资产直接经营职能的机构。国有资产经营机构是以国有资产保值增值和优化国有资产配置为目标的企业法人，它不是行政部门，各级国有资产经营公司也不具有行政隶属关系。它作为国有独资企业和国有控股企业，作为被授权的企业法人，其主要职能是经营国有企业股权，监督管理国有资本，基本任务就是对其全资、控股、参股企业中的国有投资形成的国有资产依法进行经营、管理和监督，享有重大决策权，选择经营者的人事权和资产处置权。国有资产实际经营企业是国有资产经营机构下属的全资子公司和控股子公司，它也是依法建立的公司制企业法人。享有独立的法人财产权、独立行使民事权利、承担民事责任。在法律上具有与国有资产经营机构平等的地位。它要按照"归属清晰、权责明确、保护严格、流转顺畅"的要求完善产权制度，实行规范的现代企业制度和科学的法人治理结构，切实加强党的领导，健全激励、约束和决策机制；健全职工代表大会制度，加强民主管理，维护职工合法权益。

3. 国有资产经营责任制度。它包括四个方面：第一是建立国有资本经营预算制度。它是国有资产监督管理机构依据政府授权，以国有资产出资人身份依法取得国有资本经营收入、安排国有资本支出的专门预算，是政府预算的重要组成部分。实行国有资本经营预算是国有资产监督管理机构履行出资人职责的重要内容，是调整国有经济布局和结构的重要手段，是对国有资本管理和运营进行评价考核的重要依据。

第二是建立企业经营业绩考核指标体系。它是出资人考核国有资产实际运营者的基本依据。它由年度考核与任期考核相结合，结果考核与过程考核相统一，业绩考核与奖惩分配紧密挂钩的考核制度，这是实行国有资产经营目标管理和落实国有资产经营责任制度的重要手段。

第三是建立完善企业经营者的激励和约束机制。采取多种薪酬方式以形成有利于最大限度实现国有资产保值增值目标的激励机制，并根据绩效考核评价结果对企业负责人进行奖惩。强化企业内部约束，在党委统一领导下完善法人治理结构，形成股东大会、董事会、监事会、总经理之间的分权制衡机制和企业内部财务预算硬约束机制，严格实行企业重大决策失误责任追究制度，建立健全企业风险内控机制。

第四是完善国有资产授权经营制度。它是指国有资产出资人将由其行使的部分权力授予其所出资企业中具备条件的国有独资企业或国有独资公司行使。被授权企业对其全资、控股、参股企业中的国有资产依法进行经营、管理和监督，并承担保值增值责任。被授权企业可以是从事生产经营的大公司、大企业集团，也可以是国有资产控股公司、国有资产经营公司、国有资产投资公司和金融资产管理公司等。

第三节　农村基本经营制度与农村改革

一　土地承包与新的基本经营制度的建立

新中国成立以后，我国农村经过农业合作化和人民公社化之后，在20世纪60年代上半叶已经形成了"三级所有、队为基础"的农村集体所有制和集体经营制度。农村耕地、宅基地、林地、大型农机具、库房、场院、手工作坊和小型工业企业等主要生产资料都归集体经济组织所有，生产经营活动主要都采取集中劳动，出工计算工分，按照工分累计计算报酬。这种经营制度忽视了中国农业精耕细作的传统，忽视了家庭劳动与林牧渔业、手工副业结合的传统，忽视了对充分发挥家庭劳动潜力的激励，长久实行造成效率低下，"搭便车"吃大锅饭现象。加上一些农村基层干部蜕化变质，利用手中掌握的集体经济组织的权利，损害群众利益，把集体经济变成了少数人的私有经济。

改革的突破点是从土地承包开始。在 20 世纪 60 年代初期的经济困难时期，我国农村一些地方曾经出现过"包产到户""包产到组"的经营形式，就是把土地和产量承包给农户或小组，并根据承包协议实行分配。农民对这种经营形式并不陌生。一旦获得政策允许，就会如燎原之势在全国推行展开。1980 年 9 月党中央印发《关于进一步加强和完善农业生产责任制的几个问题》，肯定包产到户属于社会主义经济。1982 年 1 月，党中央批转《全国农村工作会议纪要》（即第一个一号文件），明确指出目前实行的各种责任制，包括包产到户、包干到户，都是社会主义集体经济生产责任制。家庭联产承包责任制使农民获得生产和分配自主权，解决了生产管理过分集中，经营方式过分单一的问题，大大激发了广大农民的生产经营积极性。家庭联产承包的核心是承包土地，而承包期成为关键问题，承包期过短，不利于农民做长久经营的打算，相反会造成掠夺性经营的后果。从 1983 年开始，全国农村普遍开始了第一轮土地承包，期限是 15 年；第二轮土地承包从 1997 年开始，期限是 30 年。在土地承包的推动下，集体经济组织的一些其他重要生产资料，如山林、鱼塘、农机、手工作坊和小企业也都实行了承包制。在长时间的承包经营过程中，逐步形成了农村经济新的基本经营制度。

基本经营制度的核心就是家庭与集体双层经营、统分结合。即在坚持土地等主要生产资料集体所有制的前提下，保留某些统一经营的职能；土地分散承包给农户，农户拥有土地承包权和生产经营权。这既坚持了基本生产资料的公有制，保留了一定程度的集体经营的职能，如兴建和管理农田水利设施、统筹协调共同重大生产设施、安排国家和集体用工、推广农业生产技术等，使为集体共同使用的基础设施得到较好利用，为农村集体经济的可持续发展提供了保证。同时，新制度发挥了家庭经营在现阶段农业生产中的特殊适应性，扩大了农户的经营管理自主权，使土地、劳动力和其他生产资源得到更合理利用，还为农民安排农业生产和外出务工提供了自由，为工业化、城镇化提供了劳动力和人口集聚的有利条件。在坚持集中与分散结合的经营制度下，消除了土地兼并和两极分化的弊端，加快了农村经济和城市经济的发展。

二 "三权分置"与深化农村改革

随着社会主义市场经济的不断发展完善，在 1998 年开展的延长土地承包期工作中，按照归属清晰、权能完整、流转顺畅、保护严格的产权制度要求，党中央又部署开展了农村土地集体所有权、农户承包经营权的确权登记颁证，向农民"确实权、颁铁证"，稳定农村土地承包关系并保持长久不变，进一步夯实了制度根基。随着工业化、城镇化深入推进，农村劳动力大量转移进城，到第二、第三产业就业，相当一部分农户将土地流转给他人经营，承包主体与经营主体分离，顺应这样一个发展现代农业的趋势和农户保留承包权，愿意流转经营权的需要，实行集体所有权、农户承包权、土地经营权"三权分置"，势在必行。2013 年 7 月，习近平总书记明确提出，深化农村改革，完善农村基本经营制度，要好好研究农村土地所有权、承包权、经营权三者之间的关系。2016 年 4 月 25 日，习近平总书记在小岗村农村改革座谈会上强调，新形势下深化农村改革，主线仍是处理好农民和土地的关系。这为我国农村土地产权制度改革指明了方向。党的十八届五中全会明确提出，完善土地所有权承包权经营权分置办法，依法推进土地经营权有序流转。同年中央办公厅、国务院办公厅印发了《关于完善农村土地所有权承包权经营权分置办法的意见》，核心要义就是明晰赋予经营权应有的法律地位和权能。是继家庭联产承包责任制后农村又一重大制度改革。

在"三权分置"框架下，农村土地的集体所有权归集体所有，是土地承包权的前提。农户享有的承包经营权在土地流转中又派生出经营权，集体所有权是根本，农户承包权是基础，土地经营权是关键，这三者统一于农村的基本经营制度。这种制度设计是来源于实践的，主要目的是想解决两个问题：第一是通过科学界定三权的内涵、边界以及相互间的关系，来巩固和完善农村的基本经营制度，能够更好地维护、实现农民集体、承包农户以及新型经营主体的权益。第二是通过实行"三权分置"促进土地资源优化配置，土地作为要素要流动起来，培育新型经营主体发展适度的规模经营，推进农业供给侧结构性改革。这样就可以为发展现代农业、增加农民收入提供新的路径和制度保证。

1. "三权分置"的重要意义

第一，它丰富了双层经营体制的内涵。双层经营体制是农村改革开放之后确立的基本制度。从"两权分离"到"三权分置"，从集体所有、农户承包经营到集体所有、农户承包、多元经营，应该说"三权分置"展现了我国农村基本经营制度的持久活力，它是不断往前走、不断发展的，因为它涉及亿万农民的切身利益，是农村的重大改革，重大政策。小规模的一家一户的经营有它的基础性意义，同时也面临着规模小、竞争力不足、现代因素引入不畅等问题，通过这个制度设计，既保持了集体所有权、承包关系的稳定，同时又使土地要素能够流动起来，所以说它使农村基本经营制度保持了新的持久的活力。

第二，开辟了中国特色新型农业现代化的新路径。实行"三权分置"，在保护农户承包权益的基础上，赋予新型经营主体更多的土地经营权，有利于促进土地经营权在更大范围内优化配置，从而提高土地产出率、劳动生产率、资源利用率。这为加快转变农业发展方式，发挥适度规模经营在农业现代化中的引领作用，走出一条"产出高效、产品安全、资源节约、环境友好"的中国特色新型农业现代化道路开辟了新路径。

第三，它还有重要理论意义，丰富了我党的"三农"理论。"三权分置"实现集体、承包农户、新型经营主体对土地权利的共享，有利于促进分工分业，让流出土地经营权的农户增加财产收入，土地承包权是一种用益物权，让新型农业经营主体实现规模收益，所以它是充满智慧的制度安排、内涵丰富的理论创新，具有鲜明的中国特色。"三权分置"体现了中国特色社会主义理论的魅力，是习近平总书记"三农"思想的重要内容，为发展现代农业、实现城乡协调发展、全面建成小康社会提供了新的理论支撑。

2. "三权分置"针对的是农民和土地关系的新变化

随着大量的农业人口转向第二、第三产业，家家包地、户户种田的局面已经发生很大的变化。截至2016年6月，全国2.3亿农户中流转土地的农户超过了7000万户，比例超过30%，东部沿海发达省份农民转移多的地区这一比例更高，超过50%。土地承包权主体同经营权主体分离现象越来越普遍，农业生产者的构成发生了深刻的变化，2.3亿农户还是土地承包者，但是已经将很大一部分承包的土地流转出去，不再从事农业生产。新的农业经营主体有：家庭农场、农民合作社、农业企业，全国已经有270多万，它们不一定拥有土地承包权，但是流入了较大规模的土地搞农业，拥有土地经营权，是真正的农业生产经营者。所以在实行"三权分置"之后需要在坚持农村土地集体所有基础上，处理好传统承包农户和新型经营主体二者的关系。为此《"三权分置"意见》作出了规定，概括起来是两方面：

一是明确严格保护承包权，强调维护好承包农户使用、流转承包地的各项权益，任何组织和个人都不能取代农民家庭的土地承包地位，任何组织和个人都不得强迫或者限制其流转土地。同时根据形势发展需要，又赋予承包农户在抵押担保等方面更充分的土地权能。

二是要求加快放活土地经营权，赋予新的经营主体在流转土地上享有占有、耕作并取得相应收益的权利，稳定经营预期，使其放心投入、培肥地力、完善农业基础设施，这样才能推动现代农业的发展。总之，《"三权分置"意见》把承包农户、新型经营主体双方在承包地上权利厘清了，可以有效地避免和化解流转中产生的纠纷，确保农业的健康发展和农村的社会稳定。

3. 坚持农村土地集体所有是农村改革的一条底线

农村土地属于农民集体所有，这是《宪法》明确规定的，是农村最大最根本的制度，必须长期坚持毫不动摇。农村的土地只有不到10%是国家的，90%都是农民集体的，是以土地集体所有制为主，10%主要是国有农垦企业。土地归农民集体所有，如果从层次来说，大概40%左右的集体土地是村级所有，60%左右是村民小组所有，就是过去的生产队所有。坚持农村土地的集体所有，有利于保证广大农民群众平等享有基本生产资料，是实现共同富裕的一个重要基础。习近平总书记指出，坚持农村土地农民集体所有是坚持农村基本经营制度的"魂"，土地制度无论怎么改，不能把农村土地集体所有制改垮了。这是农村改革的一条底线。目前我国农村集体经济拥有大量的资产，包括资源性资产、经营性资产和非经营性资产。截至2019年年底，仅耕地、草地、林地有65.5亿亩，账面资产6.5万亿元，其中经营性资产3.1万亿元，占47.4%；非经营性资产3.4万亿元，占 52.6%。集体所属全资企业超过 1.1 万家，资产总额 1.1 万亿元。[1]实行"三权分置"是新形势下集体所有制具体实现形式的探索和创新，在"三权分置"过程中，集体所有权必须得到更加充分的体现和保证，不能被虚置。因此，《"三权分置"意见》强调要始终坚持农村集体土地所有权的根本地位。

4. 农户流转土地要依法运行不得强迫

农户的承包权属于用益物权。农户流转土地给经营主体，把经营权转让出去。实行合同管理就是承包农户和流入土地的新经营主体要签订合同。签订合同要按照农村土地承包法的规定来规范运行，农民集体以及政府的农业经营管理部门可以加以指导。这个制度安排可以从法律和政策上，使多方的权益得到保障，特别是承包农户的权益，任何个人和组织不得强迫或者限制他们流转土地，但要按规定备案。农民进城后是否可以依法退出他的承包地。全国一部分县在搞试点，试点涉及的农户也不多。在农民退出承包地的问题上，现在只有少部分农民有这个意愿。进城农民退出承包地，要有足够长的历史过程，要有足够的历史耐心。农村人口多，农民举家进城是少数，多数是年轻人在城市打工，父母、孩子在农村生活。特别是当前经济下行压力大的情况，城市的就业也不那么宽松。农民进城就业，没有足够稳定的时候，还要保留他的承包地，使他进退有据，所以探索也应当是审慎的。

5. 《"三权分置"意见》围绕放活经营权的三方面规定

总的前提是要引导土地规范地流转，没有流转谈不上经营权，没有相对独立的土地经营权也就没有"三权分置"。加快放活土地经营权，优化土地资源配置，是实施"三权分置"的重要目标之一。通过"农地农民有，农地农业用"的制度安排，可以更好地促进规模经营和现代农业发展。截至 2016 年 6 月底，全国承包耕地流转面积达到了 4.6 亿亩，超过承包地的三分之一。在一些沿海地区这一比例已经达到二分之一。现在经营耕地面积 50 亩以上的规模经营农户超过 350 万户。《"三权分置"意见》围绕放活经营权作出相应规定：

---

[1] 农业农村部有关负责人就扎实开展全国农村集体资产清产核资工作相关问题答记者问，农业农村部网站，2020 年 7 月 10 日。

／第六章　社会主义基本经济制度／　147

一是明确了经营权内涵。明确土地经营权人对流转土地依法享有一定期限内的占有、耕作并取得相应收益的权利。强调在保护集体所有权、农户承包权的基础上，平等保护经营主体以流转合同取得土地经营权。

二是明确了经营权的权能。经营主体有权使用流转土地自主从事农业生产经营并获得相应收益，有权在流转合同到期后按照同等条件优先续租承包土地，经过承包农户同意，经营主体可以依法依规，改善土壤、提升地力、建设农业生产附属配套设施。还可以经承包农户同意，向农民集体备案后再流转给其他主体，或者依法依规设定抵押。流转土地被征收时，可以按照合同获得地上的附着物和青苗的补偿费。

三是鼓励创新方式。鼓励采用土地入股、土地托管、代耕代种，通过多种方式来发展适度规模经营，探索更有效的放活经营权的途径。《"三权分置"意见》对经营权内涵、权能以及流转形式都作出了规定。目的就是保证经营权的实现，稳定经营者预期。

三　新型农业经营主体、新型农业合作化和新型集体经济

改革开放伊始，邓小平既充分肯定农村家庭联产承包责任制的创造，指明它适合于我国农业在一个相当长时期的生产力发展水平，同时他又清醒地认识到，作为一家一户的经营方式最终会不适应农业现代化发展的要求。早在1980年他就指出："我们总的方向是发展集体经济。""可以肯定，只要生产发展了，农村的社会分工和商品经济发展了，低水平的集体化就会发展到高水平的集体化，集体经济不巩固的也会巩固起来，关键是发展生产力，要在这方面为集体化的进一步发展创造条件。"邓小平的判断和预言，在此后40多年的农村改革发展中不断得到证实。

首先是在农业产业化经营中大量涌现新型农业经营主体。在实行家庭联产承包责任制后，随着农村大规模商品生产的发展，以市场需求为导向、通过各种类型龙头组织的带动，将农业产前、产中、产后各环节用利益机制联结成一体化经营的新型农业经营主体不断增加，例如"公司＋农户""专业市场＋基地农户""中介组织＋企业＋农户""合作经济组织＋基地农户""开发集团＋基地农户"，等等。这类新型农业经营主体，是一种跨产业的专业分工与合作经济的组织形式，它既有农民之间的合作，也有农民与各种所有制经济的合作。根据《农民日报》社组织的调查，截至

2020 年年底，全国经县级以上农业产业化主管部门认定的龙头企业超过 9 万家，其中国家重点龙头企业 1547 家，省级以上近 1.8 万家，市级以上近 6 万家，培育农业产业化联合体 7000 多个，初步形成国家、省、市、县四级联动的乡村产业"新雁阵"。Wind 数据库显示，2020 年全国 148 家农业上市公司营业收入总额为 4123.79 亿元，同比增长 25.42%。在新冠疫情影响下，农业企业实现逆势增长，抵御风险能力不断提升，整体呈现出蓬勃发展的态势。2021 年 10 月，农业农村部印发《关于促进农业产业化龙头企业做大做强的意见》，提出到 2025 年年末培育农业产业化国家重点龙头企业超过 2000 家、国家级农业产业化重点联合体超过 500 个的总体发展目标。[1]

其次是新型农业合作化呈现发展新趋势。为了扩大商品生产，农民组织自发各种非粮食生产的专业合作社应运而生。2007 年颁布的《中华人民共和国农民专业合作社法》，指出这是一种自愿联合、民主管理的互助性经济组织。2018 年 9 月，习近平总书记在主持中央政治局集体学习时指出"要突出抓好农民合作社和家庭农场两类农业经营主体发展，赋予双层经营体制新的内涵，不断提高农业经营效率"。[2] 据农业农村部网站消息，截至 2020 年 5 月底，全国依法登记的农民合作社达到 222.5 万家，辐射全国近一半农户，联合社超过 1 万家，其中河南省农民合作社达到 19 万家、位居全国第二。[3] 2020 年 7 月 22 日下午，正在吉林考察调研的习近平总书记来到四平市梨树县卢伟农机农民专业合作社，同社员们亲切交流。习近平总书记说："今天到这儿，主要来看农业合作社。这件事情，对咱们国家来讲也是非常有意义的事情。你们走出了一条符合省情、县情的农业合作化道路。土地平缓，适于机械化操作，黑土地得天独厚。在这个基础上整个农业的提高，科技水平的提高，农民素质的提高，在你们这都体现出来了，这个很好。走好农业合作化的道路，我们要总结经验，在全国

——————

① 农民日报社《新型农业经营主体发展研究》课题组：《2021 中国新型农业经营主体发展分析报告——基于中国农业企业的调查》，《农民日报》2021 年 12 月 17 日。

② 《习近平在中共中央政治局第八次集体学习时强调，把乡村振兴战略作为新时代"三农"工作总抓手：促进农业全面升级农村全面进步农民全面发展》，《人民日报》2018 年 9 月 23 日。

③ 农业农村部网站，2020 年 9 月 3 日。

/ 第六章 社会主义基本经济制度 / 149

不同的地区实施不同的农业合作化道路。"①

最后是新型集体经济正在不同生产经营领域发育起来。实行家庭联产承包责任制后，单个农户的家庭经营需要在产前、产中、产后得到专业技术的服务，在这个需求牵引下，农业社会化服务体系不断发展壮大起来，它是新型农业专业合作组织和新型集体经济发展的基本原因。农业社会化服务的形式主要有：村级集体经济组织开展的统一机耕、排灌、植保、收割、运输等内容的服务经营；乡级农技站、农机站、水利（水保）站、林业站、畜牧兽医站、水产站、经营管理站和气象服务网等提供的，以良种供应、技术推广、气象信息和科学管理为重点的服务；供销合作社和商业、物资、外贸、金融等部门开展的，以供应生产生活资料、收购、加工、运销、出口，以及融资、保险为重点的服务。大量社会化服务的需求催生了农村专业合作化和新型集体经济的发展。

集体经济作为社会主义公有制经济的重要组成部分，是全面推进乡村振兴的重要议题。2018 年习近平总书记就强调："坚持农村土地集体所有制性质，发展新型集体经济，走共同富裕道路。"② 2021 年中央一号文件提出，要基本完成农村集体产权制度改革阶段性任务，发展壮大新型农村集体经济。所谓新型农村集体经济，是指在农村地域范围内，以农民为主体，相关利益方通过联合与合作，形成的具有明晰的产权关系、清晰的成员边界、合理的治理机制和利益分享机制，实行平等协商、民主管理、利益共享的经济形态。农村集体经济的实现形式并不是唯一的，改革开放以前那种共有产权、共同劳动和共同收益的村级集体所有制经济，只是集体经济的原型和一种组织形态。把它与改革开放之后的新型农村集体经济混淆，是一种误解。新型农村集体经济不仅包括改造后的农村集体所有制经济，也包括基于私有产权形成的合作制和股份合作制经济，以及公有产权和私有产权联合的混合型集体经济。在新的发展阶段，在城乡融合发展的背景下，新型农村集体经济的最主要特征是，各种生产要素的联合并不局限于农民（劳动者），外来的城市资本、技术、管理等要素已经成为新型

① 习近平：《一定要采取有效措施保护好黑土地》，《人民日报》2020 年 7 月 23 日。

② 《习近平在中共中央政治局第八次集体学习时强调，把乡村振兴战略作为新时代"三农"工作总抓手：促进农业全面升级农村全面进步农民全面发展》，《人民日报》2018 年 9 月 23 日。

农村集体经济的重要组成部分。在北京、浙江等地，已经出现农村集体经济组织将土地等资源性资产和房屋、设备等经营性资产作为出资，城市工商企业投入资金、技术等，共同发展农村混合所有制经济的实践案例。这种新型农村集体经济，是对传统农村集体经济的全面改造和升级。

发展壮大新型农村集体经济，前提是明确清晰产权关系，并且资产权益可以流转。为此要进一步深化农村集体产权制度改革，需要明晰产权主体、产权范围，核心在完善农村集体资产股份权能。其中，关键又在于加快探索农村集体资产权益流转模式。在市场经济体制下，只有集体资产股份自由流转，才能显示它们作为生产要素的潜在市场价值。否则，集体资产价值就会大打折扣，农村集体经济也就是一潭死水，很难"活"起来。

发展壮大新型农村集体经济，基础是提升农村集体经济组织市场主体能力，赋予农村集体经济组织特别法人资格，为新型农村集体经济组织成为市场主体奠定法律基础。要加快推动赋予农村集体经济组织特别法人资格政策落地，加快配套政策调整，推进农村集体经济组织法人化改造，使其成为真正的现代市场竞争主体。同时，发展壮大新型农村集体经济，必须厘清集体经济组织与基层政府、农村党组织和村民自治组织的关系，推动集体经济组织集体资产运营功能的实现，并纳入政府政策支持框架体系和监管体系，强化发展保障和规范监管。

发展壮大新型农村集体经济，关键是要有企业家型的人才掌舵。应结合乡村人才振兴工作，加强农村集体经济组织带头人的引进和培养，切实提升带头人能力素质，鼓励有条件的地区聘请职业经理人充实带头人队伍。同时，加强新型农村集体经济组织管理人才队伍建设，培养造就一批熟悉市场经济规则、有专业经营管理能力的人才队伍，为新型农村集体经济发展注入新鲜"血液"。

发展壮大新型农村集体经济，前景是有序发展农村混合所有制经济。农村混合所有制经济是农村集体经济的重要实现形式之一，它虽然是一个新生事物，但已经展现了未来光明的前景。党的二十大报告指出，"巩固和完善农村基本经营制度，发展新型农村集体经济，发展新型农业经营主体和社会化服务，发展农业适度规模经营。深化农村土地制度改革，赋予农民更加充分的财产权益。保障进城落户农民合法土地权益，鼓励依法自

/ 第六章 社会主义基本经济制度 / 151

愿有偿转让"。① 因此，要结合农村集体产权制度改革，明确可以进行混合所有制改革的农村集体资产范围，选择有条件的地区开展试点，逐步破除体制机制障碍，完善配套支持政策，健全经营风险防范机制和监管机制，在促进农村混合所有制经济健康有序发展中实现新型集体经济的发展壮大。

第四节　社会主义初级阶段的分配制度

一　国民收入核算与分配

（一）国民收入核算的概念

我国社会主义初级阶段的分配包括国民收入分配和个人收入分配。国民收入是国民总收入（GNI）和国民净收入（NNI）的统称。1993 年后我国采用这个国民经济核算体系，它依据联合国通用的"国民账户体系"（SNA），为世界各国通用。与 1992 年以前采用的核算方式——"物质产品平衡表体系"（MPS）不同，新核算体系既包括物质生产，也包括非物质生产。国民总收入是一个经济体在一定时期内所有注册法人和居民获得的收入的总和，国民净收入是指国民总收入扣除同期固定资产折旧（或固定资本消耗）之后的净额。

国民总收入等于国内生产总值加上来自国外的净要素收入。国内生产总值（GDP）是一个经济体在一定时期内所有注册法人和居民参与生产和服务劳动所创造的增加值的和；来自国外的净要素收入是指该经济体注册法人和居民从国外的经济活动中扣除成本后获得的要素收入。一般来说，国民总收入与国内生产总值相差不多，但发达国家由于在海外有大量对外金融净投资，其国民总收入往往大于其国内生产总值，而发展中国家的国民总收入往往小于其国内生产总值。

国内生产总值是国民总收入的主体，它有三种表现形态：价值形态、收入形态和产品形态。从价值形态上看，它是一个经济体一定时期所有生产和服务劳动的增加值之和，即全部 C + V + M 的价值总量减去"C"（不包括固定资产折旧）之后的净值；从收入形态上看，它是一个经济体在一

---

① 《中国共产党第二十次全国代表大会文件汇编》，人民出版社 2022 年版，第 26 页。

定时期内所有货物和服务产品的增加值分配到所有法人和居民的收入之和，具体分为工资、固定资产折旧、税收、银行利息、营业盈余等。从产品形态看，它是一个经济体一定时期内最终使用的货物与服务的价值（包括最终消费和资本形成总额），再加上货物和服务净出口的价值之和。与这三种形态相对应，理论上国内生产总值有三种计算方法：生产法、收入法和支出法。采用三种计算方法分析这三种形态可以从不同侧面了解国内生产总值的形成、分配和使用情况。

需要说明，国民收入核算包含物质生产和非物质生产，它所表示的"生产活动"概念与马克思主义劳动价值论中的"生产劳动"概念是不同的。马克思的劳动价值论中的"生产劳动"是与价值创造相联系的概念。物质生产劳动是价值和剩余价值的源泉，在马克思的时代是这样，即便随着资本主义经济的发展和文明的发展，附属于商品生产和流通的服务劳动日益增加，为了提高劳动力再生产水平的服务劳动也不断增加，从中产生的价值分配的量也不断增加，但都没有改变物质生产劳动是创造价值和剩余价值的本质规定性。国民收入核算中反映的生产和服务劳动的收入，实际上是市场经济运行中的货币交易量，不过是价值分配的结果，而不是价值创造的结果。借助国民收入核算，可以观察国民经济运行总体状况、投资消费结构、产业结构和收入分配结构，从而为国家进行宏观调控，制定财政、金融、产业、收入分配、对外经济等各项政策，以及国民经济年度计划和中长期规划提供重要依据。

（二）国民收入的初次分配、再分配和三次分配

国民总收入的初次分配在政府、企业、居民三大主体之中进行。政府收入主要包括：税收净额（减去生产补贴、价格和其他政策性补贴）如增值税、营业税、所得税、货物税等；政府对企业使用某些生产要素（如固定资产、土地、劳动力）所征收的各种税、附加费用和规费（如国有资本上缴的利润、国有土地有偿使用费）；行政事业单位预算外收入，即行政事业单位向社会提供的非政府服务所获得的收入。企业收入主要包括固定资产折旧和营业盈余。固定资产折旧是指企业在生产服务过程中所损耗和转移的固定资产价值。营业盈余是企业在生产服务过程中所形成的增加值扣除固定资产折旧、税收、利息和工资之后的余额。居民收入主要包括：劳动报酬，如工资、奖金、津贴、补贴、公费医疗和医药卫生费、单位支

付的社会保险费等；非劳动收入，如资本收入（利息、红利）、技术收入（知识产权所得）、房地产收入（房租）等。

国民收入的再分配是指国民总收入在经过初次分配而形成原始收入的基础上，通过各种经常转移而形成可支配收入的过程。国民收入再分配的必要性，在马克思所写的《哥达纲领批判》中已经有科学的分析，在生产资料公有制条件下，社会总产品分配所应遵循的顺序及其分配原则，即社会总产品对社会成员进行分配时，必须根据社会再生产和社会公共消费的需要，依次进行一系列扣除，他说的"六项扣除"都与国民收入再分配有关。而且，在社会主义市场经济条件下，国民收入分配也是政府对市场机制的完善和补充。

国家财政收支中的经常转移是实行国民收入再分配的主要手段，主要是：（1）所得税、财产税等经常税。包括个人所得税、企业所得税、资本收益税等，它是政府提供公共服务的重要收入来源。（2）社会保障缴款。这是指居民个人为保证在未来某个时期能够获取社会保险金，而向政府缴纳的保费。（3）社会保险福利。这是指社会保险计划向投保人支付的保险金，如养老金、失业金等。（4）社会救济福利。这是指通过社会福利计划向符合条件的居民个人作出的支付，如居民个人从政府或有关机构领取的各种困难补助、救济金和助学金等。（5）其他经常转移。这是除上述各项之外的财政收支，如政府部门内部的转移、各国政府间的转移，政府向国际组织缴纳的会费、博彩以及赔偿等。

国民收入初次分配与再分配相互联系，但又相互区别。初次分配是再分配的出发点，分别形成原始收入和可支配收入。两者的区别有两点：第一，初次分配所涉及的收支活动，大多与生产要素的提供相对应，而再分配通常并不直接与生产要素的提供相对应。第二，初次分配属于交换性分配，追求价值量对等；而再分配属于转移性分配，并不追求价值量对等，没有规定的数量关系。例如，居民缴纳的所得税与享受公共服务之间没有必然的数量关系，因此所得税属于国民收入再分配范畴。又如，社会保险福利的获得虽然以社会保障缴款为前提，但社会保险金的支付因人而异，且具有不确定性，两者之间也没有必然的数量关系，因此社会保障缴款也属于再分配的范畴。

由于国民收入初次分配中不同经济主体的收入多少与生产要素占有的

状况、行业资源配置等各种生产条件密切相关，尤其是非劳动生产要素参与分配，在个人拥有非劳动生产要素的差别扩大、财产性收入不断增加的情况下，初次分配的结果有可能产生较大的收入差距，甚至出现分配的不公平现象。这就要求初次分配既要注重效率，也要重视公平；再分配更要注重公平，要提高劳动报酬在初次分配中的比重，逐步实现共同富裕。第三次分配是指通过自愿捐赠等公益慈善事业的方式进行社会救济和社会互助，有利于改善分配结构，是对初次分配、再分配的有益补充。第三次分配基于社会成员自觉自愿的行动，国家税收政策可以给予适当鼓励，但不带任何强制性。随着社会财富积累的规模越来越大，全社会尤其是富裕群体更有能力和意愿为社会公益慈善事业做出贡献，第三次分配对促进共同富裕也将发挥更大作用。

（三）投资和消费关系反映国民收入分配

国民可支配总收入按其最终使用，分为最终消费支出和总储蓄，总储蓄又分为资本形成总额和对外经常项目差额。在考察国民总收入的最终使用时，为了简化复杂的初次分配和再分配过程，往往直接分析国内生产总值的最终使用，即从产品形态或支出法角度对国内生产总值进行分析，其最终使用分为三部分：最终消费支出，资本形成总额，货物和服务净出口。

最终消费支出是全社会的消费支出，其占支出法国内生产总值的比重称为最终消费率（或简称消费率）。在最终消费中，政府的消费支出是指政府部门为全社会提供的公共服务的消费支出，以及免费或以较低价格向居民提供的货物和服务的净支出。资本形成总额是指一定时期全社会获得的固定资产减去处置的固定资产的净额，以及存货的净额。固定资本形成总额和存货增加在支出法国内生产总值中的比重，称为资本形成率（或投资率）。货物和服务净出口是指货物和服务出口减去货物和服务进口的差额。

资本形成总额和最终消费支出的比例关系，或简称投资和消费的比例关系是国民经济发展中一个重要的需求结构问题，它既反映经济发展阶段和发展战略的特点，也反映国民收入分配的状况。从理论上说，在社会主义条件下，投资和消费在人民利益的根本目上是一致的，但在实践上二者也常有矛盾。在一定时期内，国内生产总值是一个定量，在不考虑对外投资或利用外资的情况下，用于投资和消费的两部分此消彼长。若投资过多，消费减少，会直接影响人民群众的生活，还会造成产能过剩，影响经济增长。若消费过多，投资减少，则会影响经济发展的后劲，最终也会影响消费的提高。因此二者应当保持适当比例，相互促进和相互协调。新中国成立以来，曾经在一段时期内存在投资率偏高、消费率偏低的现象。它反映三方面的现实：（1）一些发展中国家为了加快民族经济发展，特别是为了加快本国工业化，需要在短期内迅速积累资本，因此在国民收入分配中重投资、轻消费。（2）工业化和城镇化的快速发展推动投资率提高，各国工业化和城市化的进程表明，第二产业特别是重化工业的增加值在国内生产总值中的比重在这一进程中会持续上升或处于较高水平，由于工业的资本密集度高，其投资强度要远大于第一产业和第三产业。（3）它反映了城乡低收入群众的收入提高相对缓慢，居民收入在国民收入分配中的比重、劳动报酬在初次分配中的比重处于下降状态，收入差距扩大趋势尚未根本扭转，社会保障体系还不健全。由此得知，要坚持扩大内需，特别是扩大居民消费需求，必须调整积累与消费的比例关系，促进经济增长由主要依靠投资、出口拉动向消费、投资、出口协调拉动转变。

二 按劳分配为主体、多种分配方式并存

（一）按劳分配是社会主义社会的分配原则

马克思设想在社会主义阶段的分配原则是"按劳分配"。它指的是社会总产品在作出必要的扣除后，这些扣除既包括对消耗掉的生产资料的补偿的部分，也包括应付各种社会风险的保障基金，以及一般管理费用等，剩余部分按照社会成员提供的劳动量来进行分配。这种分配方式是由生产关系决定的，一方面，在已经实现生产资料共同所有后，社会成员"除了自己的劳动，谁都不能提供其他任何东西，另一方面，除了个人的消费资料，没有任何东西可以转为个人的财产"。① 因此，只能按照每个社会成员提供的劳动进行分配。

按劳分配承认人们之间在收入上的差距，这种差距的来源虽然也是"一种不平等的权利"，但主要是每个劳动者不同的工作能力的差距以及不

---

① 马克思：《哥达纲领批判》，人民出版社 2018 年版，第 14 页。

同的劳动者的家庭负担的差距，而不是像资本主义社会中因为生产资料占有的差异而产生的"阶级差异和对立"。"但是这些弊病，在经过长久阵痛刚刚从资本主义社会产生出来的共产主义社会第一阶段，是不可避免的。"① 按照马克思的说法，"权利绝不能超出社会的经济结构以及由经济结构所制约的社会的文化发展"。② 无疑，按劳分配并不是共产主义社会最"理想的"的分配方式，因为"这里通行的是商品等价物的交换中也通行的同一原则，即一种形式的一定量的劳动同另一种形式的同量劳动相交换"，"在这里平等的权利按照原则仍然是资产阶级的法权"。③ 而之所以如此，其根本原因就在于生产力发展的水平还没有达到"极大丰富"，一旦社会生产力高度发达，物质产品极大丰富，人们的共产主义觉悟达到一定高度，"只有在那个时候，才能完全超出资产阶级权利的狭隘眼界，社会才能在自己的旗帜上写上：各尽所能、按需分配"。④

新中国成立后，毛泽东对社会主义分配的基本倾向是不注重物质激励的，他一方面承认按劳分配，另一方面反对物质刺激，他认为："物质利益是一个重要原则，但不是唯一的原则，更不能当做决定行动力"，"'彻底实行按劳分配'，带来个人主义危险"。⑤ 今天我们客观地总结历史，为什么毛泽东等第一代党的领导人在这个问题上有一定片面性，应当说有客观、主观两方面的原因。客观的原因是，世界形势处于冷战时期，存在战争威胁的严峻性；国情是人口多、底子薄，又需要快速工业化，不得不降低人民群众对生活水平提高的预期；特别在苏联断绝对我国的援助后，我们只能一切靠自力更生，艰苦奋斗，兼顾国家发展和人民生活经常处于两难境地。主观原因是，毛泽东领导中国共产党 28 年武装斗争的历史，最终的胜利主要依靠群众的力量和精神的力量，以弱胜强、以小米加步枪战胜飞机大炮。这使毛泽东等党的领导过于相信精神的反作用力量，忽视物质的第一性、基础性作用，而且不恰当地、过度地把军队这种高度组织

---

① 马克思：《哥达纲领批判》，人民出版社 2018 年版，第 16 页。
② 马克思：《哥达纲领批判》，人民出版社 2018 年版，第 16 页。
③ 马克思：《哥达纲领批判》，人民出版社 2018 年版，第 15 页。
④ 马克思：《哥达纲领批判》，人民出版社 2018 年版，第 16 页。
⑤ 中华人民共和国国史学会编：《毛泽东读社会主义政治经济学批注和谈话》（简本），2000 年版，第 280、281、285 页。

／ 第六章　社会主义基本经济制度 ／　157

化、职业化群体、把在战争中生死存亡危险境地下的精神力量作用照搬到和平建设中的普通百姓的日常生产和生活中来，因此不可能被广大人民群众长时期接受，这种精神力量的反作用自然难以达到好的效果。但这并不意味着今天我们的和平建设，不要讲也不需要这种精神，我们今天所进行的伟大事业和伟大斗争，既要讲"获得感"，也要讲奉献精神。

1975 年在邓小平主持国民经济整顿中，就提出要坚持按劳分配原则；改革开放后，邓小平仍然十分注重贯彻按劳分配原则，1978 年国务院政治研究室起草了《贯彻执行按劳分配的社会主义原则》，邓小平认为："写得好，说明了按劳分配的性质是社会主义的，不是资本主义的"，并强调，"按劳分配就是按劳动的数量和质量进行分配。根据这个原则，评定职工工资级别时，主要看他的劳动好坏、技术高低、贡献大小"，对于政治态度，"也要看"，但"处理分配问题如果主要不是看劳动，而是看政治，那就不是按劳分配，而是按政分配了"，"总之，只能是按劳，不能是按政，也不能是按资格"。[①] 1984 年党的十二届三中全会《中共中央关于经济体制改革的决定》指出："按劳分配的社会主义原则将得到进一步的贯彻落实。这方面已经采取的一个重大步骤，就是企业职工工资由企业根据经营状况自行决定。——充分体现多劳所得，少劳少得。"[②] 邓小平在强调按劳分配和物质利益的同时，也反对一切向钱看，他说："我们提倡按劳分配，承认物质利益，是要为全体人民的物质利益奋斗。每个人都应该有他一定的物质利益，但是这决不是提倡各人抛开国家、集体和别人都向'钱'看，要是那样，社会主义和资本主义还有什么区别？"[③] 在社会主义分配原则上，邓小平坚持了物质与精神相互关系的辩证唯物主义，也坚持了毛泽东思想的正确内容。

党的十八大以后，习近平总书记提出的共享发展理念和不断强调共同富裕，对于进一步落实按劳分配产生了重大影响。党的十九届四中全会通过的《中共中央关于坚持和完善中国特色社会主义制度、推进国家治理体系和治理能力现代化若干重大问题的决定》强调，"坚持多劳多得，增加

---

①　《邓小平文选》第 2 卷，人民出版社 1994 年版，第 101 页。

②　中共中央十二届三中全会：《中共中央关于经济体制改革的决定》，《人民日报》1984 年10 月 21 日。

③　《邓小平文选》第 2 卷，人民出版社 1994 年版，第 337 页。

劳动者特别是一线劳动者劳动报酬，提高劳动报酬在初次分配中的比重"。可以说这是对按劳分配原则的一个实质性的注解。我国劳动报酬在初次分配中的比重不仅低于发达国家，甚至也低于一些发展中国家。在坚持扩大内需的经济发展方针中，提高消费比重成为当务之急，而增加劳动者报酬则是一个最为根本的重要措施。与此同时，提高劳动报酬在初次分配中的比重，也是扩大中等收入群体、缩小城乡区域居民收入差距的一个有力的手段。

（二）按劳分配在社会主义市场经济下的特点

在社会主义初级阶段，按劳分配的实现过程与马克思的设想有很大不同，马克思设想的公有制和按劳分配是以消灭商品货币和市场机制为前提的，个人劳动从一开始就直接成为社会劳动中的一部分，但在社会主义阶段，由于存在商品货币关系，按劳分配只能经过市场机制和价值关系的曲折形式来实现个人劳动向社会总劳动的转化。因此它必然呈现以下特点。

第一，按劳分配还不能直接以每个劳动者的劳动时间为尺度，只能以社会承认的商品价值量所还原的劳动量为尺度。在市场经济条件下，劳动者提供的劳动不是直接社会劳动，而是个别劳动，只有企业的总劳动产品在市场上实现，企业内劳动者的劳动才得到社会的承认，个别劳动转变为社会劳动，实现其价值，才有可能进行按劳分配。

第二，按劳分配主要采取货币工资形式实现。在改革开放之前，农村集体所有制内部，曾经通过劳动的直接计量来进行实物分配，但在城市一直都是通过商品货币来实现分配。劳动者的劳动报酬一般由工资、奖金和津贴构成。工资是按劳分配实现的主要形式，奖金和津贴则都是辅助形式；奖金更多的是体现对劳动者超额劳动的报酬。

第三，劳动者收入与企业的经营状况相关联。在社会主义初级阶段，企业是自主经营的生产者和经营者，不同企业拥有的生产要素不同，各个企业经营状况不同，因此，劳动者的收入不仅取决于自己的劳动贡献，还取决于企业的生产经营状况，在企业经营状况存在差别的情况下，不同企业劳动者的劳动收入水平存在着一定差距。

第四，劳动者收入与行业的要素密集度相关联。按劳分配承认差别，不仅在于劳动者个人的能力、天赋以及家庭状况的差别以及不同企业生产经营状况的差别，还在于实际存在的生产领域的差别。这是因为，作为分配尺度的劳动，不是劳动者个别支出的劳动，而是劳动者在平均熟练程度和平均劳动强度下生产单位使用价值所耗费的社会平均活劳动。复杂劳动多倍于简单劳动。要素的密集度不仅在同一企业中不同劳动者个人身上会体现，而且更多地在不同行业中体现，例如资本技术密集的行业，具有创造复杂劳动的更多优势，这不仅造成同一企业内部不同劳动岗位的差别，还造成不同行业的差别。拥有更多要素密集的劳动者个人和行业，劳动者的收入报酬会明显多于其他个人和行业。

（三）多种分配方式并存也是社会主义的分配原则

改革开放以前，我国经济理论把按劳分配当作社会主义分配的唯一原则，不承认按生存要素分配的合理性。这种认识主要原因是对我国处于并将长期处于社会主义初级阶段的基本国情认识不足，没有充分认识生产关系、分配制度必须与生产力发展水平相适应的规律。1997 年党的十五大报告在总结经济体制改革经验的基础上提出，"把按劳分配和按生产要素分配结合起来，——允许和鼓励资本、技术等生产要素参与收益分配"。[1] 2002 年党的十六大报告再次指出："确立劳动、资本、技术和管理等生产要素按贡献参与分配的原则，完善按劳分配为主体，多种分配方式并存的分配制度。"[2] 党的十九届四中全会《中共中央关于坚持和完善中国特色社会主义制度　推进国家治理体系和治理能力现代化若干重大问题的决定》把"按劳分配为主体、多种分配方式并存"作为基本经济制度的重要内涵之一。强调，"健全劳动、资本、土地、知识、技术、管理、数据等生产要素由市场评价贡献、按贡献决定报酬的机制"。[3] 劳动、资本、土地，作为传统的生产三要素，随着人类文明的发展，特别是随着生产方式的演进，已经不能涵盖生产要素的内涵。知识、技术、管理诸要素可以笼统地算作劳动的范畴，但"数据"作为生产要素的一分子，是随着信息化在工业革命中地位的上升而逐渐凸显其重要作用的。特别是随着物联网、互联网革命性的发展，"数据"作为信息的携带者，其生产力作用愈加显著，也必然会在生产分配中有自己的一席之地。

---

① 《江泽民文选》第 2 卷，人民出版社 2006 年版，第 22 页。

② 《江泽民文选》第 3 卷，人民出版社 2006 年版，第 550 页。

③ 2019 年 10 月 31 日中国共产党第十九届中央委员会第四次全体会议通过《关于坚持和完善中国特色社会主义制度　推进国家治理体系和治理能力现代化若干重大问题的决定》，《人民日报》2019 年 11 月 6 日。

160　／中国特色社会主义政治经济学／

　　按劳分配为主体，多种分配方式并存的分配制度是由公有制为主体、多种所有制经济共同发展的最基础性的制度决定的，它体现了要素所有权在经济上实现的排他性和必然性。而且，社会主义市场经济中不同经济主体在产权关系上的独立性，决定了各种生产条件或生产要素无论归谁所有，都要通过市场进行配置。各个经济主体无论生产资料的所有制性质是否相同，都是平等竞争的市场主体，都要按照统一的市场规则参与生产经营活动，因此也必须遵循统一的规则对资源进行配置，包括根据生产要素的贡献进行市场评价。这种市场评价只能通过生产成果的分配来反映。通过这种分配方式反映的市场评价，可以准确反映资源的稀缺状况，是实现资源配置优化的依据。无论何种生产要素，资本、土地、技术、管理、数据，在生产经营中都不可或缺，但都相对有限，合理配置这些资源的基本手段，就是通过市场使它们成为有偿使用的资源，并在使用中获得应有的回报。实践证明，社会主义经济实行按劳分配为主体、多种分配方式并存的制度，有利于让一切劳动、知识、技术、管理、数据和资本的活力竞相迸发，有利于让一切创造社会财富的源泉充分涌流，有利于维护广大人民群众的切身利益和调动他们的创造性和积极性。

三　社会主义初级阶段的社会保障制度

　　社会保障制度主要是人类社会进入工业化文明之后的产物，由于社会分工的发展，社会日益承担起应对自然风险、经济风险和劳动力再生产过程中各种问题的责任；同时，社会财富的增加也为社会建立保障制度提供了必要的条件。资本主义国家的社会保障制度既是资产阶级"文明"的遮羞布，也是人类文明进步的必然表现。新中国成立后，相继建立了初步的社会保障制度，如农村的合作医疗、"五保户"，城镇职工的公费医疗、工伤事故救助，以及退休养老制度等。毛泽东还批评不重视社会保障事业的观点："社会主义社会，不搞社会集体福利事业还成什么社会主义？"[1] 党的十七大正式把建设社会主义初级阶段的社会保障制度列为党和国家的目标任务，提出："加快建立覆盖城乡居民的社会保障体系，保障人民基本

──────────

　　[1]《毛泽东读社会主义政治经济学批注和谈话》，中华人民共和国国史学会出版社 1998 年版，第 475 页。

生活。"[1] 为此，要求逐步建立以社会保险、社会救助、社会福利为基础，以基本养老、基本医疗、最低生活保障制度为重点，以慈善事业、商业保险为补充的社会保障体系。进入 21 世纪后，我国建立健全社会保障制度的紧迫性日益显现。

首先，它关乎亿万人民群众的基本权益和日常生活，关系他们能否安居乐业、老有所养、病有所医等基本生活保障。其次，它是我国经济结构战略性调整的迫切要求。这种战略性调整会引起较大规模职工的岗位转换，引起结构性失业和就业竞争加剧，能否建立健全失业保险制度，城市居民最低生活保障制度，不仅关系社会安定，也关系国民经济结构战略性调整能否顺利实现。再次，它是应对人口老龄化的迫切需要。21 世纪前10 年，我国 60 岁以上的人口已经达到 1.26 亿人，65 岁以上人口达到8600 万人，分别占总人口的 10% 和 7%。按照国际标准，我国已进入老龄化社会，到 21 世纪 30 年代，我国将达到老龄化高峰时期，这对我国加速建立健全社会保障制度提出了严峻任务。最后，它是增强我国企业竞争力的迫切需要。在我国原有的社会保障体系中，企业职工的社会保障费用是由企业负担的，这样实际上成为"企业保障"，这既加重了国有企业的负担，也造成新老企业苦乐不均，不利于企业之间的公平竞争。建立健全社会保障制度，把"企业保障"变成真正的社会保障，使企业摆脱职工养老、医疗、失业等社会负担，有利于劳动力合理流动，有利于推行现代企业制度，转变企业经营机制。

截至 2020 年，我国社会保障制度框架已基本形成，并将不断健全和完善。这个框架主要包括：（1）社会保险。这是社会保障的核心部分。主要有养老、失业、医疗、工伤和生育五项保险。（2）社会救助。政府通过国民收入再分配，对因自然灾害或其他经济社会原因无法维持最低生活水平的公民给予无偿帮助，完善医疗、就业、教育、住房、司法等专项救助制度。（3）社会福利。这是指政府和社会向老人、残疾人、儿童等生活能力较弱的群体，提供必要的社会服务政策和服务措施，以提高他们的生活水平和自立能力。（4）慈善事业。这是指政府通过税收优惠政策，支持和

---

① 胡锦涛：《高举中国特色社会主义伟大旗帜为夺取全面建设小康社会新胜利而奋斗——在中国共产党第十七次全国代表大会上的报告》，人民出版社 2017 年版，第 39 页。

鼓励社会团体、社会成员进行慈善捐赠和社会互助。慈善事业的发展主要靠政府支持，社会兴办和公众参与。（5）商业保险，它是投保人通过自愿投保来满足更高层次和多样化的保障需求。（6）住房保障，是指政府为了解决低收入家庭住房困难而向他们提供保障性住房。（7）优抚安置，是国家为烈士家属、复员退伍军人、现役军人及其家属设置的一种特殊政策待遇，主要包括扶持生产、群众优待、国家抚恤等，具有褒扬性、补偿性和优特性等特征。

第五节　社会主义市场经济体制

一　对社会主义市场经济的认识深化过程

新中国成立后，由于缺乏社会主义建设的实践经验，主要参照苏联实行了高度集中的计划经济体制，但很快发现，这种体制有不少弊病，不利于调动各方面积极性，不利于生产力发展，毛泽东对此也多有批评，多次尝试进行调整。他指出：社会主义需要有一个发展商品生产的阶段，必须肯定社会主义商品生产和商品交换的积极作用。[①] 还说："商品生产，要看它是同什么经济制度相联系，同资本主义制度相联系就是资本主义的商品生产，同社会主义制度相联系就是社会主义的商品生产。"[②] 这一论述阐明了商品经济并不就是资本主义，可以为社会主义所用。他进一步明确提出："现在要利用商品生产、商品交换和价值法则，作为有用的工具，为社会主义服务。"[③] 这一看法不仅突破了把商品生产和社会主义对立起来的传统观念，而且开始克服了把商品经济和计划经济对立起来的局限性。这与党的十二届三中全会提出的"有计划商品经济"论断是一致的。但由于各种原因，他的正确认识没有得到坚持和贯彻，计划经济体制也没有得到实质性改革，相反在多数时间内对市场经济基本是排斥的。在"文化大革命"期间，市场调节机制甚至被看作资本主义特征也被彻底否定。

---

① 《毛泽东文集》第 7 卷，人民出版社 1999 年版，第 436 页。
② 《毛泽东文集》第 7 卷，人民出版社 1999 年版，第 439 页。
③ 《毛泽东文集》第 7 卷，人民出版社 1999 年版，第 435 页。

／第六章　社会主义基本经济制度／　163

　　1979 年在解放思想的大潮中，邓小平指出："说市场经济只存在于资本主义社会，只有资本主义的市场经济，这肯定是不正确的。社会主义为什么不可以搞市场经济，这个不能说是资本主义。我们是计划经济为主，也结合市场经济，但这是社会主义的市场经济。"[1] 到 1992 年，他进一步说："计划多一点还是市场多一点，不是社会主义与资本主义的本质区别。计划经济不等于社会主义，资本主义也有计划；市场经济不等于资本主义，社会主义也有市场。计划和市场都是经济手段。"[2] 这些精辟论述，打破了计划经济和市场经济作为社会基本制度区别的思想束缚，为形成社会主义市场经济理论奠定了政治思想基础。1992 年 6 月，江泽民在中央党校省部级干部进修班上的讲话第一次使用了"社会主义市场经济体制"的概念。[3] 同年党的十四大明确了建立社会主义市场经济体制的改革目标，1993 年党的十四届三中全会审议通过了《中共中央关于建立社会主义市场经济体制若干问题的决定》，将党的十四大提出的改革目标和基本原则进一步具体化，制定了建立社会主义市场经济体制的总体规划。2003 年党的十六届三中全会通过的《中共中央关于完善社会主义市场经济体制若干问题的决定》，提出了"更大程度地发挥市场在资源配置中的基础性作用"的新观点，进一步深化了对社会主义市场经济的认识。2013 年党的十八届三中全会通过的《中共中央关于全面深化改革若干重大问题的决定》，更深入提出了使市场在资源配置中起决定性作用，更好发挥政府作用的新理念，2019 年党的十九届四中全会进一步论述了社会主义基本经济制度："公有制为主体、多种所有制经济共同发展，按劳分配为主体、多种分配方式并存，社会主义市场经济体制等社会主义基本经济制度，既体现了社会主义制度优越性，又同我国社会主义初级阶段社会生产力发展水平相适应，是党和人民的伟大创造。"[4] 这种新概括，把所有制、分配制度和经济

—————————

　　[1]　《邓小平文选》第 2 卷，人民出版社 1994 年版，第 236 页。

　　[2]　《邓小平文选》第 3 卷，人民出版社 1993 年版，第 373 页。

　　[3]　编写组：《马克思主义政治经济学概论》，人民出版社和高等教育出版社 2011 年版，第262 页。

　　[4]　2019 年 10 月 31 日中国共产党第十九届中央委员会第四次全体会议通过《关于坚持和完善中国特色社会主义制度　推进国家治理体系和治理能力现代化若干重大问题的决定》，《人民日报》2019 年 11 月 6 日。

运行关系综合起来，更加符合马克思主义关于生产关系和经济基础的基本原理，也更加符合中国的基本实践，是理论上的创新突破。

二 社会主义市场经济的理论逻辑和基本框架

理解社会主义基本经济制度与市场经济结合的最大疑问是生产资料公有制与市场经济能否结合，资本主义国家的市场经济无一例外都是建立在生产资料私有制基础上的，而以往的社会主义国家也都缺乏在公有制基础上实行市场经济的先例。回答这个问题首先需要借助马克思主义辩证唯物主义的方法论。对立统一规律是唯物辩证法的根本规律。近代西方形而上学的机械论把事物割裂和对立起来，看不到它们的联系和统一，马克思、恩格斯正是批判了这种形而上学的世界观，继承和发展了德国古典哲学中的辩证法思想的合理内核，创立了辩证唯物主义和历史唯物主义。马克思、恩格斯认为，事物的矛盾是普遍的，矛盾的另一方，即便是坏的一方，也是消除不了的，新范畴是双方融合而成的，"谁要给自己提出消除坏的方面的问题，就是立即切断了辩证运动"。[①] 他还说："辩证的思维方法同样不承认什么僵硬和固定的界线，不承认什么普遍绝对有效的'非此即彼！'它使固定的形而上学的差异互相转移，除了'非此即彼！'，又在恰当的地方承认'亦此亦彼！'，并使对立的各方相互联系起来。……这样的辩证思维方法是唯一在最高程度上适合于自然观的这一发展阶段的思维方法。"[②] 列宁也说："辩证法是一种学说，它研究对立面怎样才能够同一，是怎样（怎样成为）同一的——在什么条件下它们是相互转化而同一的，——为什么人的头脑不应该把这些对立面看作僵死的、凝固的东西，而应该看作活生生的、有条件的、活动的、彼此转化的东西。"[③] 正是列宁的辩证法思想，使他在建立社会主义国家政权后，把建立社会主义经济制度与实行新经济政策结合起来。毛泽东在《矛盾论》中也论述了事物的对立统一规律以及矛盾的同一性和互相转化。他还认为，不懂得辩证法，就写不好社会主义政治经济学。邓小平在改革开放初期就能够说出关于社会

---

① 《马克思恩格斯选集》第 1 卷，人民出版社 2012 年版，第 225 页。
② 《马克思恩格斯全集》第 26 卷，人民出版社 2014 年版，第 542 页。
③ 列宁：《哲学笔记》，《列宁全集》第 55 卷，人民出版社 2017 年版，第 90 页。

主义与市场、资本主义与计划的相互关系的认识，是因为他是马克思主义者，他懂得辩证法。西方学者或者西方经济学的崇拜者之所以搞不懂或者不承认中国社会主义基本经济制度能够与市场经济相融合，就是因为他们不懂辩证法，他们是唯心主义形而上学的方法论。

中国社会主义基本经济制度与市场经济相融合，不仅来源于马克思主义哲学思想，而且来源于中华传统优秀文化。中国古代哲学有大量关于对立统一的辩证法思想。《老子》说："道生一、一生二、二生三、三生万物，万物负阴而抱阳，冲气以为和"，说的是，一是起始，二是分化出对立面，三是形成万事万物，万物结合在一起融合为统一体；《易经》等著作也是论述阴阳的协调统一，天人的相应、合一，五行（金、木、水、火、土）八卦（天、地、雷、火、风、泽、水、山）的对立统一、联系转化，万物的交感、变化、发展。《黄帝内经》也是以阴阳协调、万物联系、统一整体的哲理作为医学理论基础的。"天人一体""四时一体"说的是人与自然界的矛盾统一；"五脏一体""六气一体"说的是人体内部的矛盾统一。孔子的《论语·子路》说："君子和而不同，小人同而不和"，虽然说的人与人交往的伦理道德，但对于观察社会也可以看到"和而不同"的许多现象，这也是对立统一规律的反映。《礼记·中庸》说："中也者，天下之大本也，和也者，天下之大道也。致中和，天地位焉，万物育焉。"中庸之道的和合哲学，也是强调事物的同一性。不同事物的融合，包括中华民族大家庭的融合，是中华文明的历史。中国的制度必然是中华文明的产物，中国当代的经济制度也必然是中华文明基因的传承。这是社会主义公有制与市场经济在中国成功融合的历史逻辑。

在资本主义的生产、分配、流通和消费的经济循环和再生产体系中，市场机制是资源配置的主要手段，但市场失灵的现象也导致资本主义经济危机，因此迫使资本主义国家政权也采用政府干预和计划调节的手段。但在社会化大生产处于常态化的情况下，市场作为资源配置的手段具有较高的灵敏度和适应性，从而具有较高的效率。怎样看待市场机制这种资源配置手段，也要用辩证法的观点来分析。毛泽东在《矛盾论》一文中引用列宁的话说，辩证法认为统一物分成为两个互相排斥的对立，而两个对立

166 / 中国特色社会主义政治经济学 /

又互相关联着。① 还说："双重性，任何事物都有，而且永远有，当然总是以不同的形式表现出来。"② 也就是说，在资本主义条件下市场机制的作用，既有为资本收益最大化服务的一面，又有在社会化大生产中优化资源配置的另一面。这种辩证法的双重性原理，也是社会主义基本经济制度与市场经济相融合的理论依据。

从现实逻辑看，社会主义初级阶段除了公有制经济，还有个体、私营、外资经济以及混合所有制多种经济形式，它们之间只能实行商品等价交换；即便在公有制内部也存在不同形式，如国有、集体、合作经济以及混合经济中的公有成分，它们之间也只能实行等价交换；在全民所有制经济中，生产资料全民所有的性质也只能通过独立的国有企业来代表和负责，企业全体人员对这部分全民所有的生产资料的使用又具有直接的经济利益联系，作为独立的经营者，各个国有企业之间的交换关系也只能是等价交换。因此只能在整个社会经济运行中实行市场经济，才能使国民经济循环得以畅通。社会主义市场经济的基本框架是：

（1）虽然公有制为主体，但各种所有制经济在市场中是平等的竞争关系；各种所有制产权清晰，权责明确。（2）统一开放有序的现代市场体系。包括商品市场、劳动力市场、资本市场、房地产市场和技术信息等在内的要素市场体系，促进商品和各种要素在全国范围自由流动和充分竞争。要求城乡市场紧密结合、国内国际市场相互衔接。完善反映市场供求关系、资源稀缺程度、环境损害成本的生产要素和资源价格形成机制。（3）国民经济管理体系。包括规划引导、计划和产业政策、杠杆调节、市场监管、社会管理、公共服务和国有资产管理。综合运用财政、货币、社会等各项政策，不断提高国民经济管理水平。（4）合理的收入分配制度。初次分配和再分配都要处理好效率和公平的关系，再分配更加注重公平。以共同富裕为目标，加大收入分配调节力度。（5）覆盖广泛的社会保障体系。国家法律强制实行的社会保险项目是主体，国家财政支撑的保障项目是辅助部分；以自愿原则和以营利为目的的商业保险项目是补充。（6）完备的法制体系。市场经济是法治经济，从生产要素的配置到商品和服务的

---

① 毛泽东：《矛盾论》，《毛泽东选集》第 1 卷，人民出版社 1991 年版，第 300 页。

② 《毛泽东文集》第 8 卷，人民出版社 1999 年版，第 107 页。

生产、交换和分配的有序、安全和效率，都需要法律、法规来规范。（7）良好的社会信用体系。社会主义市场经济既需要以诚信为基础的商业文明，也需要以社会主义核心价值观为基础的精神文明。建立这二者融合的社会信用制度是社会主义市场经济健康运行的必要条件。（8）开放的经济体系，市场经济是开放经济。把积极参与经济全球化与独立自主相结合，建立互利共赢、多元平衡、安全高效的开放型经济体系；完善开放型经济新体制；培育参与国际经济合作和竞争的新优势。（9）新型的社会管理体制。深化劳动就业体制改革，实施积极的就业政策，改善创业和就业环境；完善人才市场，促进人才流动；改革科技管理体制，加快国家创新体系建设；强化政府公共卫生管理职能，完善卫生医疗体系；深化文化体制改革，坚持文化产品的社会主义方向，实现文化产品社会效益和经济效益的统一。加快行政管理体制改革，建设服务型、学习型、高效廉洁的政府。

三　社会主义市场经济的不断完善

我国社会主义市场经济体制的框架已经基本建立，它与生产力的发展基本相适应，但又不相适应，除了还有不完善的地方外，随着生产力的发展，其中适应生产力发展的某些内容也会变成不适应的部分，因此完善社会主义市场经济将是一个长期的过程。"十四五"时期，构建全国统一大市场是完善社会主义市场经济体制的一个重要目标和任务。党的二十大报告提出："构建全国统一大市场，深化要素市场改革，建设高标准市场体系。"[1]

习近平总书记指出："构建新发展格局是以全国统一大市场基础上的国内大循环为主体，不是各地都搞自我小循环。——不是要求各地都搞省内、市内、县内的自我循环，——不能搞'小而全'，更不能以'内循环'的名义搞地区封锁。有条件的地区可以率先探索有利于促进全国构建新发展格局的有效路径，发挥引领和带动作用。"[2] 建设全国统一大市场是构建新发展格局的基础支撑和内在要求，是立足内需，畅通循环的客观必然。

---

[1]《中国共产党第二十次全国代表大会文件汇编》，人民出版社 2022 年 10 月，第 24 页。

[2]《习近平谈治国理政》第 4 卷，外文出版社 2022 年版，第 156 页。

要求以高质量供给创造和引领需求，使生产、分配、流通、消费各环节更加畅通，提高市场运行效率，进一步巩固和扩展市场资源优势，使建设超大规模的国内市场成为一个可持续的历史过程。当然，这里是指社会总产品循环的概念，在实践中，要把社会总产品循环的政治经济学含义要返回到国民经济运行层面来理解：市场相对应的是不同产品和产业的交易，不同产品和产业都有各自的生产、分配、流通、消费循环的特点；市场又是由不同类市场组成的，有商品、要素、劳动市场，有金融市场，还有数据市场，统一大市场是分类市场的有机组合；市场又有空间特点，有区域的，也有国内外的市场，统一大市场要考虑空间整合的原则。因此要认识和把握构建全国统一大市场的三大功能。

首先，要从经济运行层面考虑全国统一大市场的基本功能。要统一协调生产力的空间布局，优化资源配置，形成合理的区域协调格局。加快建立全国统一的市场制度规则，打破地方保护和市场分割，打通制约经济循环的关键堵点，促进商品要素资源在更大范围内畅通流动，加快建设高效规范、公平竞争、充分开放的全国统一大市场，全面推动我国市场由大到强转变，为建设高标准市场体系、构建高水平社会主义市场经济体制提供坚强支撑。例如，在新产能中，我国新能源汽车的销售量从 2010 年不足 1 万辆增长到 2020 年的 136.7 万辆，约是 2010 年的 136.7 倍。此外，中国汽车工业协会的最新研究数据显示，2020 年中国新能源汽车销售量占全球销量的 41%。同时，新能源汽车的类型也在不断丰富，为消费者提供更多的选择空间。但新能源汽车存在盲目投资、无序发展等问题。为了解决这些问题，国家发改委要求重点企业应在一个地方达到一定规模再建第二个点，并且全国要统筹布局，不能遍地开花。只有坚持建设全国统一大市场，才能优化资源配置，优化产业布局。在尊重市场规律的基础上依法依规加强窗口指导，引导产业向发展基础好、产能利用充分的地区和主体聚集，重点在长三角、珠三角、京津冀、成渝等区域打造具有国际竞争力的产业集群。传统产能以钢铁为例：2021 年 6 月，新版《钢铁行业产能置换实施办法》正式施行，文件也对钢铁行业的产能置换提出了更严格的要求。据行业数据监测机构的不完全统计，截至 2022 年 6 月，天津新天钢、日照钢铁、河南济源钢铁和唐山新宝泰钢铁 4 家钢企已经开启了产能置换工作。产能置换的依据就是全国统一大市场的技术标准。

要想建新炉子必须拆掉一些旧炉子，炉子的产能总量还不能增加，这就是对钢铁产能置换的通俗解释。在江苏永钢集团有限公司，2022年年初就计划将7座小高炉拆除，置换成三座新的大高炉，建成以后，每年节约的标煤量是65万吨，整个环保达到了超低排放的标准要求，效率提升4倍。以统一大市场的规则指导新的钢铁产能布局。根据最新实施办法，大气污染防治重点区域扩大为京津冀、长三角、珠三角、汾渭平原等地区以及其他"2+26"大气污染传输通道城市，上述地区严禁增加钢铁产能总量。重点区域置换比例不低于1.5∶1，其他地区置换比例不低于1.25∶1。这种新的政策下来形成新的钢铁产能布局。

在服务行业，打破出租车"地方保护"的社会呼声也要求构建全国统一大市场。出租行业集中采购与集中服务、已经成为各个地区的最基本消费问题。以往一些地区自身具有汽车制造能力，所以，很大程度上就使得出租行业变成了自己地区制造的标志性消费。新能源汽车来说，进入出租业是大势所趋，但以往的壁垒问题存在，新能源电动车，还要局限于保护问题，不仅对社会环保的发展不利；同样也会对新能源汽车的发展产生影响。

其次，统一协调各产业与各市场的关系，壮大实体经济，构建现代产业体系。

在"十四五规划建议"和规划纲要中，设立专门篇章，其大标题是：加快发展现代产业体系，巩固壮大实体经济根基。党的二十大报告再次提出："建设现代化产业体系。坚持把发展经济的着力点放在实体经济上，推进新型工业化，加快建设制造强国、质量强国、航天强国、交通强国、网络强国、数字中国。实施产业基础再造工程和重大技术装备攻关工程，支持专精特新企业发展，推动制造业高端化、智能化、绿色化发展。"[1] 这是建设统一大市场的目标，也是全国统一大市场的作用功能。截至2020年，在全球制造业四级梯队格局中，中国虽然有一些单项冠军，但总体水平还不高，处于第二、第三梯队之间，实现制造强国目标至少还需20—30年。大而不强、全而不优，基础能力薄弱、关键核心技术受制于人，"卡脖子""掉链子"技术600多项，2018年以前制造业占GDP的比重下降得

---

[1] 《中国共产党第二十次全国代表大会文件汇编》，人民出版社2022年版，第25页。

过早、过快。在 2016 年 12 月中央经济工作会议上，习近平总书记指出中国经济存在三大失衡：一是实体经济结构性供需失衡；二是金融和实体经济失衡；三是房地产和实体经济失衡。为了解决这三大失衡，在 2017 年 7 月召开的第五次全国金融工作会议上，习近平总书记强调，金融是实体经济的血脉，为实体经济服务是金融的天职，是金融的宗旨，也是防范金融风险的根本举措。"不论经济发展到什么时候，实体经济都是我国经济发展、我们在国际经济竞争中赢得主动的根基。我国经济是靠实体经济起家的，也要靠实体经济走向未来。"① 而且，实体经济也是经济的新增长点。"新的增长点在哪儿呢？就在我们身边，就在党的十八大提出的新型工业化、信息化、城镇化、农业现代化之中。"② 他还指出，信息化也要实体经济支撑："互联网核心技术是我们最大的'命门'，——如果核心元器件严重依赖外国，那就好比在别人的墙基上砌房子，再大再漂亮也可能经不起风浪，甚至会不堪一击。"③ 而构建全国统一大市场的功能就是：促进科技创新和产业升级。发挥超大规模市场具有丰富应用场景和放大创新收益的优势，通过市场需求引导创新资源有效配置，促进创新要素有序流动和合理配置，完善促进自主创新成果市场化应用的体制机制，支撑科技创新和新兴产业发展。

构建金融与产业的良性循环关系：加快发展统一的资本市场——提供直达各流通环节经营主体的金融产品。加大对资本市场的监督力度，健全权责清晰、分工明确、运行顺畅的监管体系，筑牢防范系统性金融风险安全底线。坚持金融服务实体经济，防止脱实向虚。为资本设置"红绿灯"，防止资本无序扩张。构建劳动力市场与实体经济的合理关系：2018 年以来，制造业在国内生产总值中的比重有所回升，但 2020 年后，受新冠疫情影响，局面改善的程度仍然不容乐观，特别是劳动力市场受就业偏好影响仍然很明显。制造业出现"招工难"每年有 200 万劳动力流出制造业，制造业总就业人数从 2013 年的 5258 万人减少到 2020 年的 3806 万人，2021 年规上制造业平均工资为 68506 元，月平均 5700 元，而快递平台灵

---

① 《习近平关于社会主义社会建设论述摘编》，中央文献出版社 2017 年版，第 116 页。
② 《习近平关于社会主义社会建设论述摘编》，中央文献出版社 2017 年版，第 184 页。
③ 《习近平关于社会主义社会建设论述摘编》，中央文献出版社 2017 年版，第 201 页。

活就业月薪7000元以上。因此要健全劳动就业市场和薪酬保障体系。健全统一规范的人力资源市场体系，促进劳动力、人才跨地区顺畅流动。同时，要健全制造业的劳动报酬体系，建立工资有序合理增长和社会保障体系，建立有利于使劳动力向制造业，特别是创新型制造业流动的劳动报酬制度。构建科技创新与各市场的互相促进关系：促进科技创新和产业升级。发挥超大规模市场具有丰富应用场景和放大创新收益的优势，通过市场需求引导创新资源有效配置，促进创新要素有序流动和合理配置，完善促进自主创新成果市场化应用的体制机制，支撑科技创新和新兴产业发展。完善流通设施促进产业发展：建设现代流通网络。优化商贸流通基础设施布局，加快数字化建设，推动线上线下融合发展，形成更多商贸流通新平台新业态新模式。推动国家物流枢纽网络建设，大力发展多式联运，支持数字化第三方物流交付平台建设，推动第三方物流产业科技和商业模式创新，培育一批有全球影响力的数字化平台企业和供应链企业，促进全社会物流降本增效。

最后，统一协调国内国际市场，培育国际合作竞争新优势。培育参与国际竞争合作新优势。以国内大循环和统一大市场为支撑，有效利用全球要素和市场资源，使国内市场与国际市场更好联通。推动制度型开放，增强在全球产业链供应链创新链中的影响力，提升在国际经济治理中的话语权。以国内超大规模市场培育支撑新产品新产业竞争优势。利用好中国庞大的国内市场，在规模经济型产业上就可能具有更强的国际竞争力。通信设备行业是我国过去一段时间国际化比较成功的行业。正是因为有了中国庞大国内市场的支撑，华为、中兴等通信设备企业得以进行大规模的研发投入，逐渐形成了很强的国际竞争力。研发投入是一种固定生产成本，大规模研发投入是规模经济效应的重要来源。互联网行业也是一种规模经济型产业。除了研发投入较高以外，互联网行业具有网络效应和学习效应，这也同样是规模经济的基础。规模经济型产业，往往就是创新型产业。中国经济能够走上创新发展之路，超大规模国内市场是其坚实的基础。正是有了这个基础，我们的创新型产业才有广阔的舞台，创新和创意才有广大的应用场景。因此，超大规模国内市场优势从本质上来讲就是创新型产业优势。建设全国统一大市场是形成创新型产业国际竞争合作新优势的必要前提。

要把握全国大市场的统一性和地方发展的差异性。以往的经验，区域间竞争是推动中国经济发展的动力之一。各地在招商引资和经济发展中，地方政府在法定权限内因地制宜地制定投资促进和便利化措施，国家根据需要在特定行业、领域和地区实施鼓励和引导性政策，这都是具有积极意义的。在全国统一大市场的建设过程中，既要维护全国大市场的统一性，又要考虑到地方发展的差异性，平衡好两者的关键要素在于强化竞争政策的基础地位和依法行政。我国已经初步建立起了比较完善的竞争法体系，《反垄断法》《反不正当竞争法》、公平竞争审查制度等。《税收征管法》《外商投资法》等也对地方政府的法定权限有了比较明确的界定。如果各级政府能够切实依法行政，在法定权限范围内积极作为，就能够在推动地方经济发展的同时促进全国统一大市场的建设，这是我国形成创新型产业国际竞争合作新优势的必要前提。

构建全国统一大市场的目标是：持续推动国内市场高效畅通和规模拓展。努力形成供需互促、产销并进、畅通高效的国内大循环，扩大市场规模容量，不断培育发展强大国内市场，保持和增强对全球企业、资源的强大吸引力。加快营造稳定公平透明可预期的营商环境。因地制宜为各类市场主体投资兴业营造良好生态。进一步降低市场交易成本。发挥市场的规模效应和集聚效应，加强和改进反垄断反不正当竞争执法司法，破除妨碍各种生产要素市场化配置和商品服务流通的体制机制障碍，降低制度性交易成本。促进现代流通体系建设，降低全社会流通成本。促进科技创新和产业升级。发挥超大规模市场具有丰富应用场景和放大创新收益的优势，通过市场需求引导创新资源有效配置，促进创新要素有序流动和合理配置，完善促进自主创新成果市场化应用的体制机制，支撑科技创新和新兴产业发展。培育参与国际竞争合作新优势。以国内大循环和统一大市场为支撑，有效利用全球要素和市场资源，使国内市场与国际市场更好联通。推动制度型开放，增强在全球产业链供应链创新链中的影响力，提升在国际经济治理中的话语权。

主要任务是：

1. 强化市场基础制度规则统一。完善统一的产权保护制度。完善知识产权法院跨区域管辖制度，畅通知识产权诉讼与仲裁、调解的对接机制。实行统一的市场准入制度。严格落实"全国一张清单"管理模式，严禁各地区各部门自行发布具有市场准入性质的负面清单，维护市场准入负面清单制度的统一性、严肃性、权威性。维护统一的公平竞争制度。

2. 推进市场设施高标准联通。建设现代流通网络。优化商贸流通基础设施布局，加快数字化建设，推动线上线下融合发展，形成更多商贸流通新平台新业态新模式。推动国家物流枢纽网络建设，培育一批有全球影响力的数字化平台企业和供应链企业，促进全社会物流降本增效。深化公共资源交易平台整合共享，积极破除公共资源交易领域的区域壁垒。加快推动商品市场数字化改造和智能化升级。加快推进大宗商品期现货市场建设，不断完善交易规则。

3. 打造统一的要素和资源市场。健全城乡统一的土地和劳动力市场。统筹增量建设用地与存量建设用地，完善全国统一的建设用地使用权转让、出租、抵押二级市场。加快发展统一的资本市场。加强区域性股权市场和全国性证券市场板块间的合作衔接。推动债券市场基础设施互联互通，实现债券市场要素自由流动。加大对资本市场的监督力度，筑牢防范系统性金融风险安全底线。坚持金融服务实体经济，防止脱实向虚。为资本设置"红绿灯"，防止资本无序扩张。建设全国统一的能源市场。在有效保障能源安全供应的前提下，结合实现碳达峰碳中和目标任务，有序推进全国能源市场建设。稳妥推进天然气市场化改革，加快建立统一的天然气能量计量计价体系。健全多层次统一电力市场体系，研究推动适时组建全国电力交易中心。进一步发挥全国煤炭交易中心作用，推动完善全国统一的煤炭交易市场。培育发展全国统一的生态环境市场。依托公共资源交易平台，建设全国统一的碳排放权、用水权交易市场，推进排污权、用能权市场化交易。

4. 推进商品和服务市场高水平统一。健全商品质量体系。建立健全质量分级制度，推动重点领域主要消费品质量标准与国际接轨，深化质量认证国际合作互认。健全现代流通、大数据、人工智能、区块链、第五代移动通信（5G）、物联网、储能等领域标准体系。深入开展人工智能社会实验，推动制定智能社会治理相关标准。推动统一智能家居、安防等领域标准，突破一批关键测量技术，研制一批新型标准物质，不断完善国家计量体系。促进内外资企业公平参与我国标准化工作。全面提升消费服务质量。改善消费环境，强化消费者权益保护。

5. 推进市场监管公平统一。健全统一市场监管规则。加强市场监管行政立法工作，完善市场监管程序，加强市场监管标准化规范化建设，依法公开监管标准和规则，增强市场监管制度和政策的稳定性、可预期性。强化统一市场监管执法。推进维护统一市场综合执法能力建设，加强知识产权保护、反垄断、反不正当竞争执法力量。全面提升市场监管能力。建立健全跨行政区域网络监管协作机制，鼓励行业协会商会、新闻媒体、消费者和公众共同开展监督评议。对新业态新模式坚持监管规范和促进发展并重，及时补齐法规和标准空缺。

6. 进一步规范不当市场竞争和市场干预行为。着力强化反垄断。完善垄断行为认定法律规则，健全经营者集中分类分级反垄断审查制度。破除平台企业数据垄断等问题，防止利用数据、算法、技术手段等方式排除、限制竞争。破除地方保护和区域壁垒。不搞"小而全"的自我小循环，更不能以"内循环"的名义搞地区封锁。清理废除妨碍依法平等准入和退出的规定做法。不得为企业跨区域经营或迁移设置障碍。不得设置不合理和歧视性的准入、退出条件以限制商品服务、要素资源自由流动。制定招标投标和政府采购制度规则要严格按照国家有关规定进行公平竞争审查、合法性审核。不得违法设定不相适应的资格、技术、商务条件等。不得违法限定投标人所在地、所有制形式、组织形式，或者设定其他不合理的条件以排斥、限制经营者参与投标采购活动。

第七章　中国开放型经济理论

第一节　社会主义国家开展对外经济贸易活动的理论依据

一　术语的革命：讲述中国故事需要中国理论

西方经济学理论能否解释中国的事情，过去和现在都有人质疑它。中国开放成就巨大，我们应当有自己的理论解释。1886 年恩格斯对马克思政治经济学的科学革命意义作过如此评价，"一门科学提出的每一种新见解都包含这门科学的术语的革命"。[①] 那么，总结和阐释中国对外开放的巨大成就也需要"术语的革命"，需要提出这个学科的新见解、新观点、新思想。理论源于实践，中国改革开放巨大实践成就也需要理论总结，需要站在中国人的立场，"坚持独立自主"，构建中国特色、中国风格、中国气派的新见解、新理论、新话语。中国人需要有自己的国际贸易理论、自己的国际经济学理论，笔者称为中国开放型经济学，这就是"术语的革命"在这个学科的内涵。

如何用马克思主义政治经济学指导学科建设，是中国开放型经济学这一学科的基础理论问题。马克思、恩格斯在《共产党宣言》中阐述了资本主义生产方式在全世界的扩张，从而使生产和消费成为世界性的，世界市场不断取代地域性的小市场。全世界无产阶级面对的是世界范围的资本主义生产关系，提出了"全世界无产者联合起来"，反对世界资本主义统治、争取世界社会主义革命的时代呐喊。可见，马克思、恩格斯认为在资本主义生产方式向世界扩张的状况下，社会生产力与生产关系、经济基础和上

---

① 引自 1886 年恩格斯《资本论》第 1 卷英文版序言，《资本论（纪念版）》第 1 卷，人民出版社 2018 年版，第 32 页。

层建筑的矛盾不仅产生在民族国家内部，而且日益具有世界性。因此，马克思在 1859 年撰写的《政治经济学批判》"序言"中写道："我考察资产阶级经济制度是按照以下的顺序：资本、土地所有制、雇佣劳动；国家、对外贸易、世界市场。"[①] 可见，对外贸易和世界市场是马克思主义政治经济学的研究范畴，马克思主义政治经济学也是世界性的理论。实际上经济学重要分支学科的理论基础都离不开政治经济学。《资本论》是马克思主义政治经济学的奠基之作。它开创了马克思主义政治经济学的基本研究范式：一是分析生产力和生产关系、经济基础与上层建筑的矛盾及其客观规律；二是分析阶级关系和阶级矛盾；三是对资本主义生产、分配、流通和消费的社会化再生产过程进行生理学分析。恩格斯说："政治经济学本质上是一门历史的科学。它所涉及的是历史性的即经常变化的材料。"[②] 因此，在分析不同时代的国内外社会关系和社会矛盾的基础上，不断地回答不同时代的问题是马克思主义政治经济学的使命，也是马克思主义不断发展的生命力。

辩证唯物主义和历史唯物主义是马克思研究所有重要经济现象的基本方法论，这是与资产阶级经济学理论的分水岭。国际贸易问题研究很早就进入资产阶级经济学家研究的视野，古典和新古典经济学家都认为资本主义国际贸易的发生与生产关系无关，与资产阶级创造世界市场的手段和历史进程无关，因此它也是自然和永恒的。马克思批判了这种唯心主义的历史观，他认为现代意义的国际贸易活动是与资本主义生产方式向世界范围扩张相联系的。今天我们仍然要用辩证唯物主义和历史唯物主义来回答新时代的新问题。

要创建中国的理论不仅要学习马克思主义经典著作，还要学习它的中国化理论，这是必修课。中国化的马克思主义理论当然包括毛泽东、邓小平、江泽民、胡锦涛、习近平党和国家领导人的重要论述，当然还有党和国家的重要文献，大量的路线方针政策，这都是马克思主义中国化的组成部分，它对于经济理论研究来讲是非常重要的中间品，这里借用了贸

---

① 《马克思恩格斯选集》第 2 卷，人民出版社 2012 年版，第 1 页。

② 恩格斯：《反杜林论·自然辩证法》，《马克思恩格斯文集》第 9 卷，人民出版社 2009 年版，第 153—154 页。

易理论的说法——中间品。中国的理论来源于实践。能够拥有最广泛、最深厚的实践依据，并具有最权威和最高层次理性认识的表达必定是党和国家或党的领袖的重大提法、重要观点和论述。它具有高度的概括性和对实践的认识抽象性。对于经济理论研究来说，这是最珍贵的理论研究的"中间品"。这要比经济学研究者个人盲目地在浩如烟海的实践案例中抽象和提取最本质的研究对象无疑具有最高的效率和最准确的命中率。很多同志不太重视，觉得这一"中间品"不是理论，这种认识是肤浅的，它是发展理论必要的原料甚至是中间品，是获得成本最低、可信成分最高的加工对象。还有的同志认为看不懂的才叫学问，这是更大的误解。笔者认为越是高明的理论越要让人明白，大道至简，真理是朴素的，不需要故作高深、故弄玄虚。马克思主义政治经济学，向来是以人民为中心，充满人文关怀，家国情怀、江山社稷情怀，这是我们需要深刻体会的一个重要认识。

2018 年习近平总书记在庆祝改革开放 40 周年大会上说，在中国这样一个具有五千年历史，十三亿多人口的大国推进改革开放，没有可以奉为金科玉律的教科书，没有可以对中国人民颐指气使的教师爷。[①] 中国的对外开放不是按照哪本西方教科书来推进的，相同的意思林毅夫教授也表达过很多次，他熟悉西方经济学的水平大概没有人怀疑，他讲照抄西方教科书的国家往往结果都不好。要形成中国独创性经济理论，最终还是要遵照习近平总书记 2016 年在哲学社会科学座谈会上的讲话，"要坚持中国人的世界观、方法论。如果不加分析把国外学术思想和学术方法奉为圭臬，一切以此为准绳，那就没有独创性可言了。如果用国外的方法得出与国外同样的结论，那也就没有独创性可言了"。"要用中国人的习惯语言去说中国的故事，在指导思想、学科体系、学术体系、话语体系等方面充分体现中国特色、中国风格、中国气派。"[②]

二 马克思主义国际贸易和世界市场理论的现实意义

美国指责别国（特别是中国）不公平贸易，主要依据就是贸易差额和

[①] 习近平：《在庆祝改革开放 40 周年大会上的讲话》，《人民日报》2018 年 12 月 19 日第 2 版。

[②] 习近平：《在哲学社会科学座谈会上的讲话》，《人民日报》2016 年 5 月 19 日第 2 版。

贸易顺差和逆差。这就需要以马克思主义理论为武器进行反驳。在世界范围，总出口额大约等于总进口额（忽略到岸、离岸价格），两者收支平衡；因此各国国际收支实质上只是国际分工结构在国际交换中结算货币流向的分配；也是各贸易国对结算货币供求偏好的表现。不存在谁合算，谁吃亏的问题。衡量谁吃亏、谁合算，应当从劳动交换的本质入手。马克思认为国际价值是由世界平均的社会必要劳动时间决定的。国际价值规律说明，"一个国家的三个工作日也可以同另一个国家的一个工作日交换。"① 但效率高的国家单位产品的价值量（世界平均社会必要劳动时间）低，交换价格上浮空间大，效率低的国家单位产品价值量高，交换价格上浮空间小甚至低于价值量，交易结果前者显然利益大。要求后者货币升值，实际上是人为降低后者单位产品的国内社会平均必要时间，降低后者的单位产品国内价格，使后者无法经营。按照国际价值规律，等价交换与平等交换是两个不同的概念。只有在国家间的劳动生产率基本相同，在单位时间内生产出的商品量和创造的国际价值量基本想等，这才能实现等价交换和平等交换的统一。否则，即便按照国际价值规律实行的等价交换，但仍然是不平等的交换，因为富有的国家可以用少量劳动量换取贫穷国家较多的劳动量，落后国家即使得到利润，但总是吃亏。这就是在"自由贸易"掩盖下的国际利益分配规律。

即便在今天，由国际价值规律决定的国际利益分配规律仍然在起作用。总体上看，劳动生产率越高、国际价值量与国内价值量之间的差异越大，受惠程度就越高。这就是中国和广大发展中国家争取自由贸易中平等交换的努力方向。中国处在现实的世界市场中，只能按照国际商业规则的客观规律办事。我们所能做的事情是，遵从国际价值规律的"等价交换"，不以垄断价格方式违背国际价值规律的商业道德；同时，一方面在国内努力提高劳动生产率，缩小国际价值量与国内价值量之间的差异，从而实现与发达国家的平等交换；另一方面，在国外通过经济技术合作，帮助发展中国家进步，使之也缩小国际价值量与国内价值量之间的差异，从而促进它们与发达国家以及与其他发展中国家（包括中国）的平等交换。

---

① 《马克思恩格斯全集》第 35 卷，人民出版社 2013 年版，第 112 页。

三　辩证唯物主义方法论的实践运用

有一种不说出来，但默认的看法是，社会主义国家开展对外经济贸易的理论依据是西方经济学，这是一个很大的认识误区。辩证唯物主义方法论不仅是马克思主义经济理论与资产阶级经济学理论的分水岭，而且是认识社会主义国家建立对外关系的基本思想方法，毛泽东说："双重性，任何事物都有，而且永远有，当然总是以不同的形式表现出来。"[①] 正如在资本主义世界市场内部，既存在资本主义剥削的本质属性，也存在生产力发展的客观要求的属性，深刻认识资本主义世界市场和国际贸易功能的对立统一和两重性，是社会主义国家发展对外经济贸易关系的基本理论依据。利用世界市场配置全球资源，当然是为了提高资本报酬，但同时也提高了资源配置效率。在世界市场机制作用下，形成了国际市场中心化和世界货物定价中心化，使资源配置范围和效率都达到新水平。

马克思1848年发表的《关于自由贸易的演说》，阐述了国际贸易的两重性原理，国际贸易的发展既意味着资本主义在世界范围的扩张，意味着对国内国外剥削的扩大和加深，但同时它又有促进世界经济发展、促进贸易双方都产生经济福利的另一面。马克思还论述了落后国家在进出口国际贸易中利弊具有的现象。国际贸易的发展不仅促进世界经济发展，而且创造了世界性的人类生产文明，例如国际市场交易手段、商业规则与文明的创造与完善，这也是人类生产力发展和人类文明的宝贵财富。马克思主义关于世界市场和国际贸易的两重性原理为社会主义国家发展对外经贸关系提供了理论依据。

把新中国前30年完全说成是闭关锁国，认为党的指导思想是完全封闭的，这完全不符合事实。中国共产党关于新中国与外国发展经济贸易关系的态度始终很明确。毛泽东说："我们必须尽可能地首先同社会主义国家和人民民主国家做生意，同时也要同资本主义国家做生意。"[②] 20世纪50年代第一个"五年计划"引进了大量苏联东欧国家的技术设备和资金，建设了156个重点大型项目。除了利用苏联东欧的贷款和经济贸易合作，

---

① 《毛泽东文集》第8卷，人民出版社1999年版，第107页。
② 《毛泽东选集》第4卷，人民出版社1991年版，第1435页。

很长时期中国没有发展与其他国家的经济贸易关系，原因邓小平解释得很清楚："毛泽东同志在世的时候，我们也想扩大中外经济技术交流，包括同一些资本主义国家发展经济贸易关系，甚至引进外资、合资经营等等。但是那时候没有条件，人家封锁我们。"① 1974 年 2 月毛泽东提出了"三个世界"划分②，成为马克思主义政治经济学中国化时代化的重要里程碑。在这个理论指导下，中国与美国以及第二世界中的许多西方资本主义国家建立和发展了贸易和经济技术合作关系，成为中国在新的世界形势下进行对外开放和经济技术合作的重要理论依据和思想引领。1973—1978 年，中国先后从西方国家引进了 51 亿美元的成套设备，与国产设备相配套后兴建了 26 个大型工业项目，总投资约 200 亿元人民币。至 1982 年全部投产，成为 20 世纪 80 年代中国经济发展的重要基础。

20 世纪 70 年代末 80 年代初，邓小平根据世界形势的重大变化，作出了世界大战暂时打不起来的重大判断，扬弃我们仍然处于"帝国主义与无产阶级革命时代"的观点，以敏锐的洞察力深刻地提出了和平与发展是当今时代两大主题的新观点。③ 为全党全国工作的重心转向经济建设为主和对外开放提供了理论依据。邓小平理论在对外开放方面的贡献是：第一是坚持开放与独立自主、自力更生相统一。在明确强调扩大开放的同时，邓小平告诫全党："中国的事情要按照中国的事情来办，要依靠中国人自己的力量来办。独立自主、自力更生，无论过去、现在和将来，都是我们的立足点。"④

第二是提出了"两个市场、两种资源"的理论观点。其内涵是指国内国外两个市场，主要是按照不同主权国家利益和经济制度划分的市场，而不是按照政治制度和意识形态特征来划分的市场；而且，这两个市场不是对立的，而是相互影响、相互渗透的市场，实际上这就是中国国内市场与资本主义统一的国外市场，这就从理论上否定了苏联时期斯大林提出的"两个平行的世界市场"的理论，提出了马克思主义中国化的理论，即社会主义国内市场与统一的资本主义国外市场的理论观点，也就是说，在一

---

① 《邓小平文选》第 2 卷，人民出版社 1994 年版，第 127 页。
② 《毛泽东文集》第 8 卷，人民出版社 1999 年版，第 441 页。
③ 《邓小平文选》第 3 卷，人民出版社 1993 年版，第 105 页。
④ 《邓小平文选》第 3 卷，人民出版社 1993 年版，第 3 页。

个紧密联系的世界市场体系中，存在两种制度不同的内部和外部市场，但绝不影响它们之间的贸易经济往来，它们之间的经济联系是难以割裂的；它们相互依存，又互相矛盾，各自的力量此消彼长，并按照历史发展的客观规律走向未来。这就是我们利用资本主义外部市场的理论依据，也是中国社会主义现代化建设的客观必然性。

第二节　中国开放型经济理论的马克思主义政治经济学逻辑

一　"开放型经济"概念的来源

"开放型经济"是中国自己的术语，它的创造者是中国共产党。这一提法最早出现在 1993 年 11 月审议并通过的《中共中央关于建立社会主义市场经济体制若干问题的决定》中，从 1997 年党的十五大报告开始，[1] 党和国家重要文献和党的领袖论述都一直沿用"开放型经济"的提法来概括经济贸易领域对外开放的实践活动以及各种商务活动，并且不断重复，内涵不断丰富，从而发展成熟了特有的经济学概念和范畴。党的十七大报告提出要"完善互利共赢、内外联动、安全高效的开放型经济体系"，[2] 党的十八大报告改为"完善互利共赢、多元平衡、安全高效的开放型经济新体系"。[3] 党的十八届三中全会决定提出了"构建开放型经济新体制"。[4] 党的十九大报告提出发展更高层次的开放型经济，加快培育国际经济合作和竞争新优势。[5] 党的十九届四中、五中全会都反复强调要建设更高水平开放型经济新体制，而且涵盖了关于全球经济治理以及人类命运共同体等重

---

[1]　江泽民：《高举邓小平理论伟大旗帜，把建设有中国特色的社会主义事业全面推向二十一世纪》，1997 年 9 月 12 日，引自《江泽民文选》，人民出版社 2006 年版。

[2]　胡锦涛：《高举中国特色社会主义伟大旗帜，为夺取全面建设小康社会新胜利而奋斗》，中国共产党第十七次全国代表大会上的报告，2007 年 10 月 15 日，引自《胡锦涛文选》第 2 卷，人民出版社 2016 年版。

[3]　胡锦涛：《坚定不移沿着中国特色社会主义道路前进，为全面建成小康社会而奋斗》，在中国共产党第十八次全国代表大会上的报告。引自《胡锦涛文选》第 3 卷，人民出版社 2016 年版。

[4]　《中共中央关于全面深化改革若干重大问题的决定》2013 年 11 月 12 日，引自《〈中共中央关于全面深化改革若干重大问题的决定〉辅导读本》，人民出版社 2013 年版。

[5]　《党的十九大报告辅导读本》，人民出版社 2017 年版。

大命题。①

笔者把这些党和国家重要文献中的提法和论述，梳理归纳为"六个一"：一个新体系（开放型经济新体系）、一个新体制（开放型经济新体制）、一种新优势（培育国际竞争与合作新优势）、一种新平衡观（开放型世界经济的多元平衡与国内大循环、国内国际双循环）、一个新的全球经济治理模式（新的国际公共品供给模式）、一个人类命运共同体的价值观（构建开放型世界经济的意识形态）。新体系是从生产力角度讲的；新体制则更多是从生产关系规则角度讲的；新优势则回答贸易发生的源动力变化问题；新平衡观则探讨大国开放型经济内外结构平衡问题；新的全球经济治理模式则是探索全球经济规则变化趋势；新的人类命运共同体的价值观，则是探索建立在开放型世界经济基础上的人类意识形态，物质世界与精神世界的对应问题。

作为经济学研究者的任务是什么呢？就是把这些最前沿性的概念和理念演绎成为学术意义上的经济学理论。按照中国开放型经济理论命题和逻辑架构，如果我们的经济学研究能够科学回答和总结中国经验、揭示中国规律，那就将形成一个完全区别于西方正统的主流国际经济学的理论体系，而不是西方国际经济学理论的补充和修改；它是一个完全立足于中国自身实践基础上的演绎"中国故事"的理论认识和逻辑，而不是西方国际经济学理论的中国经验的验证。

二　要以政治经济学的基本原理为纲

怎样归纳总结这"六个一"的命题呢？毛泽东指出："我们要以生产力和生产关系平衡和不平衡，生产关系和上层建筑的平衡和不平衡，作为纲，来研究社会主义社会的经济问题，政治经济学研究的对象主要是生产关系，但是要研究清楚生产关系，就必须一方面联系研究生产力，另一方面联系研究上层建筑对生产关系的积极作用和消极作用。"② 所以，"六个

---

①　中国共产党第十九届中央委员会第四次全体会议通过的《中共中央关于坚持和完善中国特色社会主义制度、推进国家治理体系和治理能力现代化若干重大问题的决定》单行本，人民出版社 2019 年版；《〈中共中央关于制定国民经济和社会发展第十四个五年规划和二〇三五年远景目标的建议〉辅导读本》，人民出版社 2020 年版。

②　《毛泽东文集》第 8 卷，人民出版社 1999 年版，第 130—131 页。

一"命题可以归纳为这样一个政治经济学总命题：

在国际阶级矛盾不采取对抗（战争）的情况下，特别是在发展中国开放型经济中，如何处理国内生产力与世界生产力的互动关系；如何处理生产力发展与国内外生产关系、国内外上层建筑的关系与矛盾，如何处理坚持构建开放型世界经济与全球经济治理及其观念的矛盾，这就是中国开放型经济发展中的基本政治经济学问题。中国开放型经济理论是中国特色社会主义理论体系的重要组成部分，而中国特色社会主义理论体系实现了马克思主义中国化新的飞跃。[1]

在两个市场中，国内生产力与国外生产力的同一性多，矛盾性少；但在一定条件下也会转化，也会走向各自的反面。而国内生产关系、上层建筑与国外生产关系、上层建筑的矛盾多，同一性少。例如，在实行对外开放后，我们就会遇到中国外贸发展与世界市场空间的矛盾，它反映了中国生产力发展与世界生产力之间的矛盾；我们就会遇到市场准入、资本自由流动、人民币汇率、外汇管理等问题，就会发生中国的生产力与全球产业链、价值链、供应链、服务链连接所形成的生产方式、分配方式之间的矛盾，它反映了中国的生产力发展与国内外生产关系的矛盾；我们还会遇到国际经贸规则、多双边组织规则以及全球经济治理及其观念问题，这就是中国的经济基础与世界性上层建筑的矛盾、开放型世界经济体系与旧有的世界上层建筑的矛盾。

三 "六个一"命题的政治经济学逻辑

如何构建中国开放型经济新体系，涉及全方位、多层次、宽领域的对外开放，确保安全高效最重要。首先要坚持对外开放与独立自主、自力更生的统一，这是中国经济建设的基本方针，也是中国特色社会主义政治经济学的基本逻辑。这个道理看似简单，实际上世界上少有发展中国家能够做到。从毛泽东开始，一方面积极发展对外经济关系，另一方面必须坚持"自力更生为主，争取外援为辅"，这是中国一贯坚持的方针。[2] 正是这个主张，中国石油工人打出了"争气油"并从无到有建立起了从石油勘探、

---

[1] 《中共中央关于党的百年奋斗重大成就和历史经验的决议》，人民出版社2021年版。

[2] 早在《必须学会做经济工作》（1945年1月间所写）一文中，他就讲过："我们不能学国民党那样，自己不动手专靠外国人，连棉布这样的日用品也要依赖外国。"（《毛泽东选集》第3卷，人民出版社1991年版，第1016页）

开采到冶炼的石油化工全产业链，涌现了大庆油田这样的中国工业榜样。正是这个主张，新中国始终把粮食这一重要战略物资牢牢掌握在自己手里。从而切实维护和保障了中国的经济主权。中国的成功经验具有世界性意义。中国开放型经济体系的建设，是一个国内生产力与开放型的生产关系、上层建筑不断互动、不断改革和促进的渐进式过程，不可能一蹴而就。因此寻找一条适合中国发展开放型生产力的道路至关重要。这条道路的基本经验是正确处理了开放的三对关系、六条线索的关系：第一是行业（产品）开放与区域开放的关系；第二是对居民开放与对非居民开放的关系；第三是边境开放与边境后开放的关系。这是一种不断推进商品、要素开放向规则、制度、标准和管理开放的渐进式路径。从 1980 年创办的经济特区，到 2001 年加入 WTO，再到 2013 年后的自由贸易试验区、自贸港，都是在演绎这些基本关系并不断升级。由于开放的速度、节奏不同，在开始阶段，每对开放关系中的两者之间的开放程度往往分离，随着开放的逐步深入，两者逐渐呈现融合趋势。[①] 这个经验也是中国开放型生产力如何与开放型生产关系和上层建筑相互适应与互动完善的基本规律。

构建开放型经济新体制提出的政治经济学命题则是，在开放型经济发展中，中国的生产关系和上层建筑如何吸收国外生产关系和上层建筑中的有益成分，从而把中国的经济体制改革成为有效促进生产力发展的开放型经济新体制。国外的，特别是西方国家的生产关系和上层建筑，既有反映其制度属性和价值观的内容，也有反映社会化大生产的人类生产文明和科学文明，例如适应贸易自由化和经济全球化的规则、制度；多边组织、国际组织的条约等，以及世界市场在长期运行中形成的国际惯例等。我们要分清这两者的区别，不断适应和吸收后者，使其为我所用。当然这种适应和吸收，也不能是盲人摸象和囫囵吞枣，应当掌握时机和节奏，顺势而为。

一个新优势，即培育国际经济合作和竞争新优势提出的问题是如何在开放环境下，培育和形成中国生产力和国际竞争力的优势。正如列宁所说："劳动生产率，归根到底是使新社会制度取得胜利的最重要最主要的

---

① 参见裴长洪、刘斌《中国开放型经济学：构建阐释中国开放成就的经济理论》，《中国社会科学》2020 年第 2 期。

东西。"[1] 改革开放 40 多年来，中国制造业已经创造了持久不衰的国际竞争力，支撑了中国对外贸易持久发展的奇迹。对此，用西方国际贸易教科书的理论难以解释，西方的洋教师爷不能也不愿意解释，这就给美国政客挑起贸易战留下了恶意歪曲的借口。显然，这个任务只能由中国自己的开放型经济学去完成。中国制造业持久不衰的竞争力来自各种优势积累和叠加，是一种综合的竞争合作优势。按照实践逻辑和历史逻辑的顺序，中国制造业国际竞争力的优势积累和叠加过程是：要素禀赋优势、开放合作优势、基础设施和产业集聚优势、大规模市场优势、互联网技术与分工创新优势，这种综合竞争合作优势的形成过程同时也是与中国市场化改革的各种举措相互促进的过程。[2]

怎样建立中国与世界经济的平衡关系？实际上是要回答中国开放型经济与世界主要大国的经济政策协调问题，即国内外生产关系和上层建筑的协调问题。西方国际经济学理论以单一的、静态的价格、汇率作为世界经济均衡的分析工具，并以这个理论作为世界经济宏观调控的依据，作为干预别国汇率政策和国际收支的观察工具，成为西方国际经济学的"经典理论"。中国开放型经济理论主张"互利共赢"和"多元平衡"。它既包括货物贸易平衡，也包括服务贸易平衡；它还包括资本流动平衡、国际分工的地理和生产力布局平衡；在此基础上合作双方或多方的利益平衡，以及由此出发的国际经济政策协调平衡。这是中国"统筹兼顾"的政治经济学思想在对外关系中的运用，也是中国开放型经济学宏观理论的重要观点。中国提出的共建"一带一路"的倡议和实践，诠释了中国的理论和方案。

探寻全球经济治理的新路径事实上是改革当今世界经济体系的上层建筑的呼声。今天我们的时代特征是和平与发展，以全球产业链、价值链、供应链、服务链为基础的生产方式和分配方式已经建立，世界人民最基本的利益诉求是在现行世界经济体系中取得经济发展和改善民生。国际经济秩序、国际关系和代表"世界政府"的国际组织应当建设能够维护世界各国人民普遍利益的全球治理体制，实行政治理念的民主化、组织机制的多

---

[1] 《列宁全集》第 37 卷，人民出版社 2017 年版，第 18 页。

[2] 参见裴长洪、刘斌、杨志远《综合合作竞争优势：中国制造业国际竞争力持久不衰的理论解释》，《财贸经济》2021 年第 5 期。

边主义；反对霸权主义和单边主义；实行国际公共产品"共商共建共享"的供给与消费方式，反对霸权国家"一国优先"的治理模式。改革和完善全球贸易治理、金融治理、能源与粮食治理、网络与数据治理、公共卫生治理以及地区安全治理。

构建人类命运共同体的新价值观，是构建开放型世界经济所必然要求的意识形态，它要求树立一种全人类利益的理念。习近平主席提出的人类命运共同体理念主张各国互利共赢、包容和谐，反对以邻为壑、零和博弈；主张文明互鉴，民族平等，反对文明歧视、种族偏见；主张不同社会制度和道路竞争并存，反对意识形态偏见和打压；主张在国际事务中实行有差别的共同责任，反对无视发展差别，以强凌弱；主张在全人类面临共同威胁面前，如战争、自然灾害、公共卫生和经济危机时，不冲突、不对抗，团结合作，互相支持；反对诉诸武力，隔岸观火，落井下石。

总之，中国开放型经济理论的政治经济学逻辑，不仅要求保护和发展中国的生产力，也要求保护和发展世界的生产力；不仅要求改革和完善中国的生产关系和上层建筑，也要求改革和完善世界经济体系的生产关系和上层建筑。

第三节　中国经验：如何实现对外开放与独立自主、自力更生的统一

一　中国在对外开放中坚持独立自主、自力更生的经验事实

（一）坚定维护国家主权，独立自主制订自己的外交政策，反对霸权主义，维护世界和平

国家主权既包括国家在政治上，也包括在经济、社会以及文化等方面的独立自主。政治上的独立，核心标志是领土（领空、领海）主权是否受到侵犯和干涉，能否独立自主地制定本国外交方针和政策，不依附任何大国或国家集团。新中国成立之前，中国的主权、外交和对外经贸联系都在帝国主义和官僚买办阶级的控制之下，并不断殖民地化，而不可能走向现代化。为了真正实现中华民族的独立解放，毛泽东在新中国成立前夕就指出："我们可以采取和应当采取有步骤地彻底地摧毁帝国主义在中国的控

制权的方针。"① 并在外交上提出了"另起炉灶""打扫干净屋子再请客"和"一边倒"的外交方针。② 中华人民共和国成立后，首先废除了帝国主义国家强加在中国的一切不平等条约，废除了帝国主义在中国的一切特权，中国大陆驱逐了一切帝国主义势力，收回了外国军事基地的地产和房产，实现了外交政策的独立自主，收回了长期被外国霸占的海关管理权，取消了外国资本在金融、航运、保险、商检、公证仲裁等方面的垄断权。根据新中国的外交原则，重新与世界各国商谈建立国家间的外交关系，实现了外交政策的独立自主。

1982 年，邓小平就告诫全党："中国的事情要按照中国的事情来办，要依靠中国人自己的力量来办。独立自主、自力更生，无论过去、现在和将来，都是我们的立足点。"③ 江泽民同志在党的十五大报告中指出，"中国共产党坚持在独立自主、完全平等、互相尊重、互不干涉内部事务原则基础上，同一切愿与我党交往的各国政党发展新型的党际交流和合作关系，促进国家关系的发展"。④ 胡锦涛同志指出："我们这样一个人口众多的发展中社会主义大国，任何时候都必须把独立自主、自力更生作为自己发展的根本基点。"⑤ 习近平总书记强调："人类历史上，没有一个民族、没有一个国家可以通过依赖外部力量、跟在他人后面亦步亦趋实现强大和振兴。那样做的结果，不是必然遭遇失败，就是必然成为他人的附庸。"⑥ 2013 年 12 月，习近平总书记在纪念毛泽东诞辰 120 周年座谈会上阐述了独立自主的时代内涵，强调独立自主"是我们党全部理论和实践的立足点，也是党和人民事业不断从胜利走向胜利的根本保证"。⑦《中共中央关于党的百年奋斗重大成就和历史经验的决议》用"十个坚持"系统总结党百年奋斗的历史经验，其中第四个是"坚持独立自主"，并指出："独立自

---

① 《毛泽东选集》第 4 卷，人民出版社 1991 年版，第 1434 页。

② 中共中央党史研究室：《中国共产党历史 第二卷（1949—1978）》上册，中共党史出版社 2011 年版，第 21 页。

③ 《邓小平文选》第 3 卷，人民出版社 1993 年版，第 3 页。

④ 《中国共产党第十五次全国代表大会文件汇编》，人民出版社 1997 年版，第 45 页。

⑤ 《胡锦涛文选》（第三卷），人民出版社 2016 年版，第 166 页。

⑥ 《习近平谈治国理政》第 1 卷，外文出版社 2014 年版，第 29 页。

⑦ 习近平：《在纪念毛泽东同志诞辰 120 周年座谈会上的讲话》，《人民日报》2013 年 12 月 27 日，第 2 版。

主是中华民族精神之魂，是我们立党立国的重要原则。"[1]

党的十八大以后，中国特色社会主义进入新时代，根据世界和中国的变化，习近平总书记提出"中国必须有自己特色的大国外交"，"使我国对外工作有鲜明的中国特色、中国风格、中国气派。要坚持中国共产党领导和中国特色社会主义，坚持我的发展道路、社会制度、文化传统、价值观念。要坚持独立自主的和平外交方针，坚持把国家和民族发展放在自己力量的基点上，坚定不移走自己的路，走和平发展道路"[2]。新时代中国特色大国外交政策，不仅要维护世界和平，而且"坚持对话不对抗、结伴不结盟"，"践行真正的多边主义"，"坚决反对霸权主义和强权政治"，中国"绝不寻求霸权，更不会以大欺小"。[3]

（二）在经济上，独立自主地制定中国发展道路和经济发展战略、在自力更生基础上对外开放，始终把经济命脉掌握在自己手中

经济主权主要表现为：对本国自然资源是否完全支配；对发展道路是自主发展还是中心—外围安排；经济发展主要依靠本国资源，还是依赖外援、外资；走自主工业化道路，还是依附经济；自主制订经济发展计划，还是服从世界经济分工；独立自主的财政货币制度和政策，还是依附国际货币体系。改革开放初期，邓小平就指出，我们搞的现代化建设，是从中国实际出发的现代化，是从"小康"目标起步的，这不仅反映了实事求是的精神，而且反映了在经济建设上中国的独立自主性，不依赖外援，也不听洋教师爷的颐指气使。从而在不断扩大对外开放进程中保障了中国经济命脉始终掌握在自己手里。

第一，中国的经济建设的主要投资始终是来自本国的积累和资金。从1978年至今，中国对利用外资始终抱着热忱欢迎的态度，各级政府更是不遗余力、乐此不疲地开展招商引资活动，但外商直接投资的比重始终有限。

从附录表7-1可以看出，外商直接投资在我国固定资产投资中的比重40多年经历了从逐步上升到逐步下降的变化。在改革开放初期的

---

① 《中共中央关于党的百年奋斗重大成就和历史经验的决议》，《人民日报》2021年11月17日，第1版。

② 《习近平谈治国理政》第2卷，外文出版社2017年版，第443页。

③ 《习近平谈治国理政》第4卷，外文出版社2022年版，第441—442页。

1980—1991 年，外商直接投资占我国固定资产投资的比重虽然不断上升，但是占比不超过 5%，1992 年开始快速上升，从 7.51% 上升到 1994 年峰值的 17.08%，1994—1997 年，一直保持在 15% 左右，然后逐渐下降，到 2002 年维持在 10% 左右。2003 年之后，外商直接投资占我国固定资产投资的比重进一步下降，2007 年下降到 5% 以下，近十年来进一步下降到 3% 以下，只保持在 2% 左右。

第二，经济增长主要依靠内需拉动。随着对外开放的扩大，中国对外贸易快速发展，中国一度出现"外贸依存度"较高的现象，但这个概念的分子式，其分子是进出口价值总额，分母是国内各产业的增加值总额，分子和分母的经济含义并不对称，它可以用来比较不同经济体之间，外需的不同重要程度；而不能说明一个经济体内部，内外需究竟哪个为主。而现代统计学中的 GDP 需求支出法是经济学研究者用来考察一个经济体内部，内外需对经济增长的不同贡献所通常采用的方法。从附录表 7-2 可以看出，1978—2021 年，国内最终消费支出在绝大部分年份是经济增长的最大贡献者，其次是资本形成，而货物和服务净出口对经济增长的贡献率比较有限，只有 13 个年份能够达到 10% 以上，其中，1990 年这个特殊年份达到 80.5%，在正常年份中，1997 年达到峰值 42.9%，而不少年份对经济增长的贡献率为负。

第三，建设投资的来源并不主要依靠贸易盈余。由对外贸易盈余所产生的经常项目顺差，可以转化为贸易盈余国的国内建设资金。从中国货物贸易顺差额的变化来看，也可以反映出，中国建设投资的来源主要依靠国内自身的储蓄，而不主要依靠贸易盈余。附录表三说明，1978—1993 年，我国货物贸易基本处于逆差状态，1994 年以后，随着我国制成品出口竞争力的增强，货物贸易转为顺差，但顺差状态最高的 2005—2007 年，其占 GDP 的比重也不过分别为 6.48%、7.53% 和 6.54%，之后都一直回落到 2%—3%。加上我国服务贸易至今始终处于逆差状态，扣除服务贸易逆差后形成的经常项目顺差额实际上更少，占 GDP 的比重更低。这说明从贸易盈余中获得建设资金来源并非中国的事实。

第四，外商投资企业并不主导中国工业经济整体发展。毋庸讳言，外商投资企业对我国经济发展起到了积极作用，对于中国工业的技术引进、管理变革和转型升级，特别是对于出口贸易发展都发挥了历史性促进作用。但在庞大的中国工业经济体系中，它仍然是辅助性，主导中国工业经济的基本盘仍然是中国自身的国有和民营企业。附录表四说明，从中国工业总体来看，外商投资企业无论在实收资本比重、利润比重和主营业务收入比重中，始终不占主导地位，2007年外商投资企业占工业实收总资本比重的峰值为22.89%，2003年其利润比重峰值为22.21%，2004年其主营业务收入比重峰值为21.13%，只有在出口贸易中曾出现比重较高的现象，2005年最高达到58.3%。这种现象与我国曾采取的国内市场保护，以及要求外商投资企业的出口比例和自求外汇平衡有关。随着这些政策的放松，特别是非国有企业进入外贸领域后，外商投资企业的出口比重也不断下降了。从我国外资银行总资产占我国各类存款性公司的比重来看，由于银行业对外资开放较晚且监管较为严格，所以其占比比较低，目前仍在5%左右。

第五，始终保持人民币的独立自主地位。货币是一国经济主权的集中体现。在美元霸权的世界货币体系中，能否在扩大开放中坚持本国货币的独立自主地位，是对每个开放国家能否掌握经济主权的风险挑战。在人民币汇率改革和外汇管理体制改革中，中国成功实现了适应金融全球化发展的大潮流与坚持人民币独立自主地位的统一。中国独立自主的货币政策和汇率政策不仅使得中国经济更加具有韧性，避免因国际经济剧烈波动的干扰，规避了类似东南亚国家的金融危机、拉美国家债务危机对国内经济造成的破坏性影响。在不断扩大开放中，人民币已经以独立自主的姿态走向国际货币体系的中心舞台。2016年1月27日，国际货币基金组织（IMF）宣布IMF2010年份额和治理改革方案正式生效，这意味着中国正式成为IMF第三大股东。中国份额占比将从3.996%升至6.394%，超越德、法、英国，仅次于美国和日本。

（三）坚持扩大开放政策与完善国家安全制度的统一性

改革开放初期，邓小平一方面要求要大胆开放，另一方面高度重视意识形态安全。邓小平提出的国家安全观，保障了对外开放和国家安全相结合，相统一，贯穿了我国扩大开放的全过程。党的十八大以后，中国特色社会主义进入新时代，我国国家安全的内涵和外延比历史上任何时候都要丰富，时空领域比历史上任何时候都要宽广，内外因素比历史上任何时候都要复杂，各种可以预见和难以预见的安全风险挑战前所未有。习近平总书记指出："增强忧患意识，做到居安思危，是我们治党治国必须始终坚持的一个重大原则。我们党要巩固执政地位，要团结带领人民坚持和发展中国特色社会主义，保证国家安全是头等大事。"[①] 在 2014 年 4 月 15 日在中央国家安全委员会第一次会议上第一次提出了总体国家安全观。制定了以人民安全为宗旨，以政治安全为根本，以经济安全为基础，以军事、文化、社会安全为保障，以促进国际安全为依托，走出一条中国特色国家安全道路的总方针。在政策和工作措施上，既重视传统安全，又重视非传统安全，构建集政治安全、国土安全、军事安全、经济安全、文化安全、社会安全、科技安全、信息安全、生态安全、资源安全、核安全等于一体的国家安全体系。2020 年 2 月，又把生物安全纳入国家安全体系。

二 形成中国式开放型经济的主要特点

（一）中国式贸易自由化的路径是改革与开放相互促进

中国对外贸易体制改革的路径与次序很大程度上区别于西方国际贸易理论所推崇的方式。关于发展中国家的贸易自由化，西方理论一般认为，第一步应将配额、外汇控制等非关税手段关税化；第二步再将关税水平降低，进而实现贸易自由化。中国对外贸易体制改革与一般发展中国家贸易体制改革的条件和环境存在根本的差别。西方学者讨论对外贸易体制改革主要是指贸易自由化过程，即由保护型对外贸易体制向自由、开放的对外贸易体制转变，其体制基础是市场经济体制，改革的是政府干预对外贸易的方式与力度。中国的对外贸易体制改革虽然也存在贸易自由化的转变过程，但中国原先保护对外贸易体制的基础是计划经济体制，对外贸易自由化过程必须在经济体制从计划体制向市场经济体制的转变过程中完成。因此中国对外贸易体制改革就不是一个单纯的贸易自由化问题，而必须顺应总体经济体制改革的次序和步骤。

对内改革和对外开放以及两者的相互促进共同推进了中国全面建设小康社会战略目标的实现。随着开放的扩大，促进国内改革的影响和力度也不断增大。首先它使我们对于世界先进生产力有了更加深刻的认知，对发

---

① 《习近平谈治国理政》第 1 卷，外文出版社 2014 年版，第 200 页。

展我国生产力有更强烈的紧迫感。其次，对外开放打开了一个充分认识市场经济的窗口和机会，增加了中国人对于市场经济的理解。从而为社会主义建设利用市场经济手段，为社会主义公有制与市场经济结合提供了实践依据和政策准备，创造了必要的群众基础和社会环境。

（二）探索出一条渐进式开放的途径和发展规律

邓小平"摸着石头过河"的政治智慧给予我国对外开放思路极大的启迪。我国始终是根据中国的发展阶段和发展需要而选择开放的时机、领域、方式、速度、节奏，并不断动态调整，并在实践中不断化解各种内外矛盾，先易后难，取得经验；再通过顶层设计，以特殊政策突破体制束缚，从而为经济从封闭向开放转型开辟道路。这个路径基本都围绕三对关系、六条线索展开：第一是行业（产品）开放与区域开放的关系；第二是对居民开放与对非居民开放的关系；第三是边境开放与边境后开放的关系。中国制度变迁路径是一种渐进式开放路径。从1980年创办的经济特区，到2001年加入WTO，再到2013年后的自由贸易试验区、自贸港，都是在演绎这些基本关系并不断升级。由于开放的速度、节奏不同，在开始阶段，每对开放关系中的两者之间的开放程度往往分离，随着开放的逐步深入，两者逐渐呈现趋近和融合趋势。

改革开放40多年来，中国经济领域对外开放的基本规律就是在不断寻找这三对关系中六种开放形式不断趋近和融合的突破口，探寻它的发展路径，得出的基本经验就是：不断分解矛盾（包括时空矛盾和对象矛盾）、先易后难，摸着石头过河，通过顶层设计，以特殊政策突破体制束缚，从而为经济从封闭向开放转型开辟道路。揭示中国对外开放的基本实践和基本规律。

（三）利用外资以吸收外商直接投资为主，严格控制外债规模

在对外开放的重大决策上，邓小平敏锐洞察到利用外资是一个关键问题。要大规模利用外资，应当主要以利用外商直接投资为主，这样才能避免国际收支的不平衡。中国的利用外资政策保障了中国实体经济健康发展，特别是制造业的换代升级和改造提升，大幅度增加了城乡居民就业，增加了人民收入和福祉。避免了一些发展中国家片面以外债、外国贷款援助等形式依赖外资带来的不利效果。

中国在改革开放初期，外汇储备较少，存在较严重的资金短缺问题。

在此情况下，争取国际社会的援助和国际组织的低息贷款是中国所希望的，但是我们严格控制外债的规模。为了适应大规模引进外资防范风险的需要，这一时期对外债进行了规范管理，到 1987 年形成了规范的外债管理制度。即外债统计监测体系（EDSS），及时地了解和掌握全国的外债规模、币种、期限和偿付等情况。该统计监测体系主要包括三个方面的内容：外债统计的法律保障、外债数据的采集、外债数据的处理①。以外债形式利用外资，采取了"放"与"管"结合的方针，始终使外债规模保持在安全警戒线内。20 世纪 80 年代外债余额规模都小于 500 亿美元，整个90 年代外债余额规模都在 1500 亿美元之内，只是到 2003 年以后我国国际收支出现大量顺差，外债余额规模才有较大幅度增长。从外债期限结构来看，2001 年以前短期外债余额所占比重一直处于 25% 的国际标准警戒线以下而且短期和中长期外债结构也比较合理。

（四）发展对外贸易，既发挥外资企业的作用，更重视激发本国内在动力

在对外开放中，我国一方面重视发挥外商直接投资企业在对外贸易中的作用，很快外商投资企业成为中国对外贸易的生力军。其快速增长导致外商投资企业在中国货物进出口贸易中的比重不断攀升，2005 年达到历史峰值，占中国进出口贸易总额的 58.5%，占中国出口贸易比重的 58.3%。另一方面更重视发挥国内非国有企业的作用。2004 年我国修订了《中华人民共和国对外贸易法》，放开了对国内企业和自然人的外贸经营权，并把外贸经营从审批制改为备案制，这一改革极大调动了非国有企业参与外贸经营的积极性，使非国有企业成为中国外贸的另一支生力军，并迅速超过外商投资企业。附录表 7-5 至附录表 7-7，根据海关统计，2019 年我国非国有企业成为第一大外贸经营主体，占货物进出口总值的比重上升到42.28%，外商投资企业降为第二，占货物进出口总值的比重下降为39.86%，2021 年前者比重再上升到 48.28%，后者再下降到 35.89%，在出口贸易占货物进出口总值的比重方面，我国非国有企业占比更高，2015

---

① 1987 年国家外汇管理局颁布《外资统计检测规定》，并指定《外债登记实施细则》，初步建立起了全国外债统计检测系统，可对全国外资的总额、期限、币种、利率结构等进行全民监测分析，为外债总体战略和具体实施策略的制定提供了依据。直接投资合同金额中，外商投资于房地产项目的比重高达 39.3%。这在一定程度上助长了当时房地产行业的投机性行为，1995 年开始，房地产行业由旺转滞，1996 年外商投资房地产业的比重已经下降到 19%。

年就已经超过外商投资企业，占比达到 45.1%，此后不断攀升，2021 年达到 57.73%，而外商投资企业占比则从 2015 年的 44.2% 下降到 2021 年的 34.27%。

（五）中国成为推动建设开放型世界经济的重要力量

习近平总书记 2013 年 9 月就提出要"共同维护和发展开放型世界经济"，[1] 中国开放型经济发展的一个重要特点是推动建设开放型世界经济。1979—2012 年中国对世界经济的年均贡献率已经达到 15.9%，仅次于美国，位居世界第二位[2]，2013—2021 年，我国对世界经济增长的平均贡献率超过 30%，居世界第一，成为世界经济增长的第一引擎。中国对外投资持续稳步增长。2013—2021 年，我国对外投资流量稳居全球前列，对外直接投资流量累计达 1.4 万亿美元，年均增长 8.2%。2021 年，我国对外直接投资流量为 1788 亿美元，同比增长 16.3%，占当期全球对外直接投资流量的 10.5%，排名世界第 2 位。截至 2021 年年末，我国对外直接投资存量 27851 亿美元，占当期全球存量的 6.7%，比 2012 年提高 4.4 个百分点，排名由第 13 位上升到第 3 位。我国对外投资范围遍及全球 189 个国家（地区），设立对外直接投资企业超过 4.5 万家。[3] 习近平总书记倡议的共建"一带一路"和中国进口博览会的举办是推动建设开放型世界经济，推动构建人类命运共同体的重大举措，成为举世瞩目的国际公共品和国际合作平台。

三　发展中国开放型经济的基本经验

（一）在中国共产党领导下的坚强政治主体是保证对外开放与独立自主统一的政治前提

新中国的政治发展道路与多数发展中国家不同，她是按照马克思主义科学社会主义理论指导的实践。马克思在《法兰西内战》中指出："工人

---

① 《习近平谈治国理政》，外文出版社 2014 年版，第 337 页。

② 参见国家统计局报告《国际地位显著提高 国际影响力持续增强》（http://www.stats.gov.cn/ztjc/zthd/sjtjr/d10j/70cj/201909/t20190906_1696332.html）。

③ 国家统计局报告：《高水平开放成效显著 合作共赢展现大国担当——党的十八大以来经济社会发展成就系列报告之十六》（http://www.stats.gov.cn/tjsj/sjjd/202210/t20221009_1888989.html）。

阶级不能简单地掌握现成的国家机器，并运用它来达到自己的目的。"① 在中国共产党领导下，中国人民在新民主主义革命中砸烂了旧的国家机器，在社会主义革命和建设中建立和不断完善新的国家机器和上层建筑，实行人民民主专政。这个政治前提是中国能够在对外开放中，在不断融入经济全化中，从不丧失自我，始终保持独立自主、自力更生的最重要的经验。而许多发展中国家，它们通过和平请愿运动，达成与西方宗主国的妥协，以保留殖民主义的政治体制、经济特权和社会结构为代价换取民族独立，试图在西方继续控制下用旧的国家机器实现本国的现代化。尽管这种方式备受美西方的赞赏和追捧，但美西方国家从来就没有真心帮助它们实现现代化，反而是不断强化对它们的经济和政治的控制。

（二）中国特色社会主义制度体系是对外开放与独立自主统一的深厚基础

中国式现代化的制度基础与多数发展中国家也是不同的。在经济上，私有制是资本主义最主要的内容。英美现代化的经济制度基础是生产资料的私人所有制，虽然一些发展中国家发起过经济"国有化"运动，但大多数发展中国家的经济基础仍然主要是私有制。中国式现代化的基本经济制度是以公有制为主体，多种所有制经济共同发展。在此基础上实行按劳分配为主、多种分配方式并存的分配制度；经济运行采取社会主义市场机制，决定资源的配置，同时发挥政府作用。而且，政府对经济活动的影响也与很多国家不同，西方国家崇拜自由市场经济，以资本收益最大化作为经济发展的导向，政府不干预经济发展和市场选择，只是在面临资本主义经济危机时，国家才采取一些弥补市场失灵的措施来干预经济活动，政府是"消防队"，不是经济活动的策划者。中国实行的社会主义市场经济，虽然市场决定资源配置，但无论是市场行为还是政府行为，其所追踪的目标和中心，不是资本，而只能是人民，这就划清了资本主义市场行为与社会主义市场行为的界限。因此，有为政府既包括弥补市场失灵，也包括规划经济发展蓝图并调控和管理经济活动。

中国开放型经济能够始终沿着开放与独立自主统一的道路健康发展，除了基本经济制度，还离不开整个中国特色社会主义制度体系的保障。它

———————————
① 《马克思恩格斯文集》第3卷，人民出版社2009年版，第95页。

的五个根本制度是：党的集中统一领导制度和全面领导制度是根本领导制度；人民代表大会制度是根本政治制度；马克思主义在意识形态领域指导地位的制度是根本文化制度；共建共治共享是我国的根本社会治理制度；党对人民军队的绝对领导是根本军事制度。重要制度是指在根本制度和基本制度指导下、国家治理各领域各方面各环节的具体的主体性制度。中国特色社会主义的重要制度包括经济体制、政治体制、文化体制、社会体制、生态文明体制、法治体系、党的建设制度等。

（三）以实体经济为核心的产业体系是形成国内大循环为主体、国内国际双循环相互促进的经济基础

新中国前 30 年，中国就已经基本建立了比较独立完整的工业体系，特别是生产资料生产部门，即重工业发展得更快，为对外开放奠定了基础，特别是为对外开放初期，发挥劳动力要素禀赋优势，加快轻工业和消费资料工业发展提供了经济的外部性，从而使中国产品迅速进入世界市场，参与全球价值链分工。在获得资本积累的基础上，进而有序地发展机械制造、重化工、交通运输等重工业。这样，虽然中国融入了全球生产体系，而且在初期加工贸易也占较大比重，但是仍然形成了独立自主的、完整的工业生产体系。改革开放 40 多年来，中国的工业现代化取得了举世瞩目的成就，建立了世界上最完整的现代工业体系，拥有 39 个大类，191 个中类，525 个小类，成为唯一拥有联合国产业分类中全部工业门类的国家。

独立的产业体系、完整的产业链、大规模的市场容量、较大的人口规模和消费市场、自主的产业发展规划。使我国始终可以以国内大循环为主体，同时稳步扩大参与国际循环的能力，提高参与国际循环的经济比重，2015 年 5 月中国政府发布《中国制造 2025》，明确未来发展新一代信息技术、高档数控机床和机器人、航天航空装备、海洋工程装备及高技术船舶、先进轨道交通装备、节能与新能源汽车、电力装备、新材料、生物医药及高性能医疗器械、农业机械装备十大重点领域。为企业投资、基础设施建设和人力资本培育指明了方向。这种由市场决定资源配置，更好发挥政府作用的产业政策既是中国发展壮大实体经济的重要经验，也是在扩大开放中站稳独立自主地位的牢固基础。

（四）开放型经济治理体系和治理能力是抵御世界经济风险的防火墙

2013 年 11 月党的十八届三中全会提出"构建开放型经济新体制"；2019 年 10 月党的十九届四中全会作出了坚持和完善中国特色社会主义制度、推进国家治理体系和治理能力现代化的重大决定，并在开放型经济领域，提出建设更高水平开放型经济新体制，推动规则、规制、管理、标准等制度型开放；2020 年 10 月党的十九届五中全会提出"建设更高水平开放型经济新体制"。在党的上述方针政策的指导下，我国在制度建设中创造了开放型经济治理体系完善的经验。国务院及其所属各有关部门，如国家发改委、商务部、海关总署、人民银行、银保监会等，根据党的方针、政策，制订了相关的政府部门的法规和规章制度，例如修订了《外商投资产业指导目录》、修订了《境外投资管理办法》、人民银行、银保监会等部门先后宣布并推动实施的 50 余条具体开放措施等，具体落实了党的十八届三中全会决定中的各项任务，最后在实践的基础上于 2019 年制订出台了新的《外商投资法》，而在《外商投资法》的精神和原则框架下，各地积极出台适合本地区的法律、法规，既与上位法相衔接，又更切合本地实际，接地气，从而形成了由党的方针、政策指引、中央政府以及有关部门制订规章制度、并在实践中反复修订并上升到法律高度，进而由地方人大制订更切合本地实际的法律、法规和地方政府的规章制度，形成上下一体的制度体系和中国特色开放型经济治理体系。我国自主设立的自由贸易试验区，也是在党的方针、政策指引下，由全国人大常委会授权国务院，在试验区内停止实行原来的法律和部门规章，同时制订可供开展试验的政策，中国开放型经济的制度建设和治理体系构建的基本规律是，由党的方针、政策，中央政府及其各部门规章制度和地方性法律法规、地方政府规章制度三位一体上下衔接贯通共同形成，而且在与实践互动中不断演进发展。而这种制度体系和治理体系的完善，既离不开党的方针、政策的指导，更离不开开放经济具体实践活动的校正和补充。而科学立法和依法治国的精神，不仅需要严格执行既定的法律法规和规章制度，也要认真观察和科学思考它所体现的党的方针、政策所能贯彻落实的深度和广度，更需要接受实践活动的检验、识别和矫正。

在构建和完善开放型经济治理体系过程中，积累 40 多年长期实践的认识，始终坚持党对经济工作的全面领导的治理主体地位；坚持中国特色社会主义基本经济制度的治理制度约束；坚持问题导向的渐进式开放的治理路径选择；坚持以人民为中心的治理动力源泉，从而保障了中国能够实行独立自主的经济治理方针，而不需要依附任何外国。实行独立自主、自力更生的经济建设方针，以及在处理涉外经济事务中始终保持独立自主性，是中国共产党一贯秉持的、毫不动摇的建设理念。中国开放型经济治理体系的建设也同样需要坚持独立自主性，这才能保证在与国际规则接轨中不丧失自我，保证对我有利、互利共赢；才能保证在参与全球经济治理中，既接受民主、协商、合理的理念和规则，又有理、有利、有节地开展对霸权治理、单边主义、保护主义的斗争，在斗争中求合作。更重要的是，在改革开放的历史进程中，必然要受到世界经济波动的冲击，但由制度优势和治理体系所构筑的"防火墙"使中国在应对"输入型"经济危机中表现出强劲韧性和抵抗力，从而能够把负面影响降低到最低限度，这已经被 1997 年和 1998 年亚洲金融危机以及 2008 年和 2009 年美国次贷危机引发的国际金融危机的世界经济史所证明。世界各国在建立自己的开放型经济治理架构中，防范风险、保障自身经济金融安全都是治理的重要内容，但他们所依赖的手段都往往只有短期的宏观经济政策和调控措施，例如财政、货币和外汇政策等。而中国以制度、规则、规制和管理为基本架构的开放型经济治理体系向全世界希望参与经济全球化的发展中国家提供了新选择、启发了新思路。

第四节　习近平开放发展理念的理论创新

在习近平经济思想中，开放发展理念是五个新发展理念中的一个重要内容，与党的十八大之前党和国家有关对外开放的论述相比，习近平开放发展理念具有新的理论深度、新的历史站位以及认识和把握未来发展规律的重要特点。

一　论证总结了经济全球化的历史大趋势

在 2018 年纪念马克思诞辰 200 周年大会上，习近平总书记强调，要学习马克思主义关于世界历史的思想，马克思、恩格斯说："各民族的原始封闭状态由于日益完善的生产方式、交往以及因交往而自然形成的不同民族之间的分工消灭得越是彻底，历史也就越是成为世界历史。"这个预言已经成为现实，"历史和现实日益证明这个预言的科学价值"。站在时代高度审视世界历史，"今天，人类交往的世界性比过去任何时候都更深入、更广泛，各国相互联系和彼此依存比过去任何时候都更频繁、更紧密。一体化的世界就在那儿，谁拒绝这个世界，这个世界也会拒绝他。万物并育而不相害，道并行而不相悖。我们要站在世界历史的高度审视当今世界发展趋势和面临的重大问题，不断拓展同世界各国的合作，不依附别人，更不掠夺别人"。①

习近平总书记运用马克思主义历史唯物主义观点总结论证了经济全球化的历史。他指出，"经济全球化"这一概念虽然是冷战结束以后才流行起来的，但这样的发展趋势并不是什么新东西，马克思、恩格斯的著作详细论述了世界贸易、世界市场、世界历史等问题。"资产阶级由于开拓了世界市场，使一切国家的生产和消费都成为世界性的了。"这些洞见和论述，深刻揭示了经济全球化的本质、逻辑、过程，奠定了我们今天认识经济全球化的理论基础。他把经济全球化分为三个阶段：一是殖民扩张和世界市场形成阶段，世界各国各民族都被卷入资本主义世界体系中。二是两个平行世界市场阶段。第二次世界大战结束后，诞生了一批社会主义国家，殖民地半殖民地国家纷纷独立，世界形成两大阵营，经济上则形成了两个平行的市场。三是经济全球化阶段，随着冷战结束，两大阵营不复存在，各国相互依存大幅加强，经济全球化快速发展演化。与之对应，我国同世界的关系也经历了三个阶段：一是从闭关锁国到半殖民地半封建阶段，在列强侵略战争中屡战屡败。二是"一边倒"和封闭半封闭阶段。新中国成立后，我们在向苏联"一边倒"和相对封闭的环境中艰辛探索社会主义建设之路，"文化大革命"中基本同世界隔绝。三是全方位对外开放，我们充分运用经济全球化带来的机遇，实现了我国同世界关系的历史性变革。② 习近平总书记的分析和总结，澄清了理论界对经济全球化认识上的误区，是对马克思主义历史唯物主义的运用和发展。

---

① 习近平：《论中国共产党历史》，中央文献出版社 2021 年版，第 207—208 页。马克思、恩格斯的话也在该引文中。

② 《习近平谈治国理政》第 2 卷，外文出版社 2017 年版，第 210—211 页；马克思、恩格斯的话也在该引文中。

在此基础上，对国际社会出现的"逆经济全球化"思潮进行了历史唯物主义分析。2014 年 11 月习近平总书记指出"要充分估计世界经济调整的曲折性，更要看到经济全球化进程不会改变"。① 2016 年 11 月，他进而阐释"经济全球化进入阶段性调整期，质疑者有之，徘徊者有之。应该看到，经济全球化符合生产力发展要求，符合各方利益，是大势所趋"。② 2016 年 11 月 19 日，习近平总书记指出"新一轮科技和产业革命正孕育兴起，国际分工体系加速演变，全球价值链深度重塑，这些都给经济全球化赋予新的内涵"。2017 年 1 月，习近平总书记指出"历史地看，经济全球化是社会生产力发展的客观要求和科技进步的必然结果，不是哪些人、哪些国家人为造出来的"。③ 同时，一分为二地分析经济全球化，它又是一把双刃剑：肯定经济全球化的历史趋势，并不是说它一切都很美满。即便在获得经济全球化巨大收益的中国，也仍然存在发展不平衡、不充分的许多问题。它有许多负面效应，正如习近平总书记指出："发展失衡、治理困境、数字鸿沟、公平赤字等各种各样的问题也客观存在。我们要正视并设法解决。"④

因此习近平总书记倡导新型经济全球化理念。2016 年 11 月 19 日，他说："经济全球化是一把双刃剑，既为全球发展提供强劲动能，也带来一些新情况新挑战，需要认真面对。我们要积极引导经济全球化发展方向，着力解决公平公正问题，让经济全球化进程更有活力、更加包容、更可持续。"⑤ "推动建设一个开放、包容、普惠、平衡、共赢的经济全球化"，⑥ 这种经济全球化新理念进一步写进了党的十九大报告，表述为："推动经济全球化朝着更加开放、包容、普惠、平衡、共赢的方向发展。"⑦ 这就要求我们要转换思路，由经济全球化的被动参与者转变为主动引领者。2014

---

① 《习近平谈治国理政》第 2 卷，外文出版社 2017 年版，第 442 页。

② 习近平：《面向未来开拓进取 促进亚太发展繁荣——在亚太经合组织第二十四次领导人非正式会议第一阶段会议上的发言》（2016 年 11 月 20 日），《人民日报》2016 年 11 月 22 日。

③ 《习近平谈治国理政》第 2 卷，外文出版社 2017 年版，第 477 页。

④ 《习近平谈治国理政》第 2 卷，外文出版社 2017 年版，第 543 页。

⑤ 习近平：《深化伙伴关系 增强发展动力——在亚太经合组织工商领导人峰会上的主旨演讲》（2016 年 11 月 19 日），《人民日报》2016 年 11 月 21 日。

⑥ 《习近平谈治国理政》第 2 卷，外文出版社 2017 年版，第 543 页。

⑦ 《习近平谈治国理政》第 3 卷，外文出版社 2021 年版，第 46 页。

年 12 月 9 日习近平总书记指出："过去只是被动适应国际经贸规则，现在则要主动参与和影响全球经济治理。"[①] 2016 年 1 月，习近平总书记指出"二十年前甚至十五年前，经济全球化的主要推手是美国等西方国家，今天反而是我们被认为是世界上推动贸易和投资自由化便利化的最大推手"。[②] 2016 年 11 月，习近平总书记强调"我们要积极引导经济全球化发展方向"。[③]

经济全球化向何处去的两种历史观矛盾，体现在对世界性生产力与生产关系、经济基础与上层建筑矛盾运动历史趋势的最终判断上。2020 年全球新冠疫情又造成全球阻隔和保持距离提供了客观条件，世界进入"逆全球化"的暂时倒退阶段。在这个历史关头，习近平总书记指出，我们要站在历史正确的一边，顺应经济全球化的客观规律，积极推动经济全球化朝着开放、包容、普惠、平衡、共赢的新方向发展。这两种历史观深刻反映了历史唯物主义与历史唯心主义的再一次较量。

二 做出了"世界百年未有之大变局"的科学判断

这是习近平总书记对一百年来生产力与生产关系、经济基础与上层建筑在世界范围内的矛盾运动、一百年来中国人民、世界人民与发达国家国际垄断资本的阶级矛盾运动得出的科学判断。

（一）中国经济崛起与世界各国的利益矛盾

它反映了中国生产力快速发展与世界经济（世界生产力）相互依存又相互矛盾的关系。中国经济的崛起，改变了世界历史发展的进程、改变了中国人民的命运，也改变国际经济政治格局和未来走向。一百年来，中国从积贫积弱的半殖民地半封建国家巨变为世界第二大经济体的社会主义国家，极大改变了世界政治经济形势，加速了世界多极化发展趋势。这一方面壮大了世界和平的力量，另一方面加剧了中国与国际垄断资本控制世界市场的矛盾。在现象上表现为中国与某些大国或发展中国家在市场、资源

---

① 《习近平关于社会主义经济建设论述摘编》，中央文献出版社 2017 年版，第 295 页。

② 习近平：《在省部级主要领导干部学习贯彻党的十八届五中全会精神专题研讨班上的讲话》（2016 年 1 月 18 日），《人民日报》2016 年 5 月 10 日。

③ 习近平：《深化伙伴关系 增强发展动力——在亚太经合组织工商领导人峰会上的主旨演讲》（2016 年 11 月 19 日），《人民日报》2016 年 11 月 21 日。

问题上的矛盾日益增多，成为百年未遇的希望与挑战。

（二）文明单一与文明多样的矛盾

它反映了中国开放型的经济基础与世界旧有的意识形态的矛盾。现代化文明和发展道路从单一美国模式改变为包括中国道路在内的多种文明模式。美国梦不再是发展中国家追求现代化的唯一途径，中国的发展道路越来越引起世界的关注，特别是引起正在追求经济现代化发展的许多发展中国家的强烈兴趣。这种百年未有的变化对于美国右翼政客和知识精英来说，很刺激、很震撼，也很受伤。他们出于极端狭隘的种族主义和极端的意识形态偏见，感到以美国梦和美国道路为代表的西方文明受到了挑战，他们的价值观和意识形态受到了前所未有的撼动，从而激化了中国现代化发展道路与西方意识形态的矛盾，挑动了民粹主义的意识和骚乱，进一步激化了世界范围内的各种社会矛盾。

（三）新一代科技优势的竞争矛盾

它反映了中国科技发展要求世界合作开放与国际垄断资本控制技术的矛盾，是中国生产力与旧的世界生产关系矛盾的新形式。新一代信息技术、生命科学技术和新产业革命将深刻影响和改变世界经济、政治、文化和安全。特别是互联网正在深刻地改变人们的生产、生活方式。在百年来历史上曾经发生过的前三次科技革命和产业革命当中，中国由于自身的落后，始终都处于学习、模仿和追赶的状态中，在世界科技力量的对比中，西方发达国家对中国不屑一顾，中国与它们的矛盾也相对较少。现在，中国的科技力量日益壮大，在越来越多的领域参与世界竞争，特别是在高铁技术、5G 通信技术、数字技术、人工智能技术等方面，走在了世界科技力量的第一方阵，与一些西方大国展开了激烈的竞争与角逐，出现了百年未有之奇观，同时也成为国际垄断资本打压的对象。

（四）全球治理向何处去的两种历史观的矛盾

在世界多极化趋势和中国等新兴发展中国家日益走近世界历史舞台中心后，美国独家霸权治理事实上已经不可能持续，转向"共商共建共享"的治理模式是必然趋势。世界百年大变局最突出的时代特点是：中国经济已经深度融入世界经济体系之中、这些矛盾是在中国开放型经济的生产力已经与世界生产力融为一体、中国的开放型经济体制与世界经济体系的生产方式、分配方式融为一体下产生的矛盾，实质上它反映了开放型的世界经济与原有的国际关系、国际经济秩序、全球经济治理的矛盾，也是两种世界历史观的矛盾；它比以往民族国家之间的矛盾更复杂，谈判妥协的难度更大，但它又极大地关乎世界历史的发展和人类命运前途。因此应争取在不对抗、不冲突的前提下改革与开放型世界经济不适应的世界性生产关系和上层建筑。

全球经济治理的对象就是现行的世界经济体系，即当今以资本主义生产方式为主导的世界经济体系。现行世界经济体系与现行全球经济治理的关系实际上是世界范围内经济基础与上层建筑的关系。中国实行社会主义市场经济，已经融入世界经济体系，两者紧密联系又互相矛盾，如同"孙悟空钻进了铁扇公主的肚子里"。现行世界经济体系中存在各种矛盾：既有中国经济与世界不同经济体的矛盾；又有各国民族主义经济与发达国家国际垄断资本的矛盾；还有发达国家垄断资本之间相互勾结利用又互相矛盾。而现行世界经济体系的基本特征是，以跨国公司布局，以产业链、价值链、供应链、服务链为纽带的世界性生产方式和分配方式，是世界经济体系的生产关系之和。这个世界性的经济链条虽然对全球经济产生影响，但真正具有组织机体性的国际分工网络只局限于北美、欧洲和东亚。由此形成国际经济的大循环，包括各个区域内部的小循环。这是迄今为止经济全球化发展的基本面貌。俄罗斯、中东国家和南美石油输出国是这个国际分工网络的外围。

世界经济链条覆盖的局部性是世界生产力发展最主要的矛盾。在跨国垄断资本以资本为中心、追求资本收益最大化的利益驱动下，许多发展中国家很难进入既有经济链条。即使发展中国家获取了分工地位，国际经济链条的分布既不平衡，也不合理。这种状态限制了世界市场的扩大，从而制约了世界生产力的发展、限制了经济全球化的发展。中国的方案是构建"开放型世界经济"，它的内涵是：其一，不颠覆、不取代现行的资本主义生产方式占主导地位的世界经济体系，但要加以改革和完善；其二，追求现行世界经济体系的包容性、开放性，承认并允许内部各种矛盾的存在，并且追求以对话、谈判、协商的方式解决内部矛盾；其三，致力于扩大世界经济链条和国际分工网络，缩小世界经济链条覆盖面的局限性，缓和世界生产力发展的最突出矛盾。中国提出的"一带一路"倡议，就是"开放型世界经济"的实践与行动，也是它蕴含的政治经济学含义：一是扩大国际分工网络和世界经济链条的覆盖面，让更多国家参与国际分工，扩大世界市场。二是缓解中国内部在融入世界经济中发展的不平衡，扩大中国和世界市场。三是主要方向为"丝绸之路"和"海上丝绸之路"沿线国家，坚持"基于而不限于"的原则，构建第三方市场，实行不排外的区域或双边合作。

现行全球经济治理缺陷是：第一，治理面较为局限。当今世界最缺乏的是贫困治理，还缺乏金融治理、能源粮食治理、网络数据治理、公共卫生治理、地区安全治理。第二，治理民主性缺失。霸权主义作风依然盛行，美国习惯于"一言堂"的作风没有改变。第三，治理包容性不足，存在保护主义、单边主义以及某些区域组织的排外性。最突出的矛盾就是基于何种规则进行治理。美国提出的"基于规则的秩序"不是指国际社会共同遵守的交易规则，实际上是指每个国家的"宿命"。维护世贸组织和多边贸易体制就是抓住了当下最主要的矛盾：只要世贸组织不宣布解散，它永远是一面旗帜、一个阵地。因为它的存在就代表国际社会形成的共识，即国际交易需要规则和商业交易道德。只要坚持与维护好这个阵地，就能反对全球经济治理中的霸权主义、保护主义和单边主义，能够批判维护霸权主义的全球经济治理理论，以及弘扬国际政治中的民主理念和多边主义。世贸组织运行体现了国际公共产品"共商共建共享"的供给与消费方式，其治理理念也是各类区域组织的参照。

全球治理向何处去？是时代之问，也是世界之问。这是开放型世界经济与旧的世界上层建筑的矛盾。西方大国霸权治理的接力棒从英国传到美国已历百年，在世界多极化趋势和中国等新兴发展中国家日益走近世界历史舞台中心后，美国独家霸权治理事实上已经不可能持续，特别是没有中国与美国两个大国的平等对话协商和共识，全球治理只能是空话，这是当今包括美国在内的所有西方大国必须承认的现实。但是很遗憾，这种百年未有之变局，要让美国和某些西方大国心甘情愿地承认，还需要相当一个过程。"新的征程上，我们必须增强忧患意识、始终居安思危，贯彻总体国家安全观，统筹发展和安全"，"深刻认识错综复杂的国际环境带来的新矛盾新挑战，敢于斗争，善于斗争，逢山开道、遇水架桥，勇于战胜一切风险挑战！"①

---

① 习近平：《在中国共产党成立 100 周年大会上的讲话》，《人民日报》2021 年 7 月 2 日第 2 版。

（五）经济全球化向何处去的两种历史观矛盾

这是对世界性生产力与生产关系、经济基础与上层建筑矛盾运动历史趋势的最终判断。第二次世界大战后在以美国为主导的经济全球化过程中，经济全球化的"双刃剑"的效果日益显现，许多国家和人民被边缘化，难以分享经济全球化的成果。这为美国特朗普政府挑起贸易保护主义、单边主义和"逆全球化"思潮和行动提供了条件，2020年全球新冠疫情又造成全球阻隔和保持距离提供了客观条件，世界进入"逆全球化"的暂时倒退阶段。在这个历史关头，习近平总书记指出，我们要站在历史正确的一边，顺应经济全球化的客观规律，积极推动经济全球化朝着开放、包容、普惠、平衡、共赢的新方向发展。这两种历史观深刻反映了历史唯物主义与历史唯心主义的再一次较量。

世界百年大变局突出矛盾的时代特点是，中国经济已经深度融入世界经济体系之中、这些矛盾是在中国开放型经济的生产力已经与世界生产力融为一体、中国的开放型经济体制与世界经济体系的生产方式、分配方式融为一体下产生的矛盾，实质上它反映了开放型的世界经济与原有的国际关系、国际经济秩序、全球经济治理的矛盾，也是两种世界历史观的矛盾；它比以往民族国家之间的矛盾更复杂，谈判妥协的难度更大，但它又极大地关乎世界历史的发展和人类命运前途。因此应争取在不对抗、不冲突的前提下改革与开放型世界经济不适应的世界性生产关系和上层建筑，"弘扬和平、发展、公平、正义、民主、自由的全人类共同价值，坚持合作、不搞对抗，坚持开放、不搞封闭，坚持互利共赢、不搞零和博弈，反对霸权主义和强权政治，推动历史车轮向着光明的目标前进！"[①] 世界百年大变局的最根本的理论意义在于："一百年来，党坚持把马克思主义写在自己的旗帜上，不断推进马克思主义中国化时代化"，"马克思主义中国化时代化不断取得成功，使马克思主义以崭新形象展现在世界上，使世界范围内社会主义和资本主义两种意识形态、两种社会制度的历史演进及其较量发生了有利于社会主义的重大转变。"[②]

---

① 习近平：《在中国共产党成立100周年大会上的讲话》，《人民日报》2021年7月2日第2版。

② 《中共中央关于党的百年奋斗重大成就和历史经验的决议》，人民出版社2021年版。

三 揭示了中国开放型经济发展新阶段的客观规律

如何继续完善开放型的生产关系、上层建筑，这是在新的生产力发展阶段、新的开放型经济发展阶段的客观要求，也是新阶段发展的客观规律。党的十八届三中全会提出的构建开放型经济新体制、党的十九届四中全会提出的经济治理体系和治理能力现代化，实质上是提出了，在开放型经济发展的新阶段，中国开放型经济的生产力与生产关系、经济基础与上层建筑，既相适应又不相适应以及深化改革的新目标和新任务，也是建立在对中国开放型经济发展新阶段客观规律认识的基础上提出的目标和任务。开放型经济发展的初步阶段主要是通过货物贸易的开放，以及与货物贸易有关的投资开放来实现开放促改革、促发展的目的。这方面的体制和政策改变，主要表现为直接为生产力发展提供保障，在经济监管领域表现为边境和口岸的开放措施，从而促进了商品、技术和资本要素的流动，促进了中国对外贸易和国民经济的增长。随着开放的深入，新发展阶段对开放型经济提出了新要求。

这个新要求就是要推动规则、规制、管理、标准等制度型开放。从而吸收世界上符合社会化、国际化大生产规律的商业文明，是我国开放型经济高质量发展的客观要求和必然趋势。这不仅是我国完善开放型经济治理体系的自身需要，也是参与构建开放型世界经济的规则和治理体系的需要。为此把开放型经济更多引向服务贸易领域，从经济监管角度看，要求从边境上的开放延伸到边境后的开放。其三大主要举措是：第一，设立自由贸易试验区（港）吸引创新要素和资源，第二，把规则、规制、管理、标准等制度性的开放创新措施加以集成，形成开放型经济的治理体系，一方面向全国逐渐复制推广，另一方面为中国开放型经济治理体系的完善提供法律、法规等制度性基础，第三，推进共建"一带一路"，构建新的国际规则，提供新的国际公共品，为世界经济注入新的活力，承担中国构建开放型世界经济的大国责任。中国开放型经济发展新阶段的三大任务，是习近平开放发展新理念的核心内容，也是中国开放型经济发展新阶段的政治经济学逻辑。

四　明确了"国内国际双循环相互促进"的世界经济平衡观

"以国内大循环为主体、国内国际双循环相互促进"的理论观点科学回答了中国开放型经济与世界经济政治关系基本走向和大逻辑，是马克思主义政治经济学的运用和发展。马克思主义政治经济学的分析表明，资本主义生产的本质，既绝对剩余价值和相对剩余价值的生产，都是建立在资本主义国内市场不断扩大基础上实现的。以英国经济的国内大循环为研究对象，马克思的《资本论》解剖了整个资本主义经济体系。资本主义不断扩大的社会再生产就是建立在国内经济循环不断扩大的基础上。尽管在资本主义原始积累阶段，海外殖民掠夺也起到了非常重要的作用，但是资本主义生产方式在一个经济体占据统治地位必然是先以民族国家的国内市场为基础，然后再扩展到海外市场。对于任何独立成熟的经济体，国内循环都是其经济发展的基础。英国之所以取代西班牙成为资本主义世界最早的霸主，依靠的主要就是本国的经济基础。马克思建立在资本主义经济基础上的"国内大循环为主体"的社会化大生产理论，除了说明生产的本质属性之外，其经济学分析范式和演绎逻辑同样适用于分析中国社会主义市场经济的运行与循环。

以国内大循环为主体来刻画和论证中国经济的客观性，并不意味着中国经济是封闭的，其开放性与国内大循环为主是并存的，其理论依据依然是马克思主义政治经济学。随着经济发展和生产力提高，与之相适应的较高资本有机构成会使数量越来越少的劳动者推动数量越来越大的生产资料。国内平均利润率的下降是资本追逐海外市场和扩张经济领土的最基本动因。世界市场的开拓是资本主义生产方式的必然产物。在资本主义世界经济体系中，越来越多的国家融入世界市场。不仅资本主义宗主国及其附属国，也包括其他参与世界市场的独立国家，其经济运行过程都必然遵循"国内国际双循环"的规律。正如马克思所指出的："世界市场不仅是同存在于国内市场以外的一切外国市场相联系的国内市场，而且同时也是作为本国市场的构成部分的一切外国市场的国内市场。"[①]马克思关于经济循环的基本原理同样适用于指导社会主义国家在经济建设中利用国内国际两个

---

① 《马克思恩格斯全集》第30卷，人民出版社1995年版，第239页。

市场、两种资源的实践。

从中国构建新发展格局的要求和未来趋势看，强调以国内大循环为主体，不是缩小开放，不是此消彼长，而是习近平总书记要求的，要实现高水平的自立自强，即高水平的国内大循环。以往的国内大循环，只是处于中低水平的质量起点上，在这个基础上实现的国内国际双循环相互促进，即便对于双方都有促进，都有好处，但双方的收益也都受到局限。新发展格局要求的是，"增强国内大循环内生动力和可靠性，提升国际循环质量和水平"①。未来中国在高水平国内大循环基础上来促进国内国际双循环，就会大大提高开放型世界经济的水平，就会大大提高中国与合作伙伴双方的收益。这就是中国构建新发展格局中开放发展新理念的实践含义，② 从理论上看，"双循环"和"多元平衡"这两个重大理论观点，是中国对如何与世界经济实现平衡发展的立场和基本观点，是中国自己的世界经济宏观理论，对于持西方中心论立场和基本观点的"全球价值链"理论是鲜明的突破，也是习近平经济思想对马克思主义政治经济学运用与创新发展的理论内涵。

五 提出了人类命运共同体的世界价值观

习近平总书记在庆祝中国共产党 100 周年大会上指出："以史为鉴、开创未来，必须不断推动构建人类命运共同体。和平、和睦、和谐是中华民族 5000 多年来一直追求和传承的理念，中华民族的血液中没有侵略他人、称王称霸的基因。中国共产党关注人类前途命运，同世界上一切进步力量携手前进，中国始终是世界和平的建设者、全球发展的贡献者、国际秩序的维护者！"③ 人类命运共同体是一种新的价值观，要构建开放型世界经济，就需要构建与之相适应的意识形态，这就是上层建筑要适应和保护新的经济基础的要求。构建人类命运共同体不仅是一种新的文明形态和价值观，是一种精神境界，也是一个行动口号。从当代世界范围的阶级关系和社会矛盾来看，构建人类命运共同体是当代世界各国现实行动的需要，

---

① 《中国共产党第二十次全国代表大会文件汇编》，人民出版社 2022 年版，第 24 页。

② 参见裴长洪、刘洪愧《构建新发展格局科学内涵研究》，《中国工业经济》2021 年第 6 期。

③ 习近平：《在庆祝中国共产党成立 100 周年大会上的讲话》，《人民日报》2021 年 7 月 2 日第 2 版。

也是世界和平与发展的需要。习近平总书记说："我们积极推动建设开放型世界经济、构建人类命运共同体，促进全球治理体系变革，旗帜鲜明反对霸权主义和强权政治，为世界和平与发展不断贡献中国智慧、中国方案、中国力量。"① 对于怎样实现命运共同体的追求目标，习近平总书记明确提出了四个坚持：坚持各国相互尊重、平等相待，坚持合作共赢、共同发展，坚持实现共同、综合、合作、可持续的安全，坚持不同文明兼容并蓄、交流互鉴。② 这是中国共产党处理当今世界性基本矛盾、处理世界性生产力与生产关系矛盾、经济与政治矛盾的基本方法论和指导原则，是马克思主义政治经济学在新时代的具体运用。

构建人类命运共同体也是崇高的全人类共同价值，它与共产党人的共产主义远大理想紧密联系在一起。构建人类命运共同体是新时代中国共产党着眼于为人类作出更大贡献而提出的重大构想和动员口号。中国共产党人从来都不把共产主义远大理想看作是虚无缥缈的宗教，而看作是现实的符合人类社会利益的、具有一个一个行动方案的阶段性目标组成的未来方向。它是未来的，也是现实的。在抗日战争期间，毛泽东提出了现实的人类利益就是反对德国日本发动的法西斯战争、争取世界和平。习近平总书记在党的十九大报告中指出，中国共产党是为中国人民谋幸福的政党，也是为人类进步事业而奋斗的政党。中国共产党不仅要担负起实现中华民族伟大复兴的历史使命，还要"把为人类作出新的更大的贡献作为自己的使命"。当前，世界正处于大发展大变革大调整时期，"人类向何处去"成为时代之问，答案就是："各国人民同心协力，构建人类命运共同体，建设持久和平、普遍安全、共同繁荣、开放包容、清洁美丽的世界。"③

构建人类命运共同体强调全人类的共同体本位，而不是个人本位和国家本位为中心；强调你中有我、我中有你，一荣俱荣、一损俱损。从这个意义上来说，人类命运共同体思想是对西方中心论的超越。其着眼点是整个人类的现代化而不是某一部分人的现代化，是一种超越民族国家和意识

---

① 习近平：《在庆祝改革开放 40 周年大会上的讲话》，《人民日报》2018 年 12 月 19 日。

② 2015 年 3 月 28 日习近平出席博鳌亚洲论坛 2015 年年会开幕式，提出了"通过迈向亚洲命运共同体，推动建设人类命运共同体"的倡议（《人民日报》2015 年 3 月 29 日）。

③ 习近平：《决胜全面建成小康社会 夺取新时代中国特色社会主义伟大胜利——在中国共产党第十九次全国代表大会上的报告》，《人民日报》2017 年 10 月 28 日。

形态的"全球观",人类命运共同体还是一种新的制度安排,它从整体意识、全球思维和人类观念出发,强调对现有制度体系进行改革,推动现有国际体系和国际秩序向着公正合理的方向发展。强调对话而不对抗、结伴但不结盟;重视求同存异、聚同化异;主张合作共赢、共同发展;强调综合安全、共同安全、合作安全和可持续安全;强调包容开放、交流互鉴。人类命运共同体还是一种新的经济全球化发展道路,它是针对以往西方国家单独现代化道路、以垄断资本利益为中心的经济全球化模式的扬弃和超越,它强调一方面要顺应经济全球化带来的利益相互交融的趋势,促进各国经济的发展,另一方面要推动人类走向共同发展、协调发展、均衡发展和普惠发展,找到人类普遍利益的公约数,确立共享美好未来的利益汇合点,在推动经济全球化向新方向前进中使全人类都得到发展实惠。

附录表7-1　　　　外商直接投资与我国全社会固定资产投资的
一览比重（1980—2021年）

年份	全社会固定资产投资（亿元）	实际利用外商直接投资金额（万美元）	人民币兑美元汇率（1美元＝100）（元）	外商直接投资占全社会固定资产投资的比重（％）
1980	910.9		149.84	
1981	961		170.5	
1982	1230		189.25	
1983	1430	92000	197.57	1.27
1984	1833	142000	232.7	1.80
1985	2543	196000	293.67	2.26
1986	3121	224000	345.28	2.48
1987	3792	231400	372.21	2.27
1988	4754	319400	372.21	2.50
1989	4410	339200	376.51	2.90
1990	4517	348700	478.32	3.69
1991	5595	436600	532.33	4.15
1992	8080	1100700	551.46	7.51
1993	13072	2751495	576.2	12.13
1994	17042	3376700	861.87	17.08
1995	20019	3752100	835.1	15.65
1996	22974	4172500	831.42	15.10
1997	24941	4525700	828.98	15.04
1998	28406	4546300	827.91	13.25
1999	29855	4031900	827.83	11.18
2000	32918	4071500	827.84	10.24
2001	37214	4687800	827.7	10.43
2002	43500	5274000	827.7	10.04
2003	53841	5350500	827.7	8.23
2004	66235	6063000	827.68	7.58
2005	80994	6032500	819.17	6.10

续表

年份	全社会固定资产投资（亿元）	实际利用外商直接投资金额（万美元）	人民币兑美元汇率（1 美元 = 100）（元）	外商直接投资占全社会固定资产投资的比重（%）
2006	97583	6582100	797. 18	5. 38
2007	118323	7477000	760. 4	4. 81
2008	144587	9239500	694. 51	4. 44
2009	181760	9003300	683. 1	3. 38
2010	218834	10573000	676. 95	3. 27
2011	238782	11601100	645. 88	3. 14
2012	281684	11171600	631. 25	2. 50
2013	329318	11758600	619. 32	2. 21
2014	373637	11956200	614. 28	1. 97
2015	405928	12626700	622. 84	1. 94
2016	434364	12600100	664. 23	1. 93
2017	461284	13103500	675. 18	1. 92
2018	488499	13496600	661. 74	1. 83
2019	513608	13813462	689. 85	1. 86
2020	527270	14436926	689. 76	1. 89
2021	552884. 2	17348000	645. 15	2. 02

资料来源：国家统计局。

附录表 7 - 2   三大需求对中国经济增长的贡献（1978—2021 年）

年份	最终消费支出对 GDP 增长贡献率（%）	最终消费支出对 GDP 增长拉动（百分点）	资本形成总额对 GDP 增长贡献率（%）	资本形成总额对 GDP 增长拉动（百分点）	货物和服务净出口对 GDP 增长贡献率（%）	货物和服务净出口对 GDP 增长拉动（百分点）
1978	38. 7	4. 5	66. 7	7. 8	- 5. 4	- 0. 6
1979	84	6. 4	19. 2	1. 5	- 3. 2	- 0. 2
1980	78. 1	6. 1	20. 1	1. 6	1. 8	0. 1
1981	89. 4	4. 6	- 1. 7	- 0. 1	12. 3	0. 6

续表

年份	最终消费支出对GDP增长贡献率（%）	最终消费支出对GDP增长拉动（百分点）	资本形成总额对GDP增长贡献率（%）	资本形成总额对GDP增长拉动（百分点）	货物和服务净出口对GDP增长贡献率（%）	货物和服务净出口对GDP增长拉动（百分点）
1982	56.7	5.1	22.6	2	20.7	1.9
1983	75	8.1	33	3.6	-8	-0.9
1984	69.3	10.5	41.3	6.3	-10.6	-1.6
1985	71.9	9.7	79.6	10.7	-51.5	-6.9
1986	50.6	4.5	15.2	1.4	34.2	3.1
1987	41.5	4.8	25.9	3	32.6	3.8
1988	43.8	4.9	55.3	6.2	0.9	0.1
1989	79.4	3.3	0	0	20.6	0.9
1990	89	3.5	-69.4	-2.7	80.5	3.2
1991	61.2	5.7	37.2	3.4	1.6	0.2
1992	56.9	8.1	52.3	7.4	-9.2	-1.3
1993	58.5	8.1	54.8	7.6	-13.3	-1.9
1994	35.1	4.6	33.7	4.4	31.2	4.1
1995	46.7	5.1	46.1	5	7.2	0.8
1996	62.3	6.2	33.8	3.4	3.8	0.4
1997	42.6	3.9	14.5	1.3	42.9	4
1998	65.6	5.1	27.7	2.2	6.7	0.5
1999	88.7	6.8	21.2	1.6	-9.9	-0.8
2000	78.8	6.7	21.7	1.8	-0.5	0
2001	50	4.2	63.5	5.3	-13.5	-1.1
2002	58.1	5.3	40	3.7	1.9	0.2
2003	36.1	3.6	68.8	6.9	-4.9	-0.5
2004	42.9	4.3	62	6.3	-4.9	-0.5
2005	56.8	6.5	33.1	3.8	10.1	1.1
2006	43.2	5.5	42.5	5.4	14.3	1.8
2007	47.9	6.8	44.2	6.3	7.8	1.1

214 / 中国特色社会主义政治经济学 /

续表

年份	最终消费支出对 GDP 增长贡献率（%）	最终消费支出对 GDP 增长拉动（百分点）	资本形成总额对 GDP 增长贡献率（%）	资本形成总额对 GDP 增长拉动（百分点）	货物和服务净出口对 GDP 增长贡献率（%）	货物和服务净出口对 GDP 增长拉动（百分点）
2008	44	4.2	53.3	5.1	2.7	0.3
2009	57.6	5.4	85.3	8	−42.8	−4
2010	47.4	5	63.4	6.7	−10.8	−1.1
2011	65.7	6.3	41.1	3.9	−6.8	−0.6
2012	55.4	4.4	42.1	3.3	2.5	0.2
2013	50.2	3.9	53.1	4.1	−3.3	−0.3
2014	56.3	4.2	45	3.3	−1.3	−0.1
2015	69	4.9	22.6	1.6	8.4	0.6
2016	66	4.5	45.7	3.1	−11.7	−0.8
2017	55.9	3.9	39.5	2.7	4.7	0.3
2018	64	4.3	43.2	2.9	−7.2	−0.5
2019	58.6	3.5	28.9	1.7	12.6	0.7
2020	−6.8	−0.2	81.5	1.8	25.3	0.6
2021	65.4	5.3	13.7	1.1	20.9	1.7

资料来源：国家统计局。

附录表 7 - 3　货物进出口差额占 GDP 的比重变化情况（1978—2021 年）

年份	进出口总额（亿元）	出口总额（亿元）	进口总额（亿元）	进出口差额（亿元）	差额占进出口总额的比重（%）	国内生产总值（亿元）	差额占 GDP 的比重（%）
1978	355.04	167.65	187.39	−19.74	−5.56	3678.7	−0.54
1979	454.6	211.7	242.9	−31.2	−6.86	4100.5	−0.76
1980	570.04	271.19	298.84	−27.6	−4.84	4587.6	−0.60
1981	735.34	367.61	367.73	−0.1	−0.01	4935.8	0.00
1982	771.37	413.83	357.54	56.3	7.30	5373.4	1.05
1983	860.15	438.33	421.82	16.5	1.92	6020.9	0.27

续表

年份	进出口总额（亿元）	出口总额（亿元）	进口总额（亿元）	进出口差额（亿元）	差额占进出口总额的比重（%）	国内生产总值（亿元）	差额占GDP的比重（%）
1984	1201.03	580.56	620.47	-40	-3.33	7278.5	-0.55
1985	2066.71	808.86	1257.85	-448.99	-21.72	9098.9	-4.93
1986	2580.37	1082.11	1498.26	-416.2	-16.13	10376.2	-4.01
1987	3084.16	1469.95	1614.21	-144.2	-4.68	12174.6	-1.18
1988	3821.79	1766.72	2055.07	-288.4	-7.55	15180.4	-1.90
1989	4155.92	1956.06	2199.86	-243.8	-5.87	17179.7	-1.42
1990	5560.12	2985.84	2574.28	411.56	7.40	18872.9	2.18
1991	7225.75	3827.1	3398.65	428.45	5.93	22005.6	1.95
1992	9119.62	4676.29	4443.33	232.96	2.55	27194.5	0.86
1993	11271.02	5284.81	5986.21	-701.4	-6.22	35673.2	-1.97
1994	20381.9	10421.84	9960.06	461.78	2.27	48637.5	0.95
1995	23499.94	12451.81	11048.13	1403.68	5.97	61339.9	2.29
1996	24133.86	12576.43	11557.43	1019	4.22	71813.6	1.42
1997	26967.24	15160.68	11806.56	3354.12	12.44	79715	4.21
1998	26849.68	15223.54	11626.14	3597.4	13.40	85195.5	4.22
1999	29896.23	16159.77	13736.46	2423.31	8.11	90564.4	2.68
2000	39273.25	20634.44	18638.81	1995.63	5.08	100280.1	1.99
2001	42183.62	22024.44	20159.18	1865.26	4.42	110863.1	1.68
2002	51378.15	26947.87	24430.27	2517.6	4.90	121717.4	2.07
2003	70483.45	36287.89	34195.56	2092.32	2.97	137422	1.52
2004	95539.09	49103.33	46435.76	2667.57	2.79	161840.2	1.65
2005	116921.8	62648.09	54273.68	8374.41	7.16	187318.9	4.47
2006	140974.7	77597.89	63376.86	14221.03	10.09	219438.5	6.48
2007	166924.1	93627.14	73296.93	20330.2	12.18	270092.3	7.53
2008	179921.5	100394.9	79526.53	20868.41	11.60	319244.6	6.54
2009	150648.1	82029.69	68618.37	13411.32	8.90	348517.7	3.85
2010	201722.3	107022.8	94699.5	12323.34	6.11	412119.3	2.99

续表

年份	进出口总额（亿元）	出口总额（亿元）	进口总额（亿元）	进出口差额（亿元）	差额占进出口总额的比重（%）	国内生产总值（亿元）	差额占GDP的比重（%）
2011	236402	123240.6	113161.4	10079.16	4.26	487940.2	2.07
2012	244160.2	129359.3	114801	14558.29	5.96	538580	2.70
2013	258168.9	137131.4	121037.5	16093.98	6.23	592963.2	2.71
2014	264241.8	143883.8	120358	23525.72	8.90	643563.1	3.66
2015	245502.9	141166.8	104336.1	36830.73	15.00	688858.2	5.35
2016	243386.5	138419.3	104967.2	33452.12	13.74	746395.1	4.48
2017	278099.2	153309.4	124789.8	28519.62	10.26	832035.9	3.43
2018	305010.1	164127.8	140880.3	23247.49	7.62	919281.1	2.53
2019	315627.3	172373.6	143253.7	29119.94	9.23	986515.2	2.95
2020	322215.2	179278.8	142936.4	36342.43	11.28	1013567	3.59
2021	391008.5	217347.6	173660.9	43687	11.17	1143670	3.82

资料来源：国家统计局。

附录表 7 – 4　外商投资企业在各项经济指标中的比重（1998—2020 年）

年份	外商投资企业占总出口的比重（%）	外商投资工业企业占工业总实收资本的比重（%）	外商投资工业企业占工业企业利润的比重（%）	外商投资工业企业占工业主营业务收入的比重（%）	外资银行占全部存款性公司总资产的比重（%）
1998			14.58	12.49	
1999			18.82	13.76	
2000	47.93	15.86	17.04	14.86	
2001		16.29	18.90	15.87	
2002		16.95	20.26	16.71	
2003		17.92	22.21	18.76	
2004		19.94	21.98	21.13	
2005	58.30	20.96	18.57	20.56	
2006	58.18	21.68	18.39	21.04	

续表

年份	外商投资企业占总出口的比重（%）	外商投资工业企业占工业总实收资本的比重（%）	外商投资工业企业占工业企业利润的比重（%）	外商投资工业企业占工业主营业务收入的比重（%）	外资银行占全部存款性公司总资产的比重（%）
2007	56.99	22.89	18.45	21.03	
2008	55.25	21.62	17.23	19.30	2.14
2009	55.93	21.36	19.28	18.27	1.77
2010	54.65	20.89	18.67	17.75	1.98
2011	52.43	18.36	16.24	16.62	2.06
2012	49.92	17.45	14.57	15.20	1.84
2013	47.25	17.09	15.13	14.84	1.69
2014	45.88	16.44	15.62	14.26	1.63
2015	44.19	14.29	15.04	13.40	1.39
2016	43.70	13.41	15.29	13.05	1.37
2017	43.19	13.07	15.14	12.82	1.70
2018	41.66	12.73	14.85		1.66
2019	38.65	12.65	14.76		1.56
2020	35.99		15.83		1.50

资料来源：根据国家统计局数据计算得到。

附录表7-5　　1985—2021年中国分企业性质占进出口贸易情况

年份	金额（亿美元）			比重（%）		
	国有企业	外商投资企业	其他企业	国有企业	外商投资企业	其他企业
1985	669.7	23.6	2.7	96.2	3.4	0.4
1990	946.1	201.1	7.2	82	17.4	0.6
1995	1646.4	1098.2	63.9	58.6	39.1	2.3
2000	2153.7	2367.1	222.3	45.4	49.9	4.7
2005	3660.2	8317.2	2243.8	25.7	58.5	15.8
2010	6219.1	16003.1	7505.4	20.9	53.8	25.2
2011	7606.3	18601.5	10212.8	20.9	51.1	28

218 / 中国特色社会主义政治经济学 /

续表

年份	金额（亿美元）			比重（%）		
	国有企业	外商投资企业	其他企业	国有企业	外商投资企业	其他企业
2012	7517.1	18940	12210.6	19.4	49	31.6
2013	7479.7	19190.8	14919.4	18	46.1	35.9
2014	7475.5	19840.5	15699.3	17.4	46.1	36.5
2015	6502.3	18346.1	14681.9	16.4	46.4	37.1
2016	5764.3	16874.1	14217.1	15.6	45.8	38.6
2017	6686.7	18391.4	15967	16.3	44.8	38.9
2018	8046.1	19680.7	18058.2	17.4	42.57	39.06
2019	7724.7	18239.1	19346.1	16.88	39.86	42.28
2020	6657.2	17975.9	21491.7	14.33	38.69	46.26
2021	9189.6	21716.5	29218	15.19	35.89	48.28

资料来源：中国海关总署。

附录表 7-6　　　1985—2021 年中国分企业性质占出口贸易情况

年份	金额（亿美元）			比重（%）		
	国有企业	外商投资企业	其他企业	国有企业	外商投资企业	其他企业
1985	270.4	3	0.1	98.9	1.1	0
1990	541.4	78.1	1.4	87.2	12.6	0.2
1995	992.6	468.8	26.4	66.7	31.5	1.8
2000	1164.5	1194.4	133.2	46.7	47.9	5.3
2005	1688.1	4442.1	1489.8	22.2	58.3	19.6
2010	2343.6	8623.1	4812.7	14.9	54.6	30.5
2011	2672.2	9953.3	6360.5	14.1	52.4	33.5
2012	2562.8	10227.5	7699	12.5	49.9	37.6
2013	2489.9	10442.6	9157.6	11.3	47.3	41.5
2014	2564.9	10747.3	10110.6	11	45.9	43.2
2015	2423.9	10047.3	10263.5	10.7	44.2	45.1
2016	2156.1	9169.5	9650.7	10.3	43.7	46
2017	2312.3	9775.6	10547.3	10.2	43.2	46.6

续表

年份	金额（亿美元）			比重（%）		
	国有企业	外商投资企业	其他企业	国有企业	外商投资企业	其他企业
2018	2572.6	10360.2	11941.3	10.34	41.65	48.01
2019	2356.1	9660.6	12973.6	9.43	38.66	51.91
2020	2074.8	9322.7	14508.9	8.01	35.99	56
2021	2689.3	11529.8	19420.5	7.99	34.27	57.73

资料来源：中国海关总署。

附录表 7 - 7   1985—2021 年中国分企业性质占进口贸易情况

年份	金额（亿美元）			比重（%）		
	国有企业	外商投资企业	其他企业	国有企业	外商投资企业	其他企业
1985	399.3	20.6	2.6	94.5	4.9	0.6
1990	404.7	123	5.8	75.9	23.1	1
1995	653.9	629.4	37.5	49.5	47.7	2.8
2000	989.2	1172.7	89.1	43.9	52.1	4
2005	1972	3875.1	754	29.9	58.7	11.4
2010	3875.5	7380	2692.8	27.8	52.9	19.3
2011	4934	8648.3	3852.3	28.3	49.6	22.1
2012	4954.2	8712.5	4511.5	27.3	47.9	24.8
2013	4989.9	8748.2	5761.8	25.6	44.9	29.5
2014	4910.5	9093.1	5588.7	25.1	46.4	28.5
2015	4078.4	8298.9	4418.4	24.3	49.4	26.3
2016	3608.2	7704.7	4566.4	22.7	48.5	28.8
2017	4374.4	8615.8	5419.7	23.8	46.8	29.4
2018	5473.5	9320.5	6116.9	25.63	43.64	28.64
2019	5368.6	8578.5	6372.5	25.85	41.3	30.68
2020	4582.4	8653.2	6982.8	22.29	42.1	33.97
2021	6500.3	10186.7	9797.5	24.19	37.9	36.46

资料来源：中国海关总署。

第八章 数字经济引起社会生产生活方式重要变革

第一节 新中国成立以来生产力发展的特点

一 用几十年时间基本完成了工业化

按照马克思主义的观点，"工业化"不仅是新的科学技术所孕育的物质生产，而且需要用它的产品装备来改造国民经济的主要物质生产部门（如轻工业、农业、交通运输业），这是工业化的本质。它与建立一些工业企业、有一些工业生产有着本质区别，马克思的《资本论》揭示了第 I 部类生产增长快于第 II 部类生产增长的客观经济规律。在新中国第一个五年计划建设时期，毛泽东同志强调要注重农、轻、重工业协调发展，但也仍然坚持说："生产资料优先增长的规律，是一切社会扩大再生产的共同规律。资本主义社会如果不是生产资料优先增长，它的社会生产也不能不断增长。"[①] 但是，资本主义工业化首先要遵循资本的利益最大化，而未必遵循客观规律。早期资本主义工业发展是从轻工业即生活资料部门起步的，这就注定了资本主义工业化是一个比较缓慢的过程。从 18 世纪下半叶世界主要资本主义国家开始工业化，到 19 世纪末和 20 世纪初先后完成工业化，前后经历了 200 多年。

新中国成立之初，我国基本上还是一个传统的农业国，工业基础异常薄弱。毛泽东1954 年有很形象的话："现在我们能造什么？能造桌子椅子，能造茶碗茶壶，能种粮食，还能磨成面粉，还能造纸，但是，一辆汽

---

① 《毛泽东文集》第 8 卷，人民出版社 1999 年版，第 121 页。

车、一架飞机、一辆坦克、一辆拖拉机都不能造"。① 当时的工业基础，几乎接近于无。"经过实施几个五年计划，我国建立起独立的比较完整的工业体系和国民经济体系"，② 尽管经历了"文化大革命"期间的曲折，中国仍然在20世纪80年代初期（约30年），初步完成了工业化，已经可以生产包括飞机、汽车、发电设备、重型机器、机床、精密仪表、合金钢等高技术产品。表8-1显示，1952—1957年，第二产业增加值由141.8亿元增加到317亿元，第二产业增加值指数增长到原来的2.45倍；第二产业和工业占GDP的比重从1952年的20.9%和17.6%提高到1957年的29.6%和25.3%。对于主要的工业产品，表8-2显示，1957年的生铁、粗钢和成品钢材的产量分别达到594万吨、535万吨和415万吨。原煤和原油分别达到1.31亿吨和146万吨，比1952年分别增长98%和231.8%。发电量达到193亿千瓦小时，比1952年增长164.4%。汽车生产工业从无到有建立起来，1957年达到0.79万辆。

此后的1957—1979年，虽然工业发展有所减速和起伏，中国仍然在20世纪80年代初期（约30年），初步完成了工业化。表8-1显示，到1978年，第二产业增加值提高到1745.2亿元，相比1957年增长4.5倍；第二产业增加值和工业增加值指数分别提高到1525.2和1694；第二产业和工业占GDP比重则分别提高到47.9%和44.1%，相对发达国家来看，已经达到比较高的水平。表8-2也显示各主要工业产品在1978年之前都实现了快速增长，特别是化学纤维和乙烯产业几乎从无到有建立起来；原油产量达到10405万吨；发电量达到2566亿千瓦小时；粗钢产量增加4.94倍，达到3178万吨；汽车增加17.87倍，达到14.91万辆。

1978年改革开放后，不断改革和破除阻碍工业发展的体制机制和政策制约，工业开始了更加快速的增长。表8-1显示，到2018年，第二产业增加值达到235162亿元，增长几乎134倍，工业增加值达到199671亿元，增长123倍。剔除价格因素的第二产业和工业增加值指数也均增长约37倍。但就第二产业和工业占GDP比重来看，则没有继续增加，基本保

---

① 《毛泽东文集》第6卷，人民出版社1999年版，第329页。

② 《中共中央关于党的百年奋斗重大成就和历史经验的决议》，《人民日报》2021年11月17日第1版。

持了较高的比重，并在 2006 年达到峰值（47.9%）。这意味着在 2006 年之后，我国的工业化已经达到高潮，逐渐进入工业化后期。这一时期的工业化与城市化融合推进，从表 8-1 可以看出，改革开放之后，城市化进入了快速发展阶段，1978—1998 年城市化率几乎增加一倍，每年增加 1 个百分点。1998 年之后，城市化推进速度再度加快，每年增加多于 1 个百分点，从 1998 年的 33.35% 迅速跃升到 2018 年的 52.57%。

1978—2012 年[①]，主要的工业产品也大幅度增长（见表 8-2）。其中，化学纤维产量增长幅度非常大，增加将近 134 倍，且明显高于纱和布的增长幅度，反映出轻工业领域工业化程度的提高。原煤和原油则分别增加将近 5 倍和 1 倍，其中原油产量增长相对不高主要是受制于我国石油储量少，从而更多依赖进口。发电量增加 18.57 倍，反映出强劲的工业生产需求。最能反映工业化生产的生铁、粗钢和成品钢材分别增长约 18 倍、22 倍和 42 倍，中国逐渐跃升为世界上最大的钢铁生产国。化学工业中使用最多的乙烯则增加 38 倍。此外，汽车产量快速增长，增加 128 倍，达到约 1928 万辆，由于汽车的产业链供应链较长，更加能够反映了我国工业综合能力的提高。

总之，新中国成立以来，中国的工业化取得了举世瞩目的成就，建立了世界上最完整的现代工业体系，拥有 39 个大类，191 个中类，525 个小类，成为唯一拥有联合国产业分类中全部工业门类的国家。在 500 多种主要工业产品中，中国有 220 多种产品的产量位居世界第一。其中，原煤、水泥、粗钢、成品钢材、化肥、发电量、电视机等主要工业产品的产量连续多年位居世界第一。2010 年开始，中国就成为世界制造业第一大国，制造业增加值几乎是美国和日本的总和（黄群慧，2021a）。到党的十八大召开，中国事实上已经完成工业化的绝大部分进程。习近平总书记 2018 年《在庆祝改革开放 40 周年大会上的讲话》对此进行了概括：一是"我们用几十年时间走完了发达国家几百年走过的工业化历程"，二是"建立了全世界最完整的现代工业体系"，三是"我国是世界第二大经济体、制造业

---

① 1978—2012 年，中国工业化快速发展，在 2012 年左右达到工业化的顶峰，此后进入工业化后期，经济的服务化趋势更加显著，所以本书主要考察 1978—2012 年的工业化发展情况。

第一大国"。① 我国"从积贫积弱、一穷二白到全面小康、繁荣富强，从被动挨打、饱受欺凌到独立自主、坚定自信，仅用几十年时间就走完发达国家几百年走过的工业化历程，创造了经济快速发展和社会长期稳定两大奇迹。"②

表8-1   1952—2018年中国工业发展成就

年份	1952	1957	1966	1978	1988	1998	2008	2018
第二产业增加值（亿元）	141.8	317.0	709.5	1745.2	6587.2	39004	149003	235162
工业增加值（亿元）	119.8	271.0	648.6	1607	5777.2	34018	130260	199671
第二产业增加值指数	100.0	245.5	564.0	1525.2	4332.6	13943	38884	58058
工业增加值指数	100.0	247.2	608.9	1694.0	4756.9	15901	45114	65580
第二产业占GDP比重（%）	20.9	29.6	37.9	47.9	43.8	46.2	47.4	45.3
工业占GDP比重（%）	17.6	25.3	34.6	44.1	38.4	40.3	41.5	38.4
城镇化率（%）	12.46	15.39	17.86	17.92	25.81	33.35	46.99	52.57

资料来源：笔者根据《新中国60年统计资料汇编》及历年《中国统计年鉴》整理计算得出，下表同。其中第二产业增加值指数和工业增加值指数以1952=100计算。

---

① 习近平：《在庆祝改革开放40周年大会上的讲话》，《人民日报》2018年12月19日。
② 《中共中央关于党的百年奋斗重大成就和历史经验的决议》，《人民日报》2021年11月17日第1版。

表 8 - 2　　　　　1952—2012 年中国主要工业产品增长情况

年份	1952	1957	1966	1978	1988	1998	2008	2012
化学纤维（万吨）		0.02	7.58	28.46	130.12	510.00	2415.00	3837.37
纱（万吨）	65.6	84.4	156.5	238.2	465.7	542.0	2123.3	2984
布（亿米）	38.3	50.5	73.1	110.3	187.9	241.0	710.0	848.94
原煤（亿吨）	0.66	1.31	2.52	6.18	9.80	12.50	27.88	36.5
原油（万吨）	44	146	1455	10405	13705	16100	19001	20571.14
发电量（亿千瓦小时）	73	193	825	2566	5452	11670	34669	50210.41
生铁（万吨）	193	594	1334	3479	5704	11864	47067	66354.4
粗钢（万吨）	135	535	1532	3178	5943	11559	50092	72388.22
成品钢材（万吨）	106	415	1035	2208	4689	10737	58488	95577.83
硫酸（万吨）	19.0	63.2	290.9	661.0	1111.3	2171.0	5132.7	7876.63
化肥（万吨）	3.9	15.1	240.9	869.3	1740.2	3010.0	6012.7	6832.1
乙烯（万吨）			0.54	38.03	123.21	377.30	998.26	1486.8
汽车（万辆）		0.79	5.59	14.91	64.47	163.00	934.55	1927.62

资料来源：同表 8 - 1。

二　抓住机遇促进工业化和信息化融合发展

工业文明并不是生产力发展的最后阶段，完成工业化以后，生产力发展向何处去，是世界各国面临的普遍挑战。完成工业化的国家普遍经历了后工业化社会，即服务业比重上升、工业比重下降。服务业比重上升的国家和地区并非都能成功实现现代化，相反，一些城市化率和服务业比重高的发展中国家却坠入"中等收入陷阱"。其主要原因是服务业的发展可能只是社会分工的扩大，有些只是工业企业内部分工的社会化，这种社会分工的扩大并没有得到新的科学技术革命催生的新的物质技术装备的支撑，其劳动生产率的提高远低于工业生产率的提高，造成总的社会生产率对比工业化时期反而下降，因而坠入"中等收入陷阱"。所以从一定意义上说，后工业社会经济的服务化和城市化，实际上是对现代化发展的考验，而并非成功的标志。以美国为首的最发达的一些国家虽然最先进入服务业比重上升阶段，出现了产业空心化，一方面，它们有条件依靠金融资本的优势和全球扩张，通过金融全球化得到巨大的资本回报。金融交易的高度虚拟化和泡沫化，以极高的速度实现价值交换，从而得到"增加值"和资本利润。另一方面，美国利用通信技术应用的突破，在20世纪90年代初期就开始掀起一轮"新经济"热潮。在信息化的初级阶段，这主要表现为远程通信技术的发展和普及，如电脑、电话的使用和普及，互联网的出现及在工业领域中的应用，网络传输速度的不断提高，并逐渐出现单独的信息和通信技术产业。

中国在20世纪90年代和21世纪初期仍然处于工业化的普及和提升阶段，尽管如此，也开始出现服务经济比重上升和工业比重上升趋缓的现象，但始终代表先进生产力发展方向的中国共产党很早就意识到生产力新时代文明的到来。2002年11月，党的十六大报告提出了"坚持以信息化带动工业化，以工业化促进信息化，走出一条科技含量高、经济效益好、资源消耗低、环境污染少、人力资源优势得到充分发挥的发展道路"。[①] 2008年中国中央政府成立了工业和信息化部。从我国的发展实践看，2001年中国的信息技术和信息产业就开始发展，但是还比较滞后。根据国际电信联盟的数据，当时我国互联网接入比例、移动电话使用比例、固定宽带和移动宽带使用比例都处于非常低的水平。2001年，中国信息化可以说是刚起步，其中互联网使用比例仅1.78%，移动电话使用比例仅6.61%，固定宽带和移动宽带的使用几乎为零。此后，中国提出信息化和工业化融合发展战略，信息化开始加速，到2010年互联网使用比例已经达到34.3%，移动电话已经达到比较高的水平为62.76%，但固定宽带和移动宽带的使用比例仍比较低，分别为9.23%与3.44%。2010年之后，中国信息化进入更快速的发展阶段，到2020年前后，各项指标与发达国家已经相差较小了，如果进一步考虑中国人口基数和农村地区的制约，那么与发达国家基本没有差距，特别是在城市地区甚至优于发达国家。

从此，我国信息基础设施快速发展，到2019年前后，我国已经基本赶上美国、日本和德国的发展水平。根据国家统计局数据，2019年我国各行业中使用计算机的人数比例已经比较高，全部行业达到32%，采矿业、制造业、电热燃气及水生产和供应业分别达到25%、28%和68%。除了

---

① 江泽民：《全面建设小康社会，开创中国特色社会主义事业新局面》，《人民日报》2002年11月18日第1版。

建筑业等少数几个行业外，其他的服务业中计算机的使用比例也较高，其中，信息传输、软件和信息技术业的比例最高，达到131%，教育业达到108%。就企业的利用互联网网站来看，全部行业的使用比例达到了51%，制造业的使用比例达到67%，其他行业的使用比例都普遍较高。但除了住宿和餐饮业，信息传输、软件和信息技术业以及文化、体育和娱乐业外，其他行业的使用比例都还比较低，制造业的比例仅10.2%，有进一步提高的潜力。但总体上，我国已基本完成一般的信息化通信和传输技术对国民经济各部门的技术改造。

2013年，习近平总书记总结了我国迈向信息化时代的经验："我国现代化同西方发达国家有很大不同。西方发达国家是一个'串联式'的发展过程，工业化、城镇化、农业现代化、信息化顺序发展，发展到目前水平用了二百多年时间。我们要后来居上，把'失去的二百年'找回来，决定了我国发展必然是一个'并联式'的过程，工业化、信息化、城镇化、农业现代化是叠加发展的。"[①] 在中国共产党领导下，社会主义制度再一次显示了发展生产力的优越性，中国在不到20年时间里，信息化发展的若干重要指标已经逼近或超过发达国家（见表8-3）。从而为成功跨越"中等收入陷阱"奠定了物质技术基础。

表8-3　　　2000—2020年中国信息化若干指标与发达国家的比较　　（单位:%）

指标	国家	2000年	2005年	2010年	2015年	2019年	2020年
互联网使用比例	中国	1.78	8.52	34.30	50.30	64.57	70.64
	德国	30.22	68.71	82.00	87.59	88.13	89.81
	日本	29.99	66.92	78.21	91.06	92.73	
	美国	43.08	67.97	71.69	74.55	89.43	
移动电话使用比例	中国	6.61	29.56	62.76	91.84	121.79	117.86
	德国	59.22	97.14	109.37	117.82	128.36	128.31
	日本	52.37	75.19	95.91	125.45	147.02	152.03
	美国	38.86	69.05	92.27	119.14	134.46	

———————————

① 中共中央文献研究室编：《习近平关于社会主义经济建设论述摘编》，中央文献出版社2017年版，第159页。

续表

指标	国家	2000 年	2005 年	2010 年	2015 年	2019 年	2020 年
固定宽带使用比例	中国	0	2.81	9.23	19.69	31.34	33.6
	德国	0.33	13.22	32.37	37.55	41.99	43.02
	日本	0.67	18.16	26.53	30.37	33.5	34.5
	美国	2.51	17.34	27.35	31.85	34.73	36.41
移动宽带使用比例	中国			3.44	55.3	96.72	96.32
	德国			26.23	71.49	86.52	90.69
	日本			86.83	127.17	202.97	206.43
	美国			60.68	117.02	152.17	

资料来源：笔者根据国际电信联盟的数据整理制作。

三 迈向信息化、数字化、网络化、智能化、低碳化生产力新台阶

21 世纪后，信息化技术不断创新拓展，并进入高级阶段（也可称为数字化阶段），由于数字技术的进步，超脱了传统意义上的信息通信技术在工业中的简单运用，包括 5G 通信、区块链、云计算、大数据、人工智能、3D 打印等在内的技术的出现，催生出了工业机器人、产业互联网和工业互联网，使得数字技术可以对工业和实体经济进行更大范围的改造，更大程度提高生产力。此外，各类平台企业大量涌现，"数据"已经成为新的要素，不再仅局限于传统上的统计功能，它还可以用来指导生产活动、包括生产什么、怎么生产等问题，引起了一系列生产和生活方式的深刻变革。同时绿色发展成为人类的共同需要，催生了低碳化的生产生活技术，由此，人类社会已经逐步迈入数字文明和生态文明时代。对世界科技发展和生产力发展的趋势，习近平总书记在 2013 年和 2014 年就提道："新一轮科技革命和产业变革正在孕育兴起"，"互联网已经融入社会生活方方面面，深刻改变了人们的生产和生活方式。我国正处在这个大潮之中，受到的影响越来越深"。[①] 2015 年 5 月，应对德国工业 4.0 计划与美国的工业

---

① 中共中央文献研究室：《习近平关于社会主义经济建设论述摘编》，中央文献出版社 2017 年版，第 126、180 页。

互联网举措，中国政府制定了《中国制造2025》，旨在推动中国制造业升级，推进生产过程智能化，全面提升企业研发、生产、管理和服务的智能化水平。在此背景下，中国的传统制造业向数字化智能化方向转型升级的速度明显加快。党的十八大以来，党中央高度重视数字经济发展，将其上升为国家战略。党的十八届五中全会提出，实施网络强国战略和国家大数据战略，拓展网络经济空间，促进互联网和经济社会融合发展。2017年，习近平总书记在十九届中央政治局第二次集体学习时强调要加快建设数字中国，构建以数据为关键要素的数字经济，推动实体经济和数字经济融合发展。党的十九大报告提出，推动互联网、大数据、人工智能和实体经济深度融合；2018年12月，中央经济工作会议把5G通信、人工智能、工业互联网、物联网作为"新型基础设施建设"的重要部分；2020年党的十九届五中全会《建议》提出发展数字经济，推进数字产业化和产业数字化，推动数字经济和实体经济深度融合，打造具有国际竞争力的数字产业集群。2020年11月20日习近平主席在国际会议上指出："数字经济是全球未来的发展方向。"[①] 2022年1月16日，《求是》杂志刊发习近平总书记的重要文章《不断做强做优做大我国数字经济》，系统论述了当代数字经济发展的技术形态、产业形态以及对国民经济的深远影响，进一步要求以数字经济作为我国创新驱动发展的着力点，为中国式现代化生产力的发展指明了方向。

数字化、网络化、智能化技术及其在国民经济中的应用最早出现在美国等西方发达国家，到2015年，对比美国、欧盟等发达国家，我国的数字经济发展有不小差距。从表8-4可以看出，2015年中国ICT服务增加值占世界前十位总和的比重只有11%，与美国相比还有较大差距，占中国GDP的比重也仅为2.6%，相对发达国家也较低。2017年，中国电子商务销售额占GDP的比重达到16%，也与发达国家还有一定差距。2019年，物联网支出占世界的比重达到24%，与美国差距不大，但是数据中心数量仅占世界比重的2%，与美国差距非常大，反映出主要的数据都存储在美国。

---

① 《习近平出席亚太经合组织第二十七次领导人非正式会议并发表重要讲话》，《人民日报》2020年11月21日第1版。

表 8 - 4 　　　　**主要国家的数字经济发展指标**　　　（单位：10 亿美元、%）

经济体	ICT 服务增加值（2015 年）	ICT 服务增加值占世界前十的比重（2015 年）	ICT 服务增加值占GDP 的比重（2015 年）	电子商务销售额（2017 年）	电子商务占GDP 的比重（2017 年）	物联网支出占世界的比重（2019 年）	数据中心数量占世界的比重（2019 年）
中国	284	11	2.6	1931	16	24	2
美国	1106	42	6.2	8883	46	26	40
欧盟	697	26	4.3				
德国				1503	41	5	4
法国				734	28	3	3
英国				755	29	3	6
日本	223	8	5.4	2975	61	9	
韩国	48	2	3.5	1290	84	4	

资料来源：ICT 服务增加值数据来自联合国贸发会（UNCTAD）的《信息经济报告 2017》，电子商务销售额、物联网支出、数据中心数量的占比数据来自 UNCTAD 的《数字经济报告 2021》。

2013 年后数字技术和数字经济蓬勃兴起，为中国社会经济向数字化全面转型奠定了初步的物质技术和知识基础。到 2020 年，如果仅从一般的信息技术的使用来看，我国与发达国家差距已经很小。

表 8 - 5 　　　　**按行业分企业数字化发展情况（2019 年）**

行业	企业数（个）	期末使用计算机数（台）	每百人使用计算机数（台）	企业拥有网站数（个）	每百家企业拥有网站数（个）	有电子商务交易活动企业数（个）	有电子商务交易活动企业比重（%）	电子商务销售额（亿元）	电子商务采购额（亿元）
总计	1039765	54433299	32	534190	51	109410	10.5	169325.9	101275
采矿业	9743	1147970	25	3252	33	322	3.3	601.4	746.5
制造业	346562	18915013	28	230533	67	35303	10.2	56339.8	41302.3
电、热、燃气及水生产和供应业	13642	2338643	68	6601	48	834	6.1	1645.7	3693.4

230 / 中国特色社会主义政治经济学 /

续表

行业	企业数（个）	期末使用计算机数（台）	每百人使用计算机数（台）	企业拥有网站数（个）	每百家企业拥有网站数（个）	有电子商务交易活动企业数（个）	有电子商务交易活动企业比重（%）	电子商务销售额（亿元）	电子商务采购额（亿元）
建筑业	113944	4334166	10	43829	39	4217	3.7	186.1	7673.3
批发和零售业	234752	6433544	53	88827	38	31922	13.6	84183.4	42730.2
交通运输、仓储和邮政业	38575	2974771	36	15966	41	2366	6.1	7294.3	711.1
住宿和餐饮业	50627	1006087	24	19466	38	16260	32.1	1168.7	48.8
信息传输、软件和信息技术	22077	6881969	131	25870	117	4716	21.4	11465.6	1756.6
房地产业	112782	2778593	40	41199	37	3515	3.1	394.5	39.4
租赁和商务服务业	38930	2316067	28	21704	56	3585	9.2	4860.6	1881.5
科学研究和技术服务业	22544	2774733	86	16288	72	1868	8.3	273.7	614.0
水利、环境和公共设施管理业	5471	218736	17	2938	54	723	13.2	74.1	9.7
居民服务、修理和其他服务业	7255	169049	14	2834	39	587	8.1	84.6	12.6
教育	5145	924931	108	3659	71	387	7.5	330.5	7.7
卫生和社会工作	6318	633366	57	4734	75	472	7.5	18.4	27.3
文化、体育和娱乐业	11398	585661	67	6490	57	2333	20.5	404.5	20.8

资料来源：中国统计年鉴 2020 年。

针对德国的工业 4.0 计划与美国的工业互联网举措，中国也加快了制造业升级的步伐，特别是推动信息技术与制造业深度融合，实现智能制造。生产制造与服务的数字化智能化水平较以前明显提高。例如，轨道车辆制造企业在物流管理中引进编码设备系统、定位系统、微型立体仓库、自动运送车辆（AGV）等自动化设备。石化炼油企业广泛应用物联网、红外线及机器人技术，建设了全封闭、全自动、无人操作的立体仓库，实现了固体产品包装、仓库作业的自动化管理和无人装车发货。发电企业则开发出各类软件程序对生产的全流程进行实时监控，杜绝各种风险隐患。大量制造业企业开始越来越多地使用智能化工业机器人。

根据 UNCTAD 发布的《数字经济报告 2021》，中美两国是全球数字经济的两个最主要国家，75% 的区块链相关的专利集中于中美两国，其中中国就持有 50% 的区块链相关专利；中美两国也占有 50% 的物联网支出、75% 以上的云计算市场；全球市值最大的 70 个数字化平台企业几乎都集中于中美两国。2017 年，中国、日本、韩国、美国、德国占有全球 73% 的机器人销售量，其中中国位列第一，中国和美国也是从人工智能技术中受益最大的两个国家。中国、美国和日本共囊括了 78% 的人工智能相关专利。但是就数据中心地区分布来看，主要位于发达国家，其中 40% 位于美国。从全球来看，2017 年狭义和广义的数字经济大约占全球 GDP 的 4.5% 和 15.5%，在美国，这两个数字分别为 6.9% 和 21.6%，在中国，分别为 6% 和 30%。在基础设施方面，2022 年 1 月，工业和信息化部发布的《2021 年通信业统计公报》数据显示，截至 2021 年年底，我国累计建成并开通 5G 基站 142.5 万个，总量占全球 60% 以上。在数据中心建设方面，因为大数据和人工智能的广泛应用，互联网龙头企业建成了诸多超大规模数据中心。在工业互联网方面，诸多大型制造业企业都在加快建设行业层面的工业互联网平台，部署与机械装备相互连接的边缘计算网络。在人工智能方面，国内大型互联网企业正在建设人工智能开放平台，在自动驾驶、人脸识别、医疗读片等领域已经实现一定突破。在此基础上，数据也成为一种新的生产要素，2020 年 4 月出台的《中共中央国务院关于构建更加完善的要素市场化配置体制机制的意见》首次将数据作为一种新型生产要素写入文件，提出在农业、工业、交通、教育等领域开发各种数据应用场景。可以预见在不久的将来，随着我国数字基础设施的完善，必将成为我国工业升级和经济数字化转型的重要推动因素。

232 / 中国特色社会主义政治经济学 /

当然，我们也要清醒地认识到，我国在工业数字化发展方面还存在诸多挑战。例如，工业企业的数字化和智能化程度还不是很高。例如，智能制造在大型钢铁企业的实现程度最高，但也才达到19.9%，[①] 主要是用于安全监控，其他行业的智能化程度都还比较低，大多数制造业企业的数字化转型尚处于试验和局部推广阶段。再如，我国在数字技术领域的诸多核心产品和技术面临发达国家的"卡脖子"问题，特别是芯片、光刻机、人工智能技术、工业软件平台等。如果不妥善解决这些问题，实现我国现代化的生产力基础则仍然是不充分、不扎实的。因此，继续做强做优做大我国数字经济，并改造国民经济各个部门，仍然是我国生产力发展和经济建设的艰巨任务，我们要争取在2035年实现人均国内生产总值达到2万美元以上的条件下，筑牢现代化国家的物质技术和经济基础。

中国14亿超大规模的人口以及人均自然资源的不足，决定了我国生产力发展绝不能走疯狂攫取自然资源的道路，更不能走掠夺别国资源的道路。表8-6显示中国的人均水资源和耕地面积明显小于其他国家（不包括日本），而且在人均国内生产总值达到1万美元时，除个别国家和个别能源外，中国的各类资源能源的消费量明显低于其他发达国家。这说明，只要我们坚持贯彻创新、协调、绿色、开放、共享的新发展理念，就一定能够走出一条资源节约、生态环境友好的中国生产力发展之路。

表8-6　世界主要国家人均国内生产总值达1万美元时的资源能源消费情况

国家	达成1万美元年份	人口（亿）	人均水资源（立方米/人）	人均耕地面积（公顷）	人均石油消费量（吨）	人均天然气消费量（立方米）	人均煤消费量（吨油当量）	人均核能消费量（千瓦时）	人均水电消费量（千瓦时）
美国	1978	2.23	12795.19	1.92	3.91	2369.88	1.56	1307.14	1286.38
中国	2019	14.00	2077.70	0.10	0.66	278.55	2.01	249.06	931.68
德国	1979	0.78	1363.99	0.24	2.09	792.31	1.77	666.53	235.31
英国	1980	0.56	2576.86	0.33	1.44	832.83	1.26	657.56	70.21

① 参见刘九如《新动能驱动高质量发展——2018我国信息化建设成果述评》，《中国信息化》2018年第12期。

续表

国家	达成1万美元年份	人口（亿）	人均水资源（立方米/人）	人均耕地面积（公顷）	人均石油消费量（吨）	人均天然气消费量（立方米）	人均煤消费量（吨油当量）	人均核能消费量（千瓦时）	人均水电消费量（千瓦时）
法国	1979	0.55	3471.90	0.58	2.15	440.66	0.58	727.81	1209.44
日本	1981	1.18	3630.25	0.05	1.90	214.20	0.54	727.74	738.23

资料来源：EPS 数据库 BP 世界能源统计年鉴。

第二节　数字经济概念的经济学解释

一　数字经济发展背景

2017 年 5 月初，英国《经济学人》封面文章《世界上最宝贵的资源》指出数据是数字时代的"石油"。"一百年前石油成为现代社会最重要的大宗商品，其开采、交易、提炼促进了勘探、化工、运输和金融等诸多产业的发展。后工业时代，数据成了数字经济中最新的大宗商品，其搜集、提炼和分析，也已成为驱动所有科技创新的必需。"[①] 可见，以数据为关键投入要素的数字经济则成为经济发展的重要驱动力，数据就是未来的石油。根据《世界互联网报告 2017》，全球 22% 的 GDP 与数字经济紧密相关。2016 年中国数字经济规模总量高达 22.58 万亿元，跃居全球第二，占中国 GDP 比重为 30.3%；美国数字经济规模总量为 11 万亿美元，排名全球第一，占美国 GDP 比重为 59.1%。数字已经成为引领全球经济增长的主要动力源，据估计，数字技能和技术的应用到 2020 年将使全球经济总值增量的一半来自数字经济。[②]

20 世纪 90 年代，随着互联网的广泛接入和信息技术关键性突破，在全球范围内由网络连接所催生的海量数据已经大大超出了传统的分散终端处理能力范围。在这种背景下，大数据、云计算等数字技术得到了飞速发

[①] 金融读书会：《十个关键词，回顾 2017〈经济学人〉》，http：//www. sohu. com/a/213961069_481741。

[②] 埃森哲战略和牛津经济研究院：《数字化颠覆：实现乘数效应的增长》，2016 年。

展。"数字经济"最早由著名新经济学家唐·泰普斯科特（Ton Tapscott）在其1996年出版的《数字经济》一书中提出的，在该书中，他详细论述了互联网对社会经济的影响。紧接着，尼古拉斯·尼葛洛庞帝（Nicholas Negroponte）的《数字化生存》向人们讲解了信息技术的未来发展趋势、应用以及巨大价值。此书一经出版便在全球各地引起强烈的反响，成为畅销书。从那时起，各国政府开始采取措施将数字经济作为推动经济增长的新动能。1997年，日本通产省政府最早使用"数字经济"一词。从1998年起，美国商务部连续5年公布数字经济研究报告。2008年国际金融危机爆发后，各国为了尽快走出经济衰退泥潭，纷纷制定数字经济战略，并将其作为国家战略而实施。近年来，我国也高度重视数字经济在引领经济增长、产业结构升级方面的巨大推动作用，并做出重要部署。2015年3月，政府工作报告首次提出"互联网＋"行动计划。2016年10月，习近平总书记在中央政治局第十六次集体学习时强调："要加大投入，加强信息基础设施建设，推动互联网和实体经济深度融合，加快传统产业数字化、智能化，做大做强数字经济，拓展经济发展新空间。"2017年3月，政府工作报告首次提出加快促进数字经济发展，同年10月，数字经济被写入党的十九大报告。

表8-7   主要国家近年来数字经济战略

国家/地区	时间	战略
美国	2012年3月	大数据战略
	2015年11月	数字经济议程
	2016年12月	加强国家网络安全——促进数字经济的安全与发展
日本	2013年5月	ICT成长战略
	2014年6月	智能日本ICT战略
欧盟	2010年5月	欧洲数字议程
	2015年5月	数字单一市场战略
	2016年4月	产业数字化规划
英国	2013年6月	数字经济战略
	2015年2月	英国2015—2018数字经济战略
	2017年3月	英国数字战略

续表

国家/地区	时间	战略
德国	2010 年 11 月	数字德国 2015
	2014 年 8 月	数字议程（2014—2017）
	2016 年 3 月	数字化战略 2025
法国	2011 年 12 月	数字法国 2020
	2013 年 2 月	数字化蓝图

资料来源：腾讯研究院。

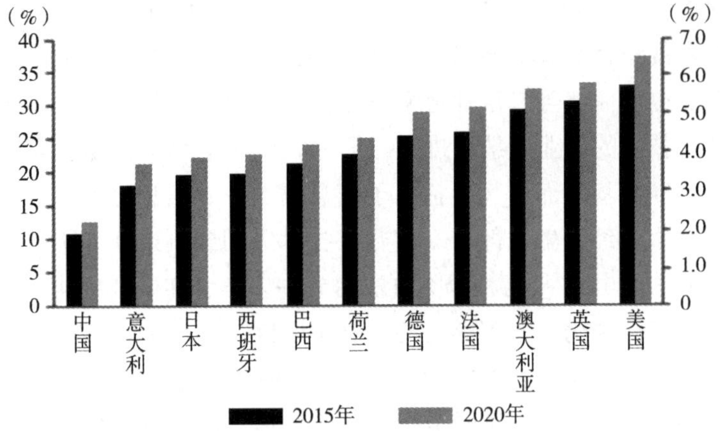

图 8-1　2015 年与 2020 年数字经济规模占各国 GDP 的比例

二　数字经济的定义

从现象上看，数字经济包括互联网、电子商务、机器人、人工智能、物联网、云计算、大数据、3D 打印、数字支付系统等。自泰普斯科特（D. Tapscott）提出数字经济概念以来[①]，许多机构和学者纷纷从不同视角定义数字经济。第一，从数字经济的范围来看：梅森伯格（Mesenbourg）认为数字经济分为三个部分：电子商务基础设施（硬件、软件、网络、系

---

① Tapscott, D., The Digital Economy：Promise and Peril in the Age of Networked Intelligence. McGraw-Hill, New York, 1996.

统等）；电子商务流程（主要通过计算机网络进行商务活动，如电子邮件、视频会议等）；电子商务（主要基于计算机网络进行商品交易的过程，如在线售书和 CD 等）。第二，依照这种划分方式所定义的数字经济，虽然其构成明确，但在统计过程中存在一定的难度，例如如何统计电子业务的经济规模。[1] 巴克特（Bukht）和希克斯（Heeks）认为完全或者主要由基于数字产品或者服务的商业模式的数字技术所引起的那部分产出就是数字经济。[2] 他们将数字经济分为三个层次，即核心部门或者数字部门，包括软件制造业、信息服务等行业；狭义的数字经济，即除了包括核心部门外，还包括因 ICT 而产生的新的商业模式，如平台经济、共享经济、数字服务等；广义的数字经济——数字化经济（Digitalized Economy），包括一切基于数字技术的经济活动，即除了包括狭义的数字经济，还包括工业 4.0、精准农业、电子商务等。这种定义虽然模糊了界限，但是足以将未来涌现的基于数字技术的新业态纳入进来。第一，中国信息通信研究院将数字经济分为数字经济基础部分（包括电子信息制造业、信息通信业以及软件服务业等）和数字经济融合部分（将数字技术应用到制造业、服务业等传统行业所增加的产出）。[3] 这种分类方法得到许多学者和研究机构的认同。第二，将数字经济视为一种经济活动：如中国在 2016 年《G20 数字经济发展与合作倡议》中指出："数字经济是指以使用数字化的知识和信息作为关键生产要素、以现代信息网络作为重要载体、以信息通信技术的有效使用作为效率提升和经济结构优化的重要推动力的一系列经济活动。"赛迪顾问认为数字经济是以数字为基础的一系列经济活动的总和。[4] 第三，从产出角度来看：埃哲森认为各类数字化投入带来的全部经济产出即为数字经济。数字化投入包括数字技能、数字设备（软硬件和通信设备）以及用于生产环节的数字化中间品和服务。第四，从结构角度来看：澳大利亚政府认为数字经济是通过互联网、移动电话等数字技术实现经济社会的全球

---

[1] Mesenbourg, T. L. , Measuring the Digital Economy. US Bureau of the Census, Suitland, MD, 2001.

[2] Rumana Bukht and Richard Heeks, Defining, Conceptualising and Measuring the Digital Economy. Working Paper, University of Manchester, 2017.

[3] 中国信息通信研究院：《中国数字经济发展白皮书 2017》2017 年版。

[4] 赛迪顾问：《2017 中国数字经济指数（DEDI）》，2017 年 11 月。

网络化。[1] 欧洲议会（2015）将数字经济描述为通过无数个且不断增长的节点连接起来的这种多层级或者层次的复杂结构。[2] 除此之外，还有学者和机构从商业模式角度定义数字经济，虽然以上数字经济定义各有侧重，且范围也不同，但都认为数字经济是一种基于数字技术的经济。

从构成来看，数字经济分为数字经济基础部分和数字经济融合部分。从生产力发展角度来看，人类社会由低级向高级演变，主要是通过先进技术产业化和原有产业借助先进技术而使生产效率提升来实现的。数字经济发展一方面依靠数字技术产业化，另一方面依靠制造业、交通运输业等传统产业数字化。数字经济基础部分，又称数字产业化，主要包括计算机通信业、信息服务业和软件服务业等，体现的是信息产品和信息服务的生产与供给。数字经济融合部分，又称产业数字化，是指传统产业在生产、销售、管理、决策等各个环节使用信息通信技术而使得质提效升。数字经济基础部分和数字经济融合部分一起构成数字经济，二者之间相互渗透、相互促进，一方面，数字经济基础部分为数字经济融合发展提供物质基础；另一方面，数字经济基础部分对经济质提效升方面的作用主要通过数字经济融合部分表现出来。

三 数字经济的根本特征是边际收益递增

传统的西方经济学理论都将边际收益递减基本假设作为其理论分析的前提，边际收益递减是工业社会物质生产的普遍现象。然而这个基本假设在数字经济面前遭遇严峻的挑战。当然我们并不否认边际收益递减规律仍然在数字经济中发挥着重要作用，因为数字经济发展立足于实体经济的发展，而实体经济发展则具有边际收益递减的普遍规律。数字经济表现出边际收益递增主要有以下几个方面的原因。

首先，边际成本递减。在传统的西方经济学的厂商理论中，无论是短期成本，还是产量达到规模经济后的长期成本，其边际成本都具有递增趋势。然而数字经济却呈现相反的趋势，即边际成本递减趋势。数字经济的

---

[1] DBCDE, 2013. Advancing Australia as a Digital Economy: An Update to the National Digital Economy Strategy, Department of Broadband, Communications and the Digital Economy, Canberra. http://apo.org.au/node/34523.

[2] EC, Expert Group on Taxation of the Digital Economy. European Commission, Brussels, 2013.

关键要素是数据，数据的产生、传递、存储、搜集、挖掘和加工是以互联网的广泛接入和大数据、云计算等数字技术的发展为前提的。从数据的产生到数据的加工制作所产生的成本大致可以分为三个部分：互联网基础设施建设成本 C_1、数据传递成本 C_2 以及数据的搜集、加工成本 C_3。成本 C_1、C_2 与用户的在线用户人数 N 无关，因此，前两个部分的边际成本 MC_1、MC_2 均为 0，而平均成本 AC_1、AC_2 随着在线用户人数的增加而递减。成本 C_3 随着 N 的增加而增加，但 AC_3 和 MC_3 呈下降趋势。所以由以上三部分所构成的总的平均成本 AC 和 MC 会随着入网人数的增加而呈递减趋势，进而与边际成本相对应的边际收益呈递增趋势。

其次，数据信息的共享和利用使得其价值增值。无论是农业经济时代的土地和劳动力，还是工业经济时代的资本和技术都具有不可复制性、排他性的属性。若一部分人使用这些土地，或劳动力，或技术，或资本，则其他人就不能使用这些土地、劳动力、资本和技术。在数字经济中，作为关键投入要素的数据信息具有极强的准公共物品属性，意味着当一部分人使用该数据时，其他人也可以同时使用该数据。这是传统的经济要素所不具有的特性。另外，数字经济时代的数据信息具有可复制、可重复使用特征，这使得使用该数据的用户数量不断增加，因此从该数据信息中获得的收益也在不断地增加。正如美国经济学家阿罗说过："信息的使用会带来不断增加的报酬。举例来说，一条技术信息能够以任意的规模在生产中加以运用。"

再次，创新。1912 年美国经济学家熊彼特在他的《经济发展理论》一书中提出了创新的概念。他认为创新可以是技术创新、管理组织创新。1975 年，提出摩尔定律的戈登·摩尔预测：集成电路性能每 18 个月会提高 1 倍，而价格将会减少到原来的一半。60 年过去了，摩尔定律仍然能够引领数字经济增长。在以信息通信技术（ICT）有效使用作为效率提升的数字经济中，产品创新速度惊人，产品从开发到其价值实现的时间间隔越来越短。由于互联网具有实时性、互补性和信息分享的非耗费性等特征，因此互联网各个节点上的创新思路或者成果可以被相互借鉴、相互启发，以至于任何一个网络节点的创新思路和成果都会给其他节点带来价值，进而吸引更多的人加入网络。根据梅特卡夫法则（Metcalfe Law），网络的价值以网络节点户数量平方增长。例如，微信小程序于 2017 年 1 月 9 日在客户端上市，一年后微信日活跃人数（DAU）多达1.7亿人，已上线的小程序58万个，吸引100万个开发者和2300个第三方平台。随着日活跃人数的不断上升，小程序给腾讯、开放者以及第三方平台带来的收入将会是巨大的。

最后，交易成本下降。数字经济依靠数字信息技术将线下的商品流、物流同线上的信息流、资金流有机地融合在一起，有效降低了人们搜寻成本、决策成本、合同签订前的谈判成本和签订后的监督成本，并解决了人们之间信息不对称问题。中国物流业的95%的经营主体为中小企业，经营模式多为单车货物运输，货源组织能力差。这种经营模式导致中国的物流行业高度碎片化，部分行业竞争，物流成本高，效率低下。具体表现为中国的物流费用占GDP的比率约为美国的两倍，中国公路货车空载率高达40%，是美国和德国的3—4倍。①互联网平台把企业用户和物流公司聚拢在一起，让他们建立直接联系，有效解决了信息不对称的问题，从而大幅度降低了交易成本。例如贵州"货车帮"成功地将大数据、云计算和移动互联网应用到中国物流上，将全国的货物和货车情况精准的匹配起来，大大降低了空载率，从根本上解决了车货不匹配难题。2016年"货车帮"为社会节省燃油615亿元，减少3300万吨碳排放。②

四　从不同社会经济形态主要生产要素的变化来看数字经济

人类社会的生存与发展是利用生产要素进行生产为前提的，生产要素的内容随着人类社会经济形态的不断升级而不断演变，是一个处于不断变化的历史范畴。纵观人类社会经济演变史，新的社会经济形态必然出现新的生产要素与之相适应。农业经济时代的生产要素是土地和劳动力。由于当时生产力水平低下，社会分工不发达，大多数的劳动是体力劳动，所涉及的脑力劳动很少，因此在很大程度上，社会财富大小主要与土地多少有关，土地是第一生产要素。正如17世纪英国经济学家威廉·配第所说："土地是财富之母，劳动是财富之父"；到了工业经济时代，除了土地和劳动力之外，资本（机器、厂房等）作为新的生产要素出现，在经济发展中

---

① 资料来源：麦肯锡全球研究院：《数字时代的中国：打造具有全球竞争力的新经济》，2017年12月。

② 资料来源：http：//www.huochebang.cn/about#hash_social_value。

所扮演举足轻重的作用。到了数字经济时代，数据成为一种关键生产要素。与传统的生产要素相比，数据所具有可复制性、非竞争性、无限增长和无限供给的属性打破了传统要素报酬递减趋势，突破了时间和空间的限制，提高了资源的有效配置，为经济的可持续发展提供了强劲动力（数据作为生产要素作用再添加）。

从生产手段所采用的技术属性的自然科学意义上的分类：首先出现的是农业生产和农业产品，体现为农业经济并表现为自然科学意义上的生物经济；之后出现了工业产品和工业生产，体现为工业经济，表现为自然科学意义上的物理化学经济；服务生产和服务劳动产品，体现为服务业和服务劳动经济。但是它没有自然科学意义上的技术定义，这是因为，在服务劳动经济中，至少在很长时期，其技术手段对于生产率的意义并不重要，或者在后来，它采用的是综合的技术，任何技术分支在其劳动生产率中都不具有决定意义。

因此，数字经济，强调的是数据信息及其传送是一种决定生产率的技术手段，是先进生产力的代表。这样一种技术手段，它可以渗透进工农业生产，以及服务业劳动，形成所谓"互联网＋"，虽然它与其他技术手段在各种生产活动中共同使用并同时发挥作用，但对于这些生产过程来说，决定生产率高低的是数据信息及其传送这一技术手段，因此，这就是数字经济。

第三节　数字经济的社会再生产过程

一　数字信息产品的社会再生产过程

数据是未经组织的数字、词语、声音、图像等；信息是以有意义的形式加以排列和处理的数据（有意义的数据）。[1] 信息产品是指能够被数字化的任何产品。数字信息产品是指仅以 0、1 字符串所代表的二进制代码形式存在或者以比特形式存在的产品，它的存在是以网络和终端设备为物质载体。数字信息产品本质上是一种非物质形态的信息产品，是一种有别于传统的物质形态的信息产品，是一种全新的产品。这种新产品是无形的数字信息产品，它不仅是必不可少的投入品和中间产品，也是越来越常见的

---

[1]　World Development Report：*Knowledge for Development*，1998.

直接消费品。它的生产，主要不依靠固定资本投入，而主要依靠无形资本投入；主要不依靠有形市场交换，而主要依靠虚拟市场交换；主要不依靠线下消费，而主要依靠线上消费。

（一）数字信息产品是一种必不可少的投入品

数字信息不仅可以作为直接消费品，而且可以作为一种关键的投入品。企业运用大数据，对市场数据进行分析、挖掘，洞悉消费者的行为偏好，实现精准化生产和精准营销。尚品宅配堪称一个将大数据运用到极致的典型企业。从方案设计到产品研发，再到渠道营销等环节都有大数据参与的影子。尚品宅配除了从自己垂直门户获取客户数据外，大部分主要从阿里巴巴、百度、腾讯以及大型的房地产商处获取。通过对客户数据进行深度挖掘和分析，精准了解客户的个性偏好，大大提高了设计师方案被采纳的可能性。除了有效提高设计方案的接受率外，尚品宅配利用大数据改进供应链和生产环节，大大缩短了从客户下单到原材料加工完成的时间。客户的个性化定制需求得到满足为尚品宅配赢得了广阔的市场。2017 年，尚品宅配实现营业额 53.23 亿元，服务客户超过 20 万家。堪称史上首部"大数据"制作的网络剧《纸牌屋》热播于网络，让 Netflix 赚得盆满钵满，便是数据作为关键投入要素在影视产业上的一个典型案例。Netflix 将后台多年来积累的海量用户数据进行挖掘、分析后发现，BBC 版《纸牌屋》的大多数粉丝同样是导演大卫·芬奇和奥斯卡影帝凯文·史派西的拥趸。于是 Netflix 邀请大卫·芬奇和凯文·史派西分别作为新版《纸牌屋》的导演和男主角。事实证明 Netflix 的判断是正确的，《纸牌屋》使得 Netflix 不仅获得了商业上的成功，而且开辟了大数据应用于影视产业的成功之道。

（二）数字信息产品的生产

与工业经济时代的产品生产主要靠固定资本投入不同，在数字经济时代，数据信息生产主要靠信息通信技术这样的无形资本来实现。我们正处于一个信息大爆炸时代，近几十年来，由互联网、物联网、移动终端所产生的海量数据已经超过了人类数千年来所产生的数据之和。根据国际数据公司（IDC）提供的数据，2011 年全球数据总量为 1.8ZB（1ZB = 1 万亿GB，1.8ZB 相当于 18 亿个 1TB 硬盘），2015 年为 8.61ZB，是 2011 年的4.78 倍，目前全球数据每年以约 40% 的速度增长，预计到 2020 年，全球大数据储量达到 44ZB。这些具有碎片化和非结构性特征的海量数据并不完全有利用价值，需要对其进行搜集、加工、清洗、分析和挖掘，而这超出了常规软件进行处理范围，因此需要借助云计算的虚拟化技术、分布式数据存储技术和云计算管理平台等作为计算资源底层，以支撑大数据对海量数据的分析和挖掘。经过处理后的数据便成为数字信息产品，成为重要的资源或产品。数字信息产品的生产是架构在信息网络和云这样新时代基础设施之上的，即以信息通信技术的不断发展为前提的。因此，可以说数字信息产品的生产主要依靠无形资本投入。

此外，从产品形态来看，农业经济和工业经济产品主要以物质形态为主，以物质实体作为载体的使用价值是价值的物质承担者，离开了物质形态，产品的使用价值将难以存在。而在数字经济时代，数据信息产品以非物质性形态为主，具有可复制性、可变性、不可破坏性等特点，其使用价值不再以物质形态为载体，而是以数据库等为依托。

（三）数字信息产品的交换

原始社会末期出现了第一次社会大分工，由于生产力水平的发展，人类的劳动产品出现剩余，在社会分工的基础上产生了最初的产品交换。随着生产力的不断发展和第二次、第三次社会大分工的相继出现，人类的商品交换由最原始的物物交换形式（W－W）演变成商品—货币—商品（W－G－W）的简单商品流通形式，最终演变成货币—商品—货币（G－W－G）的发达商品流通形式。从原始社会到工业经济社会，人类交换的商品形态分为有形产品和无形产品（主要是服务）。有形产品是以物质形态存在的产品，是由化学物质所构成的混合物，原子是其最基本组成单元。无形产品是以非物质形态形式存在的产品。有形商品所具有的物理、化学属性决定了此种商品的交换突破不了时间、空间的限制。而无形产品虽然是非物质形态的产品，但这种无形产品的存在需要以物质作为载体为前提的，其生产、交换和消费是合为一体的，不能分开进行的。而这种产品的消费则需要买卖双方面对面的参与才能进行。这类无形产品的消费特点决定了对其交换也无法突破时间、空间的限制。因此，数字经济时代以前的商品主要通过有形市场交换。在这个有形市场中，卖方通过让渡商品的使用价值获取商品的价值，价值和使用价值进行着相反的运动。而在数字经济时代，数字信息产品成为交换的主要产品。与传统的产品不同，数字信息产品是以比特或者比特流形式存在的信息产品，这种产品以比特的形式进行储存，并能以比特流形式在网络上传送。这种产品本身是看不见、摸不着的、不能被感知的，只能通过终端设备才能识别出。这种产品虽然是无形的、非物质性的，但是其存在需依附于物质载体，即需要物质用于存储和传播。因此，数字信息产品特性决定其交换主要在互联网上进行，交换双方可以打破时间、空间的限制，随时随地进行交换。这意味着数字信息产品交换的市场是无形的、不固定的虚拟市场。在这个虚拟市场中，卖方只是向买方"提供"，而并非让渡数字信息产品的使用价值。因为卖方在获得买方支付的交换价值后，仍保留着该产品的使用价值。原因是数字信息产品可以以近于零成本被复制，故卖方可以保留该产品的使用价值。

（四）数字信息产品的消费

消费是人类利用各种社会产品满足自身生产与发展的各种需求。消费分为生产消费和生活消费。生产消费是指人类进行物质资料生产过程中所使用和消耗的生产资料和生活劳动。生活消费是指人类利用所生产出的物质产品和精神产品用于满足自身生活需要。数字信息产品也分为生产消费和生活消费。结合消费和数字信息产品的定义，可以将数字信息产品的消费描述成：人类利用各种数字信息产品以满足自身的生活需求。由于数字信息产品以比特的形式存在并在互联网终端设备上存储和传播的特性决定了其可以以较低的成本或者零成本被复制生产，一旦第一件数字信息产品被生产出来后，便可以通过复制而无限供给。该产品的无限供给特征决定了对该产品的消费具有非独占性特征，即不同的消费者可以同时使用相同的产品而相互不受影响。而不同的消费者可以突破时空的限制使用相同的产品的前提，是该产品是在互联网生产的、消费的。例如，由腾讯开发运行的《王者荣耀》游戏，最高同时在线人数达数百万，这些玩家玩的同一种数字信息产品，虽然他们各自玩的级别不一样，有的处于低级别、有的处于高级别阶段，但是他们的确是在线消费同一款游戏。

二 新的社会交换关系

20世纪90年代以来，随着以"云、网、端"为代表的数字经济基础设施不断地完善，数据资源的自由流动，企业的外部交易成本不断地下降，企业间的合作成本大幅度降低。为追求利益最大化，企业将非核心部门从企业剥离出来，从事专业化生产，企业间的密切协作，促使分工由产业间、产业内分工转向产业链分工。在这种产业链分工模式下，一种产品生产所需要的各个工序、环节被拆分到不同区域甚至不同国家完成。一个企业产品的价值链由 R&D、产品设计、生产、销售、售后服务等环节组成，并且可以垂直分解。因此，价值链中的每个环节都可以被安排在最佳的区域进行。在这种分工模式下，企业基于自身资源禀赋、技术水平差异、规模经济和比较优势等因素考虑，一方面将知识密集型和技术密集型的生产链环节向大城市中心区迁移，以更好地利用大城市丰富的人力资本；另一方面将那些具有标准化生产环节、工序向中小城市、乡镇转移，可以吸收当地剩余劳动力，促进城镇发展。具体而言，将产品价值链中的 R&D、产品设计、管理控制等环节迁移到科技和人才资源集聚的大城市中心区；将生产制造、加工组装等环节向中小城市、乡镇转移。在这个转移过程中，大城市和乡镇、中小城市在产品价值链上分工协作，发挥各自的比较优势，实现资源优势互补、产业错位发展，要素合理流动，逐渐形成新型的城乡分工格局。

这种新型的城乡分工格局日益改变了传统的社会交换关系：传统的城乡关系被颠覆，工业生产与农业生产的对立，物理化学经济与生物经济的对立，曾是传统的城乡交换以及城乡关系的基本内容。而在现在和未来，将发生颠覆性的变化，具体体现在：一方面，大城市和经济核心区以科技研发、服务经济、数据信息、数字经济与公共品生产为主。2014 年英国《自然》（Nature）杂志首次对中国城市的科研能力进行打分——WFC 指数，图 8-2 列出 WFC 指数排名前 10 位的城市。其中北京排名第一，WFC 指数为 1329，上海和南京的 WFC 指数分别为 712 和 310，分列第二位和第三位。这 10 座城市的 WFC 指数之和占全国城市 WFC 指数的 70.4%。由以上排名和占比可以看出，中国科研能力强的城市主要是那些一线城市和部分省会城市。2016 年年初，国家知识产权局公布了 2015 年我国发明专利授权量最多的 10 座城市，见图 8-3。其中北京以 35308 件雄踞榜首，上海和深圳分列第二位、第三位，发明专利授权量分别为 17601 件和 16956 件。另一方面，乡镇中小城市以及非经济核心区域则以工农业生产、生物和物理化学经济为主。在产业链区域间分工模式驱动下，在广东、浙江、山东、安徽等省的乡镇、中小城市出现了以某一种或者多种产业进行专业化生产的专业镇，产业全面涵盖第一产业、第二产业、第三产业。以广东为例，到 2015 年广东省共有 399 个专业镇，具体分布见表 8 - 8。GDP 总额为 2.78 万亿元，占广东全省 GDP 的 38.06%。广东省专业镇规模的不断发展，已经成为广东省经济发展的重要引擎。数字经济时代城乡之间的新型分工格局促进了新型的城乡关系和区域关系的形成，打破了传统的要素不合理的单向流动局面，从而使得城乡界限日益趋向模糊，形成各自发挥优势，互动共赢的新局面。

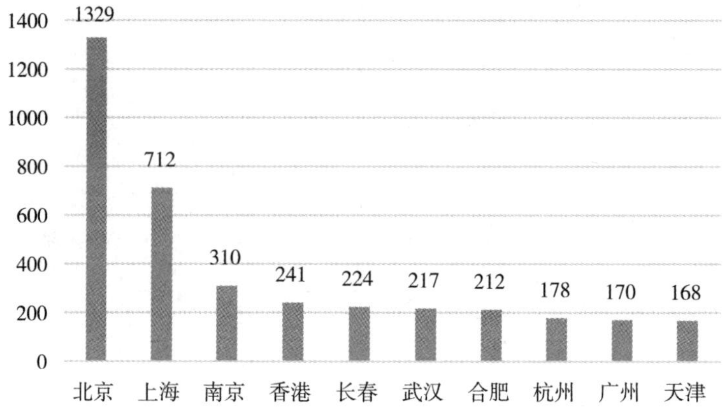

图 8 - 2　2015 年中国前十名城市科研成果评分

资料来源：《自然杂志》。

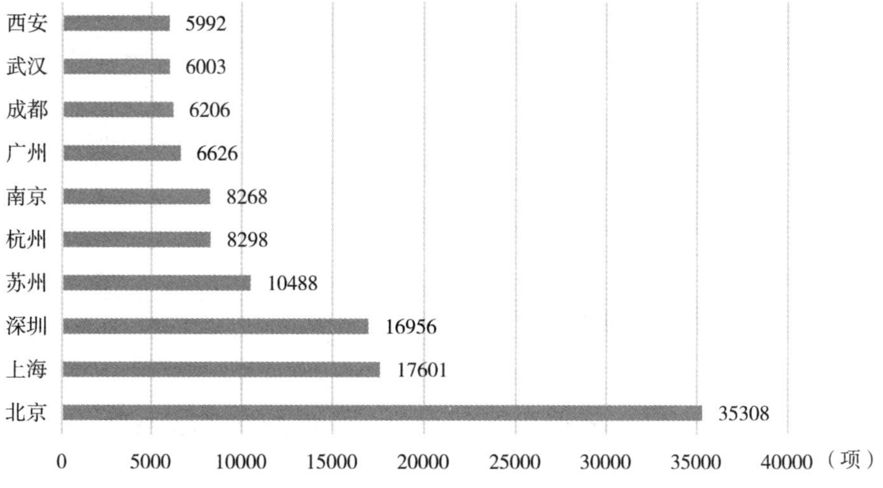

图 8 - 3　2015 年发明专利授权量最多的 10 座城市

资料来源：国家知识产权局网站。

246 / 中国特色社会主义政治经济学 /

表 8 - 8　　　　　　　　　　　2015 年广东专业镇分布情况

地区	城市	专业镇数（个）	
珠三角	佛山市	41	166
	广州市	6	
	珠海市	6	
	江门市	23	
	惠州市	17	
	肇庆市	21	
	深圳市	0	
	中山市	18	
	东莞市	34	
东翼	汕尾市	8	77
	揭阳市	21	
	潮州市	19	
	汕头市	29	
西翼	阳江市	15	49
	茂名市	16	
	湛江市	18	
山区	云浮市	25	107
	河源市	18	
	清远市	9	
	梅州市	41	
	韶关市	14	
合计		399	399

资料来源：广东省专业发展促进会网站。

第四节　数字经济的微观主体与共享经济的萌芽

一　数字经济的微观主体

工业革命使得人类进入蒸汽时代，机器大工业生产使得社会生产组织由工场转变为工厂，使得大规模生产得以实现；以电力的广泛应用为主要内容的第二次工业革命催生了新的社会生产组织——公司。生产组织遵从"泰勒制""福特制"的跨国公司是生产全球化的主要推动者，成为 20 世纪工业经济时代经济活动的主体。进入 21 世纪以来，随着信息通信技术的发展，云计算、大数据催生了新的组织形态——平台经济体。即以互联网平台企业为中心，将数以万计的服务商家和消费者联系到一起，通过不同群体之间的高效互动，创造出巨大价值。平台经济体将在自身规模、价值创造、影响力、包容性等方面超出传统的跨国公司概念范畴，成为数字经济时代的主要动力。例如，阿里巴巴零售平台上的卖家约 1000 万家，买家超过 5 亿家，服务商家几十万家。2016 年阿里巴巴成交总额超过 5000 亿美元，已经超过国际零售巨头沃尔玛。另外若将阿里巴巴成交额视为一个经济体的 GDP，那么其可以比肩阿根廷，成为全球第 21 大经济体。

首先，平台经济体更具有普惠性和共享性：第一，从组织方式角度来看，工业经济时代，跨国公司遵从的是链式的组织方式和流程。在这种组织方式和流程中，跨国公司与小企业之间的主从关系明显。跨国公司处于全球价值链的顶端，起支配作用，其他企业则处于全球价值链的低端，为跨国公司提供配套服务。在数字经济时代，平台经济体采用"云端制"组织方式，即"超级平台 + 海量用户 + 海量商家 + 海量服务商"。在这种组织方式中，平台企业与其他参与者之间是平等关系，没有绝对主导的一方，他们是自发聚散的柔性共同体。如在淘宝平台有 4 亿名消费者，1000 万家商户，淘宝平台、海量消费者和服务商共同构成了一个前所未有的大规模分工、协作体系，这使得淘宝成为全球最为富有生机的生态系统。第二，平台经济体更具有普惠性。普惠性（inclusive）表示大多数经济主体都有机会参与和分享经济发展成果。平台经济体比跨国公司更具有普惠性，首先体现在受益主体更加多元化，中小微企业是最大受益者。在工业经济时代，大公司尤其是跨国公司占据着社会经济的大部分资源和经济全球化大部分利益。根据 2013 年 UNCTAD 的报告，跨国公司垄断了全球生产的 60% 和全球贸易的 80%。小公司要想生存与发展，必须依附于大公司，成为其供应链的一部分。小公司和大公司之间地位的不平等决定了小公司难以独立发展壮大。在数字经济时代，平台经济体内的小公司借助

248 / 中国特色社会主义政治经济学 /

"云网端"以及平台企业的强大商业基础设施，大大降低了运营成本、极大地拓展了市场，能够同曾经不可一世的跨国公司站在同一个舞台上，参与和分享数字经济成果。其次，平台经济体赋能贫困偏远地区，有效缩小地区贫富差距。平台企业帮助贫困地区连接更为广阔市场，促进当地产业结构升级，激发当地创业热情，提高收入水平。例如，2016年国家级贫困县在阿里巴巴零售平台上的销售额近300亿元，较2015年增长了近100亿元，其中销售额超过1000万元的贫困县280多个，销售额超过1亿元的贫困县41个。最后，平台经济普惠发展中国家经济贸易。在工业经济时代，由发达国家主导的国际分工格局决定了发展中国家处于全球价值链中低端位置，进而全球化红利在发达国家和发展中国家之间存在的不平衡分配问题和贫富差距扩大趋势未能得到扭转。在数字经济时代，平台经济体中的各个主体之间是平等的，不存在谁主导谁的现象。通过互联网平台，海量的中小微企业有机会平等参与国际贸易，同大公司在全球市场上展开竞争。以中国的跨境电商为例，在全球贸易增速趋缓的背景下，中国跨境电子商务逆势上扬，2015年中国跨境电子商务交易额为4.8万亿元，较2014年增长了28%，占当年中国货物进出口额19.51%。预计到2020年，中国跨境电子商务规模达到12万亿元，占中国货物进出口总额的37.62%。

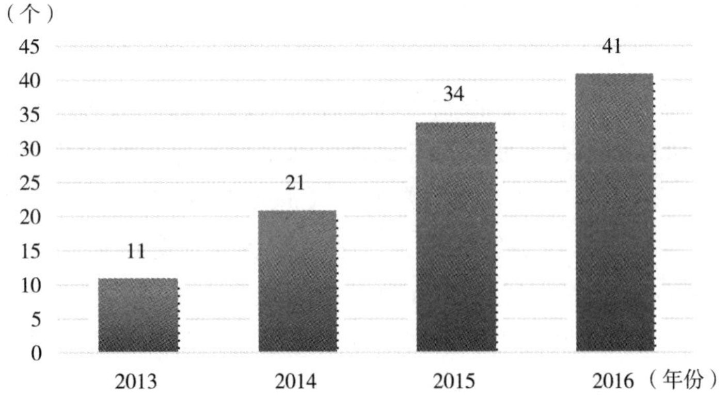

图 8 - 4　贫困地区亿元电商县数增长趋势

资料来源：阿里研究院：《数字经济体：普惠2.0时代的新引擎》2018年版。

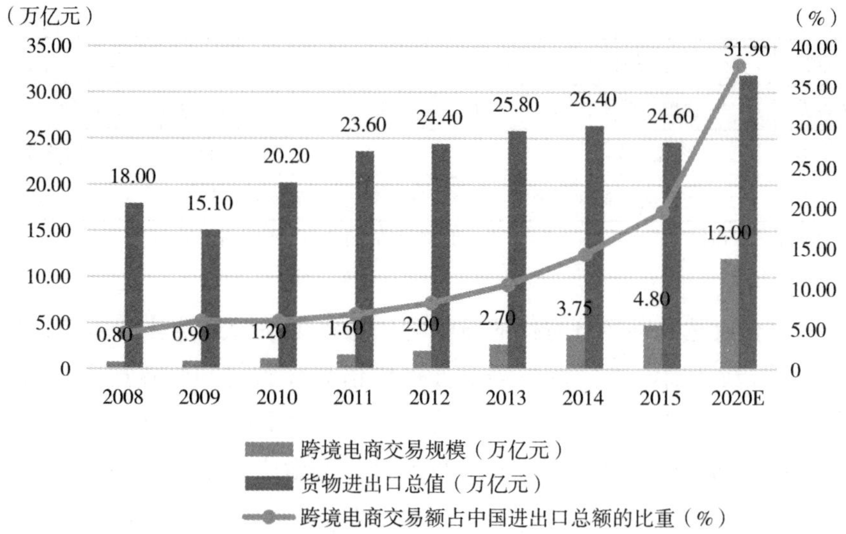

（万亿元）   （%）

35.00   31.90   40.00

30.00   35.00

                                    25.80   26.40   30.00
25.00   23.60   24.40   24.60
                   20.20   25.00
20.00   18.00
                                                                  20.00
           15.10
15.00   12.00   15.00

10.00   10.00

 5.00   5.00
           0.80   0.90   1.20   1.60   2.00   2.70   3.75   4.80
    0   0

         2008 2009 2010 2011 2012 2013 2014 2015 2020E

▇ 跨境电商交易规模（万亿元）
▇ 货物进出口总值（万亿元）
━●━ 跨境电商交易额占中国进出口总额的比重（%）

图 8-5   中国跨境电子商务规模

资料来源：商务部、海关总署、艾瑞咨询。

随着互联网和数字经济的发展，平台企业将成为新的生产交换关系的主体。根据全球企业中心（CGE）的《平台型企业的崛起——全球调查》给出的定义：平台企业是指具有网络效应（net effect），能够捕捉、传递和加工数据的企业。平台企业包括电商类、社交类、互联网金融类、文娱类等（见表8-9）。在互联网平台企业出现之前，传统平台企业早已存在，如农贸市场、超市、购物商城等。由于受到规模、时空的限制，传统的平台企业影响力无法与互联网平台企业相媲美。互联网平台企业的根本特征是具有网络效应。伴随着越来越多的用户加入，平台对潜在的用户的吸引力也就越大。这也解释了为什么一些平台企业的用户数呈现病毒式增长（viral growth）。

表 8-9   平台企业类别

类别	代表平台	类别	代表平台
电商类	敦煌网、亚马逊、微商等	搜索类	百度、360搜索、今日头条等
共享类	Airbnb、小猪短租等	技术支持类	阿里云、AWS等
约车类	UBER、滴滴打车等	物流类	菜鸟、货车帮等

续表

类别	代表平台	类别	代表平台
文娱类	优酷、爱奇艺等	工具类	UC、有道、友盟等
社交类	微信、知乎等	门户类	新浪、世纪佳缘、58同城等
服务类	途牛、百动、智联招聘等	互联网金融类	余额宝、支付宝、人人贷、众筹等

资料来源：CGE，2016：The Rise of the Platform Enterprise：A Global Survey。

平台企业是数字经济时代的新物种，是整个平台经济体的基础，依靠"云网端"新基础设施，为买卖双方提供信息、支付和物流等基础设施，使得各行业企业借助平台直接服务消费者。平台企业建立一个完善的生态渠道，让不同群体以低成本进行有效互动，创造更多价值。按照2017年7月31日收盘价计算，全球十大平台企业的市值已经超过十大跨国公司的市值（见表8-10），这些跨国公司的平均创设时间高达129年，而平台企业的平均创设时间为22年。平台企业创立时间短，生命力旺盛，发展势头强劲，已经成为数字经济的引领者。例如，2017年天猫"双11"当日交易总额1682亿元，使用支付宝支付总笔数达14.8亿笔，支付宝交易峰值达25.6万笔/秒，物流订单8.12亿笔，交易覆盖全球225个国家和地区。2017年，滴滴平台上有4.5亿多用户，2000多万名司机，提供的出行服务超过74.3亿次，相当于滴滴为全国每个人提供5次出行服务。

表8-10　　　　　全球十大平台企业和十大跨国公司

平台企业		跨国公司	
名称	市值（亿美元）	名称	市值（亿美元）
苹果	7808	伯克希尔哈撒韦	4341
谷歌	6491	强生	3596
微软	5619	埃克森美孚	3322
亚马逊	4721	摩根大通	3277
Facebook	4841	富国银行	2697
阿里巴巴	3946	雀巢	2623
腾讯	3811	沃尔玛	2455

续表

平台企业		跨国公司	
名称	市值（亿美元）	名称	市值（亿美元）
Princeline.com	997	美国电话电报公司	2394
百度	784	保洁公司	2325
Netflix	781	通用电气	2233

* 市值基于 2017 年 7 月 31 日收盘价计算

资料来源：阿里研究院：《数字经济 2.0》，2017 年 1 月。

非平台类生产主体变得更加小型化、专业化。在工业经济时代，传统的大公司以大批量、标准化的刚性生产方式进行生产，主流的供应链形态为线性供应链，与之相对应，企业组织庞大、层次繁多复杂，内部交易成本高昂。在这种生产模式中，企业是主导着生产什么、如何生产的一方，而消费者则是孤立的、被动地接受产品一方。随着物质产品的不断丰富，消费观念的不断升级，消费者越来越注重个性化的体验，传统的大规模、标准化生产方式在海量品种、小批量的市场需求下越发显得力不从心，逐渐应对不了消费者日益变化的个性化需求。产品的标准化、大批量生产供给与消费者的海量品种、小批量需求之间矛盾导致消费品市场供大于求，大量消费者的个性消费需求无法得到满足。据麦肯锡报告，在 20 世纪 70 年代之前，市场需求预测准确率超过 90%，然而 21 世纪前后，市场预测准确率仅有 40%—60%。这意味着企业生产的产品中约有一半产品是消费者不需要的。面对日益复杂的消费者个性化需求和市场环境，传统企业的组织架构遭遇到前所未有的挑战。波士顿咨询公司对 100 多家欧美上市公司进行调查研究发现，在过去的 15 年里，这些上市公司在工作程序、协调机构以及决策审批步骤等方面增加了 50%—350%。在数字经济时代，以"云、网、端"为代表的基础设施日臻完善，企业外部的交易成本比内部交易成本下降更快，继续维持臃肿庞大的组织结构显得非常不经济，从而使得大企业裂变为小企业，将非核心业务部门外包，从事专业化生产。另外，与大企业相比，小企业更加机动、灵活，更能适应海量个性化定制的需求，更能对瞬息万变的市场环境做出迅速反应。因此，企业开始向小型化、专业化转变。

企业的组织形式由传统的"金字塔"式向"云端制"转变，即向"超级平台＋海量用户＋海量商家＋海量服务商"转变。在这种组织模式下，消费者通过超级平台积极主动、深度参与产品生产，主导企业生产何种产品。企业与消费者之间的关系已经从传统的企业向消费者单方面转交价值向产品价值由企业和消费者共同创造转变。企业之间的关系由强调价值链上下游分工转向互联网平台上企业之间的大规模协同。例如，网购客户的个性化需求促进了平台上生产商与产品设计商之间的交流与协作，迅速对客户的具体需求做出回应，消费者将消费体验反馈给生产商，生产商根据反馈意见改善和提升产品或服务质量，最终提高了客户满意度，形成消费的闭环。

二 共享经济的内涵与外延

随着以"云网端"为代表的数字经济的基础设施的不断完善，海量的企业和个人接入互联网平台，平台规模在超过成长临界点后便实现指数级增长，形成超级平台。超级平台大幅度降低了参与主体各方沟通成本，形成人类社会从未有的大规模协同，共享能力得到了极大的提升。在信息通信技术发展、用户需求的提升以及消费理念的转变等因素的驱动下，近年来共享发展迅速，风靡全球。我国共享经济规模从 2012 年的 2830 亿元增长至 2017 年的 57220 亿元，2019 年市场规模将达到 83155 亿元。[①] 共享经济的范围从最初的汽车、住宿领域拓展至金融、医疗、饮食等多个领域和细分市场。从用户需求角度来看，共享经济可以分为出行、住宿、餐饮等种类（见表 8－11）。共享经济是个人或者企业以获取一定报酬为目的，以非常低的成本在互联网平台上分享闲置的资源。随着许多国家的工业化步入尾声，物质资料极大丰富，但分配不均，存在大量的闲置资源，这是共享经济的前提；信息通信技术为支撑，大大降低了共享的交易成本；信用是基石，大量互动式的互联网平台的出现增强了信息的对称性，这增强了陌生人之间的信任感；追求利益最大化是共享经济发展的动力。只要共享价格高于为实现共享所支付的成本（如资产折旧），那么分享者在特定时间转让资源的使用权便可以获取一定的报酬；只要消费共享产品或服务

---

① 引自国家信息中心信息化研究部《中国共享经济发展报告 2018》。

/ 第八章　数字经济引起社会生产生活方式重要变革 / 253

的成本低于从市场直接购买或者租赁市场上租赁该产品或服务的成本，那么消费者便可以获益，提高了消费者剩余，进而增加了全社会福利水平。

表 8 – 11　　　　　　　　　　　**共享经济种类**

种类	代表平台企业	种类	代表平台企业
出行	滴滴出行/Uber	学习	Coursera/Mooc 中国
住宿	Airbnb/小猪短租	就医	春雨医生/名医主刀
餐饮	回家吃饭/妈妈的味道	旅行	马蜂窝/百度旅行
穿衣	Rent the Runway/那衣服	生产	淘工厂/Applestore
贷款	人人贷/Lending club		

资料来源：国家信息中心信息化研究部《中国分享经济发展报告2016》。

从经济学意义上来看，共享经济具有以下特征。

1. 生产方式较少依赖对固定生产条件的占有（例如平台企业），或对生产条件的共同利用更有效率；而较多依赖生产者的智力、技术和数据，人力资本比物化资本更重要，在一定程度上摆脱了"死劳动对活劳动的统治"。在工业经济时代，全球化趋势不断加强，全球日益成为统一的市场。在利润的驱使下，企业进行大规模、大批量生产，不断地提高生产技术，优化生产线，使得越来越高级、复杂的机器被生产出来代替劳动者本身的技能。这种技术改进的直接后果是企业规模空前，在产品生产所投入的生产要素中，资本（机器、厂房等）的作用凸显，劳动力要素的地位因部分被机器替代而下降，出现了机器、设备这样的物化劳动支配着活动的现象。因此，可以说在工业经济时代，生产方式较多的依赖固定资本。然而20世纪90年代以来，人力资本、技术在生产中的地位不断增强，直接表现以"云、网、端"为代表的数字经济基础设施不断完善。以"云、网、端"作为支撑的共享经济，其在生产过程中较少的依赖固定资本，而较多地依赖云计算、大数据、人工智能等技术将集结在互联网平台上的资源供给池和需求池进行快速的、低成本的自我匹配。例如，根据2016年12月滴滴发布的大数据报告，为了给滴滴乘客匹配最佳车辆，乘客每叫一次车，滴滴大脑平均需要计算576亿次，通过对后台海量数据进行处理、挖掘、分析，滴滴平台上有3000万多个上车点，且每天还会更新8万多个上车点。

2. 生产过程中的分工与协作较少带有强制性，而更多地体现个性化的意愿与参与。在工业经济时代，产品和服务的提供者主要是企业。大企业凭借自身资金、技术、规模以及人才等优势主导着产品价值链，攫取了价值链大部分利润，而小企业为了生存和发展，不得不依附于大企业，成为大企业生产链中的一部分。在共享经济中，产品和服务的供给者主要是个人。在共享平台上，供给者之间，需求者之间以及供需者之间的地位是平等的，不存在一方主导另一方的现象。供给者在特定时间内让渡自己闲置的资源的使用权，以获取一定的报酬。需求者注重的是该资源的使用价值，而非该资源所有权本身。共享平台上的参与主体是一个自发的、快速聚散的柔性共同体。在生产过程中，各个参与者的分工与协作不是强制性的，而是基于共享消费、绿色消费理念以及自身闲置资源状况自发进行的分工与协作。如 Airbnb 房东将自己闲置的房屋分享出去，不仅可以获得一笔可观的收入，而且可以从与来自五湖四海的房客交谈中领略不同地域的风俗人情，甚至还有可能结交一些志同道合的朋友，增强个人的社会资本。另外，在共享经济中，供给者和需求者界限模糊，供给者与需求者的角色在一定程度上可以相互转换。由于每个供给者所拥有的闲置资源类型不同，同时每个供给者本身需求也各有千秋。某一个参与主体在这种资源上是供给者，而在另一种资源上则是需求者。这种供需身份的转变取决于参与主体在特定时间、特定资源上余缺情况。

3. 在分配中，人力资本和各类无形资产在虚拟空间中的报酬所得要高于物化资本所得。人力资本成长、无形资产和新的社会交换关系将促进共享经济的发展。例如，截至 2017 年 12 月 10 日，滴滴基于其后台沉淀的海量数据，利用人工智能、大数据、机器学习等技术，在全国优化了 800 多个信号灯，为高峰通行节省了 10%—20%。根据滴滴发布的 2017 年交通报告，滴滴每天为济南市民节约 3 万多个小时出行时间，全年累计节约 1158 万个小时，这相当于多创造 3.6 亿元的收入。信号灯的优化为济南市全年减少了 4.4 万吨的二氧化碳排放。又如，2017 年 12 月 12 日，Airbnb 宣布将利用 VR 技术（虚拟现实技术）和 AR（增强现实技术），让房客们提前预览房间。通过 VR 技术，房客们可以全方位地了解房源的每一个细节，有效解决房客仅凭房东提供的几张房源照片和几句有关房源描述性的话语而产生的信息不对称问题，进而增强房客在挑选房源方面的主动权，提升房客的安全感。AR 技术可以帮助房客们提前适应当地的生活，了解目标城市的发展历史，为历史文物等提供实时翻译，告诉房客如何使用房间（如开锁）等。

第五节　数字经济的产业特征与理论挑战

一　数字经济的产业特征

三次产业分类法最早由新西兰经济学家费希尔提出，他在 1935 年出版的《安全与进步的冲突》的著作中提出了"第三产业"这一概念，并在前人提出的第一、第二产业的基础上，依据人类经济活动发展所经历的三个阶段提出了三次产业分类法。英国经济学家克拉克继承和发展了费希尔的观点，在《经济进步条件》第三版（1957 年）的著作中，将产业划分为三大部门，将除了第一、第二部门以外的其他经济活动统称为第三部门。他认为第三部门主要是一些服务性的经济活动，因此又将第三部门称为服务产业。费希尔和克拉克的三次产业分类法很快被新西兰、澳大利亚这两个国家所接受，并在国民经济统计中使用了这种产业分类方法。从此，西方经济学在产业划分方面主要使用三次产业分类法，该分类法便在全世界许多国家流行起来。虽然在具体的行业划分上，各国之间存在一定的差异，但是划分所依据的原则是一致的，即按照全社会经济活动的客观顺序和内在联系进行划分。

三次产业基于工业经济时代直接物质生产部门（农业、工业）在国民经济中占绝大部分，非直接物质生产部门占比小而划分的。这种划分折射出工业经济时代注重物质产品生产，忽视非物质产品的生产事实。然而，随着各国纷纷完成工业化或者步入工业化后期，生产重心由物质产品生产向非物质产品生产转移，尤其是互联网、信息通信技术的发展引发数字信息产业繁荣，第三产业在国民经济中的比重逐步提升，并超过第一产业、第二产业。虽然从某种程度上来说，数字信息产业属于服务业范畴，但是鉴于数字信息产业在促进经济增长方面的巨大作用，将其同其他低附加值的服务业一起纳入第三产业进行统计并不能反映出其在国民经济中的地位。产业划分依据的是按照全社会经济活动的客观顺序和内在联系进行的，因此其本身是一个动态的、历史的发展过程。当今及未来一个时期，随着数据信息产品的生产和信息化产品的快速发展，产业经济学原有的三类产业划分面临挑战，数字信息产业很有可能成为未来的第四产业，理由有以下几点。

1. 数字信息产业是一个劳动生产率高的部门，彻底颠覆了传统的经济学理论认为服务业劳动生产率低的观念。传统的服务业劳动生产率低的原因在于生产和消费未能突破时空的限制，产品的属性决定了其生产与消费必须同时进行。这种产品的生产主要靠人来提供，无法通过机器进行大规模的标准化生产，因此无法形成规模经济。反观数字信息产品，其生产和消费可以突破时空的限制。虽然数字信息产品的初始成本可能会很高，但是其几乎可以零成本进行复制，容易形成规模经济。因此将具有高劳动生产率特征的数字信息产业纳入第三产业无法说明其与其他服务业的区别。

2. 数字信息产业是资本密集型和技术密集型产业，而传统的服务业则是劳动力密集型产业。数字信息产品生产主要依靠科技等无形资本投入，而其他服务业产品的生产主要靠人来提供。例如，滴滴利用分布式计算技术能够迅速地对司机和乘客进行匹配，迅速安排距离乘客最近的滴滴司机前往接驾。滴滴对其后台海量行使数据进行深度挖掘和学习，设计出智能路径规划算法来预测未来路况，毫秒级运算出从司机实时所在位置到乘客所在位置的最优路径。

3. 数字信息产业规模不断壮大，且结构不断优化。近年来我国的数字信息产业增势稳定，其增速与 GDP 增速相当，约占 GDP 的比重为 7%。2005 年数字信息产业规模为 13326 亿元，占 GDP 的比重为 7.3%，2016 年规模达到 51955 亿元，占 GDP 的比重为 7%，在这十多年间，数字信息产业规模扩大了 3.9 倍。此外，数字信息的产业的内部结构在不断的优化，基于电子信息制造业的收入占比不断下降，而软件、互联网方面的收入持续上升。例如，2016 年，中国信息通信服务收入 2.1 万亿元，其中来自互联网的业务收入达 1.3 万亿元，占比 63%。①

4. 数字信息产业是高渗透产业。在工业经济时代，分工模式主要是产业间分工，这种模式决定了农业、工业以及服务业之间的界限明朗，彼此

———————
① 引自中国信息通信研究院《中国数字经济发展白皮书 2017》。

相互渗透较少，存在关联渗透的地方仅限于部分产品的交叉使用和服务对象的部分重叠。然而，在数字经济时代，数字信息产品的多样性和应用的广泛性的特点决定了数字信息产业具有高渗透性。数字信息产品以互联网为载体，利用数字技术与传统产业融合，促进了传统产业效率的提升和量的增加。根据《中国数字信息白皮书2017》，2015年传统产业借助数字技术所引起的产值为138521亿元，占当年GDP的20.50%；2016年产值为173867亿元，占当年GDP的23.3%。[①]

二 对西方主流经济理论的挑战

1. "看得见的手"配置资源能力增强

西方主流经济学认为市场经济存在一只"看不见的手"，引导着资源流向最有效率的地方。这只"看不见的手"就是市场机制，在价格机制、供求机制以及竞争机制的作用下，生产者和消费者做出对各自有利的决策。然而由于信息不完全，生产者和消费者根据自己掌握的有限信息进行"理性决策"，这往往导致市场资源错配，造成资源浪费。由于信息不对称，生产者无法及时捕捉到消费者偏好的变化，导致社会存在大量的无效供给。然而在数字经济时代，"看得见的手"发挥了配置资源的基础作用。平台企业掌握着供求双方大量数据，通过平台将生产者和消费者进行在线匹配，直接对话，解决了生产者和消费者信息不完全问题，实现资源利用效率的提升和社会福利的增加：通过大数据分析，生产者能够准确及时了解消费者需求，尤其是个性化需求，实现有效供给，进而实现商品价值的"惊险一跃"，消费者效用因自身的个性化需求得到满足而得到提高；平台企业成功地将社会、个人的闲置资源供需匹配，实现闲置资源的再利用效率，降低社会的运行成本，创造了更多的价值。

2. 边际收益递减规律无法用于分析数字信息产品

在注重物质产品生产的农业经济和工业经济时代，边际收益递减规律是一个普遍存在的规律。该规律说明在技术水平不变的前提下，任何物质产品生产所投入的固定要素和可变要素之间存在一个最优的投入比例，当可变要素投入超过某一临界点时，则新增加的每一单位可变要素所获得的

[①] 引自中国信息通信研究院《中国数字经济发展白皮书2017》。

报酬是递减的。另外，整个西方经济学是建立在资源稀缺假设之上，资源稀缺性特征引发竞争，竞争的后果使得单位报酬递减，直到边际收益等于边际成本的均衡状态。然而数字信息产品并不存在边际收益递减现象：首先，数字信息产品具有边际成本递减特征。数字信息产品生产需要高科技的投入，因此存在较高的固定成本，但一旦该产品生产成功便可以非常低甚至为零的成本进行复制，即额外生产一单位该产品的成本几乎为零。其次，数字信息产品具有网络外部性。数字信息产品的存在形式，传播载体以及成本特性决定了其具有鲜明网络外部性特征。随着用户数量的不断增长，额外增加一单位产品的生产所获得的收益是递增的。正如美国经济学家阿罗说过："信息的使用会带来不断增加的报酬。举例来说，一条技术信息能够以任意的规模在生产中加以运用。"[1]

3. 无形资本投资颠覆经济增长逻辑

经济增长问题历来是西方经济学各学派研究的重要问题，虽然他们在如何实现经济增长问题上争论不断，但他们认为投资主要是指固定资本投资，增长的投资需求是指"固定资本形成"。例如亚当·斯密在《国富论》中强调基础设施投资对经济增长的重要性，认为对桥梁、港口以及道路等基础设施的投资能够使得整个社会受益；[2] 凯恩斯认为由"三大心理规律"引起有效需求不足导致经济萧条，政府应当加大公共投资力度，通过"乘数效应"实现产出的若干倍增加；[3] 哈罗德—多马模型认为要实现经济增长，需要提高储蓄率并转化为投资，在一定的储蓄和投资水平下，实际经济增长率由投资的生产率决定；[4] 发展经济学认为政府投资是促进发展中国家经济增长的重要动力，将投资分为基础设施投资和直接生产性投资。[5] 罗森斯坦·罗丹和罗格纳·纳克斯认为政府应当优先投资基础设

———————

① ［美］肯尼思·阿罗：《信息经济学》，何宝玉等译，北京经济学院出版社 1989 年版。

② ［英］亚当·斯密：《国民财富的性质和原因的研究》，郭大力、王亚南译，商务印书馆 2005 年版。

③ ［英］约翰·梅纳德·凯恩斯：《就业利息和货币通论》，徐毓丹译，商务印书馆 1983 年版。

④ ［英］罗伊·哈罗德：《动态经济学》，黄范章译，商务印书馆 1981 年版；［美］埃弗赛·多马：《经济增长理论》，郭家麟译，商务印书馆 1986 年板。

⑤ ［美］约瑟夫·熊彼特：《经济发展理论——对利润、资本、信贷、利息和经济周期的考察》，何畏等译，商务印书馆 1991 年版。

施，为其他部门发展提供必要的前提条件。[1] 赫希曼认为发展中国家面临有限资源约束，认为应当优先进行直接生产性投资，然后投资基础设施，这样才能确保经济增长。[2] 因此，传统西方经济学认为投资能够促进经济增长，主要侧重研究物质资本存量的增加与经济增长之间的关系。

然而固定资本具有竞用性特征，当对该项固定资本的需求增加时，唯一的途径就是增加投资，但由于受到资本边际收益率递减规律约束，企业对固定资本投资规模无法无限制扩大，从而制约了固定资本创造价值能力。而无形资本具有非竞用性和边际收益递增的属性，增强了其价值创造能力。近年来，无形资本投入的不断增大，引发无形资本投资热潮。从微观角度来看，企业的研发投入不断地增加。欧盟委员会（EU）对 2016 年会计年度的研发投入超过 2400 万欧元的全球企业进行调查分析发现，在研发投入前十名的企业中，有 6 家企业为信息通信类公司。Alphabet（谷歌母公司）和微软研发投入分别为 129 亿欧元和 124 亿欧元，分列第二和第三；排在第三至第七位的分别为三星、英特尔、华为和苹果。其中，中国企业华为研发投入为 103.63 亿欧元，排名第六，研发投入占销售额的比重为 19.2%。在这个报告中，中国有 10 家企业研发投入进入全球前 100 名（见表 8－12）。从宏观层面来看，近年来各个国家的无形资产投资强度在不断的增强。虽然无形资产投资的统计标准还未在全球范围内确立，但已有不少学者利用直接支出法测算出一些国家的无形资产投资规模。如科拉多（Corrado）等对 1998—2000 年的美国无形资产投资进行测算发现，年均无形资产投资为 1.2 万亿美元，约占美国 GDP 的 13%。[3] 按照现价和不变价测算了 2001—2012 年中国无形资产投资规模，按照不变价格计算，2001—2012 年中国无形资产投资年均增长率为 21.81%，规模由 2001 年的 3887 亿元增加至 2012 年的 34042 亿元。按照现价计算，2001—2012 年

---

① ［爱沙尼亚］罗格纳·纳克斯：《不发达国家的资本形成问题》，谨斋译，商务印书馆 1996 年版。

② ［德］阿尔伯特·赫希曼：《经济发展战略》，曹征海、潘照东译，经济科学出版社 1991 年版。

③ Carol Corrado, Charles Hulten and Daniel Sichel, "Measuring Capital and Technology: An Expanded Framework, in Measuring Capital and Technology in the New Economy". Carol Corrado, John Haltiwanger and Daniel Sichel, *Studies in Income and Wealth*, The University of Chicago Press, 2005.

中国无形资产投资年增长率达 25.28%。[①] 2010—2012 年，无论是以现价计算的还是以不变价计算的无形资产投资增长率均大大超过了固定资产投资增长率。近年来中国的风投行业发展快速，投资总额由 2011—2013 年的 120 亿美元大幅度增加至 2014—2016 年的 770 亿美元，占全球风险投资总额比例由 6% 提升到 19%。风投资金大部分流向人工智能、大数据、3D 打印、虚拟现实等数字科学技术。2016 年投入中国某些数字技术的资金规模居全球前 3 甲，包括虚拟现实、人工智能、3D 打印等技术（见表 8-13）。大规模的无形资本投入驱动数字经济快速发展。根据 2017 年 12 月上海社科院发布的《全球数字经济竞争力排名（2017）》，2016 年美国以 11 万亿美元数字经济规模居全球第一，中国为 3.8 万亿美元，排名第二。日本和英国分别为 2.3 万亿美元、1.43 万亿美元，分列第三位和第四位。在数字经济占 GDP 的比重方面，美国数字经济占 GDP 的比重高达 59.2%，中国为 30.1%，日本为 45.9%，英国为 54.5%。另外，根据麦肯锡全球研究院的研究，人工智能所催生的自动化普及可以拉动中国经济增长 0.8%—1.4%。主要是依靠不断增长的无形资本投入来驱动经济增长，将使传统经济学面临严峻挑战。无形资本投入不断增长的现实，正在颠覆传统经济增长理论逻辑，需要统计学和经济学重新研究资本投入的概念和经济增长的逻辑。

表 8-12　　　　　　2016 年会计年度中国企业研发投入部分排名　　　单位：亿欧元、%

排名	公司	研发投入	净销售额	研发占比
1（6）	华为	103.63	539.20	19.20
2（58）	阿里巴巴	23.29	216.05	10.80
3（63）	台积电	20.92	278.45	7.50
4（70）	中兴	18.61	138.19	13.50
5（84）	联发科	16.36	80.92	20.20
6（85）	腾讯	16.17	207.40	7.80
7（90）	中国石油	15.33	2207.14	0.70

---

① 田侃、倪红福、李罗伟：《中国无形资产测算及其作用分析》，《中国工业经济》2016 年第 3 期。

/ 第八章　数字经济引起社会生产生活方式重要变革 /　261

续表

排名	公司	研发投入	净销售额	研发占比
8（94）	鸿海精密	15.02	1280.33	1.20
9（97）	中国建筑	14.46	1280.38	1.10
10（100）	中国铁路总公司	14.22	863.88	1.60

资料来源：欧盟（EU）《2017 全球企业研发投入排行榜》，2017 年 12 月。

表 8－13　　　　　　**对领先技术的高科技投资 2016**　　　　单位：百万美元

金融科技	风投资金	虚拟现实	风投资金	自动驾驶	风投资金
中国	7158	美国	1437	美国	582
美国	5437	中国	1312	中国	357
英国	1793	日本	166	日本	268
可穿戴设备	风投资金	教育技术	风投资金	机器人与无人机	风投资金
美国	1724	美国	1282	美国	728
中国	992	中国	681	中国	227
德国	170	日本	217	日本	129
3D 打印	风投资金	大数据	风投资金	AI 与机器学习	风投资金
美国	602	美国	6065	美国	3782
中国	221	英国	1673	英国	1222
德国	182	中国	942	中国	900

资料来源：麦肯锡全球研究院《中国数字经济如何引领全球新趋势》，2017 年。

上述说明，数字经济是一种继农业经济和工业经济之后更高级的经济形态，在资源配置、渗透融合、协同等方面的能力空前提升，促进了全要素生产率的提高，已经成为推进产业结构调整和实现经济可持续发展的强大力量。运用马克思主义政治经济学原理对数字经济所催生的新产业、新业态、新模式进行分析所得出的结论是：（1）数字经济的基础设施产品和关键零部件与制造业高度相关，是新兴制造业的重要组成部分；（2）数字信息产品生产主要依靠无形资本投入，交换主要依靠虚拟市场，消费主要依靠线上，且数字信息产品本身就是一种不可或缺的投入品；（3）数字经济使得城乡界限日益模糊，形成优势互补、互动共赢的新型城乡关系；（4）平台企业成为新的生产交换主体，非平台企业具有专业化和小型化趋势，平台经济体成为新的社会生产组织形式；（5）在一定程度上，共享经济的生产方式有助于摆脱"死劳动对活劳动的统治"，生产过程更多体现的是生产主体的个性化意愿参与，分配中无形资产报酬高于物化资本所得；（6）数字与实体经济的深度融合趋势，将可能形成未来的第四产业。数字经济的出现在理论上对西方主流经济学提出了挑战，如对"市场万能论"、边际收益递减原理以及投资与经济增长理论等。在中国的经济发展实践中，也提出了两方面重要的认识和实践问题：一是如何促进数字经济与实体经济融合。党的二十大报告提出："加快发展数字经济，促进数字经济和实体经济深度融合。"[①] 这是把发展经济的着力点放在实体经济上的战略需要。二是平台企业的垄断趋势提出了数字经济条件下的反垄断和阻止资本无序扩张问题。传统的反垄断规则是在传统的产业组织理论基础上制定的，而这种产业组织理论又建立在一般均衡理论基础上。在工业经济时代生产函数和消费函数基本稳定的前提下，追求资源配置效率最大化。在数字经济时代，由技术创新引起的生产函数和消费函数不断变化，使传统的反垄断规则在规制平台企业垄断时面临挑战，因此需要重新研究制定反垄断规则，提高社会福利水平。

———————————

[①] 《中国共产党第二十次全国代表大会文件汇编》，人民出版社 2022 年版，第 25 页。

第九章　中国式现代化与人类文明新形态理论

第一节　马克思主义经典论述与西方资产阶级理论的区别

一　资产阶级现代化观念与理论的演化

18 世纪末 19 世纪初，人类近代历史上出现了工业革命。由此带来的科学、民主、世俗主义和理性主义的胜利，使圣西门（Claude-Henri de Rouvroy，Comte de Saint-Simon）、孔德（Auguste Comte）和斯宾塞（Herbert Spencer）等社会学家认为西方文明是人类最先进的文化。特别是到 19 世纪末 20 世纪初，资本主义的世界性扩张和渗透，使人们坚信非西方社会必定要被西方化。尽管 20 世纪上半叶的两次世界大战所带来的灾难严重动摇了人们对西方社会的信心，甚至提出对西方文明的质疑，[①] 但很快被第二次世界大战后西方资本主义世界新的科技革命带动的生产力飞跃发展和资本主义经济繁荣所抵消。美国一跃成为西方资本主义的中心和领导者，西方世界都对美国充满了新奇和崇拜。美国历史学家麦克尼尔的《西方的兴起》一书成为"美国世纪"的象征。[②] 现代化理论就是在这种背景下在美国兴起的，"现代化的概念主要是一个美国式的概念"。[③] 其目的之

[①] 其主要代表有：斯彭格勒（Oswald Spengler）、帕累托（Vilfredo Pareto）、索罗金（Pitirim. So—rkin）、汤因比（Arndd Toynbee）等人。

[②] ［美］威廉·麦克尼尔（William H. Mcneill）：《西方的兴起：人类共同体史》，郭方等译，五南图书出版公司 1988 年版。

[③] ［美］塞缪尔·亨廷顿：《社会变迁理论的演变：现代化、发展与政治》，见布莱克编《比较现代化》第 71 页。

一就是论证西方社会制度的优越性和合理性，满足西方社会特别是美国的自我陶醉心理和"救世主"心态。西方现代化理论的另一个重要背景是，第二次世界大战后产生了以苏联为首的社会主义阵营，另一部分是以美国为首的资本主义世界，这二者中间是既不属于资本主义也不属于社会主义的"第三世界"。西方现代化理论不仅极端对立和排斥社会主义，还有一个重要目的就是通过现代化理论的说教，引诱非西方不发达国家向他们学习和模仿，从而把它们纳入资本主义世界体系。

西方现代化观念的理论渊源是社会进化论，其历史观是"西方中心论"。早期西方社会学者深受达尔文自然界进化论的影响，以进化论来解释社会历史的发展，工业革命的胜利，西方把人类社会的划分从"文明"与"野蛮"，改变为"现代工业社会"与"非工业社会"。达尔文的进化论被斯宾塞等人发展为社会达尔文主义。人类社会的进化也像生物有机体一样沿着线性的阶段升进。竞赛、适者生存等生物学规律充斥在宣传西方文明的历史著作中。他们把社会发展的阶段抽象、浓缩成两个阶段：传统社会阶段和现代社会阶段。① 认为社会的发展是单线的，无论哪个社会，其发展方向和发展路线都是一样的，都必然沿着西方社会的发展路线，或快或慢，从"传统社会"演变为"现代社会"，只有速度之快慢而无方向之别；并认为以一定的社会文化传统为基础的价值观念和行为取向对社会进化的速度起着决定性的作用。② 西方中心主义最初产生于人类学，它认为西方民族优于其他民族。西方社会学把它由人种扩展到了全部社会文化。认为只有西方的文化才是唯一先进的文化，只有西方社会才是现代化的社会；并只有西方社会的人才具有"现代性"，③ 也只有西方的文化和社会制度才能产生现代化，④ 而其他非西方社会的文化和制度以及人都是"传统的"，与现代化无缘；而且非西方社会中的文化不具有独立性而依附

---

① 宾德（Leonard Binder）：《The Crises of Political Development》，转引自陈鸿瑜《政治发展理论》，吉林出版集团有限责任公司2009年版，第34页。

② 韦纳（Myron Weiner）：《Moderiiization：The Dynamics of Growth》，转引自萧新煌编《低度发展与发展》，台湾巨流图书公司1985年版，第40页。

③ 英格尔斯：《有关个人现代性的了解与误解》，萧新煌编：《低度发展与发展》，台湾巨流图书公司1985年版，第104页。

④ 德国政治经济学家马克斯·韦伯的"宗教伦理"说认为，只有基督教新教伦理文化才能催生独一无二的资本主义精神，而其他诸如儒教、佛教、伊斯兰教等宗教与文化都不可能。

于政治，它是文化传统性的表现；[①] 非西方社会要想实现现代化，只有靠西方文明的传播，靠输入西方社会的现代化因素才有可能。在经济层面上解释西方现代性的经典之作是"制度创新"说，经济史学家道格拉斯·诺斯和罗伯特·托马斯则认为现代产权制度是西方兴起的关键。在《西方世界的兴起》中，他们强调"一个有效的经济组织在西欧的发展正是西方兴起的原因所在"。而有效经济组织的成长依赖于制度创新特别是现代"所有权"的确立。[②] 美国社会学大师帕森斯（Talcott Parsons）在他的《社会：进步与比较的观点》（1966）和《现代社会体系》（1971）等新著中，总结了社会进化论的新的系统观点。他认为现代社会只有一个体系，那就是以美国为领导的西方社会体系，并把美国安排在人类社会进步的最高层，吹嘘为现代社会发展的典范。[③] 因此现代化就是西方化、美国化。[④]

20 世纪四五十年代，西方经济学兴起了以经济增长理论为核心的发展经济学。其背景是，1949 年美国总统杜鲁门提出所谓"第四点计划"（即对落后国家提供经济援助的计划），为此，必须加强对接受美援的国家发展的道路与模式的研究，以便把它们纳入美国设想的世界格局。担当这一使命的是著名的美国经济史学家罗斯托（Walt W. Rostow），1960 年出版了《经济成长的阶段》一书，该书的副标题是"非共产党宣言"。[⑤] 他直言不讳地宣称他的理论是"对马克思主义的挑战"。这部书从经济史的角度探索从传统社会向现代社会成长的必经阶段，成为西方现代化理论的经典之作。但是对于广大"第三世界"来说，由于各国历史与现状差异很大，社会变革具有极大的复杂性和多样性，其走向现代化必然有很大的差异性，而不是同一模式的重复。把现代化的世界性进程解释为传统社会向着某种

---

① ［以色列］艾森斯塔德：《政治社会学》，［日］秋原宜之等译，Mimizu 书房 1970 年版，第 3 章。

② ［美］道格拉斯·诺斯、罗伯特·托马斯：《西方世界的兴起》，厉以宁、蔡磊译，华夏出版社 1989 年版，第 1 页。

③ Talcott Parsons, The Evolutions of Socie ties, ed, by J. Toby, 1977 > P. 215.

蔡文辉：《"美国第一"——派深思的社会进化论》，《比较社会学》1982 年台北版，第 24 页。

④ 参阅 A·Hoogvelt："The Sociology of Developing Societies"，Macmillan Publishers LTD 1978，第 1 章、第 2 章（该书节译本为《发展社会学》，白桦、丁一凡译，四川人民出版社 1987 年版）。

⑤ ［美］罗斯托：《经济成长的阶段——非共产党宣言》，国际关系研究所编译室译，商务印书馆 1962 年版。

单一的现代性模式（西方社会）发生单线式渐进变化的过程，在"第三世界"国家很难找到成功的案例。

进入 20 世纪 60—70 年代，世界格局发生深刻变化，一方面，美国、日本和德国在经济上的相对低位发生重大变化；另一方面，第三世界某些经济体成为新兴发展中经济体，不仅发展成为第三世界的迫切问题，而且就连现代工业社会的经济增长问题也被重新受到关注。在政治学、历史学、社会学的解释极易产生分歧的情况下，发展经济学的另一个分支，以专业性、技术性更强的学术方式解释现代化进程成为新主流。它采用实证归纳方法和统计方法对西方资本主义国家的现代化过程进行了分析，把国民生产总值及人均国民收入的增长作为评判发展的首要的甚至唯一的标准；以至于国民生产总值也成为现代化的基本指标。发展经济学试图按西方资本主义经济运行模式单纯从经济学角度向落后国家提供一种能够自行启动、自行运转的经济发展模式，而把整个模式启动和运转的动力归结为资本积累、技术进步、储蓄、投资等因素。[①] 但是按照这一理论不仅没有给这些国家带来真正的经济增长，更没有使之实现现代化的梦想，而且引发了一系列复杂的社会经济问题，如经济结构失调、通货膨胀加剧、失业增加、贫富分化、分配不公，等等。[②] 同时，它也推动了政治发展、社会发展的问题以及近代以来世界历史发展过程多方面问题的研究，西方现代化理论就是在对这一发展进程进行经济、政治、社会、历史等综合研究之中日趋庞杂。

冷战结束以后，西方现代化理论向两个方向发展，一方面是对现代化做定性结论：美国政治学者福山抛出了所谓的"历史终结论"，即历史发展只有一条路径，那就是西方市场经济和民主制度。他鼓吹西方所谓的"自由民主"是"人类政府的最后形式"，"不可能再有更好的选择"。[③] 另一方面是对现代化做各种具体问题分析：由于经济全球化加速进行，随着

---

① 刘易斯（William Arthur Lewis），1955 年出版了《经济增长理论》一书，对经济发展的相关问题进行了广泛而深入的分析，至今仍被西方认为是第一部简明扼要地论述了经济发展问题的巨著。

② 参阅［美］查尔斯·K. 威尔伯《发达与不发达的政治经济学》，高铦、徐壮飞、涂光楠、黄苏译，商务印书馆 2015 年版。

③ ［美］弗朗西斯·福山：《历史的终结及最后之人》，中译本（黄胜强、许铭原译），中国社会科学出版社 2003 年版，第 1 页。

/ 第九章　中国式现代化与人类文明新形态理论 /　267

各国经济联系日益紧密，世界越来越面临全球性问题，对现代化的研究不仅是要研究发达工业国的历史经验或现代化模式，也不仅是要研究当前面临的种种发展问题，而且必须研究世界经济可能发生的变化以及工业社会的发展趋势，并做出科学的预测。全世界各种科研机构都在运用电脑编制各种世界模式，探讨人口增长、贫困、资源短缺、环境恶化和国际局势不稳定等相互关联的问题，以成千上万种可能的政策为前提模拟出成千上万种前景，提供可选择的各种优化的方案。自然科学方法与社会科学方法相结合，为了解和研究复杂的世界提供了一种新的科学的工具和预测方法。但是，这些技术性的进步并没有回答第三世界国家为何成功走向现代化的问题。

二　马克思主义经典作家的现代化观念与理论

马克思主义是在人类现代化进程中诞生的理论，马克思、恩格斯生活在现代化的早期，即资本主义工业化时代，他们科学论证了资本主义工业化的内在矛盾、前途命运，指明了世界各民族现代化道路的一般历史趋势。在马克思、恩格斯的著作中，出现过现代资产阶级社会、现代国家政权、现代大工业、现代生产力、现代生产关系等相关概念。马克思说："现代生产方式在它的最初时期即工场手工业时期，只是在现代生产方式的各种条件在中世纪内已经形成的地方，才得到了发展。"[①] 他还把大工业所创造的发达的世界市场和城市称为"现代的世界市场"和"现代的大工业城市"。[②] 恩格斯在《德国的革命和反革命》中，使用"现代化"一词论述英国经济现代化对德国的影响："德国的旧式工业因蒸汽的采用和英国工业优势的迅速扩张而被摧毁了。在拿破仑的大陆体系之下开始出现的、在国内其他地方所建立的现代化的工业，既不足以补偿旧式工业的损失，也不能保证工业有足够强大的影响，以迫使那些对于非贵族的财富和势力的任何一点增强都心怀忌妒的各邦政府考虑现代工业的要求。"[③] 正是由于资本主义生产方式带来社会生产力的极大发展，进而引起"市民社会

① 马克思：《资本论》第 3 卷，2018 年版，第 369 页。
② 《马克思恩格斯选集》第 1 卷，人民出版社 2012 年版，第 194 页。
③ 《马克思恩格斯选集》第 1 卷，人民出版社 2012 年版，第 568 页。

中的全面变革"①，马克思才将资本主义社会称为现代社会，以此来突出资本主义社会与以往社会形态质的区别，并由此产生了后来著名的"列宁之问"："既然马克思以前所有经济学家都谈论一般社会，为什么马克思却说'现代（modern）'社会呢？他在什么意义上使用'现代'一词，按什么标志来特别划出这个现代社会呢？"② 正是由于马克思根据生产方式的巨大变革才将"现代社会"作为"资产阶级时代"的代名词，以至于他在《（政治经济学批判）的序言》中提出了自己对经济时代划分的看法，"大体说来，亚细亚的、古希腊罗马的、封建的和现代资产阶级的生产方式可以看作是经济形态演进的几个时代"。③

马克思、恩格斯的现代化观念是建立在历史唯物主义哲学基础上的，他们是根据生产方式的变化划分出现代社会的。生产力与生产关系、经济基础和上层建筑的矛盾，推动了人类社会由低级形态不断向高级形态发展。而人类社会现代化的出现是这一矛盾运动的结果。毋庸讳言，现代化最初是在资本主义生产方式中生成发展的，资本主义生产方式是现代化最初的动力和根源。现代化创造了人类历史上从未有过的社会财富，使人类史无前例地征服了自然，极大地解放了社会生产力，也极大地改造了社会关系。"建立了现代化大工业城市……大工业到处造成了社会各阶级间大致相同的关系，从而消灭了各民族的特殊性。"④ 马克思肯定现代化首先是由资产阶级文明结出的硕果，通过生产社会化、科技进步、社会分工、世界市场、世俗化、城市化等现代化要素，资产阶级彻底摧毁了传统社会，打破了束缚生产力的城市行会制度，将农民从土地的依附中解放变成了雇佣工人，伴随着 16 世纪新航路开辟而开拓世界市场，把以往彼此分割的地域强制性凝聚在一起。同时，马克思、恩格斯也对资本主义现代化的方式进行了反思和批判：早期资本原始积累充满了掠夺、奴役和血腥，工人阶级的悲惨境遇成为恩格斯笔下常见的场景，人对自然的"征服"更招致了自然界更加猛烈的报复，生产资料私有制和社会化大生产之间矛盾愈演愈烈，经济危机频频发生。对于促进美国现代化进程的美国南北战争，

---

① 《马克思恩格斯全集》第 2 卷，人民出版社 1957 年版，第 281 页。
② 《列宁选集》第 1 卷，人民出版社 1995 年版，第 4 页。
③ 《马克思恩格斯文集》第 2 卷，人民出版社 2009 年版，第 591—592 页。
④ 《马克思恩格斯选集》第 1 卷，人民出版社 2012 年版，第 195 页。

恩格斯一针见血地指出它是"没有崇高目的和社会需要的、跟旧世界历次战争一样的另一次战争，其结果将不是粉碎奴隶的锁链，而是为自由的工人锻造新的镣铐"。① 交通联络工具的发展带来资本集聚和借贷资本的世界性活动，"使整个世界陷入金融欺诈和相互借贷——资本主义形式的'国际'博爱——的罗网之中"。②

马克思、恩格斯对科学的现代化理论的贡献绝不仅仅限于对资本主义现代化方式的批判，更主要的是揭示了人类现代化发展不同于或超越于资本主义现代化的必然趋势。马克思、恩格斯认为资本主义并不能涵盖现代化的全部历史过程，也绝非现代化的唯一途径。现代化分为两个社会发展阶段：第一阶段是资本主义现代化社会，第二阶段则是共产主义（含社会主义）现代化社会。马克思、恩格斯还分析了这两种现代化的区别，除了更高水平的生产力外，更重要的是社会平等。"平等应当不仅仅是表面的，不仅仅在国家的领域中实行，它还应当是实际的，还应当在社会的、经济的领域中实行"。③ 而且，"对人的统治将由对物的管理和对生产过程的领导所代替。"④ 马克思、恩格斯认为，资本统治带来了劳动异化的 4 种形式——劳动产品的异化、生产活动的异化、人的类本质的异化、人与人关系的异化。⑤ 不仅工人，连"有教养的等级"和受过专门教育的人，都受到"奴役"，⑥ 从而扼杀人的全面发展；而共产主义（含社会主义）现代化的目标则是追求社会进步和人的全面发展，这是两种现代化的本质区别。马克思在《资本论》中说，社会主义和共产主义是比资本主义"更高级的、以每一个个人全面而自由发展为基本原则的社会形式"。⑦ 恩格斯指出："为所有的人创造生活条件，以便每个人都能自由地发展他的人的本性"，"每个人的自由发展是一切人的自由发展的条件"。⑧ 可见，社会进步和人的全面发展是马克思主义关于共产主义（包括社会主义）现代化的

---

① 《马克思恩格斯全集》第 16 卷，人民出版社 1964 年版，第 402 页。
② 《马克思恩格斯选集》第 4 卷，人民出版社 2012 年版，第 531 页。
③ 《马克思恩格斯全集》第 26 卷，人民出版社 2014 年版，第 112 页。
④ 恩格斯：《反杜林论》，人民出版社 2018 年版，第 304 页。
⑤ 《马克思恩格斯选集》第 1 卷，人民出版社 1995 年版，第 45—47 页。
⑥ 恩格斯：《反杜林论》，人民出版社 2018 年版，第 315 页。
⑦ 马克思：《资本论》，人民出版社 2018 年版，第 683 页。
⑧ 《马克思恩格斯文集》第 10 卷，人民出版社 2009 年版，第 666 页。

内在本质要求，通过人与自然、人与社会、人与自我的和谐，实现从必然王国到自由王国的飞跃。

对于怎样实现第二个阶段的现代化，马克思有过跨越"卡夫丁峡谷"①的设想：跨越资本主义制度下对内压榨、对外掠夺的原始积累阶段，开辟另一条现代化之路。马克思在研究俄国农村公社制度中曾指出："和控制着世界市场的西方生产同时存在，就使俄国可以不通过资本主义制度的卡夫丁峡谷，而把资本主义制度所创造的一切积极的成果都用到公社中来"；②"俄国公社，这一固然已经大遭破坏的原始土地所有制形式，是能够直接过渡到高级的共产主义的土地所有制形式呢？还是它必须先经历西方的历史发展所经历的那个瓦解过程呢？对于这个问题，目前唯一可能的答复是：假如俄国革命将成为西方工人革命的信号而双方互相补充的话，那么现今的俄国土地所有制便能成为共产主义发展的起点"。③ 跨越"卡夫丁峡谷"的设想，其理论依据是历史唯物论。人类社会不仅遵循历史唯物主义的一般规律，即社会主义社会是在资本主义发展的基础上产生，但历史唯物主义还认为，历史是人类自己创造的，社会规律毕竟不同于自然规律，人们的历史主动性和选择性对社会形态的更替也发挥作用。这种历史主动性和选择性使社会形态的更替体现出跨越性一面。这是辩证法在社会历史发展进程中的规律。在实践上，它也有历史的事实依据。美国没有经过封建社会制度充分发展而直接建立了资本主义制度，俄国在资本主义经济不发达的基础上取得了十月革命胜利建立第一个社会主义国家，中国在半殖民地半封建社会的起点上进行了新民主主义革命和社会主义革命，这些都是跨越"卡夫丁峡谷"的典范。马克思的预言和设计，打破了资本主义现代化的路径依赖，超越了"内生主导型"和"外向依附型"两种现代化模式，是"阶段跨越型"的辩证逻辑。对亚非拉等不发达地区和国家的现代化道路产生了深远影响。

---

① "卡夫丁峡谷"又称"卡夫丁轭形门"，出自古罗马历史。公元前321年，在第二次萨姆尼特战争中，5万人的罗马军团在卡夫丁峡谷遭到萨姆尼特人的伏击战败，被迫按照遣散败者的方式，通过三支长矛拼成的"轭形门"，被认为是一次耻辱性失败和历史挫折。马克思、恩格斯前后曾用英、法、德三种语言10次使用这一典故，意指资本主义制度及其带来的灾难和挫折。

② 《马克思恩格斯选集》第3卷，人民出版社2012年版，第825页。

③ 《马克思恩格斯全集》第29卷，人民出版社2020年版，第520页。

马克思、恩格斯还认为，对于落后国家而言，跨越"卡夫丁峡谷"的前提是民族独立，这是它们现代化的先决条件。随着垄断资本主义对外掠夺和侵略的日益扩张，殖民地和半殖民地在现代世界体系中处于更加贫困和悲惨的境地，通过依赖或依附西方国家使自己成功走向现代化，对于大多数第三世界国家已经绝无可能。面临重重外在的压迫和阻碍。争取民族独立就成为它们现代化的首要任务。

1882年恩格斯在给卡尔·考茨基的信中说："一个大民族，只要还没有实现民族独立，历史地看，就甚至不能比较严肃地讨论任何内政问题。"① "排除民族压迫是一切健康而自由的发展的基本条件。"② "……只有当它作为一个独立的民族重新掌握自己的命运的时候，它的内部发展过程才会重新开始……"③ 才能真正收到殖民主义者"在他们中间播下的新的社会因素所结的果实的"。④ 反之，一个民族如果没有从奴役和压迫中解放出来，人民就无法真正实现自由与解放，任何现代化的设计都会成为镜花水月、纸上谈兵。

从落后的资本主义俄国跨越"卡夫丁峡谷"，建立社会主义国家并实践社会主义现代化，是列宁时代的命题。社会主义虽然可以通过革命的方式取消或改变资本主义形式的生产关系，也就是避开或绕过这种生产关系的成熟发展去建立新生产方式，但却不能绕过资本主义所达到的社会生产力水平去建立新生产方式。这就是说，资本主义生产方式可以取代，但与这个生产方式相适应的物质基础是不能取消也不能取代的，但可能通过别的方式或缩短时间去建立这种物质基础。

在20世纪20年代初，列宁认为社会主义现代化是以发展大工业为前提。他基于苏联所处的国际环境和国内阶级斗争的形势，首先，从政治意义角度提出要发展机器大工业，特别强调发展重工业与政权稳固的关系。他指出：若"不挽救重工业，不恢复重工业，我们就不能建成任何工业，而没有工业，我们就会灭亡而不能成其为独立国家"。⑤ 其次，他从经济基

---

① 《马克思恩格斯文集》第10卷，人民出版社2009年版，第471页。
② 《马克思恩格斯文集》第10卷，人民出版社2009年版，第472页。
③ 《马克思恩格斯选集》第2卷，人民出版社1972年版，第632页。
④ 《马克思恩格斯选集》第1卷，人民出版社2012年版，第861页。
⑤ 《列宁全集》第43版，人民出版社2017年版，第286页。

础与上层建筑关系方面强调要发展机器大工业。苏联建立之初，小农经济占据着国民经济的主导地位，但这种小农经济基础是无法支撑起社会主义大厦的。对此他强调："增加财富、建立社会主义社会的真正的和唯一基础只有一个，这就是大工业。""社会主义的唯一的物质基础，只能是同时也能改造农业的大机器工业。""没有高度发达的大工业，那就根本谈不上社会主义，而对于一个农民国家来说更是如此。"① 在列宁看来，发展大工业需要以实现电气化为前提，"只有当国家实现了电气化，为工业、农业和运输业打下现代大工业的技术基础的时候，我们才能得到最后的胜利"。② 可见，列宁认为电气化是先进社会生产力的表现形式，从而提出了"共产主义就是苏维埃政权加全国电气化"③ 的著名公式。而且需要吸收现代文明一切有价值的成分。"吸取外国好的东西：苏维埃政权 + 普鲁士的铁路秩序 + 美国的技术和托拉斯组织 + 美国的国民教育…… = 总和 = 社会主义。"④

概括来说，马克思主义经典作家的现代化观念和理论是建立在历史唯物主义和辩证法的思想基础上的，它指出：现代化并非资本主义的专属，它的更高形态是共产主义（社会主义）的现代化；两者的本质区别是，前者是人的异化，后者是社会进步和人的全面发展。落后国家的现代化道路不仅取决于社会发展的一般规律，也取决于人民创造历史的主动性和选择性，穿越"卡夫丁峡谷"也是辩证唯物主义的逻辑。但是，它的先决条件是民族独立，而且，虽然可以超越资本主义生产方式的成熟发展阶段，但与它相适应的物质基础是不能取消也不能取代的，落后国家在实现社会主义革命后的严重任务是尽最大努力发展生产力，实现工业化从而走向现代化。

马克思、恩格斯初步建立了科学的现代化理论，同时也为日后发展、充实与完善留下了广阔的余地。马克思、恩格斯现代化思想的理论依据是唯物史观，而唯物史观的基本特征是开放的、发展的，而不是封闭的、停滞的。"马克思的整个世界观不是教义，而是方法。它提供的不是现成的

---

① 《列宁全集》第41卷、第42卷，人民出版社2017年版，第301页、第7页。
② 《列宁全集》第40卷，人民出版社2017年版，第159页。
③ 《列宁全集》第40卷，人民出版社2017年版，第159页。
④ 《列宁全集》第34卷，人民出版社2017年版，第520页。

教条，而是进一步研究的出发点和供这种研究使用的方法。"① 后人对于马克思、恩格斯现代化思想的发展，只要抓住历史唯物主义和辩证法的基本原理，便可牢牢把握住现代化的基本动因和基本趋势，并能够把一些具体结论随着时代条件的变化而及时地得以充实、完善或校正。唯物史观和辩证法还强调："在分析任何一个社会问题时，马克思主义理论的绝对要求，就是要把问题提到一定的历史范围之内；此外，如果谈到某一国家（例如，谈到这个国家的民族纲领），那就要估计到在同一历史时代这个国家不同于其他各国的具体特点。"②

第二节　中国式现代化内涵的初步探索与实践

一　中国式现代化与社会主义道路结合的历史和理论逻辑

社会形态更替是统一性和多样性的统一。马克思提出人类社会五种形态依次递进的理论，决不是通过对个别社会现象的记录和描述的基础上得出的，而是从"世界历史"角度对人类社会发展趋势进行高度概括，所反映的是人类社会发展的一般规律。这种一般规律"是以一种极其错综复杂和近似的方式，作为从不断波动中得出的，但永远不能确定的平均情况来发生作用"③。因此，作为人类社会发展趋势的一般规律"决不是一切个别情况的规律"④。在揭示人类社会形态递进演变规律的同时，马克思并不否认存在个别民族国家发展道路偏离一般人类社会发展路径的情形。一个国家道路的选择是其内部矛盾和外部矛盾共同作用的结果，中国式现代化，"既有各国现代化的共同特征，更有基于自己国情的中国特色"⑤。这种独特性，是毛泽东对中国革命和建设始终坚持的理念。他分析和总结了中国现代化只能通过社会主义道路实现的历史逻辑：一是帝国主义和中国封建买办阶级不允许中国独立发展资本主义。虽然中国封建社会晚期已经孕育着资本主义萌芽，若没有西方列强的入侵和干预，中国将会逐步过渡到资

---

① 《马克思恩格斯选集》第 4 卷，人民出版社 1995 年版，第 742—743 页。
② 《列宁全集》第 25 卷，人民出版社 2017 年版，第 232 页。
③ 《马克思恩格斯文集》第 7 卷，人民出版社 2009 年版，第 181 页。
④ 《列宁全集》第 4 卷，人民出版社 2013 年版，第 89 页。
⑤ 《中国共产党第二十次全国代表大会文件汇编》，人民出版社 2022 年版，第 18 页。

本主义社会。然而帝国主义列强的侵略中断了这一进程，它们"侵入中国的目的，决不是要把封建的中国变成资本主义的中国"①，而是把中国变成他们的半殖民地和殖民地，从而为他们的资本主义发展提供市场和原料。而中国最落后和最反动的生产关系的代表——地主阶级和买办阶级，"其生存和发展，是附庸于帝国主义的"②。在它们的统治下，中国发展资本主义走向现代化是不可能的。二是民族资产阶级政治经济上的软弱性决定了其无法实现民族独立并发展资本主义现代化。在半殖民地半封建社会形态中成长的中国民族资产阶级，一方面他们遭受帝国主义和封建主义的双重压迫和束缚，决定了他们具有革命性的进步一面。另一方面他们具有软弱性与妥协性，同封建主义、帝国主义存在千丝万缕的联系，对帝国主义抱有幻想，这就决定了他们无法提出彻底的反帝反封建革命纲领，进而无法建立一个独立资产阶级共和国。而国家独立是其一切发展的前提与基础，因此，民族资产阶级在中国发展资本主义的梦想是不切实际的。三是中国现代化只能走社会主义道路并由共产党领导的历史必然性。毛泽东在总结中国共产党成立 28 年的经验时指出，西方资产阶级文明和资产阶级共和国方案，"在中国人民心目中，一齐破了产"，唯一的道路是社会主义和工人阶级（通过共产党）领导的人民共和国。只有这一条道路才能使中国"稳步地由农业国进到工业国，由新民主主义社会进到社会主义社会和共产主义社会，消灭阶级和实现大同"。③ 而且，在中国共产党的领导下，新民主主义社会只能向社会主义社会过渡，这两个社会阶段"必须衔接，不容横插一个资产阶级专政的阶段"④。毛泽东的分析和总结奠定了中国式现代化最基本的政治前提。

二　建立社会主义制度基础与中国工业化实践结合的客观规律性

1945 年毛泽东在党的七大上就提出："中国工人阶级的任务，不但是为着建立新民主主义的国家奋斗，而且是为着中国的工业化和农业近代化

---

① 《毛泽东选集》第 2 卷，人民出版社 1991 年版，第 628 页。

② 《毛泽东选集》第 1 卷，人民出版社 1991 年版，第 2 页。

③ 《毛泽东选集》第 4 卷，人民出版社 1991 年版，第 1471、1476 页。

④ 《毛泽东选集》第 2 卷，人民出版社 1991 年版，第 685 页。

／ 第九章 中国式现代化与人类文明新形态理论 ／ 275

而奋斗"。① 1954年9月，毛泽东在一届全国人大一次会议上致开幕词时宣布：准备在几个五年计划之内，将我国"建设成为一个工业化的具有高度现代文化程度的伟大的国家"。② 周周恩来在《政府工作报告》中把新中国建设的远景描述为：要建设"强大的现代化的工业、现代化的农业、现代化的交通运输业和现代化的国防"。③ 这是中国式现代化的最早表述。党执政后所制定的第一部党章，即中共八大通过的《中国共产党章程》（1956年9月26日）的总纲规定：（1）党的任务是有计划地发展国民经济；（2）以最快速度实现国家工业化；（3）国民经济技术改造：务必确保有系统、有步骤地进行；（4）目标是"实现四个现代化"。这里提的"四个现代化"与周恩来在一届人大一次会议提出的"四个现代化"的内容是相同的。"四个现代化"目标是我党第一代领导集体的伟大创举。④

实现这样一个目标，它面临和需要处理两对矛盾，一个是阶级和社会矛盾，一个是在一穷二白基础上发展生产力的矛盾。在完成土地改革后，新民主主义社会的经济基础包括5种经济成分：国营经济、合作经济、个体经济、私人资本主义经济、国家资本主义经济。国家资本主义经济是私人资本主义经济向国营经济过渡的形式，合作经济是个体经济向具有社会主义性质的集体经济过渡的形式。因此，这5种经济成分大体上可分为资本主义、小商品生产者和社会主义三种形式，所对应的社会力量分别为资

---

① 《毛泽东选集》第3卷，人民出版社1991年版，第1081页。
② 《毛泽东文集》第6卷，人民出版社1999年版，第350页。
③ 《周恩来经济文选》，中央文献出版社1993年版，第176页。
④ 1964年12月至1965年1月，第三届全国人民代表大会第一次会议在北京举行，继一届人大一次会议后再次提出了建设"四个现代化"的历史任务。1975年1月，四届全国人大一次会议重申三届全国人大一次会议提出的"四个现代化"的宏伟目标。"遵照毛主席的指示，三届人大的政府工作报告曾经提出，从第三个五年计划开始，我国国民经济的发展，可以按两步来设想：第一步，用十五年时间，即在1980年以前，建成一个独立的比较完整的工业体系和国民经济体系；第二步，在本世纪内，全面实现农业、工业、国防和科学技术的现代化，使我国国民经济走在世界的前列。"引自全国人大财政经济委员会办公室、国家发展和改革委员会发展规划司编：《建国以来国民经济和社会发展五年计划重要文件汇编》，中国民主法制出版社2008年版，第471页，当时，77岁重病在身的周恩来总理，已经没有气力读完仅仅5000字的政府工作报告，他对2864名代表说，我只念头尾两段。他本来是坐着念的，但读到"四个现代化"的宏伟目标时，他站了起来，声音沉稳有力。时隔10年后再次听到四个现代化的宏伟目标，许多代表噙着热泪，报以长时间雷鸣般的掌声。这个报告是经过毛泽东审定同意了的。

产阶级、农民和其他小资产阶级、无产阶级。要建立社会主义经济基础，必然要求对资本主义经济、小商品生产者经济进行社会主义改造，以适应工业化和社会化大生产的要求。

中国式现代化不仅要建立在生产资料公有制基础之上，而且要建立在一定的生产力发展水平之上，它的物质技术基础就是工业化。正如马克思所说："新的工业的建立已经成为一切文明民族的生死攸关的问题。"① 工业化是机器大工业在国民经济中的比重不断发展并且达到主导地位的过程，也是将一个落后的农业国转变成现代化工业国的过程。其实质是国民经济的主要部门，特别是所有物质生产部门都能够被本国制造的以机械动力为代表的物质技术装备起来。工业化本身不具有制度属性，但总是和一定的社会制度相联系。资本主义有资本主义的工业化，而社会主义也有自己的工业化。这两种社会的工业化具有明显的差异。一是遵循的原则不同。资本主义生产的目的就是追求价值增殖。为了追逐利润，早期资本主义工业化是从轻工业开始的，这是因为与重工业部门相比，轻工业部门的投资少，资本周转快，从而获得更多的利润。社会主义国家的工业化是从重工业起步的，除了遵循社会扩大再生产前提下的"生产资料优先增长的规律"② 外，更是出于抵御帝国主义侵略和保卫国家的现实需要。二是工业化动力的不同。资本主义国家的工业化是资本家追求利润的过程中自发实现的，而社会主义国家的工业化是根据马克思主义经济理论，由政府规划，自上而下推动的。三是工业化的资本原始积累方式不同。西方国家资本原始积累是通过对内剥削，对外殖民扩张来实现的，"是用血和火的文字载入人类编年史的"③，而社会主义国家只能独立自主、自力更生，主要依靠动员国内经济剩余和储蓄，特别是从国民经济的最大部门农业中"抽取"经济剩余来支持工业发展。

因此，中国的工业化建设必须同生产关系的变革同时并举，这是生产力与生产关系相互作用的辩证统一。生产力决定生产关系，同时生产关系对生产力具有反作用。土地改革的完成和封建土地制度的废除，这一中国

---

① 《马克思恩格斯选集》第 1 卷，人民出版社 1995 年版，第 276 页。
② 《毛泽东文集》第 8 卷，人民出版社 1999 年版，第 121 页。
③ 《马克思恩格斯选集》第 2 卷，人民出版社 1995 年版，第 261 页。

／ 第九章　中国式现代化与人类文明新形态理论 ／　277

几千年来最伟大的社会变革，使中国取得了"我们的农业和手工业逐步向着现代化发展的可能性"①，为党提出过渡时期的总路线和总任务提供了基本依据。1953 年 6 月，毛泽东正式提出过渡时期的总路线和总任务："从中华人民共和国成立，到社会主义改造基本完成，这是一个过渡时期，党在这个过渡时期的总路线和总任务，是要在一个相当长的时期内，基本上实现国家工业化和对农业、手工业、资本主义工商业的社会主义改造。"②这个过渡时期的总路线和总任务简称为"一化三改"。其中，"一化"被喻为鸟的主体，"三改"为鸟的"两翼"，它们之间互相联系，相互促进。一方面，"三改"是生产关系的变革，目的是解放发展生产力，从而为社会主义工业化服务；另一方面社会主义工业化又巩固了三大改造的成果。因此，"一化三改"总路线体现了发展社会生产力与变革生产关系的有机统一。在"一化三改"总路线的指引下，我国开始实施了第一个五年计划（1953—1957），1956 年年底三大改造的基本完成标志着我国进入社会主义社会。"一五"计划期间，飞机、拖拉机、汽车、坦克、冶金设备、重型和精密仪器等我国过去不曾有的工业部门先后建立，为我国形成独立的比较完整的工业体系奠定了基础。

第三节　中国式现代化理论的发展和飞跃

一　改革开放后中国式现代化理论的主要内涵

改革开放后，邓小平首次提出了中国式现代化。他说"我们搞的四个现代化有个名字，就是社会主义四个现代化"。③"过去搞民主革命，要适合中国情况。现在搞建设，也要适合中国情况，走出一条中国式的现代化道路。"④"中国式现代化必须从中国的特点出发"⑤。总结邓小平说的中国式现代化，其理论内涵主要是：

---

①　《毛泽东选集》第 4 卷，人民出版社 1991 年版，第 1430 页。

②　中共中央党史研究室著：《中国共产党历史》第 2 卷（1949—1978）（上册），中共党史出版社 2011 年版，第 185 页。

③　《邓小平文选》第 3 卷，人民出版社 1993 年版，第 181 页。

④　冷溶等：《邓小平年谱（1975—1997）》（下卷），中央文献出版社 2004 年版，第 220 页。

⑤　《邓小平文选》第 2 卷，人民出版社 1994 年版，第 164 页。

278 / 中国特色社会主义政治经济学 /

第一，中国还处于社会主义初级阶段，因此中国式现代化应当实事求是地从建设小康社会起步。1981 年 6 月，党的十一届六中全会通过《关于建国以来党的若干历史问题的决议》，第一次明确指出了"我国的社会主义制度还是处于初级的阶段"。① 党的十三大系统阐述了社会主义初级阶段，它"不是泛指任何国家进入社会主义都会经历的起始阶段，而是特指我国在生产力落后、商品经济不发达条件下建设社会主义必然要经历的特定阶段。我国从五十年代生产资料私有制的社会主义改造基本完成，到社会主义现代化的基本实现，至少需要上百年时间，都属于社会主义初级阶段"。② 在社会主义初级阶段进行现代化建设，第一步的中心任务是解决人民的温饱问题，邓小平以"小康"这个中国传统文化的名称③来概括现代化建设的目标和任务，它包含了生产力与社会发展两方面。按照国内生产总值、人民生活水平和社会发展等主要衡量标准，党制定了"小康水平""全面建设小康""全面建成小康"三个不同时期的经济社会发展战略，导演了中国式现代化风云激荡的历史征程。

第二，实现中国式现代化，仍然要改革不适应生产力发展的生产关系，要建立促进社会主义初级阶段生产力发展的经济制度和体制。马克思主义认为生产力与生产关系、经济基础与上层建筑之间的矛盾，是人类社会的基本矛盾，而社会主要矛盾是社会基本矛盾在不同社会发展阶段的集中体现。1956 年年底我国虽然已经基本建立了社会主义基本经济制度，但按照毛泽东的说法，社会主义生产关系虽然已经建立，但与生产力的关系仍然处于既适应又不适应的状态，它的调整和改革是必然的。不适应的突出矛盾是单一所有制结构与高度集中的计划体制阻碍了我国社会生产力的发展。经济制度是涉及生产资料占有的生产关系，经济体制是在经济运行中资源配置方式的生产关系，这两者互为表里、相互作用，都对生产力发展具有重大的影响。通过不断改革和探索，对社会主义基本经济制度和经济体制的认识不断深化，从党的十四大明确社会主义经济体制改革的目标是建设社会主义市场经济体制，提出以公有制经

---

① 《关于建国以来党的若干历史问题的决议》，人民出版社 1981 年版，第 53 页。

② 《中国共产党第十三次全国代表大会文件汇编》，人民出版社 1987 年版，第 8 页。

③ "小康"一词来源于《诗经·大雅·民劳》"民亦劳止，汔可小康"。意思是说老百姓太辛苦了，差不多可以让他们稍微安宁一下了，表达了先民们对美好生活的向往。

济包括全民所有制和集体所有制经济为主体，个体经济、私营经济、外资经济为补充，多种经济成分长期共同发展的生产关系变革直至党的十九届四中全会"决议"，把社会主义基本经济制度归纳为公有制经济为主体、多种所有制经济共同发展；按劳分配为主、多种分配方式并存；社会主义市场经济三位一体，都是在实现中国式现代化进程中生产关系变革的伟大实践。

第三，实现中国式现代化，必然要与世界生产力发展相联系，对外开放成为实现现代化的必由之路。马克思、恩格斯在《共产党宣言》中阐述了资本主义生产方式在全世界的扩张，从而使生产和消费成为世界性的，世界市场不断取代地域性的小市场。社会生产力与生产关系、经济基础和上层建筑的矛盾不仅产生在民族国家内部，而且日益具有世界性。因此，马克思认为共产主义"是以生产力的普遍发展和此相联系的世界交往为前提的"[1]。根据马克思主义的基本原理，邓小平提出，开放是一个世界性的问题，"现在的世界是开放的世界"，"经济上的开放，不只是发展中国家的问题，恐怕也是发达国家的问题"；只有各国都开放，世界市场才能扩大，否则"西方面临的市场问题、经济问题，也难以解决"。[2] 可见，当时中国生产力和世界生产力发展的突出矛盾是，中国要不要开放，世界各国要不要开放？世界上谁赞成开放，谁反对开放？这就是划分历史进步与倒退的主要衡量标准。这是邓小平对马克思主义现代化理论的创新和发展。1984 年邓小平进一步说："我们是三个方面的开放，一个是对西方发达国家的开放，我们吸收外资、引进技术等等主要从那里来。一个是对苏联和东欧国家的开放……还有一个是对第三世界发展中国家的开放。"[3] 他还在许多场合反复强调，我国的现代化建设，不是拿落后的技术作为出发点，而是要吸收世界先进的管理方法，要把世界一切先进技术、先进成果作为我们发展的起点。因此，实现中国式现代化的过程，也是一个不断扩大开放与坚持独立自主、自力更生相统一的过程。

---

[1] 《马克思恩格斯选集》第 1 卷，人民出版社 1995 年版，第 86 页。
[2] 《邓小平文选》第 3 卷，人民出版社 1993 年版，第 79 页。
[3] 《邓小平文选》第 3 卷，人民出版社 1993 年版，第 99 页。

二 党的十八大以来中国式现代化理论的新内涵

中国式现代化理论的产生和发展是长期实践的结果，是"在新中国成立特别是改革开放以来长期探索和实践基础上，经过党的十八大以来在理论和实践上的创新突破，我们党成功推进和拓展了中国式现代化"①。中国式现代化的成功实践，为中国式现代化理论的成熟和完善提供了扎实的依据。概括起来说，党的十八大以来在现代化理论上的创新突破主要有：

第一，总结和深化了中国式现代化建设的客观规律，明确了中国式现代化建设的总体部署是"五位一体"、战略布局是"四个全面"。在中国式现代化建设的初期，邓小平就明确提出以经济建设为中心，但物质文明建设和精神文明建设"两手抓、两手都要硬"。从此精神文明和社会主义文化建设被纳入中国式现代化建设的视野。1997 年党的十五大提出，依法治国是党领导人民治理国家的基本方略；依法治国，发展有中国特色社会主义民主政治，由此形成了经济建设、文化建设、政治建设"三位一体"的中国式现代化建设部署。2006 年党的十六届六中全会审议通过《中共中央关于构建社会主义和谐社会若干重大问题的决定》，构建社会主义和谐社会战略目标的提出，使中国特色社会主义事业总体布局由经济建设、政治建设、文化建设"三位一体"发展为经济建设、政治建设、文化建设、社会建设"四位一体"。党的十七大报告把这四位一体确定为全面建设小康社会的"基本目标和基本政策构成的基本纲领"。② 党的十八大报告把中国特色社会主义事业总体布局总结为"五位一体"："全面落实经济建设、政治建设、文化建设、社会建设、生态文明建设五位一体总体布局，促进现代化建设各方面相协调，促进生产关系与生产力、上层建筑与经济基础相协调。"③ 这些新认识不断丰富了中国式现代化的内涵。改革开放初期邓小平强调一个中心、两个基本点，即经济建设是中心是目标，改革开放和坚持四项基本原则是两个基本点，是战略举措；2014 年习近平总书记根据新的实践提出了"四个全面"："协调推进全面建成小康社会、全面深化改革、

---

① 《中国共产党第二十次全国代表大会文件汇编》，人民出版社 2022 年版，第 18 页。

② 胡锦涛：《高举中国特色社会主义伟大旗帜 为夺取全面建设小康社会新胜利而奋斗——在中国共产党第十七次全国代表大会上的报告》，人民出版社 2007 年版，第 10 页。

③ 《十八大以来重要文献选编》（上），中央文献出版社 2014 年版，第 7 页。

全面依法治国、全面从严治党，推动改革开放和社会主义现代化建设迈上新台阶。"① 2015 年习近平总书记把这四个全面定位为"战略布局"，并指出："这个战略布局，既有战略目标，也有战略举措。"② 随着小康社会的全面建成，战略目标也顺势改为全面建设社会主义现代化国家。

第二，将社会主义改革全面引向经济基础和上层建筑领域，构建完系统的中国特色社会主义制度体系。2013 年党的十八届三中全会作出了全面深化改革的决定，这个决定把经济体制改革引向政治、社会、文化、生态环境、国防军队等上层建筑领域。这种全方位改革，其总目标就不仅是完善社会主义市场经济体制，而是"发挥经济体制改革牵引作用，推动生产关系同生产力、上层建筑同经济基础相适应"，其总目标设定为"完善和发展中国特色社会主义制度，推进国家治理体系和治理能力现代化"。③ 这个现代化目标是中国式现代化的重要创造。党的十九大对建设社会主义现代化强国作出战略安排中，就包括了制度建设和治理能力建设的目标，党的十九届四中全会作出的《决定》④ 全面回答了我国国家制度和国家治理体系建设的理论和实践问题，"是一篇马克思主义的纲领性文献，也是一篇马克思主义的政治宣言书"。⑤《决定》中提出的中国特色社会主义制度体系，起四梁八柱作用的是根本制度、基本制度和重要制度，这是中国式现代化理论对马克思主义的原创性贡献。

第三，树立以人民为中心的经济发展思想，以新发展理念引领经济发展，克服唯 GDP 论。受西方经济学影响，长期以来中外研究机构和学者习惯于以人均国内生产总值指标来衡量"现代化"是否达标。根据人均国内生产总值指标，2021 年韩国被联合国贸发会议认定为"发达国家"。⑥ 毋

① 《习近平谈治国理政》第 2 卷，外文出版社 2017 年版，第 22 页。

② 《习近平谈治国理政》第 2 卷，外文出版社 2017 年版，第 23 页。

③ 《中共中央关于全面深化改革若干重大问题的决定》辅导读本，人民出版社 2013 年版，第 3、5 页。

④ 指的是《中共中央关于坚持和完善中国特色社会主义制度推进国家治理体系和治理能力现代化若干重大问题的决定》，《人民日报》2019 年 11 月 6 日第 1 版。

⑤ 《习近平谈治国理政》第 3 卷，外文出版社 2020 年版，第 118—119 页。

⑥ 根据国际货币基金组织公布的数据，韩国 2020 年的国内生产总值为 1.5512 万亿美元，居世界第 10 位。根据 WTO 的统计，韩国 2020 年出口额为 5125 亿美元，居世界第 7 位。2020 年人均国内生产总值为 3.1497 万美元，居世界第 26 位。韩国由此提出韩国属于"3050"（即人均 GDP 达 3 万美元，人口五千万以上）的世界七强（即美国，日本，英国，法国，德国，意大利，韩国）。

庸置疑，这一指标是有意义的，也是重要的，但并不是最重要的，更不是唯一的。习近平总书记指出："坚持以人民为中心的发展思想，发展为了人民，这是马克思主义政治经济学的根本立场。"① 在我们这样一个具有14亿人口的大国，过度强调这一指标必然掩盖资源能源耗费、生态环境、贫富分化等种种问题，必然走向人的异化，而不是人的全面发展。当中国社会主要矛盾已经转变为人民日益增长的美好生活需要和不平衡不充分的发展之间的矛盾时，习近平总书记明确地说："不能简单以生产总值论英雄"，② "全面建成小康社会，不是一个'数字游戏'或'速度游戏'，而是一个实实在在的目标。在保持经济增长的同时，更重要的是落实以人民为中心的发展思想，想群众之所想，急群众之所急，解群众之所困，……相对于增长速度高一点还是低一点，这些问题更受人民群众关注"。③ 因此，中国式现代化建设的目标，既考虑到国际上可衡量的"中等发达国家"水平的人均国内生产总值指标，但更关注人民群众的获得感和实现感。因此，中国式现代化建设必须以创新、协调、绿色、开放、共享的新发展理念为引领，从而创造中国特色的现代化道路：人口规模巨大的现代化、全体人民共同富裕的现代化、物质文明和精神文明相协调的现代化、人与自然和谐共生的现代化、走和平发展道路的现代化。

第四，总结了中国式现代化道路的历史归宿，提出了人类文明新形态的重大理论观点。中国式现代化建设在人类文明史上的前进方向是"不断丰富和发展人类文明新形态"。④ 人类文明新形态是中国式现代化五位一体总结布局实践的必然结果。正如习近平总书记所说："我们坚持和发展中国特色社会主义，推动物质文明、政治文明、精神文明、社会文明、生态文明协调发展，创造了中国式现代化新道路，创造了人类文明新形态。"⑤

---

① 中共中央文献研究室：《习近平关于社会主义经济建设论述摘编》，中央文献出版社 2017年版，第 30 页。

② 中共中央文献研究室：《习近平关于社会主义经济建设论述摘编》，中央文献出版社 2017年版，第 80 页。

③ 中共中央文献研究室：《习近平关于社会主义经济建设论述摘编》，中央文献出版社 2017年版，第 47 页。

④ 《中国共产党第二十次全国代表大会文件汇编》，人民出版社 2022 年版，第 6 页。

⑤ 习近平：《在庆祝中国共产党成立 100 周年大会上的讲话》，《人民日报》2021 年 7 月 2 日第 2 版。

第四节　人类文明多样性与中国式现代化文明新形态

一　人类文明的本质及其多样性

"文明"一词产生于英国，18世纪初它指"法律或审判"。1755年《英语大词典》对它的解释是"民法专家或罗马法教授"。① 18世纪下半叶法国启蒙思想家在批判中世纪黑暗统治中，用"文明"指斥"野蛮"。《韦氏大辞典》把它定义为"教化的行为"。② 19世纪后，西方学者把它延伸为开化、文化和新知识的传播普及。20世纪后，西方学者把文明的外延涵盖得更广了。英国历史学家阿诺德·汤因比（Arnold，Joseph，Toynbee）说，文明是社会的整体。③ 美国历史学家威尔·杜兰（Williamm. Durant）认为，文明是社会秩序，包含经济的供应、政治的组织、伦理的传统以及知识和艺术的追求。④ 美国政治学者塞缪尔·亨廷顿（Samuel Huntington）认为，文明是广泛的文化实体，是"一个民族全面的生活方式"。⑤ 西方学者关于文明的这些解释，只是看到了文明的若干现象，而没有认识到文明的本质。

人类文明是人类社会发展的表现，人类文明的变化是由人类社会发展规律决定的。马克思历史唯物主义指出了人类社会发展的规律：任何时代的文明、社会发展的任何阶段都必须以一定的生产力为前提，"人们在自己生活的社会生产中发生一定的、必然的、不以他们的意志为转移的关系，即同他们的物质生产力的一定发展阶段相适合的生产关系。这些生产关系的总和构成社会的经济结构，即有法律的和政治的上层建筑竖立其上并有一定的社会意识形式与之相适应的现实基础"。⑥ 正是由于生产力与生产关系、经济基础与上层建筑的矛盾运动，推动了文明和人类社会由简单

---

① ［英］塞缪尔·约翰逊（Samuel Johnson）：《英语大词典》，上海辞书出版社1755年版。

② Webster: *9000 Words Merriam-Webster INC*，1983.

③ ［英］阿诺德·汤因比：《文明经受考验》，王毅译，上海人民出版社2016年版。

④ ［美］威尔·杜兰特：《世界文明史》，台湾幼狮文化翻译，东方出版社2010年版。

⑤ ［美］塞缪尔·亨廷顿：《文明的冲突与世界秩序的重建》，周琪、刘绯、张立平、王圆翻译，新华出版社2002年版。

⑥ 马克思：《政治经济学批判序言》，《马克思恩格斯选集》第2卷，人民出版社2012年版，第2页。

和低级向复杂和高级形态螺旋式发展。因此，人类文明的本质是一定生产力水平基础之上的生产方式、上层建筑以及意识形态的整体表现，在不同时代，它又反映了特定的阶级关系和民族关系。《共产党宣言》将代表当时先进生产力的资产阶级文明视为一种新的文明象征，同以往一切文明区分开来。"当文明一开始的时候，生产就开始建立在级别、等级和阶级的对抗上，最后建立在积累的劳动和直接的劳动的对抗上。……没有对抗就没有进步。……这是文明直到今天所遵循的规律。"[①] 当世界市场的形成将资本主义文明传播到世界各地时，"由于一切生产工具的迅速改进，由于交通的极其便利，把一切民族甚至最野蛮的民族都卷到文明中来了"。"它的商品的低廉价格，是它用来摧毁一切万里长城、征服野蛮人最顽强的仇外心理的重炮。它迫使一切民族——如果它们不想灭亡的话——采用资产阶级的生产方式；它迫使它们在那里推行所谓的文明，即变成资产者。一句话，它按照自己的面貌为自己创造出一个世界。"[②]

关于人类文明的发展趋势，西方学者大多持资本主义文明终结论的逻辑。美国历史学家威廉·麦克尼尔（William Hardy McNeill）说，文明是生活相同的"社会群体"，四种主要的文明兴起于中东、印度、中国和欧洲。现在，这四种文明都融于以西方为主的全球性世界主义。[③] 德国社会学家马克斯·韦伯（Max Weber）把这些观点概括为西方资本主义文明，即以古希腊和罗马文化为基础，以路德教和加尔文教为精神支柱，以自由市场经济、商业经营和资本核算为本质。[④] 他们认为，由于在人类文明的现代转型中，即现代化过程中，东方文明是文化的先进到现代化的后进，而西方文明则是现代化的转型，也就是说，只有西方的资本主义文明才能实现现代化的转型，从而实现现代化文明。日本义无反顾"脱亚入欧"，按照日本学者福泽谕吉《文明论概略》的设计，西方代表文明，中国处在半开化阶段，非洲各国滞留在野蛮阶段，效法西方文明道路是世界上后进国家

---

① 《马克思恩格斯全集》第 4 卷，人民出版社 1958 年版，第 104 页。

② 《马克思恩格斯选集》第 1 卷，人民出版社 2012 年版，第 404 页。

③ ［美］威廉·麦克尼尔：《西方文明史手册》，盛舒蕾、宣栋彪、董子云翻译，浙江大学出版社 2016 年版。

④ ［德］马克斯·韦伯：《新教伦理与资本主义精神》，阎克文译，上海人民出版社 2018 年版。

的必由之路。① 这种武断的结论，不仅没有被当今时代的文明发展所证明，而且就连少数西方学者也不认可。美国左派学者伊曼纽尔·莫里斯·沃勒斯坦（Immanuel Maurice Wallerstein）近年指出，当代资本主义已进入"混乱和告终"，它必然被一个或多个后继的体系所取代，"我们不能预测它是一个什么样的体系，但能通过我们目前我们政治的和道德的活动来影响其结果"。"占人类四分之一的中国人民，将会在决定人类共同命运中起重大擢用。"②

从人类社会发展的历史趋势看，多样性必然是人类文明的基本特征，正如习近平总书记所说："'和羹之美，在于合异'。人类文明多样性是世界的基本特征，也是人类进步的源泉。"③ 而多样性则是由人类文明的本质决定的。其理由是：

首先，虽然人类社会是按照生产力和生产关系、经济基础和上层建筑的矛盾运动，由原始文明、农业文明、工业文明、信息化文明依次递进、上升发展的一般规律演进，但各国、各地区的生产力水平、生产和交换的内容和基础不同，语言文化不同，演进的路径也并不完全相同，由此形成了文明演进的多样性。马克思既注重对文明发展一般规律的揭示，又关注文明发展的不同道路特点。马克思对东方社会的研究证明社会发展阶段和社会经济形态并不完全重复欧洲的样式。他借用地质学的名词描绘这种情景："正像在地质的层系构造中一样，在历史的形态中，也有原生类型、次生类型、再次生类型等一系列的类型。"④ 不同的社会发展类型规定了文明发展的不同道路。他主要探讨了文明发展的三条道路：第一条是西方国家尤其是西欧国家在迈向现代文明过程中所走过的道路；第二条是亚细亚社会不同于西方社会的独特发展道路；第三条是俄国公社和俄国社会的发展道路。他的研究的结果表明，即使存在一般的经济社会发展规律，由于各国经济、政治、制度、文化、习俗各不相同，因而各国的社会发展形式或文明形成道路也往往不同。因此一般发展规律在各个国家的具体实现方

———————————

① 鲍学成、刘在平：《福泽谕吉与〈文明论概略〉》，中国少年儿童出版社 2000 年版。

② ［美］伊曼纽尔·沃勒斯坦：《现代世界经济体系》，郭方、夏继果、顾宁译，社会科学文献出版社 2013 年版。

③ 《习近平谈治国理政》第 2 卷，外文出版社 2017 年版，第 543 页。

④ 《马克思恩格斯选集》第 3 卷，人民出版社 2012 年版，第 831 页。

式是不同的，形成的文明发展道路也是不同的。正如习近平总书记所说，世界上没有两片完全相同的树叶，也没有完全相同的历史文化和社会制度。没有多样性，就没有人类文明。多样性是客观现实，将长期存在。[①] 文明发展道路和文明发展方式的多样性增强了人类文明的多样性。这就是文明发展规律的统一性与文明发展道路多样性、可选择性结合在一起的辩证法。

其次，人类文明的本质规定了人类文明的发展目标是追求社会进步和人的全面发展，满足多样性需求是实现人的全面发展的必要条件，而多样性需求必然导致文明的多样性发展。人类文明的发展趋势不仅取决于人类社会发展的规律，也取决于人类文明追求的目标。资本主义文明的内在矛盾实际上已经蕴含了新文明的萌芽。1844 年恩格斯《致马克思》一信用"旧文明"概指包括资本主义文明在内的整个资产阶级文明，而用"新文明"来表示共产主义文明。《哥达纲领批判》和《反杜林论》等著作都具体描绘了共产主义文明，它将是"能给所有人以幸福的文明"。[②] 这就是人类文明追求的最终目标。这种能给所有人以幸福的文明具体指的是什么？这就是人类解放和人的自由全面发展。马克思的理论主题和社会理想就是实现无产阶级和人类的解放，实现人的自由全面发展，也是马克思人类文明理论的价值观。马克思认为，之所以要改变现实社会，促进社会文明，为的是改变人的现有生存状况，使人自身的价值得以充分发展和实现；社会文明进步也就体现在人人都为人类的生存和发展提供有利的社会条件，从而促进人的发展以及人与社会文明进步的交融发展。由于人的发展的需要是多方面的，因而为满足需要的社会文明进步也必然是多方面的，不仅是物质文明的发展，还是物质文明、精神文明、政治文明、社会文明、生态文明的全面发展。

最后，人的发展需求的多方面性决定了人类文明的多样性，这是世界的基本特征，也是人类进步的源泉。世界上有 200 多个国家和地区、2500 多个民族、多种宗教。不同历史和国情，不同民族和习俗，不同人的不同多样需求孕育了不同文明，使世界更加丰富多彩。人的需求多样性和文明

---

① 习近平2021年1月25日晚在北京以视频方式出席世界经济论坛"达沃斯议程"对话会并发表特别致辞。《习近平主席"达沃斯议程"特别致辞金句来啦》，人民网，2021年1月25日。

② 《马克思恩格斯全集》第26卷，人民出版社2014年版，第276页。

/ 第九章　中国式现代化与人类文明新形态理论 / 287

多样性始终是人类社会的基本特征，是不同人群对世界认知和自我文化认同的多样表达。每一种文明都扎根于自己的生存土壤，凝聚着一个国家、一个民族的非凡智慧和精神追求，蕴含着人类发展进步所依赖的精神理念和价值追求。多样性的文化特征和民族气质各具特色，使世界文明呈现多样化的色彩。

人类文明多样性产生了交往和交流的需求。马克思主义认为，没有普遍交往的发展，就没有现代文明的孕育和产生。他在《德意志意识形态》一文中就提出交往对生产力，以及物质文明传承和发展重要影响的观点，"只有当交往成为世界交往并且以大工业为基础的时候，只有当一切民族都要卷入竞争斗争的时候，保持已创造出来的生产力才有了保障"。① 从其文明的发展来看，总是先进文明战胜落后文明、较高的文明战胜较低的文明，这是"一条永恒的历史规律"。② 正是在交往普遍发展的条件下，"过去那种地方的和民族的自给自足和闭关自守状态，被各民族的各方面的互相往来和各方面的互相依赖所代替了。物质的生产是如此，精神的生产也是如此。各民族的精神产品成了公共的财产。民族的片面性和局限性日益成为不可能，于是由许多种民族的和地方的文学形成了一种世界的文学"。③ 世界性的普遍交往实际上反映了文明发展的内在要求和客观规律。为此，马克思在《资本论》第一版序言中明确提出："一个国家应该而且可以向其他国家学习。"④

不同文化和文明的交往、交流和互鉴，是人类文明追求进步的价值取向，文明因多样而交流，因交流而互鉴，因互鉴而发展。这是一种人类生存和发展的价值观；尤其在人类社会已经结束了依靠殖民掠夺和种族灭绝的罪恶历史，和平发展成为时代主题的今天，不同文明的交流互鉴已经成为人类社会普遍认同的历史观。但是，把不同国家的矛盾和文明差异夸大为文明发展的主要矛盾是一些西方学者的偏见。美国政治学者塞缪尔·亨廷顿（Samuel Huntington）于 1996 年出版了《文明冲突和世界秩序重建》一书，系统地提出了他的"文明冲突论"。认为冷战后，世界格局的决定

---

① 《马克思恩格斯选集》第 1 卷，人民出版社 2012 年版，第 188 页。
② 《马克思恩格斯选集》第 1 卷，人民出版社 2012 年版，第 857 页。
③ 《马克思恩格斯选集》第 1 卷，人民出版社 2012 年版，第 404 页。
④ 马克思：《资本论》第 1 卷序言，人民出版社 2018 年版，第 9 页。

因素表现为七大或八大文明，即中华文明、日本文明、印度文明、伊斯兰文明、西方文明、东正教文明、拉美文明，还有可能存在的非洲文明。冷战后的世界，冲突的基本根源不再是意识形态，而文化方面的差异，主宰全球的将是"文明的冲突"。[①]"文明冲突论"否定了人类生存发展的价值观和人类社会普遍认同的历史观，它是历史唯心主义的观点，也是旧殖民时代和冷战时代的挽歌。习近平总书记的结论是："文明是多彩的。"世界也是多彩的；"文明是平等的"，没有高低、优劣之分；"文明是包容的。"只要秉持包容精神，就不存在什么文明冲突。[②]

中国不仅是一个国家，更是一种独特的文明，这就是中华文明。它不仅历史悠久，在有史籍记载的多数时间里，在经济、科学、文化、艺术等诸多领域都走在世界前列，为人类文明进步作出了不可磨灭的贡献。中国对人类文明和自身文明的态度将始终遵循习近平总书记揭示的客观规律："中华文明是在中国大地上产生的文明。也是同其他文明不断交流互鉴而形成的文明。"[③]

二 中国式现代化文明新形态

中国进行的现代化建设，不仅需要生产力发展的基础，而且是一种新的文明创造。物质文明、政治文明、精神文明、社会文明、生态文明协调发展；创新、协调、绿色、开放、共享新发展理念则是中国式现代化文明形态的思想体系。五个文明建设和新发展理念既是以往40多年建设小康社会积累的历史经验，也是对中国式现代化道路发展规律的揭示，构成了中国式现代化文明新形态的主要特征。

中国式现代化的物质文明形态，并不能简单地以国内生产总值来衡量。生产总值是全部实体产品和服务产品的增加值总和，增加值来源于交换价值，也就是说交易频率越高，交换价值就越多，或交易价格背离交换价值越多，交换价值也越多。国际金融垄断资本通过操控资本流动、各类金融产品及衍生品的高频次交易，通过操控石油天然气等类金融产品的生

---

① ［美］塞缪尔·亨廷顿：《文明的冲突与世界秩序的重建》，周琪、刘绯、张立平、王圆翻译，新华出版社2002年版。

② 《习近平谈治国理政》第1卷，外文出版社2014年版，第258—259页。

③ 《习近平谈治国理政》第1卷，外文出版社2014年版，第260页。

产和交易，人为抬高交换价值，从而获得更多增加值。这种物质文明发展的结果必然是大量失业、金融和经济危机频频发生，穷国穷人越穷，富国富人越富，资本奴役人的程度越深。中国式现代化的物质文明形态追求全体人民的共同富裕和福祉，其国内生产总值主要建立在实体经济基础上，以满足居民最大限度的就业福利。2010 年开始，中国就成为世界制造业第一大国，到 2019 年制造业增加值几乎是美国和日本的总和。① 中国不仅拥有世界最完整的工业体系，也有独立健全的服务业、金融业和农业。党的二十大描述了中国式现代化物质文明的发展方向："坚持把发展经济的着力点放在实体经济上，推进新型工业化，加快建设制造强国、质量强国、航天强国、交通强国、网络强国、数字中国。"② 中国式现代化的政治文明形态是坚持人民当家作主，发扬全过程人民民主，坚持全面依法治国；其精神文明形态是以马克思主义为指导的具有强大凝聚力和引领力的社会主义意识形态，凝聚人心、汇聚民力的社会主义核心价值观，它赓续中华优秀传统文化，特别是"其中蕴含的天下为公、民为邦本、为政以德、革故鼎新、任人唯贤、天人合一、自强不息、厚德载物、讲信修睦、亲仁善邻等，是中国人民在长期生产生活中积累的宇宙观、天下观、社会观、道德观的重要体现，同科学社会主义价值观主张具有高度契合性"。③ 其社会文明形态是建设人人有责、人人尽责、人人享有的社会治理共同体，健全共建共治共享的社会治理制度。其生态文明形态是尊重自然、顺应自然、保护自然，牢固树立和践行绿水青山就是金山银山的理念，站在人与自然和谐共生的高度谋划发展。

中国式现代化不仅应当具有以上所说的"五个文明"特征，而且应当考虑中国的实际。其中，最鲜明的实际就是中国文化和中华文明的特殊性；最大的实际就是人口规模巨大，人口与自然资源关系的特殊性。正如习近平总书记所指出的："我们建设的现代化必须是具有中国特色、符合

---

① 资料来源：中国政府网，http：//www. gov. cn/xinwen/2019 - 09/20/content_ 5431714. htm。另，笔者根据世界银行的世界发展指标（World Development Indicators）数据库中数据计算得出：2019 年中国制造业增加值占世界比重为 27.4%，美国为 16.8%，日本为 7.5%，德国为 5.4%，其余各经济体占 42.9%。数据网站为：https：//databank. worldbank. org。

② 《中国共产党第二十次全国代表大会文件汇编》，人民出版社 2022 年版，第 25 页。

③ 《中国共产党第二十次全国代表大会文件汇编》，人民出版社 2022 年版，第 15 页。

中国实际的。我国现代化是人口规模巨大的现代化，是全体人民共同富裕的现代化，是物质文明和精神文明相协调的现代化，是人与自然和谐共生的现代化，是走和平发展道路的现代化，这是我国现代化建设必须坚持的方向。"① 这两个实际，也形成了中国式现代化文明新形态的重要特征。

第一，它是马克思主义基本原理同中华文明深入结合的产物。没有马克思主义，就没有中国革命和中国共产党。马克思主义基本原理始终是我们理论创新的源泉和指导思想。中国共产党把马克思主义与中国具体实际相结合，产生了马克思主义中国化的三次历史性飞跃，为实现中华民族伟大复兴创造了辉煌。中国式现代化文明的形成过程，是马克思主义中国化的产物。同时，中华民族也是世界上古老而伟大的民族，创造了持续5000多年的中华文明，因此中国现代化文明新形态也是中华文明的延续和发展，其底色是中国的。中国"独特的文化传统，独特的历史命运，独特的基本国情，注定了我们必然要走适合自己特点的发展道路"。② 因此，中国式现代化的文明形态是马克思主义与中华文明相结合的结晶。

在对待外部世界上，包容和融合是中华文明的历史传承，从来没有侵略别人的基因。"中国走和平发展道路，不是权宜之计，更不是外交辞令，而是从历史、现实、未来的客观判断中得出的结论，是思想自信和实践自觉的有机统一。"③ 中华文明对和平、和睦、和谐的追求深深根植于中华民族的精神世界之中。近代以来，虽然中国曾遭受西方列强和日本的长期侵略，中华文明受到了重大挫折，但这更加坚定了我们维护和平的决心，中国人民抗日战争和世界反法西斯战争的胜利也告诉我们要毫不动摇走和平发展道路。新中国成立以来，中国从没有主动挑起过任何一场战争和冲突。中国式现代化始终是在和平发展中取得的，而且反过来以自身的发展更好地维护了世界和平与稳定。新中国成立初期，在我们还很困难的情况下，就对亚非拉等发展中国家进行了力所能及的援助，支持和帮助广大发展中国家消除贫困。当今世界的主流仍是和平与发展，中国式现代化道路只能顺应这个历史大潮流。党的十八大以来，中国提出"一带一路"倡议

———————

① 习近平：《把握新发展阶段，贯彻新发展理念，构建新发展格局》，《求是》2021 年第 9 期。

② 习近平：《习近平谈治国理政》，外文出版社 2014 年版，第 156 页。

③ 习近平：《习近平总书记系列重要讲话读本（2016 年版）》，人民出版社 2016 年版，第263 页。

和共建"一带一路",不仅体现了中华文化的历史渊源,也是新时代推动发展中国家共享中国发展成果的努力。中国积极倡导构建人类命运共同体,坚持相互尊重、平等协商,坚持走对话而不对抗、结伴而不结盟的新路,走出了一条通过合作共赢实现共同发展、和平发展的现代化道路,打破了"国强必霸"的大国崛起传统模式。

第二,它是根据中国人口规模、人与自然和谐共生规律所要求的自设预期指标,参考借鉴但不简单套用其他国家人均 GDP 和人类发展指数的目标。党的十九届五中全会提出到 2035 年,"人均国内生产总值达到中等发达国家水平,中等收入群体显著扩大,基本公共服务实现均等化,城乡区域发展差距和居民生活水平差距显著缩小"的远景目标,就是根据这个实际提出的预期目标。事实上,国际社会对于"发达国家"并没有统一的概念,通常将七国集团国家或者 OECD 国家视为发达国家。根据世界银行统计,韩国在 OECD 国家中处于中等水平,其 2019 年的人均国内生产总值已超过 3 万美元。显然,国际社会关于"发达国家"的经济社会指标值得我们参考借鉴,但绝不能简单照搬。世界上除了美国和日本的人口规模超过 1 亿外,还有 5 个国家人口在五千万人以上(即英、德、法、意、韩),其他所有达到"发达水平"的国家都是人口五千万以下的中小经济体。中国以 14 亿人口规模进入现代化国家行列,必将对世界经济政治格局产生极其重大和深远的影响。

三 时代之问世界之问的中国答案

"中国式现代化为人类实现现代化提供了新的选择,中国共产党和中国人民为解决人类面临的共同问题提供更多更好的中国智慧、中国方案、中国力量"①,这主要是:

第一,不存在定于一尊的现代化模式,更不是西方化和美国化。

事实胜于雄辩。中国式现代化证明了现代化道路不止一条。人类社会在向现代化转变过程中,主要是通过人类社会基本矛盾的运动实现的,因此,呈现出一些普遍性的特征。西方国家在完成工业化后,相继完成了城镇化、农业现代化、信息化等发展过程,这一系列发展过程前后共 200 多

---

① 《中国共产党第二十次全国代表大会文件汇编》,人民出版社 2022 年版,第 13—14 页。

年时间。由于工业化、城镇化、信息化、农业现代化代表着人类生产力的发展方向，是人类文明史上不可阻挡的潮流，所以中国的现代化也必然会展示这些内容，具有人类现代化的普遍特征。但是具有普遍特征的现代化并不意味着通往现代化的路径只有一条，采取的模式只有一个。实际上，现代化所具有的诸如工业化、城镇化等普遍性特征，是通过对各个民族国家实现现代化过程中所展现的社会现象，而这些共同特征的存在是以各国具有的现代化发展的特殊性为基础的。它不可能具有"修剪齐整的处方或图式"，它们的现代化之路也不能"彻底变成一般发展道路的历史哲学依据"[1]。从世界历史看，当今最发达国家的现代化都沾满了殖民扩张、海外掠夺的血腥，这个历史已经一去不复返，今天任何后来国家的现代化都不可能重复这个模式。现代化的差异不仅存在于基本的社会制度差别中，即资本主义与社会主义两种不同基本社会制度的现代化差别；即便在同一种基本社会制度中，各国也因国情、历史文化背景以及受到外部影响程度均有差异，不仅决定了它们开启现代化的时间有明显先后之分，而且决定了它们选择现代化的道路以及所期望达到现代化目标都有差异。不同的资源禀赋也造就不同的现代化。例如，美国地广人稀，一马平川，沃野千里，使得其农业现代化具有"劳动节约型"特征。相比之下，日本人口众多，可耕地面积少的国情决定了其农业现代化呈现出"土地节约型"特点。美西方国家凭借现代化的先发优势将具有自身的现代化模式、道路和文明形态，标榜成各国实现现代化的唯一模式，但事实上非西方国家鲜有按照它们的教唆能取得成功。而中国式现代化的成功发展，宣告了现代化等于西方化和美国化的破产。

第二，现代化不仅仅是物质文明，更不是生产总值图腾，它具有多面性，它决定了现代化文明的多样性和人类命运共同体的必然性。

中国式现代化的本质是人的现代化。人类社会的历史都是由有意识、有目的的人的实践活动构成的。正如马克思指出："历史什么事情也没有做……正是人，现实的、活生生的人在创造这一切……历史不过是追求着自己目的的人的活动而已。"[2] 由此可见，人是社会发展的根本动力。历史

---

[1] 《马克思恩格斯选集》第 3 卷，人民出版社 2012 年版，第 730 页。

[2] 《马克思恩格斯文集》第 1 卷，人民出版社 2009 年版，第 205 页。

/ 第九章 中国式现代化与人类文明新形态理论 / 293

唯物主义认为人民群众是历史的创造者，"人是本质、是人的全部活动和全部状况的基础"①。社会正是通过一代又一代人民群众创造性活动而不断向前发展的。人之所以为人，关键在于人具有理性。因此，人不是为了推动社会发展而推动社会发展，而是将社会发展视为手段、工具，目的是借此来发展自己，也就是说人的现代化是社会现代化出发点与落脚点。但人的现代化的实现受到了社会发展阶段的限制。在资本主义社会，人沦为资本、金钱的奴隶，成为创造剩余价值、财富的手段或工具。为最大限度地追求剩余价值，资本家会千方百计地提高工人的劳动生产率。也就是从这种意义上讲，工人作为生产剩余价值的工具而得到了资本家的重视和发展。因此，西方资本主义的现代化，目的不是实现人的现代化，而是实现人的劳动能力的现代化，作为工具的现代化。尽管资本主义社会具有严重的历史局限性，但是从发展视角来看，这个阶段是实现人的现代化的重要阶梯。社会主义发展阶段为人的现代化实现提供了前提。在这一阶段，社会主义生产资料公有制确保人们共同占有生产资料，并在此基础上进行自由的生产、交换，从而使得人们在这样生产、交换关系形成的社会关系中获得自由、全面发展。中国式现代化包括器物现代化、制度现代化以及人的现代化。其中，器物现代化和制度现代化的目的是实现人的现代化。人的现代化是指人的文化心理素质的现代化。正如习近平总书记在《之江新语》中指出："人，本质上就是文化的人，而不是'物化'的人；是能动的、全面的人，而不是僵化的、'单向度'的人。"② 在中国特色社会主义制度中，人民是社会人口中的绝大多数，因此，在很大程度上讲，人的现代化就是人民的现代化。

因此，两种不同的现代化观的本质区别是，是以追求资本增殖和利润最大化为基本逻辑、追求物质财富的"单一目标，还是以追求人的全面发展为中心的多目标的实现。而实现人的全面发展需要满足多方面条件，是一个复杂的系统。这些条件既包括物质生活极大满足、精神生活极大丰富、生态环境良好等方面，又涉及个人素质、能力的全面发展，因而决定了中国式现代化是多目标、全面性的现代化。它涉及经济与社会、国家与

① 《马克思恩格斯文集》第 1 卷，人民出版社 2009 年版，第 295 页。
② 习近平：《之江新语》，浙江人民出版社 2007 年版，第 150 页。

人民、人与自然、本国与外国等各方面的和谐与协调。这种多目标的现代化不仅使得中国式现代化是史上最难的现代化，而且是最伟大的现代化。14亿人口实现共同富裕是实现多目标的中国式现代化的集中体现"。

现代化文明的多面性，决定了人类文明具有多样化的发展前景。历史唯物主义认为生产力与生产关系、经济基础与上层建筑之间的矛盾，推动着人类文明发展遵循着由原始文明、农业文明、工业文明、信息化文明依次递进的一般规律，但由于各个国家的地理位置、生产力发展水平、文化传统以及对外交往的不同，使得各国的文明存在差异。中国具有"独特的文化传统，独特的历史命运，独特的基本国情，注定了我们必然要走适合自己特点的发展道路"①。由此形成中国式现代化的文明形态，但"文明具有多样性，就如同自然界物种的多样性一样，一同构成我们这个星球的生命本源"。② 中国式现代化创造了人类文明新形态，必将促进各国塑造世界文明新格局，共同构建人类命运共同体。

第三，实现现代化的最根本前提是要有坚强的政党领导并实行独立自主、自力更生的方针。

从世界史看，现代化的进程离不开对外交往，虽然对外开放是历史潮流，任何国家都不能关起门来搞建设，但实行对外开放的前提和基础是独立自主、自力更生。马克思认为民族独立是一个民族国家发展的先决条件，他在谈及印度沦为英国殖民地的后果时指出"印度人失掉了他们的旧世界而没有获得一个新世界，这就使他们现在所遭受的灾难具有一种特殊的悲惨色彩"③。印度之所以没有获得一个新世界，原因是印度无法实现民族独立，进而无法创造一个新世界。一个民族"只有当它作为一个独立的民族重新掌握自己的命运的时候，它的内部发展过程才会重新开始"④。中国也不例外。1840年后，洋务运动、戊戌变法、辛亥革命等救亡图存运动都失败了，其根本原因在于不存在一个独立、统一的中国，任何谋求民族发展的运动终将是竹篮打水一场空。对此毛泽东有深刻的认识，他在谈及中国发展的前提和物质技术基础时，旗帜鲜明地指出："没有一个独立、

——————————

① 《习近平谈治国理政》第1卷，人民出版社2014年版，第156页。
② 《习近平谈治国理政》第1卷，人民出版社2014年版，第464页。
③ 《马克思恩格斯选集》第1卷，人民出版社1995年版，第762页。
④ 《马克思恩格斯选集》第2卷，人民出版社1972年版，第632页。

自由、民主和统一的中国，不可能发展工业。"① 1949 年新中国成立，中国共产党成为领导现代化建设事业的核心力量，在这个伟大坚强的政党领导下，中国的现代化建设始终实行了独立自主、自力更生的方针。

新中国成立后，中国的工业化建设得到苏联的帮助和支持，但中国的经济建设并不依附苏联，对苏联以"社会主义阵营的世界市场"为由的分工体系采取了合作但不依附的独立性，而是建立了比较独立完整的工业体系和国民经济体系。改革开放后，邓小平主张："我们要利用外国的资金和技术、也要大力发展对外贸易，但是必须要以自力更生为主。"② 邓小平明白争取和利用国际上资金和先进技术，不是一件容易的事情，关键还是要靠自己。1982 年他在向利比亚元首多伊介绍中国经济建设经验时表示："中国的经验第一条就是自力更生为主。"③ 邓小平将独立自主、自力更生作为我们建设社会主义现代化的立足点，中国的对外开放步骤就是在政治独立和经济自主的前提下，依据我国的发展阶段做出的。"中国的事情要按照中国的情况来办，要依靠中国人自己的力量来办。独立自主，自力更生，无论过去、现在和将来，都是我们的立足点。"④ 只有在独立自主的前提下，才能谈得上真正的对外开放，才能谈得上真正的国际合作。正如恩格斯在《〈共产党宣言〉波兰文版序言》中指出："欧洲各民族的真诚的国际合作，只有当每个民族在自己家里完全自主的时候才能实现。"⑤ 而且，实行对外开放是为了增强自身独立自主的能力。因此，在对外开放中大胆吸收和借鉴当今世界各国包括资本主义国家在内的人类文明的先进成果和有益成分，如先进科学技术、市场机制、现代企业管理、国际商业交往的制度文明（规则、规制、管理和标准等），皆为我所用，以加速本国生产力的发展，提高经济、政治独立自主的能力和地位。

第四，现代化是驾驭资本能力的考验，中国式现代化是利用资本的"文明面"并克服资本的"不文明面"的统一。

马克思曾高度肯定资本对资本主义社会的贡献，他指出："资本的文

---

① 《毛泽东选集》第 3 卷，人民出版社 1991 年版，第 1080 页。
② 《邓小平文选》第 2 卷，人民出版社 1994 年版，第 257 页。
③ 《邓小平文选》第 2 卷，人民出版社 1994 年版，第 406 页。
④ 《邓小平文选》第 3 卷，人民出版社 1993 年版，第 3 页。
⑤ 《马克思恩格斯选集》第 1 卷，人民出版社 1995 年版，第 267 页。

明面之一是，它榨取这种剩余劳动的方式和条件，同以前的奴隶制、农奴制等形式相比，都更有利于生产力的发展，有利于社会关系的发展，有利于更高级的新形态的各种要素的创造。"① 中国式现代化是利用资本"文明面"和克服资本"不文明面"的统一。马克思关于资本"三个更有利于"的重要表述，为我国社会主义初级阶段利用资本为社会主义现代化建设提供了理论依据，为人们从正反两方面认识资本的特性和行为规律提供了理论依据。在马克思的"三个更有利于"的基础上，邓小平创造性提出了"三个有利于"判断标准，成为衡量我们一切工作得失的标准。改革开放以来，中国积极利用资本的文明面，引入市场机制，不断解放和发展生产力，创造了人类经济增长史上的奇迹。在积极利用资本文明面为中国式现代化服务的同时，还要为资本设置"红绿灯"，防止其向政治、社会、精神文化等领域的无序扩张。资本唯利是图的本性在一定条件下导致资本行为背离了社会主义发展方向，公众利益遭到侵蚀。比如，资本脱实向虚现象，使得大量资本涌入虚拟经济从而造成经济泡沫，而泡沫一旦破裂很可能会造成严重的金融危机。自由竞争导致资本日益集中并最终走向垄断，损害了消费者和其他生产者的利益，扰乱了国民经济正常运行秩序。更为严重的是，为追求利益，资本具有向政府公权力渗透的倾向，结果是人民群众利益受损，也影响了政府的形象与声誉。因此，要站着人民立场上，积极引导资本的"文明面"为实现人民美好生活服务，同时依靠国家政权力量坚决防止资本无序扩张。

第五，中国和非西方国家实现现代化必然壮大世界和平的力量。

遵循资本逻辑的西方现代化无法走出和平与发展相悖的困境。西方早期殖民扩张过程中充满了血腥、暴力和杀戮，殖民地人民的悲惨命运曾是马克思笔下常见的场景。随着第二次世界大战后民族解放运动高涨，西方国家不得不改变以往赤裸裸的直接统治，转而通过政治、经济、文化、军事等手段间接干涉、掠夺落后国家和地区。进入 21 世纪后的阿富汗战争、伊拉克战争、利比亚战争，都是美国干涉他国内政，强制进行民主改造，强行输出价值观的典型事件。而中国式现代化道路超越了西方的"国强必霸"的逻辑。因此，中国和非西方国家实现现代化有利于维护世界和平并

---

① 《马克思恩格斯文集》第 7 卷，人民出版社 2009 版，第 927—928 页。

将成为世界和平的基本力量。

首先，中国和非西方国家只有被侵略和掠夺的历史，而没有称霸和殖民别国的历史。习近平总书记指出："中华民族的血液中没有侵略他人、称王称霸的基因"①。自古以来，中国人民崇尚"己所不欲，勿施于人""和谐万邦""以和为贵"等理念。特别是近代切身体会战争带来的巨大苦难的中国人民，更加感受和平的弥足珍贵。同时，中国共产党的性质、宗旨以及最终目标决定了党既是为中国人民谋幸福、为中华民族谋复兴的政党，也是为世界谋大同的政党。因此，新中国成立以后，中国始终奉行独立自主的和平外交政策，从来没有主动挑起任何一场战争和冲突，反而始终作为世界和平的维护者和建设者。正如习近平总书记所指出的："中国奉行防御性的国防政策，中国的发展是世界和平力量的增长，无论到什么程度，中国永远不称霸、永远不扩张。"②

其次，中国和非西方国家实现现代化有利于国际体系的稳定与运行。中国积极"维护以联合国为核心的国际体系、以国际法为基础的国际秩序、以联合国宪章宗旨和原则为基础的国际关系基本准则"，反对一切单边主义、霸权主义行径。更重要的是，中国致力于建设和平、安全的世界。例如，中国积极参与全球安全规则制定，积极参与朝鲜半岛核、伊朗核等重大地区整治问题的斡旋，提出全球发展倡议和全球安全倡议。总之，始终作为世界和平稳定之锚的中国和非西方国家的发展，人类和平基础就会更加厚实。

最后，中国和非西方国家实现现代化必将促进全球发展，造福人类。中国的现代化不仅发展了自己，而且造福了世界。中国的发展对世界贡献集中体现在：一是中国经济是全球经济增长的压舱石。中国不仅是全球第二大经济体，而且成为全球经济增长最大的引擎，过去 10 年对全球经济增长平均贡献率达 38.6%③，这一贡献率超过了 7 国集团的总和。更为重

---

① 习近平：《在庆祝中国共产党成立 100 周年大会上的讲话》，人民出版社 2021 年版，第 16 页。

② 习近平：《高举中国特色社会主义伟大旗帜 为全面建设社会主义现代化国家而团结奋斗——在中国共产党第二十次全国代表大会上的讲话》（2022 年 10 月 16 日），人民出版社 2022 年版，第 60—61 页。

③ 资料来源：国家统计局：《党的十八大以来经济社会发展成就系列报告之十三》，2022 年 9 月 30 日，http：//www. stats. gov. cn/xxgk/jd/sjjd2020/202209/t20220930_ 1888887. html。

要的是，在全球通胀高企的当下，中国凭借拥有全球最为完备的工业体系和产业链体系优势，成为全球通胀的"减速器"。二是中国的发展为全球提供新机遇。大国市场是全球最稀缺的资源，中国拥有超过14亿人和4亿多的中等收入群体的超大规模市场，将继续扩大进口惠及全球各个国家地区。在合作共赢理念的指引下，中国不断推动贸易和投资自由化，进一步优化营商环境，对标国际先进水平，营造更加有序开放的投资环境，与各国共享中国发展带来新机遇。同时，中国在推进双边、区域和多边合作方面取得丰硕成果，推动区域全面经济伙伴关系的协定（RCEP）的正式生效。三是中国的发展为全球提供公共品。针对当前国际公共品供给总量不足，供给结构不合理问题，作为一个负责任的大国，中国一直致力于提供力所能及的国际公共品。既有为世界和平提供新思路的"全球发展倡议"和"全球安全倡议"，又有为当前国际关系提供普适的新规范新准则，即构建以"相互尊重、公平正义、合作共赢为核心的新型国际关系"；既有为全球发展提供新思路的共建"一带一路"倡议，又有为应对全球非传统安全挑战的"人类卫生健康共同体"。除了具有国际公共品一般特征之外，中国提供的公共品更具有及时性、包容性、务实性。总之，中国和非西方国家走向现代化，是推动构建人类命运共同体的客观要求，也是不可阻挡的历史大潮流。

第十章 社会主义经济建设规律的
认识深化与实践发展

第一节 探索社会主义经济建设规律的世界观和方法论

一 新中国前30年党和国家认识经济建设规律的主要经验

现代西方经济学中的经济增长理论探讨资本主义生产力发展规律，特别是探寻潜在的经济增长率，具有一般性、普遍性的学理意义。所谓潜在的经济增长率，简单地说，就是假定在成熟的市场经济条件下，各种要素获得合理报酬，特别是资本要素获得最优先报酬的条件下，由全要素生产率决定的可能达到的经济增长率；为实现这种潜在的经济增长率，需要合理配置资源，从而达到帕累托效率改进。围绕这个命题，古典经济学理论即市场自由竞争理论与凯恩斯经济学理论即市场失灵、政府干预理论；新古典经济学理论与新凯恩斯经济学理论在市场配置资源和政府干预关系上的不同认识，共同形成了现代西方经济学的主流学派。这是西方知识精英认识资本主义社会化大生产发展规律的最重要成就，其中含有一定程度的合理成分。

新中国成立后，毛泽东等党和国家领导人并不了解这些西方经济学说，但他们是马克思主义的辩证唯物主义和历史唯物主义者，认识事物的规律是从实际出发。第一，毛泽东十分重视对国情的研判。他在新中国成立前夕党的七届二中全会上，提出党的中心工作从乡村转向城市，从军事斗争转向管理城市和建设城市的时候，毛泽东就告诉全党，经济建设工作的出发点就是要充分认识我国是一个工业比重只占10%、农业和手工业占90%的贫穷落后的国家，这是我们认识生产力发展规律的前提。

第二，毛泽东坚持历史唯物主义的社会基本矛盾学说，提出了社会主义生产关系与生产力既相适应，又不适应；社会主义上层建筑与生产关系既相适应，又不适应的科学判断。并从社会基本矛盾学说观察认识社会主要矛盾的马克思主义基本方法论。

第三，坚持人民利益的立场，毛泽东在《论十大关系》中强调，调动一切积极因素，包括可以转化的消极因素，最大限度地依靠全体人民，一切从六亿人民的立场出发，统筹兼顾安排经济和社会发展。

第四，毛泽东把发展国家科技实力称为伟大的技术革命并把它与社会政治革命放在同等重要的地位。从中可看出他对科学技术在生产力发展中作用的重视。新中国成立不到一个月（1949 年 10 月 31 日），毛泽东即亲自过问中国科学院的组建工作。在毛泽东主持下，全国知识分子问题会议顺利召开（1956 年 1 月），党中央发出了"向科学进军"伟大号召。在这次会议上，毛泽东和周恩来号召全党、全军和全国人民努力学习科学知识，为迅速赶上世界科学技术先进水平而努力奋斗！毛泽东指出："我们国家大，人口多，资源丰富，地理位置好，应该建设成为世界上一个科学、文化、技术、工业各方面更好的国家。"[1] 在《读苏联"政治经济学教科书"的谈话》（1959 年年底至 1960 年年初）中，毛泽东强调："资本主义各国，苏联，都是靠采用最先进的技术，来赶上最先进的国家，我国也要这样。"[2]

第五，毛泽东坚持实践第一的马克思主义认识论来探索社会主义经济建设规律。他说："我们对规律的认识，不是一开始就完善的。"因而，"认为对比例关系的认识，不要有个过程，不要经过成功和失败的比较，不要经过曲折的发展，这都是形而上学的看法"。[3] 有不平衡，有比例失调，才能促使我们更好地认识规律。出了一点毛病，就以为不得了，痛哭流涕，如丧考妣，这完全不是唯物主义者应有的态度。[4] 针对国民经济运

---

① 《建国以来重要文献选编（第 10 册）》，中央文献出版社 1994 年版，第 613 页。

② 《毛泽东读社会主义政治经济学批注和谈话》，中华人民共和国国史学会出版社 1998 年版，第 205 页。

③ 《毛泽东读社会主义政治经济学批注和谈话》，中华人民共和国国史学会出版社 1998 年版，第 381—382 页。

④ 《毛泽东读社会主义政治经济学批注和谈话》，中华人民共和国国史学会出版社 1998 年版，第 383—384 页。

行中各种关系的平衡，他提出了农、轻、重三个产业的平衡，1959 年 7 月，毛泽东提出按"农轻重"安排国民经济："过去安排是重、轻、农，这个次序要反一下，现在是否提农、轻、重？""过去是重、轻、农、商、交，现在强调把农业搞好，次序改为农、轻、重、交、商。这样提还是优先发展生产资料，并不违反马克思主义。"① 在 1962 年 9 月召开的党的八届十中全会上，毛泽东提出的"以农业为基础，工业为主导"的思想，被确定为"发展国民经济的总方针"。陈云提出了综合平衡，"所谓综合平衡，就是按比例；按比例，就平衡了。任何一个部门都不能离开别的部门"。②

管理国民经济应当遵循什么规律，是新中国领导人面临的新课题。从马克思主义经典著作的结论和苏联的范例中，毛泽东认为，国民经济的有计划、按比例的发展，是"社会主义国家经济发展的规律"。但他也不认为可以脱离自己的实践一开始就充分认识这个规律。中国的计划管理，要有中国的特点，这是毛泽东等领导人早就有的认识。③ 党的八大陈云提出"三个主体、三个补充"的思想。④ 这个思想主张显然得到了毛泽东的赞同。他高度评价价值规律，说"这个法则是一个伟大的学校，只有利用它，才有可能教会我们的几千万干部和几万万人民，才有可能建设我们的社会主义和共产主义。否则一切都不可能"⑤。只要存在发展商品生产和商品交换的条件，价值规律就必然客观存在并发挥作用。毛泽东因而认为，国民经济有计划按比例发展和商品经济不仅相容，而且是同它的发展相联系；进一步延伸看，社会主义发展生产同利用价值规律不仅不矛盾，而且还应把价值规律作为"计划工作的工具"。

毛泽东最早提出要探索人类自身的生产和经济社会发展关系的规律。他认为，中国是人口大国，又是"一个经济小国"，因此，正确处理"两

---

① 《毛泽东文集》第 8 卷，人民出版社 1999 年版，第 78 页。

② 《陈云文选》第 3 卷，人民出版社 1995 年版，第 211 页。

③ 党的第一代领导集体认识到，国民经济的发展既有直接的计划调节，也有间接的计划调节；既有计划调节，也有市场调节，等等。

④ 这个思想为大会所采纳，写入了决议。即"国家经营和集体经营是主体，一定数量的个体经营为补充；计划生产是主体，一定范围的自由生产为补充；国家市场是主体，一定范围的自由市场为补充"。（《陈云文选》第 3 卷，人民出版社 1995 年版，第 13 页）

⑤ 《毛泽东文集》第 8 卷，人民出版社 1999 年版，第 34 页。

种生产的关系",重要而有特别意义。①

生产力发展在空间布局、城乡布局上的系统性和协调性也是毛泽东哲学思想在认识经济建设规律上的应用。他主张中国的工业化要"大中小并举"和"两条腿走路"。应当充分利用旧社会遗留下来的工业基础,既兴办大型骨干企业,也更多地建立中小型企业。② 在生产力区域布局上,他提出必须处理好沿海工业和内地工业的关系。沿海地区和内陆地区经济发展不平衡,不利于对全国资源的全面开发和有效利用;地区之间的贫富差别过大,不利于人民生活的普遍改善和实现共同富裕;工业过分集中于沿海地区,也不利于战备。1964 年 5 月,在研究"三五"计划时,他提出要解决全国工业布局不平衡的问题,要搞一线、二线、三线的战略布局,加强三线建设,防备敌人的入侵。

怎样认识经济建设与国防建设关系的规律,也是对立统一的关系问题。毛泽东说:"中国必须建立强大的国防军,必须建立强大的经济力量,这是两件大事。"③ 他的《读苏联"政治经济学教科书"的谈话》进一步指出:"建设社会主义,原来要求是工业现代化、农业现代化、科学文化现代化,现在要加上国防现代化。"④ 对此,毛泽东提出一个重要的思想:"我们一定要加强国防,因此,一定要首先加强经济建设。""就是把军政费用降到一个适当的比例,增加经济建设费用",这是加强国防最可靠的办法,因为"只有经济建设发展得更快了,国防建设才能够有更大的进步"。⑤ 由此看出,毛泽东认为经济建设是主要矛盾,应当把主要矛盾摆在第一位。

第六,社会主义经济建设的长期性和艰巨性,因此社会主义的目标是分阶段实现的。毛泽东认为,在建设社会主义步骤上,分两步走:第一步,建立独立的比较完整的工业体系和国民经济体系;第二步,建成一个

---

① 如毛泽东提出,有必要实行计划生育,逐步克服人类在自身生产方面的盲目性;他的这种意见反复讲过多次。

② 而且力求节省,用较少的钱办较多的事。这样在全国出现了许多社队工业,毛泽东继而提出了农村也要根据需要和可能,按照计划安排,广泛地发展半机械化的到机械化的社办工业。

③ 《毛泽东文集》第 6 卷,人民出版社 1999 年版,第 95—96 页。

④ 《毛泽东读社会主义政治经济学批注和谈话》,中华人民共和国国史学会出版社 1998 年版,第 296 页。

⑤ 《毛泽东文集》第 7 卷,人民出版社 1999 年版,第 27 页。

具有现代农业、现代工业、现代国防和现代科学文化的社会主义强国。他说，"要建成为一个强大的高度社会主义工业化的国家，就需要有几十年的艰苦努力，比如说，要有五十年的时间，即本世纪的整个下半世纪"。①他还认识到："要使中国变成富强国家，需要五十年到一百年的时光。"②毛泽东最初设想是十五年打下基础，五十年实现现代化。经过"大跃进"的挫折和三年困难时期，他对这一问题的考虑变得更加符合实际些。

上述新中国第一代领导人对社会主义经济发展的世界观和方法论，是我党十分宝贵的思想财富，就其为人民服务的世界观和辩证唯物主义、历史唯物主义的方法论等精髓，不仅直接影响，而且完全被后来的经济建设实践所继承、创新和发展了。

二　中国特色社会主义经济发展理论的哲学基础

邓小平理论产生的哲学基础是"实践是检验真理的唯一标准"的马克思主义认识论，因此，"解放思想"是它产生的第一声呐喊。解放思想是指打破习惯势力和主观偏见的束缚，研究新情况，解决新问题。使思想观念冲破旧习惯势力的禁锢和束缚，把主观世界的思维意识与变化了的客观实际结合起来，克服那些不符合实际的习惯思维和主观偏见，用发展变化的观点创造性地改造客观世界。

坚持生产力是社会发展的最终决定力量，是邓小平理论的历史唯物主义基础。由此出发，邓小平提出了社会主义的根本任务是发展生产力，并创造性地提出了科学技术是第一生产力的观点。虽然毛泽东重视科学技术在生产力中的作用，并且使"两弹一星"冲破"文化大革命"动荡的阴霾，但中国科学技术事业在"文化大革命"期间确实遭遇了严重挫折。在科学技术中毛泽东比较偏重国防尖端技术，也具有相当的局限性。党的十一届三中全会后，邓小平主持召开了第一次科学大会，进而提出了"科学技术是第一生产力"的思想。他在视察南方时（1992年）进一步强调："近一二十年来，世界科学技术发展得多快啊！高科技领域的一个突破，

---

①　《毛泽东文集》第6卷，人民出版社1999年版，第390页。
②　《毛泽东文集》第7卷，人民出版社1999年版，第124页。

带动一批产业的发展。我们自己这几年，离开科学技术能增长这么快吗？"[1]

坚持社会主义基本矛盾学说，是邓小平经济体制改革理论的基石。他突出强调"改革是中国的第二次革命"，领导我们党有步骤地展开经济体制改革，勇敢打开对外开放的大门。邓小平强调，在坚持社会主义方向下，大力发展生产力，尽快摆脱贫穷落后状态，是体现社会主义优于资本主义的关键。从社会主义基本矛盾学说和社会主义发展阶段性特点出发，提出了社会主义初级阶段理论和社会主要矛盾的重大判断。

坚持唯物辩证法，是邓小平创造性地提出社会主义与市场经济相结合重大理论观点的马克思主义方法论的运用。邓小平并没有接触过西方经济学教科书，但他具有马克思主义唯物辩证法的理论素养，这使他敏锐洞察到市场配置资源方式在社会主义经济建设中的可能性和必要性。1992 年的"南方谈话"[2] 中关于社会主义和市场、资本主义与计划的关系的认识影响了整个中国改革开放和现代化建设的进程，是对社会主义经济发展规律认识的重大突破和创新。后来，党提出的社会主义市场经济理念、市场在资源配置中的基础性作用以及决定性作用，都是邓小平理论的延续和发展。

邓小平坚持人民的立场既来源于历史唯物主义的群众史观，而且继承并发展了毛泽东的为人民服务的思想。邓小平人民立场和群众观的鲜明时代特色是求真务实。就是体察民情，了解民间疾苦，向人民说实话，为人民办实事、办好事，提高人民物质文化生活水平。要求各级各领导都要据实详细而耐心地回答群众关心的时事政治问题，以及群众身边关心的问题，做好党的政策的传话筒，对群众误解和疑虑的问题要给予耐心的纠正和解释。

实事求是，一切从实际出发是邓小平考虑中国经济建设长远规划的哲学理念。1987 年他阐述了我国"三步走"的发展战略："我们原定的目标是，第一步在八十年代翻一番。以一九八〇年为基数，当时国民生产总值人均二百五十美元，翻一番，达到五百美元。第二步是到本世纪末，再翻一番，人均达到一千美元。实现这个目标意味着我们进入小康社会，把贫

——————

[1] 《邓小平文选》第 3 卷，人民出版社 1993 年版，第 377 页。

[2] 《邓小平文选》第 3 卷，人民出版社 1993 年版，第 373 页。

困的中国变成小康的中国。那时国民生产总值超过一万亿美元，虽然人均数还很低，但是国家的力量有很大增加。我们制定的目标更重要的还是第三步，在下世纪用三十年到五十年再翻两番，大体上达到人均四千美元，做到这一步，中国就达到中等发达的水平。"① "三步走"的发展战略，展示了中国社会主义现代化建设新的历史进程表，使中华民族在实现伟大复兴征途中，第一次有了清晰而切实的战略目标和步骤。它是一个实事求是、切实可行的发展战略。立足于中国社会主义初级阶段的基本国情，找准了中华民族伟大复兴的历史起点和现实基础，把解决人民温饱问题作为第一步目标，既反映了我国国情最大最普遍的实际，又充分体现了中国共产党全心全意为人民谋利益的根本宗旨。世界上还没有一个国家的现代化是从解决人民温饱问题开始的。然而，中国只能从这里开始。如果当时确定现代化的发展目标和步骤不是考虑从解决人民的温饱问题开始，我们就有可能重复过去急躁冒进的错误，重蹈欲速而不达的覆辙。

马克思主义哲学是"三个代表"重要思想的哲学基础。解放思想、实事求是、与时俱进，是"三个代表"重要思想的一般哲学基础。以物质文明建设和精神文明建设的关系为标志的重点论与两点论的统一，是"三个代表"重要思想的辩证法基础。"始终代表中国先进生产力的发展要求"和"始终代表中国最广大人民的根本利益"，反映了"三个代表"重要思想的历史唯物主义性质。"三个代表"重要思想与时俱进、不断开拓创新的理论品质，体现了它的辩证发展观的哲学基础。

"三个代表"思想发展了邓小平"科学技术是第一生产力"的历史唯物主义观点。江泽民指出："包括知识分子在内的我国工人阶级，是推动我国先进生产力发展的基本力量，我国农民阶级和其他劳动群众，同工人阶级紧密团结，是推动我国社会生产力发展的重要力量。"② 明确指出了推动中国先进生产力的社会力量。根据 20 世纪世界科技发展的新形势，江泽民要求：我们必须敏锐地把握科学技术发展的客观趋势，"始终注意把发挥我国社会主义制度的优越性，同掌握、运用和发展先进的科学技术紧密地结合起来，大力推动科技进步和创新，不断用先进科技改造和提高

---

① 《邓小平文选》第 3 卷，人民出版社 1993 年版，第 226 页。
② 《江泽民文选》第 3 卷，人民出版社 2006 年版，第 274—275 页。

国民经济，努力实现我国生产力发展的跨越，这是我们党代表中国先进生产力发展要求必须履行的重要职责。"①

在经济体制改革指导思想上，坚持唯物辩证法的基本观点，提出了社会主义初级阶段的所有制结构是公有制为主体、多种所有制经济共同发展；以及建立社会主义市场经济体制框架的任务；提出了努力寻找能够极大促进生产力发展的公有制实现形式。在完善和发展社会主义上层建筑方面，提出了依法治国、加强社会主义精神文明建设，发展社会主义先进文化以适应社会主义经济的发展等一系列认识和主张。

科学发展是党认识社会主义经济建设的重要规律，"科学发展观，第一要义是发展，核心是以人为本，基本要求是全面协调可持续，根本方法是统筹兼顾"。② 以人为本，体现了马克思主义历史主体论的基本观点。以人为本的新价值观，集中体现了马克思主义的价值理想。马克思主义把人看成社会历史的主体，认为历史不过是追求着自己目的的人的活动而已。以人为本，是科学发展观的本质和核心。人的全面发展是经济社会发展的本质，也是经济与社会发展的根本目的。以人为本，从根本上说，就是要坚持以人为中心，把人摆在第一位，以促进人的全面发展。科学发展观注重协调发展，坚持了唯物辩证法普遍联系和系统论的观点。唯物辩证法认为，事物是普遍联系的，事物及事物各要素之间的相互影响、相互制约，整个世界是相互联系的整体，也是相互作用的系统。它要求我们必须从客观事物本身的内在联系中去把握事物，去认识问题、处理问题。唯物史观关于社会有机体理论和社会系统的整体性观点，是科学发展观有关全面、协调可持续发展的理论依据。所谓统筹兼顾，就是要统筹城乡发展、统筹区域发展、统筹经济社会发展、统筹人与自然和谐发展、统筹国内发展和对外开放，推进生产力和生产关系、经济基础和上层建筑相协调，推进经济、政治、文化建设的各个环节、各个方面相协调。

科学发展观强调可持续发展，坚持人与自然对立统一的观点。一部人类发展史，就是人与自然的关系史。人类本身就是自然界长期发展的产物，自然界是人类生存和发展的基本前提。破坏自然，无异于人类的自我

---

① 《江泽民文选》第 3 卷，人民出版社 2006 年版，第 275 页。
② 《胡锦涛文选》第 2 卷，人民出版社 2016 年版，第 623 页。

毁灭。科学发展观强调可持续发展，把发展作为人类与自然协调发展的过程，把社会发展的目的性和规律性统一起来，尊重自然发展和社会发展的客观规律，从而实现人与自然的和谐统一。

三　习近平经济思想的马克思主义世界观和方法论

辩证唯物主义与历史唯物主义是马克思主义政治经济学的世界观和方法论。恩格斯说，历史唯物主义一经发现，马克思就把它运用到《资本论》的研究中。毛泽东也高度重视政治经济学研究的哲学思维。他在评论苏联的《政治经济学教科书》中说："没有哲学家头脑的作家，要写出好的经济学来是不可能的。马克思能够写出《资本论》，列宁能够写出《帝国主义论》，因为他们同时是哲学家，有哲学家的头脑，有辩证法这个武器。"① 邓小平运用对立统一和事物矛盾的同一性原理，从资本主义国家也有计划，社会主义国家也有市场的现象中抽象出社会主义市场经济的概念，成为中国改革开放的基本理论指导。习近平总书记非常重视以马克思主义哲学思想来指导经济工作实践和探索经济建设规律。2015 年 1 月 23 日的中央政治局集体学习，他专门阐述了辩证唯物主义的基本方法论。他说，辩证唯物主义是中国共产党人的世界观和方法论。他总结了党的历代领导人对马克思主义哲学的重视："毛泽东同志曾经说过，马克思主义有几门学问，但基础的东西是马克思主义哲学。他在革命战争年代写下的《反对本本主义》《实践论》《矛盾论》等著作，在社会主义建设时期写下的《论十大关系》《关于正确处理人民内部矛盾的问题》等著作，灵活运用了辩证唯物主义世界观和方法论，形成了具有鲜明中国特色的马克思主义哲学思想，为我们党掌握和运用辩证唯物主义树立了光辉典范。""邓小平同志非常善于运用辩证唯物主义解决实际问题。""江泽民同志指出：'如果头脑里没有辩证唯物主义、历史唯物主义的世界观，就不可能以正确的立场和科学的态度来认识纷繁复杂的客观事物，把握事物发展的规律'。""胡锦涛同志也说过，'辩证唯物主义和历史唯物主义的世界观和方法论，是马克思主义最根本的理论特征'，要学习掌握马克思主义哲

---

① 《毛泽东文集》第 8 卷，人民出版社 2009 年版，第 140 页。

学，努力提高探索解决新时期基本问题的本领。"① 纵观习近平经济思想关于经济建设的理念，处处闪耀着马克思主义世界观方法论的光芒。

第一是从世界是物质的统一性原理出发，坚持一切从客观实际出发，而不是从主观愿望出发。当代中国最大的客观实际就是我国仍处于并将长期处于社会主义初级阶段，我国仍然是世界上最大的发展中国家。这是我们认识当下、规划未来、制定政策、推进事业的客观基点，不能脱离这个基点，否则就会犯错误，甚至犯颠覆性的错误。辩证唯物主义虽然强调世界的统一性在于它的物质性，但并不否认意识对物质的反作用，而是认为这种反作用有时是十分巨大的。我们党强调理想信念是共产党人精神上的"钙"，强调"革命理想高于天"，就是精神变物质、物质变精神的辩证法。

第二是坚持系统谋划、统筹协调的辩证法。系统观念是马克思主义认识论和方法论的重要范畴。恩格斯说："关于自然界所有过程都处在一种系统联系中的认识，推动科学到处从个别部分和整体上去证明这种系统联系。"② 人类社会与自然界一样也是一个整体的系统，因此要坚持发展地而不是静止地，全面地而不是片面地，系统地而不是零散地，普遍联系地而不是单一孤立地观察事物，妥善处理各种重大关系。改革开放后先强调以经济建设为中心，后来强调物质文明与精神文明两手抓，两手都要硬，再发展到经济建设、政治建设、文化建设、社会建设"三位一体""四位一体"，党的十八大把中国特色社会主义事业总体布局总结为经济建设、政治建设、文化建设、社会建设、生态文明建设"五位一体"。这个新认识体现了对事物发展的整体性和协调性。改革开放初期强调两个基本点，即坚持开放和坚持四项基本原则，"后来我们提出了'四个全面'战略布局，等等。这些都体现了我们对协调发展认识的不断深化，体现了唯物辩证法在解决我国发展问题上的方法论意义"。③ 经济体制改革离不开其他领域改革的配合协调，上层建筑也要适应经济基础变化的需要，因此要全面深化改革，要突出改革的系统性、整体性、协同性。同时，在推进改革中，要

---

① 习近平：《辩证唯物主义是中国共产党人的世界观和方法论》，《求是》2019 年第 1 期。
② 《马克思恩格斯全集》第 26 卷，人民出版社 2014 年版，第 40 页。
③ 《习近平谈治国理政》第 2 卷，外文出版社 2017 年版，第 205 页。

充分考虑不同地区、不同行业、不同群体的利益诉求，准确把握各方利益的交汇点和结合点，使改革成果更多更公平惠及全体人民。在经济发展理念上，提出了创新、协调、绿色、开放、共享五个新发展理念，这五个理念相辅相成，互相不可割裂，构成完整的统一体，在理念上它是统一的，在实践上它需要统筹协调。因此它也是更高水平的发展理念。"新发展理念是一个系统的理论体系，回答了关于发展的目的、动力、方式、路径等一系列理论和实践问题，阐明了我们党关于发展的政治立场、价值导向、发展模式、发展道路等重大政治问题。"① 习近平总书记总结说："党的十八大以来，党中央坚持系统谋划、统筹推进党和国家各项事业，——在这个过程中，系统观念是具有基础性的思想和工作方法。"②

第三是坚持人民创造历史和遵循社会发展规律的历史唯物主义。习近平强调以人民为中心的发展思想，发展为了人民，发展依靠人民，发展成果由人民共享，逐步推进全体人民的共同富裕，充分体现了人民创造历史的历史唯物主义观点。马克思主义揭示了人类社会发展规律，即生产力和生产关系之间、经济基础和上层建筑之间的矛盾运动推动着社会形态由低级形态向高级形态的依次更替，决定了人类社会发展存在客观的、不以人的意志为转移的趋势与走向。不过，马克思主义也认为，历史是人类自己创造的，社会规律毕竟不同于自然规律，人们的历史选择对社会形态的更替也发生作用。因此人类文明的发展既有一般规律，也有不同道路特点。马克思的研究结果表明，即使存在一般的经济社会发展规律，由于各国经济、政治、制度、文化、习俗各不相同，因而各国的社会发展形式或文明形成道路也往往不同。因此一般发展规律在各个国家的具体实现方式是不同的，形成的文明发展道路也是不同的。正如习近平总书记所强调的，各国历史文化和社会制度差异自古就存在，是人类文明的内在属性。没有多样性，就没有人类文明。多样性是客观现实，将长期存在。③ 文明发展道路和文明发展方式的多样性增强了人类文明的多样性。这就是文明

---

① 习近平：《把握新发展阶段、贯彻新发展理念、构建新发展格局》，《求是》2021年第9期。

② 习近平：《关于〈中共中央关于制定国民经济和社会发展第十四个五年规划和二〇三五年远景目标的建议〉的说明》，《人民日报》2020年11月4日第2版。

③ 《习近平出席世界经济论坛"达沃斯议程"对话会并发表特别致辞》，《人民日报》2021年1月26日第1版。

310 / 中国特色社会主义政治经济学 /

发展规律的统一性与文明发展道路多样性、可选择性结合在一起的辩证法。"我们坚持和发展中国特色社会主义，推动物质文明、政治文明、精神文明、社会文明、生态文明协调发展，创造了中国式现代化新道路，创造了人类文明新形态。"① 中国的现代化道路和人类文明新形态对人类社会发展规律和历史唯物主义的创新发展提供了新的实践依据，习近平总书记关于中国式现代化道路和文明新形态的理性认识是马克思主义方法论运用的最新理论成果。

第四是要认识和把握事物矛盾运动的规律，掌握事物矛盾运动的普遍性、客观性，不断强化问题意识，坚持问题导向，把认识和化解矛盾作为打开工作局面的突破口。毛泽东指出，事物的矛盾过程会呈现阶段性，"如果人们不去注意事物发展过程中的阶段性，人们就不能适当地处理事物的矛盾。"② 根据我国经济发展将结束粗放型高速度增长阶段并开始新的阶段的特点，习近平总书记作出了我国经济发展进入新常态的判断，并指出引领经济新常态的特点是中国经济转向高质量发展。强调新阶段不能简单以国内生产总值增长率论英雄，提出加快转变经济发展方式、调整经济结构，贯彻落实新发展理念。在认识和把握事物矛盾运动中，还要注意把握好主要矛盾和次要矛盾、矛盾的主要方面和次要方面的关系。运用马克思主义的原理，习近平总书记分析了在经济发展新常态的主要矛盾，指出："在三期叠加大背景下，影响经济增长的突出问题有总量问题，但结构性问题更为突出。在有效供给不能适应需求总量和结构变化的情况下，稳增长必须在适度扩大总需求和调整需求结构的同时，着力加强供给侧结构性改革，实现由低水平供需平衡向高水平供需平衡的跃升。"③ 而"推进供给侧结构性改革，是适应和引领经济发展新常态的重大创新"。④在供给侧结构性改革中，习近平总书记又紧紧抓住振兴实体经济这个主要

---

① 习近平：《在庆祝中国共产党成立 100 周年大会上的讲话》，《人民日报》2021 年 7 月 2 日第 2 版。

② 《毛泽东选集》第 1 卷，人民出版社 1991 年版，第 314 页。

③ 中共中央文献研究室编：《习近平关于社会主义经济建设论述摘编》，中央文献出版社2017 年版，第 92 页。

④ 中共中央文献研究室编：《习近平关于社会主义经济建设论述摘编》，中央文献出版社2017 年版，第 94 页。

矛盾，把它作为供给侧结构性改革的主要任务。习近平总书记说："振兴实体经济是供给侧结构性改革的主要任务，不论经济发展到什么时候，实体经济都是我国经济发展、我们在国际经济竞争中赢得主动的根基。我国经济是靠实体经济起家的，也要靠实体经济走向未来。"①

分析经济增长的贡献主要是来自国内供给和需求还是来自国外供给和需求，是回答经济循环以内外哪个为主的经济学命题。中国作为一个大经济体，按照需求支出法 GDP 计算，新中国成立以来，无论是改革开放前后，经济增长的拉动因素始终是以内需为主的，即便是在外需对 GDP 增长拉动作用最明显的 20 世纪 90 年代初期，其拉动作用的贡献也没有超过40%，这与世界上其他发达大国的经济发展特征基本相似。以国内大循环为主体，既是习近平总书记对大国经济发展一般规律的总结和揭示，也是对我国新发展阶段特征的揭示。按照事物矛盾运动的法则，"取得支配地位的矛盾的主要方面起了变化，事物的性质也就随着起变化"。② 新发展阶段的国内大循环将建立在高水平自立自强基础上，激发内生动力，增强可靠性，并由此提升国内国际双循环的水平，与以往相比，就产生了质的飞跃。只有从唯物辩证法出发，我们才能深刻理解习近平总书记这个重要论述的深刻含义。

抓住主要矛盾不等于可以忽略次要矛盾或放弃次要矛盾，抓住供给侧结构性改革这条主线，也需要在需求侧方面进行总量调控进行配合，在对全面建成小康社会作出全面部署时，又强调"小康不小康，关键看老乡"；在任何工作中，既要讲两点论，又要讲重点论，没有主次，不加区别，眉毛胡子一把抓，是做不好工作的。认识和把握事物矛盾运动的状态，也是习近平经济思想的一个重要方法论。从 2011 年以来，"稳中求进"成为我国经济工作的总基调，至今已经坚持了 12 年，2016 年中央经济工作会议把"稳中求进"上升为经济工作的重要原则和方法论。既然是方法论，那必然就具有哲学的含义。毛泽东指出："无论什么事物的运动都采取两种状态，相对地静止的状态和显著地变动的状态。"③ 我国经济进入新常态

———————

① 中共中央文献研究室编：《习近平关于社会主义经济建设论述摘编》，中央文献出版社2017 年版，第 116 页。

② 《毛泽东选集》第 1 卷，人民出版社 1991 年版，第 323 页。

③ 《毛泽东选集》第 1 卷，人民出版社 1991 年版，第 332 页。

后，显著变动的状态已经过去，经济发展进入中高速度的平稳状态，这有利于促进经济向高质量转变，这时候，经济工作的方针，既不能再重复"又快又好"，也不能不舍弃仍然保留"快"的思想方法的"又好又快"。稳中求进，充分体现了实事求是的思想方法和遵循经济规律的科学态度。"稳"和"进"是辩证统一的，"稳"，才能更好地"进"，更持久地"进"；"进"，才能更有效地保持"稳"，更高水平地实现"稳"。这里的"稳"，强调的是遵循经济规律的"稳"；这里的"进"，强调的是"稳"基础上的"进"，是科学有序的"进"。

第五，坚持一分为二，认识事物的"双重性"。毛泽东说："双重性，任何事物都有，而且永远有，当然总是以不同的形式表现出来。"[①] 正如在资本主义世界市场内部，既存在资本主义剥削的本质属性，也存在生产力发展的客观要求的属性，坚持一分为二的方法论，认识和把握社会主义市场经济中产生的各类资本是我国经济建设实践和理论发展的重要课题。在社会主义市场经济体制下，资本是带动各类生产要素集聚配置的重要纽带，是促进社会生产力发展的重要力量，要发挥资本促进社会生产力发展的积极作用。同时，必须认识到，资本具有逐利本性，如不加以规范和约束，就会给经济社会发展带来不可估量的危害。因此习近平总书记提出要加强对社会主义市场经济中资本理论的研究，正确处理不同形态资本之间的关系，在性质上要区分，在定位上要明确，规范和引导各类资本健康发展。要设立"红绿灯"，健全资本发展的法律制度，形成框架完整、逻辑清晰、制度完备的规则体系。教育引导资本主体践行社会主义核心价值观，讲信用信义、重社会责任，走人间正道。同时，要全面提升资本治理效能。对于西方经济学理论，习近平总书记也主张要一分为二，去粗取精，以我为主，为我所用。对于那些反映社会化大生产和经济全球化发展的经济学名词、概念和一些技术方法，我们应当有分析地吸收，以丰富我们的视野和理论，对那些反映资本主义制度和价值观的基本理论观点以及形而上学的世界观和方法论，我们要分析批判，与之划清界限。

第六，遵循人类社会发展与自然界运动相互关系的规律，构建社会主

[①] 《毛泽东文集》第 8 卷，人民出版社 1999 年版，第 107 页。

义生态文明理论。人类社会与自然界既是生命的共同体，也是对立统一的关系。在人类社会的幼年时期，自然界对人类社会发展形成很大阻碍，随着人类社会生产力的发展和认识自然的科学知识积累，人类社会改造自然、向自然界索取的能力和本领不断增强，但是一旦这种能力和本领被滥用，反过来也要遭到自然界的报复，两者是相互矛盾又相互依存的关系。习近平总书记引用了恩格斯在《自然辩证法》中说过的人与自然界关系的破坏，20世纪发生在西方国家生态环境破坏对公众生活巨大影响的教训，提出了绿色发展理念，就"是要解决好人与自然和谐共生问题。人类发展活动必须尊重自然、顺应自然、保护自然，否则就会遭到大自然的报复，这个规律谁也无法抗拒。"① 在绿色发展中，他还提出了既要金山银山，也要绿水青山；绿水青山就是金山银山的名言。生态环境与土地一样，是一种资源要素，是生产力发展的条件，它没有替代品，用之不觉，失之难存，这个性质与土地的自然垄断一样，在人类社会处于商品市场经济环境下，获得了与资本主义"绝对地租"相似的人类剩余劳动分配的索取权，只不过地租的索取权属于土地私人所有者，而生态环境的剩余劳动索取权属于公众。因此它是一种自然财富、生态财富，这种剩余劳动分配的索取权在市场经济环境下，也可以交易。资源使用者依法取得资源的使用权和承担赔付的责任，通过赔付差额在使用者之间的交易发现价格，由此产生了碳排放交易市场和交换价值，从而转化为经济财富和社会财富。保护和改善生态环境，需要付出人类劳动，这是增加新价值的来源，因此，"保护生态环境就是保护自然价值和增值自然资本"。② 在人与大自然辩证思维中产生的马克思主义政治经济学原理，赋予了绿水青山就是金山银山这句名言的科学理论含义。

第七，坚持实践第一的观点，不断推进实践基础上的理论创新。理论一旦脱离了实践，就会成为僵化的教条，失去活力和生命力。实践也需要正确的理论指导，必须高度重视理论的作用，增强理论自信和战略定力，坚持理论指导和实践探索辩证统一，实现理论创新和实践创新良性互动，在这种统一和互动中发展21世纪中国的马克思主义。依据马克思主义的

---

① 《习近平谈治国理政》第2卷，外文出版社2017年版，第207、208页。
② 《习近平谈治国理政》第3卷，外文出版社2020年版，第361页。

认识论，紧紧围绕中国现代化建设的实践，从中国人民的实践经验中总结出理性认识，再回到实践中检验，形成了习近平新时代中国特色社会主义思想，创造了马克思主义政治经济学的最新理论成果，为中国自主知识体系的经济学理论体系、学科体系奠定了原创性理论基础。

第二节　中国特色社会主义经济发展理论的主要内容

一　规划新"三步走"发展战略和实施三大国家战略

邓小平是中国特色社会主义经济发展理论的开创者，他谋划了"三步走"的经济发展战略。由于国民经济保持了较高的增长速度，到1995年，我国国内生产总值达到5.77万亿元，提前5年实现了原定2000年国内生产总值比1980年翻两番的目标。1995年党的十四届五中全会通过的《中共中央关于制定国民经济和社会发展"九五"计划和2010年远景目标的建议》，对20世纪末实现小康的战略目标做了调整，确定到2000年在我国人口比1980年增加3亿左右的情况下，实现人均国内生产总值比1980年翻两番，即从经济总量翻两番，调整为人均翻两番。1997年召开的党的十五大，对如何实现第三步目标作出进一步规划，提出了新"三步走"的经济发展战略。即21世纪第一个十年实现国内生产总值比2000年翻一番，使人民小康生活更加宽裕，形成比较完善的社会主义市场经济体制，再经过10年努力，到建党一百年时，使国民经济更加发展，各项制度更加完善，到21世纪中叶新中国成立一百年时，基本实现现代化，建成富强民主文明的社会主义国家。

新"三步走"发展战略不仅为我国进入21世纪后如何实现加速健康发展勾画出一幅比较清晰的蓝图，而且为后来全面建设小康社会的构想提供了依据，并在实践中丰富和发展了邓小平"三步走"发展战略中第三步的战略构想。新"三步走"发展战略紧密联系世界发展大势，围绕实现中国的发展目标，实施了三大国家发展战略。

第一是制定和实施可持续发展战略。1994年中国政府发布《中国21世纪议程——中国21世纪人口、环境与发展白皮书》，提出可持续发展的总体战略和心动方案。1997年党的十五大提出，把实现可持续发展作为跨世纪发展的战略任务。1998年至2002年，国家在环境保护和生态建设方面的投入达 5800 亿元，占同期国内生产总值的 1.29%，是 1950 年至 1997 年这方面投入的 1.8 倍。与此同时，党和国家加强了法律法规体系建设，制定适合中国国情的方针政策，将环境保护纳入经济社会发展整体加以统筹规划和安排。1993 年 3 月全国人大常委会专门成立了环境保护委员会，1994 年 3 月更名为全国人民代表大会环境与资源保护委员会。截至 2020 年年底，全国人大共制定和完善相关法律 24 部，国务院和有关部门制定相关行政规章 100 余部。2002 年中国政府向可持续发展世界首脑会议提交的《中华人民共和国可持续发展国家报告》，全面总结了中国实施可持续发展的总体情况和成就，阐述了履行联合国环境与发展大会有关文件的进展，中国实施可持续发展战略的构想，以及对可持续发展若干国际问题的基本原则、立场与看法，得到国际社会的普遍认可。

第二是实施科教兴国战略。20 世纪 90 年代之后，以信息技术和生命科学为先导的新技术革命浪潮席卷全球，科技在经济发展中的作用越来越大。1991 年 5 月江泽民在中国科学技术协会第四次全国代表大会上指出，要把经济建设真正转移到依靠科技进步和提高劳动者素质的轨道上来。1994 年八届人大二次会议通过了《中华人民共和国科学技术进步法》，这是新中国第一部关于科学技术的法律。1995 年 5 月，党中央召开全国科学技术大会，要求建立企业为主体、产学研协同创新的机制，明确提出到 2000 年初步建立适应经济发展和科技规律的科技体制目标，同月，中共中央和国务院颁布了《关于加速科学技术进步的决定》，动员全党和全社会实施科教兴国战略。

实施科教兴国战略，推动了教育事业改革和整体水平提高。1993 年 2 月颁布的《中国教育改革和发展纲要》提出，要聚中央和地方之力，办好 100 所左右重点大学和一批重点学科、专业。1995 年八届人大三次会议通过《中华人民共和国教育法》，为保障教育事业发展提供了法律依据。1999 年 6 月，党中央国务院发布了《关于深化教育改革全面推进素质教育的决定》，推动中国教育事业走向新的世纪。同年，国务院批转教育部《面向 21 世纪教育振兴行动计划》，规定了到 2000 年、2010 年的目标。科教兴国战略的实施，推动了工业化与信息化相结合，以信息化带动工业化，促进了科技创新和经济社会的发展。2003 年 10 月首艘载人航天飞船"神舟五号"成功发射，1999 年 8 月"神威"计算机问世，2000 年 6 月中

316 / 中国特色社会主义政治经济学 /

国第一个克隆羊诞生等，标志着我国科技事业发展取得巨大成就。

第三是提出西部大开发战略。1999 年党的十五届四中全会提出国家要实施西部大开发战略，2000 年 1 月国务院成立了西部地区开发领导小组。西部大开发范围主要包括 12 个省级地域和 3 个地市级行政区，[①] 涉及国土面积 685 万平方千米。为此，国家加大规划指导，政策扶持，项目安排等支持保障力度，西部地区迎来了经济发展的最快时期。

二 从转变经济增长方式到转变经济发展方式

经济增长需要各种资源的供给，但一定时期资源是有限的，生产性和非生产性的资源都会随着消耗而减少。集约型的经济增长方式则能提高资源的利用效率，节约使用资源，可以缓解资源有限与经济增长对资源需求之间的矛盾，为经济持续增长创造有利条件。不同的经济增长方式所产生的经济效益是大不相同的。集约型增长能够较高水平地增强国家经济实力和提高人民生活水平。经济增长方式直接影响一个国家在国际市场的竞争力。我国只有转变经济增长方式，提高生产技术水平，提高产品质量和档次才能提高经济竞争力。

早在 1987 年，党的十三大报告提出："要从粗放经营为主逐步转上集约经营为主的轨道"，[②] 党的十四大报告再次提出"努力提高科技进步在经济增长中所占的含量，促进整个经济由粗放经营向集约经营转变"；[③] 1995年 9 月，党的十四届五中全会提出，"经济增长方式从粗放型向集约型转变"[④] 具有全局意义，由此转变经济增长方式的命题正式提出，1997 年党的十五大报告重申"转变经济增长方式，改变高投入、低产出、高消耗、低效益的状况"。[⑤] 表 10 - 1 反映了 20 世纪 90 年代转变经济增长方式的必要性。

---

① 包括重庆、四川、贵州、云南、西藏、陕西、甘肃、青海、宁夏、新疆、内蒙古、广西，吉林延边、湖北恩施、湖南湘西。

② 《十三大以来重要文献选编》（上），人民出版社 1991 年版，第 17 页。

③ 《十四大以来重要文献选编》（上），人民出版社 1996 年版，第 25 页。

④ 《中国共产党第十四届中央委员会第五次全体会议文件》，人民出版社 1995 年版，第 3 页。

⑤ 《江泽民文选》第 2 卷，人民出版社 2006 年版，第 24 页。

/ 第十章 社会主义经济建设规律的认识深化与实践发展 / 317

表 10 - 1　　1980—1998 年中国 GDP、固定资产投资等年平均增长速度　（单位:%）

	1980—1990 年	1991—1998 年	1980—1998 年
GDP	9.16	10.77	9.87
固定资产投资	8.18	15.88	12.0
社会消费零售总额	8.69	10.02	9.29
政府开支	7.16	10.66	8.72
货物出口	18.79	17.77	18.28
货物进口	20.14	16.65	18.39
失业率	0.71	1.18	0.91

资料来源：根据国家统计局数据计算。

应该指出，世界上没有一个国家能够这么长时间维持如此高的增长率。表 10 - 1 显示，货物进出口贸易在第二阶段出现下降，很显然，处于下降的对外贸易不可能促进 GDP 的迅速增长。第二阶段更高的失业率意味着生产中的总的劳动参与率下降了。因此，劳动力不是 GDP 快速增长的决定性因素。其中只有固定投资的年增长率从 8.18% 上升至 15.88%，因此，拉动 GDP 背后迅速增长的动力，应该是固定投资。特别是第二阶段 1991—1993 年投资的过快增长。运用回归分析法进行相关性研究发现，GDP 增长率与政府投资增长率之间有很高的相关性（0.4497）。这显示政府投资在中国经济发展中的重要性。同时，GDP 增长率与外商直接投资增长率之间也有很高的相关性（0.4623）。外商直接投资比 GDP 增速更快。1983—1998 年，平均 GDP 增长率是 10.29%，然而外商直接投资增长率是 39.90%，几乎快了 4 倍。相反，GDP 增长与受雇劳动力（按照薪酬计算）之间的相关性并不大（0.1565），反映了廉价劳动的供给；而且这个时期出口与中国经济的迅速发展也没有相关性（0.019）。因为中国从 1994 年开始才扭转了经常性的贸易逆差，走上贸易顺差的轨道。粗放增长的主要特征有：

（1）高投入：我国资本形成占 GDP 的比重，1980 年为 34.9%，1995 年为 40.8%，2000 年为 36.4%，2003 年高达 42.7%，远高于美国、德国、法国、印度等一般 20% 左右的水平，"六五""七五""八五""九五"和"十五"前三年，每增加 1 亿元的 GDP 需要的固定资产投资分别是 1.8 亿元、2.15 亿元、1.6 亿元、4.49 亿元和 4.99 亿元，土地和劳动力投入也存在粗放问题。（2）高消耗：1950—2000 年，我国 GDP 增长了十多倍，而矿产资料消耗增长了 40 多倍，单位产出的能耗和资源消耗水平明显高于国际先进水平，火电供电煤耗高 22.5%，大中型钢铁企业吨钢可比消耗高 21%，水泥综合能耗高 45%，乙烯综合能耗高 31%。农业灌溉用水利用系数是国外先进水平的一半左右，工业万元产值用水量是国外先进水平的 10 倍，矿产资源的消耗强度也比国外先进水平高很多。（3）高消耗带来高排放和高污染，每增加单位 GDP 的废水排放量比发达国家高 4 倍，单位工业产值产生的固体废弃物比发达国家高十多倍。（4）经济结构不协调：农业基础依然薄弱，"三农"问题长期得不到有效解决，服务业增加值占 GDP 的比重只有 32.3%，不仅低于世界平均 64% 的水平，而且低于低收入国家 45% 的平均水平。（5）低效率：我国第二产业劳动生产率只相当于美国的 1/30，日本的 1/18，法国的 1/16，德国的 1/12，韩国的 1/7。资源产出效率也明显偏低，每吨标准煤的产出效率相当于美国的 28.6%，欧盟的 16.8%，日本的 10.3%。我国人多地少，土地利用效率也不高，一些地方盲目兴办各类开发区，省级以下开发区征地以后的闲置率高达 40% 以上。[①]

2006 年 10 月，党的十六届六中全会提出了"促进经济又好又快发展"的新要求。指导经济发展的方针，从持续使用多年的"又快又好"到"又好又快"，"好"与"快"顺序的调整，体现了科学发展的本质要求。党的十七大提出加快转变经济发展方式的战略任务。把过去常讲的"转变经济增长方式"表述为"转变经济发展方式"，[②] 虽然只是两个字的改动，但却有着十分深刻的内涵。转变经济发展方式，除了涵盖转变经济增长方式的全部内容，还对经济发展的理念、目的、战略、途径等提出了新的更高的要求，充分体现了党对经济发展规律认识的深化。经济增长，是指一个经济体一定时期经济规模在数量上的扩大；经济发展，不仅包括经济规模的扩大，也包括经济结构优化、经济效益提高、生态环境良好、人民生

---

① 马凯：《我国经济增长方式存在着"高投入、高消耗、高排放、不协调、难循环、低效率的问题"》，《经济研究》2004 年第 3 期。

② 《胡锦涛文选》第 2 卷，人民出版社 2016 年版，第 629 页。

活水平提升等内容。经济增长偏重于 GDP 数量，内涵比较狭窄；经济发展既要求直接价值财富增长，又强调间接价值财富增长，前者主要体现量，后者主要体现质，两者互相联系又互有区别，是量变和质变对立统一的概念。

转变经济增长方式问题。经过多年努力，取得了不小成绩，但仍未取得根本性突破。2003 年以后，我国经济进入新一轮上升期，具备实现经济平稳快速发展的诸多有利条件，国内市场空间巨大，储蓄率较高、劳动力成本较低、科技进步动力较强等诸多优势继续存在。但是，经济长期积累的结构性矛盾仍然突出，经济增长方式粗放问题仍然严重，投资规模增长过快，消费需求特别是居民消费需求不足，我国能源消费总量和温室气体排放总量均已居世界第二，国际上要求我国减少温室气体排放的压力日益增大。从国际上看，和平、发展、合作仍是时代潮流，世界多极化、经济全球化深入发展，世界经济政治格局出现新变化，科技创新孕育新突破，国际环境总体上有利于我国和平发展。同时，国际金融危机影响深远，世界经济增长速度放缓，全球需求结构出现明显变化，围绕市场、资源、人才、技术等的竞争更加激烈，气候变化以及能源安全、粮食安全等全球性问题更加突出，各种形式的保护主义抬头，我国发展的外部环境更趋复杂。

提出转变经济发展方式的任务，是指坚持走中国特色新型工业化道路，坚持扩大国内需求特别是消费需求的方针，促进经济增长由主要依靠投资、出口拉动向依靠消费、投资、出口协调拉动转变，由主要依靠第二产业带动向依靠第一产业、第二产业、第三产业协同带动转变，由主要依靠增加物质资源消耗向主要依靠科技进步、劳动者素质提高、管理创新转变，由以破坏生态环境代价谋求经济增长向保护生态环境建立环境友好型的发展方式转变，实现国民经济从又快又好向又好又快的转变。2010 年10 月召开的党的十七届五中全会再次明确指出，加快转变经济发展方式是做好"十二五"时期经济社会发展工作的主线。党中央还对加快转变经济发展方式的基本要求作出了新的概括，明确要求把经济结构战略性调整作为主攻方向，把科技进步和创新作为重要支撑，把保障和改善民生作为根本出发点和落脚点，把建设资源节约型、环境友好型社会作为重要着力点，把改革开放作为强大动力。

三 全面建设小康社会的经济发展理论

2002 年召开的党的十六大在党的十五大规划的新"三步走"发展战略基础上提出了全面建设惠及十几亿人口的小康社会的奋斗目标。其经济发展主要目标是：国内生产总值到 2020 年力争比 2000 年翻两番，综合国力和国际竞争力明显提升，基本实现工业化，建成完善的社会主义市场经济体制，更加开放的经济体系，城镇人口的比重较大幅度提高，工农差别、城乡差别和地区差别扩大的趋势逐步扭转，社会保障体系比较健全，社会就业比较充分，家庭财产普遍增加，人民过上更加富足的生活。可持续发展能力不断增强，生态环境得到改善，资源利用效率显著提高，促进人与自然和谐，推动整个社会走上生产发展，生活富裕，生态良好的文明发展道路。2007 年胡锦涛在党的十七大报告中提出，要把握经济社会发展趋势和规律，坚持中国特色社会主义经济建设、政治建设、文化建设、社会建设的基本目标和基本政策构成的基本纲领，坚持科学发展观，增强发展的协调性，努力实现经济又好又快发展。围绕党的十六大和十七大提出的经济发展目标，在此期间，形成了几个中国特色的经济发展理论。

第一是中国特色新型工业化道路。党的十六大报告提出，坚持以信息化带动工业化，以工业化促进信息化，走出一条科技含量高、经济效益好、资源消耗低、环境污染少、人力资源优势得到充分发挥的新型工业化路子。中国要走的工业化道路，不是简单重复发达国家的工业化过程。既要尊重工业化客观规律，又要体现时代特点。中国经济已经融入世界经济，成为国际分工体系的组成部分，不可能是封闭的工业化，必然是带有信息化这一世界发展特点的工业化。当代世界生产力的发展趋势是向信息化发展，中国在向工业化深度发展中与世界生产力发展潮流相遇，只能顺应潮流，以信息化带动工业化，在工业化深入发展进程中推进信息化，实现跨越式发展。走新型工业化道路要求与环境相协调。在传统工业化模式下，虽然生产力获得较大发展，创造了巨大财富，但对资源环境不合理地开发和使用，也使发展付出了沉重代价。新型工业化道路不能再重复先污染、后治理的路子，而要走资源消耗低，环境污染少，可持续发展的道路。走新型工业化道路还要求坚持城乡协调发展，传统工业化往往要经历牺牲农业和农村发展的阶段，新型工业化要立足于城乡共同发展，推动工业化和城镇化互相促进、互相协调。走新型工业化道路还要求充分发挥我国人力资源优势，传统工业化往往是以资本技术密集代替劳动，新型工业化要求既发展资金技术密集的产业，也要注重发展、改造和提升劳动密集型产业。

第二，中国特色农业现代化道路。党的十七大报告在阐述如何统筹城乡发展、推进社会主义新农村建设时强调指出，要走中国特色农业现代化道路。中国特色农业现代化道路的基本内涵是：以保障农产品供给、增加农民收入、促进可持续发展为目标，以提高农业劳动生产率、资源产出率和商品率为途径，以现代科技和装备为支撑，在家庭承包经营的基础上，在市场机制和政府调控的综合作用下，建成农工贸紧密衔接、产加销融为一体、多元化的产业形态和多功能的产业体系。

走中国特色农业现代化道路的基本要求是：首先，进入 21 世纪后，我国总体上已经进入以工促农、以城带乡的发展阶段，进入加快改造传统农业的阶段，应当加大国家对农业支持保护力度和增强农业农村发展活力结合起来。要认真贯彻工业反哺农业、城市支持农村和多予少取放活的方针，巩固和完善强农惠农政策，形成以工促农、以城带乡的长效机制。要把这一方针政策落实到提高农业物质技术装备水平、推进农业科技自主创新、加强农业技术推广普及和提高农村劳动者整体素质这四个主要方面来。目前我国农业生产力水平还不高，与发达国家平均水平相比科技贡献率低20—30 个百分点。因此，实现农业现代化必须提高农业科技水平，通过增加资本投入、应用现代科技和装备、适度集中土地和强化组织管理等来提高农业效益。

其次，改革和完善农业农村生产方式，大力发展新型合作经济和集体经济。现代农业是以市场需求为导向，农民从事农业生产的主要目的是为市场提供商品，实现利润最大化。我国农户的经营规模普遍较小，农产品商品率和农业资源配置的市场化程度均较低，因此应按照党的十七大报告所要求的那样：按照依法自愿有偿原则，健全土地承包经营权流转市场，使耕地向农村种田能手和专业大户集中，逐步实现多种形式的土地适度规模经营。在此基础上发展农业的产业化经营。以产业化方式经营农业已成为现代农业的重要特征。我国有 2.5 亿左右农户，不仅数量多、规模小，而且结构、行为相似，要与千变万化的大市场有效衔接非常困难，因此，推进农业现代化，必须建成农工贸紧密衔接、产加销融为一体、多元化的产业形态和多功能的产业体系。在这一过程中，必须大力发展农民专业合作组织，通过各种类型的农民合作社，以及通过城乡融合，发展新型集体经济，使农民真正享受到农产品加工、销售等环节的利润。在此过程中要特别注重保障粮食生产，坚守18亿亩耕地红线，要把中国人的饭碗牢牢地端在自己手里。

最后，要把转变农业发展方式和保护农业资源环境结合起来。农业农村要实现可持续发展，承担起支撑经济社会长期发展的重任，必须加快转变发展方式。改变粗放经营模式，推进农业结构性调整，大力发展农业专业化经营，构建农业现代产业体系，实现农业多元化经营，区域化布局，专业化生产，建设和完善农业社会化服务体系。保护好和利用好有限的农业资源，发展农业循环经济，建设农业农村生态环境补偿机制，建立绿色GDP核算考核机制，促进农村走上生产发展、生活富裕、生态良好的发展道路。

第三，中国特色自主创新道路。2006年1月胡锦涛在全国科学技术大会上提出，动员全党全社会坚持走中国特色自主创新道路，为建设创新型国家而努力奋斗，指出，"自主创新，就是从增强国家创新能力出发加强原始创新，集成创新和引进消化吸收再创新"。[①] 2007年党的十七大再次强调，促进我国国民经济又好又快发展，要更加注重提高自主创新能力，坚持走中国特色自主创新道路，把增强自主创新能力贯穿到现代化建设各个方面。走中国特色自主创新道路的基本要求是：首先，坚持自主创新、重点跨越、支撑发展、引领未来的指导方针。这个方针是对我国半个世纪以来科技事业发展的实践经验的概括和总结。自主创新并不意味着闭门单干，更不意味着事事自己干，而是从增强国家创新能力出发，有重点、有选择地采取原始创新、集成创新、引进吸收消化再创新的不同创新策略。重点跨越，就是坚持有所为有所不为，选择关系国计民生和国家安全的关键领域，集中力量，重点突破，实现跨越式发展。支撑发展，就是从现实需求出发，着力突破重大关键技术和共性技术，支撑经济社会持续协调发展。引领未来，就是着眼长远，超前部署前沿技术和基础研究，创造新的

———————
① 《胡锦涛文选》第2卷，人民出版社2016年版，第403页。

市场需求，培育新兴产业，引领未来经济社会发展。

其次，加快科技成果向现实生产力转化。为促进科技与经济更加紧密结合，要有效引导和支撑创新要素向企业集聚，促进科技支撑与产业振兴、企业创新相结合，促进重大技术和产品推广应用，加快产业共性技术研发推广应用，培育战略性新兴产业，推动产业规模优势转化为创新能力优势。

再次，加快科技体制改革，推进国家创新体系建设。必须建立以企业为主体、市场为导向、产学研相结合的技术创新体系，在发挥企业主体作用的同时，也充分发挥国家科研机构的骨干和引领作用，发挥大学的基础和生力军作用，形成技术创新体系、知识创新体系、国防科技创新体系、区域创新体系、科技中介服务体系协调统一的制度保障。同时加快创新型科技人才队伍建设。推进创新团队建设，大力培养创新型人才和领军人才，造就数以亿计的高素质劳动者，数以千万计的专门人才和一大批拔尖创新人才。

最后，中国特色城镇化道路。党的十六大报告第一次明确提出，"走中国特色的城镇化道路"，并强调大中小城市和小城镇协调发展。走中国特色城镇化道路，就是在科学发展观指导下，按照统筹城乡、以人为本、布局合理、节约土地、功能完善、以大带小的原则，促进大中小城市和小城镇协调发展。以增强综合承载能力为重点，以特大城市为依托，形成辐射作用大的城市群，培育新的经济增长极。中国特色城镇化道路的基本特点是：（1）以人为本，促进人的城镇化。城镇化发展，意味着大量农村居民进入城镇，要通过深化改革，使进城农民完成向城镇居民和市民的转变。要改革就业、工资、医疗、社会保障、住房等制度，建立健全与城镇化健康发展相适应的财政税收、土地使用、行政管理、户籍管理和公共服务制度。（2）加强规划引导，合理布局城镇化。要根据资料环境条件、人口流动、生产力空间状态、经济社会发展条件因地制宜发展城市群、重点发展现有城镇。（3）加强城镇基础设施和公共服务建设。以产业集聚推动的人口集中，并不是城镇化的全过程。新型城镇化要求以人为本，要加强道路、能源、水利、通信、环保等市政公用设施建设，要完善教育、科技、文化、卫生、体育等公共服务体系建设，提高城市居民生活质量，保障城镇优质高效运转。（4）新型城镇化要求节约和集约利用土地、水和能源，保护历史文化环境。推进新型城镇化，要坚持保护环境、文物和保护资源的基本国策，坚持城镇化发展与人口、资源和环境相协调，坚持节约、集约利用土地。

第三节　习近平经济思想的新认识和新实践

2021 年 12 月中央经济工作会议指出："在应对风险挑战的实践中，我们进一步积累了对做好经济工作的规律性认识。"[①] 党的十八大以来，党和国家对经济社会工作的安排和调控充分体现了多年来对做好经济工作的规律性认识和灵活运用。从实践中总结的这些认识是习近平经济思想的重要组成部分。

一　认识和引领经济发展新常态，树立新发展理念

2012 年和 2013 年中国经济增长速度连续两年降到了 7.9% 和 7.8%。习近平总书记在 2013 年 12 月中央经济工作会议上就指出我国经济增长速度进入换挡期、经济结构调整阵痛期和前期刺激政策消化期的"三期叠加"阶段；2014 年 7 月他判断，中国经济发展进入了新常态；同年 10 月，党的十八届四中全会也引用了这个判断。这是党的十八大之后习近平总书记对中国经济发展的第一个趋势性判断，也是把握我国经济发展的第一个规律性认识。增长速度下降是由于供需不匹配，导致投资和消费增长速度下降，需要调整经济结构，恢复供需平衡；由于在应对国际金融危机期间采取了许多刺激政策，传统产能快速增加，危机过后出现产能过剩，企业设备利用率下降，这些政策效果需要时间来消化。对这种趋势性变化不仅要有充分认识，而且需要适应它，之所以要适应，因为这是客观规律的表现。

（一）继续以往的高速增长已没有经济学依据

首先，中国经济增长速度已经不可能再恢复以往的高速增长，将进入中高速增长阶段。从 1979 年至 2011 年，我国经济保持了长达 32 年 9.87% 的平均增长速度，一跃超过日本成为世界第二大经济体并进入上中

[①] 《中央经济工作会议在北京举行》，《人民日报》2021 年 12 月 11 日。

等收入国家行列。这种长时期高速增长在世界上罕有其匹。由于经济总量基数很大，百分之几的增长速度似乎不起眼，但换算成经济增量则很惊人。仅 2014 年我国经济增量即比上年多 5 万亿元人民币，与 1994 年的经济总量相当。在经济总量如此巨大的基础上再追求高速度增长已经很不现实，而且，随着国际政治经济环境的深刻变化和国内资源环境约束日益趋紧，经济增长日趋经受这些方面的压力和挑战，适应这种变化主动调整增长速度是客观必然的。更深层原因是，以往追求高速增长主要依靠要素驱动和高强度资金投入，而这两个因素现在都发生了明显约束，由于生育率下降的长期积累以及农村廉价劳动力的长期流入非农产业，导致充裕的低成本劳动力供给弱化，国家统计局数据显示，2012 年 15—59 岁劳动年龄人口的比重首次出现下降，占比为 69.2%。劳动力持续短缺引起工资迅速上涨。从 2009 年以来，我国农民工人数增幅开始变缓，在此期间，农民工工资加速上涨，约增加一倍。而且，高强度大规模重复投资导致资本的边际利润率下降，正如习近平总书记所指出的，在技术变革加快、消费结构升级的情况下，"许多生产能力无法在市场实现，加上社会生产成本上升，导致实体经济边际利润率和平均利润率下降"。[1] 其次，实现我国设定的经济社会发展目标已不再需要像以往那么高的增长速度。党的十八大提出的，到 2020 年国内生产总值和城乡居民人均收入比 2010 年翻一番的战略目标，只需要在未来 6—7 年保持年均 7% 左右的增长速度就可以顺利实现。因此，应当更多地在转变经济发展方式上下功夫，在增强发展的平衡性、协调性、可持续性上找突破口。单纯追求经济增长速度既不必要，也不科学、不理性。

从国际经验来看，世界上几大经济体也都有相似的从高速增长转向中低速增长的一般发展特征。美国在 1978 年达到人均 GDP 一万美元的发展水平，德国和日本分别在 1979 年和 1982 年达到这个水平，在此之前，它们都曾经历过由高速增长转向中低速增长的过程。美国经过 1929—1933 年资本主义大危机后，以 2009 年价格为基期，1935 年美国经济总量恢复到 1929 年前的水平，1935—1951 年有过 17 年高速增长，年均增长

---

[1] 中共中央文献研究室编：《习近平关于社会主义经济建设论述摘编》，中央文献出版社 2017 年版，第 90 页。

5.35%；1952—1973 年平均增长率降到 3.88%。两次石油危机后，1974—1990 年 17 年平均增长速度降到 3%。即使被西方经济学家津津乐道的美国 90 年代"新经济"的繁荣，1991—2000 年 10 年的年平均增长速度也仅达到 3.45%。1950 年德国经济恢复到第二次世界大战前水平，GDP 总量为 231 亿美元，人均 GDP 为 494 美元。1970 年，德国的 GDP 达到了 2158 亿美元，人均 GDP 为 2761 美元。GDP 年均增速为 6.7%；1986 年，德国的 GDP 破万亿美元，德国成为第三个破万亿美元的国家，仅次于日本。此时的德国 GDP 为 1.05 万亿美元，世界第三。德国的人均 GDP 也破万美元了，达到了 1.35 万美元。但 1971—1986 年 16 年间的年均增长速度降到了 2.4%。日本经济降速的时间窗口非常清晰，以 1974 年石油危机为界限，1950—1973 年日本 GDP 年均增长超过 9%，对比之下 1974—1991 年不到 4%；1992—2011 年下降到不足 1%。[①] 1973 年，日本钢产量达 1.19 亿吨，人均钢产量 1094 千克，到 2008 年这一纪录仍未被打破。

（二）引领新常态呼唤新发展理念

针对国内的现实状况和国际的经验，习近平总书记指出："我国经济发展进入新常态，是我国经济发展阶段性的必然反映，是不以人的意志为转移的。认识新常态，适应新常态，引领新常态，是当前和今后一个时期我国经济发展的大逻辑。"[②] 在经济增长速度从 10% 左右的高速增长转向 7% 左右的中高速增长的情况下，要着力把经济发展方式"从规模速度型粗放增长转向质量效率型集约增长"，经济结构"从增量扩能为主转向调整存量、做优增量并举的深度调整"，经济发展动力"从传统增长点转向新的增长点"。[③] 他还指出，"新常态将给中国带来新的发展机遇"。[④] 这个新的机遇首先在于要确立新的发展理念，"党的十八届五中全会提出要树立和坚持创新、协调、绿色、开放、共享的发展理念"，"集中反映了我们

---

① 笔者根据世界银行的世界发展指标（World Development Indicators）数据库中数据计算得出；数据网站为 https：//databank. worldbank. org。

② 中共中央文献研究室编：《习近平关于社会主义经济建设论述摘编》，中央文献出版社 2017 年版，第 79—80 页。

③ 中共中央文献研究室编：《习近平关于社会主义经济建设论述摘编》，中央文献出版社 2017 年版，第 79—80 页。

④ 中共中央文献研究室编：《习近平关于社会主义经济建设论述摘编》，中央文献出版社 2017 年版，第 90 页。

党对我国经济发展规律的新认识，同马克思主义政治经济学的许多观点是相通的"。① 马克思《资本论》中分析了剩余价值生产的两种形态，即从绝对剩余价值生产向相对剩余价值生产转变的客观必然性，这个社会化大生产的经济学原理揭示了单纯以劳动和资本要素驱动的生产发展的历史局限性，在社会主义条件下的社会化大生产需要自觉地遵循客观经济规律，把生产发展的着力点更多地转向新的生产要素和新的经济增长点。"新发展理念是一个系统的理论体系，回答了关于发展的目的、动力、方式、路径等一系列理论和实践问题，阐明了我们党关于发展的政治立场、价值导向、发展模式、发展道路等重大政治问题。全党必须完整、准确、全面贯彻新发展理念。要从根本宗旨把握新发展理念，从问题导向把握新发展理念，从忧患意识把握新发展理念。"②

（三）发展问题认识对经济学理论的影响

经济学是人们认识和分析经济活动、经济现象的理论总结和工具，其中的发展理念则是对经济发展的解释和主张。第二次世界大战后，许多发展中国家取得政治独立或摆脱半殖民地地位，开始追求现代化，由于这个需要，一些西方学者把目光转向回答落后国家的发展问题，从而产生了发展经济学，并使之成为从现代经济学中独立出来的子学科。当时无论发达国家，还是发展中国家的学者普遍认为，对于发展中国家而言，只要把解释发达国家成功经验的理论加以应用，就能帮助发展中国家实现现代化。但是事与愿违，世界银行曾有一项研究表明，在第二次世界大战后的 200 多个发展中经济体中，从 1950 年到 2008 年，只有两个从低收入进入中等收入，再发展成高收入，一个是韩国，一个是中国台湾。1960 年时有 101 个中等收入经济体，到 2008 年，只有 13 个进入高收入阶段，其中 8 个是西欧周边的欧洲国家，其余是石油生产国，另外 5 个是日本和亚洲"四小龙"。由此可见，经过 70 多年的努力，第二次世界大战后 200 多个发展中经济体中至少有 180 个仍未能摆脱中等收入陷阱或低收入陷阱。一个基本事实是，至今没有一个发展中经济体按照西方的发展理论制定政策，能够

---

① 中共中央文献研究室编：《习近平关于社会主义经济建设论述摘编》，中央文献出版社 2017 年版，第 31 页。

② 习近平：《把握新发展阶段、贯彻新发展理念、构建新发展格局》，《求是》2021 年第 9 期。

实现赶上发达国家的愿望；少数几个发展绩效较好的经济体，其推行的主要政策从西方发展理论来看是错误的。[①]

解释发展的理论当然不仅只有发展经济学，更具有影响力并占据西方经济学主导地位的是新古典经济学的"均衡"理论和新凯恩斯经济学的"非均衡"理论。新古典主义的一般均衡理论，以微观主体为基础，以完备的数理形式构建了经济学的分析范式。用于解释微观主体的经济活动，它也许能够自圆其说，但一旦用于解释一个经济体或一个地区的发展，它的简单观念和静态分析方法，就与研究对象的客观现实距离太大，无法解释现实的经济发展过程，从而无法为区域发展问题找到出路。这就给"非均衡"理论提供了生长的空间。

凯恩斯经济学实质上是一种非均衡的宏观经济学，从这个源头发展到20 世纪 80 年代，西方经济学出现了"非均衡"理论的分析体系。非均衡发展主张首先发展一类或几类具有带动性的部门，通过这几个部门的发展带动其他部门的发展。非均衡发展理论衍生出的增长极理论、不平衡增长论和梯度转移理论都倾向于认为无论处在经济发展的哪个阶段，进一步的增长总要求打破原有的均衡。而倒"U"形理论则强调经济发展程度较高时期增长对均衡的依赖。新凯恩斯主义经济学的代表人物斯蒂格里茨对"非均衡"理论做了这样的总结：由于存在不完全竞争和不充分信息，市场经济不可能自发实现帕累托效率改进。如果政府干预能够反映宏观经济的内在联系，那么它的干预有助于解决市场失灵。如果它的干预能够促进制度变革、促进市场信息流动和培育市场竞争，那么它是有利于经济发展的。[②] 可见，解释和认识发展现象，提出发展主张，一直是西方经济学关注的重要研究对象和领域。

西方经济学关于发展问题的认识，无论是失败的，还是具有一定的合理成分，都给予我们思考和启发的价值。但是很显然，我们既不可能完全移植西方的理论作为中国的理论，也不可能简单套用他们的理论来解释中国的发展。这是因为：首先，就研究对象而言，中国发展的目标是多元

[①] 参见林毅夫《我还没见过哪个发展中经济体按照西方道路获得成功》，《济南大学学报》（社会科学版）2018 年第 1 期。

[②] ［美］约瑟夫·斯蒂格利茨：《社会主义向何处去——经济体制转型的理论与证据》，周立群、韩亮、余文波译，吉林人民出版社 1998 年版。

的，不是单一的经济效率问题，不可能仅仅使用帕累托效率改进来衡量其得失。多元目标多元关系，难以用抽象的"均衡"和"非均衡"来囊括，也难以在单一的市场经济运行的框架内做出完整的刻画和分析。它需要的不是一般的发展理论，而是国家治理的政治经济学理论。其次，就研究方法论而言，建立在机械的、线性思维逻辑上的数理分析方法，在多数情况下，难以应对复杂多元的变量关系，越精致的数学逻辑实际上只能对付最简单的因果关系。相反，中国风格和中国气派的方法论，富有哲理性和中国文化底蕴，它对纷繁复杂的经验事实的概括往往具有纲举目张的逻辑力量。中国的发展理论主要应当建立在这样的方法论基础上。再次，在话语表达上，现代经济学研究固然应当引进西方经济学的许多术语和概念，但是也不能把中国的学术话语变成"洋泾浜"。真理是朴素的，"大道至简"。毛泽东的游击战争理论只有十六个字，但它是能打胜仗的军事理论；新发展理念只有十个字，但它是中国改革开放40年发展经验的结晶和认识升华。理论不是游戏，越是高明的理论越需要让人明白，而游戏的主要目的是摆迷魂阵、让人不明白。

（四）新发展理念是中国经济发展理论的创新

新发展理念，是新时代落实以人民为中心发展理念的具有实践意义的理念创新。它的创新之处在于，回答了在确立新的发展目标的前提下，满足中国人民对美好生活需要的实现途径和基本方法，是改革开放以来中国发展理念的再次创新。新发展理念的提出，正是我国处于全面决胜建成小康社会的前夜，改革开放走过了将近40年的历程，中国的发展成就足以使中国共产党的领袖有条件站在人类社会发展的高处回望中国的历史轨迹和俯瞰世界的发展经验和教训。回望历史的深邃眼光和一览世界的广阔视野，成就了新发展理念的历史穿透力和对世界发展的洞察力。走过将近40年的历史，中国特色社会主义市场经济体制更加成熟，经济社会发展中的矛盾也暴露得更加充分，中国共产党对中国特色社会主义发展道路的规律性认识也更加深入。改革开放以来，中国道路，即中国特色社会主义道路，成为中国共产党全部理论和实践的主题。党的基本经验从改革开放初期提出坚持党的基本路线，以经济建设为中心，坚持四项基本原则，坚持改革开放，自力更生、艰苦创业，进而发展到统筹推进经济建设、政治建设、文化建设、社会建设、生态文明建设的"五位一体"总体布局和协调推进"四个全面"战略布局，深刻体现了对中国特色社会主义事业发展规律的认识。新发展理念就是这种规律性认识在发展问题上的体现。它具有针对性准确、综合联动性强的特点，从而更具有对实践的指导意义。例如创新理念是要寻求发展的新动力，协调理念是强调解决发展中的各种不平衡，绿色理念关注人与自然和谐，开放理念要求提升开放型经济水平，共享理念注重解决社会公平正义。而这五个理念相辅相成，互相不可割裂，构成完整的统一体，在理念上它是统一的，在实践上它需要统筹兼顾。因此它也是更高水平的发展理念。

二 以供给侧结构性改革为主线，推动经济高质量发展

党的十八届三中全会以后，我国的改革从广度、深度到目标都发生了重大变化，特别是改革深入经济运行层面，直接与经济运行融合在一起，形成创新性的经济建设理论和实践。在经济运行中，马克思主义政治经济学原理认为，生产创造供给并决定消费，生产又以需求为引导。运用马克思主义的原理，习近平总书记分析了经济发展新常态的主要矛盾，指出："在三期叠加大背景下，影响经济增长的突出问题有总量问题，但结构性问题更为突出。在有效供给不能适应需求总量和结构变化的情况下，稳增长必须在适度扩大总需求和调整需求结构的同时，着力加强供给侧结构性改革，实现由低水平供需平衡向高水平供需平衡的跃升。"[①] 而"推进供给侧结构性改革，是适应和引领经济发展新常态的重大创新"。[②] 它是中国的理论创新，不是西方理论的翻版。针对一些人的错误解释，习近平总书记明确指出，"我要讲清楚，我们讲的供给侧结构性改革，同西方经济学的供给学派不是一回事，不能把供给侧结构性改革看成是西方供给学派的翻版，更要防止有些人用他们的解释来宣扬'新自由主义'，借机制造负面舆论"。[③]

中国供给侧结构性改革具有世界性意义，它率先终结了刺激需求为主的政策思路，在全世界引起巨大反响。2015 年 12 月 16 日，美联储宣布加

---

① 中共中央文献研究室编：《习近平关于社会主义经济建设论述摘编》，中央文献出版社2017 年版，第 92 页。

② 中共中央文献研究室编：《习近平关于社会主义经济建设论述摘编》，中央文献出版社2017 年版，第 94 页。

③ 《习近平谈治国理政》第 2 卷，外文出版社 2017 年版，第 251 页。

息 25 个基点，至 0.25%—0.5%。由此美联储结束了长达 7 年的零利率政策，同时也是 9 年来首次加息。美国经济政策转向，整整比中国晚了一个多月。中国供给侧结构性改革与美国供给学派有明显区别。美国经济从 1973 年 12 月爆发经济危机后陷入停胀，到 1982 年经济开始复苏为止，持续长达 10 年之久。作为新自由主义经济学的理论分支——供给学派（或称"供应面经济学派"）盛行于 20 世纪 80 年代，80 年代初美国里根政府接受了这一学说，出现了史上所谓的"里根经济学"。它与中国供给侧结构性改革的主要不同是：

第一，经济发展和调控思路不同。美国供给学派是新自由主义的先导，核心思想是强调自由市场经济，反对政府干预，认为政府干预不仅会破坏市场经济的自动调节机制，而且往往由于干预不当而损害经济中的供给力量。而中国在推进供给侧结构性改革中不仅要求市场在资源配置中起决定性作用，而且强调更好发挥政府作用，坚持的是"市场有效、政府有为"的主张。

第二，政策的覆盖范围不同。美国供给学派的政策主张，主要以减税、减少社会福利开支和减少政府管制为基本内容，其政策涉及面很窄。中国的供给侧结构性改革是贯穿五大发展理念和五大支柱政策的一条重要线索，不仅覆盖面很广，而且需要体制机制的建设和保障。具体来说，它与五大支柱政策相配套、相呼应，这五大支柱政策即宏观政策要稳、产业政策要准、微观政策要活、改革政策要实、社会政策要托底。

第三，利益调整关系不同。美国供给学派的减税主张减少个人和公司所得税，表面上对富人和穷人都有利，但它同时要求减少公共福利，降低社会保障水平，因此它的减税主张实际上对富人更有利，它代表大资产者的诉求和利益。中国的供给侧结构性改革把去产能与失业救助结合，2016 年中央财政用 1000 亿元来支持职工下岗的救助。在所有的改革措施中，都通盘考虑各阶层人民的利益，尤其更为重视低收入阶层人民的利益和保护。2016 年 3 月李克强总理在《政府工作报告》中强调："财政收入增长虽放缓，但该给群众办的实事一件也不能少。"引起全场热烈掌声。

第四，理论依据不同。由里根政府的经济顾问、供给学派经济学家拉弗（Arthur B. Laffer）提出的"拉弗曲线"（Laffer Curve）认为，减税带来的经济增长效应，能够做大税基，进而增加税收总量。但实际效果却相反。中国的供给侧结构性改革的理论依据是马克思主义政治经济学原理，既强调生产和供给在经济循环中的决定作用，也关注生产供给结构与需求结构的适配性，以及后者的引导性；既关注供需双方的价值总量平衡，更强调使用价值的结构性和适配性平衡。

供给侧结构性改革的实践内容主要是：第一，"十三五"时期前三年着力实施"三去一降一补"，即去产能、去库存、去杠杆，降低企业生产经营成本，补短板。去产能主要是针对过剩的钢铁、煤炭、水泥、建材等产品；去库存主要是针对许多城市的房地产过剩；去杠杆主要是针对一些企业和地方政府的负债，并由政府、企业、个人三大主体合计的宏观杠杆率过高；补短板是针对我国城乡发展不平衡、不充分的普遍现象，其中最大的短板是7000万的贫困人口，解决这个短板直接延伸为"脱贫攻坚三年行动计划"，为全面建成小康社会夯实了基础。与此同时，在农业领域调整种植结构；在工业领域实施《中国制造2025》，在服务业领域，鼓励发展新产业、新业态、新商业模式，发展电子商务。

第二，挖掘和培育新动能。新旧动能转换是习近平总书记对经济发展规律的深刻总结和揭示。从全球经济来看，习近平总书记分析了国际金融危机打破了欧美发达经济体借贷消费、东亚地区提供高储蓄、廉价劳动力和产品，俄罗斯、中东、拉美等提供能源资源的全球经济大循环的格局，世界经济进入深度调整期，并同样处于新常态发展阶段，面临挖掘经济增长新动力的挑战，[1] 习近平总书记判断："未来10年将是世界经济新旧动能转换的关键10年。"[2] 从2015年开始，习近平总书记在公开场合频繁提及"动能""新动能"以及"新旧动能转换"等表述。2015年10月，他指出："中国经济发展进入新常态，正经历新旧动能转换的阵痛，但中国经济稳定发展的基本面没有改变。"[3] 他认为新动能的技术基础是网络信息

---

[1] 中共中央文献研究室编：《习近平关于社会主义经济建设论述摘编》，中央文献出版社2017年版，第100、88页；习近平：《谋求持久发展 共筑亚太梦想——在亚太经合组织工商领导人峰会开幕式上的演讲》，《人民日报》2014年11月10日。

[2] 习近平：《顺应时代潮流 实现共同发展——在金砖国家工商论坛上发表主题演讲》，《人民日报》2018年7月26日。

[3] 《共同开启中英全面战略伙伴关系的"黄金时代"为中欧关系全面推进注入新动力》，《人民日报》2015年10月19日。

/ 第十章 社会主义经济建设规律的认识深化与实践发展 / 333

技术，"我们要把握这一历史契机，以信息化培育新动能，用新动能推动新发展"，要"推动互联网和实体经济深度融合，加快传统产业数字化、智能化，做大做强数字经济，拓展经济发展新空间"。[①] 2018 年之后，习近平总书记进一步把推动新旧动能转换与实现高质量发展相联系，他在 2018 年 3 月"两会"期间强调了新旧动能转换与高质量发展的联系。[②] 2019 年 5 月，他提出了实现高质量发展必须要抓住的几个重要前提："要推动经济高质量发展，牢牢把握供给侧结构性改革这条主线，不断改善供给结构，提高经济发展质量和效益。要加快推进新旧动能转换，巩固'三去一降一补'成果，加快腾笼换鸟、凤凰涅槃。要聚焦主导产业，加快培育新兴产业，改造提升传统产业，发展现代服务业，抢抓数字经济发展机遇。"[③] 由此可见，新旧动能转换是习近平总书记对我国进入新发展阶段经济运行规律的总结和认识，是经济工作方针的指导思想。

新旧动能转换也是落实新发展理念的长期实践。新旧动能转换是一个复杂的系统工程，从微观上来说，既包括新生产要素的引入、传统生产要素利用效率的提升，也包括新商业模式的应用；从中观层面而言，既包括产业结构的优化升级，也包括新兴产业的规模化；从宏观层面来讲，既涉及经济体制的创新、经济结构的调整，也涉及政府职能的转变。因此，这一过程需要长期践行落实新发展理念。随着我国经济由高速增长阶段转向高质量发展阶段，意味着原来支撑经济高速发展的动能所带来的边际贡献不断下降，逐步转变为旧动能，需要新动能来接续以引领经济的可持续发展。因此，践行新发展理念的过程，最突出的特征就是新旧动能转换，从而实现质量变革、效率变革、动力变革、提高全要素生产率。

此外，经济增长新动能既可来自供给端，也可来自需求端和其他方面。党的十九大报告指出，"在中高端消费、创新引领、绿色低碳、共享经济、现代供应链、人力资本服务等领域培育新增长点、形成新

---

① 中共中央文献研究室编：《习近平关于社会主义经济建设论述摘编》，中央文献出版社 2017 年版，第 203—204 页。

② 《习近平两会"话中画"》，《人民日报》2018 年 3 月 25 日。

③ 《习近平江西考察之行特意嘱托这些事——听取江西省委和省政府工作汇报时的讲话》，《人民日报》2019 年 5 月 23 日。

334 / 中国特色社会主义政治经济学 /

动能"。① 就是说，一方面要从要素驱动转为创新驱动以推动经济发展，另一方面要从投资驱动转为消费驱动以拉动经济发展。只有供需两端的动态平衡才能为我国经济的可持续发展提供稳定动力。绿色低碳、共享经济和现代供应链无疑与新旧动能转换都有十分密切的联系。新动能的产业特征、业态、商业模式以及生产条件的使用，往往都与这些因素有密切联系，而人是经济发展的最活跃因素，让更多的人和更高素质的劳动者成为发展动力是新旧动能转换最本质的含义。

第三，振兴实体经济。习近平总书记说："振兴实体经济是供给侧结构性改革的主要任务，不论经济发展到什么时候，实体经济都是我国经济发展、我们在国际经济竞争中赢得主动的根基。我国经济是靠实体经济起家的，也要靠实体经济走向未来。"② 在 2016 年 12 月中央经济工作会议上，习近平总书记分析中国经济存在三大失衡：一是实体经济结构性供需失衡；二是金融和实体经济失衡；三是房地产和实体经济失衡。"特别是大量货币资金没有进入实体经济，而是金融系统自我循环，加上内外勾结，寻求一夜暴富。金融业在经济中的比重快速上升，而工业特别是制造业比重下降。"③ 针对这个矛盾，2017 年 7 月党中央召开了第五次全国金融工作会议，习近平总书记强调，金融是实体经济的血脉，为实体经济服务是金融的天职，是金融的宗旨，也是防范金融风险的根本举措。

视实体经济为国家根基是马克思主义政治经济学的观点。第一，生产是金融的基础，金融的产生与发展源于实体经济的需要。第二，金融脱离生产过程并不能创造价值。《资本论》分析了借贷资本的循环，揭示了货币本身并不能生出更多的货币，货币资本倘若不经过生产地使用，就不能真的自行增殖自己的价值。货币资本只有在产业资本家的手中变为生产资本，通过生产过程，才能使自己的价值增殖。实体经济不仅是价值创造的

① 习近平：《决胜全面建成小康社会 夺取新时代中国特色社会主义伟大胜利——在中国共产党第十九次全国代表大会上的报告》，《人民日报》2017 年 10 月 27 日。

② 中共中央文献研究室编：《习近平关于社会主义经济建设论述摘编》，中央文献出版社2017 年版，第 116 页。

③ 中共中央文献研究室编：《习近平关于社会主义经济建设论述摘编》，中央文献出版社2017 年版，第 114 页。

源泉，而且是经济的新增长点，习近平总书记指出，"新的增长点在哪儿呢？就在我们身边，就在党的十八大提出的新型工业化、信息化、城镇化、农业现代化之中"。① 而且，信息化也要实体经济支撑。"互联网核心技术是我们最大的'命门'，——如果核心元器件严重依赖外国，那就好比在别人的墙基上砌房子，再大再漂亮也可能经不起风浪，甚至会不堪一击。"② 实体经济，特别是先进制造业，是建设我国现代产业体系的基础，没有这个基础，就不可能有我国现代化的经济体系。党的十九大报告论述了建设我国现代化经济体系的构想，其中第一位就是现代产业体系。整个现代经济体系的顺序是：（1）创新引领、协同发展的产业体系；（2）统一开放、竞争有序的市场体系；（3）体现效率、促进公平的收入分配体系；（4）彰显优势、协调联动的城乡区域发展体；（5）资源节约、环境友好的绿色发展体系；（6）多元平衡、安全高效的开放体系。这是对我国经济发展规律的新总结和新认识。

三 坚持扩大内需战略，构建新发展格局

以供给侧结构性改革为主线，主要目的就是解决供给与需求的适配性，以此增强需求对经济增长的拉动，特别是国内需求对经济增长的拉动。现代市场经济是以价值增殖和国民消费福利增加为目的，因此，分析经济增长的贡献主要是来自国内供给和需求还是来自国外供给和需求，就成为经济循环以内外哪个为主的研究对象。像中国这样一个大经济体，按照需求支出法 GDP 计算，新中国成立以来，无论是改革开放前还是改革开放后，经济增长的拉动因素始终是以内需为主的，即便是在外需对 GDP 增长拉动作用最明显的 20 世纪 90 年代初期，也只有个别年份外需的拉动作用超过内需（参见第七章附录表 7－2），这与世界上其他发达大国的经济发展特征基本相似。③ 以国内大循环为主体，既是习近平总书记对大国经济发展一般规律的总结和揭示，也是继承发展马克思主义政治经济学的必

---

① 中共中央文献研究室编：《习近平关于社会主义经济建设论述摘编》，中央文献出版社 2017 年版，第 184 页。

② 中共中央文献研究室编：《习近平关于社会主义经济建设论述摘编》，中央文献出版社 2017 年版，第 201 页。

③ 参见裴长洪、刘洪愧《构建新发展格局科学内涵研究》，《中国工业经济》2021 年第 6 期。

然逻辑。马克思《资本论》对资本主义生产、分配、流通和消费社会化大生产的生理学分析，就是建立在英国国内经济循环的基础上的，资本主义发达国家只有建立在稳固的国内经济循环基础上，才有可能实现资本主义生产方式向海外扩张的发展。

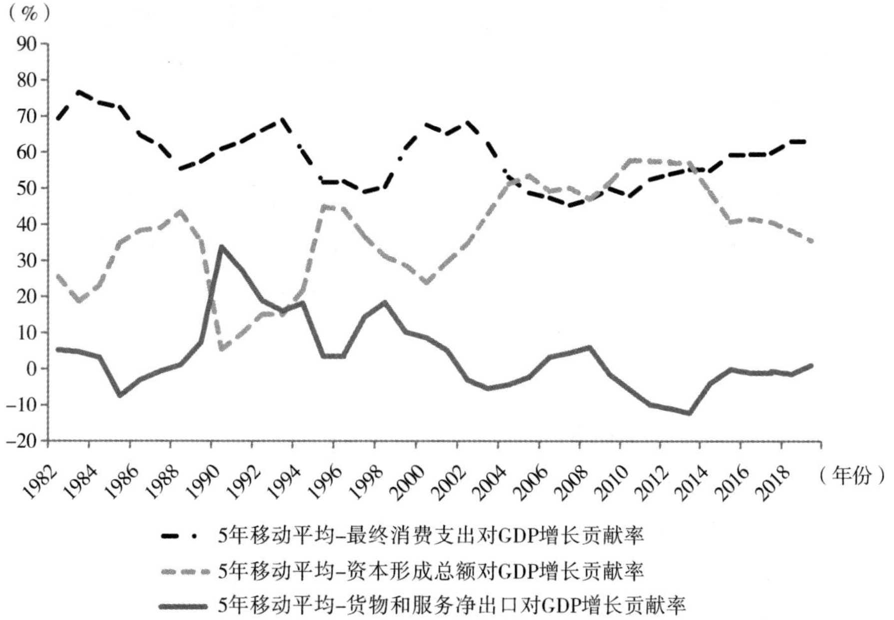

图 10 - 1　三大需求对中国经济增长的贡献（1982—2018 年）

注：贡献率指三大需求增量与支出与国内生产总值增量之比，这里经过 5 年移动平均处理。
资料来源：根据国家统计局数据绘制。

中国要不断扩大开放，与世界各国汇聚共同的利益，也必须做大做强国内经济的基本盘。以国内大循环为主体，就必须坚持扩大内需的战略。怎样扩大内需？习近平总书记认为："城镇化是现代化的必由之路。推进城镇化是解决农业、农村、农民问题的重要途径，是推动区域协调发展的有力支撑，是扩大内需和促进产业升级的重要抓手。"[1] 而且还说："城镇化是一个自然历史过程，是我国发展必然要遇到的经济社会发展过程。"

———————

[1]　中共中央文献研究室编：《习近平关于社会主义经济建设论述摘编》，中央文献出版社 2017 年版，第 159 页。

/ 第十章　社会主义经济建设规律的认识深化与实践发展 / 337

"遵循规律，因势利导"；"城市群是人口大国城镇化的主要空间载体，像我国这样人多地少的国家，更要坚定不移，以城市群为主体形态推进城镇化"。① 马克思也分析过资本主义扩大再生产需要不断把农村人口转变为城市人口，这是扩大内需的重要途径。从社会化大生产的生理学观察，这是一个自然历史过程，也是世界各国历史发展的规律。认识和把握这个规律，要把扩大内需的战略落实在城镇化、解决"三农"问题、城市群、区域协调发展的过程中。城镇化之所以是扩大内需的抓手，城乡收入与消费支出的差距是重要原因。

表 10 - 2　2014—2018 年我国城镇居民与农村居民收入、消费支出对比

（单位：元）

	2014 年	2015 年	2016 年	2017 年	2018 年
城镇居民人均可支配收入	28843.9	31194.8	33616.2	36396.2	39250.8
人均消费支出	19968.1	21392.4	23078.9	24445.0	26112.3
农村居民人均可支配收入	10488.9	11421.7	12363.4	13432.4	14617.0
人均消费支出	8382.6	9222.6	10129.8	10954.5	12124.3

资料来源：《中国统计年鉴》（2015—2019 年）。

从表 10 - 2 可以看出，由于城镇居民人均可支配收入高于农村居民两倍以上，相应其人均消费差距也达到两倍以上。而 2014—2018 年，最终消费支出对经济增长的贡献已经从 47% 上升到 64.6%，这种趋势与世界各国经济发展的趋势相一致，是客观的经济规律。因此抓住城镇化，就是抓住了居民消费这个最大的拉动力。在城镇化基础上，国家还规划了城市群建设的蓝图，这些城市群分布在长江三角洲地区、冀中南地区、哈长地区、海峡西岸经济区、北部湾地区、滇中地区、兰州—西宁地区、珠江三角洲地区、太原城市群、东陇海地区、中原经济区、成渝地区、藏中南地区、宁夏沿黄经济区、环渤海湾地区、呼包鄂榆地区、江淮地区、长江中游地区、黔中地区、关中—天水地区、天山北坡地区等。同时，城市群与

———————

① 中共中央文献研究室编：《习近平关于社会主义经济建设论述摘编》，中央文献出版社 2017 年版，第 160、166 页。

区域协调发展相互促进，形成对扩大内需战略的强大支撑阵容。改革开放以来，中国经济"以国内大循环为主体"的基本逻辑没有变，但是其质量在不断提高，表现形式和侧重点也在与时俱进。以往较长时间里，"以国内大循环为主体"更多体现在内需和外需的数量比例变化方面，国内大循环本身的质量和畅通程度可能相对较低。高水平的国内大循环将带动过去中低水平、中低质量的"双循环"迈向高水平、高质量的"双循环"。因此，扩大内需的战略，不仅要求扩大普通城镇居民的消费需求，还要扩大中高端的消费需求，要在高水平的供需平衡水平上实现国内大循环。

习近平总书记对扩大内需战略、加快构建以国内大循环为主体、国内国际双循环相互促进的新发展格局的要求是，关键在于国内经济循环的畅通无阻，最本质的特征是实现高水平的自立自强，必须充分利用和发挥市场资源这个优势，必须具备强大的国内经济循环体系和稳固的基本盘。强大的国内经济循环体系包含两方面内容：一方面是技术先进的生产和供给体系。在庆祝改革开放40周年大会上的讲话中，习近平总书记强调："我们要坚持创新是第一动力、人才是第一资源的理念，实施创新驱动发展战略，完善国家创新体系，加快关键核心技术自主创新，为经济社会发展打造新引擎。"[1] 党的十八大以来，以习近平同志为核心的党中央高度重视自主创新，围绕实施创新驱动发展战略、加快建设创新型国家，提出了一系列新论断新要求，为新时代坚定不移走中国特色自主创新道路指明了方向。另一方面是完善的国内统一大市场。完善的国内统一大市场，既能促进以传统技术为基础的生产能力的优胜劣汰，又能保障以先进技术为基础的生产能力得到超大规模国内市场的支撑，从而赢得国际竞争力。在此基础上，按照国际分工的规律，构建以中国企业为主导的国际分工网络，加强国际产能合作，进一步丰富共建"一带一路"的内涵，在更高水平上实现国内国际双循环的相互促进。

四 筑牢经济安全防线，保障国民经济循环畅通

2020 年，习近平总书记在关于《中共中央关于制定国民经济和社会发展第十四个五年规划和二〇三五年远景目标的建议》的说明中指出："我

---

① 习近平：《在庆祝改革开放40周年大会上的讲话》，《人民日报》2018 年 12 月 19 日。

们越来越深刻地认识到，安全是发展的前提，发展是安全的保障。当前和今后一个时期是我国各类矛盾和风险易发期，各种可以预见和难以预见的风险因素明显增多。我们必须坚持统筹发展和安全，增强机遇意识和风险意识，树立底线思维，把困难估计得更充分一些，把风险思考得更深入一些，注重堵漏洞、强弱项，下好先手棋、打好主动仗，有效防范化解各类风险挑战，确保社会主义现代化事业顺利推进。"① 党的十九届六中全会《决议》总结了认识和把握经济安全是保障和畅通国民经济循环的重大意义，提到了保障粮食安全、能源资源安全、产业链供应链安全和金融安全等问题，尤其指出要坚持金融为实体经济服务，全面加强金融监管，防范化解经济金融领域风险，强化市场监管和反垄断规制，防止资本无序扩张，维护市场秩序。在这些安全问题中，除了金融安全问题外，其他安全问题都不同程度具有外部因素和自然灾害因素，既要求采取正确的主观努力，也需要努力降低不可抗因素的影响。但是，金融安全问题则完全取决于我们的主观认识和行动，取决于我们对金融运行规律的把握和采取正确的方针政策。2017 年 12 月中央经济工作会议按照党的十九大的要求，部署三大攻坚战，即要用 3 年时间重点抓好决胜全面建成小康社会的防范化解重大风险、精准脱贫、污染防治三大攻坚战。防范化解重大风险针对的是金融风险和地方政府隐性债务风险，这是保障中国经济安全的第一要务。习近平总书记指出："防范化解金融风险，特别是防止发生系统性金融风险，是金融工作的根本性任务，也是金融工作的永恒主题。"②

2021 年中央经济工作会议提出了要认识和把握资本的特性和行为规律，2022 年 4 月 29 日中央政治局就依法规范和引导我国资本健康发展进行第三十八次集体学习。习近平总书记在主持学习时强调，资本是社会主义市场经济的重要生产要素，在社会主义市场经济条件下规范和引导资本发展，既是一个重大经济问题，也是一个重大政治问题，既是一个重大实践问题，也是一个重大理论问题，关系坚持社会主义基本经济制度，关系改革开放基本国策，关系高质量发展和共同富裕，关系国家安全和社会稳

---

① 习近平：《关于〈中共中央关于制定国民经济和社会发展第十四个五年规划和二○三五年远景目标的建议〉的说明》，《人民日报》2020 年 11 月 3 日。

② 《习近平总书记在中央政治局第 13 次集体学习的讲话》，《人民日报》2019 年 2 月 23 日。

定。必须深化对新的时代条件下我国各类资本及其作用的认识，规范和引导资本健康发展，发挥其作为重要生产要素的积极作用。不断深化对资本的认识，不断探索规范和引导资本健康发展的方针政策。① 由于资本发展在金融和类金融领域表现得最为充分，因此金融风险与资本的特性和行为规律有着最密切的联系。

由于资本追求价值增殖最大化的特性，它会助长金融领域的资本脱实向虚，以达到价值最快速增殖的目的，金融业增加值占国内生产总值的比重过高的现象，就是这个深层原因的反映。增加值来源于交换价值，交换价值的增长不仅取决于贸易品的数量，也取决于交易的频率和密集度。农业贸易品的交易频率和速度都是最低的，因此农业增加值天然倾向于最小化，工业和服务业的贸易品的交易频率和速度较高，而金融业在其中是最高的，许多金融产品的交易可以在一秒钟完成，因此金融业增加值天然倾向于最快、最大化增长。2015 年中国金融业增加值占 GDP 的比重达到 8.4%，超过日本 1990 年最高点 6.9% 和美国 2001 年最高点 7.7%，反映金融脱实向虚以及与实体经济之间的重大结构性失衡。实际上，金融业增加值一方面表现为国民收入和财富，另一方面它又表现为国民经济其他行业的财务成本，并进一步表现为整个国民经济运行的成本。如果放任资本在金融领域的收益最大化的追求，就会使整个国民经济运行受到高成本的困扰，在严重的情况下就会中断国民经济的正常运行。因此必须整治金融脱实向虚的倾向，而整治的实质就是限制资本逐利的本性。

改革开放 40 多年来，资本同土地、劳动力、技术、数据等生产要素共同为社会主义市场经济繁荣发展作出了贡献，各类资本的积极作用必须充分肯定。现阶段，我国存在国有资本、集体资本、民营资本、外国资本、混合资本等各种形态资本，并呈现出规模显著增加、主体更加多元、运行速度加快、国际资本大量进入等明显特征。要历史地、发展地、辩证地认识和把握我国社会存在的各类资本及其作用。在社会主义市场经济体制下，资本是带动各类生产要素集聚配置的重要纽带，是促进社会生产力发展的重要力量，要发挥资本促进社会生产力发展的积极作用。同时，必

---

① 《中共中央政治局 4 月 29 日下午就依法规范和引导我国资本健康发展进行第三十八次集体学习》，《光明日报》2022 年 5 月 1 日。

／ 第十章　社会主义经济建设规律的认识深化与实践发展 ／　341

须认识到，资本具有逐利本性，如不加以规范和约束，就会给经济社会发展带来不可估量的危害。

马克思分析了金融风险的来源，当金融脱离实体经济时，金融资本成为一种虚拟资本，这种虚拟资本与实际的资本相比，具有极大的投机性和风险性。社会主义市场经济产生了各类社会资本，但资本与劳动对立的特性依然存在，如果任其野蛮生长，也会侵犯劳动者的权益，资本追求利润最大化的行为规律也仍然在发挥作用，如果任其无序扩张，也必然导致金融脱实向虚，变异为投机性的虚拟资本，当经济环境适合的时候，就会通过不断扩大经济杠杆，把经济循环引导到发生金融和经济风险的悬崖上。另一个是当金融脱离实体经济时，金融资本成为一种虚拟资本，这种虚拟资本与实际的资本相比，具有极大的投机性和风险性。它"把资本主义生产的动力——用剥削他人劳动的办法来发财致富——发展成为最纯粹最巨大的赌博欺诈制度"。① 在社会主义条件下，社会主义市场经济产生了各类社会资本，但资本与劳动对立的特性依然存在，如果任其野蛮生长，也会侵犯劳动者的权益，即便是公有制经济，由于管理人员的蜕化变质，公有资本也会异化为侵吞劳动者利益的工具。同时，资本追求利润最大化的行为规律也仍然在发挥作用，如果任其无序扩张，也必然导致金融脱实向虚，变异为投机性的虚拟资本，当经济环境适合的时候，就会通过不断扩大经济杠杆，把经济循环引导到发生金融和经济风险的悬崖上。因此，要强化对金融的监管，要像对待权力那样，把资本也约束在制度的笼子里，要对资本的运行设置"红灯"和"绿灯"。

要规范和引导资本发展，健全资本发展的法律制度，形成框架完整、逻辑清晰、制度完备的规则体系。教育引导资本主体践行社会主义核心价值观，讲信用信义、重社会责任，走人间正道。要全面提升资本治理效能。要总结经验、把握规律、探索创新，增强资本治理的针对性、科学性、有效性，健全事前引导、事中防范、事后监管相衔接的全链条资本治理体系。要深化监管体制机制改革，坚持依法监管、公正监管、源头监管、精准监管、科学监管，全面落实监管责任，创新监管方式，弥补监管短板，提高资本监管能力和监管体系现代化水平。法律法规没有明确的，

---

① 马克思：《资本论（纪念版）》第 3 卷，人民出版社 2018 年版，第 500 页。

要按照"谁审批、谁监管，谁主管、谁监管"的原则落实监管责任。要加强属地监管，地方要全面落实属地监管责任，确保监管到位。要完善行业治理和综合治理的分工协作机制，加强行业监管和金融监管、外资监管、竞争监管、安全监管等综合监管的协调联动。要精准把握可能带来系统性风险的重点领域和重点对象，增强治理的预见性和敏捷度，发现风险早处置、早化解。同时，要加强资本领域反腐败，保持反腐败高压态势，坚决打击以权力为依托的资本逐利行为，着力查处资本无序扩张、平台垄断等背后的腐败行为。提升资本治理本领，加强政策宣传和预期引导，坚决防范发生系统性风险。

五　坚持稳中求进工作总基调，协调各项政策组合

2011年中央经济工作会议首次提出稳中求进工作总基调；2016年习近平总书记在中央经济工作会议中明确指出："稳中求进工作总基调是我们治国理政的重要原则，也是做好经济工作的方法论。"[①] 稳中求进，充分体现了实事求是的思想方法和遵循经济规律的科学态度。"稳"和"进"是辩证统一的，"稳"，才能更好地"进"，更持久地"进"；"进"，才能更有效地保持"稳"，更高水平地实现"稳"。这里的"稳"，强调的是遵循经济规律的"稳"；这里的"进"，强调的是"稳"基础上的"进"，是科学有序的"进"。历史和现实都表明，超越发展阶段和基本国情而急于求成，往往事倍功半，欲速而不达。在经济发展新常态下，勉强加速求进不仅会欲速不达，甚至还会引发连锁性的问题。通过饮鸩止渴的投资把经济发展速度勉强维持在某个百分数上，但如果不能带来相应的就业，不能产生真实的需求，后续的波动会更大。反倒是找到新常态下经济发展的基础点、基本面，站在坚实的基础上才有继续前进的可能。所以，首先要稳，稳是前提，稳是大局。此外，衡量经济工作的"稳"，不能只看经济指标，还要看与之相关的社会指标、文化指标、生态文明指标，等等。只有经济的稳，没有其他领域、其他方面的稳不是真的"稳"，也不可能真正"稳"住。衡量经济的"进"同样如此。如果不能带来人民群众

---

① 中共中央文献研究室编：《习近平关于社会主义经济建设论述摘编》，中央文献出版社2017年版，第332页。

／ 第十章 社会主义经济建设规律的认识深化与实践发展 ／ 343

的获得感，不能增加人民群众的幸福感，不能带来社会的文明、和谐、进步，片面的经济指标"进"也是没有意义的。

稳中求进不仅要让市场机制在资源配置中起决定作用，更要发挥好政府作用，政府的各项有关政策对于实现稳中求进的内涵十分重要。2013 年 4 月 25 日，在中央政治局常委会上习近平总书记首次提到"宏观政策要稳、微观政策要活、社会政策要托底"。[①] 2015 年 11 月 10 日，习近平总书记在中央财经领导小组第十一次会议上提到，要适应经济发展新常态，坚持稳中求进，坚持改革开放，实行宏观政策要稳、产业政策要准、微观政策要活、改革政策要实、社会政策要托底的政策，[②] 2021 年中央经济工作会议把政府的有关政策扩大为七项：即宏观政策要稳健有效，微观政策要持续激发市场主体活力，结构政策要着力畅通国民经济循环，科技政策要扎实落地，改革开放政策要激发发展活力，区域政策要增强发展的平衡性协调性，社会政策要兜住兜牢民生底线。[③] 一般来说，资本主义国家的政府也使用政策手段调节经济运行，主要表现为财政政策和货币政策。为什么我们有那么多政策呢？原因就在于，资本主义国家以资本为中心的经济运行，目的是保证资本收益最大化，因此采用财政政策和货币政策就够了。而社会主义国家调节经济运行的政策是以人民为中心，目的是满足人民群众对美好生活的愿望，促进共同富裕，而要实现这个目的需要年年努力，久久为功，需要在每年的政府调节经济运行的各项政策中体现，因此必须使用多样化的政策组合才能达到目标。而且，这些政策组合还需要系统化协调。因为经济社会发展是一个相互关联的复杂系统，必须加强统筹协调，坚持系统观念。要防止出现合成谬误，不能把各项政策变成只顾自己不及其余，要坚持先立后破，稳扎稳打，避免局部合理政策叠加后造成负面效应。不能把系统目标碎片化。可见，中国政府对经济运行的管理和调节，不仅具有自身特色，而且比资本主义国家的管理难度大得多，责任也大得多，因此对经济学理论创新的要求也高得多。

---

① 《中共中央政治局常务委员会召开会议研究当前经济形势和经济工作》，《人民日报》2013 年 4 月 26 日。

② 中共中央文献研究室编：《习近平关于社会主义经济建设论述摘编》，中央文献出版社 2017 年版，第 88 页。

③ 《中央经济工作会议在北京举行》，《人民日报》2021 年 12 月 11 日。

"六稳""六保"是稳中求进工作总基调的最新要求。"六稳"是2018年8月中央政治局会议提出的工作目标，即稳就业、稳金融、稳外贸、稳外资、稳投资、稳预期。2019年中央经济工作会议和2020年"两会"的《政府工作报告》中，提出了要通过加大"六稳"工作力度，达到保居民就业、保基本民生、保市场主体、保粮食能源安全、保产业链供应链稳定、保基层运转的"六保"新要求、新目标和新任务。"六稳""六保"不是口号和套话，它是需求侧常态化管理有效经验和应用场景的总结，揭示了几年来经济运行客观规律的要求。需求管理的基本操作经验，概括起来说主要就是财政政策、货币政策和投资政策的组合及其效率。财政政策和货币政策的有效性主要依赖其精准性、协调性，而精准性、协调性则来源于信息是否对称；投资政策的效率则来源于能否破除体制、机制障碍，使项目投资更多获得权益性投资，而非财务性融资。"六稳""六保"的实现，是检验这些经济调控政策的效果和科学性的依据。

认识和掌握经济运行的周期规律，做好周期调节及其预期管理也是新认识的一个方面。2021年中央经济工作会议和2022年《政府工作报告》都指出："注重宏观政策跨周期和逆周期调节，有效应对各种风险挑战。"① 以往在宏观政策中提出的逆周期调节，主要是针对经济运行出现过热或过冷现象采取的反方向财政和货币政策的调节措施，目的是熨平经济波动幅度，保持经济平稳运行。跨周期调节是2021年7月30日中央政治局会议新提出的政策调节要求，目的是统筹做好2021年和2022两年宏观政策衔接。② 跨周期调节是对经济运行规律的新认识和新实践，它主要是针对在我国经济转入中高速换挡期后，还将逐步向中速增长轨道滑行。2021年因经济恢复出现的较高速度的补偿性增长，并非潜在经济增长率的表现，随着经济恢复进入常态，增长速度的回落是必然的。为了防止经济运行出现大起大落，需要跨周期思维和预期管理。从2035年远景目标考虑，要实现经济总量翻一番，2021—2035年的年均增长速度需要达到4.7%，但在三个五年规划期之间需要跨周期衔接，以及每个五年规划期间内，年度与

---

① 《中央经济工作会议在北京举行》，《人民日报》2021年12月11日。

② 《中共中央政治局召开会议分析研究当前经济形势和经济工作》，《人民日报》2021年7月31日。

／ 第十章　社会主义经济建设规律的认识深化与实践发展 ／　345

年度之间也需要跨周期衔接。因此应当合理安排经济运行的调节力度和时机，在 2021 年和 2022 年新冠疫情影响仍然严峻的情况下，需要保持对经济恢复的必要支持力度，并为应对可能出现的新问题预留政策空间。跨周期调节的主要措施是通过精准的财政政策和稳健灵活的货币政策，帮助企业纾困解难，强化稳岗就业，加强大宗商品保供稳价。这些新实践新认识丰富和发展了中国经济宏观调控的内涵和政策工具。

党的十八大以来，习近平总书记关于科技创新发表了大量重要论述，2016 年中共中央文献研究室专门编辑出版了《习近平关于科技创新论述摘编》，此外，习近平总书记关于数字经济、互联网技术运用、人工智能等新技术运用的思想，直接指导了新时代中国先进生产力的发展。

在认识社会主义生产力发展规律问题上，新中国成立后 40 年最大的创新和贡献是对资源配置方式和互联网改变人类生产生活方式的认识飞跃。"互联网改变人类生产生活方式"这一最新认识，是习近平总书记关于社会主义生产力发展规律的重要观点。2014 年 2 月，习近平总书记指出，"当今世界，信息技术革命日新月异，对国际政治、经济、文化、社会、军事等领域发展产生了深刻影响。信息化和经济全球化相互促进，互联网已经融入社会生活方方面面，深刻改变了人们的生产和生活方式"。[①]2018 年 12 月，习近平总书记呼吁，世界经济发展面临的新机遇"关键在于坚持创新驱动发展，开拓发展新境界"，迫切需要"促进世界范围内投资和贸易发展，推动全球数字经济发展"，"构建互联网治理体系，促进公平正义"。[②]是年在向世界人工智能大会致贺信时，习近平总书记指出中国正致力于实现高质量发展，人工智能发展应用将有力提高经济社会发展智能化水平，有效增强公共服务和城市管理能力。党的十八大以来习近平总书记关于我国正在从高速度增长转向高质量发展的判断，正是以信息技术、数字经济以及人工智能运用等新的生产力出现为重要依据的，习近平总书记的一系列重要论述形成了对社会主义生产力发展规律的"新的认识飞跃"，是习近平经济思想的突破性创新。

———————————

①　习近平：《总体布局统筹各方创新发展　努力把我国建设成为网络强国》，《人民日报》2014 年 2 月 28 日。

②　参见习近平《在第二届世界互联网大会开幕式上的讲话》，新华社，2015 年 12 月 16 日。

六　社会主义的经济体系建设

首先是依靠国内市场。毛泽东说，"我们这类国家，如中国和苏联，主要依靠国内市场，而不是国外市场。这并不是说不要国外联系，不做生意。不，需要联系，需要做生意，不要孤立"。① 但不能把国外市场作为主要依靠。毛泽东多次讲过："对外贸易只能起辅助作用，主要靠国内市场。"②

毛泽东的独立自主包括三种含义：（1）独立地确定经济建设的目标和任务，（2）不容许帝国主义国家的干涉，（3）不接受苏联指挥棒的指挥。

毛泽东强调独立自主、自力更生的时候，也强调采取对外开放的方针政策。"搞经济关门是不行的，需要交换。"③ 早在 1956 年年初，毛泽东就提出了"向外国学习"，不闭关锁国搞建设，不关起门来进行经济发展，与其他一切国家发生经济上的往来，加强联系，这就是毛泽东眼里的"对外开放"。④ 但是，他主张"必须有分析有批判地学，不能盲目地学，不能一切照抄，机械搬用"。⑤ 对西方国家的企业管理，毛泽东认为它有两重性：一方面，客观反映社会化大生产本身的要求；另一方面，为剥削工人的剩余价值而服务。所以提出，要学它的"企业管理方法中合乎科学的方面"，同时绝不能全盘地照搬。⑥ 不仅如此，毛泽东还提出中国人不仅要为自己而且还要对世界做些贡献，要尽国际主义义务。由此可见，对外开放思想在新中国前 30 年就已经成为党的领导人的经济发展理念。⑦

党的十八大以来，习近平总书记对中国现代经济体系建设做过系统思考和论述。这集中体现在党的十九大报告中关于建设我国现代化经济体系的新战略上。之后，习近平总书记具体论述了这个现代化经济体系。首

---

① 《毛泽东文集》第 6 卷，人民出版社 1999 年版，第 340 页。

② 《建国以来毛泽东文稿》第 7 册，中央文献出版社 1992 年版，第 641 页。

③ 《毛泽东文集》第 8 卷，人民出版社 1999 年版，第 71 页。

④ 毛泽东一贯主张开展对外贸易，有条件地利用外国资金，而且明确地说要学习外国先进的科学技术，有分析地借鉴外国发展经济的经验。

⑤ 《毛泽东文集》第 7 卷，人民出版社 1999 年版，第 41 页。

⑥ 《毛泽东文集》第 7 卷，人民出版社 1999 年版，第 43 页。

⑦ 为了表示向外国学习，毛泽东还说过：很希望到世界各国去走走。他在会见外宾时多次表示，希望去缅甸等国看一看；"还想到日本去看一看"，"甚至还想去美国看一看"，可惜"现在却没有希望实现"。（《毛泽东文集》第 6 卷，人民出版社 1999 年版，第 483 页。）

先，这是一个"有机整体"，既具有各个经济环节的内在联系，也具有各个层面和各个领域的相互关系；其次，它包括六个体系。（1）产业体系，突出"创新引领、协同发展"，它有别于以往依靠土地、劳动力、资本驱动的生产，而是依靠科技创新、企业组织和管理创新、商业模式创新，整个供应链协同发展的生产体系。（2）市场体系，强调"统一开放、竞争有序"，它是建立在统一的全国市场基础上，对内对外开放、既有充分竞争，又有必要规制的运行体系。（3）收入分配体系，要求"体现效率、促进公平"，它以按劳分配为基础，同时体现要素报酬，充分体现多劳多得，提高效率；同时在初级分配和再分配中兼顾公平性，协调社会利益关系。（4）城乡区域发展体系，特征是"彰显优势、协调联动"，它以突出各自优势为发展前提，同时实行城乡融合，区域联动发展，完善城市支持乡村、发达地区支持欠发达地区的体制机制。（5）绿色发展体系，体现"资源节约、环境友好"，它是以资源有效利用、循环利用为抓手，保护生态和环境，促进自然资本增加价值。（6）开放体系，重点是"多元平衡、安全高效"，它是一个贸易平衡、吸引外资与企业对外投资平衡、国际收支平衡、在国际规则中权利与义务平衡、货物贸易与服务贸易开放平衡，义利兼顾、互利共赢，既有利于要素的内外流动、资源最优配置，又保障国家经济安全的对外关系。最后是一个完善的社会主义市场经济体制，它让市场在资源配置中起决定性作用，同时又能更好发挥政府作用。为了建设这个现代化经济体系，需要突出抓好五项工作，即大力发展实体经济、加快实施创新驱动发展战略、积极推动城乡区域协调发展、着力发展开放型经济、深化经济体制改革这五个方面。①

与毛泽东相比，习近平总书记对中国现代化经济体系的思考和论述当然是与时俱进的，更具有时代的实践意义，但是他的逻辑思路和理论范式与毛泽东一脉相承，中国特色社会主义的底色亮丽鲜明。

七 社会主义的对外经济联系

周恩来在党的八大报告中指出："在建设社会主义事业中的孤立思想，

---

① 《习近平在中共中央政治局第三次集体学习时强调：深刻认识建设现代化经济体系重要性，推动我国经济发展焕发新活力迈上新台阶》，《人民日报》2018 年 2 月 1 日。

也是错误的。"① 他强调，我国要建立起一个完整的工业体系，不但要加强同苏联和各人民民主国家的全面协作和互相支援；也要努力发展同那些社会制度不同的国家，特别是亚非和拉美各国的经济合作、贸易往来、文化和技术的交流。② 1971年10月中国恢复了联合国常任理事国地位，美国总统尼克松于1972年访华，一时间英国、加拿大、日本、澳大利亚、意大利、新西兰、德国等40余国，纷纷和中国建立了外交关系，一举打破了西方长期的经济技术封锁，开启了新中国对外开放的大门。从1973年开始的3—5年，新中国成立后40年，邓小平率先系统论述了对外开放的思想，他把"对外开放"确立为社会主义现代化建设的一项基本国策。邓小平认为：积极引进和吸收别国的先进科学技术和管理经验，是加速我国现代化建设不可缺少的途径；合理引进和利用外资，是补充我国建设资金不足、加速现代化建设的重要辅助力量；发展对外经济关系，扩大对外贸易，是有计划地协调国民经济比例关系的一种辅助手段；发展对外经济关系，是利用国际分工和专业化，取得更大经济效益的重要手段；实行对外开放，开拓国内国外两个市场，对国内国外的两种资源予以充分利用，学会"两套本领"（组织国内建设和发展对外经济关系）；发展对外经济关系，还有助于增强自力更生能力，加速社会主义现代化建设。这既是推动中国特色社会主义发展的内在要求，也是发展对外经济关系的战略意义的根本所在。

邓小平的对外开放思想，特别是利用和引进外资的主张，与新中国前30年也存在密切的联系。毛泽东在党的七大中指出："为着发展工业，需要大批资本。从什么地方来呢？主要地依靠中国人民自己积累资本，同时借助于外援。在服从中国政府法令、有益中国经济的条件下，外国投资是我们所欢迎的。"③ 中共中央"关于解放区外交方针的指示"（1946年5月）写道："我应采取与美国及英法等国政府及其个别商人进行经济合作的方针，在两利的原则下，我们政府及商业机关应和外国商人以至外国政府直接订立一些经济契约，吸收外资来开发山东的富源，建立工厂，发展

———————

① 《周恩来经济文选》，中央文献出版社1993年版，第290页。
② 如上指出，在发展对外经济关系问题上，毛泽东提出中国要承担自己的国际主义义务，这是中国共产党人对外开放思想的特色之一。
③ 《毛泽东著作专题摘编》，中央文献出版社2003年版，第493页。

／ 第十章　社会主义经济建设规律的认识深化与实践发展 ／　349

交通，进行海外贸易。在订立这些契约时，只要避免不致因此受垄断、受控制及受外间政治上的攻击"，"而又对我有利，即应放手订立，允许外国人来经商开矿及建立工厂，或与中国人来合作经营工厂"。① 这表明，毛泽东和中共中央在利用外资的问题上，思想是很开放的，当时甚至已经提出外国人可以在中国办独资企业或与中国人办合资企业这类问题了。同时，对于如何利用外资的问题，毛泽东和中共中央又保持了清醒的认识，提出了应当遵循的正确原则：如上述的"主要地依靠中国人民自己积累资本，同时借助于外援"，要"在服从中国政府法令、有益中国经济的条件下"，引进外国投资；以及要"把大量外资用于大规模地发展生产事业"，要避免"因此受垄断、受控制"；② 等等。可见，邓小平利用外资和对外开放思想并不是凭空产生的，它不仅是新形势下与时俱进的创新，也是党以往经济工作实践和政策思想的延续和发展。

---

① 《中共中央文件选集》第 16 册，中共中央党校出版社 1992 年版，第 151—152 页。
② 《毛泽东文集》第 1 卷，人民出版社 1993 年版，第 393—394 页。

第十一章　社会主义市场经济运行的宏观调控

第一节　社会主义市场运行中政府的作用

一　为什么要更好发挥政府在市场经济运行中的作用

社会主义市场经济运行要求市场机制在资源配置中发挥决定性作用，同时更好发挥政府作用，这也是一个对立统一的命题。除了市场经济本身的特性之外，从中国的特殊国情和社会主义制度的性质来分析，都决定了更好发挥政府作用是一个同市场机制同等重要的方面。

首先，从市场经济的一般规律来看，市场这只"看不见的手"并非万能，它存在市场失灵问题。这个发现是资产阶级经济学家自己揭露的，由于市场失灵，爆发了1929—1933年的资本主义世界大危机，资产阶级经济学家说破了市场失灵的秘密，诞生了"凯恩斯经济学"，提出了政府干预经济运行的命题。从此以后，主张自由主义、崇拜市场万能和主张在市场失灵时政府干预的两大经济学流派在西方国家并行不悖，成为垄断资本，特别是国家垄断资本进行经济决策时都能接受的政策选项。

其次，中国的特殊国情决定了必须更好发挥政府作用。中国地域辽阔、人口超大规模、经济发展起点低，区域与城乡间经济社会发展很不平衡，由于大陆国家的特点，历代以来自然灾害频频发生，治涝治旱治灾、安置灾民一直是历代历朝政府需要面临的挑战，最小限度地提供这方面的公共工程和公共服务是维持统治的必要手段和措施。在这样的国情下发展市场经济，让市场机制决定资源配置的方向，以经济利益最大化为目标，必然难以兼顾这些关乎社会稳定的特殊的需求，一旦社会稳定遭到破坏，经济利益最大化也就成了水中捞月。因此在中国搞社会主义市场经济，既

／ 第十一章　社会主义市场经济运行的宏观调控 ／　351

要充分发挥市场机制作用，同时也要更好发挥政府作用。也就是说，把市场机制作用发挥的程度有多高，同时就要把政府作用发挥的程度有多高。政府需要统筹协调、发挥作用的主要内容：一是解决发展不平衡问题，区域之间、沿海与内地、城乡之间的不平衡；二是解决不协调问题，调整不合理的经济结构、产业结构，实施国家发展的重大战略工程；三是应对重大自然灾害，利用政府动员力量的优势，紧急开展抗灾救灾，维护人民生命，降低灾害损失，支持生产自救和恢复重建。

最后，中国社会主义的基本制度决定了政府必须保证经济运行方向与社会主义价值取向和国家发展目标相一致，而这方面也是市场失灵的地方。市场机制的特点是鼓励竞争，有利于提高效率，促进增长，但市场竞争的最终走向不是共同富裕和社会公平，相反，它必然产生贫富悬殊、两极分化，造成社会不公。而政府作用则是矫正这种偏向，通过经济政策和相关的法律法规，调节社会的收入分配，最大限度地维护社会的公平正义，促进社会和谐，推动经济社会持续协调发展，在不断提高生产力过程中，促进和实现共同富裕。

二　政府经济职能的主要内容

（一）年度计划和中长期规划

在社会主义市场经济条件下，中国各级政府都要编制年度的和中长期规划（五年规划或更长时间的远景规划），它是政府对其经济和社会发展所描绘的蓝图，反映政府在特定的客观环境下对国家或地区发展前景的预测，反映政府的战略目标和意图，它对于未来行动具有指导性的意义。与实行社会主义市场经济之前计划经济的计划相比，它具有完全不同的功能。它对于各种所有制企业以及各种市场主体的资源配置、投资决策、产供销经营、预算安排、收入分配等没有任何直接约束性和指标性的规定，它只对涉及公共问题作出具体规定，例如生态环境保护和劳动安全、劳动者权益等。它对于下级政府的发展目标和经济社会预测、战略目标和意图只具有指导性、协调性意义，也不具有指令性意义，但对于某些关乎全局的问题，例如粮食安全、生态资源保护、环境治理等问题作出明确规定。总体上，它是建立在市场经济运行和市场配置资源基础上对经济社会发展的主观意识，而不是在主观意识基础上对经济运行和发展目标的强制性要求和一厢情愿的愿望。

（二）经济调节

经济调节是政府对宏观经济运行中的社会总供求矛盾运动所进行的调控措施，以实现一定时期内社会供求在总量上和结构上保持基本平衡。经济调节的目的是保持国民经济持续协调发展。经济调节主要运用的经济手段是财政政策和货币政策，这两大经济杠杆是所有市场经济运行中都必然行使的经济调节工具，此外，一般市场经济运行的调节也都运用法律手段，以及辅之以必要的行政手段。

（三）市场监管和经济监督

市场监管是政府依法对市场主体及其行为进行监督和管理，维护公平竞争的市场秩序，形成统一、开放、竞争、有序的现代市场体系。为了实现有效的市场监管，要求加强法制建设，完善行政执法、行业自律、舆论监督、群众参与的市场监管体系，反对地方保护主义，依法打击制假售假、商业欺诈等违法行为，保护公共利益和合法私人利益。要求加强诚信建设，建立健全社会信用体系。

审计是一种独立的经济监督机制，审计监督是指在国家行政组织内部设立专门机构，依法审核检查国家行政机关及企事业单位的财政财务收支活动、经济效益和遵纪守法情况的一系列活动，是保证国民经济持续、健康、协调发展的必要手段以及不断提高会计信息质量的必要保证。审计监督的意义在于，完善权力制约机制以及保证国有资产使用人和税务机关严格依法办事，同时有利于明确国有资产法人、征税主体以及每个税务执法人员的责任和义务，牢固树立依法经营、依法治税的观念，确保纳税人可以依法履行职责，征税人正确行使税收权力。审计监督对于国有资产的使用和收益、收益的分配以及国有资产的保值增值，均具有重要意义。改革开放以后，为了加强经济监督，根据1982年12月4日五届全国人民代表大会第四次会议通过的《中华人民共和国宪法》第91条的规定，于1983年9月15日正式成立了中华人民共和国审计署；根据中共十九届三中全会精神，2018年5月成立了中国共产党中央审计委员会，习近平总书记担任中央审计委员会主任。

（四）社会管理

社会管理是指政府通过制定社会政策和法规，依法管理和规范社会组

／ 第十一章 社会主义市场经济运行的宏观调控 ／ 353

织和社会事物，化解社会矛盾，维护社会公正、社会秩序和社会稳定。这其中包括加强社会治安综合管理，保障人民群众生命和财产安全；保护和治理生态环境。加强社会管理要求建立健全各种突发事件应急机制，提高政府应对公共危机的能力，要高度重视安全工作，把安全生产和公共安全问题紧密联系，完善安全防范规章制度，落实安全责任制。社会管理中一大任务是妥善处理不同利益群体的关系，推动建设和谐社会，为经济发展创造良好的社会环境。

（五）公共服务

公共服务是指政府通过提供公共产品和服务，为经济发展创造外部性条件。公共产品包括城乡公共设施，如道路、水、电、气、热、互联网设施；以及发展社会就业、社会保障服务和教育、科技、文化、卫生、体育等公共事业。通过发布公共信息，为社会公众参与社会经济、政治、文化活动提供保障和创造条件。通过加大公共管理的力度，保证公共产品和公共服务的充分供给，为经济发展提供新的动力。

（六）国有资产管理

国有资产管理是指政府通过国有资产管理机构和代理机构来管理国有经济的资产和股份，任命或提名国有控股公司的负责人，参与国有资产经营的重大决策，监督国有资产的运营。

第二节　中国市场经济宏观调控的特点和基本经验

一　社会总供需矛盾运动的中国现象

在一般市场经济条件下，研究社会供需总量的平衡和不平衡，是国家实行宏观调控的依据，它的理论来源是西方经济学的一般市场均衡分析方法。一般市场均衡分析认为，当价格达到均衡点的时候，市场出清，供需达到平衡。从这个基本原理和方法论出发，演绎和延伸形成了国民经济社会总供需平衡理论和国家宏观调控理论。所谓社会总供给是指一个经济体在一定时期内，可提供给全社会使用的货物和服务的总量，在开放条件下，社会总供给是由国内供给和国外供给构成的，国外供给（即进口）是对国内供给的补充。社会总需求是指一个经济体在一定时间内，全社会对货物和服务有支付能力的需求总量，在开放条件下，社会总需求还包括国外需求，即出口需求。

社会总供需的平衡关系，综合地反映了一定时期内社会经济运动的全部过程，是调节资源配置的基础。这种总量平衡关系也是国民经济按比例协调发展的前提，是实现对应时期其他宏观调控目标的基础。因此，社会供需总量平衡是衡量宏观经济运行的重要标志，也是宏观调控的直接和首要的对象。在经济实践中，社会供需的总量平衡是相对的，不平衡是绝对的，但这种不平衡只要保持在一定幅度内，就基本不影响国民经济的正常运转，当不平衡程度严重时，即出现社会总需求大于社会总供给，或社会总需求小于社会总供给时，就要采取相对力度的宏观调控措施。

社会总需求大于社会总供给，表现为需求扩张或供给短缺，需求扩张通常有助于增加就业，但需求过度扩张也可能引发严重的通货膨胀。严重的通货膨胀，将导致储蓄下降，减少投资，影响经济增长；同时会造成币值不稳定，影响货币作为支付手段和流通手段的职能，还造成商品之间的相对价格紊乱，导致价格、利率等市场信号严重失真，进一步引发经济混乱。此外，严重通货膨胀还会使国内外价格比值发生变化，降低商品的国际竞争力，抑制出口，增加进口，导致贸易逆差加大。严重的通货膨胀还会破坏收入和财富分配格局，对于低收入阶层更为不利，是引发社会危机的因素。

社会总需求小于社会总供给，表现为有效需求不足或供给过剩，如投资不足，消费需求萎缩，出口不振，企业开工不足，失业人口增加，甚至发生通货紧缩。严重的通货紧缩也会引发经济衰退。由于物价水平持续下降，导致降低企业利润水平，企业生产动力不足；物价水平持续下降又导致实际利率提高，加重了生产者和投资者的债务负担。通货紧缩还可能引发金融风险，由于企业经营不盈利，银行贷款难以及时回收，呆坏账在银行堆积，造成银行不良资产大量增加，最终引发银行破产。

从我国经济实践来看，从改革开放初期到 21 世纪初国际金融危机爆发，我国经济总体上处于社会总需求大于社会总供给的状态，投资和消费需求强劲，农村人口向城镇转移经久不衰，就业扩张，但治理通货膨胀始终是这个发展阶段的重要的调控内容。1985—1989 年的平均通货膨胀率达到 11.98%，1992—1996 年的平均通货膨胀率达到 14.12%；2007 年和 2008 年两年平均达到 5.35%。国际金融危机爆发后，我国受世界经济的

／第十一章 社会主义市场经济运行的宏观调控／ 355

影响，需求萎缩，出口不振，2009 年通货膨胀率下降到 −0.70%，出现通货紧缩的现象。为了应对国际金融危机，国家采取了刺激需求的宏观调控措施，出台了 4 万亿投资计划，扩大财政支出，放松银行信贷，以及刺激汽车、家用电器消费的政策。随着刺激政策效果的显现，2010 年和 2011 年物价指数分别回升到 3.30% 和 5.40%。但从 2012 年至 2014 年，物价指数又持续回落到 2.60%，3.20%，1.50%；同时经济增长速度也开始滑落到 8% 的速度以下，这是否再次表明中国经济的社会总需求小于社会总供给呢？

以习近平同志为核心的党中央科学分析了我国经济发展的新形势，得出了中国经济发展进入新常态的判断。指出"模仿型排浪式消费阶段基本结束"，"传统产业、房地产投资相对饱和"，全球需求不振，低成本出口优势也发生了转化。[1] 因此，"我国不是需求不足，或没有需求，而是需求变了，供给的产品却没有变，质量、服务跟不上。有效供给能力不足带来大量'需求外溢'，消费能力严重外流。解决这些结构性问题，必须推进供给侧改革"。[2] 习近平经济思想开创了中国式宏观经济调控的新思路，它与马克思主义政治经济学是相通的。西方经济学讨论的市场一般均衡，只观察了经济运动在市场上的表象，而没有触及其深层的因素，即生产力结构问题。马克思《资本论》讨论社会化再生产的循环，通过社会两大部类生产的平衡实现简单再生产和扩大再生产。这种结构分析方法，触及生产力的本源和社会需求的结构问题，揭示了社会供需平衡不仅要看总量平衡，更要看结构平衡。而扩大再生产的循环，揭示了社会供需的总量平衡和结构平衡是动态的，而一般市场均衡分析是静态的，这是两种哲学观在经济学研究和分析上的原则区别。

社会供需的结构平衡有三方面：一面从横向看，在供给结构内部，各部类、各产业、各部门、各行业、各企业和各种主要产品之间都必须保持一定的比例关系，也就是资源在各种生产之间的合理配置，不使供给发生结构性过剩或短缺。在社会需求方面，内需与外需、投资与消费需求之

———————

[1]　中共中央文献研究室编：《习近平关于社会主义经济建设论述摘编》，中央文献出版社 2017 年版，第 5 页。

[2]　中共中央文献研究室编：《习近平关于社会主义经济建设论述摘编》，中央文献出版社 2017 年版，第 100 页。

356 / 中国特色社会主义政治经济学 /

间，投资需求中的不同部类结构、产业结构、产品结构；消费需求中商品消费与服务消费结构、不同商品的消费结构；等等，都需要保持结构平衡。另一方面是从纵向看，社会供需的结构平衡包括，首先是生产资料的供给与其需求之间的平衡，如能源、交通运输、重要原材料、机器设备等的供给不能过剩，更不能出现"瓶颈"制约。第二方面，消费资料的供需也要平衡，特别是重要消费资料，如粮食、食品和纤维和油料，不能出现过剩，更不能被"卡脖子"。更为重要的第三方面是，社会供需的结构平衡不是静态的，而是动态的，宏观调控的基本方向，既要保障供需总量和结构在短期内的平衡，更要着重于"实现由低水平供需平衡向高水平供需平衡跃升"。[①] 短期的静态平衡只能保证国民经济的平稳运行，只有促进供需的动态平衡，向高水平供需平衡跃升才促进国民经济持续健康发展。

二 中国经济宏观调控的特点

（一）针对主要矛盾选择供给侧和需求侧调控手段

习近平总书记指出："供给侧和需求侧是管理和调控经济的两个基本手段。需求侧管理，重在解决总量性问题，注重短期调控，主要是通过调节税收、财政支出、货币信贷等来刺激或抑制需求，进而推动经济增长。供给侧管理，重在解决结构性问题，注重激发经济增长动力，主要通过优化要素配置和调整生产结构来提高供给体系质量和效率，进而推动经济增长。纵观世界经济发展史，经济政策是以供给侧为重点还是以需求侧为重点，要依据一国宏观经济形势作出选择，放弃需求侧谈供给侧或放弃供给侧谈需求侧都是片面的，二者不是非此即彼，一去一存的替代关系，而是要相互配合，协调推进。"[②] 这是习近平总书记对我国经济宏观调控的精辟总结。总体来看，我国经济的宏观调控是根据每个时期的主要矛盾相应制定解决主要矛盾的调控政策。当经济体制机制成为经济发展的严重阻碍时，一般都以供给侧调控为主要手段，例如在 1978—1985 年改革开放初期，旧的计划体制严重束缚生产力的发展，就主要从供给端入手，通过改

---

① 中共中央文献研究室编：《习近平关于社会主义经济建设论述摘编》，中央文献出版社 2017 年版，第 101 页。

② 中共中央文献研究室编：《习近平关于社会主义经济建设论述摘编》，中央文献出版社 2017 年版，第 99 页。

革，调整要素配置和生产分配结构，搞活整个经济。当破除了旧体制机制，激发了经济动能，经济出现过热时，主要采取了需求侧调控，抑制通货膨胀；20世纪80年代后期和90年代上半期的宏观经济调控两次历史经验都是这种因果关系。在受国际金融危机影响期间，需求不振，为应对危机，主要采取了需求侧调控的刺激政策；但进入经济发展新常态后，当新的主要矛盾出现时，供给侧结构性改革必然成为宏观经济调控的主要着力点。

（二）把短期平衡和长期动态平衡结合作为调控目标

供给和需求是市场经济的两个基本方面，是驱动经济增长的两大动力。需求端的动力包括消费、投资和出口；供给端的动力包括生产要素供给、制度供给和结构供给等方面。供给和需求保持动态的数量和结构平衡是经济可持续发展的重要条件。正如习近平总书记所指出的："供给和需求是市场经济内在关系的两个基本方面，是既对立又统一的辩证关系，二者你离不开我、我离不开你，相互依存、互为条件。没有需求，供给就无从实现，新的需求可以催生新的供给；没有供给，需求就无法满足，新的供给可以创造新的需求。"[1] 一般来讲，短期内的供需平衡是以经济原有的动力机制为基础的，可以较为侧重需求端的调控，但长期的动态平衡要追求向高水平的供需平衡跃升，因此它的基础必然是经济的新动能。因此新旧动能转换是实现由低水平供需关系向高水平供需关系跃升的。从经济学逻辑上考察，新需求和新供给的结合过程就是高水平供需关系在新兴市场的培育过程。所以，不断培育和发展新需求和新供给结合的新兴市场是新旧动能转换的经济学内涵。高水平市场供需平衡是中国特色社会主义经济进入新时代的重要经济特征。高质量发展是新时代的发展要求和基本趋势，社会主要矛盾的变化是新时代社会发展的动力，先进制造业、数字经济、人工智能制造、网络经济等新的技术以及由此推动的新产业、新业态和新商业模式是新时代的物质生产力基础，而在此基础上形成的网络市场、公共产品市场和共享市场的发展是新时代社会主义统一大市场的新生事物，成为中国特色社会主义经济进入新时代的重要经济特征。高水平的

---

① 中共中央文献研究室编：《习近平关于社会主义经济建设论述摘编》，中央文献出版社2017年版，第99页。

市场供需关系和市场监管也是中国特色社会主义政治经济学研究的重要对象和领域。而在对国民经济的宏观调控领域，把短期供需的总量平衡与长期供需的总量、结构平衡相结合并作为调控的目标，就成为中国宏观调控的重要特点。

（三）多元目标的政策组合

以人民为中心的社会主义发展理念，决定了经济的宏观调控目的决不是资本收益最大化，观察指标也不能仅仅看 GDP 的增长速度。它的调控目标不仅要看经济增长速度是否合理，还要看各类市场主体是否活跃，支撑长期发展的产业是否成长，社会主义市场经济的体制机制是否适应经济发展，科学技术转化为生产力的实现程度，区域协调发展是否进展，城乡人民的就业和收入是否增长并有助于促进共同富裕。这种多元的调控目标，需要多项政策组合。2015 年中央经济工作会议部署供给侧结构性改革时，特别强调"产业政策要准"，2021 年中央经济工作会议把各项政策组合归纳为七个方面，全部政策组合达到以下八项。

1. 宏观政策要稳健有效。这里说的宏观政策主要指市场经济条件下调控经济运行的财政政策、货币政策以及投资政策。财政政策和货币政策的有效性主要依赖其精准性、协调性，而精准性、协调性则来源于信息是否对称；适度超前开展基础设施投资，由政府牵引的投资，其政策效率则来源于能否破除体制、机制障碍，使项目投资更多获得权益性投资，而非财务性融资。积极的财政政策要提升效能，坚决遏制新增地方政府隐性债务。稳健的货币政策要灵活适度，保持流动性合理充裕。引导金融机构加大对实体经济特别是小微企业、科技创新、绿色发展的支持。财政政策和货币政策要协调联动，跨周期和逆周期宏观调控政策要有机结合。实施好扩大内需战略，增强发展内生动力。

2. 微观政策要持续激发市场主体活力。我国有多种所有制经济的市场主体，需要在市场上实行公平竞争才能激发市场主体活力，但妨碍激发各种所有制经济的市场主体的因素仍然存在，如体制机制和竞争政策方面仍然需要不断完善。因此要深入推进公平竞争政策实施，加强反垄断和反不正当竞争，以公正监管保障公平竞争。强化知识产权保护，营造各类所有制企业竞相发展的良好环境。强化契约精神，有效治理恶意拖欠账款和逃废债行为。

/ 第十一章　社会主义市场经济运行的宏观调控 / 359

3. 产业政策要准。它包括产业结构政策和产业组织政策。在实施供给侧结构性改革实践中，我国坚持的产业政策方向是，加快绿色发展，夯实实体经济根基。产业结构上，推动服务业优质高效发展，促进生产性服务业向专业化和价值链高端延伸、生活性服务业向精细化和高品质转变；推动制造业高端化、智能化、绿色化、服务化，支持企业技术改造和设备更新；激发涌现一大批"专精特新"企业。采用先进制造产业投资基金注资、股权投资、投资补助等方式，集中实施一批工程化、产业化示范项目，实施智能化提升工程；培育发展新兴产业，布局一批重大项目，打造新的增长极。坚持通过市场竞争实现优胜劣汰，尽可能多兼并重组、少破产清算。对产能严重过剩行业，强化环保、能耗、技术等标准，清理各种优惠政策，积极稳妥化解过剩产能，严控新上增量，防止出现新的过剩，真正做到压下来，决不再反弹。

4. 结构政策要着力畅通国民经济循环。重在突破供给约束堵点，打通生产、分配、流通、消费各环节。要构建全国统一大市场，加快形成内外联通、安全高效的物流网络。加快数字化改造，促进传统产业升级。要坚持房子是用来住的、不是用来炒的定位，加强预期引导，探索新的发展模式，坚持租购并举，加快发展长租房市场，推进保障性住房建设，支持商品房市场更好满足购房者的合理住房需求，因城施策促进房地产业良性循环和健康发展。不断化解房地产与实体经济失衡问题，化解房地产发展绑架经济增长的困境。

5. 科技政策要扎实落地。坚持国家发展科技事业的一贯的长期政策，特别是从 2022 年开始实施科技体制改革三年行动方案，制定实施基础研究十年规划。强化国家战略科技力量，发挥好国家实验室作用，重组全国重点实验室，推进科研院所改革。强化企业创新主体地位，深化产学研结合。完善优化科技创新生态，形成扎实的科研作风。继续开展国际科技合作。

6. 改革开放政策要激发发展活力。要抓好要素市场化配置综合改革试点，全面实行股票发行注册制，完成国企改革三年行动任务，稳步推进电网、铁路等自然垄断行业改革。调动地方改革积极性，鼓励各地因地制宜、主动改革。扩大高水平对外开放，推动制度型开放，落实好外资企业国民待遇，吸引更多跨国公司投资，推动重大外资项目加快落地。推动共建"一带一路"高质量发展。

7. 区域政策要增强发展的平衡性协调性。深入实施区域重大战略和区域协调发展战略，促进东、中、西和东北地区协调发展。全面推进乡村振兴，提升新型城镇化建设质量。

8. 社会政策要兜住兜牢民生底线。统筹推进经济发展和民生保障，健全常住地提供基本公共服务制度。解决好高校毕业生等青年就业问题，健全灵活就业劳动用工和社会保障政策。推进基本养老保险全国统筹。推动新的生育政策落地见效，积极应对人口老龄化。

三　中国经济宏观调控的基本经验

（一）主次协调

要区分现象与本质，抓住主要矛盾。辩证唯物主义是做好经济工作的基本方法论，也是宏观调控理论创新的基本方法论。当中国经济发展进入新常态后，经济增速下降，工业品价格下降，实体企业盈利下降，财政收入下降，经济风险发生概率上升，这些现象反映的本质问题是什么？是以往的周期性的社会总需求不足问题吗？只有以辩证唯物主义方法论为指导，才能抓住事物矛盾的本质。习近平经济思想是以辩证唯物主义武装起来的科学理论，它一针见血地抓住了事物矛盾的本质，抓住了供给结构的错配问题，抓住了宏观调控的主要矛盾。为处理平衡社会供需矛盾运动的宏观调控理论开辟了新的空间，不仅创造了中国自己的实践经验，而且创造了中国自己的宏观调控理论。

（二）内外协调

要统筹国内国际两个大局，用好两个市场、两个资源。在经济全球化条件下，我国日益融入世界经济，内需和外需对我国经济社会发展都十分重要。作为大经济体，扩大内需是长期的基本战略方针，必须以国内大循环为主体，坚持壮大国内经济循环的基本盘，但是这不等于我们可以脱离国际经济循环，无论是资源和原材料，还是商品、服务市场以及一部分技术，我们都离不开国际循环，对外开放是我国的既定国策，只有坚持扩大开放，充分利用国内国际两个市场、两种资源，统筹国内国际两个大局，才能在促进国内国际双循环相互促进中搞好经济的宏观调控。因此，在宏观政策的大框架内，还必须统筹考虑贸易政策、利用外资和"走出去"投

／ 第十一章　社会主义市场经济运行的宏观调控 ／　361

资政策，国际收支政策，以及人民币汇率和外汇储备等政策。这些政策虽然是辅助性的，但决不是可有可无的，更周全地考虑国民经济全局和各项政策，也是全面地而不是片面地看问题的辩证法观点，也是坚持系统化思维安排经济宏观调控的需要。

（三）系统协调

要探索和掌握把各项政策科学合理组合起来有效方法。必须有系统思维、统筹协调，科学谋划。各级政府要提高领导经济工作的专业能力，经济社会发展是一个系统工程，必须综合考虑政治和经济、现实和历史、物质和文化、发展和民生、资源和生态、国内和国际等多方面因素，把各项政策科学合理组合起来，形成合力，而不能出现合成谬误。系统协调的指导思想是，以人民为中心，坚持稳中求进工作总基调，完整、准确、全面贯彻新发展理念，加快构建新发展格局，全面深化改革开放，坚持创新驱动发展，推动高质量发展，坚持以供给侧结构性改革为主线，统筹疫情防控和经济社会发展，统筹发展和安全。主题是，继续做好"六稳""六保"工作，持续改善民生，着力稳定宏观经济大盘，保持经济运行在合理区间，保持社会大局稳定。方法是，坚持先立后破、稳扎稳打。传统能源逐步退出要建立在新能源安全可靠的替代基础上。

（四）上下协调

一方面要强调各级党委和政府、各级领导干部要自觉同党中央保持高度一致，要落实到行动上，体现到贯彻落实党的路线方针政策的实际行动上，体现到推动高质量发展的实际行动上，体现到为党分忧、为国尽责、为民奉献的实际行动上。另一方面要注重发挥地方党委和政府的积极性、主动性，为他们创造性地落实中央的方针政策提供激励和发挥的空间。中国地域辽阔，各地经济社会发展情况差别很大，贯彻中央的宏观调控政策不可能都千篇一律，必然各有侧重，各有特色，许多政策需要因地制宜。因此，要把维护中央权威和坚决贯彻中央的方针政策与发挥地方的主动性、创造性结合起来，协调起来，在全国上下形成以主旋律为基调，有伴奏、有插曲和和声的宏观调控的大合力。

（五）社会协调

社会主义经济发展是人民的事业，发展依靠人民，经济调控也要依靠人民。因此制定调控政策前必须深入调查研究，了解实际情况，广泛听取各方面意见和建议，制定各项政策都必须坚持从群众中来，到群众中去，接受实践的检验，真正做到科学民主决策。这是多年来党和国家积累的宝贵经验，特别是党的十八大以来，习近平总书记更是率先垂范，深入基层，了解民情、社情、国情，倾听人民群众和各方面意见，为各级党委和政府树立了榜样。在科学决策基础，还要充分披露信息，加强舆论引导和预期引导。要利用媒体和网络，让专家、学者以及各类智库对党和国家的决策进行正确解读，释疑解惑，形成有力、有效的舆论引导和预期引导，动员全社会的力量共同贯彻落实党和国家的经济调控政策和措施。

第三节　社会主义市场经济的国家财政性质与功能

一　中国特色社会主义国家财政的性质

党的十八届三中全会审议通过的《中共中央关于全面深化改革若干重大问题的决定》指出，"财政是国家治理的基础和重要支柱"，以及党和国家关于中国特色社会主义财政建设的谋划，是我们观察和思考中国特色社会主义财政的本质、功能定位和制度特征的根本立场和方法论。

税收是财政的重要内容。马克思、恩格斯都认为，税收是社会再生产中的一种分配形式，"税收的来源是国民的劳动"，[①] 是对剩余产品和剩余价值的一种分配。但是，税收对剩余产品和剩余价值的分配不同于利润、利息、地租等分配形式，在对产品分配上，"在我们面前有两种权力，一种是财产权力，也就是所有者的权力，另一种是政治权力，即国家的权力"。[②] 利润、利息和地租等剩余价值和剩余产品的分配形式都是以财产权力为依据的，而税收这种分配形式，依据的是政治权力，即国家政权的力量。可见，在特定的社会经济形态下汲取社会财富并进行分配，这是财政最一般的本质，而且具有两种属性，即分配社会财富的经济属性和体现国家意志的政治属性。财政收支活动以国家为主体、体现国家意志、服务国家战略这种政治属性与社会财富汲取和分配联系在一起，使一个社会的财

---

① 《马克思恩格斯全集》第 5 卷，人民出版社 1958 年版，第 511 页。
② 《马克思恩格斯选集》第 1 卷，人民出版社 1972 年版，第 170 页。

政现象和问题成为政治经济学研究对象和重要领域。

中国共产党从创建红色根据地开始，就建立了苏维埃政权的财政，从那时起，财政始终服从和服务于中国共产党领导下的革命、建设和改革的伟大历史实践，始终服从和服务于社会主义现代化国家建设的全部历史过程，这个基本的历史和事实要求我们必须坚持马克思主义政治经济学的立场、观点和方法，从财政与国家之间的本质关系出发，认识中国财政的建设实践和理论演进。

财政是国家治理的基础和重要支柱，国家是财政资源汲取和配置的主体。这是财政与国家关系最基础的理论。从历史的视角来看，国家主体性、财政基础性的本质联系是始终不变的。但这种联系在制度形式、功能作用、表现方式等诸多方面随着时代变迁和制度演进发生了深刻变革。怎样理解财政与国家的本质联系在历史进程中的发展演进，怎样在深刻变化的过程中把握财政的本质的理论内涵，这是认识中国特色社会主义财政理论的重要前提。应当认识到，财政的制度安排及其实践运行与中国特色社会主义建设紧密相连，从这个本质联系出发，才能真正理解中国特色社会主义财政建设的本质、制度特征和体制变化等内在联系与运动规律，从根本上把握中国共产党领导是中国特色社会主义事业最本质的特征、把握中国特色社会主义制度的最大优势对我国财政本质和制度特征的决定性作用，把握中国特色社会主义的财政体制、财政功能定位等发生历史性深刻变革的内在规律。把握我国财政在社会主义建设的不同时期的形成和演进逻辑。

改革开放前，我国财政理论和实践的基本倾向是集权式的国家分配论，它与单一的公有制形式和高度集中的计划体制相联系，把财政是国家对社会财富分配的功能，直接与微观主体的财务收支相联系，实行整个国民经济体系的统收统支；把地方财政作为中央财政的派出机构相联系，实行整个国家财政的统收统支；因而也必然导致国家财政对整个国家的经济建设和社会建设都实行统收统支，包揽一切。通过这种实践形式来认识和把握财政与国家权力的联系，认识和把握财政作为国家分配工具的本质，以及财政作为国家直接管理经济和资源配置的手段。在社会主义建设的初期和国家工业化的起步阶段，这种与高度集中的计划体制相适应的统收统支的财政体制，既有历史的合理性，也有明显的局限性。改革开放后，我国开启了从计划经济体制向社会主义市场经济体制转变的新实践形式。这种历史性的深刻变革在财政体制上表现为政府财政与微观主体的财务收支相分离，在公有制为主体、多种所有制经济共同发展的国民经济体系中，国家财政不可能再对整个国民经济体系实行统收统支；在调动地方政府发展经济的分权过程中，地方财政日益"松绑"，拥有了一定自主权，在法制日益健全的情况下，地方财政的授权主体转变为地方人民代表大会，而不是中央财政附属机构；国家财政在考虑经济建设和社会建设的资源安排中，也从过去重经济、轻社会，重私人品、轻公共品的大格局中逐步转向两者并重直至后者更重。这种变化在理论上的反映，是市场化改革探索初期，把财政性质理解为"社会共同需要论"的认识，以及社会主义市场经济发展过程中的"公共财政论"的认识。这些认识反映了整个经济体制变革中，财政作为国家分配社会财富的本质在实践形式和功能上的变化，看到了社会主义财政更直接地体现人民性、公共性内涵。看到了在市场经济条件下，国家财政具有克服市场失灵的重要功能。

这些变革和实践形式的变化，以及人们认识的变化，事实上都没有改变财政与国家政权紧密联系而进行社会财富分配的本质。国家财政从包揽全社会的经济建设投入和收入分配的巨大压力中解脱出来，把更多资源投向社会建设、民生和公共服务，本来就是社会主义制度的属性和社会主义基本经济规律决定的，本来就是国家财政投向的选项，它依然是由国家作为主体来配置和完成的，只不过改变了权重；但是国家财政依然保留了对于关系国计民生和国家发展的重大项目的建设投资以及牵引投资的功能，它不仅是克服市场失灵、更好发挥政府作用的需要，而且在政府和市场机制厘定的边界中，国家意志即有为政府的表现形式，依然是由财政代表国家行使资源和财富配置的功能。

显然，无论是不同历史时期财政体制形式和功能发挥发生的深刻变化，还是反映在不同阶段财政与国家关系的多种理论观点，国家在财政中的主体性地位并没有变化，发生变化的只是这一主体性地位的实践表现形式。因此，"财政是国家治理的基础和重要支柱"这一重大核心观点，是在我国社会主义现代化建设的进程中，对财政与国家之间本质关系更加成熟的理论认识和深化。

二 中国特色社会主义国家财政的主要功能

我国财政的制度安排及实践运行，是伴随社会主义经济建设的发展而成长起来的。它最基本的特点是在中国共产党领导下，通过建立社会主义制度，取得完全的政治独立和经济独立的基础上，在强大的国家能力及显著的制度效能下建立起体现国家意志的社会财富分配手段，这就是我国财政的制度形式和功能作用的最重要的基础。

新中国成立后，国家需要建设强大的经济基础来保障社会主义政权和社会主义制度，但是旧中国留下来的是一穷二白、现代工业和现代经济极为薄弱的基础，因此，无论是建立强大国家能力所需要的资源动员、汲取和管理能力，还是为工业化、经济现代化提供必要的制度条件和物质基础，都需要建设强大的国家财政能力和社会资源动员整合能力，从而在财政体制安排上形成中央政府主导下的高度集中、统收统支的财政制度形式。它不仅是与建立强有力的中央政府，动员和汲取资源以快速推进社会主义工业化、现代化建设，以及高度集中的计划经济体制相适应，而且为这种特定阶段的社会主义制度和国家能力发挥奠定了重要的基础。在这个阶段，国家财政的主要功能表现为，在国家计划指令下直接管理全社会的国民收入和支出的政策手段和工具；财政不仅代表国家决定资源的配置，而且在社会资源的分配使用方向上，以经济建设、国防建设为主，社会建设和民生保障处于次要地位。

改革开放以后，随着社会主义市场经济体制的建立和完善，国家财政的功能发生了很大变化，从决定社会资源配置转变为弥补市场失灵而必须实行的更好发挥政府作用方面，而决定资源配置的功能逐渐让位于市场经济体制。这个功能的转变并不意味着国家财政功能的弱化，相反，从某种意义上说，它在发挥政府作用方面的功能实际上不断增强了。市场失灵有两个基本特征，一个是结构性特征，另一个是供需总量特征，前者的影响是长期的，后者的影响是短期的。前者表现为，由于基础设施、新兴产业投资周期长，风险大，产品带有公共性，价格信号不确定，一般很难激励社会投资，从而造成经济发展的负外部性，影响经济长期发展。后者表现为由于经济周期的因素，出现经济偏热或偏冷，需要采取短期的降温或刺激手段，熨平经济波动，使经济平稳运行。由于我国长期处于发展中国家和社会主义初级阶段的国情没有变，整个国家的基础设施和产业的基础和起点都很低，实行市场经济体制以后，经济的负外部性问题十分突出，弥补市场失灵的要求十分迫切，因此国家的宏观调控任务依然十分繁重和艰巨，国家财政所要发挥的功能只能增强，而不能削弱。

第一，中央财政通过预算赤字发行基础设施建设和新兴产业的建设债券，吸引和牵引社会资金投向这些领域。改革开放以来，我国在这些领域投入了巨大资金，成为令世界惊叹的"基建狂魔"。改革开放前30多年，全国固定资产投资每年增长速度都在百分之十几、百分之二十几，其中半数以上都投向了基础设施领域，为国民经济长期快速增长创造了良好的外部性。如今，中国高铁、大型机场航站楼、无线通信网络、道路桥梁、高压输送电路遍布全国，大中城市市政基础设施日趋完善，这些都说明发挥政府作用和国家财政功能的重要性。

第二，各地地方财政通过代发国债和地方政府担保的地方国有企业负债，在一般公共预算之外，通过国有土地使用权转让，收取转让金，建立了政府性基金预算收支账户，在全国范围开发了数以千计的省级、市级、县级各类名目的经济开发区，大量招商引资，极大促进了工业化和城镇化，促进了经济发展，成为中国经济奇迹的重要因素和现象。

第三，从中央到地方各级财政，都在一般公共预算账户之外，建立了不同层级统筹的社会保险基金账户，对民众的退休养老、医疗、伤残等社会保障需要建立了财务核算体系，成为国家财政的新功能，这项功能的发挥不仅对于保持社会稳定、促进社会共同富裕发挥了重要作用，而且对于保障劳动力的合理流动和产业结构的调整都发挥了极大的正外部性作用。

第四，从中央到地方各级财政，还肩负监督管理国有资本的责任，并拥有使用国有资本收益的权力。我国以公有制经济为主体，其中国有资产比重仍然很大，在全国经营性资产中，第二产业、第三产业中国有资产比重仍然占全社会资产总额的半数左右，[①] 除了国家的国有资产监督管理部门之外，各级财政是对国有资本运营实行核算考核实际执行者，对于国有资本的收益使用拥有重要决策权，国有资本收益的一部分也成为补充政府一般公共预算收入的来源，成为社会建设和民生保障的补充资源。

---

① 参见裴长洪《中国公有制经济的量化估算与发展趋势》，《中国社会科学》2014年第1期。

/ 第十一章　社会主义市场经济运行的宏观调控 /　367

第五，从改革的历史来看，国家财政功能的转变是国家财政自我革命的过程，它需要把自己从社会资源唯一的汲取者和资源配置的主体角色逐步让位于市场经济，使市场经济体制成为资源配置的决定作用，而自己成为弥补市场失灵的作用。按照市场经济的一般要求，在财政体制、功能范围和作用方式等方面作出深刻调整，包括"分税制"的央地财政关系、预算制度改革以及税收制度和税收体系改革等。但同时国家财政又是整个经济体制变革的支撑者。财政作为对全社会资源配置方式具有直接影响的重要制度和政策手段，还承担着开启市场化改革、为改革提供动力、规范市场运行等重要功能。比如，"分灶吃饭""财政包干"等向地方政府和市场主体放权让利。在不同阶段的重要改革中，财政通过自身体制机制调整，牵引和推动了市场在资源配置中发挥越来越重要的作用，为经济增长提供了原动力。在经济体制改革需要付出可以计量的成本时，特别是国有企业改革使一部分工人转岗、"去产能"导致一部分企业重组兼并，脱贫攻坚面临最难啃的骨头时，国家财政通过兜底方式承担了改革过程中的各种体制因素造成的历史成本和现实成本。国家财政的这种功能至今仍然没有终结，全面改革还在深化，国家财政这方面的功能不仅需要继续存在，而且要增强。

第六，从中央到地方各级财政，特别是中央财政，对于经济运行中供需总量的短期平衡始终在发挥重要作用。针对经济的过热过冷，通过财政收支的扩张与收缩，税收手段的使用，实行逆周期调节措施，保证经济的平稳运行，这已经是政府很熟练的操作和多年的经验。从 2018 年，特别是 2020 年抗疫以来，政府在落实"六稳""六保"中采取的财政措施以及大规模的"减税降费"等重要政策，为国民经济实现稳中求进提供了重要保障。

三　国家财政新功能是国家意志在新时代的要求

财政作为"更好发挥政府作用"的手段，既是经济体制改革中财政体制形式和实际功能转变的原因。也是国家在宏观资源配置上的政治意图和战略要求。与此同时，财政作为国家治理的基础和重要支柱，是服从、服务于社会主义现代化建设的工具手段，这一基本性质和定位是没有改变的。或者说，在社会主义市场经济条件下，财政体制形式和实际功能所发生的深刻改变，只不过是它在新的发展阶段获得了更好地服务于社会主义现代化建设的新实现形式。从这一根本定位出发，才能够在理论上形成对我国财政建设和改革实践统一的认识。这是我们把握财政是国家治理的基础和重要支柱这一基本论断的认识前提。

习近平总书记指出，"中国特色社会主义是改革开放以来党的全部理论和实践的主题"。[①] 国家财政服从和服务于中国特色社会主义事业的发展，是我们认识中国特色社会主义财政制度及其运行必须重点关注和把握的内容。在全面建成小康社会后，中国特色社会主义进入新发展阶段，开启了全面建设社会主义现代化国家的发展阶段。习近平总书记总结了我国创造的历史经验："我们坚持和发展中国特色社会主义，推动物质文明、政治文明、精神文明、社会文明、生态文明协调发展，创造中国式现代化新道路，创造了人类文明新形态。"[②] 其中最具开创性意义的是，开辟和形成了通过社会主义市场经济推进中国式现代化建设的新实践路径。正确认识我国财政体制改革，必须扎根和立足于中国式现代化新道路的独特性。在制度意义上，我国是在社会主义制度条件下进行现代化建设的，财政的改革实践在本质上是与以人民为中心的发展思想和社会主义基本经济制度联系在一起的，"市场经济"的"社会主义"前提决定了我国财政制度及改革实践的独特性。因此，对于财政改革的理论研究和思考，仅仅关注和解释财政收支活动效率的经济现象，而不关注和解释财政实践活动背后的政治因素及其本质，既难以体现中国国情的特殊性，在理论分析上也是片面的。我国的经济体制改革仍然处于持续深化当中，这将是一个长期的历史过程，这就决定了我国财政制度及改革实践也更加突出地体现为改革过程中的独特实践形态。这一独特性不仅使财政自身继续发生深刻变革，而且将继续促进"有为政府"和"有效市场"的有机结合，从而成为中国式现代化道路发展的助推器，这是财政服务于中国式现代化道路的必然逻辑。

从更深刻的本质意义上说，中国共产党领导是中国特色社会主义最本质的特征，贯穿于财政服从和服务于社会主义现代化建设的全部历史过

---

① 习近平：《在省部级主要领导干部专题研讨班开班式上的讲话》（2017年7月26日），《习近平谈治国理政》第2卷，外文出版社2017年版，第59页。

② 习近平：《在庆祝中国共产党成立100周年大会上的讲话》，《人民日报》2021年7月2日。

程，决定着中国特色社会主义财政理论和实践的本质和内涵。财政是国家治理的基础，国家在财政活动中占据主体地位。现代国家的显著特征是政党日益成为国家制度的重要结构性要素，政党—国家制度深刻影响和制约着现代财政建设。在政党—国家的理论框架下认识和理解财政活动，是一个十分重要但同时往往被学术界忽视的前提。中国特色社会主义财政理论建设必须围绕和反映中国共产党追求共产主义远大理想、建设社会主义现代化国家的历史和实践。中国特色社会主义财政理论必须刻画和反映这种历史和实践，这是发展中国特色社会主义财政理论体系必须坚持的基本原则，也是对中国财政建设的历史和实践进行理论解释的首要问题。[1]

第四节 社会主义市场经济的金融性质与功能

一 中国特色社会主义金融的总纲要

在西方主流经济学中，金融理论占有重要地位。改革开放以来，为了适应市场经济改革的需要，西方经济学和金融理论被大量引进我国，丰富了经济学和金融理论教学和研究的视野，取得了一些有意义的参考和借鉴成果。但正如习近平总书记所指出："现在，各种经济学理论五花八门，但我们政治经济学的根本只能是马克思主义政治经济学，而不能是别的什么经济理论。"[2] 马克思主义的重要性地位，不仅是历史传承的需要，更是现实的需要，"中国共产党为什么能，中国特色社会主义为什么好，归根到底是因为马克思主义行！"[3] 马克思主义需要发展，需要中国化、时代化，马克思主义在中国经历了三次历史性飞跃，习近平新时代中国特色社会主义思想就是马克思主义理论的最新境界，习近平总书记关于金融工作的重要论述是马克思主义政治经济学的一个最新成果，应成为中国特色金融学的基本理论基础。

习近平总书记指出："金融是国家重要的核心竞争力，金融安全是国家安全的重要组成部分，金融制度是经济社会发展中重要的基础性

---

① 参见吕炜《引领中国特色社会主义财政理论与实践创新的指南》，《经济日报》2021 年 10 月 25 日。

② 习近平：《不断开拓马克思主义政治经济学新境界》，《求是》2020 年第 16 期。

③ 习近平：《在庆祝中国共产党成立 100 周年大会上的讲话》，《人民日报》2021 年 7 月 2 日。

制度。"① 这句话是认识中国特色社会主义金融的总纲要，它是对马克思主义国家理论的创新发展。

马克思主义认为，国家除了是一个维护阶级统治的暴力工具之外，它还是一个社会公共管理的行政机构，尤其是它还是一个有组织的社会经济载体，具有很明显的经济属性。因此它是一个政治、社会管理和经济属性的统一体。关于国家的经济属性，马克思和恩格斯均有论述，马克思说："国家存在的经济体现就是捐税"，② "'国家'，这是土地贵族和金融巨头联合统治的化身"，③ 恩格斯在谈到东方国家机构的构成时也指出："在东方，政府总共只有三个部门：财政（掠夺本国）、军事（掠夺本国和外国）和公共工程（管理再生产）。"④ 很显然，恩格斯指出国家的三个部门中，有两个部门都具有经济属性。为什么国家会具有经济属性，这是由国家需要维护特定的阶级利益的本质决定的。恩格斯指出，社会为了保护自己的利益"免遭内部和外部的侵犯"，便创立了一个机关，"这种机关就是国家政权"。⑤ 他还指出："土地占有制和资产阶级之间的斗争，正如资产阶级和无产阶级之间的斗争一样，首先是为了经济利益而进行的，政治权力不过是用来实现经济利益的手段。"⑥ 既然保护特定阶级的经济利益才是目的，那么就不仅需要国家的政治权力和暴力工具，而且需要经济组织和经济载体，越是社会分工发达的现代社会，这种经济组织和经济载体就越发达，其功能也就越重要。这样才能保证阶级统治和阶级利益的长治久安。

金融作为国家经济属性的首要标志是发行货币，这也是国家经济主权的集中体现。发行货币是国家用以规定社会财富符号的经济权利。在古代社会，国家可以以主权方式占有全国的土地，是最高的地主，所谓"普天之下，莫非王土"；在现代社会，国家依然占有公有土地和自然资源，但最重要的是国家通过发行货币，规定了一国社会财富的符号，国家不仅获

---

① 《习近平总书记在中央政治局第 13 次集体学习的讲话》，《人民日报》2019 年 2 月 23 日。
② 《马克思恩格斯选集》第 1 卷，人民出版社 1972 年版，第 181 页。
③ 《马克思恩格斯全集》第 12 卷，人民出版社 1998 年版，第 63 页。
④ 《马克思恩格斯全集》第 49 卷，人民出版社 2016 年版，第 419 页。
⑤ 《马克思恩格斯全集》第 28 卷，人民出版社 2018 年版，第 362 页。
⑥ 《马克思恩格斯全集》第 28 卷，人民出版社 2018 年版，第 359 页。

得了发行货币的"铸币税",而且通过纸币的信用工具,收集和储藏了全社会大量的贵金属,成为社会财富的最大占有者。规定社会财富符号是国家的经济权利,这从中国古代货币由贝壳、铁钱等贱金属演化的历史线索中就可以看出来。当社会对一般等价物的认识提升到对货币的认识时,通过发行货币体现出来的金融的国家经济属性,就获得了金融的第一个国家经济职能,即创造信用。国家,特别是新生的人民政权,它直接发行货币的最重要基础并不是贵金属或物质力量,而是政权信用,即国家信用。从1928年开始,中国共产党领导的苏维埃政权就建立了苏区银行,铸造银元,发行纸币。① 在新中国诞生前夕,即在华北人民政府发行统一的解放区货币即人民币之前,就已经有十三家解放区银行并发行十三种解放区货币。② 1948年12月1日,中国人民银行成立,并发行了统一的货币——人民币。人民币的诞生并没有规定法定含金量,也不以黄金作为发行储备。1948年12月7日,新华社发表的《中国人民银行发行新币》的社论指出:"解放区的货币,从它产生的第一天开始,即与金银脱离关系。"③ 1949年9月29日中国人民政治协商会议通过的《共同纲领》宣布:"金融业应受国家严格管理。货币发行权属于国家。禁止外币在国内流通。"④ 可见,人民币发行的最重要基础是人民政权,即国家信用,因此人民币的前途、中国金融发展的前景是与国家命运紧密联系的,国家兴旺、则人民币和中国金融业强盛。

在英国,虽然国家不直接发行货币,但发行货币的资本集团是得到国家授权的。英格兰银行是英国的中央银行。1694年由英国皇室特许苏格兰人威廉·彼得森(William Paterson)等创办。初期主要为政府筹措军费,并因此取得货币发行权。1844年根据新银行法(《皮尔条例》)改组,分设发行部和银行部,后逐渐放弃商业银行业务,成为中央银行,1946年由工党政府收归国有。在美国,美元的发行权属于美国财政部,主管部门是

---

① 刘克祥、吴太昌主编:《中国近代经济史 1927—1937》下册,人民出版社 2010 年版,第 2202—2203 页。

② 尚明主编:《当代中国的金融事业》,中国社会科学出版社 1989 年版,第 27 页。

③ 吴念鲁、陈全庚:《人民币汇率研究》(修订本),中国金融出版社 2002 年版,第 4 页。

④ 《1949—1952 年中华人民共和国经济档案资料选编》(金融卷),中国物资出版社 1996 年版,第 14 页。

国库，具体发行业务由联邦储备银行负责。美国联邦储备系统是由国会组建的 12 个联邦储备银行作为国家的中心银行系统进行操作，虽然这 12 个储备银行是由资本集团组成，其形式像一个私营公司，但它们必须服从美国国会的监督，后者定期观察其活动并通过法令来改变其职能。同时，美联储必须在政府建立的经济和金融框架内行使职责。可见，在私人资本强大的英美国家，发行货币的信用，仍然不能脱离国家，因为国家垄断资本的力量更强大。

二 社会主义金融的本源和主要服务对象

强调金融要为实体经济服务是习近平总书记关于金融工作系列论述的重要理念。指出金融工作要"回归本源，服从服务于经济社会发展。金融要把为实体经济服务作为出发点和落脚点，全面提升服务效率和水平，把更多金融资源配置到经济社会发展的重点领域和薄弱环节，更好满足人民群众和实体经济多样化的金融需求"。[①] 并强调"金融活，经济活；金融稳，经济稳；经济兴，金融兴；经济强，金融强。经济是肌体，金融是血脉，两者共荣共生"。[②] 这些论述指明了中国特色社会主义金融发展的根本方向，是对马克思主义金融理论的继承和发展。

马克思的《资本论》是理解马克思主义金融理论的经典著作，它在劳动价值论基础上说明了货币的本质和运动规律；在剩余价值理论的基础上说明了资本的本质和运动规律；在资本流通过程中说明了货币资本的循环与周转；在资本主义生产的总过程中说明了生息资本、信用和虚拟资本的性质和作用；在生产过剩的基础上说明了货币危机和信用危机，等等。《资本论》对资本主义经济体系的解剖，揭示了现代金融的产生和运行规律，是我们理解现代金融发展规律的思想指引，也是习近平总书记关于金融工作重要论述的思想来源。马克思的理论观点对我们理解现代金融运行具有重要启示。

第一，生产是金融的基础，金融的产生与发展源于实体经济的需要。首先，人们的劳动交换产生了货币形态，它是社会劳动的一般等价形态；

———————

① 《习近平谈治国理政》第 2 卷，外文出版社 2017 年版，第 278 页。

② 《习近平关于社会主义社会建设论述摘编》，中央文献出版社 2017 年版，第 187 页。

/ 第十一章 社会主义市场经济运行的宏观调控 / 373

货币的产生过程就是一个便利人们交换的过程，它经历了偶然价值形式、扩大价值形式、一般价值形式和货币形式一步步促进商品经济发展，在促进商品交易更加便利、交易范围更加宽广的基础上，货币和金融的功能也逐渐增强。其次，在资本主义社会再生产的四个环节即生产、分配、交换和消费中，生产环节起支配作用。因为只有在生产环节中，资本主义生产的最终目的——剩余价值才被创造出来，它被包含在商品的货币价值形态中，它需要在分配过程中才能被识别出来，它还需要在流通和交换中完成"惊险的一跃"，才能实现其全部价值；最后，还需要在消费中证明商品使用价值的效用性，进而证明商品价值增殖的劳动的社会性。这个完整的过程都依赖于生产起点，所有关于商品、货币、资本的运动现象其实都只围绕一个目的，即为生产的剩余劳动实现社会劳动的效用性和劳动的价值增殖服务。

第二，金融脱离生产过程并不能创造价值。马克思指出，生息资本在资本关系中取得了最富有拜物教的表现形式。在这里，资本表现为自我增殖的、自行创造的物，生产过程和流通过程看不见了。马克思指出："正因为价值的货币形态是价值的独立的可以捉摸的表现形式，所以，以实在货币为起点和终点的流通形式 G…G'，最明白地表示出资本主义生产的动机就是赚钱。生产过程只是为了赚钱而不可缺少的中间环节，只是为了赚钱而必须干的倒霉事。"① 马克思还指出，借贷资本的运动形式与生息资本完全相同。一方面，借贷资本是一种财产资本，只有和产业资本相结合，才能发挥资本的作用；另一方面，产业资本的运动要经过生产过程和流通过程实现价值增殖，即商品资本循环，公式为 G－W…P…W'－G'（G 表示货币，W 表示商品，P 表示利润）。而借贷资本的运动却不是这样，从表面上来看，它既不包括生产过程也不包括流通过程；人们所能看到的，只是货币资本的贷出，并在一定的时期后带着增殖的价值返回到它的所有者手里。因此，它的公式是 G－G'。这"是生息资本本身所具有的运动的全部形式"。② 但是，借贷资本并不创造价值，货币资本倘若不经过生产过程的使用，并不能真正地自行增殖自己的价值。货币资本只有在产业

① 马克思：《资本论（纪念版）》第 2 卷，人民出版社 2018 年版，第 67 页。
② 马克思：《资本论（纪念版）》第 3 卷，人民出版社 2018 年版，第 390 页。

资本家的手中变为生产资本，通过生产过程，转化为商品资本（产品）并经过交换，才能实现价值增殖。所以 G – G'的公式，其实是这个运动过程的简化。

第三，现代金融体系的运动规律是由现代社会化大生产规律支配的，前者不可能离开后者单独存在。马克思认为，现代社会的经济运动规律实质上是资本主义经济的运动规律，资本定律是决定资本主义经济中一切范畴的基本逻辑。因此，现代社会的金融运行必然受资本运动规律所支配。有关资本运动的一切规律，包括剩余价值的生产、分配、交换以及资本的循环与周转、利润的平均化、经济危机以及资本主义经济的基本矛盾等，都成为支配金融运行的内在要求。因此，只有在资本主义经济的整体结构和运动过程中，才可能准确把握现代金融体系的运动规律。在社会主义条件下，社会化大生产的基本规律同样决定了金融运行的基本轨迹，对于社会化大生产而言，金融运行永远是从属性的，它来源于实体经济，从属于实体经济，在为实体经济服务中发展壮大自己，这就是中国特色社会主义金融的发展方向。

从中国的历史逻辑和现实逻辑来看，金融也是随着国民经济的发展而兴旺起来的，特别是改革开放以来，随着工农业、服务业等实体经济的发展，金融机构不断增多，金融业态不断增加，金融业资产和经营规模不断扩大。正如习近平总书记所说："不论经济发展到什么时候，实体经济都是我国经济发展、我们在国际经济竞争中赢得主动的根基。我国经济是靠实体经济起家的，也要靠实体经济走向未来。"[1] 2008 年国际金融危机爆发，重创了美西方国家的金融业和实体经济，但我国坚持独立自主、自力更生和对外开放相统一的正确方针，实体经济有效抵御了国际金融危机的影响，从而使我国金融业得到长足发展。2007 年我国 GDP 总量为 25.7 万亿元人民币，2018 年超过 90 万亿元人民币，增长了 2.5 倍；货物进出口总额从 2.17 万亿美元跃升为 4.6 万亿美元，增长了 1.1 倍；在此期间，金融业增长得更快。2018 年年末，国内金融机构主体持有的国内金融资产总额达 636.2 万亿元，是 2007 年年末的 4.79 倍，年均增长 15.3%，与 GDP 之比由 2007 年年末的 491.3% 上升至 692%。与 1991 年至 2007 年相比，

———————————

[1] 《习近平关于社会主义经济建设论述摘编》，中央文献出版社 2017 年版，第 116 页。

2008 年以来国内金融机构主体持有的国内金融资产增速超过了持有的国外金融资产增速。[①] 但从另一方面看，我国金融业增长更快的背后也隐藏了一些不正常的因素。这是由于自 2013 年后，我国经济发展进入新常态，处于增长速度换挡期、结构调整阵痛期、前期刺激政策消化期"三期叠加"阶段，消费结构发生变化，传统产业和高强度开发投资、房地产投资相对饱和，国外需求低迷，我国出口贸易低成本优势弱化，传统产业的产能过剩，因而导致实体经济边际利润率和平均利润率下降，大量资金流向虚拟经济，在金融体系内部循环，使资产泡沫膨胀。2016 年习近平总书记在中央经济工作会议上指出，经济运行的突出矛盾是"三大失衡"，其中一个就是金融和实体经济失衡。由于"增加的货币资金很多没有进入实体经济领域，而是在金融系统自我循环，大量游资寻求一夜暴富"，"在这样的背景下，金融业在经济中的比重快速上升，而工业特别是制造业比重下降"。[②] 针对这些不利于畅通国民经济循环的经济现象，习近平总书记一方面提出了以供给侧结构性改革为主线，改变粗放式增长方式，调整经济结构，改善供给体系与社会需求的适配性；另一方面从调整金融的发展方向入手，2017 年 7 月召开了第五次全国金融工作会议。会上习近平总书记强调，金融是实体经济的血脉，为实体经济服务是金融的天职，是金融的宗旨，也是防范金融风险的根本举措。[③] 由于以往金融业脱实向虚倾向一度较为明显，实体经济中最重要的制造业与虚拟经济间发展不平衡，导致我国制造业增加值占 GDP 的比重由 2016 年的 28.07% 下降至 2020 年的 26.29%。在以习近平同志为核心的党中央坚强领导下，这个势头很快得到遏制，2021 年我国制造业增加值占 GDP 的比重回升为 27.4%。《中华人民共和国国民经济和社会发展第十四个五年规划和 2035 年远景目标纲要》强调，要克服制造业占比过早过快下降的局面，保持制造业比重基本稳定。习近平总书记关于金融对实体经济的从属关系，要求金融为实体经济服务并强调其重要性，是马克思主义金融理论在社会主义金融实践和发展

---

① 引自易纲《再论中国金融资产结构及政策含义》，《经济研究》2020 年第 3 期。

② 中共中央文献研究室编：《习近平关于社会主义经济建设论述摘编》，中央文献出版社 2017 年版，第 114 页。

③ 《习近平在全国金融工作会议上强调服务实体经济防控金融风险深化金融改革》，《人民日报》2017 年 7 月 16 日。

376 / 中国特色社会主义政治经济学 /

中的创造性运用，是当代版的马克思主义金融理论观点，为我国金融和国民经济高质量发展，为保证我国实体经济健康持续发展和建设社会主义现代化强国发挥作用指明了前进方向。

三 社会主义金融调控怎样体现以人民为中心

以人民为中心、为人民服务是中国共产党发展经济和做好一切工作的宗旨，习近平总书记指出："坚持以人民为中心的发展思想，发展为了人民。这是马克思主义政治经济学的根本立场。马克思、恩格斯指出：'无产阶级的运动是绝大多数人的、为绝大多数人谋利益的独立的运动'。"① 在金融领域，他指出："强化金融服务功能，找准金融服务重点，以服务实体经济、服务人民生活为本。"② 习近平总书记关于金融工作重要论述的核心要义也是"为人民服务"，以人民为中心是社会主义金融运行的宗旨，目的是要让金融成为"人民的金融"。那么，社会主义金融运行怎样才能体现以人民为中心呢？

首先，社会主义金融运行要遵循人民福祉和价值增值统一的规律。马克思分析了商品经济和社会化再生产的原理，商品和资本运动只有通过生产、流通、分配和消费等环节，特别是完成"惊险的一跃"之后，才能使商品的使用价值实现社会的消费福利，商品和资本的价值实现价值增殖，这样才可能使社会再生产和扩大再生产进行下去。因此，人民的福祉和社会的福利体现为商品服务的使用价值的效用性和商品服务的价值增殖两个方面，实现这两者的统一，既是社会主义生产的目的，也是社会主义金融运行必须遵循的首要规律。与此相反，以资本收益最大化为目标导向是资本主义金融运行的基本规律，在这个目标导向下所追求的资源配置效率是资本主义市场经济的一般规律。在它作用下，商品服务的使用价值的效用性和商品服务的价值增殖这两者经常发生分离，这是资本主义金融必然脱实向虚，最终扭曲金融本源的内在客观必然性。恩格斯揭露了资本主义金融运行的本性，1890 年他在致康·施密特的信中说，虽然生产归根到

---

① 中共中央文献研究室编：《习近平关于社会主义经济建设论述摘编》，中央文献出版社 2017 年版，第 30—31 页。

② 《习近平总书记在中央政治局第 13 次集体学习的讲话》，《人民日报》2019 年 2 月 23 日。

底是决定性的东西，金融贸易一旦同生产相分离，就有了自己的发展规律。当金融贸易发展到证券贸易后，金融就不仅受生产所支配。在这种条件下，金融市场也会有自己的危机，工业的危机对这种危机只起从属作用。他还说："交易所并不是资产者剥削工人的机构，而是他们自己相互剥削的机构；在交易所里转手的剩余价值是已经存在的剩余价值，是过去剥削工人的产物。只有在这种剥削完成后，剩余价值才能为交易所里的尔虞我诈效劳。"①

列宁深刻揭露了金融资本的寄生性和腐朽性。金融资本的循环形式为 G – G'，金融资本家直接跳过了生产过程，从最初投入资本循环中的资本量到最后回到金融资本家手中的包含一部分剩余价值的增大了的资本量，给人一种"钱能生钱"的假象，利息、股息和分红等收入似乎就是资本本身结出的果实。金融资本的出现意味着，资本的积累方式不再仅仅通过价值和使用价值的转换来实现，资本的货币形式在资本的增殖和积累过程中逐渐占据主导和统治地位，资本主义因此具有了明显的寄生性和腐朽性。首先，作为金融资本产生基础的垄断，必然以垄断价格及人为方式阻碍技术进步，引起生产和技术的停滞趋势；其次，由于货币资本大量聚集于少数国家，以"剪息票"为生，根本不参加任何企业经营，终日游手好闲的食利者阶级就大大增长起来，而资本输出更使得食利者完全脱离生产，靠剥削海外殖民地的劳动为生；最后，帝国主义的寄生性和腐朽性还体现在政治上，食利者在经济上收买无产阶级的上层，在工人队伍中培养出一个特权阶层，成为资产阶级化的无产阶级，为机会主义的滋生提供了温床。②

社会主义金融运行要遵循人民福祉和价值增值统一的规律，就是要满足社会经济发展和人民群众的需要。从新中国成立 70 多年的历史经验来看，无论在社会主义初级阶段发展的任何时期，满足我国人民福祉和社会经济发展的首要前提是尽可能使具有劳动能力的人民群众得到就业和劳动的机会，实现人人有劳动权利的主人翁地位。当前，金融运行需要特别关

①《马克思恩格斯选集》第 4 卷，人民出版社 2012 年版，第 634 页。

② 列宁：《帝国主义是资本主义的最高阶段》，《列宁选集》第 2 卷，人民出版社 2012 年版，第 661—663 页。

注和支持大众就业、万众创新，支持人民群众发展社会需要的各行各业，在扩大国民经济循环的广度中做大做强做优创新型产业，不能只局限于考虑金融业自身的增殖利益，以金融业一枝独秀为运行目标。而应把百业兴旺作为金融运行的首要目标，尤其是实体产业兴旺更是重中之重。正如马克思所分析的那样，产业资本必须经过生产领域和流通领域，依次经过购买、生产和销售三个阶段，从而使商品进入消费领域，实现自身增殖。这个过程不仅是商品服务使用价值实现效用与价值增殖统一的过程，而且是劳动力进入就业和劳动的过程，金融应当促进这个过程的扩大和深化，实现人民福祉的最大化，同时在满足人民福祉的过程中发展壮大自己。产业和实体经济根深蒂固，金融才能枝繁叶茂；产业和金融循环畅通，产业才能蓬勃发展，人民群众才能获得更多就业机会，因此必须把更多金融资源配置到经济社会发展的重点领域和薄弱环节上来。

其次，社会主义金融要有助于实现人民群众共同富裕的目标。共同富裕是社会主义的本质要求，也是社会主义国家发展经济的原动力。马克思、恩格斯说，在未来社会"生产将以所有的人富裕为目的"，"把增进人民福祉、促进人的全面发展、朝着共同富裕方向稳步前进作为经济发展的出发点和落脚点，这一点。我们任何时候都不能忘记"。[①] 实现共同富裕需要全体人民共同努力，更需要发挥国家的经济职能。正如本书前述，社会主义金融作为国家行使资源配置的工具，发挥着社会财富的分配与再分配、生产关键产品和社会公共产品的投资工具、对社会生产进行管理和调节三大经济职能，应当充分发挥金融的国家经济职能作用，按照社会主义市场经济规律的要求，科学合理地对资源进行配置，对国民经济运行进行科学合理地管理和调节，使金融运行更符合人民走向共同富裕的目标。近几年来，国家提出的"六稳""六保"的经济工作方针，不仅是在抗疫斗争中稳定经济发展的客观需要，也是国家的财政货币政策，在需求管理中把握金融财政运行的基本目标和考量。

当前，为我国大多数中低收入群体创造收入的小微企业、农村合作组织以及方兴未艾的灵活就业形式在经济社会发展，特别是群众就业中发挥

---

① 中共中央文献研究室编：《习近平关于社会主义经济建设论述摘编》，中央文献出版社2017年版，第31页。

／第十一章 社会主义市场经济运行的宏观调控／ 379

着越来越重要的作用，这种重要的经济活动和现象，应当引起金融的关注。首先，目前我国最大量的市场主体是小微企业。截至2021年年底，我国共有在业/存续的市场主体1.54亿家，其中，2021年新增市场主体2887万户，在新增主体中企业901万户，个体工商户1986万家。[1] 这就是说，中国的市场主体的增长主要是中小企业和个体工商户，所以，就业政策的重点，金融支持实体经济发展的着眼点，必须放在这1亿多个小企业和个体工商户上。其次，在我国总就业人口中。2021年城镇新增就业1269万人，比上年多增83万人，其中既有新毕业高校学生，也有来自农村的居民；当年农民工总量29251万人，其中，外出农民工17172万人，[2]通过登记注册的市场主体实现就业只占其中一部分，大量青年劳动力被灵活就业形式所吸纳。这是因为，正规市场主体对就业的边际带动能力逐渐减弱，平均每新增一个市场主体对应的城镇新增就业数量，从2015年的0.9个，持续下降到2021年0.44个。因此，即便市场主体增加较快较多但新增就业相对较少，这种现象反映了正规市场主体对劳动力就业吸引力减弱，而灵活就业渠道的吸引力增强。根据国家发展改革委员会数据，2021年创业带动就业示范行动带动就业200万人。[3] 最后，当经济社会发展迈入信息化、数字化和网络化之后，技术创新往往是由小企业发起的。大企业一般很难积极参与颠覆性的技术创新，因为创新意味着要打破以往的常规，意味着要打破以往建立的秩序，这就会破坏沿袭以往常规和秩序带来的低成本循环的好处，而破坏则意味着要承受未知的风险和高成本，还意味着要重组其自身在其中已占据垄断地位的产业体系。在财务上，则意味着可能要处理大量的与旧技术和旧工艺相关联的沉没成本，等等。小企业则不然，它们没有包袱，欢迎快速发展的科学技术和相应的社会经济结构变革。它们只有对未来美好的期望和超越现状的激情。所以，创新，特别是颠覆性创新，大都产生自小企业。从中很可能会成长出大量高新

---

[1] 商务部国际贸易经济合作研究院信用研究所等：《中国市场主体发展活力研究报告2021》，2022年3月。

[2] 国家统计局：《中华人民共和国2021年国民经济和社会发展统计公报》，《人民日报》2022年3月1日。

[3] 国家发改委：《关于2021年国民经济和社会发展计划执行报告与2022年国民经济和社会发展计划报告》，《人民日报》2022年3月12日。

科技企业甚至所谓"独角兽"来。因此，新设立的北京证券交易所，直接就把自己的服务对象定位在"专精特新"小企业上。2018年以来，国家发改委、工信部等部门提出要开展专精特新"小巨人"企业培育工作，工信部在2019—2021年公布的三批专精特新"小巨人"企业数量已达4762家。2021年7月国务院有关部门提出了加快培育发展制造业优质企业的指导意见，力争到2025年，梯度培育格局基本成型，发展形成万家专精特新"小巨人"企业、千家单项冠军企业和一大批领航企业。可见，金融促进共同富裕的着力点很多，也很现实，发挥作用的舞台和空间十分广阔。

最后，社会主义金融运行要努力满足人民群众对美好生活的愿望和需求。我国全面建成小康社会以后，社会主要矛盾已经转化为人民群众对美好生活的愿望与发展不充分、不平衡的矛盾。在经济和金融工作领域，努力满足人民群众对美好生活的愿望和需求成为主要内容。这是习近平总书记强调"普惠金融"的社会经济大背景和大逻辑。在新的发展阶段，人民群众对金融的需求日益增长，因此习近平总书记提出："发展普惠金融，目的就是要提升金融服务的覆盖率、可得性、满意度，满足人民群众日益增长的金融需求，特别是要让农民、小微企业、城镇低收入人群、贫困人群和残疾人、老年人等及时获取价格合理、便捷安全的金融服务。"① 这就要求金融服务不仅应在生产领域中扩大覆盖面，摒弃"嫌贫爱富"、利率优先的经营理念，为弱势生产者提供优惠的金融服务；而且要把金融服务扩大到消费领域和社会保障领域，扩大消费贷款和社会保障方面的融资业务，同时要让利于弱势群体，使他们获得价格合理和便捷的金融服务。

绿色发展是新发展阶段人民群众对美好生活愿望的重要需求，也是贯彻五大新发展理念的一项任务。因此金融要发挥应有作用，大力发展绿色金融，对此习近平总书记也有重要指示："发展绿色金融，是实现绿色发展的重要措施，也是供给侧结构性改革的重要内容。要通过创新性金融制度安排，引导和激励更多社会资本投入绿色产业，同时有效抑制污染性投

---

① 《习近平在中央全面深化改革领导小组第十八次会议上的讲话》，《人民日报》2015年11月10日。

／ 第十一章　社会主义市场经济运行的宏观调控 ／　381

资。要利用绿色信贷、绿色债券、绿色股票指数和相关产品、绿色发展基金、绿色保险、碳金融等金融工具和相关政策为绿色发展服务。"[1] 这些论述是金融业务为绿色发展服务的战略性指导，也是马克思主义金融理论在社会主义条件下的原创性贡献和发展。

---

[1] 《习近平在中央全面深化改革领导小组第二十七次会议上的讲话》，《人民日报》2016 年 8 月 31 日。

第十二章 社会主义国家治理体系与治理能力现代化

第一节 中外国家治理的历史经验与借鉴

一 中华民族的历史遗产

中华民族创造了灿烂的古代文明，形成了关于国家制度和国家治理的丰富思想。春秋时期的"治"与"乱"相对，国家管理得有条理、有秩序称为治。战国时期"治"的使用更加普遍，文献多见。对于"理"的阐释有《管子校注》："能行日新，可谓行之理也。"此处之"行理"，即按照事物的规律行事。这里的"理"都是指顺应事物的内在规律。可见，在先秦思想家和政治家那里，理已演变为遵循规则、规律、道理、秩序行事之义。至战国晚期，治与理二字合二为一，形成了"治理"一词。如荀子云："然后明分职，序事业，材技官能，莫不治理，则公道达而私门塞矣，公义明而私事息矣。可见至战国晚期，人们已将治与理二字的引申义合并为'治理'一词，指国家管理应按照某种规律、规则行事之义。"① 中国古代的国家治理思想，如"大道之行，天下为公的大同理想，六合同风、四海一家的大一统传统，德主刑辅、以德化人的德治主张，民贵君轻、政在养民的民本思想，等贵贱均贫富、损有余补不足的平等观念，法不阿贵、绳不挠曲的正义追求，孝悌忠信、礼义廉耻的道德操守，任人唯贤、选贤与能的用人标准，周虽旧邦，其命维新的改革精神，亲仁善邻、协和万邦的外交之道，以和为贵，好战必亡的和平理念，等等"。② 形成了一整

---

① 参见卜宪群《中国古代"治理"探义》，《政治学研究》2018 年第 3 期。
② 《习近平谈治国理政》第 3 卷，外文出版社 2020 年版，第 120 页。

／ 第十二章　社会主义国家治理体系与治理能力现代化 ／　383

套国家制度包括朝廷制度、郡县制度、土地制度、税赋制度、科举制度、监察制度、军事制度等在内的国家制度和国家治理体系，为周边国家和民族学习和模仿。

（一）以儒家思想为国家治理的伦理基础

自周公提出"敬德保民"的治国之道，中华民族便逐渐形成了重德治教化的传统。孔子提出了一个伦理与政治相结合的治世方略，"克己复礼，天下归仁焉"。孔子认为从长远来看，道德比行政和法律的手段更为有效。孟子进一步提出"仁政"思想。荀子吸收了法家思想，既隆礼又重法，认为"治之经，礼与刑"，但还是以礼为重。西汉董仲舒提出德主刑辅的主张。法家思想与此相反，管子和韩非子都提出了"以法治国"思想，认为"法"是衡量人们言行是非、曲直功过的客观标准，是普天下之民众应该遵守的行为准则，是保证国家平稳顺利发展的根本保障。《管子·任法》："君臣上下贵贱皆从法，此谓为大治。"故上令而下应，主行而臣从，此治之道也。商鞅的法治思想更为直接，主张以严刑峻法进行治理。李悝在魏国魏文侯的支持下进行变法，推行新政。其中之一就是制定了《法经》。它不仅是中国成文法典的滥觞，也是中国封建刑法学体系的基础。商鞅入秦为相，直接将《法经》带入秦国，将法改为律，在之后的成文法典中律作为法被广为使用。商鞅将秦朝的律法推向高潮。直至汉代，刘邦制定汉律，也是参考秦律。德治和法治之争涉及上层统治者用什么样的手段去治理社会、维持社会生活正常运转的问题，它贯穿以后历代历朝的治理理念中。此后，一些著名思想家、政治家的主张都在一定程度上反映了这种观念。当然，从历史经验看，不论是只用德治还是只用法治，都无法保证王朝的永续发展。

中国古代的法律发展到唐朝，就已经形成了比较系统、条理完备的法典。后世的法典大多都借用唐律，唐律不仅对国内产生影响，对外国，如日本，东南亚诸国也产生了巨大的影响。但从汉武帝"罢黜百家，独尊儒术"之后很长封建社会的历史，统治者更重视以儒学为基调的"德治"，而法治则相对处于从属地位。国家治理的主体，官僚队伍的补充也主要从儒学精英中选拔，而精通律例的专业人士只能充当政府主官的幕僚。

以儒学为基调的"德治"之所以更受推崇，主要原因是：（1）"德治"以"仁爱"的面目出现，与儒家"民为邦本"的思想更接近。秦朝二世而亡给予统治者极大震撼，严苛的统治和严刑峻法并不带来长治久安，相反一朝覆亡。《资治通鉴》总结的一句话就是"善为国者不欺其民，善为家者不欺其亲"。儒家的仁爱可以使统治带有"善意"。（2）儒家学说是一种普遍的道德伦理和纲常规范，它对帝王、官僚、百姓的言行举止都普遍适用，而律例则有大量的行为规范盲区，特别是对帝王没有作用，更没有言论的道德制高点优势，秦二世而亡的一个重要原因就是没有可以规范和劝谏秦始皇的说法。同时儒家学说又是知识分子"修身齐家"的必要课程，这是充当官员的前提，古代社会对官员也要求德才兼备，《资治通鉴》卷一《周纪》说"才者，德之资也；德者，才之帅也"。意思是才能是德行的凭借，德行是才能的统率。而律例则只能提供法律专业知识，而无"德"的陶冶功能。对于百姓众生、社会百业，无论是世井商贾，还是乡野村社，儒家学说既有教化功能，而且是古代乡绅治理、家族治理的依据，而这些言论行为规范的要求，则不可能为律例所完全包括。（3）秦始皇统一六国后，中国历史上就是一个疆域辽阔的国家，各地社会经济发展和风俗很不同，律例可以在法律上保障大一统，但不可能形成统一的价值观和文明形态，而儒家思想就是中国古代各阶层、各地区所有人的共同价值观和文明需求，它是中国大一统更深层的因素。（4）从治理成本考虑，儒家学说的教化作用以及维护的乡绅治理、家族治理，寓政治、社会和文化治理于一体，大大节约了王朝的法治成本。中国古代只在县一级设立政府，所谓"皇权不下县"，法治所需要的大量治理成本实际上被儒家学说的功能所承担了。

（二）对社会经济的治理

中国古代中央集权的王朝，其基本的经济基础是分散的中小地主制经济和庞大的自耕农群体，这是王朝获取农业赋税的可靠来源。但是中央集权的王朝不能避免地主制经济的土地兼并，不能避免皇室和大官僚对于工商业的染指和垄断，不能避免皇室、大官僚和大地主与王朝争夺剥削利益的矛盾，因此在中国古代的封建社会运行中，中央集权的王朝与皇室、大官僚和大地主的矛盾是仅次于地主阶级与农民阶级的重要矛盾。所有关于王朝内部社会经济治理的争论或"改革"，都是围绕这一矛盾发生的。对于土地兼并或圈禁、对盐铁、高度酒、贵金属的开采和冶炼，对于大宗商品的运输调拨，对于主要运输线路的运营，都是历朝历代中央政府内部争

/ 第十二章　社会主义国家治理体系与治理能力现代化 / 385

论的话题，从西汉吴王刘濞铸钱被削藩、桑弘羊坚持盐铁官营、北宋王安石变法、张居正实行"一条鞭法"、清康熙的禁止八旗圈地、清雍正的"摊丁入亩"等，都是为维护中央集权王朝，修补封建地主制经济所产生的治理理念和实践。

（三）行政和吏治

官僚行政体制是中国古代王朝政治治理的重要内容。中国自周秦进入封建地主制经济后，逐步形成大一统中央集权的王朝，但长期以来中国古代政治制度存在的重要矛盾，一个是中央集权王朝与地方贵族或军阀的矛盾；这从周秦到唐代都存在，唐"安史之乱"达到高潮；另一个是最高统治者皇帝与官僚集团的矛盾。秦朝在中央设立丞相、御史大夫、太尉（三公）和九卿。唐朝在中央实行三省六部制，三省为中书省、门下省和尚书省；六部为吏、户、礼、兵、刑、工。明朝废除丞相，分权六部，由皇帝亲自掌管；设殿阁大学士以备皇帝顾问。明成祖时正式设立内阁。清朝雍正时设军机处，实际是皇帝的秘书处。总的趋势是，地方势力日渐式微，中央权力不断增强；中央官僚机构日趋完善并形成严密的体系，有利于提高行政效率；君权加强，相权削弱，专制中央集权空前强化。

中国古代政治体制的优劣和效率很大程度上取决于官僚队伍的素质，因此开科取士成为绵延不绝的重要制度，这是吏治的基础。《资治通鉴》总结的一条重要经验是"任人当才，为政大体"。范仲淹说的"居庙堂之高，则忧其民；处江湖之远，则忧其君"，"先天下之忧而忧，后天下之乐而乐"，则是知识精英为官应当追求的精神境界。除了对知识精英人士的道德和精神约束，中央集权政府对于官员的监察和惩罚制度也很严密。秦汉时期秦朝在中央设立御史大夫，位列三公，以贰丞相，御史府为其官署，掌握天下文书和监察，在地方上，皇帝派御史常驻郡县，称"监御史"，负责监察郡内各项工作。汉承秦制，唐宋以后，中央政府的检察制度也日益完备，惩罚制度也很严厉，明朝朱元璋对官员贪污的惩罚到了极为恐怖的程度。尽管如此，古代封建王朝的吏治腐败仍然无可挽回地把王朝推向灭亡。

（四）军事与边防治理

军事治理是政治治理的另一重要内容，对于王朝的安危至关重要。中国古代军事制度古称"军制""兵制"。主要内容包括：兵役制度、军事体制、管理训练、军队职官、军队调动与战时指挥、粮饷/兵器与马政保障等各项制度。其中最重要的是兵役制度、军事体制。纵观中国古代兵制，征兵、军户、募兵相继出现，又互相掺杂，总的来说，征兵制随着时代的发展，越来越不能满足封建国家的需要；军户制，因为兵农合一，不用政府出钱养兵而受推崇较多，但容易废弛破坏的毛病无法根除；北、南宋的募兵则最为失败，因为花了钱又养不出能战之兵，清朝的募兵制相对成功一些，清代普通百姓几乎没有兵役负担，生产得到发展，人口大量增加，然而募兵制的顽症——吃空饷则一直从清延续到新中国成立。在王朝的常备军出现后，中央政府的军事体制就划分为军政（军队的日常行政和训练）、军令（调兵遣将）、指挥（行军打仗）三项权力。帝王握紧军令权不放，也就抓牢了军事的核心权力。在宋代，为了防止出现军事将领的叛变，甚至把军政与指挥分离，使将不知兵，兵不识将，虽然对抵御外敌很不利，但对于防范内忧却比较有效。与军事治理紧密相关的是边防治理，在中华民族大融合的历史进程中，中原王朝与周边部落的战争频繁，其胜负与功罪任后人评述，边防治理的特点与利弊也难以尽述，但《资治通鉴》总结的一条重要经验十分深刻："国虽大，好战必亡；天下虽平，亡战必危。"大国好战，必然灭亡，天下太平，放弃武备也必然危险，这是至理名言。

二　西方资产阶级国家治理的借鉴

英文中的"治理"（Governance）概念源自古典拉丁文和古希腊语。原意是控制、引导之意。13世纪在法国曾流行过，曾是表达政府开明与尊重市民社会的一种统治方式。在17世纪和18世纪，治理是关于王权与议会权力平衡的讨论所涉及的重要内容。这些讨论引发了民众权利和社会理念。从历史上看，治理理念曾为资产阶级走向政治权力中心作出过贡献。1989年世界银行在描述非洲问题时，曾用了"治理危机"（Crisis in Governance）一词，此后，国际多边和双边组织、学术团体和民间自愿组织都把治理作为常用的词汇，并被广泛地运用到政治学、经济学、社会学和管理学各个领域中。

概括起来说，近代以来，西方国家在反封建过程中建立了资本主义国家治理模式。虽然西方资本主义各个国家的治理模式也不完全相同，但却

/ 第十二章 社会主义国家治理体系与治理能力现代化 / 387

有共同的基本特征。主要表现为：在政治制度上实行多党轮流执政，立法权、行政权、司法权的三权分立，议会制，军队国家化；在经济制度上实行私人财产权、强调市场自由竞争；在文化上实行多元化，等等。不可否认，西方资本主义国家治理模式，在历史上推动经济社会发展方面曾起过积极作用，而且是迄今为止世界上基本定型的国家治理现代化的模式。但从 20 世纪 90 年代以来，西方国家的治理模式受到来自自身社会的质疑，而新的治理理念在西方国家受到高度关注，其深层的原因是，在社会资源的配置中，在一些领域既出现市场失灵，而且国家的干预也同样失效。西方政治学家和管理学家于是热衷于从"治理"中寻找出路。希望通过治理来拯救市场与国家之间协调的失败。这是西方国家社会结构长期变化的反映。随着西方国家中等收入群体的壮大，公民社会的成长，垄断资本随心所欲操纵社会和社会舆论越来越困难，而西方国家"三权分立"的政治体制又加剧了社会撕裂。这种国家—社会—市场相互关系的长期变化，迫使垄断资本需要寻找新的途径来实现自己的统治，于是"新公共治理理论"应运而生，英国"第三条道路"理论①就是这个理念的典型代表，其核心观点是，重视民间自治与公众参与的力量，建立政府、市场与公民社会的信任合作，根据公共事务的复杂性、多样性、动态性，建立一个市场自组织、社会自治理、分层级的政府治理以及它们之间有效合作的公共事务治理体系。这种由政府单一治理主体变为"多元共治"，服从关系变为合作关系，执行命令的单向模式变为互动关系模式的新治理理念，也被作为对民主化和人权的新的不懈追求，在西方国家受到热烈的追捧。随着经济全球化的发展，尽管各国在融入全球化中都让渡了部分国家主权，在世界范围内建立了联合国和世界贸易组织这样类似于民族国家政府的"世界政府"，但它的控制力远远逊于任何一个哪怕很弱的民族国家政府，因此在世界范围内处理跨国公共事务，就更需要所谓的"全球治理"。于是，1995 年全球治理委员会在《我们的全球伙伴关系》研究报告中，把治理定义为：治理是各种公共的或私人的个人和机构管理其共同事务的诸多方

---

① 《第三条道路：社会民主主义的复兴》是英国伦敦经济学院院长安东尼·吉登斯（Anthony Giddens）创作的政治学著作，首次出版于 1998 年。中译本为郑戈翻译，北京大学出版社 2000 年版。"第三条道路"是在对凯恩斯主义、新自由主义和传统左右派理论分析对比的基础上提出来的，是第二次世界大战后资本主义进行的一次调整。

式和总和。它既包括有权迫使人们服从的正式制度和规则，也包括各种人们同意或以为符合其利益的非正式的制度安排。它有四个特征：治理不是一整套规则，也不是一种活动，而是一个过程；治理过程的基础不是控制，而是协调；治理既涉及公共部门，也包括私人部门；治理不是一种正式的制度，而是持续的互动。① 总之，治理虽然出自政府，但它的行动包括全社会的努力，治理的能力不完全取决于政府自身的执行力，也包括政府动员社会、使用新的工具和技术来控制和引导社会的能力。西方学者高度评价治理的新内涵，认为这是人类追求政治文明进步和社会发展的新理念和新思路，标志着人类对社会发展规律有了新的和更深刻的认识。但是这一套治理理念有一个根本性的缺陷，那就是，强调社会的自组织、自治理基本上是空想，西方国家社会撕裂的现象日趋严重，这个事实就证明，"公共治理理论"在政治和社会治理实践中的基本失败。新所谓自组织、自治理要么沦为资本的附庸，要么沦为无政府主义，因为它缺乏超越政府的自组织、自治理的核心力量和统一的价值观。但是，不可忽视的是，在国家—市场—公民社会的治理机制中，政府在管理社会公共事务中也出现了一些新现象，"我们从来不排斥任何有利于中国发展进步的其他国家治理经验，而是坚持以我为主、为我所用，去其糟粕，取其精华"。② 这些现象值得我们研究借鉴。

第一是政府购买公共服务。面对巨大的财政压力和服务需求不断增长之间的矛盾，政府按照"公私合作伙伴"的理念出发，全面建立健全政府购买公共服务制度，将社会组织、市场组织全面纳入公共服务提供的行列中，从而达到降低服务成本、提高服务质量和效率，成为西方发达国家一个较为成熟的治理经验。美国、英国、新西兰、澳大利亚等国家已经建立了包括立法、招投标、公开竞争、操作流程、服务评估等在内的一套成熟运作机制。大量的社会组织，已经成为诸多关乎民生领域公共服务的主要提供者。如英国政府早在1990年公布的公共医疗和社区关怀法中就明确规定，中央政府拨付的特殊款项中的85%，必须以竞争招标的方式，向私营或非政府组织购买。根据美国城市研究所的一项针对拥有10万美元以

---

① 联合国全球治理委员会：《我们的全球伙伴关系》，牛津大学出版社1995年版，第23页。
② 《习近平谈治国理政》第3卷，外文出版社2020年版，第123页。

上资产的慈善非营利组织参与公共服务供给的情况调查表明，2012 财年，全美联邦政府与具有规模以上慈善组织签订的合同数和补助项目为 55702 个，购买服务总支出为 137.4 亿美元。其中，人类服务和健康服务是政府购买服务的重点对象，这一点从其年度服务购买支出额中可见一斑，如 2012 年度购买人类服务和健康服务的支出额分别为 80.5 亿美元和 36 亿美元，分别占到年度购买支出总额的 58.6% 和 26.5%。这一机制的应用，为真正的服务型政府提供了有意义的借鉴。

第二是公众参与机制。社会公众作为社会发展与治理的核心主体之一，能否有效参与到社会公共政策的制定过程，直接决定着社会治理的成效。以人为本，依法确保公众在行政立法、城市规划、城市管理、社区服务、环境保护、历史文化遗产保护、社区治理等诸多领域中的参与权、知情权和自治权，充分吸纳社会民意、汇集民智，是西方发达国家有效化解社会矛盾，促进社会公平发展的重要经验之一。例如，美国纽约在城市规划编制过程中，依法制订详尽的公众参与计划，形式包括公民咨询会、公众听证会、访谈、问卷调查、媒体讨论、社区讲座以及社区规划的分组讨论及汇总等。市规划局所收集的资料、研究成果及提出的规划建议，必须提交由公众参与的定期研究会议进行讨论和确定，在提交给市规划委员会和市议会决策之前，必须召开各种形式的公众听证会。据研究表明，参与纽约大都市区规划的人员包括来自 5 个区（实际上是相对独立的自治市）、59 个不同的当地社区委员会、13 个城市规划委员会、政府有关部门，加上近千名城市、州、联邦机构的工作人员和城市各非赢利团体在内的各界人士，总计 1700 人。

第三是劳资关系协调机制。在经济社会的转型发展中，必然会出现各种各样的社会利益冲突和社会矛盾，是否具备健全的社会利益协调机制，直接关系着一个社会的持续稳定与和谐程度，更是一个成功的社会治理体系必须解决的核心任务。纵观西方发达资本主义国家，在长期发展演变过程中，之所以能够保持社会的总体稳定和谐，除了国家不断调整收入分配结构，进而培育了大量的中产阶层外，与其健全、成熟、有效的劳资关系协调机制具有直接关系。目前，依法组建不同级别的工会和雇主利益组织，实施劳资双方的社会对话、社会伙伴和包括政府在内的三方集体谈判制度，已经成为西方发达国家有效平衡劳资关系、协调政治利益的重要制度之一。例如法国有 1919 年的《劳工法案》、1950 年的《劳资协议法》、1982 年的《奥罗法》等法律依据，全面确立了劳资双方自愿进行集体谈判的原则，规定集体协议每年必须进行谈判，并对集体协议的具体内容进行了规范，将集体协商谈判制度作为解决劳资纠纷的主要手段。德国政府依法强制资方实行"工人参与管理"的制度，实行工资由劳资双方协商决定的制度。日本的大多数企业都实行劳资协商会议制度，目的是要加强劳资双方的沟通与合作，使企业在提高生产率的同时改善工人的劳动条件。正是这种成熟的集体谈判制度，通过公平、公正的方式，依法保护了劳资双方应有的合法权益，实现了多方利益的均衡，及时化解了有可能进一步升级的社会矛盾。

三 新中国前三十年国家治理的实践和经验

新中国成立后，中国共产党面临的主要任务是，实现从新民主主义到社会主义的转变，进行社会主义革命，推进社会主义建设，为实现中华民族伟大复兴奠定根本政治前提和制度基础。社会主义国家治理的实践和主要经验是：

（一）坚持建设人民民主专政的国体

在纪念中国共产党成立 28 周年时，毛泽东就指出了社会主义国家治理的政治前提就是："总结我们的经验，集中到一点，就是工人阶级（经过共产党）领导的以工农联盟为基础的人民民主专政。这个专政必须和国际革命力量团结一致，这就是我们的公式，这就是我们的主要经验，这就是我们的主要纲领。"[1] 1954 年，召开第一届全国人民代表大会第一次会议，通过了《中华人民共和国宪法》。在政治体制上，建立了体现民主集中制原则，反映广大人民群众诉求和利益的人民代表大会制度、中国共产党领导的多党合作和政治协商制度、在党与民主党派的关系上实行"长期共存、互相监督"的方针，以及民族区域自治制度，为人民当家作主提供了制度保证。党领导实现和巩固了全国各族人民的大团结，形成和发展各民族平等互助的社会主义民族关系，实现和巩固全国工人、农民、知识分子和其他各阶层人民的大团结，加强和扩大了广泛统一战线。社会主义制

---

① 《毛泽东选集》第 4 卷，人民出版社 1991 年版，第 1480 页。

度政治制度的建立，为我国一切进步和发展奠定了重要基础。

（二）坚持构建社会主义基本经济制度

1953年，党正式提出过渡时期的总路线，即在一个相当长的时期内，逐步实现国家的社会主义工业化，并逐步实现国家对农业、手工业和资本主义工商业的社会主义改造。党在社会主义建设中发扬革命战争年代的光荣传统，依靠人民、发动群众，尊重群众的首创精神，1952年毛泽东热情支持了普通农民王国藩创办的"三条驴腿"的穷棒子合作社，党通过发动群众，仅在三四年时间就基本完成了农业合作化运动，结束了中国几千年土地私有制的历史，完成了历史上最广泛最深刻的社会变革。1956年，我国基本上完成对生产资料私有制的社会主义改造，基本上实现生产资料公有制和按劳分配，建立起社会主义经济制度。党的八大根据我国社会主义改造基本完成后的形势，提出国内主要矛盾已经不再是工人阶级和资产阶级的矛盾，而是人民对于经济文化迅速发展的需要同当前经济文化不能满足人民需要的状况之间的矛盾，全国人民的主要任务是集中力量发展社会生产力，实现国家工业化，逐步满足人民日益增长的物质和文化需要。在探索社会主义工业化建设中，毛泽东鼓励中国人民的创造，1960年他批转了鞍山钢铁厂在企业管理中实行"两参一改三结合"的经验，认为这是中国工业的"鞍钢宪法"。①党提出努力把我国逐步建设成为一个具有现代农业、现代工业、现代国防和现代科学技术的社会主义强国，领导人民开展全面的大规模的社会主义建设。经过实施几个五年计划，我国建立起独立的比较完整的工业体系和国民经济体系，农业生产条件显著改变，教育、科学、文化、卫生、体育事业有很大发展。"两弹一星"等国防尖端科技不断取得突破，国防工业从无到有逐步发展起来。

（三）坚持中国共产党领导，奠定了党引领国家治理的基础

中国共产党充分预见到在全国执政面临的新挑战，早在解放战争取得全国胜利前夕召开的党的七届二中全会就向全党提出，务必继续保持谦虚、谨慎、不骄、不躁的作风，务必继续保持艰苦奋斗的作风。新中国成

---

① 毛泽东第一次把鞍钢的管理模式命名为"鞍钢宪法"。"鞍钢宪法"的核心内容是实行党委领导下的厂长负责制、坚持政治挂帅、大搞群众运动、大搞技术革新和技术革命，实行"两参一改三结合"。"两参一改三结合"是指工人参加管理、干部参加劳动、改革不合理规章制度，以及在技术革新中实行技术人员、工人、干部三结合的措施。

立后，党着重提出执政条件下党的建设的重大课题，从思想上组织上作风上加强党的建设、巩固党的领导。党加强干部理论学习和知识培训，提高党的领导水平，要求全党特别是党的高级干部增强维护党的团结统一的自觉性。党开展整风整党，加强党内教育，整顿基层党组织，提高党员条件，反对官僚主义、命令主义和贪污浪费。党高度警惕并着力防范党员干部腐化变质，坚决惩治腐败。这些重要举措，增强了党的纯洁性和全党的团结，密切了党同人民群众的联系，积累了执政党建设的初步经验。

党的建设和治理，深刻地全面地影响了整个国家的治理，党的为人民服务的宗旨，成为各级政府和所有国家公务员的工作方向以及价值观导向；党的民主集中制原则，成为国家政治生活的准则；批评与自我批评的作风、密切联系人民群众的作风，成为各级人民政府、企业、事业单位领导班子的工作规则；党树立的优秀党员干部焦裕禄的典型，成为所有国家公职人员学习的榜样。党引领国家治理使中国的政治面貌发生了历史性的深刻变化，极大扫除了旧中国的衙门恶习和官僚作风，树立了人民政府的崭新形象。

（四）坚持马克思主义和社会主义意识形态的主导地位

在社会、文化和精神领域，中国共产党坚持马克思主义和社会主义意识形态的主导地位，在教育、科技、文学艺术、哲学社会科学等领域，坚持马克思主义和社会主义意识形态的主旋律，在城乡大规模移风易俗，扫除封建迷信，普及科学知识，反对个人主义和拜金主义，提倡集体主义和无私奉献。党注重在工人、农民、解放军战士中树立优秀典型，号召全体人民向他们学习，形成了全新的社会面貌和社会风气。在意识形态领域，党高度重视同资产阶级思想做斗争，同时也注意这种斗争的政策界限。在新民主主义革命时期，毛泽东就指出："一部分共产党员被资产阶级所腐化，在党员中发生资本主义思想，是可能的，我们必须和这种党内的腐化思想作斗争；但是不要把反对党内资本主义思想的斗争，错误地移到社会经济方面，去反对资本主义的经济成分，我们必须明确地分清这种界限。"[1] 在社会主义建设中，虽然情况变了，但是与资产阶级思想作斗争的基本方向没有变，在斗争中把握政策界限的原则也没有变。

---

[1] 《毛泽东选集》第3卷，人民出版社1991年版，第793页。

／ 第十二章　社会主义国家治理体系与治理能力现代化 ／　393

（五）坚持独立自主的对外关系治理原则

在经济建设中，党根据国际环境的严峻形势，提出了以自力更生为主，争取外援为辅的经济治理方针；在外交上，倡导和坚持和平共处五项原则，坚定维护国家独立、主权、尊严，支持和援助世界被压迫民族解放事业、新独立国家建设事业和各国人民正义斗争，反对帝国主义、霸权主义、殖民主义、种族主义，彻底结束了旧中国的屈辱外交。党审时度势调整外交战略，推动恢复我国在联合国的一切合法权利，打开对外工作新局面，推动形成国际社会坚持一个中国原则的格局。党提出划分三个世界的战略，作出中国永远不称霸的庄严承诺，赢得国际社会特别是广大发展中国家尊重和赞誉。在军队和国防治理上，人民解放军得到壮大和提高，由单一的陆军发展成为包括海军、空军和其他技术兵种在内的合成军队，为巩固新生人民政权、确立中国大国地位、维护中华民族尊严提供了坚强后盾。

（六）坚持正确处理两类不同性质矛盾，形成国家各方面治理总方针

在处理社会矛盾和社会治理中，毛泽东提出了严格区分和正确处理敌我矛盾和人民内部矛盾这两类不同性质的矛盾，指出只能用批评和说服教育的办法来处理人民内部矛盾。在社会主义建设方面，要正确处理我国社会主义建设的十大关系，走出一条适合我国国情的工业化道路。在经济领域，要尊重价值规律，运用商品生产关系。在科学文化工作中实行"百花齐放、百家争鸣"的方针等。这些独创性理论成果至今仍有重要指导意义。

第二节　中国特色社会主义实践中的国家治理

一　改革开放后的新探索、新实践

改革开放后，国家治理面临的最迫切任务是清理和扫除"文化大革命"遗留的错误、澄清思想混乱以及弥补"欠账"问题，为国家治理走上正常的发展轨道创造必要的前提和条件。这些任务主要表现为：

（1）正确总结新中国成立以来30年的经验教训。从1979年11月开始党中央决定起草《关于建国以来党的若干历史问题的决议》，在党内经过广泛讨论，反复修改，历时19个月，到1981年6月党的十一届六中全

会通过，为全党正确认识新中国30年的经验和"文化大革命"的错误，提供基本遵循，澄清了思想混乱。(2)进行了党和国家领导制度的改革。针对发生"文化大革命"错误的教训，邓小平对党和国家领导制度进行了深入思考，1980年8月18日他在中央政治局扩大会议上作了《党和国家领导制度的改革》的讲话，①批评了当时存在的官僚主义现象，权力过分集中现象，家长制现象，干部领导职务终身制现象和形形色色的特权现象。强调改革和完善党和国家各方面的制度，是一项艰巨的长期的任务，改革并完善党和国家的领导制度，是实现这个任务的关键。提出各级党委要真正实行集体领导和个人分工负责相结合制度。(3)规范党内政治生活。为了搞好党风，党的十一届三中全会恢复了被取消多年的党的纪律检查机构，此后地方各级党委也相继恢复了纪律检查机构。为了解决党内思想、组织、纪律、作风方面的突出问题，1980年党的十一届五中全会审议通过了《关于党内政治生活的若干准则》。把党章有关规定、党的优良传统和作风、党内政治生活中的重要是非界限、处理党内关系的重要原则等加以具体化、规范化、系统化，对健全党内民主生活、维护党的集中统一，加强以民主集中制为中心的制度建设，发挥了重要作用。(4)解决干部的新老交替问题，是我国当时国家政治治理的重大课题。邓小平从党和国家事业长期发展的高度，很早就提出了新老干部交替问题，1982年2月党中央作出《关于建立老干部退休制度的规定》，规定了现职领导干部的任职年龄要求，规定了老干部离退休的年龄、条件、政治待遇和生活待遇。同年4月国务院发布《关于老干部离职休养制度的几项规定》，规定新中国成立以前参加革命工作、达到规定年龄的干部实行离休制度。这些制度使废除领导干部职务终身制有了可操作的依据。与此同时，党提出了要逐步实现各级领导人员的革命化、年轻化、知识化、专业化的要求。稳步实现了干部的新老交替和解决了重大政治治理课题。

在完成上述思想和组织准备的前提下，国家治理开始走上正常的发展轨道，它的最根本变化是从以阶级斗争为纲，转向以经济建设为中心，并由此引起了国家治理体系的一系列重大变化。

第一，进行了持续深入的经济体制改革，规划了国家现代化发展的新

---

① 《邓小平文选》第2卷，人民出版社1994年版，第320页。

途径。从农村实行家庭联产承包责任制起步，改革了统一集中的集体经营体制，到城市国有企业实行经济责任承包制，允许发展个体经营和私营企业，鼓励外商投资，不断放松价格管制，放松计划管制的范围，不断扩大市场机制的作用，到最终建成以公有制为主体、多种所有制经济共同发展，按劳分配为主、多种分配形式并存，实行社会主义市场经济的基本经济制度。围绕这个基本制度，制定了一系列法律、法规和政策。对于如何规划国家现代化发展，党实事求是地提出了从解决人民的温饱入手，从实现国家的"小康"出发的三步走战略，以及"新三步走"战略，全面建设小康社会、全面建成小康社会战略，之后开启全面建设社会主义现代化国家的战略，形成了国家治理在经济领域持续深入实践的路线图和时间表。

在实行对外开放中，创办了"经济特区""沿海开放城市"等试验地区，采取了先区域试点，再扩及产业的渐进式贸易投资自由化治理方式，成功地把国内市场化改革和对外开放的步骤有机衔接，随后，又把这种分解矛盾的经验扩大到对居民与非居民开放、边境上和边境后开放的衔接上，创造了向开放型经济成功转变的治理模式。

第二，国家政治治理的重大变化，开辟了中国特色社会主义政治发展的新道路。1977年和1978年相继召开了中国共产党第十一次全国代表大会和中华人民共和国第五届全国人民代表大会第一次会议，标志着国家政治生活进入正常化轨道。1979年6月，邓小平在全国政协五届二次会议指出，我国的统一战线已经成为工人阶级领导的、以工农联盟为基础的社会主义劳动者和拥护社会主义的爱国者的广泛联盟；新时期统一战线和人民政协的任务，就是要调动一切积极因素，团结一切可以团结的力量，为建设社会主义现代化国家服务。

民主法制建设成为政治治理的基本制度规范。1982年五届人大五次会议通过了新的《中华人民共和国宪法》，恢复了"人民民主专政"的概念，对改革开放以来出现的新的经济形式作出了性质判断，为采取"一国两制"方式解决台湾、香港、澳门问题奠定了法律基础。根据新的宪法，我国基层群众自治制度开始形成，农村村民委员会替代了人民公社政社合一的体制，全国企事业单位普遍建立职工代表大会，城市中的居民委员会进一步健全。在民族治理的法制建设方面，1984年召开的六届人大二次会议审议通过了《中华人民共和国民族区域自治法》，指出民族区域自治是党运用马克思列宁主义解决中国民族问题的基本政策，是国家的一项重要政治制度。1992 年党的十四大提出推进政治体制改革，使社会主义民主和法制建设有一个较大发展，1997 年党的十五大明确，依法治国是党领导人民治理国家的基本方略；依法治国，发展有中国特色社会主义民主政治，建设社会主义法治国家。1999 年九届人大二次会议将"依法治国，建设社会主义法治国家"写入宪法修正案。2001 年 1 月，江泽民在全国宣传部部长会议上指出，要把法制建设与道德建设紧密结合起来，把依法治国与以德治国结合起来，① 进一步发展了党的治国方略。2000 年九届人大三次会议通过《中华人民共和国立法法》，使我国立法工作进入科学规范的新阶段。2001 年，国务院发布《行政法规制定程序条例》《规章制定程序条例》，进一步推动了依法治国，依法行政的进程。2004 年 3 月，《全面推进依法行政实施纲要》颁布，促进了各级政府依法行政的推行。截至 2011年 8 月底，我国已制定现行有效法律 240 部，行政法规 706 部，地方性法规 8600 部，形成了立足中国国情和实际，适应改革开放和社会主义现代化建设需要，集中体现党和人民意志的中国特色的社会主义法律体系。

推动行政管理制度改革是政治体制改革的重要内容。党的十四大将机构改革作为政治体制改革的重要任务。1993 年八届人大一次会议和 1998年九届人大一次会议通过了两轮国务院机构改革的方案。1993 年 4 月国务院常务会议审议通过了《国家公务员暂行条例》，建立了国家公务员制度。2003 年十届人大一次会议和 2008 年十一届人大一次会议连续两次审议批准了国务院机构改革方案。

第三，在文化治理领域提出了社会主义精神文明建设问题。邓小平明确要求以经济建设为中心，但物质文明建设和精神文明建设"两手抓、两手都要硬"。反对盲目崇拜西方资本主义国家"民主""自由"，否定党的领导的错误思潮。1987 年党的十六届六中全会通过《中共中央关于社会主义精神文明建设指导方针的决议》，强调坚持以马克思主义、毛泽东思想为指导，是社会主义现代化事业的根本，也是社会主义精神文明建设的根本，提出培育有理想、有道德、有文化、有纪律的社会主义公民，提高整个中华民族的思想道德素质和科学文化素质。

---

① 《江泽民文选》第 3 卷，人民出版社 2006 年版，第 200 页。

1996年党的十四届六中全会通过《中共中央关于加强社会主义精神文明建设若干重要问题的决议》，明确了思想道德建设的基本任务是，坚持爱国主义、集体主义、社会主义教育，加强社会公德、职业道德、家庭美德建设，引导人们树立建设有中国特色社会主义的共同理想和正确的世界观、人生观、价值观。全会对文化体制改革作出了部署，明确改革要符合精神文明建设要求，遵循文化发展内在规律，发挥市场机制积极作用。2002年党的十六大作出了积极发展文化事业和文化产业，继续深化文化体制改革的战略部署；并提出加快构建公共文化服务体系，按照公益性、基本性、均等性、便利性要求，坚持政府主导，加大投入力度，推进重点文化惠民工程。2007年党的十七大进一步强调，在推进社会主义核心价值体系建设中，要大力推进理论创新，不断赋予当代中国马克思主义鲜明的实践特色、民族特色、时代特色，推动当代中国马克思主义大众化，繁荣发展哲学社会科学，推进学科体系、学术观点、科研方法创新。2009年7月我国首个《文化产业振兴规划》产生，标志着文化产业上升为国家战略性产业。2011年党的十七届六中全会作出《中共中央关于深化文化体制改革，推动社会主义文化大发展大繁荣若干重大问题的决定》，提出了努力建设社会主义文化强国的战略任务。

第四，社会治理问题被提到重要高度。改革开放之前，所有制单一，社会结构简单，人口基本不流动，党和国家可以把社会治理融入每一个行政单元和每一个党的基层组织，实现政治治理、经济治理和社会治理的统一。改革开放后，随着社会主义市场经济体制的建立和完善，单一所有制发生了改变，社会结构分化，人口大流量流动，城乡关系发生巨大变化，城乡居民职业、身份都发生了极大改变。原来以行政单元、寓政治治理、经济治理和社会治理三位一体的社会治理组织结构被破坏了，社会治理缺失成为社会和谐的不稳定因素之一。2002年党的十六大提出了实现社会更加和谐的要求，2005年10月党的十六届五中全会通过"十一五"规划建议，对和谐社会建设作出了规划和安排，2006年党的十六届六中全会审议通过《中共中央关于构建社会主义和谐社会若干重大问题的决定》，构建社会主义和谐社会战略目标的提出，使中国特色社会主义事业总体布局由经济建设、政治建设、文化建设"三位一体"发展为经济建设、政治建设、文化建设、社会建设"四位一体"。在实践上，进一步推进城乡免费义务教育，建设公共卫生和疾病防控体系，建立健全社会保障体系。在对外关系上，提出推动建设和谐世界。2005 年 9 月胡锦涛在联合国成立 60 周年首脑会议上发表了《努力建设持久和平、共同繁荣的和谐世界》讲话。① 2006 年 8 月，中央外事工作会议把推动建设和谐世界作为 21 世纪新阶段中国外事工作的重要目标。

第五，提出了生态治理问题。2007 年党的十七大第一次把建设生态文明作为一项战略任务，并确定为全面建设小康社会的一项战略目标，基本形成节约资源能源和保护生态环境的产业结构、增长方式、消费模式。2008 年胡锦涛在省部级主要领导干部专题研讨班开幕式提出要全面推进社会主义经济建设、政治建设、文化建设、社会建设以及生态文明建设，使中国特色社会主义事业总体布局发展为"五位一体"。② 2007 年 12 月国务院批准武汉城市圈，长株潭城市群为全国资源节约型和环境友好型社会建设综合配套改革试验区，同时，进一步加强和完善环保立法，加强环保规划，出台了一批新的法律法规，初步形成了适应经济社会发展需要的环境法律和标准体系。

第六，提出了党的建设的伟大工程。1994 年党的十四届四中全会作出《中共中央关于加强党的建设几个重大问题的决定，把党的建设提升到"新的伟大工程"的高度，明确了新时期党的建设的总目标和总任务。1997 年党的十五大首次使用"邓小平理论"这个概念，将其确立为党的指导思想；2001 年 7 月在庆祝中国共产党成立 80 周年大会上，江泽民系统阐述了"三个代表"重要思想的科学内涵。2002 年党的十六大指出，"三个代表"重要思想是对马克思列宁主义、毛泽东思想和邓小平理论的继承和发展，反映了当代世界和中国发展变化对党和国家工作的新要求，是党必须长期坚持的指导思想。1996 年党的十四届六中全会决定，对县处级以上领导干部进行一次"讲学习、讲政治、讲正气"为主要内容的党性党风教育。与此同时，建立了反腐败领导体制和工作机制，制定了一批党内法规和制度。

---

① 《胡锦涛文选》第 2 卷，人民出版社 2016 年版，第 350 页。

② 胡锦涛：《在全党深入学习实践科学发展观活动动员大会暨省部级主要领导干部专题研讨班上的讲话》，人民出版社 2009 年版，第 8 页。

党的十六大之后，2003 年党中央决定开展党的先进性建设试点；2004 年党的十六届四中全会审议通过《中共中央关于加强党的执政能力建设的决定》，总结了党的执政规律是不断提高科学执政、民主执政、依法执政能力；并进一步部署了全党的先进性建设教育活动，此项活动从 2005 年 1 月开始至 2006 年 6 月基本结束。党的十七大以后，党中央提出了建设马克思主义学习型政党的重大战略决策。2009 年 9 月党的十七届四中全会通过加强和改进党的建设的决定中指出："把建设马克思主义学习型政党作为重大而紧迫的战略任务抓紧抓好"，① 从党的十六大以来，党的十六届中央政治局共进行了 44 次集体学习，党的十七届中央政治局共进行了 33 次集体学习。内容涵盖经济、政治、法律、文化、科技、国际、社会、军事、党建等方面的重大问题。同时，推进党风廉政建设和反腐败斗争，健全党内法规建设，2003 年 12 月党中央印发《中国共产党党员纪律处分条例》，以及一批预防和惩罚腐败的法律法规等制度。

第七，在军队和国防治理上实现了军队建设指导思想的战略性转变。1977 年 12 月，邓小平在中央军委全体会议上作出世界战争可以延缓爆发的判断，进一步改变了战争不可避免且迫在眉睫的看法。1985 年军委扩大会议作出了军队建设指导思想战略性转变的重大决策，将指导思想由过去的立足于"早打、大打、打核战争"的临战准备状态，转到和平时期的建设轨道上来，要求国防和军队建设在服从国家经济建设的前提下，充分利用较长时间内大战打不起来的和平环境，有计划、有步骤地加强以现代化为中心的根本建设，走精兵强军之路，增强军队在现代战争条件下的自卫作战能力。根据这个指导思想，1985 年中央军委决定裁军百万，缩小军队编制和机关人员，同时重新组建武装警察部队。恢复了军衔制。

1995 年 12 月中央军委提出军队建设发展模式要实行"两个根本性转变"：在军事斗争准备上，由准备应付一般条件下局部战争向准备打赢现代技术特别是高科技条件下局部战争转变；在军队建设上，由数量规模型向质量效能型、由人力密集型向科技密集型转变。2000 年 12 月，中央军委又提出，军队建设要完成机械化和信息化建设双重任务，以及实现跨越式发展的新思路。党的十六大以后，党中央对国防军队建设提出新要求，

---

① 《中共十七届四中全会在京举行》，《人民日报》2009 年 9 月 19 日第 1 版。

推进信息化条件下的军队现代化建设，基本建成以第二代为主体，第三代为骨干的武器装备体系，大批高新技术装备快速进入序列，陆军形成以直升机、装甲突击车辆、防空和压制武器为骨干的陆上作战装备体系；海军形成以新型潜艇、水面舰艇、对海攻击飞机为骨干的海上作战装备体系；空军形成以新型作战飞机、地空导弹武器系统为骨干的制空作战装备体系。二炮部队形成以中远程地地导弹为骨干的导弹装备体系。

在对台、港、澳问题上出现了"一国两制"的具体实践，在坚持领土主权完整的不懈努力和斗争下，1997年7月1日，香港回归祖国，1998年12月20日澳门回归祖国。1992年11月，达成"海峡两岸同属一个中国，共同努力谋求国家统一"的"九二共识"。1995年1月江泽民发表《为促进祖国统一大业的完成而继续奋斗》的对台湾政策的"八项主张"，既阐述了坚持一个中国，反对台湾独立以及分裂的各种言论主张，而且阐释了"一国两制"的制度构想。2005年3月，胡锦涛就台湾问题发表了四点意见，坚持一个中国原则决不动摇，争取和平统一的努力决不放弃，贯彻寄希望于台湾人民的方针决不改变，反对"台独"分裂活动决不妥协。[①] 同年第十届人大三次会议高票通过《反分裂国家法》，将党和国家关于解决台湾问题的大政方针以法律形式固定下来。

二 党的十八大以来国家治理体系和治理能力现代化的新进展

首先是经济治理和经济建设，加快完善社会主义市场经济体制，完成了从全面建设、全面建成小康社会以及开启社会主义现代化国家建设的顺势衔接，实现了党的第一个百年奋斗目标。党的十八大以来，关于市场和政府关系的表述，经历了认识不断深化的过程。党的十八届三中全会提出，使市场在资源配置中起决定性作用和更好发挥政府作用，党的十九大强调，使市场在资源配置中起决定性作用，更好发挥政府作用。党的十九届五中全会最后确定为，充分发挥市场在资源配置中的决定性作用，更好发挥政府作用，推动有效市场和有为政府更好结合。这说明在总结实践经验基础上的认识深化。关于对民营经济和国有经济的治理，也不断深化了认识。党的十八大强调，要毫不动摇巩固和发展公有制经济，毫不动摇鼓

---

① 《胡锦涛文选》第3卷，人民出版社2016年版，第188页。

励、支持、引导非公有制经济发展。党的十九大再次强调坚持"两个毫不动摇"。党的十九届五中全会围绕进一步激发市场主体活力，强调要深化国资国企改革，加强完善中国特色社会主义现代企业制度，做强做优做大国有资本和国有企业；优化民营经济发展环境，破除各种制约民营企业发展的壁垒，构建亲清政商关系，建立规范化政企沟通渠道。对于社会主义基本经济制度的表述，党的十九届四中全会把公有制为主体、多种所有制经济共同发展；按劳分配为主体、多种分配方式并存；社会主义市场经济三个内容融为一体，这既是中国特色社会主义经济实践经验的深刻总结，也是中国特色社会主义政治经济学理论的原创性发展。

第一，开放型经济治理，全方位高水平开放型经济加快形成。特别是共建"一带一路"倡议深入人心、成果丰硕。截至 2021 年年底已与 149 个国家、32 个国际组织签署合作文件 200 余份，中老铁路全线开通运营，中欧班列继续发挥国际铁路联运独特优势，截至 2021 年年底累计开行超过 4.8 万列，运送货物 443.2 万标箱。《中华人民共和国外商投资法》《企业境外投资管理办法》出台实施，外商投资准入前国民待遇加负面清单管理制度全面实行，面向全球的贸易、投融资、生产、服务网络加快构建，规则、规制、管理、标准等制度型开放加快推进，自由贸易试验区和海南自由贸易港建设蓬勃展开。

第二，政治治理，不断开辟"中国之治"新境界。党的十九大报告指出，发展社会主义民主政治就是体现人民意志，保障人民权益、激发人民创造活力、用制度体系保证人民当家作主。2019 年 11 月 2 日，习近平总书记在上海考察时首次提出了"人民民主是一种全过程的民主"，[①] 从理论上解决了人民如何有效地行使当家作主的民主权利问题。党的十九大首次提出搞好各级人大及其常委会、各级政协及其常委会"两个机关"建设，对人大和政协工作提出了新要求。全面推进依法治国，2014 年党的十八届四中全会通过《中共中央关于全面推进依法治国若干重大问题的决定》，提出了 180 多项改革举措。2018 年党的十九届三中全会决定组建中央全面依法治国委员会。党的十九届五中全会提出了到 2035 年基本建成法治国家、法治政府、法治社会的目标。进一步深化党和国家机构改革。2018 年

① 《全过程民主，支持和保证人民当家作主》，《人民日报》2021 年 7 月 6 日第 14 版。

党的十九届三中全会通过《中共中央关于深化党和国家机构改革的决定》和《深化党和国家机构改革方案》，统筹党政军群机构改革。其中一个重要特点是组建国家监察委员会，并通过《中华人民共和国宪法修正案》和《中华人民共和国监察法》，确立监察委员会作为国家机构的宪法地位。

保持香港、澳门繁荣稳定，维护宪法和基本法尊严。2019年6月香港爆发"修例风波"，"一国两制"在香港实践受到挑战，以习近平同志为核心的党中央除了采取坚决果断措施，还明确要求要建立必要的法律制度和执行机制。2020年5月第十三届全国人大第三次会议审议通过了《关于建立健全香港特别行政区维护国家安全的法律制度和执行机制的决定》，随后并对香港特别行政区立法会议员资格的规定进行了调整，进一步明确了"爱国爱港者治港，反中乱港者出局"的政治规矩。2021年第十三届全国人大四次会议通过《关于完善香港特别行政区选举制度的决定》，明确完善了香港特别行政区的选举制度。2020年2月党中央成立了中央港澳工作领导小组，取代原来的中央港澳工作协调小组，进一步加强了党中央对港澳工作的集中统一领导。在台湾问题上，坚持推动两岸关系和平发展，坚决反对和遏制"台独"。

第三，文化治理和文化发展。党的十八大以来，党把建设具有强大凝聚力和引领力的社会主义意识形态，作为新时代坚持和发展中国特色社会主义的重要内容。2018年8月，习近平总书记在全国宣传思想工作会议上提出了要坚定中国特色社会主义道路、理论、制度和文化的"四个自信"。同时，党中央还高度关注新的传播手段在文化领域的运用。2014年8月，习近平总书记主持中央全面深化改革领导小组第四次会议，审议通过了《关于推动传统媒体和新兴媒体融合发展的指导意见》，运用信息革命成果，做大做强主流舆论。2014年10月，习近平总书记主持召开了文艺工作座谈会，创造性地回答了文艺繁荣发展的一系列根本性、方向性问题；2016年2月，习近平总书记主持召开了党的新闻舆论工作座谈会，强调坚持正确政治方向，坚持以人民为中心的工作导向，尊重新闻传播规律，创新方法手段，切实提高党的新闻舆论传播力、引导力、影响力、公信力。2016年5月17日，习近平总书记主持召开了哲学社会科学工作座谈会，强调了坚持以马克思主义为指导，构建中国特色哲学社会科学学科体系、学术体系、话语体系，讲好中国故事。2016年12月，习近平总书记主持

/ 第十二章 社会主义国家治理体系与治理能力现代化 / 403

召开了全国高校思想政治工作会议，强调要坚持把立德树人作为中心环节，把思想政治工作贯穿教育教学全过程，实现全程育人，全方位育人。2018年4月，习近平总书记出席全国网络安全和信息化工作会议，指出党的十八大以来，党中央重视互联网、发挥互联网、治理互联网，形成了网络强国战略思想。强调树立正确的网络安全观，回答了我国网络信息事业发展的一系列重大理论和实践问题。

党的十八大提出，要倡导富强、民主、文明、和谐，倡导自由、平等、公正、法治，倡导爱国、敬业、诚信、友善，积极培育和践行社会主义核心价值观。这是党凝聚全党全社会共识作出的重要论断。2019年10月党中央、国务院印发《新时代公民道德建设实施纲要》，提出了公民道德建设的指导意见。在文化体制方面，2014年2月，中央全面深化改革领导小组第二次会议审议通过了《深化文化体制改革实施方案》，着力抓住完善文化体制管理和深化国有文化单位改革两个关键环节，党的十九届三中全会对文化领导和管理体制改革作出了部署。党的十八大以来，文化产业发展加快，截至2019年年底，我国文化产业法人单位达到209.31万个，全国文化及相关产业增加值为44363亿元，比上年增长7.8%（未扣除价格因素），占GDP的比重为4.5%。[①] 同时，强调加快构建现代公共文化服务体系，制定了《中华人民共和国公共文化服务保障法》等一些法律法规。党的十九届五中全会提出，到2035年建成文化强国，就繁荣发展文化事业和文化产业，提高国家文化软实力作出全面部署。

第四，社会治理和社会建设，提升"枫桥经验"的内涵，把过去单纯的化解矛盾纠纷、维护治安稳定，拓展到防范化解经济、政治、文化、社会、生态等各领域的安全风险，成为创新基层社会治理、促进社会平安和谐的法宝。新时代"枫桥经验"成为实现基层社会治理的重要经验。2021年4月党中央、国务院印发了《关于加强基层治理体系和治理能力现代化建设的经验》，使平安中国的治国方略落实到基层。在社会管理体制方面，深化户籍制度改革，2016年9月国务院印发《推动1亿非户籍人口在城市落户方案》，全面实行居住证制度，推动居住证制度覆盖全部未落户城镇常住人口，推进城镇基本公共服务常住人口全覆盖。坚持和完善统筹城乡

---

① 本书编写组：《改革开放简史》，人民出版社、中国社会科学出版社2021年版，第298页。

的民生保障制度，健全多层次社会保障体系，实施就业优先和更加基极的就业政策，大力推动大众创业、万众创新。始终把教育摆在优先发展的战略位置，从2012年起，国家财政性教育经费支出占当年国内生产总值比例连续保持在4%以上。全面深入实施健康中国战略，从2015年到2019年年底，中国居民人均预期寿命从76.3岁提高到77.3岁，主要健康指标总体上优于中高收入国家的平均水平。

第五，生态文明治理和绿色发展。把解决突出生态环境问题作为民生优先领域。重点是调整经济结构和能源结构，优化国土空间开发布局，调整区域流域产业布局，培育壮大环保产业，清洁生产产业，清洁能源产业，推进资源全面节约和循环利用，实现生产系统和生活系统循环链接，倡导简约适度、绿色低碳生活方式，反对奢侈浪费和不合理消费。2015年5月和9月，党中央、国务院先后印发《关于加快推进生态文明建设的意见》《生态文明体制改革总体方案》，形成了产权清晰、多元参与、激励约束并重，系统完整的生态文明制度体系。还在世界范围内率先发布《中国落实2030年可持续发展议程国别方案》，实施《国家应对气候变化规划（2014—2020年）》。从2016年开始在福建等四地建立国家生态文明试验区，到2020年6月，4个试验区已形成90项可复制、可推广的改革经验。中国政府积极参与协调解决全球性生态环境问题，推动《巴黎协定》签署实施，推进绿色"一带一路"建设，向世界承诺，力争于2030年前二氧化碳排放达到峰值，努力争取2060年前实现碳中和。

第六，军队改革和国家安全治理。全面实施改革强军战略，坚定不移走中国特色强军之路。2015年7月，中央军委和中共中央分别审议制定了《深化国防和军队改革总体方案》，10月，中央军委审议通过了《领导指挥体制改革实施方案》，随后中央军委印发了《关于深化国防和军队改革的意见》。人民军队组织架构发生历史性变革，构建起"军委抓总，战区主战、军种主建"的领导指挥体制。陆海空现代化装备加速列装，"东风"系列战略导弹世界闻名。党的十九届五中全会在军队建设成就的基础上，又提出"提高捍卫国家主权、安全、发展利益的战略能力，确保2027年实现建军百年奋斗目标"。这是国家总体安全观对军队建设的要求。

2014年4月，习近平总书记在国家安全委员会第一次会议上首次提出国家总体安全观，即以人民安全为宗旨，以政治安全为根本，以经济安全为基础，以军事、文化、社会安全为保障，以促进国际安全为依托，走出一条中国特色国家安全道路。2019年12月第十三届人大常委会第十五次会议通过了《中华人民共和国国家安全法》，将人民安全、海外利益安全、金融安全、粮食安全、外层空间安全、极地安全、国际海底区域安全等纳入总体国家安全观，并将信息安全、社会安全更名为网络与信息安全、公共安全。2020年2月，习近平总书记在中央全面深化改革委员会第十二次会议上提出，把生物安全纳入国家安全体系。统筹发展和安全成为新时代新的治国方略。

第七，大国外交和全球治理。中国的发展并日益走向世界舞台中心，使国家治理与全球治理密切联系，大国外交已经从处理国家间关系向担负全球治理使命的方向转变。习近平总书记深刻指出，当今世界正经历百年未有之大变局，这个大变局不是一时一事、一域一国之变，是世界之变，时代之变，能否应对好这一大变局，关键要看我们是否有识变之智、应变之方、求变之勇。党中央提出我国外交方针是统筹国内国际两个大局，完善外交总体布局，推动建立以合作共赢为核心的新型国际关系，提出和贯彻正确义利观。推动构建新型大国关系，全方位推进大国外交、周边外交、发展中国家外交、多边外交和各领域外交工作。在全球治理方面，提出秉持共商共建共享的全球治理观，以中国智慧、中国主张、中国方案引领全球治理理念和实践创新发展。维护以联合国为核心的国际体系，发挥联合国在国际事务中的核心作用。维护以世界贸易组织为核心的全球多边体制，改革和完善世界贸易组织，发挥其在全球多边、区域经济贸易合作中的引领作用。倡导推动构建人类命运共同体，是习近平外交思想的核心理念，在国际社会各种讲坛上，习近平总书记反复重申和论述构建人类命运共同体是世界大势和时代潮流，主张共同推进人类命运共同体的伟大工程，坚持对话协商，共建共享，合作共赢，交流互鉴，绿色低碳，建设一个持久和平、普遍安全、共同繁荣、开放包容、清洁美丽的世界。

第八，党的建设和治理。以政治建设为统领推进党的各方面建设。强调推动全党增强"四个意识"、坚定"四个自信"，做到"两个维护"。维护习近平总书记党中央的核心、全党的核心地位，维护党中央权威和集中统一领导，是全面从严治党的重大政治成果和宝贵经验。坚持不懈开展党内集中教育，从 2013 年 6 月到 2014 年 9 月，全党开展以为民务实清廉为主要内容的党的群众路线教育实践活动，2015 年在县处级以上领导干部中开展"三严三实"专题教育；2016 年在全体党员中开展"两学一做"学习教育；2019 年 6 月开始，在全党自上而下分两批开展"不忘初心、牢记使命"主题教育；2021 年 2 月开始，在全党开展党史学习教育。加强党的组织建设，2013 年 6 月习近平总书记在全国组织工作会议上首次提出"信念坚定、为民服务、勤政务实、敢于担当、清正廉洁"的好干部标准。①持续整顿软弱涣散基层党组织，推动基层党组织全面进步、全面过硬。在党的作风上，突出解决形式主义、官僚主义。在党的纪律建设上，强调执纪必严，违纪必纠常态化，下大气力建制度，立规矩、抓落实、重执行；让制度"长牙"，纪律"带电"。党的十八大以后，党风廉政建设取得的最大成果是反腐败斗争取得压倒性胜利。党中央以"得罪千百人，不负十三亿"的坚定决心，重拳反腐，坚持无禁区、全覆盖、零容忍，坚持重遏制、强高压、长震慑，坚定不移"打虎""拍蝇""猎狐"，使不敢腐的目标初步实现，不能腐的笼子越扎越紧，不想腐的堤坝正在构筑。

第三节　习近平总书记有关国家治理重要论述的原创性贡献

一　国家治理体系和治理能力现代化总体谋划和基本方略

党的十八大以后，中国特色社会主义事业进入新时代，2013 年党的十八届三中全会总结了改革开放 35 年来中国特色社会主义的实践，作出了全面深化改革的决定，并开创性地提出，全面深化改革的总目标是，"完善和发展中国特色社会主义制度，推进国家治理体系和治理能力现代化"。这不仅为全面深化改革指明了方向，而且把全面深化改革的内涵定位于国家治理的现代化。

第一，为什么要把全面深化改革的目标瞄准国家治理体系和治理能力现代化，其意义何在？习近平总书记做过深思熟虑。他曾回顾邓小平同志

---

① 习近平：《在全国组织工作会议上的讲话》，载中央文献研究室编《十八大以来重要文献选编》上册，中央文献出版社 2014 年版。

／第十二章　社会主义国家治理体系与治理能力现代化／　407

1992 年在南方谈话中所说："恐怕再有三十年的时间，我们才会在各方面形成一整套更加成熟、更加定型的制度。在这个制度下的方针、政策，也将更加定型化。"① 为什么邓小平同志要强调形成一整套更加成熟更加定型的制度？什么是更加成熟、更加定型的制度？为什么要再有三十年的时间？"党的十四大提出：'在九十年代，我们要初步建立起新的经济体制，实现达到小康水平的第二步发展目标。再经过二十年的努力，到建党一百周年的时候，我们将在各方面形成一整套更加成熟更加定型的制度。'党的十五大、十六大、十七大都对制度建设提出明确要求。"② 习近平总书记认为必须尽早把这个战略构想落下来，提出一个总目标，并用它来统领各领域改革。在集思广益的基础上，党的十八届三中全会把完善和发展中国特色社会主义制度、推进国家治理体系和治理能力现代化确定为全面深化改革的总目标。可见，要形成一整套更加成熟更加定型的中国特色社会主义制度体系是习近平总书记谋划构建国家治理体系的第一个出发点。总结改革开放三十多年的经验并展望未来，国家治理体系和治理能力的构建的基本轮廓是："从形成更加成熟更加定型的制度看，我国社会主义实践的前半程已经走过了，前半程我们的主要历史任务是建立社会主义基本制度，并在这个基础上进行改革，现在已经有了很好的基础。后半程，我们的主要历史任务是完善和发展中国特色社会主义制度，为党和国家事业发展、为人民幸福安康、为社会和谐稳定、为国家长治久安提供一整套更完备、更稳定、更管用的制度体系。这项工程极为宏大，零敲碎打调整不行，碎片化修补也不行，必须是全面的系统的改革和改进，是各领域改革和改进的联动和集成，在国家治理体系和治理能力现代化上形成总体效应、取得总体效果。"③

在党的十九届四中全会上，习近平总书记作了《关于〈中共中央关于坚持和完善中国特色社会主义制度、推进国家治理体系和治理能力现代化若干重大问题的决定〉的说明》（以下简称《说明》），回答了其重大意义所在。《说明》充分阐述了坚持和完善中国特色社会主义制度、推进国家

---

① 《邓小平文选》第 3 卷，人民出版社 1993 年版，第 372 页。

② 《习近平谈治国理政》第 3 卷，外文出版社 2020 年版，第 130 页。

③ 《中共中央关于坚持和完善中国特色社会主义制度推进国家治理体系和治理能力现代化若干重大问题的决定》，《人民日报》2019 年 11 月 6 日第 1 版。

治理体系和治理能力现代化的重大意义：是实现"两个一百年"奋斗目标的重大任务，是把新时代改革开放推向前进的根本要求，是应对风险挑战、赢得主动的有力保证。之所以要这样提出问题和认识问题，是因为实现"两个一百年"奋斗目标、实现中华民族伟大复兴的中国梦，必须加快推进国家治理体系和治理能力现代化，努力形成更加成熟更加定型的中国特色社会主义制度，制度建设本身就是社会主义现代化和民族复兴的题中应有之义。只有坚持和完善中国特色社会主义制度、推进国家治理体系和治理能力现代化，才能为全面深化改革提供源源不断的强大动力，也才能为应对风险挑战、赢得主动提供重要的制度保障。习近平总书记指出："制度优势是一个政党、一个国家的最大优势。"在2020—2022年抗击新冠疫情斗争中，中国特色社会主义制度和国家治理体系的显著优势得到充分彰显，实践作出了最权威、最有说服力的证明。

第二，国家治理体系都包含哪些制度内容，国家治理能力的内涵是什么？习近平总书记指出："国家治理体系和治理能力是一个国家制度和制度执行能力的集中体现。国家治理体系是在党领导下管理国家的制度体系，包括经济、政治、文化、社会、生态文明和党的建设等各领域体制机制、法律法规安排，也就是一整套紧密相连、相互协调的国家制度；国家治理能力则是运用国家制度管理社会各方面事务的能力，包括改革发展稳定、内政外交国防、治党治国治军等各个方面。国家治理体系和治理能力是一个有机整体，相辅相成，有了好的国家治理体系才能提高治理能力，提高国家治理能力才能充分发挥国家治理体系的效能。"① 国家治理体系与国家治理能力两者相互制约、相互促进，单靠哪一个治理国家都不行。治理国家，制度是起根本性、全局性、长远性作用的。然而，没有有效的治理能力，再好的制度也难以发挥作用。同时，还要看到，国家治理体系与国家治理能力虽然紧密联系，但又不是一码事，不是国家治理体系越完善，国家治理能力自然而然就越强。综观世界，各国各有其治理体系，而各国治理能力由于客观情况和主观努力的差异又有或大或小的差距，甚至同一个国家在同一种治理体系下不同历史时期的治理能力也有很大差距。正是考虑到这一点，我们必须把国家治理体系和治理能力现代化统筹谋

---

① 《习近平谈治国理政》第1卷，外文出版社2014年版，第91页。

／ 第十二章　社会主义国家治理体系与治理能力现代化 ／　409

划、同步建设、一体推进。既要重视制度的作用，也要重视人的作用；既要加强治理体系建设，也要加强治理能力建设。正确处理好国家治理体系与国家治理能力的关系，在加强制度体系建设的同时，不断提高各级领导干部的能力素质，全面增强执政本领。

第三，怎样理解社会主义国家治理体系和治理能力的"现代化"？这是自 1954 年第一届全国人大第一次会议提出国家"四个现代化"后的第五个现代化。习近平总书记说："我们讲过很多现代化，包括农业现代化、工业现代化、科技现代化、国防现代化等，国家治理体系和治理能力现代化是第一次讲。深刻理解和准确把握这个总目标，是贯彻落实各项改革举措的关键。"[①] 国家治理体系和治理能力现代化是与中国式现代化道路的实践紧密联系的，也是和人类文明新形态的形成紧密联系的，正如习近平总书记指出的："我们坚持和发展中国特色社会主义，推动物质文明、政治文明、精神文明、社会文明、生态文明协调发展，创造了中国式现代化新道路，创造了人类文明新形态。"[②] 中国式现代化新道路是党领导中国人民独创的现代化道路，"不是简单延续中国历史文化的母版，不是简单套用马克思主义经典作家设想的模板，不是其他国家社会主义实践的再版，更不是国外现代化的翻版"。[③] 因此，中国社会主义国家治理体系和治理能力现代化也是党领导中国人民独创的制度体系和适应中国现代化道路实践以及人类文明新形态特点的治理能力，而不可能是以西方国家的治理体系和治理手段作为我们的标准。中国特色社会主义制度和国家治理体系具有丰富的实践成果。新中国成立 70 多年来，我们党领导人民创造了世所罕见的经济快速发展奇迹和社会长期稳定奇迹，这两大奇迹是历史和实践得出的结论。可以说，在人类文明发展史上，除了中国特色社会主义制度和国家治理体系外，没有任何一种国家制度和国家治理体系能够在这样短的历史时期内创造出这样巨大的人间奇迹。

第四，怎样构建社会主义国家的治理体系和治理能力现代化？一方面，要把握发展中国特色社会主义制度与推进国家治理体系和治理能力现

[①]　习近平：《论坚持全面深化改革》，中央文献出版社 2018 年版，第 87 页。

[②]　习近平：《在庆祝中国共产党成立 100 周年大会上的讲话》，《人民日报》2021 年 7 月 2 日第 2 版。

[③]　《习近平谈治国理政》第 3 卷，外文出版社 2020 年版，第 76 页。

代化的关系。习近平总书记指出："必须完整理解和把握全面深化改革的总目标，这是两句话组成的一个整体，即完善和发展中国特色社会主义制度、推进国家治理体系和治理能力现代化。这里面有一个前一句和后一句的关系问题。前一句，规定了根本方向，我们的方向就是中国特色社会主义道路，而不是其他什么道路。也就是我经常说的，我们要坚定不移走中国特色社会主义道路，既不走封闭僵化的老路，也不走改旗易帜的邪路。后一句，规定了在根本方向指引下完善和发展中国特色社会主义制度的鲜明指向。两句话都讲，才是完整的。只讲第二句，不讲第一句，那是不完整、不全面的。"① 习近平总书记关于完善和发展中国特色社会主义制度与推进国家治理体系和治理能力现代化关系的重要论述，体现了马克思主义两点论与重点论的高度统一，给我们提供了科学的方法论，使我们党对全面深化改革总目标的认识达到了一个新高度，提高到了一个新水平。

另一方面，要坚持和巩固中国特色社会主义制度和国家治理体系的鲜明特色和显著优势。中国特色社会主义制度和国家治理体系具有鲜明特色和显著优势，它们体现在哪些方面呢？习近平总书记指出："我国国家制度和国家治理体系之所以具有多方面的显著优势，很重要的一点就在于我们党在长期实践探索中，坚持把马克思主义基本原理同中国具体实际相结合，把开拓正确道路、发展科学理论、建设有效制度有机统一起来，用中国化的马克思主义、发展着的马克思主义指导国家制度和国家治理体系建设，不断深化对共产党执政规律、社会主义建设规律、人类社会发展规律的认识，及时把成功的实践经验转化为制度成果，使我国国家制度和国家治理体系既体现了科学社会主义基本原则，又具有鲜明的中国特色、民族特色、时代特色。"②

具体来说，构建和完善我国国家制度和国家治理体系应当坚持和巩固13 个显著优势：坚持党的集中统一领导，坚持党的科学理论，保持政治稳定，确保国家始终沿着社会主义方向前进的显著优势；坚持人民当家作主，发展人民民主，密切联系群众，紧紧依靠人民推动国家发展的显著优

---

① 中央文献研究室编：《习近平关于全面深化改革论述摘编》，中央文献出版社 2014 年版，第 20、21 页。

② 《习近平谈治国理政》第 3 卷，外文出版社 2020 年版，第 122 页。

势；坚持全面依法治国，建设社会主义法治国家，切实保障社会公平正义和人民权利的显著优势；坚持全国一盘棋，调动各方面积极性，集中力量办大事的显著优势；坚持各民族一律平等，铸牢中华民族共同体意识，实现共同团结奋斗、共同繁荣发展的显著优势；坚持公有制为主体、多种所有制经济共同发展和按劳分配为主体、多种分配方式并存，把社会主义制度和市场经济有机结合起来，不断解放和发展社会生产力的显著优势；坚持共同的理想信念、价值理念、道德观念，弘扬中华优秀传统文化、革命文化、社会主义先进文化，促进全体人民在思想上精神上紧紧团结在一起的显著优势；坚持以人民为中心的发展思想，不断保障和改善民生、增进人民福祉，走共同富裕道路的显著优势；坚持改革创新、与时俱进，善于自我完善、自我发展，使社会始终充满生机活力的显著优势；坚持德才兼备、选贤任能，聚天下英才而用之，培养造就更多更优秀人才的显著优势；坚持党指挥枪，确保人民军队绝对忠诚于党和人民，有力保障国家主权、安全、发展利益的显著优势；坚持"一国两制"，保持香港、澳门长期繁荣稳定，促进祖国和平统一的显著优势；坚持独立自主和对外开放相统一，积极参与全球治理，为构建人类命运共同体不断做出贡献的显著优势。这些显著优势，是我们坚定中国特色社会主义道路自信、理论自信、制度自信、文化自信。

第五，推进国家治理体系和治理能力现代化的总体目标和战略安排。习近平总书记在党的十九大报告中擘画了宏伟蓝图，提出从 2020 年到 21 世纪中叶分两个阶段实施的战略步骤：到 2035 年，"各方面制度更加完善，国家治理体系和治理能力现代化基本实现"；① 到 21 世纪中叶，"实现国家治理体系和治理能力现代化"。党的十九届四中全会对标对表党的十九大的战略部署，根据事业发展和实践需要，进一步完善了总体目标，提出："到我们党成立一百年时，在各方面制度更加成熟更加定型上取得明显成效；到二〇三五年，各方面制度更加完善，基本实现国家治理体系和治理能力现代化；到新中国成立一百年时，全面实现国家治理体系和治理能力现代化，使中国特色社会主义制度更加巩固、优越性

---

① 习近平：《决胜全面建成小康社会 夺取新时代中国特色社会主义伟大胜利——在中国共产党第十九次全国代表大会上的报告》，《人民日报》2017 年 10 月 28 日第 1 版。

充分展现。"① 这是我们党完整系统提出的国家治理体系和治理能力现代化分"三步走"的总体目标，充分反映了以习近平同志为核心的党中央立足新时代的历史方位，从实际出发，在实现社会主义现代化和中华民族伟大复兴的中国梦中，对坚持和完善中国特色社会主义制度、推进国家治理体系和治理能力现代化所作的战略安排。

第六，推进国家治理体系和治理能力现代化的基本方略：必须坚持以马克思列宁主义、毛泽东思想、邓小平理论、"三个代表"重要思想、科学发展观、习近平新时代中国特色社会主义思想为指导，统筹推进"五位一体"总体布局，协调推进"四个全面"战略布局，增强"四个意识"，坚定"四个自信"，做到"两个维护"。改革开放以来，随着经济社会发展和实践深入，从物质文明、精神文明"两个文明"，到经济建设、政治建设、文化建设"三位一体"，再发展到经济建设、政治建设、文化建设、社会建设"四位一体"。党的十八大把生态文明建设纳入中国特色社会主义建设事业总体布局，不仅规定了我国现代化建设的内容，而且覆盖了国家治理体系的范围。但在"五位一体"的大系统中，怎么抓住重点，习近平总书记指出，我们既要注重总体谋划，又要注重牵住"牛鼻子"，坚持摸着石头过河和加强顶层设计相结合。② 党中央把握社会主义发展的阶段性特征，明确将"四个全面"定位为战略布局，党的十八届三中、四中、五中、六中全会，相继就全面深化改革、全面依法治国、全面建成小康社会、全面从严治党进行专题研究部署，完成了"四个全面"战略布局的顶层设计。这个设计实际也是对国家治理体系重点领域的设计。"四个意识"最早是在 2016 年 1 月 29 日中共中央政治局会议上提出来的。习近平总书记在庆祝中国共产党成立 95 周年大会上的讲话中强调，全党同志要增强政治意识、大局意识、核心意识、看齐意识，切实做到对党忠诚、为党分忧、为党担责、为党尽责。"四个自信"即中国特色社会主义道路自信、理论自信、制度自信、文化自信，是习近平总书记在庆祝中国共产党成立 95 周年大会上提出的，是对党的十八大提出的中国特色社会

---

① 《中共中央关于坚持和完善中国特色社会主义制度推进国家治理体系和治理能力现代化若干重大问题的决定》，《人民日报》2019 年 11 月 6 日第 1 版。

② 本书编写组：《改革开放简史》，人民出版社、中国社会科学出版社 2021 年版，第 220 页。

主义"三个自信"的创造性拓展和完善。党的十九大提出了"两个维护",即坚决维护习近平总书记党中央的核心、全党的核心地位,坚决维护党中央权威和集中统一领导。"四个意识""四个自信""两个维护"都是指在对每一个具体治理问题进行制度设计、执行和监督以及成效评价所必须有的认识和思想基础,以及继续前进的导向。

二 明确了制度建设和治理能力建设的目标

习近平总书记指出:"中国特色社会主义制度是一个严密完整的科学制度体系,起四梁八柱作用的是根本制度、基本制度、主要制度",在实际工作中要着力固根基、扬优势、补短板、强弱项、构建系统完备、科学规范、运行有效的制度体系。① 2019 年党的十九届四中全会通过的《中共中央关于坚持和完善中国特色社会主义制度、推进国家治理体系和治理能力现代化若干重大问题的决定》中明确了"十四个坚持和完善"的目标。

(一) 坚持和完善党的领导制度体系,提高党科学执政、民主执政、依法执政水平

1. 建立不忘初心、牢记使命的制度。把不忘初心、牢记使命作为加强党的建设的永恒课题和全体党员、干部的终身课题,形成长效机制,坚持不懈锤炼党员。2. 完善坚定维护党中央权威和集中统一领导的各项制度。3. 健全党的全面领导制度。把党的领导贯彻到党和国家所有机构履行职责全过程,推动各方面协调行动、增强合力。4. 健全为人民执政、靠人民执政各项制度。创新互联网时代群众工作机制,始终做到为了群众、相信群众、依靠群众、引领群众,深入群众、深入基层。健全联系广泛、服务群众的群团工作体系,推动人民团体增强政治性、先进性、群众性,把各自联系的群众紧紧团结在党的周围。5. 健全提高党的执政能力和领导水平制度。6. 完善全面从严治党制度。

(二) 坚持和完善人民当家作主制度体系,发展社会主义民主政治

1. 坚持和完善人民代表大会制度这一根本政治制度。2. 坚持和完善中国共产党领导的多党合作和政治协商制度。3. 巩固和发展最广泛的爱国

---

① 《习近平谈治国理政》第 3 卷,外文出版社 2020 年版,第 125、127 页。

统一战线。4. 坚持和完善民族区域自治制度。5. 健全充满活力的基层群众自治制度。

（三）坚持和完善中国特色社会主义法治体系，提高党依法治国、依法执政能力

1. 健全保证宪法全面实施的体制机制。2. 完善立法体制机制。坚持科学立法、民主立法、依法立法，完善党委领导、人大主导、政府依托、各方参与的立法工作格局。3. 健全社会公平正义法治保障制度。4. 加强对法律实施的监督。保证行政权、监察权、审判权、检察权得到依法正确行使，保证公民、法人和其他组织合法权益得到切实保障，坚决排除对执法司法活动的干预。

（四）坚持和完善中国特色社会主义行政体制，构建职责明确、依法行政的政府治理体系

1. 完善国家行政体制。继续探索实行跨领域跨部门综合执法，推动执法重心下移，提高行政执法能力水平。2. 优化政府职责体系。完善政府经济调节、市场监管、社会管理、公共服务、生态环境保护等职能，实行政府权责清单制度，厘清政府和市场、政府和社会关系。健全以国家发展规划为战略导向，以财政政策和货币政策为主要手段，就业、产业、投资、消费、区域等政策协同发力的宏观调控制度体系。完善国家重大发展战略和中长期经济社会发展规划制度。建立健全运用互联网、大数据、人工智能等技术手段进行行政管理的制度规则。推进数字政府建设，加强数据有序共享，依法保护个人信息。3. 优化政府组织结构。4. 健全充分发挥中央和地方两个积极性体制机制。

（五）坚持和完善社会主义基本经济制度，推动经济高质量发展

1. 毫不动摇巩固和发展公有制经济，毫不动摇鼓励、支持、引导非公有制经济发展。探索公有制多种实现形式，增强国有经济竞争力、创新力、控制力、影响力、抗风险能力，做强做优做大国有资本。深化农村集体产权制度改革，发展农村集体经济，完善农村基本经营制度。2. 坚持按劳分配为主体、多种分配方式并存。健全劳动、资本、土地、知识、技术、管理、数据等生产要素由市场评价贡献、按贡献决定报酬的机制。3. 加快完善社会主义市场经济体制。建设高标准市场体系，推进要素市场制度建设，加强资本市场基础制度建设，优化经济治理基础数据库。健全

／ 第十二章　社会主义国家治理体系与治理能力现代化 ／　415

推动发展先进制造业、振兴实体经济的体制机制。实施乡村振兴战略，完善农业农村优先发展和保障国家粮食安全的制度政策，健全城乡融合发展体制机制。构建区域协调发展新机制。4. 完善科技创新体制机制。弘扬科学精神和工匠精神，加快建设创新型国家。5. 建设更高水平开放型经济新体制。推动规则、规制、管理、标准等制度型开放。健全促进对外投资政策和服务体系。加快自由贸易试验区、自由贸易港等对外开放高地建设。推动建立国际宏观经济政策协调机制。

（六）坚持和完善繁荣发展社会主义先进文化的制度，巩固全体人民团结奋斗的共同思想基础

1. 坚持马克思主义在意识形态领域指导地位的根本制度。深入实施马克思主义理论研究和建设工程，把坚持以马克思主义为指导全面落实到思想理论建设、哲学社会科学研究、教育教学各方面。2. 坚持以社会主义核心价值观引领文化建设制度。把社会主义核心价值观要求融入法治建设和社会治理，体现到国民教育、精神文明创建、文化产品创作生产全过程。3. 健全人民文化权益保障制度。4. 完善坚持正确导向的舆论引导工作机制。坚持党管媒体原则，坚持团结稳定鼓劲、正面宣传为主，唱响主旋律、弘扬正能量。构建网上网下一体、内宣外宣联动的主流舆论格局。加强和创新互联网内容建设，全面提高网络治理能力，营造清朗的网络空间。5. 建立健全把社会效益放在首位、社会效益和经济效益相统一的文化创作生产体制机制。

（七）坚持和完善统筹城乡的民生保障制度，满足人民日益增长的美好生活需要

1. 健全有利于更充分更高质量就业的促进机制。健全劳动关系协调机制，构建和谐劳动关系。2. 构建服务全民终身学习的教育体系。3. 完善覆盖全民的社会保障体系。坚持应保尽保原则，健全统筹城乡、可持续的基本养老保险制度、基本医疗保险制度，稳步提高保障水平。加快建立基本养老保险全国统筹制度。加快落实社保转移接续、异地就医结算制度，规范社保基金管理，发展商业保险。统筹完善社会救助、社会福利、慈善事业、优抚安置等制度。4. 强化提高人民健康水平的制度保障。加快建设居家社区机构相协调、医养康养相结合的养老服务体系。

（八）坚持和完善共建共治共享的社会治理制度，保持社会稳定、维护国家安全

1. 完善党委领导、政府负责、民主协商、社会协同、公众参与、法治保障、科技支撑的社会治理体系，建设人人有责、人人尽责、人人享有的社会治理共同体。2. 完善社会治安防控体系。坚持专群结合、群防群治，提高社会治安立体化、法治化、专业化、智能化水平。3. 健全公共安全体制机制。完善和落实安全生产责任和管理制度，提高防灾减灾救灾能力。加强和改进食品药品安全监管制度。4. 构建基层社会治理新格局。完善群众参与基层社会治理的制度化渠道。健全党组织领导的自治、法治、德治相结合的城乡基层治理体系，健全社区管理和服务机制，推行网格化管理和服务，发挥群团组织、社会组织作用，发挥行业协会商会自律功能，注重发挥家庭家教家风在基层社会治理中的重要作用。加强边疆治理，推进兴边富民。5. 完善国家安全体系。坚持总体国家安全观，统筹发展和安全，坚持人民安全、政治安全、国家利益至上有机统一。坚决防范和严厉打击敌对势力渗透、破坏、颠覆、分裂活动。

（九）坚持和完善生态文明制度体系，促进人与自然和谐共生

1. 实行最严格的生态环境保护制度。2. 全面建立资源高效利用制度。3. 健全生态保护和修复制度。4. 严明生态环境保护责任制度。

（十）坚持和完善党对人民军队的绝对领导制度，确保人民军队忠实履行新时代使命任务

1. 坚持人民军队最高领导权和指挥权属于党中央。2. 健全人民军队党的建设制度体系。3. 把党对人民军队的绝对领导贯彻到军队建设各领域全过程。完善国防科技创新和武器装备建设制度。深化国防动员体制改革。加强全民国防教育。健全党政军警民合力强边固防工作机制。完善双拥工作和军民共建机制，加强军政军民团结。

（十一）坚持和完善"一国两制"制度体系，推进祖国和平统一

1. 全面准确贯彻"一国两制""港人治港""澳人治澳"、高度自治的方针。坚持依法治港治澳，维护宪法和基本法确定的宪制秩序，把坚持"一国"原则和尊重"两制"差异、维护中央对特别行政区全面管治权和保障特别行政区高度自治权、坚持以爱国者为主体的"港人治港""澳人治澳"，提高特别行政区依法治理能力和水平。2. 健全中央依照宪法和基

本法对特别行政区行使全面管治权的制度。3.坚定推进祖国和平统一进程。推动两岸就和平发展达成制度性安排。和平统一后，台湾同胞的社会制度和生活方式将得到充分尊重，台湾同胞的私人财产、宗教信仰、合法权益将得到充分保障。

（十二）坚持和完善独立自主的和平外交政策，推动构建人类命运共同体

1.健全党对外事工作领导体制机制。加强涉外法治工作，建立涉外工作法务制度，加强国际法研究和运用，提高涉外工作法治化水平。2.完善全方位外交布局。积极发展全球伙伴关系，维护全球战略稳定，反对一切形式的霸权主义和强权政治。3.推进合作共赢的开放体系建设。坚持互利共赢的开放战略，推动共建"一带一路"高质量发展，维护完善多边贸易体制。4.积极参与全球治理体系改革和建设。高举构建人类命运共同体旗帜，秉持共商共建共享的全球治理观，倡导多边主义和国际关系民主化，推动全球经济治理机制变革。推动构建更加公正合理的国际治理体系。

（十三）坚持和完善党和国家监督体系，强化对权力运行的制约和监督

1.健全党和国家监督制度。完善党内监督体系，落实各级党组织监督责任，保障党员监督权利。健全人大监督、民主监督、行政监督、司法监督、群众监督、舆论监督制度，发挥审计监督、统计监督职能作用。以党内监督为主导，推动各类监督有机贯通、相互协调。2.完善权力配置和运行制约机制。坚持权责法定，健全分事行权、分岗设权、分级授权、定期轮岗制度，明晰权力边界，规范工作流程，强化权力制约。3.构建一体推进不敢腐、不能腐、不想腐体制机制。坚定不移推进反腐败斗争。

实现上述目标有两个关键因素：第一是制度的生命力在于执行。因此必须强调各级党委和政府以及各级领导干部要切实强化制度意识，带头维护制度权威，做制度执行的表率，带动全党全社会自觉尊崇制度、严格执行制度、坚决维护制度。健全权威高效的制度执行机制，加强对制度执行的监督，坚决杜绝做选择、搞变通、打折扣的现象。第二是执行制度的能力。因此要把提高治理能力作为新时代干部队伍建设的重大任务。通过加强思想淬炼、政治历练、实践锻炼、专业训练，推动广大干部严格按照制度履行职责、行使权力、开展工作，提高各项工作能力和水平。要把制度

执行力和治理能力作为干部选拔任用、考核评价的重要依据。尊重知识、尊重人才，加快人才制度和政策创新，支持各类人才为推进国家治理体系和治理能力现代化贡献智慧和力量。

三　习近平国家治理重要论述对马克思主义创新发展的贡献

习近平国家治理重要论述是对马克思主义政治经济学的运用和发展。关于生产力和生产关系、经济基础和上层建筑相互适应的马克思主义政治经济学原理，是经济体制改革向全面深化改革发展，从建立和完善社会主义市场经济体制向推进国家治理体系和治理能力现代化发展的理论依据。马克思写道："社会的物质生产力发展到一定阶段，便同它们一直在其中运动的现存生产关系或财产关系（这只是生产关系的法律用语）发生矛盾。于是这些关系便由生产力的发展形式变成生产力的桎梏。那时社会革命的时代就到来了。随着经济基础的变更，全部庞大的上层建筑也或慢或快地发生变革。"[①] 毛泽东论述了社会主义生产关系和上层建筑建立起来后，与生产力既相适应，又不适应；上层建筑与经济基础既相适应，又不适应的社会基本矛盾，正是这一基本矛盾的运动和发展，推动了社会主义生产力和社会主义社会的发展。改革开放后，随着生产力的发展和社会主义市场经济体制的建立和完善，社会主义生产关系发生了重大变化，社会主义经济基础的变化和发展，需要改革不适应上层建筑中那些不适应社会主义经济基础变化的部分，因此，整个社会主义制度的改革，就不仅仅是生产方式、经济体制和制度的改革，而应当是包括整个上层建筑和整个社会生活方式的改革。以经济体制改革为牵引，把改革扩大到政治、文化、社会、生态环境、军队国防和党的建设各个领域是社会主义基本矛盾发展的规律，是对马克思主义政治经济学原理在中国特色社会主义实践中的具体运用和发展创新。

进入 21 世纪以来，生产力发展的最明显标志是信息化技术和运用的发展，社会主义生产关系的最大变化是伴随社会主义市场经济的发展而来的各类社会资本的发展。2014 年 2 月，习近平总书记指出，"当今世界，信息技术革命日新月异，对国际政治、经济、文化、社会、军事等领域发

---

① 马克思：《〈政治经济学批判〉序言》，载《马克思恩格斯文集》第 2 卷，人民出版社2009 年版，第 591—592 页。

展产生了深刻影响。信息化和经济全球化相互促进，互联网已经融入社会生活方方面面，深刻改变了人们的生产和生活方式"。① 党的十八大以来习近平总书记关于我国正在从高速度增长转向高质量发展的判断，正是基于对信息技术、数字经济以及人工智能运用等新的生产力出现为重要依据的。互联网技术的运用，改变了企业组织形式和分工方式，引起了分配、交换和消费方式的变化，它不仅对政府的经济调节、市场监督提出了新课题、新挑战，而且网络空间不仅在经济和市场领域大显身手，并且延伸进入政府政务、文化艺术、社会生活各个领域。因此，驾驭信息技术和网络空间，是改革完善社会主义上层建筑的需要。习近平总书记指出："我们提出推进国家治理体系和治理能力现代化，信息是国家治理的重要依据，要发挥其在这个进程中的重要作用。要以信息化推进国家治理体系和治理能力现代化，……更好用信息化手段感知社会态势、畅通沟通渠道、辅助科学决策。"② 运用信息技术更是提高国家治理能力的重要手段，"要运用大数据提升国家治理现代化水平。要建立健全大数据辅助科学决策和社会治理的机制，推进政府管理和社会治理模式创新，实现政府决策科学化、社会治理精准化、公共服务高效化"。③ 而且网络空间也需要治理，这关系到社会的公平正义，"构建互联网治理体系，促进公平正义"。④

按照马克思主义政治经济学原理，资本是重要生产要素，也是一种生产关系，在社会主义市场经济条件下规范和引导资本发展，既是一个重大经济问题，也是一个重大政治问题，更是国家治理的现实问题，关系坚持社会主义基本经济制度，关系改革开放基本国策，关系高质量发展和共同富裕，关系国家安全和社会稳定。现阶段，我国存在国有资本、集体资本、民营资本、外国资本、混合资本等各种形态资本，并呈现出规模显著增加、主体更加多元、运行速度加快、国际资本大量进入等明显特征。加

———————

① 习近平：《总体布局统筹各方创新发展 努力把我国建设成为网络强国》，《人民日报》2014 年 2 月 28 日第 1 版。

② 《在网络安全和信息化工作座谈会上的讲话》，《人民日报》，2016 年 4 月 26 日第 2 版。

③ 《习近平主持中共中央政治局第二次集体学习并讲话》，《人民日报》2017 年 12 月 9 日第 1 版。

④ 《习近平在第二届世界互联网大会开幕式上的讲话》，《人民日报》2015 年 12 月 16 日第 2 版。

强新的时代条件下资本理论研究。在社会主义制度下如何规范和引导资本健康发展，这是新时代马克思主义政治经济学必须研究解决的重大理论和实践问题。要促进各类资本良性发展、共同发展，发挥其发展生产力、创造社会财富、增进人民福祉的作用。要发挥资本促进社会生产力发展的积极作用。同时，必须认识到，资本具有逐利本性，如不加以规范和约束，就会给经济社会发展带来不可估量的危害。正确处理不同形态资本之间的关系，在性质上要区分，在定位上要明确，规范和引导各类资本健康发展。要设立"红绿灯"，健全资本发展的法律制度，形成框架完整、逻辑清晰、制度完备的规则体系。要以保护产权、维护契约、统一市场、平等交换、公平竞争、有效监管为导向，针对存在的突出问题，做好相关法律法规的立改废释。要严把资本市场入口关，完善市场准入制度，提升市场准入清单的科学性和精准性。要完善资本行为制度规则。要加强反垄断和反不正当竞争监管执法，依法打击滥用市场支配地位等垄断和不正当竞争行为。要培育文明健康、向上向善的诚信文化，教育引导资本主体践行社会主义核心价值观，讲信用信义、重社会责任，走人间正道。同时，要全面提升资本治理效能。总结经验、把握规律、探索创新，增强资本治理的针对性、科学性、有效性，健全事前引导、事中防范、事后监管相衔接的全链条资本治理体系。要深化监管体制机制改革，坚持依法监管、公正监管、源头监管、精准监管、科学监管，全面落实监管责任，创新监管方式，弥补监管短板，提高资本监管能力和监管体系现代化水平。要加强资本领域反腐败，保持反腐败高压态势，坚决打击以权力为依托的资本逐利行为，着力查处资本无序扩张、平台垄断等背后的腐败行为。①

习近平国家治理理论是对马克思主义国家理论和科学社会主义的原创性发展。马克思、恩格斯认为，国家除了是一个维护阶级统治的暴力工具之外，它还是一个社会公共管理的行政机构，尤其是它还是一个有组织的社会经济载体，具有很明显的经济属性。因此它是一个政治、社会管理和经济属性的统一体。马克思在《哥达纲领批判》中阐述了科学社会主义的原则，即持政治原则上的无产阶级的革命专政、经济原则上的按劳分配、

---

① 《习近平主持中共中央政治局第三十八次集体学习并发表重要讲话》，《人民日报》2022年5月1日第1版。

社会原则上的公平正义。但马克思也对未来社会提了一个需要后人回答的问题："在共产主义社会中国家制度会发生怎样的变化呢？换句话说，那时有哪些同现在的国家职能相类似的社会职能保留下来呢？"① 列宁的国家理论坚持了马克思的无产阶级专政学说，俄国十月革命后，列宁创建了世界上第一个社会主义国家，如何进行国家治理，并构建国家治理体系，是无产阶级革命导师遇到的新课题。列宁领导的时间很短，但留下了珍贵的遗产。列宁实行的新经济政策，是苏维埃国家最初的经济治理和对资本的治理。列宁指出，我们比资本家占优势，因为"手中有国家政权，有多种经济手段"。② 社会主义国家必须善于利用国家政权尤其是法律手段驾驭资本力量。但是必须"不仅要认真对待我们共产主义法律的条文，而且要认真对待它的精神，不得有一丝一毫违背我们的法律"。③ 在政治领域，列宁着手政治制度和国家机构的改革创新。"国家机关及其改善的问题，是一个非常困难、远未解决同时又亟待解决的问题。"官僚主义是存在于国家制度中的"一种脓疮"。政治制度建设的重要任务，就是"暴露它，揭穿它，使人人唾弃它"。④ 清除官僚主义最根本的措施，就是使人民群众直接参加国家治理。只有"使所有的人暂时都变成'官僚'，因而使任何人都不能成为'官僚'"。⑤ 列宁探索出一套包括工农检察制度、政务公开制度、党和国家监督制度在内的制度体系。其中，最重要的一项制度设计，就是建立和完善工农检察院。列宁主张，工农检察院应强化工作的独立性，并监督一切国家机关。"工农检查院本来就是为我们的一切国家机关而设的，它的活动应毫无例外地涉及所有一切国家机构。"⑥ 关于党政关系，列宁认为，在社会主义国家制度中，党政机关的结合"是我们政策的巨大力量的泉源"。⑦ 但是，党不能代替苏维埃国家政权组织，"党的任务则是对所有国家机关的工作进行总的领导"。⑧ 在文化建设上，列宁坚持文

---

① 《马克思恩格斯选集》第 3 卷，人民出版社 2012 年版，第 373 页。
② 《列宁全集》第 43 卷，人民出版社 2017 年版，第 95 页。
③ 《列宁全集》第 42 卷，人民出版社 2017 年版，第 439 页。
④ 《列宁全集》第 43 卷、41 卷，人民出版社 2017 年版，第 377、217 页。
⑤ 《列宁全集》第 31 卷，人民出版社 2017 年版，第 105 页。
⑥ 《列宁全集》第 43 卷，人民出版社 2017 年版，第 391 页。
⑦ 《列宁选集》第 4 卷，人民出版社 2012 年版，第 792 页。
⑧ 《列宁全集》第 43 卷，人民出版社 2017 年版，第 68 页。

化和意识形态的党性原则，旗帜鲜明地反对两种错误倾向：一种是右倾错误，像苏汉诺夫、考茨基那样，认为进行社会主义文化建设时机未到；另一种是"左"倾错误，像波格丹诺夫那样全盘否定文化遗产，导致走向文化虚无主义。

新中国成立前后，毛泽东对社会主义国家治理进行了初步探索，提出了人民民主专政，国家机器镇压敌人和保护人民，对人民发扬民主的职能，在政治建设领域创立了人民代表大会制度和共产党领导下的多党协商合作制度，制定了宪法以及一些最基本的法律，在经济建设领域，完成了生产资料所有制的社会主义改造，在文化建设领域提出了"百花齐放，百家争鸣"的方针，在社会建设领域，提出了正确区分和处理两类不同性质的矛盾，以及外交、军队国防和党的建设领域都为中国特色社会主义事业的发展打下了坚实的基础，也为社会主义国家治理提供了最初的建设草图。

习近平总书记深刻总结了新中国成立以来，特别是改革开放以来国家治理的经验，依据马克思主义关于国家治理和科学社会主义学说的基本原理，对社会主义国家治理体系学说进行了创造性发展。回答了什么是社会主义国家治理：中国特色社会主义制度是党和人民在长期实践探索中形成的科学制度体系，我国国家治理一切工作和活动都依照中国特色社会主义制度展开，我国国家治理体系和治理能力是中国特色社会主义制度及其执行能力的集中体现。而国家治理体系现代化的基本表现就是用法律、制度和规则来规范党与国家、公共权力与社会、资本与劳动、公民与社会、多元文化与主流意识形态、中华民族大家庭与多民族、人与自然、外交、军队国防与世界和平、国家发展目标与人类命运的相互关系和行为规范。国家治理体系现代化的目的是："使各方面制度和国家治理更好体现人民意志、保障人民权益、激发人民创造，确保人民依法通过各种途径和形式管理国家事务，管理经济文化事业，管理社会事务。"①

这一套科学的制度体系是由社会主义的根本制度、基本制度和重要制度所组成。根本制度是覆盖我们党"五位一体"总体布局、"四个全面"

---

① 《中共中央关于坚持和完善中国特色社会主义制度　推进国家治理体系和治理能力现代化若干重大问题的决定》，《人民日报》2019 年 11 月 6 日第 1 版。

/ 第十二章 社会主义国家治理体系与治理能力现代化 / 423

战略布局，覆盖改革发展稳定、内政外交国防、治党治国治军等一切方面、所有领域的。我们国家的根本制度包括五个方面，即根本领导制度、根本政治制度、根本文化制度、根本社会治理制度和根本军事制度。党的集中统一领导制度和全面领导制度是我国的根本领导制度。人民代表大会制度是我国的根本政治制度。马克思主义在意识形态领域指导地位的制度是我国的根本文化制度。共建共治共享是我国的根本社会治理制度。党对人民军队的绝对领导是我国的根本军事制度。

中国特色社会主义的基本制度，就是通过贯彻和体现国家政治生活、经济生活的基本原则、对国家经济社会发展等发挥重大影响的制度。基本制度也是覆盖和体现在各领域各方面的。在政治领域，中国特色社会主义的基本制度就是中国共产党领导的多党合作和政治协商制度、民族区域自治制度、基层群众自治制度。在经济领域，确立了"公有制为主体、多种所有制共同发展，按劳分配为主体、多种分配方式并存，社会主义市场经济体制等三大基本经济制度"。重要制度是指在根本制度和基本制度指导下、国家治理各领域各方面各环节的具体的主体性制度。中国特色社会主义的重要制度包括经济体制、政治体制、文化体制、社会体制、生态文明体制、法治体系、党的建设制度等。这些重要制度直接关联社会基层，涵盖社会生产生活的方方面面。与我国的根本制度和基本制度相比较，国家的重要制度需要创新和完善的空间最大。党的十九届四中全会突出点明的"抓紧制定国家治理体系和治理能力现代化急需的制度、满足人民对美好生活新期待必备的制度"，都属于重要制度范畴。上述认识和总结，构成了对马克思主义国家学说和科学社会主义的原创性发展，也是对中国式现代化的新认识。

习近平国家治理理论是对人类社会发展规律和历史唯物主义的创新性发展。国家治理是一定社会发展阶段的产物，也是人类文明的一种形态。马克思主义关于人类社会发展规律的思想主要包括生产力与生产关系矛盾运动的规律、经济基础与上层建筑矛盾运动的规律和社会形态更替规律。生产力和生产关系之间、经济基础和上层建筑之间的矛盾运动不仅推动着社会形态由低级形态向高级形态的依次更替，决定了人类社会发展存在客观的、不以人的意志为转移的确定不移的趋势与走向。不过，马克思主义也认为，历史是人类自己创造的，社会规律毕竟不同于自然规律，社会形态的更替也有人们的历史选择性起的作用。这种历史选择性使社会形态的更替体现出跨越性的一面。关于社会发展和人类文明的发展趋势，西方学者大多持资本主义文明终结论的逻辑。但马克思主义则认为，多样性是社会发展和人类文明的基本特征，而多样性则是由人类文明的本质决定的。

首先，虽然人类社会是按照生产力和生产关系、经济基础和上层建筑的矛盾运动，由原始文明、农业文明、工业文明、信息化文明依次递进、上升发展的一般规律演进，但各国、各地区的生产力水平、生产和交换的内容和基础不同，语言文化不同，演进的路径也并不完全相同，由此形成了文明演进的多样性。马克思既注重对文明发展一般规律的揭示，又关注文明发展的不同道路特点。马克思对东方社会的研究证明社会发展阶段和社会经济形态并不完全重复欧洲的样式。他借用地质学的名词描绘这种情景："正像在地质的层系构造中一样，在历史的形态中，也有原生类型、次生类型、再次生类型等一系列的类型。"① 不同的社会发展类型规定了文明发展的不同道路。他的研究的结果表明，即使存在一般的经济社会发展规律，由于各国经济、政治、制度、文化、习俗各不相同，因而各国的社会发展形式或文明形成道路也往往不同。因此一般发展规律在各个国家的具体实现方式是不同的，形成的文明发展道路也是不同的。正如习近平总书记所强调的，各国历史文化和社会制度差异自古就存在，是人类文明的内在属性。没有多样性，就没有人类文明。多样性是客观现实，将长期存在。② 文明发展道路和文明发展方式的多样性增强了人类文明的多样性。这就是文明发展规律的统一性与文明发展道路多样性、可选择性结合在一起的辩证法。

其次，人类文明的本质规定了人类文明的发展目标是追求社会进步和人的全面发展，满足多样性需求是实现人的全面发展的必要条件，而多样性需求必然导致文明的多样性发展。人类文明的发展趋势不仅取决于人类社会发展的规律，也取决于人类文明追求的目标。资本主义文明的内在矛盾实际上已经蕴含了新文明的萌芽。1844 年恩格斯在《致马克思》一信

---

① 《马克思恩格斯选集》第 3 卷，人民出版社 2012 年版，第 831 页。

② 《习近平出席世界经济论坛"达沃斯议程"对话会并发表特别致辞》，《人民日报》2021年 1 月 26 日第 2 版。

/ 第十二章　社会主义国家治理体系与治理能力现代化 / 425

中用"旧文明"概指包括资本主义文明在内的整个资产阶级文明，而用"新文明"来表示共产主义文明。《哥达纲领批判》和《反杜林论》等著作都具体描绘了共产主义文明，它将是"能给所有人以幸福的文明"。[①] 这就是人类文明追求的最终目标。这种能给所有人以幸福的文明具体指的是什么？这就是人类解放和人的自由全面发展。马克思的理论主题和社会理想就是实现无产阶级和人类的解放，实现人的自由全面发展，也是马克思人类文明理论的价值观。马克思认为，之所以要改变现实社会，促进社会文明，为的是改变人的现有生存状况，使人自身的价值得以充分发展和实现；社会文明进步也就体现在人人都为人类的生存和发展提供有利的社会条件，从而促进人的发展以及人与社会文明进步的交融发展。由于人的发展的需要是多方面的，因而为满足需要的社会文明进步也必然是多方面的，不仅是物质文明的发展，还是物质文明、精神文明、政治文明、社会文明、生态文明等的全面发展。

最后，人的发展需求的多方面性决定了人类文明的多样性，这是世界的基本特征，也是人类进步的源泉。世界上有200多个国家和地区、2500多个民族、多种宗教。不同历史和国情，不同民族和习俗，不同人的不同多样需求孕育了不同文明，使世界更加丰富多彩。人的需求多样性和文明多样性始终是人类社会的基本特征，是不同人群对世界认知和自我文化认同的多样表达。每一种文明都扎根于自己的生存土壤，凝聚着一个国家、一个民族的非凡智慧和精神追求，蕴含着人类发展进步所依赖的精神理念和价值追求。多样性的文化特征和民族气质各具特色，使世界文明呈现出多样化的色彩。

中国进行的现代化建设，不仅需要生产力发展的基础，而且是一种新的文明创造。习近平总书记《在庆祝中国共产党成立100周年大会上的讲话》中指出，"我们坚持和发展中国特色社会主义，推动物质文明、政治文明、精神文明、社会文明、生态文明协调发展，创造了中国式现代化新道路，创造了人类文明新形态"。[②] 这五个文明建设既是以往40年建设小康社会积累的历史经验，也是对中国式现代化道路未来发展规律的揭示，

① 《马克思恩格斯全集》第26卷，人民出版社2014年版，第276页。
② 习近平：《在庆祝中国共产党成立100周年大会上的讲话》，《人民日报》2021年7月2日第2版。

构成了中国式现代化文明新形态的主要特征。此外，习近平总书记认为，把社会主义各项制度加以整理规范、系统化集成，进一步完善和发展中国特色社会主义制度，使制度体系更科学合理，制度执行更有力有效也是中国式现代化的重要特征，成为"第五个现代化"。使国家制度特征彰显中国式现代化的制度特色，是中国式现代化道路和现代化文明新形态的重要标志，也是社会发展道路和形态多样性、人类现代化文明多样性的深刻体现。从这个意义上说，中国的国家治理体系和治理能力现代化的理论和实践是对马克思主义人类社会发展规律和历史唯物主义的创造性发展。

习近平总书记有关国家治理的重要论述是辩证唯物主义方法论运用的典范。国家治理是一个大的系统，涵盖经济、政治、文化、社会、生态环境、民生与安全、外交国防、党建等各个领域，而每个领域又是一个覆盖面也很广泛的子系统。系统观念是马克思主义认识论和方法论的重要范畴，是马克思主义政党基础性的思想和工作方法。恩格斯在总结近现代自然科学成果的基础上指出："关于自然界所有过程都处在一种系统联系中的认识，推动科学到处从个别部分和整体上去证明这种系统联系。"①马克思运用系统方法和社会有机体思想，深入剖析资本主义社会这一复杂系统的内部结构和主要矛盾，科学揭示了资本主义社会的运行规律和发展趋势。根据唯物辩证法原理和现代系统论观点，系统是由诸多相互联系、相互作用的要素构成并与外部环境相互影响的具有特定结构和功能的有机整体。系统观念遵循整体性、结构性、层次性、开放性的思维方式。整体性主要强调把握系统整体与其组成要素之间的关系；结构性主要强调把握系统中诸要素之间的关系，包括要素之间的比例、结合方式等；层次性主要强调把握系统中不同层次之间的关系，研究不同层次的运行规律；开放性主要强调把握系统整体与外部环境之间的关系，越是有机的系统，其开放程度越高。概言之，系统观念要求在系统与要素、要素与要素、结构与层次、系统与环境之间相互联系、相互作用的动态过程中认识事物、把握规律，进而从总体上实现事物结构和功能优化。

习近平总书记高度重视用辩证唯物主义方法论指导治国理政，他说："党的十八大以来，党中央坚持系统谋划、统筹推进党和国家各项事业，

---

① 《马克思恩格斯全集》第 26 卷，人民出版社 2014 年版，第 40 页。

根据新的实践需要，形成一系列新布局和新方略，带领全党全国各族人民取得了历史性成就。在这个过程中，系统观念是具有基础性的思想和工作方法。"① 在改革、发展、稳定的总方针指导下，在统筹推进"五位一体"总体布局、协调推进"四个全面"战略布局中，都坚持了唯物辩证法的思想方法，正如习近平总书记所说："坚持唯物辩证法，就要从客观事物的内在联系去把握事物，去认识问题、处理问题。"从方法论角度看，坚持和运用系统观念就是要坚持发展地而不是静止地、全面地而不是片面地、系统地而不是零散地、普遍联系地而不是单一孤立地认识和处理问题。机械主义、形式主义、教条主义和经验主义的观点，都是形而上学的思想方法。在全面深化改革，推进国家治理体系和治理能力现代化的布局谋划中，习近平总书记作出了一系列重要论述并特别指出："全面深化改革是一项复杂的系统工程，需要加强顶层设计和整体谋划，加强各项改革关联性、系统性、可行性研究"，② "全面依法治国是一个系统工程，必须统筹兼顾，把握重点、整体谋划，更加注重系统性、整体性、协同性"。③ "要从系统工程和全局角度寻求新的治理之道，不能再是头痛医头、脚痛医脚，各管一摊、相互掣肘，而必须统筹兼顾、整体施策、多措并举，全方位、全地域、全过程开展生态文明建设"，等等。④

习近平总书记有关国家治理的重要论述是对共产党执政规律认识深化的创新发展。2012 年 10 月胡锦涛主持中共中央政治局第三十二次集体学习时强调坚持科学执政、民主执政、依法执政，扎实加强执政能力建设和先进性建设，胡锦涛指出："强调科学执政、民主执政、依法执政，反映了我们党对共产党执政规律认识的深化和对党长期执政正反两方面经验的科学总结，反映了我们党对自己所处的历史方位和所承担的历史使命的清醒认识，反映了我们党把推进党的建设新的伟大工程同推进中国特色社会主义伟大事业紧密结合的高度自觉。"⑤ 随着中国特色社会主义

① 习近平：《关于〈中共中央关于制定国民经济和社会发展第十四个五年规划和二〇三五年远景目标的建议〉的说明》，《人民日报》2020 年 11 月 4 日第 2 版。

② 《习近平：全面深化改革是一项复杂的系统工程》，《人民日报》，2013 年 11 月 14 日第 1 版。

③ 《习近平谈治国理政》第 3 卷，外文出版社 2020 年版，第 285 页。

④ 《习近平谈治国理政》第 3 卷，外文出版社 2020 年版，第 363 页。

⑤ 《胡锦涛文选》第 2 卷，人民出版社 2016 年版，第 460—461 页。

事业的发展和党执政经验的继续积累，特别是习近平总书记有关国家治理的重要论述的提出，大大丰富了科学执政、民主执政、依法执政的内涵，把中国共产党执政理论提高到新境界。

党要科学执政，首先要正确把握党在历史发展中的方位。随着中国特色社会主义事业的发展，党的历史方位发生了变化。党从始终代表中国先进生产力的发展要求、始终代表中国先进文化的前进方向、始终代表中国最广大人民的根本利益；发展到要始终代表中国与世界发展的共同利益、始终遵循人类社会与自然界和谐共生的规律，始终代表中华民族伟大复兴"中国梦"与人类命运共同体的前进方向，始终代表世界范围内两种意识形态、两种社会制度长期较量的历史演进中社会主义必然胜利的一方。中国特色社会主义运动的变化以及党的历史方位的变化，对党如何科学执政的内涵提出了新课题、新要求。党要科学执政，还要正确把握不同发展阶段的任务。中国特色社会主义事业不仅要求在各领域、各条战线的科学发展，不仅要求事业的发展，还要求各项制度的成熟、定型和系统集成。从而使中国特色社会主义事业按照制度的轨道顺势而行，而各项制度的形成，既是对各方面经验的总结，也是对事物发展规律的认识凝聚，它将使党的执政活动更具有科学性。

党要民主执政，不仅要确立人民主权的法律地位，即坚持人民的主体地位，国家的一切权力属于人民，而且要构建保障人民主权得以实现的制度安排和法律规定，还要丰富民主形式，拓宽民主渠道。习近平总书记总结了我国社会主义政治发展道路和社会主义民主的经验，提出了"全过程人民民主"的理念。2019 年 11 月 2 日，习近平总书记来到在上海考察时指出，我们走的是一条中国特色社会主义政治发展道路，人民民主是一种全过程的民主，所有的重大立法决策都是依照程序、经过民主酝酿，通过科学决策、民主决策产生的。[1] 在庆祝中国共产党成立 100 周年大会上，习近平总书记指出："尊重人民首创精神，践行以人民为中心的发展思想，发展全过程人民民主。"[2] 全过程人民民主体现了社会主义民主政治的最深

---

[1] 本书编写组：《改革开放简史》，人民出版社、中国社会科学出版社 2021 年版，第 271 页。

[2] 习近平：《在庆祝中国共产党成立 100 周年大会上的讲话》，《人民日报》2021 年 7 月 2 日第 2 版。

/ 第十二章 社会主义国家治理体系与治理能力现代化 / 429

刻内涵，是社会主义民主理论的创新发展。正如习近平总书记所总结的那样："我国全过程人民民主实现了过程民主和成果民主、程序民主和实质民主、直接民主和间接民主、人民民主和国家意志相统一，是全链条、全方位、全覆盖的民主，是最广泛、最真实、最管用的社会主义民主。"①

党要民主执政，还要把握社会主义民主的特点，它分为选举民主与协商民主两种形式。选举民主，是指人民群众通过选举、投票行使权利，是表达人民群众意愿、调整利益关系的有效途径；选举民主属起点民主，它只能在投票活动中体现，解决谁当选的问题。我国特色社会主义民主的一大特点，就是选举民主与协商民主相结合，社会主义民主政治的本质和核心就是人民当家作主。政治发展是民主政治建设和完善的过程，把选举民主和协商民主作为民主的两种重要形式，是构建中国特色的民主政治模式的重要环节。协商民主在关注公共利益的同时，并不意味着对弱势群体的忽视；在注意保护多数人利益的同时，注意保护少数人的正当合法权益。因此坚持社会主义协商民主的独特优势，统筹推进政党协商、人大协商、政府协商、政协协商、人民团体协商、基层协商以及社会组织协商，构建程序合理、环节完整的协商民主体系，完善协商于决策之前和决策实施之中的落实机制，丰富有事好商量、众人的事情由众人商量的制度化实践。

党要民主执政，就要把民主制度落实到基层，使每一个人都能亲身体验到。因此要健全基层党组织领导的基层群众自治机制，在城乡社区治理、基层公共事务和公益事业中广泛实行群众自我管理、自我服务、自我教育、自我监督，拓宽人民群众反映意见和建议的渠道，着力推进基层直接民主制度化、规范化、程序化。全心全意依靠工人阶级，健全以职工代表大会为基本形式的企事业单位民主管理制度，探索企业职工参与管理的有效方式，保障职工群众的知情权、参与权、表达权、监督权，维护职工合法权益。总之，党民主执政要建立健全一系列制度和规范，保障依法实行民主选举、民主协商、民主决策、民主管理、民主监督，使各方面制度和国家治理更好体现人民意志、保障人民权益、激发人民创造，确保人民依法通过各种途径和形式管理国家事务，管理经济文化事

――――――――――

① 《追求民主、发展民主、实现民主的伟大创举》，《人民日报》2021 年 12 月 16 日第 5 版。

业，管理社会事务。

党要依法执政，首先要牢牢把握依法执政的执行力。习近平总书记说："制度的生命力在于执行。有的人对制度缺乏敬畏……因此，必须强化制度执行力，加强对制度执行的监督。"① 相对而言，执行法律要比制定法律更为艰巨，执法不严、执法不公是依法执政最大的阻碍，党的十八届四中全会提出，全面依法治国是"国家治理领域的一场深刻革命"，② 习近平总书记强调："治国必先治党，治党务必从严。如果管党不力，治党不严，人民群众反映强烈的党内突出问题得不到解决，那我们党迟早会失去执政资格。"③ 党要依法执政，首先要全面从严治党，要依法依规治党，以党的治理全面带动国家治理，使党依法执政得到最大的公信力，从而保证依法执政的执行力。党要依法执政，还要紧紧依靠人民群众，依靠人民群众的觉悟，这是党依法执政最深厚的基础。而人民群众的觉悟来自党倡导的社会主义核心价值观的培育和发扬，正如习近平总书记总结我国法治建设的经验时所说："把法治中国建设好，必须坚持依法治国和以德治国相结合，使法治和德治在国家治理中相互补充、相互促进、相得益彰，推进国家治理体系和治理能力现代化。"④ 动员社会力量的参与，不仅包括新闻媒体和文学艺术，也包括哲学社会科学研究，习近平总书记对哲学社会科学也提出了殷切希望："面对改革进入攻坚期和深水区、各种深层次矛盾和问题不断呈现、各类风险和挑战不断增多的新形势，如何提高改革决策水平、推进国家治理体系和治理能力现代化，迫切需要哲学社会科学更好发挥作用。"⑤ 总之，党要实现依法执政，关键取决于能否动员广大民众这一决战决胜的伟大力量，也是党在新时代动员"人民战争"的重要一役。

---

① 《习近平谈治国理政》第 3 卷，外文出版社 2020 年版，第 128 页。

② 《中共中央关于全面推进依法治国若干重大问题的决定》，《人民日报》2014 年 10 月 24 日第 2 版。

③ 习近平：《论中国共产党历史》，中央文献出版社 2021 年版，第 133—134 页。

④ 《习近平谈治国理政》第 2 卷，外文出版社 2017 年版，第 133 页。

⑤ 习近平：《在哲学社会科学座谈会上的讲话》，《人民日报》2016 年 5 月 19 日第 2 版。

第十三章　中国共产党对经济工作的集中统一领导

由于西方经济学讨论过市场与政府的关系，所以把市场与政府的关系列为政治经济学的问题没有什么疑义，但把党的领导也纳入政治经济学的研究课题，可能有些人内心并不赞成。针对这个问题，2014年5月习近平总书记在中央政治局第15次集体学习时，论述完"使市场在资源配置中起决定性作用和更好发挥政府作用"后紧接着就指出："坚持党的领导，发挥党总揽全局，协调各方的领导核心作用，是我国社会主义市场经济体制的一个重要特征。"① 这个定位不仅是现实的，也是历史的。1922年，江西安源路矿工人消费合作社的成立，拉开了我党领导经济工作的序幕。党领导经济工作，是我们党在过去近百年实践中所确立的重大政治原则，这是毫无疑义的，但是如何在理论上认识和阐明党的领导与依法治国的关系，党的领导与国家治理体系的关系，党的领导与政府、市场关系等问题，仍然是中国特色社会主义政治经济学需要深入研究的新课题。

第一节　党领导经济工作的理论依据

一　政党与国家政权的理论

马克思主义认为，阶级是生产力发展到一定阶段的产物。阶级自其产生以来始终采取了对抗的形式。恩格斯指出："以往的全部历史，除原始社会外，都是阶级斗争的历史。"② 在阶级社会中，阶段斗争的形式具有多

---

① 《习近平谈治国理政》，外文出版社2014年版，第118页。
② 《马克思恩格斯选集》第3卷，人民出版社1995年版，第836页。

样性，其中，经济利益斗争贯穿于阶级斗争的整个过程，并且最终需要通过适当的政治斗争形式加以解决。因为阶级的实质是一个集团占有另一个集团的劳动，所以二者的利益是根本对立的，以至于二者之间的矛盾和斗争不可调和。为了缓和二者的矛盾和冲突，并将其控制在"秩序"范围内，于是国家被统治阶级发明出来了。"国家是维护一个阶级对另一个阶级的统治的机器。"① 因此，国家是阶级斗争的必然产物。"一切阶级斗争都是政治斗争"②，而"各阶级政治斗争的最严整、最完全和最明显的表现就是各个政党的斗争"③。现代意义上的政党诞生于资本主义社会，至今已有二百多年的历史。政党的首要任务就是夺取国家政权，正如列宁所指出的："一切革命的根本问题是国家政权问题。"④ 政党夺取政权的根本目的是为了本阶级获得经济利益，而要达到这一目的，必须通过政治斗争的方式才能实现。总之，为了适应阶级斗争的需要，国家和政党在这种斗争发展到一定的阶段先后产生了。

阶级、政党和群众的关系不同于政府和人民之间的关系。在阶级社会里，无论一个人的社会地位如何变迁，都不能使其摆脱阶级的烙印。正如毛泽东所指出的："在阶级社会中，每一个人都在一定的阶级地位中生活，各种思想无不打上阶级的烙印。"⑤ 在同一个阶级中，每个人因有共同的经济地位而拥有相同的意识、价值观念、主张等，从而形成了群众所具有的共同特征。因此，"群众是划分为阶级的"。⑥ 资产阶级有资产阶级群众，无产阶级也有自己的无产阶级群众。无论什么时候，群众内部不可能一般的齐整，必定有先进和落后之分。党来自群众，是群众中的一部分人，是群众的先进代表。列宁认为，无产阶级政党是阶级的先进部队⑦，是工人阶级中最先进、最积极、最觉悟的一部分，从而党的任务"决不是反映群众的一般水平，而是带领群众前进"⑧。

---

① 《列宁全集》第 37 卷，人民出版社 2017 年版，第 68 页。
② 《马克思恩格斯选集》第 1 卷，人民出版社 1995 年版，第 281 页。
③ 《列宁全集》第 12 卷，人民出版社 2017 年版，第 127 页。
④ 《列宁全集》第 29 卷，人民出版社 2017 年版，第 131 页。
⑤ 《毛泽东选集》第 1 卷，人民出版社 1991 年版，第 283 页。
⑥ 《列宁全集》第 39 卷，人民出版社 2017 年版，第 63 页。
⑦ 《列宁全集》第 8 卷，人民出版社 2017 年版，第 252 页。
⑧ 《列宁全集》第 33 卷，人民出版社 2017 年版，第 92 页。

／ 第十三章　中国共产党对经济工作的集中统一领导／　433

国家（政府）外在于群众，凌驾于一切阶级之上。除了作为阶级统治的工具外，国家还具有社会管理职能。虽然社会管理的范围、深度以及方式随着社会生产力和社会分工的发展而变得不同，但是国家在表面上仍然采取的是脱离于各个阶级的政权组织形式。国家的管理对象是所有国民，无论是被统治阶级的成员，还是统治阶级中的成员，都受到国家法律的规制和约束。在社会主义社会，人民是国家的主人，但仍要在宪法和法律规定的范围内进行活动。

二　社会主义国家的性质、政体与资本主义国家的区别

马克思主义认为，国家的本质是统治者进行阶级统治的机器，因此，国家的性质（国体、国家类型）是由统治阶级的性质决定的，并决定政体（政权的组织形式、政治形式）的性质。在剥削阶级社会（奴隶制社会、封建社会以及资本主义社会），国体对政权的组织形式的决定作用并不是绝对的，而是相对的，即同一种国家类型可以选择不同的政权组织形式，例如，在资本主义国家，君主立宪制和议会民主共和制是主要的政治形式，这主要是由各国统治阶级的利益和力量决定的。而在人民当家作主的社会主义社会，无产阶级的性质和历史使命决定了其政治形式只能是民主共和制。恩格斯说："如果说有什么是毋庸置疑的，那就说，我们党和工人阶级只有在民主共和国这种政治形式下，才能取得统治。民主共和国甚至是无产阶级专政的特殊形式，法国大革命已经证实了这一点。"[1] 总之，无产阶级专政、无产阶级性质和历史使命使得社会主义国家的性质、国体不同于资本主义国家的性质和国体。

三　政治与经济关系的理论

历史唯物主义认为，从整个人类社会历史发展规律来看，经济基础决定属于上层建筑范畴的政治。而从一定的历史横截面来看，政治的发展也具有相对独立性，即政治并不完全按照经济预设的路径展开行动。正如恩格斯在《反杜林论》中指出："社会的政治结构绝不是紧跟着社会经济

---

① 《马克思恩格斯选集》第 4 卷，人民出版社 1995 年版，第 412 页。

生活条件的这种剧烈的变革立即发生相应的改变。"① 政治发展的相对独立性，意味着政治并不是完全被动的，在一定条件下对经济的发展起决定的反作用。由于建立在经济基础之上的政治，具有高屋建瓴、统揽全局的地位和作用，以至于无产阶级政党一直高度重视政治问题。

马克思主义政党向来旗帜鲜明地讲政治。列宁认为，政治中最本质的东西是国家政权机构。② 由于国家政权机构能够保护自己的共同利益，免遭内部和外部的侵犯③，因而政权在社会经济生活中起关键性作用。列宁在领导苏联社会主义革命和建设过程中，深刻认识到政治对经济发展的重要性，他指出："一个阶级如果不从政治上正确地看问题，就不能维持它的统治，因而也就不能完成它的生产任务。"④ 正因如此，他在同托洛茨基和布哈林的论战中提出了"政治同经济相比不能不占首位"⑤ 的著名论断，并强调这是马克思主义的最起码的常识。毛泽东将马克思主义基本原理同我党执政后的社会主义实践相结合，强调思想政治工作对经济工作和其他工作的重要性。他在《中国农村社会主义高潮》一书的按语中提出："政治工作是一切经济工作的生命线。"⑥ 他还提出思想政治对经济的能动作用："代表先进阶级的正确思想，一旦被群众掌握，就会变成改造社会、改造世界的物质力量。"⑦ "提高劳动生产率，一靠物质技术，二靠文化教育，三靠思想政治工作。后两者都是精神作用。"⑧ 他在《工作方法六十条（草案）》中进一步指出，思想政治是统帅和灵魂，引领经济工作和其他工作沿着正确轨道向前发展。基于此，他严肃地指出："只要我们的思想和政治工作稍微的一放松，经济工作和技术工作就一定会走到邪路上去。"⑨ 不过在高度肯定政治的统帅地位的同时，他也强调政治与经济工作和其他工作的统一，否则政治就成了空头政治，无本之木，从而也就无法体现和

---

① 《马克思恩格斯选集》第 3 卷，人民出版社 1995 年版，第 446 页。

② 《列宁全集》第 23 卷，人民出版社 2017 年版，第 249 页。

③ 《马克思恩格斯选集》第 4 卷，人民出版社 1995 年版，第 253 页。

④ 《列宁全集》第 40 卷，人民出版社 2017 年版，第 283 页。

⑤ 《列宁全集》第 40 卷，人民出版社 2017 年版，第 282 页。

⑥ 《毛泽东文集》第 6 卷，人民出版社 1999 年版，第 449 页。

⑦ 《毛泽东著作选读》下册，人民出版社 1986 年版，第 839 页。

⑧ 《毛泽东文集》第 8 卷，人民出版社 1999 年版，第 124—125 页。

⑨ 《毛泽东文集》第 7 卷，人民出版社 1999 年版，第 351 页。

发挥其统领全局、高屋建瓴的地位和作用。1986年8月，邓小平视察天津时强调："改革、现代化科学技术，加上我们讲政治，威力就大多了。到什么时候都得讲政治。"① 江泽民在《领导干部一定要讲政治》一文中指出，我们搞社会主义现代化建设，必须有政治保证，不讲政治，不讲纪律不行。他明确了政治的内涵，包括政治方向、政治立场、政治观点、政治纪律、政治鉴别力、政治敏锐性，并总结了讲政治的六大意义。胡锦涛认为："在各项工作中要贯穿讲政治的要求，增强原则性、系统性、预见性、创造性。"② 党的十八大以来，习近平总书记更是把讲政治提高到党自身建设和发展的高度来认识，他提出"必须旗帜鲜明讲政治"，"讲政治是我们党补钙壮骨、强身健体的根本保证，是我们党培养自我革命勇气、增强自我净化能力、提高排毒杀菌政治免疫力的根本途径"。党的十九大报告把加强党的政治建设摆在全面从严治党的首位，以点带面，全面加强党的执政水平和领导水平。

另外，政治是一个历史的范畴，在不同的社会发展阶段和不同的历史时期，具有不同的内涵。凡是涉及党和人民事业发展的全局性和根本性问题，都是重大的政治问题。政治的首要内容随着国内社会的主要矛盾的变动而变动。在新民主革命时期，人民大众与帝国主义、封建主义和官僚资本主义的矛盾是我国社会的主要矛盾，因此进行反帝、反封建以及反官僚资本主义就是我党政治的主要内容，经济工作和其他一切工作都是为了推翻"三座大山"服务的。例如，毛泽东在土地革命时期指出："革命战争是当前的中心任务，经济建设是为着它的，是环绕着它的，是服从于它的。"③ 改革开放后，我国社会的主要矛盾为：人民日益增长的物质文化需要同落后的社会生产之间的矛盾。不发展社会生产力和经济建设，社会主义制度就有丧失物质基础的风险。基于此，集中力量解放和发展生产力就是政治的主要内容。在此背景下，邓小平提出："四个现代化就是中国最大的政治。"④ 进行现代化建设，"任何时候都不要受干扰，必须坚定不移

---

① 《邓小平文选》第3卷，人民出版社2001年版，第166页。
② 《胡锦涛文选》第1卷，人民出版社2016年版，第360页。
③ 《毛泽东选集》第1卷，人民出版社1991年版，第123页。
④ 《邓小平文选》第2卷，人民出版社1994年版，第234页。

436 / 中国特色社会主义政治经济学 /

地、一心一意地干下去"。① 邓小平的以经济为中心的思想，同列宁的"今后最好的政治就是少谈政治"② 的思想，具有一致性。党的十八大以来，我国社会的主要矛盾已转化成人民日益增长的美好生活需要和不平衡不充分的发展之间的矛盾。发展不平衡不充分问题已经成为我国社会主要矛盾的主要方面，事关全面开启全面建设社会主义现代化国家新征程、向第二个百年奋斗目标胜利进军这个大局。因此，着力解决发展不平衡不充分问题是当前中国最大的政治。总之，政治的内涵是变化的，既有阶级斗争方面的政治，也有经济方面的政治。只有党能够深刻洞察不同时期和不同发展阶段的政治内涵，所以党能够始终居于领导各方的核心地位。

第二节　党领导经济工作的实践依据

一　新中国成立前党领导了革命根据地的经济工作和建设

"革命的根本问题是政权问题。"③ 在新民主主义革命的不同时期，我党依据国内社会主要矛盾的变化，建立了不同的形式的政权，目的是团结一切可以团结的力量，领导全国人民完成反帝反封建任务。因此，这个时期我党最大的政治，就是领导中国人民同敌人进行斗争。党的一切工作都要服从于和服务于革命战争这个中心任务。

"战争不但是军事的和政治的竞赛，还是经济的竞赛。"④ 在民主革命时期，中国人民的敌人是非常凶狠和强大的，因此，战争是长期的、持久的，从而战争不仅是军事实力方面的比拼，更是经济实力方面的较量。为了支援战争，为战争提供物质基础，我党在新民主主义革命的各个时期，都十分重视领导革命根据地的经济工作和建设。在土地革命时期，国民党对我红色政权采取军事"围剿"的"杀死政策"的同时，还采取了经济封锁的"饿死政策"。在这种情形下，只有进行根据地的经济建设，发展生产，才能解除敌人的经济封锁，为军事上的"反围剿"奠定物质基础，为革命战争的胜利提供必要条件。毛泽东在《必须注意经济工作》中指出：

---

① 《邓小平文选》第2卷，人民出版社1994年版，第276页。
② 《列宁全集》第40卷，人民出版社2017年版，第157页。
③ 《列宁全集》第32卷，人民出版社2017年版，第9页。
④ 《毛泽东选集》第3卷，人民出版社1991年版，第1024页。

"只有展开经济战线方面的工作，发展红色区域的经济，才能使革命战争得到相当的物质基础，才能顺利地开展我们军事上的进攻，给敌人的'围剿'以有力的回击。"① 进行经济建设还能够改善群众的生活，激发群众参与革命的热情和积极性，从而壮大革命队伍。因此，他提出只有发展红色区域经济，"才能使我们的广大群众都得到生活上的相当的满足，而更加高兴地去当红军，去做各项革命工作"。② 为了服务于革命战争这个中心任务，他一方面让根据地的干部、群众"懂得经济建设在革命战争中的重要性"③，另一方面他强调根据地的经济建设不能脱离其服从于和服务于战争这个实际，"在国内革命战争中企图进行和平的，为将来所应有而现在所不应有的，为将来的环境所许可而现在的环境不许可的那些经济工作，只是一种瞎想"④。

在抗日战争时期，我党领导根据地人民进行经济建设，为抗日战争提供物质基础。在抗日初期，毛泽东在《为动员一切力量争取抗战胜利而斗争》中提出："财政政策以有钱出钱和没收汉奸财产作抗日经费为原则。经济政策是：整顿和扩大国防生产，发展农村经济，保证战时生产品的供给。提倡国货，改良土产。禁绝日货，取缔奸商，反对投机操纵。"⑤ 随着抗日战争进入相持阶段，日军对我党领导的抗日根据地进行疯狂的扫荡，实行"三光"政策，同时国民党顽固派对陕甘宁边区进行经济封锁，再加上边区受到自然灾害的影响，根据地出现了极大财政困难。为此，毛泽东提出了"发展经济，保障供给"⑥ 的经济和财政工作总方针。他号召根据地的机关、学校和军队进行"自己动手，丰衣足食"的大生产运动，使得根据地军民度过了抗日战争中最为困难的时期，为抗日战争的胜利奠定了物质基础。此外，党在这个时期还实行了减租减息、精兵简政、逐步建立起统一的货币市场等政策，为推动根据地的生产事业，起到了积极的作用。

---

① 《毛泽东选集》第 1 卷，人民出版社 1991 年版，第 120 页。
② 《毛泽东选集》第 1 卷，人民出版社 1991 年版，第 120 页。
③ 《毛泽东选集》第 1 卷，人民出版社 1991 年版，第 121 页。
④ 《毛泽东选集》第 1 卷，人民出版社 1991 年版，第 123 页。
⑤ 《毛泽东选集》第 2 卷，人民出版社 1991 年版，第 356 页。
⑥ 《毛泽东选集》第 3 卷，人民出版社 1991 年版，第 891 页。

在解放战争时期，毛泽东提出按照"一切靠自力更生，立于不败之地"① 的方针建设解放区。"中国的革命实质上是农民革命"②，"如果我们能够普遍地彻底地解决土地问题，我们就获得了足以战胜一切敌人的最基本条件"③。因此，解决农民的土地问题是解放区建设的中心问题。在全面解放战争爆发前夕，党中央发布"五四指示"，将在抗战时期实施的减租减息政策变更为"耕者有其田"政策。解放战争进入战略反攻阶段后，我党颁布了《中国土地法大纲》，进一步激发农民参加革命和生产的积极性，从而为解放战争输送源源不断的人力和物力。除了对农村进行土地革命外，我党还提出对官僚资本采取没收政策，对民族工商业采取保护和限制并举的措施。

党领导根据地经济建设，除了服务于战争，还为新民主主义政权奠定了物质基础。在政治和经济关系中，具有相对独立性的政治发展能够超前于当前的经济发展，但这种超前是有限度的，并且是暂时的。因为作为上层建筑的政治需要同一定的经济基础相匹配，否则，政治上层建筑会"高处不胜寒"，面临崩塌的危险。毛泽东认为，判断一个地方的社会是否为新民主主义社会性质，主要"以那里的政权是否有人民大众的代表参加以及是否有共产党的领导为原则"④。按照此原则，我党领导的土地革命时期、抗日战争时期以及解放战争时期的政权，都具有新民主主义革命的性质。因此，为了巩固不同时期的民主政权，需要发展相应的新民主经济作为支撑。正如毛泽东指出的："新民主主义国家，如无巩固的经济做它的经济基础，如无进步的比较现时发达得多的农业，如无大规模的在全国经济比重上占极大优势的工业以及与此相适应的交通、贸易、金融等事业做它的基础，是不能巩固的。"⑤

另外，党领导根据地经济建设能为将来过渡到社会主义提供物质基础。新民主主义经济是共产党领导的、体现各个革命阶级经济利益的一种向社会主义过渡型的经济。因此，它既具有社会主义经济成分，也具有资

---

① 《毛泽东选集》第4卷，人民出版社1991年版，第1188页。
② 《毛泽东选集》第2卷，人民出版社1991年版，第692页。
③ 《毛泽东选集》第4卷，人民出版社1991年版，第1252页。
④ 《毛泽东选集》第2卷，人民出版社1991年版，第785页。
⑤ 《毛泽东选集》第3卷，人民出版社1991年版，第1081页。

本主义经济成分。党在革命根据地领导建立的军工、民用、金融以及交通运输业等属于国营经济，具有社会主义性质。在土地革命时期和抗日战争时期，这些国营经济同私人经济相比，还不占优势，但"前途是不可限量的"，"争取国营经济对私人经济的领导，造成将来发展到社会主义的前提"。[1] 解放战争时期，通过没收官僚资本，国营经济在国民经济中的比重不断上升，到新中国成立，已经在工业、交通运输、金融等领域处于主导地位。国营经济地位提升并实现对私人经济的领导，为向社会主义过渡提供了前提。

二 党的领导是依法治国的根本保证

法治兴则国家兴，法治强则国家强。依法治国，是我党总结社会主义建设的正反面经验、教训基础上得出的治国理政的基本方略，是实现国家治理体系和国家治理能力现代化的主要内容和重要依托，是建设中国特色社会主义现代化国家的必然要求；同时，党又必须领导法律、法规的制定，才能把党对国家和社会治理的思想转化为国家意志，这关系党执政兴国、人民幸福安康以及党和国家长治久安。党的十八大以来，以习近平同志为核心的党中央立足推进国家治理体系和国家治理能力现代化，提出一系列关于全面依法治国的新思想、新理念、新战略，开启了法治中国新时代。党的十八届四中全会，是党的历史上首次以全面依法治国为主题的中央全会，对全面依法治国进行顶层设计和战略部署，提出了全面推进依法治国的总目标，即"建设中国特色社会主义法治体系，建设社会主义法治国家"[2]。党的十九大报告再次明确了这一总目标。[3] 为加强党对全面依法治国的集中统一领导，统筹推进全面依法工作，党中央于 2018 年 3 月决定组建中央全面依法治国委员会，这是党的历史上首次设立此类型机构。2020 年 11 月，习近平总书记在党的历史上首次召开的中央全面依法治国工作会议上，将当前和今后一个时期推进全面依法治国需要抓住的重点工作，精辟概括为"十一个坚持"。此次会议将习近平法治思想作为全面依

---

[1] 《毛泽东选集》第 1 卷，人民出版社 1991 年版，第 130 页。

[2] 《中共中央关于全面推进依法治国若干重大问题的决定》，人民出版社 2014 年版，第 4 页。

[3] 《习近平谈治国理政》第 3 卷，外文出版社 2020 年版，第 15 页。

法治国的指导思想，是全面依法治国的根本遵循和行动指南。党的十八大以来，我党将全面依法治国、建设社会主义法治国家放在了前所未有的历史高度，彰显出我党对共产党执政规律认识的进一步深化，把马克思主义政党建设推向了新境界。

党的领导是推进全面依法治国的根本保证。党的领导贯穿依法治国的整个过程和各个方面。第一，党领导制定法律。制定法律不仅涉及立法的数量，还涉及立法的质量。光有法可依是不够的，是否符合社会主义价值取向，是否汇集人民的意志和诉求以及是否符合人民的根本利益，才是关键。正如习近平总书记指出的："人民群众对立法的期盼，已经不是有没有，而是好不好、管不管用、能不能解决实际问题；不是什么法都能治国，不是什么法都治好国家。"① 我们党全心全意为人民服务的宗旨，"从群众中来，到群众中去"的群众工作路线，使得我党能够在广泛征集民意的基础上形成党的主张，通过法定程序将党的主张上升为国家的意志，形成法律，使其成为全民遵守的行为规范和准则。第二，党监督法律的实施。法律是治国之重器，其生命在于执行。只有将党领导人民制定的法律付诸严格的实施，才能彰显出法律至高无上的权威和价值。习近平总书记指出："如果有了法律而不实施、束之高阁，或者实施不力、做表面文章，那制定再多的法律也无济于事。"② 然而，若国家机关（行政机关和司法机关）的执法活动不受制约和监督，那么就会滋生腐败。原因在于，未受到监督的权力，必然会产生腐败。为了加强党对反腐工作的集中统一领导，党中央对深化国家监察体制改革做出了重大决策部署，将国家监察委员会同党的纪律监察机关合署办公，对所有行使公权力的党员干部、公职人员进行全面监督，确保党和人民赋予的权力始终在阳光下运行。

党不仅领导制定法律，保障和监督法律的实施，而且党的领导所依据的方针、政策，能够弥补法律、法规的滞后性和盲区，这既可以保护和引领经济社会中出现的新生事物，又可以防止出现无政府的盲目现象。法律的稳定性特征决定了其自诞生之日起就存在滞后性问题，以至于对日新月异的社会经济带来的新问题新现象，缺乏足够的预见性和应对能力。而法

---

① 《习近平关于全面依法治国论述摘编》，中央文献出版社 2015 年版，第 43 页。
② 《十八大以来重要文献选编（中）》，中央文献出版社 2016 年版，第 150 页。

律的滞后性可通过党制定的政策来弥补。党的政策和法律本质上具有一致性，都是人民根本意志的体现，从而都代表着人民的根本利益。党的政策具有指导性、灵活性等特征，因而能够有效应对新形势下面临的各种新问题。另外，在实践中被证明有效的党的政策，通过法定程序成为法律。因此，党的政策既可充当法律的试验田，又能有效地弥补法律的滞后问题。同时，党的作风是带动政风、社会风气的关键，是以德治国的依据。以德治国是依法治国的重要补充，这是国家治理、经济治理的必要手段。法律和道德都有规范社会行为、维护社会秩序的功能，但各有侧重。依法治国强调以法律的权威和强制性来规范社会成员的行为，而以德治国则强调以道德教化为主要手段来稳定社会秩序。正如依法治国的前提是科学立法一样，以德治国的前提是社会成员已经有了一定道德水准。因此，我们要坚持培育和践行社会主义核心价值观，弘扬中华传统美德，提高社会成员的道德修养水平，营造出全社会懂法、守法的浓厚氛围，强化社会主义道德对依法治国的支撑作用。

三 党的领导是国家治理体系的核心

只有党的领导，才能使国家建立强有力的政府，才能建立和完善坚强的国家治理主体，才能有效行使国家经济主权和金融主权。党领导中国人民经过28年的浴血奋战，推翻了压在中国人民头上的"三座大山"，成立了新中国。我党也从领导人民武装夺取全国政权的党，转变为领导人民执掌全国政权并长期执政的党。新中国成立伊始，为了巩固新生人民政权，党领导人民同敌对分子进行了一系列斗争：大规模的剿匪斗争、镇压反革命运动、打击不法投机资本等。在外交方面，人民政府废除了帝国主义强加给中国的一切不平等条约，取消了帝国主义在华的一切特权，清除了帝国主义在华的残余势力和影响。通过巩固新生政权的一系列斗争，新中国掌握了政治主权，为其掌握经济和金融主权铺平了道路。

党领导人民掌握了国家的经济主权，主要是通过没收官僚资本和统一全国财经工作实现的。新中国成立前，以四大家族为首的官僚资本在工业、金融、矿业、交通运输业、内外贸等行业、部门中具有垄断地位，掌控着国民经济的命脉。因此，没收官僚资本，使其成为社会主义性质国营经济的物质基础，是党和人民掌控国家经济主权的关键。解放战争时期，人民解放军每解放一座城市，便展开了没收官僚资本的工作，但大规模的实施是在新中国成立后进行的。通过没收官僚资本，凡关系到国民经济命脉和足以操纵国计民生的国民经济，已经被牢牢地掌控在党和人民手里。基于官僚资本组建的国营经济，成为国民经济的领导力量，为全面恢复国民经济奠定了物质基础。统一全国财经工作，是党和人民掌控国家经济主权的另一大举措。为了从根本上稳定物价，除了打击非法投机资本，还要着手解决全国财政收支、市场供求不平衡的问题。新中国成立之初，全国的财政工作仍是分散经营的，老解放区的财政收入主要用于当地支出，而大多数新解放区尚未建立起正规税收制度，以至于中央政府一方面没有稳定的收入来源，另一方面要承担着军事费用、恢复生产建设、赈灾救济等巨额支出。"收在下面，支在上面，中央的日子就过不去了。"[1] 为了能让日子过下去，中央只能暂且通过发行大量货币的方式来弥补收支差额，这也是新中国成立初通胀高企的深层次原因。为此，1950 年 2 月，中央财政经济工作委员会（中财委）决定节约支出，整顿收入，统一全国财经工作。全国财经的统一管理，不仅解决了旧中国长期财政收支不平衡的问题，还终结了国民党统治后期因恶性通胀而引起的物价飞涨局面，更为恢复国民经济和改善人民生活起到了关键作用。毛泽东也因此高度评价稳定物价的意义，称赞它的重要性"不亚于淮海战役"[2]。

党领导人民掌握新中国的金融主权，主要是通过完成以下三大任务来实现的。首先，构建了以人民银行为核心的金融体系。主要进行的工作包括：建立不同层级的人民银行分支机构，接管官僚资本银行，合并解放区银行，取消外资银行在华的一切特权，整顿和改造私人金融机构，建立中国人民财产保险公司及其分支机构。其次，构建人民币本位制。采取的措施主要包括：确定人民币为统一流通的唯一合法货币，收兑各解放区发行的货币，彻底肃清国民党发行的货币，禁止金银计价、流通和私相买卖，禁止外国货币流通、计价和计算，由人民银行统一外汇管理。最后，最为关键的是，通过国家政权的镇压手段，严厉打击在上海等大城市由国民党潜伏特务策划的"金融战"，并通过老解放区政府向大城市紧急调运居民

---

① 薄一波：《若干重大事件与决策的回顾》上卷，中共党史出版社 2008 年版，第 58 页。

② 《中国共产党党史》第 2 卷上册，中共党史出版社 2011 年版，第 59 页。

生活必需物质来稳定物价。通过完成以上三大任务，新中国建立了统一的货币市场和金融体系，有效遏制了新中国成立初期的恶性通货膨胀，稳定了金融物价。人民政权是人民币发行和稳定的最重要基础，这是新中国经济建设的重要经验和规律，为长期的人民币币值的基本稳定指明了方向。代表新中国经济和金融主权的人民币发行与币值稳定的历史，说明了国家信用的基础性和可靠性，而国家信用的可靠性来自中国共产党的坚强领导。

新的中央政府保障人民在政治上成为国家的主人，在经济上成为生产资料的主人（1956 年后），这使得中央政府和各级政府在人民群众中树立起崇高的威望和公信力。中国共产党自成立以来，始终将全心全意为人民服务作为党的根本宗旨，这一点在 1945 年党的七大时被写入党章，此后，历次修改的党章始终将其作为党的根本宗旨。党不仅公开向全世界宣布了它为人民服务的根本目的和意图，而且通过广大党员的实际行动去践行这个宗旨。党除了广大人民的利益外，没有自己的特殊利益。党的一切工作都是为了实现好、维护好、发展好广大人民的根本利益。无论是在革命年代，还是在建设、改革时期，一代又一代的共产党人为国家和人民无私奉献，涌现出无数工人、农民、士兵、教师、医务人员、科技人员、政府公务员的优秀共产党员，他们甘于奉献、勇于牺牲，用实际行动诠释了共产党人"随时准备为党和人民牺牲一切"的入党初心和誓言。正是党的宗旨和广大党员的先进模范作用，使党领导下的各级政府在人民心中树立了极高的威信。

党的领导能够提高社区的社会化和组织化程度。在整个社会经济活动中，除政府主体管治，还存在组织化、社会化程度很低的社会阶层及其经济活动，例如广大农村群众生产和生活的组织化和社会化，政府功能难以覆盖，需要党的领导，使其提高组织化和社会化水平，从而使之与国家的现代化建设相适应。新中国成立以后的农业合作化是明显的范例。新中国成立之初，基于农民土地私有制的小农经济，既无法为工业化建设提供足够的粮食、工业原料以及资金，也无法为工业品提供足够大的市场。因此，需要引导个体农业走向合作化。通过农业合作化运动，农村的个体经济被改造成集体经济，农村的生产力得到解放和发展，为工业化发展提供了物质基础。在新时代，农业合作化是提高农民收入和实现农业高质量发

444 / 中国特色社会主义政治经济学 /

展的重要途径。在家庭承包经营的基础上，将分散的农民组织起来，提高农业组织化和集约化程度，走农业合作化道路，既可以有效提高农民的收入和抵御市场风险的能力，又是乡村振兴的重要引擎。农业合作化适应农业现代化的发展方向，"要突出抓好家庭农场和农民合作社两类农业经营主体发展，推进适度规模经营，深化农村集体产权制度改革，发展壮大新型集体经济"①。

在城镇，无论改革开放前后，在我国工业化发展和建立现代企业制度的改革进程中，党是国有企业管理和现代企业制度的主体。尽管新中国成立以来国有企业在保障和改善民生、推动四个现代化建设方面做出了重大贡献，但仍然存在一些问题。国有企业管理问题就是突出的问题之一，毛泽东曾经指出："所有制问题基本解决以后，最重要的问题是管理问题……这也就是人与人的关系问题。"② 新中国成立后，党一直探索国有企业管理的方法。受列宁"一长制"理论的影响，及党在革命时期的根据地建设经验，新中国成立初的国有企业，主要采用的是"一长制"管理体制。但这一套高度集中的管理体制，并不符合我国的具体国情。20 世纪60 年代初，鞍钢总结出一套企业管理的基本经验，实行"两参一改三结合"制度，即"对企业的管理，采取集中领导和群众运动相结合，工人群众、领导干部和技术人员三结合，干部参加劳动，工人参加管理，不断改革不合理的规章制度"③。毛泽东高度赞赏该套管理制度，称之为中国工人阶级创造的"鞍钢宪法"。1961 年，党制定的"工业七十条（草案）"将该套制度确定下来，使之成为一段时期内我国重要的企业管理制度，同时明确规定"国营工业企业实行党委领导下的行政管理上的厂长负责制"④。"工业七十条（草案）"是新中国成立后首部关于国营企业管理的条例，对我国工业的调整、巩固、充实和提高起到了积极作用。党的十三届四中全会提出，国有企业党组织在企业发挥政治核心作用，以确保正确政治方向。党的十八大以来，以习近平同志为核心的党中央站在坚持和发展中国

---

① 习近平：《坚持新发展理念　深入实施东北振兴战略》，《人民日报》2020 年 7 月 24 日第1 版。

② 《毛泽东文集》第 8 卷，人民出版社 1999 年版，第 134 页。

③ 《毛泽东文集》第 8 卷，人民出版社 1999 年版，第 135 页。

④ 《中国共产党党史》第 2 卷下册，中共党史出版社 2011 年版，第 588 页。

特色社会主义的重要物质基础和政治基础的战略高度，高度重视党对国有企业的领导，高度重视国有企业党建工作，先后做出了一系列重大部署。2015 年 6 月，中共中央和国务院出台《关于深化国有企业改革的指导意见》，在国有企业党组织政治核心作用的发挥、领导班子和人才队伍的建设、反腐倡廉的落实方面提出了具体性的指导意见。这些具体指导意见，是新时期党加强和改进对国有企业领导的纲领性文件，具有鲜明的指导性、方向性。2017 年 10 月 24 日，党的十九大通过了新党章，将国有企业党委（党组）职能表述为"发挥领导作用，握方向、管大局、保落实、依照规定讨论和决定企业重大事项"[1]，这为新时期国有企业党组织开展工作提供了根本遵循。

习近平总书记指出，坚持党的领导、加强党的建设是国有企业的"根"和"魂"。只有坚持党的领导，国有企业改革才能朝着中国特色社会主义的正确方向。只有坚持党的领导，发挥党总揽全局、协调各方的领导核心作用，才能将国有企业利益、职工利益以及国家利益统一起来，在国有企业"做强做优做大"的目标中不断发展自身，从而夯实中国特色社会主义的物质基础和政治基础。只有在党的领导下，才能把现代企业中的资本治理、资产经营等体现市场经济规律要求的活动与劳动权益、工人群众参与企业管理等体现社会主义性质的本质属性密切联系起来。

第三节　党的领导是中国特色社会主义政治经济学的重要理论范畴

一　西方经济学关于市场与政府关系的争论

作为资本主义经济的上层建筑，西方经济学自诞生以来就主要肩负着两大任务：一是形成维护资本主义制度的经济学知识体系和价值观念，为资本主义长治久安提供社会公共品；二是总结资本主义市场经济运行的实践经验，为资本主义国家治理和资本垄断集团出谋划策。围绕这两大任务，西方经济学主要流派围绕政府要不要干预经济展开了激烈的争论。在这些争论的派别中，凯恩斯阵营和古典学派的观点最为对立。古典学派强

---

[1] 《中国共产党章程》，人民出版社 2022 年版，第 25 页。

调，市场机制即"看不见的手"能够引导和调节资源的优化配置，而政府只是扮演"守夜人"的角色。凯恩斯主义则认为，市场机制因内在缺陷的存在而导致市场失灵，因此，政府应当积极干预经济。两大学派的政策主张在资本主义发展过程中不断交锋、各自发展为新凯恩斯主义和新自由主义，并交替成为经济思想的主流。在1929年世界经济危机之前，政策制定者主要信奉"看不见的手"。在接下来的40年里，国家干预经济的思想逐渐成为正统思想。而20世纪70年代的滞胀局面，将经济自由主义思潮扶上了正统经济学宝座。然而，这一思潮因2008年美国次贷危机而遭到前所未有的重创，"看不见的手"总能够优化资源配置的神话也遭到彻底破灭。在此背景下，主要发达资本国家主动"救市"，加强对金融机构的监管，并在2009年的G20伦敦峰会上达成国家干预经济的共识，在很大程度上宣告了国家干预经济思潮的回归。

尽管两大学派在政府与市场关系上的观点是对立的，但是它们探讨二者之间关系的基本哲学观是一致的——二元论。这种研究视角将政府与市场看作平行而对立、非此即彼的关系。正是基于这种二元论研究视角，过去被认为是正确的宏观经济政策理论，今天可能被视为错误的而遭到丢弃，反之亦然。由此可见，西方国家并没有真正处理好政府与市场之间的关系。而中国特色社会主义政治经济学正尝试破解这个经济学上的世界性难题，其将市场作用和政府作用有机统一，坚持和加强党的集中统一领导。

二 社会主义市场经济需要有效市场和有为政府有机结合

改革开放以来，中国经济奇迹的关键在于我们正确处理了政府与市场的关系。我们党立足于社会主义初级阶段这个最大实际，创造性地将社会主义基本经济制度同发展市场经济有机结合起来，既发挥了社会主义制度的优越性，又发挥了市场机制的长处，这极大地解放和发展了社会生产力，提高了人民的生活水平。

改革开放以来，我党坚持解放思想、实事求是的思想路线，弘扬与时俱进的精神，不断深化对政府和市场关系的认识和探索。1984年10月，党的十二届三中全会通过的《关于经济体制改革的决定》，指出社会主义经济是"公有制基础上的有计划的商品经济"。这个关于社会主义经济的

／ 第十三章　中国共产党对经济工作的集中统一领导 ／　447

表述，意味着我们党首次打破了计划经济与商品经济相对立的观念枷锁，是自新中国成立以来，我党对政府和市场关系认识和探索的一次重大飞跃。1992 年初，邓小平在南方谈话中指出："计划多一点还是市场多一点，不是社会主义与资本主义的本质区别。计划经济不等于社会主义，资本主义也有计划；市场经济不等于资本主义，社会主义也有市场。计划和市场都是经济手段。"① 邓小平的上述讲话突破了长期以来束缚人们的一种传统观念："一说计划经济就是社会主义，一说市场经济就是资本主义"②，极大地解放了人们的思想，使人们对什么是社会主义有了更加深刻的认识，为党的十四大确立社会主义市场经济体制目标奠定了理论基础。党的十五大报告提出"使市场在国家宏观调控下对资源配置起基础性作用"③，这一重大理论突破极大地促进了我国经济社会的发展。从党的十五大到党的十八大，"发挥市场在资源配置中的基础性作用"前面的关键词的变化，表明了经济体制改革突出市场的资源配置作用，为之后党的十八届三中全会对政府和市场关系的认识达到一个新境界提供了理论基础和思想指导。党的十八届三中全会指出："经济体制改革是全面深化改革的重点，核心问题是处理好政府与市场的关系，使市场在资源配置中起决定性作用和更好的发挥政府作用。"④ 市场在资源配置中的作用从"基础性作用"转向"决定性作用"，同时强调"更好发挥政府作用"，标志着我们党对社会主义建设规律认识的一次新飞跃。2020 年 10 月，党的十九届五中全会对政府和市场关系做了深刻总结，提出"充分发挥市场在资源配置中的决定性作用，更好发挥政府作用，推动有效市场和有为政府更好结合"⑤，这一新论述为今后一个时期深化社会主义经济体制改革明确了方向、提供了根本遵循。

　　发挥市场在资源配置中的决定性作用，关键在更好地发挥政府的作用。理论和实践均证明了市场是配置资源最有效的方式，然而要充分发挥市场机制作用，前提是完善社会主义市场经济体制。党的十九大报告指出

---

　　① 《邓小平文选》第 3 卷，人民出版社 2001 年版，第 373 页。
　　② 《邓小平文选》第 3 卷，人民出版社 1993 年版，第 367 页。
　　③ 《习近平谈治国理政》，外文出版社 2014 年版，第 76 页。
　　④ 《习近平谈治国理政》，外文出版社 2018 年版，第 158 页。
　　⑤ 《中共中央关于坚持和完善中国特色社会主义制度　推进国家治理体系和治理能力现代化若干重大问题的决定》，《人民日报》2019 年 11 月 6 日第 1 版。

经济体制改革的重点在于完善产权制度和要素市场化配置。产权制度能够允许、鼓励和保护市场主体公平地参与经济活动，激发各种市场主体创业热情和创新发展活力。要素市场化配置的实质是市场主体通过市场交易的方式来实现要素的优化配置，这需要以要素的产权明晰、保护有力以及流转顺畅作为前提。尽管改革开放40多年来我国的产权制度改革取得了巨大的成就，但在产权界定和产权保护方面仍存在诸多问题与挑战。解决这些问题和挑战的根本出路是在党的领导下全面推进依法治国。

要使市场在资源配置中起决定性作用，除了完善产权制度和要素市场化配置外，还需要政府简政放权。受长期计划经济体制惯性的影响，政府对微观经济领域直接干预仍不少，这导致资源配置效率低下，同时可能会因政府的权力过大而产生腐败。因此，需要划清政府与市场的界限，凡是市场机制能够调节的经济活动，应当取消行政审批和许可，推动资源配置依据市场机制实现效益和效率的最大化。

三　党的领导是有效市场和有为政府结合的根本保障

市场在资源配置中起决定性作用，但不是起全部作用，需要更好地发挥政府的作用。尽管市场在资源配置中最具有效率，但由于外部影响、垄断、不完全信息等因素的存在，使得市场机制不能有效地配置资源，于是市场失灵便出现了。同时，市场经济的自由性和竞争性特征必然导致优胜劣汰，在一定程度上使得收入在贫富之间、区域之间差距越来越大，这与社会主义本质相违背。因此，需要更好地发挥政府的作用来解决市场失灵，促进共同富裕。然而，政府或因掌握的信息不完备而造成决策失误，或因作为相对独立的财政利益主体和局部本位利益责任而追求局部地方利益，造成不顾大局或越位错位，或因市场主体寻租行为而造成腐败，从而导致政府干预失效或失灵。

加强党的集中统一领导是解决政府干预失灵的根本出路。首先，加强党的领导，保证中央和地方利益的统一。党的全心全意为人民服务的宗旨决定了党及其地方和微观组织不允许拥有独立的经济利益。党的一切奋斗和工作都是为了造福人民。各级政府都受到同级党委的领导和监督，而实行垂直型领导的各级党组织能够及时将党中央的路线、方针、政策传达到同级政府，同时党具有严密的组织性和纪律性，确保了中央决策的有效通达和执行效果。其次，加强党的领导，保证经济发展的正确方向。马克思指出："一个单独的提琴手是自己指挥自己，一个乐队就需要一个乐队指挥。"① 改革开放以来，我国经济社会取得了举世瞩目的成就，其根本保证是我们始终坚持和加强党的统一领导。习近平总书记在党的十九大报告中指出："党政军民学，东西南北中，党是领导一切的，是最高的政治领导力量。"② 坚持党的领导，发挥党总揽全局、协调四方的领导核心作用的同时，不断提高党把方向、谋大局、定政策、促改革的能力和定力，就能保障市场经济健康发展。最后，加强党的领导是遏制腐败的良药。党的百年发展史既是一部革命、建设和改革的历史，又是一部反腐倡廉史。反腐是我党一贯坚持的鲜明政治立场，在不同的历史时期都被摆在突出位置。特别是党的十八大以来，以习近平同志为核心的党中央采取一系列新举措来构建"一体推进不敢腐、不能腐、不想腐的体制机制"，促使广大党员干部、公职人员拧紧"不敢腐"阀门，扎实"不能腐"篱笆，筑牢"不想腐"堤坝，从而夯实党的执政基础和巩固党的执政地位。

在长期的革命与建设过程中，党还掌握了巨大的组织优势、人才优势和社会影响力优势，党的领导极大地支撑了政府体系的有效运转，这是当代中国最现实的特定国情。政权是在党的领导下组建起来并不断完善起来的，党的组织体系深入政权机构未能覆盖或难以覆盖的社会组织和机构中，换言之，党的组织体系覆盖了政府依法行政的所有盲区。如果没有党的领导，政府的法规、规章、管理和政策就会遗留许多难以触及的社会领域。中国共产党是一个拥有九千多万名党员的超大规模的党，几乎汇聚了全社会各领域所有最优秀的人才，是最大的人才库，不仅向政府体系输送了绝大部分的干部人选，还向各条战线输送了最大比例的专业技术人才。党的思想体系、为人民服务的宗旨，以及在党的理想信念和价值观倡导下形成的社会主义核心价值观是中国社会的主流意识形态，具有最强大的社会影响力。加上共产党员的先锋模范作用，这些以德治国的内容，大大弥补了政府依法行政手段的短板。单就经济工作而论，如果没有党的集中统一领导，中央政府关于发挥各地区优势的主体功能区规划、中央政府关于

---

① 《马克思恩格斯选集》第1卷，人民出版社1995年版，第208页。
② 《习近平谈治国理政》第3卷，外文出版社2020年版，第16页。

构建全国统一大市场的改革举措、沿海地区对中西部地区的帮扶措施和干部交流等许多宏观调控措施就很难得到有效贯彻；如果没有党的领导及其强大的号召力，很难想象当政府的一些政策和行政措施需要群众付出眼前一定利益的代价时，能够得到大多数人民群众的理解和支持；如果没有共产党员的先锋模范作用，也很难想象，在政府机构和编制不可能应设尽设的情况下，政府工作人员加班加点成为常态，完成了需要更庞大的政府机构才能完成的经济调节、市场监管、社会管理、公共服务等庞杂巨量的政府事务；如果没有共产党员的先锋模范作用，也很难想象，在应对2020—2022年新冠疫情中，能够最大限度动员中国的社会力量和志愿者力量，众志成城，万众一心，创造出中国应对突发事件的世界奇迹。

如何正确处理党的领导、政府作用和市场机制这三者的关系，是中国特色社会主义政治经济学的重要研究对象。无论是旧凯恩斯还是新凯恩斯理论，都是以资本主义私有制市场经济是最有效率的前提下构建的理论体系，它们都认为政府干预理论是建立在市场失灵基础上的，从而将政府同市场对立起来了。因此，无论怎样论述和强调政府的作用，实际上都没有跳出西方经济学的理论范式。我国是社会主义国家，中国共产党领导是中国特色社会主义的最本质的特征和最大优势。在党的领导下，我们在70多年的中国特色社会主义伟大实践过程中，不断深化认识政府与市场之间的关系。党的十八届三中全会以来，我们党从辩证统一的视角认识政府与市场的关系，即相互补充、促进的对立统一关系。这种对政府和市场认识的视角，显著不同于西方主流经济中的二元对立思维。同时，与西方经济学关于政府干预仅局限于弥补市场失灵的观点截然不同，社会主义市场经济中的政府作用具有十分丰富的内涵。我们的社会主义国家性质和国家（政府）是"天下之公器"的悠久文化，决定了政府的作用除了弥补市场失灵外，还要在促进社会公平正义、增进民生福祉等方面发挥积极作用。正如党的十八届三中全会指出的，政府的作用体现在："保持宏观经济稳定、加强和优化公共服务，保障公平竞争，加强市场管理，维护市场秩序，推动可持续发展，促进共同富裕，弥补市场失灵。"① 最后，加强党的

---

① 《〈中共中央关于全面深化改革若干重大问题的决定〉辅导读本》，人民出版社2013年版，第6页。

集中统一领导是实现有为政府和有效市场之间有机统一的关键。中国特色社会主义伟大实践的最大特征，是坚持党的集中统一领导，创造性地将社会主义基本制度同市场经济有机结合起来，解放和发展生产力，并朝着社会主义共同富裕方向稳步前进。党是无产阶级联合的最高形式，是最高的政治领导力量。凭借最高政治领导力量，党能够发挥总揽全局、协调四方的领导核心作用，有效避免了政府在干预经济过程中的"越位""缺位"以及"错位"现象，从而为市场起"决定性作用"创造条件。可见，实现政府作用和市场机制的统一，关键在于加强党的领导，这也是我们真正突破西方经济学思想束缚的关键。党的十八大以来，我国经济建设取得重大成就，全面深化改革取得重大突破，这有力地证明了加强党的领导下的"市场有效、政府有为"这种辩证统一关系是完全科学的。因此，正确处理党的领导、市场机制以及政府作用这三者间的关系，是中国特色社会主义政治经济学重要的研究对象，也是其重要的逻辑关系。2022 年中央经济工作会议提出"六个坚持"：必须坚持党的全面领导特别是党中央集中统一领导，坚持发展是党执政兴国的第一要务，坚持稳中求进工作总基调，坚持和完善社会主义基本经济制度，坚持推进高水平对外开放，坚持推动经济发展在法治轨道上运行。① 对做好经济工作重要经验及时进行总结，不断深化对经济工作的规律性认识，是每年中央经济工作会议一项重要内容。把坚持党的全面领导特别是党中央集中统一领导作为搞好经济工作的第一个规律性认识，已经成为我国经济建设的根本理念，它深刻反映了我们党和政府从长期实践中认真提炼和总结党领导下的政府与市场关系实践的规律性成果，为构建和完善中国特色社会主义政治经济学体系做出了独创性贡献。

中国共产党成立一百年来在中国社会发展中的核心作用和伟大贡献说明，党领导一切，已经成为当代中国文明的模式，这是马克思主义与中国社会历史文化相结合的产物。党既是工人阶级的先锋队，又扎根于中国最广泛的民众之中，吸纳社会各阶层的先进分子，成为中华民族的先锋队。在哲学意义上，中国共产党是所有矛盾事物转化为统一体的决定性力量；在长期革命实践中，中国共产党把武装斗争与统一战线成功联系起来；在

---

① 《中央经济工作会议在北京举行》，《人民日报》2022 年 12 月 17 日 1 版。

新民主主义革命与社会主义革命的衔接中，中国共产党把广大农民分田分地与农业合作化、集体化成功联系起来；在探索中国特色社会主义道路中，中国共产党把社会主义基本经济制度与市场经济成功联系起来；把有效市场与有为政府成功联系起来。这种文明模式对于人类社会发展具有强大的说服力，也对世界文明提供了新的参照系。

参考文献

马克思：《〈政治经济学批判〉序言》，《马克思恩格斯文集》第 2 卷，人民出版社 2009 年版。

马克思：《哥达纲领批判》，人民出版社 2018 年版。

马克思：《资本论》，人民出版社 2018 年版。

恩格斯：《反杜林论》，人民出版社 2018 年版。

列宁：《帝国主义是资本主义的最高阶段》，《列宁选集》第 2 卷，人民出版社 2012 年版。

《毛泽东文集》第 6 卷，人民出版社 1999 年版。

《毛泽东文集》第 7 卷，人民出版社 1999 年版。

《毛泽东文集》第 8 卷，人民出版社 1999 年版。

《邓小平文选》第 3 卷，人民出版社 1993 年版。

《陈云文选》第 3 卷，人民出版社 1995 年版。

江泽民：《论"三个代表"》，中央文献出版社 2001 年版。

《习近平关于全面依法治国论述摘编》，中央文献出版社 2015 年版。

习近平：《论坚持全面深化改革》，中央文献出版社 2018 年版。

习近平：《论中国共产党历史》，中央文献出版社 2021 年版。

习近平：《之江新语》，浙江人民出版社 2007 年版。

习近平：《把握新发展阶段、贯彻新发展理念、构建新发展格局》，《求是》2021 年第 9 期。

习近平：《辩证唯物主义是中国共产党人的世界观和方法论》，《求是》2019 年第 1 期。

习近平：《不断开拓马克思主义政治经济学新境界》，《求是》2020 年第 16 期。

习近平：《关于〈中共中央关于制定国民经济和社会发展第十四个五年规划和二〇三五年远景目标的建议〉的说明》，《人民日报》2020 年 11 月 4 日第 2 版。

习近平：《关于坚持和发展中国特色社会主义的几个问题》，《求是》2019 年第 7 期。

习近平：《决胜全面建成小康社会 夺取新时代中国特色社会主义伟大胜利——在中国共产党第十九次全国代表大会上的报告》，《人民日报》2017 年 10 月 28 日。

习近平：《在中国共产党成立 100 周年大会上的讲话》，《人民日报》2021 年 7 月 2 日第 2 版。

《关于建国以来党的若干历史问题的决议》，人民出版社 1981 年版。

《建国以来毛泽东文稿》第 12 册，中央文献出版社 1998 年版。

《建国以来毛泽东文稿》第 8 册，中央文献出版社 1992 年版。

《建国以来重要文献选编》第 10 册，中央文献出版社 1994 年版。

《建国以来重要文献选编》第 11 册，中央文献出版社 1995 年版。

《建国以来重要文献选编》第 4 册，中央文献出版社 1993 年版。

《三中全会以来重要文献选编》（上），人民出版社 1982 年版。

《十八大以来重要文献选编》（上），中央文献出版社 2014 年版。

《十八大以来重要文献选编》（中），中央文献出版社 2016 年版。

《十三大以来重要文献选编》（上），人民出版社 1991 年版。

《十三大以来重要文献选编》（上），人民出版社 1991 年版。

《十四大以来重要文献选编》（上），人民出版社 1996 年版。

《中共中央关于党的百年奋斗重大成就和历史经验的决议》，人民出版社 2021 年版。

《中共中央关于全面推进依法治国若干重大问题的决定》，人民出版社 2014 年版。

《中国共产党党史》第 2 卷（上、下册），中共党史出版社 2011 年版。

《中国共产党第二十次全国代表大会文件汇编》，人民出版社 2022 年版。

中共中央文献研究室：《习近平关于社会主义经济建设论述摘编》，中央文献出版社 2017 年版。

中共中央文献研究室编：《改革开放三十年重要文献选编（上、下）》，中央文献出版社 2008 年版。

中共中央文献研究室编：《论构建社会主义和谐社会》，人民出版社 2013
年版。

中共中央宣传部、国家发展和改革委员会：《习近平经济思想学习纲要》，
人民出版社、学习出版社 2022 年版。

中共中央宣传部编：《习近平系列重要讲话读本》，学习出版社、人民出版
社 2014 年版。

中华人民共和国国史学会编：《毛泽东读社会主义政治经济学批注和谈
话》，中华人民共和国国史学会出版社 1998 年版。

《中共中央关于坚持和完善中国特色社会主义制度　推进国家治理体系和
治理能力现代化若干重大问题的决定》，《人民日报》2019 年 11 月 6 日
第 1 版。

《中共中央关于全面推进依法治国若干重大问题的决定》，《人民日报》
2014 年 10 月 24 日第 2 版。

《中共中央政治局 4 月 29 日下午就依法规范和引导我国资本健康发展进行
第三十八次集体学习》，《光明日报》2022 年 5 月 1 日第 1 版。

本书编写组：《改革开放简史》，人民出版社、中国社会科学出版社 2021
年版。

本书编写组：《马克思主义政治经济学概论》，人民出版社、高等教育出版
社 2011 年版。

本书编写组：《中华人民共和国简史》，人民出版社、当代中国出版社
2021 年版。

薄一波：《若干重大事件与决策的回顾》上卷，中共党史出版社 2008
年版。

董志凯等主编：《中华人民共和国经济史（1953—1957）》下册，社会科
学文献出版社 2011 年版。

管新华：《马克思主义中国化基本范畴研究》，人民出版社 2019 年版。

胡寄窗：《中国经济思想史简编》，立信会计出版社 1997 年版。

李嘉图：《政治经济学及赋税原理》，王亚南、郭大力译，商务印书馆
1972 年版。

联合国全球治理委员会：《我们的全球伙伴关系》，牛津大学出版社 1995

年版。

刘克祥、吴太昌主编：《中国近代经济史 1927—1937》下册，人民出版社
　　2010 年版。

刘隆主编：《中国现阶段个体经济研究》，人民出版社 1986 年版。

卢昌义主编：《现代环境科学概论》，厦门大学出版社 2014 年版。

逄先知、金冲及主编：《毛泽东传（1949—1976）》，中央文献出版社 2003
　　年版。

裴长洪：《中国开放型经济学》，中国社会科学出版社 2022 年版。

尚明主编：《当代中国的金融事业》，中国社会科学出版社 1989 年版。

唐启华：《巴黎和会与中国外交》，社会科学文献出版社 2014 年版。

王金存：《苏联社会主义经济七十年——苏联经济发展史》，北京出版社
　　1992 年版。

吴念鲁、陈全庚：《人民币汇率研究》，中国金融出版社 2002 年版。

［德］鲁道夫·吕贝尔特：《工业化史》，黄森林译，上海译文出版社 1983
　　年版。

［美］保罗·肯尼迪：《大国的兴衰》，陈景彪等译，国际文化出版公司
　　2006 年版。

［美］肯尼思·阿罗：《信息经济学》中译本，何宝玉等译，北京经济学
　　院出版社 1989 年版。

［美］塞缪尔·亨廷顿：《文明的冲突与世界秩序的重建》，周琪、刘绯、
　　张立平、王圆翻译，新华出版社 2002 年版。

［美］威尔·杜兰特：《世界文明史》，台湾幼狮文化翻译，东方出版社
　　2010 年版。

［美］伊曼纽尔·沃勒斯坦：《现代世界经济体系》，郭方、夏继果、顾宁
　　译，社会科学文献出版社 2013 年版。

［英］斯密：《国富论》，谢宗林、李华夏译，中央编译出版社 2011 年版。

卜宪群：《中国古代"治理"探义》，《政治学研究》2018 年第 3 期。

孔祥智、何安华：《60 年来我国农民对国家建设的贡献分析》，《中国农村
　　科技》2009 年第 9 期。

林毅夫：《我还没见过哪个发展中经济体按照西方道路获得成功》，《济南
　　大学学报》（社会科学版）2018 年第 1 期。

刘九如：《新动能驱动高质量发展——2018 我国信息化建设成果述评》，《中国信息化》2018 年第 12 期。

吕炜：《引领中国特色社会主义财政理论与实践创新的指南》，《经济日报》2021 年 10 月 25 日第 10 版。

马凯：《我国经济增长方式存在着"高投入、高消耗、高排放、不协调、难循环、低效率的问题"》，《经济研究》2004 年第 3 期。

裴长洪：《论中国特色社会主义政治经济学的逻辑起点》，《经济学动态》2022 年第 1 期。

裴长洪：《习近平金融工作重要论述对马克思主义政治经济学的创新发展》，《经济纵横》2022 年第 6 期。

裴长洪：《习近平经济思想的马克思主义方法论》，《光明日报》2022 年 8 月 24 日第 11 版。

裴长洪：《新时代政治经济学的理论创新》，《前线》2022 年第 8 期。

裴长洪：《中国公有制主体地位的量化估算与发展趋势》，《中国社会科学》2014 年第 1 期。

裴长洪、刘洪愧：《构建新发展格局科学内涵研究》，《中国工业经济》2021 年第 6 期。

裴长洪、刘洪愧：《社会主义发展阶段与中国式现代化文明新形态》，《改革》2022 年第 7 期。

裴长洪、倪江飞：《党领导经济工作的政治经济学》，《经济学动态》2021 年第 1 期。

裴长洪、倪江飞：《论习近平新时代中国特色社会主义经济思想的主题》，《财贸经济》2019 年第 12 期。

裴长洪、倪江飞：《数字经济的政治经济学分析》，《财贸经济》2018 年第 9 期。

裴长洪、彭磊：《中国共产党和马克思主义政治经济学中国化》，《经济研究》2021 年第 4 期。

裴长洪、许光伟：《习近平重要论述与新中国 70 年经济理论问题纲要》，《教学与研究》2019 年第 10 期。

裴长洪、赵伟洪：《习近平中国特色社会主义经济思想的时代背景与理论创新》，《经济学动态》2019 年第 4 期。

田侃、倪红福、李罗伟:《中国无形资产测算及其作用分析》,《中国工业经济》2016 年第 3 期。

武力:《1949—1978 年中国"剪刀差"差额辨正》,《中国经济史研究》2001 年第 4 期。

易纲:《再论中国金融资产结构及政策含义》,《经济研究》2020 年第 3 期。

后　记

2010 年 9 月我从中国社会科学院财政与贸易经济研究所所长的岗位转任经济研究所所长，这并不是单纯的工作岗位变动，从学科角度看，是从应用经济学领域转到理论经济学领域。上任前，时任院长王伟光代表院党组找我谈话，其中关于科研工作的指示，就是要求我完成学科领域的"角色转换"，带领科研人员探索马克思主义政治经济学的发展道路。中国经济学界都清楚，过去中国社会科学院经济研究所号称"天下第一所"，其优势学科第一是政治经济学，第二是"两史"（中国经济史和经济思想史）。上任后，在所里的走廊中我看着孙冶方同志的雕像，自惭形秽，颇有"蜀中无大将，廖化作先锋"的感慨。对于怎样探索马克思主义政治经济学的新路径，心里一片茫然。

起步的工作固然有 2013 年的国家社科基金重大专项"中国社会主义初级阶段基本经济制度研究"，但那时的"基本经济制度"的内涵只涉及所有制结构，而且对社会主义政治经济学的整个逻辑架构和体系的认识都是模糊的。在探索的过程中，习近平总书记关于经济的重要思想给予了我最大的启发，也是在这个思想指引下，探索的道路逐步明确和清晰。2015 年 12 月，习近平总书记在中央经济工作会议上首次提出"中国特色社会主义政治经济学"这一概念，同月又在政治局集体学习中做了"开辟马克思主义政治经济学新境界"的讲话，从而使我们的研究工作有了根本的思想遵循。并由此形成了我对整个研究的逻辑体系和理论架构的总体思考和基本要求。

第一，力求以习近平经济思想最新重大理论观点来构建中国特色社会主义政治经济学的理论体系。特别是 2019 年党的十九届四中全会的《中共中央关于坚持和完善中国特色社会主义制度　推进国家治理体系和治理能力现代化若干重大问题的决定》提出了中国特色社会主义政治经济学的重大理论观点。其中有，把社会主义初级阶段的基本经济制度归纳为公有制为主体、多种所有制经济共同。发展；按劳分配为主，多种分配方式并存；社会主义市场经济三位一体；把中国特色社会主义制度体系归纳为根本制度、基本制度和重要制度；提出了国家治理体系和治理能力现代化的战略目标和实践步骤。2019 年底的中央经济工作会议，提出了认识和把握社会主义条件下资本的特性和行为规律的重大理论观点；2020 年后，习近平总书记多次阐述了以国内大循环为主体，国内、国际双循环相互促进，构建新发展格局的重大理论；2021 年习近平总书记在建党一百年庆祝大会上的讲话和党的二十大报告，系统论述了中国式现代化理论以及人类文明新形态；党的二十大报告系统论述了未来高质量发展的战略目标和实践路径，这些最新的重大理论成果应当成为本研究的重要理论架构和分析阐发的重要内容。

第二，力求从当代科技和生产力最新发展的动态中研究生产方式的变化。生产力与生产关系、经济基础和上层建筑的相互关系及其矛盾运动，是政治经济学研究的基本关注点。当今的生产力发展已经进入信息化、数字化、网络化、智能化和低碳化时代，从 2017 年以来，数字经济成为我国生产力发展的新现象，数字经济与实体经济深度融合是当今生产力发展的最新潮流，随着生产力的发展，社会再生产过程、交换过程以及人们的相互关系、产业特征都发生了变化，引起了社会生产、生活方式的重要变革，本研究关注和分析这个变化过程，并给予政治经济学的分析和总结。

第三，力求以马克思主义的世界观、方法论来解释、论证社会主义政治经济学中涉及的重大理论观点。辩证唯物主义和历史唯物主义的基本观点和基本方法论，不仅没有过时，而且仍然是今天理论创新的基本方法论。当中央经济工作会议讨论的是当下的经济形势和实际问题时，当专家们从不同领域分析和谈论经济问题时，为什么习近平总书记的归纳和总结总是强调要坚持中国特色社会主义政治经济学呢？这就是因为基本方法论的区别。西方经济学以"理性经济人"的假设为前提，通过自由的市场调节，达到帕累托最优解，从而演绎出宏观经济学（市场均衡）和微观经济学（成本收益）的逻辑架构，以满足资本收益最大化的目标。其中固然包含某些符合市场经济一般规律的合理成分，但却不能作为我国经济学自主知识体系建设的主要立足点，更不能作为我国经济建设实践的指导思想。而中国特色社会主义政治经济学的基本方法论是马克思主义的辩证唯物主义和历史唯物主义，以人民为中心是这种方法论的世界观，这与"理性经济人"假设有着天壤之别，所以，我国经济实践的大量问题，都是政治经济学问题，而不是纯粹的满足资本收益的经济问题。因此，本研究秉持的基本方法论就是力图从这种认识出发。

第四，力求从唯物主义历史观的角度分析实践与认识的关系、实践与理论的关系，以及中国特色社会主义政治经济学的理论发展。恩格斯说过，政治经济学本质上是一门历史的科学，每个时代都有每个时代的政治经济学。新中国成立70多年来，中国特色社会主义经历了长期实践，科学社会主义在中国的实践和理论是中国特色社会主义政治经济学的出发点；中国特色社会主义政治经济学也是科学社会主义理论在中国经济建设领域的延伸和拓展。没有科学社会主义在中国的实践和理论也就不可能产生中国特色社会主义政治经济学。反过来，中国特色社会主义政治经济学又是科学社会主义"最深刻、最全面、最详尽的证明和运用"。[①] 在实践过程中有经验和教训，在每个不同时期，党都有不同以往的时空环境、经济政治条件，因此也都有不同的阶段性目标和任务，因此反映这种变化的政治经济学不可能一成不变，它应当是历史的、动态的，中国特色社会主义政治经济学的叙事方式应当既有成熟状态的横断面的分析，而且还应当有70多年实践与认识发展的纵向分析和溯源分析。因此，中国特色社会主义政治经济学既有一以贯之的基本原则，也有随着历史变化而与时俱进的新认识、新理论。按照党的二十大报告的理论观点，这种历史溯源还不应当仅仅限于新中国成立以来的历史，还应当把中华优秀传统文化结合进来。本研究也应当努力贯彻这个精神。

第五，力求在马克思主义政治经济学基本原理指导下构建中国特色社会主义政治经济学理论体系。中国特色社会主义政治经济学属于马克思主义政治经济学的中国化时代化的产物，它不能脱离马克思主义政治经济学基本原理的指导，同时它又不能完全照搬照套《资本论》的叙述逻辑和叙事方式。因此，对马克思主义政治经济学的基本原理要有完整准确的认

[①] 《列宁全集》第26卷，人民出版社1988年版，第62页。

462 / 中国特色社会主义政治经济学 /

识。本研究本着学习和总结中国共产党理论创新的经验，坚持人民立场和为人民服务的宗旨，坚持马克思主义的世界观和方法论；秉持时代性、人民性、实践性的要求，体现中国特色、中国风格、中国气派的学术范式，构建具有中国自主知识体系的政治经济学理论。

虽然我没有在经济所所长任内完成这项不仅属于集体也属于个人的研究工作，但总算在中国社会科学院的职业生涯将尽未尽之时了却了一桩心愿并对院党组 13 年前的嘱托有了一点点交代。在这个过程中，本研究的阶段性工作，曾经得到我的助手刘洪愧副研究员、倪江飞博士后和彭磊副研究员的协助和支持，谨向他们表示衷心的谢意。

2023 年 7 月 16 日于北京